KRÖNERS TASCHENAUSGABE BAND 351

Philipp Theisohn

Plagiat

Eine unoriginelle Literaturgeschichte

Mit 20 Abbildungen

ALFRED KRÖNER VERLAG STUTTGART

Philipp Theisohn
Plagiat
Eine unoriginelle Literaturgeschichte
Stuttgart: Kröner 2009
(Kröners Taschenausgabe; Band 351)
ISBN 978-3-520-35101-2

Das Werk einschließlich aller seiner Teile ist urheberrechtlich geschützt. Jede Verwendung, die nicht ausdrücklich vom Urheberrechtsgesetz zugelassen ist, bedarf der vorherigen Zustimmung des Verlages. Das gilt insbesondere für Vervielfältigungen, Bearbeitungen, Übersetzungen, Mikroverfilmungen und die Einspeicherung und Verarbeitung in elektronischen Systemen.

© 2009 by Alfred Kröner Verlag Stuttgart
Printed in Germany · Alle Rechte vorbehalten
Gesamtherstellung: Friedrich Pustet, Regensburg

Für Bu und Mindra

Das Originalgenie

Nie nahm er etwas aus zweiter Hand
und hielt sich bloß an die Originale,
und wo er nur etwas Gutes fand,
dort stahl er es stets zum ersten Male.

Als Knabe, sagt man, war weltvergessen
versunken er gern im Waldesweben.
Da sei er oft an der Quelle gesessen,
und habe sie niemals angegeben.

Inhalt

Vorwort XI

I. Eine unoriginelle Literaturgeschichte 1
   Ein Mann von dreißig Jahren 1
   Drei Thesen 3
   Der Ozean der Literatur und seine Bewohner 3
   Die Plagiatserzählung 14
   Die ›Persönlichkeit‹ des Textes 18
   Zur Dynamik und Dimensionierung des
   Plagiarismus 26
   Die ›unoriginelle Literaturgeschichte‹ als
   Widerspruch 31

II. Wettkampf, Wolken und Wahrheit *(Griechenland)* . . . 35
   Éris – die Gottheit des Plagiats 35
   Die Komödie als Geburtsort des Plagiats 40
   Klopé – das Gedächtnis des Plagiats 49
   Die philosophische Wurzel des Plagiats 54
   Die Literatur als Ursünde des Plagiats 59
   Die unsichtbare Bibliothek der Plagiate 62

III. Sklaven und Bienen *(Rom)* 66
   Die ungleichen Brüder 66
   Die Herren, die Sklaven, die Freien 71
   Die imitatio als Beruhigung des plagiatorischen
   Gewissens 79
   Von Mann zu Frau zum Mann – gestohlene Libido . 89
   Die Geschichtsschreibung als Krisengebiet der
   imitatio 94

IV. In Ketten *(Spätantike und Mittelalter)* 98
   Nichts Neues 98
   Literatur als Kette – die Poetologie des
   Kommentars 105
   Wiedererzählen: Stofferoberer und
   Geschichtenjäger 111

Inhalt

Die unauflösbare Fremdheit: Provokateure und
Tönediebe 122

V. Der Druck, die Person – und Literatur als Geschäft
(Das 15. und das 16. Jahrhundert) 131

Ein Wort kehrt zurück 131
Universalität und Veräußerung der Person – zur
Dialektik des Drucks 139
Meuterei 149
Luther und das Paradoxon gestohlener Arbeit 156
Die gestohlene Seele der Reformation 162

VI. Die Ökonomie der literarischen Seelen. Drei Lektüren
(Das 17. Jahrhundert) 166

Psychagogie 166
Die Zauberer 172
Der Arm des Cid 188
Das Plagiat als Kriegskind 204

VII. Wem das Wissen gehört *(Aufklärung)* 222

Frei und verkauft 222
Scharlatane 227
Zedler und die Töchter der Mnemosyne 35

VIII. Die Eroberer *(Geniezeit)* 250

Ein Schreiben 250
Der Nachdruck als Staatsaffäre: Reich gegen Trattner 253
Wieland oder Der Nachdrucker als Advokat des
Autors 259
Vom Grundstoff der Literatur 264
Das Original und die Vertauschung der Zeiten . . . 272
Das fremde Feuer – Prometheus, der Dieb 278
Das große Wollen und seine Opfer 283
Plagiarismus und Melancholie 289

IX. Schattenwirtschaft *(Romantik)* 295

Kredit 295
›Sym-‹ oder die Poesie als ökonomisches System . . 304
Ausgerissenes Papier I: Jean Paul 311

Inhalt IX

    Ausgerissenes Papier II: E.T.A. Hoffmann 319
    Der höllische Eigentümer 323

X. Die Erben *(Das 19. Jahrhundert)* 333
    Markt und Gesetz 333
    Verstehen und Missverstehen 341
    Ein Grenzfall 350
    Die Verspäteten 354
    Der Plagiator als Depositar 363
    Der Realismus und die Abschilderung gelesener
    Wirklichkeiten – vom Plagiat zum Zitat 368

XI. Irregehen *(Moderne)* 377
    Muther: Einführung in die Logik plagiarischer
    Eskalation 377
    Ein Fall für den Arzt 385
    Der Recitator Reichmann 399
    Plagiatorische Paranoia 407
    Fließ und die gestohlene Bisexualität 412

XII. Geschichten aus der Produktion
    (Zwischen den Kriegen) 425
    Der Superdelinquent 425
    Material 432
    Die Gründe der Reinlichkeit 439
    Die Firma 446

XIII. Verantwortlichkeiten: Postmoderne, Opfer, Täter
    (Von 1945 bis heute) 460
    Mister White 461
    Person als Text, Text ohne Person 469
    Unpersönliche Texttheorie 475
    Wilkomirski oder Die Enteignung der Opfer 481
    »meine Geschichte« 491
    Die Auslöschung der Zeugen oder die Lyrik als
    antiplagiarisches Sprechen 501

XIV. Copy/Paste: Das Plagiat als digitaler Schatten
 (Heute und morgen) 518
   Die Verteidigung des Körpers 518
   Das Plagiat als Effekt medialer Interferenz 525
   »Es gibt keine Software« 529
   Die Oberfläche 532
   Was uns nicht zu nehmen ist 536

Literatur 541

Abbildungsverzeichnis 569

Register 571

Vorwort

›Plagiat‹ – ein großes Wort für ein Buch, *zu groß*, möchte man meinen. Das Wort macht verdächtig: nicht nur diejenigen, auf die es gemünzt wird, sondern auch diejenigen, die es im Munde führen. In diesem Falle also den Verfasser, der sich insgeheim einem Verdacht ausgesetzt sieht, welcher bereits vor mehr als einem Vierteljahrhundert ausgesprochen wurde: »Gelehrte betrügen«, so heißt es in Georg Paul Hönns erstmals 1720 erschienenem *Betrugs-Lexicon*, »wenn sie den Büchern grosse und prächtige Titul geben, deren Innhalt und *Rubrum* gleichwohl nicht mit dem *Nigro* correspondiret.«[1] Übersetzt: Es gehört zum Handwerkszeug des akademischen Scharlatans, durch reißerische Begriffswahl falsche Erwartungen zu schüren, um auf diese Weise das Publikum zum Bücherkauf zu verleiten. Falls es sich bei dem nun aufgeschlagenen Exemplar um kein Ansichtsstück handelt, wäre der Betrug also bereits geschehen, was mir nicht wirklich leid tut. Immerhin verschafft mir die nun auch geschäftlich abgeschlossene Täuschung die Gelegenheit, einmal die Wahrheit über dieses Buch zu sagen.

Wahr ist: Das Buch beschäftigt sich mit Plagiaten. Insofern ist der Titel ganz gut gewählt, man könnte auch sagen: Er passt. Er wird allerdings von einem süßlichen, leicht ordinären Duft begleitet, den er niemals loswerden konnte – vom Duft der Enthüllung, einem doch eher billigen Parfum, das schon so manch seriösen Auftritt ruiniert hat. Seriosität ist aber eben nicht alles und macht auch nur selten Spaß, so dass diese Literaturgeschichte sich letztlich bereitwillig dazu entschlossen hat, mit diesem Duft zu leben; zumal dieser der Aufmerksamkeit, die ein Buch auf sich ziehen kann, sicherlich nicht abträglich sein dürfte. Im Gegenteil: Der Eros der Enthüllung versagt eigentlich nie, denn die Enthüllung macht große

---

[1] Hönn: *Betrugs-Lexicon*, 185f.

Geister kleiner und kleine Geister größer. Dass jemand uns in seiner poetischen Leistungsfähigkeit bewusst hinters Licht geführt hat und nun vor aller Augen demaskiert wird, ja: dass man sogar eine ganze Literaturgeschichte demaskieren könnte, das ist doch eine sehr ergötzliche Vorstellung, mit der man auch bei vielen gesellschaftlichen Anlässen eine einigermaßen formidable Konversation hinbekommt.

Nun sind die ersten Seiten aufgeschlagen, der Duft verflogen und die Dame ungeschminkt. Und ich muss zugeben: Dieses Buch hat gar nicht die Absicht, etwas zu enthüllen. Natürlich wird es viele Geschichten erzählen, Fälle aufrollen, Zeugen befragen und Texte sprechen lassen. Sein Augenmerk gilt dabei aber nicht primär den sogenannten ›wahren Verhältnissen‹, sondern den Denkmustern, aus denen die wahren Verhältnisse – der Dieb und der Bestohlene, das Delikt und das Eigentum – jeweils erst hervorgehen. Um es ungeschützt zu formulieren: Die Geschichte des literarischen Plagiats ist eine Mentalitätsgeschichte. Sie enthüllt nicht, sondern beobachtet vielmehr, wie sich Enthüllungen und Verhüllungen von Textvergehen im Laufe der Jahrhunderte entwickeln. Sie wird dabei selbstverständlich immer die Fakten prüfen und oftmals auch die verschlungenen Wege gestohlener Texte nachskizzieren müssen. Sie wird zugleich aber immer auch fragen, warum uns diese Dinge eigentlich interessieren und was sie mit unserem Verständnis von Literatur zu tun haben.

Dementsprechend besitzt die vorliegende Literaturgeschichte auch keinen Vollständigkeitsanspruch. Vieles fehlt; und der ein oder andere wird zu Recht einwenden, dass gerade dasjenige fehlt, über das er gerne einmal Näheres zu erfahren hoffte. Die zahllosen Gespräche, die ich im Laufe der vergangenen Monate über dieses Buch führen durfte, haben immer wieder solche Einwände zutage gefördert. Nicht selten ging daraus auch ein kleines Unterkapitel oder sogar die Neubewertung einer epochalen Gesamtsituation hervor. Nichtsdestotrotz war es mir von vornherein nicht um eine möglichst große Datensammlung, sondern um das Paradigma zu tun: Ich wollte wissen, in welcher Weise, unter welchen Umständen, zu welcher Zeit und mit welchen Folgen der Mensch auf die Vorstellung des Plagiats verfällt. Ein besonderes Anliegen war es mir dabei, nicht nur *über* Literatur, sondern vor allem auch *mit* der Literatur zu reden. Nichts und niemand weiß mehr über das Wesen des Plagiats als ein Text, der stiehlt oder sich als gestohlen betrachtet – wer daran zweifelt, darf gerne einmal bei Don Quijote nachfragen. Die Bildwelten, in denen sich die Vorstellung von der gestohlenen Literatur aufhält und bewegt, kommen aus der Literatur selbst, und wer eine Geschichte des Plagiats schreiben will, der muss sie dementsprechend aus der Literatur heraus erzählen.

Nicht jede dieser Erzählungen ist so amüsant, wie man vermuten würde; es gibt da mitunter ganz grässliche Momente. Auch stehen triviale und hochreflexive Episoden bisweilen unmittelbar nebeneinander, und wo im einen Fall das Ende der Geschichte von Anfang an absehbar ist, da muss man im anderen Fall schon einmal einige Umwege in Kauf nehmen, um überhaupt zum Ziel zu gelangen. Gerade in diesen offensichtlichen Inkohärenzen nimmt das Plagiat aber erst seine historische Gestalt an, wird es als Triebkraft historischer wie kultureller Entwicklungen überhaupt sichtbar. Wer über diese Zusammenhänge mehr erfahren möchte, der sollte in diesem Buch auf seine Kosten kommen – und mir den kleinen Betrug als Kavaliersdelikt nachsehen.

(Und bevor sich noch eine weitere Straftat unversehens hinzugesellt: Das Eingangsgedicht hat leider nicht der Verfasser, sondern Karl Kraus geschrieben.[2] Außerdem – Brecht wirft seine Schatten voraus – ist dies ein guter Ort, um festzuhalten, dass dort, wo ich auf Übersetzungen zurückgegriffen habe, der Übersetzer auch genannt wurde, was im Umkehrschluss heißt: Wo kein Übersetzer genannt wird, bin ich es selbst gewesen.)

---

2   Zu finden ist es in der *Fackel* vom 25. Oktober 1917, 16.

Bücher wie dieses entstehen nicht am Schreibtisch, sondern im Gespräch. Viele Menschen waren am Gespräch über das Plagiat beteiligt, haben Hinweise gegeben, Kritik geübt, gegengelesen. Besonders zu danken ist diesbezüglich Matthias Bickenbach, Francesca Broggi-Wüthrich, Myriam Burkhard, Eva Edelmann, Bernhard Greiner, Sabrina Habel, Nicola Kaminski, Sandra Linden, Jörg Marquardt, Volker Mergenthaler, Maria Moog-Grünewald, Steffen Schneider, Dietmar Till, Lorenz Wesemann und nicht zuletzt Andreas Kilcher, der nicht nur oft mit guten Anregungen zur Stelle war, sondern dessen Kulanz es mir auch überhaupt erst ermöglicht hat, mein Vorhaben in Angriff zu nehmen. Nicht vergessen werden dürfen schließlich Julia Aparicio Vogl, meine Lektorin, sowie Alfred und Wilhelm Klemm vom Kröner Verlag, ohne die diese Literaturgeschichte niemals geschrieben worden wäre.

Die größte Dankbarkeit verdienen naturgemäß die Personen, die mit dem Autor ihr tägliches Leben verbringen müssen oder zumindest verbringen wollen: meine Frau und meine Tochter. Ihnen sei dieses Buch gewidmet.

Zürich, den 15.3.2009   Philipp Theisohn

I. Eine unoriginelle Literaturgeschichte

Ein Mann von dreißig Jahren

Ja, dieses Plagiat überhaupt! – Wohin ich blicke – und bei meiner zunehmenden Lektur wird das immer schlimmer! – sehe ich Zug um Zug solche ›Benützer‹; ›Bearbeiter‹; ›Fortsetzer‹; ja, sogar schlechtweg: ›Diebe‹! Und, wie Sie schon bemerkten: das *Furchtbarste* dabei ist: nicht etwa auf die untersten Schichten der Schmierer beschränkt; auf den Bodensatz der Literatur – bei deren geistiger Armut es allenfalls noch verständlich, und also in gewissem Sinne verzeihlich wäre – nein!: Gerade die begabtesten Gestalten der ›Hochliteratur‹ sind es, die unbekümmert und freisamlich, in das geistige Eigentum ihrer Vorgänger hineingreifen! – Und, was fast *noch* grausamer ist: ohne diese Vorgänger irgend zu nennen!![1]

Der dreißigjährige Herr aus Arno Schmidts Dialog *Die Meisterdiebe* (1957) ist in seinem Furor kaum zu bändigen. Dabei hat sich eigentlich gar nichts Besonderes ereignet. Er ist lediglich bei der Lektüre einer Fürstenchronik aus dem 16. Jahrhundert über eine Textpassage gestolpert, die er als zentrales Handlungselement in Edgar Allan Poes Erzählung *Hop-Frog* (1849) wiederzuerkennen vermeint. Eine Ungeheuerlichkeit, gewiss – eine Ungeheuerlichkeit aber nur für denjenigen, der sich unversehens aus einer Literaturgeschichte herausgerissen sieht, die ihre Wertekategorien ganz auf dem Kriterium der Originalität aufgebaut hat. Urplötzlich findet sich der Poe-Liebhaber in einer Textwelt wieder, die bei ›zunehmender Lektür‹ nur noch Vorlagen und Einflüsse kennt – in einer unoriginellen Literaturgeschichte. Er ist in dieser Welt nicht zuhause, er kennt sich in ihr nicht aus, und so verwundert es nicht, dass ihm hier im ersten Moment des Schocks doch vieles durcheinander gerät. ›Benützen‹, ›Bearbeiten‹, ›Fortsetzen‹,

---

[1] Schmidt: *Die Meisterdiebe*, 338.

›Stehlen‹ – letztlich ist dem um das Original Betrogenen alles eins und lautet auf den gleichen Namen: Plagiat.

Das ist nun freilich keine sonderlich systematische, aber doch eine sehr selbstsicher vorgehende Begriffsbildung. Im Grunde ist sie gerade deswegen durchaus symptomatisch für die Problemlage, in deren Horizont sich eine Geschichte des literarischen Plagiats bewegen muss: Auf der einen Seite glaubt man doch sehr gut zu wissen, was das eigentlich sei, ein ›Plagiat‹; auf der anderen Seite endet jeder Versuch einer näheren Definition in einer begrifflichen Diffusion. Dabei gehen wir gemeinhin davon aus, dass sich die vermeintliche Gewissheit hinsichtlich des Wesens des Plagiats dem Rechtsdenken verdankt, die offensichtliche Ungewissheit hingegen einer Realität literarischer Praxis. Für den Literaturwissenschaftler sind in dieser Frage die Sympathien natürlich eindeutig verteilt. Ob ihm Sympathiebezeugungen im Angesicht des Phänomens allerdings weiterhelfen, darf bezweifelt werden. Womöglich wäre es besser, sich zunächst darüber klar zu werden, worin Recht und Literatur hier übereinkommen, als vorschnell festzuschreiben, was sie trennt.

Der Gegenstand, der das Recht an die Literatur und die Literatur an das Recht fesselt, ist ein ominöser Gegenstand. Er ist somit vielleicht nicht einmal ein Gegenstand, sondern vielmehr eine Vorstellung; genauer: eine Vorstellung der Beschaffenheit von Literatur. Im Schatten des Plagiats wird Literatur – das ist die Ausgangsüberlegung dieses Buches – zum Testfeld des Rechtes, das der Mensch an sich selbst hat. Je nach Bestimmung ist das ein sehr eng oder sehr weit gefasstes Recht, was natürlich vor allem auch davon abhängt, als was für ein Wesen sich der Mensch begreift. In jedem Fall aber lässt sich dieses Wesen literarisieren und in seiner literarisierten Form einem fremden Dienstherren unterwerfen. Das nennt man dann ein Plagiat. Wenn man so will, könnte man das Plagiat deswegen auch als das Refugium einer ›Metaphysik der Literatur‹ bezeichnen, denn wer vom Plagiat spricht, der unterstellt immer, dass sich Wesenheiten (also: ontologische Substrate) im Verborgenen durch die Welt der Texte bewegen und bewegen lassen – eine Vorstellung, die so fundamental ist, dass sie weder diejenigen leugnen würden, die Plagiate grundsätzlich für Rechtsdelikte halten, noch diejenigen, die sie als gesteigerte Kunstform betrachten. Und doch ist es zugleich die Dunkelheit dieser Vorstellung, die eine adäquate Auseinandersetzung beider Auffassungen bisher verhindert hat.

Drei Thesen

Das ist nun für den Anfang bereits viel zu viel. Tatsächlich genügt es fürs Erste, sich dem Plagiat fußgängerisch zu nähern. Zur Orientierung dienen uns dabei drei Fragen: Welche Erscheinungsform hat ein Plagiat? In welcher Form werden Plagiate diskutiert? Und schließlich eben: Was macht das Plagiat mit der Literatur? Drei Fragen, auf die es drei Antworten gibt:

1. Zu einem Plagiat gehören immer drei Beteiligte: ein Plagiierter, ein Plagiator und die Öffentlichkeit.
2. Plagiate entstehen dadurch, dass man sich von ihnen erzählt.
3. Plagiate verhandeln grundsätzlich ein ›inneres‹ Verhältnis von Text und Autor.

Der Ozean der Literatur und seine Bewohner

Beginnen wir bei der ersten These: *Zu einem Plagiat gehören immer drei Beteiligte: ein Plagiierter, ein Plagiator und die Öffentlichkeit.* Die Annahme, dass die bloße Doppelerscheinung eines Textes unter verschiedenen Autorennamen bereits ein Plagiat darstellt, geht fehl: Ein Plagiat, das niemand bemerkt, ist keines. Der Begriff ›Plagiat‹ beschreibt niemals das bloße Verhältnis zweier Texte, sondern er rückt diese zwei Texte in ein Verhältnis zu einer urteilenden dritten Instanz. In der historischen Perspektive empfiehlt sich hier der Begriff der ›Öffentlichkeit‹, da sich in ihm auch ein politisch-funktionaler Wandel des Plagiats verorten lässt.

Das Plagiat instrumentalisiert Öffentlichkeit – und wird zugleich von der Öffentlichkeit instrumentalisiert: Gehen wir nämlich davon aus, dass die literarische Öffentlichkeit spätestens ab dem 18. Jahrhundert zu einem machtvollen Gegenspieler der politischen Autorität avanciert,[2] dann ist beispielsweise damit zu rechnen, dass sich über Plagiatsdebatten Vorstellungen auf dem Gebiet des Eigentumsrechts etablieren, die geltendes Recht infrage stellen, bisweilen außer Kraft setzen oder auch zu einem geeigneten Zeitpunkt selbst in die Sphäre des Staates und seiner Justiz vordringen können. Das sichtbarste Resultat eines solchen Vordringens ist dann letztlich das Urheberrecht gewesen.

Umgekehrt ist aber auch das Plagiat von Anfang an öffentliche Aktion und ohne Öffentlichkeit nicht zu denken. Es geht dabei ja eben nicht nur um die Feststellung, dass sich zwei Texte etwas, sehr oder völlig ähneln, sondern diese Feststellung ist letztlich nur der Ausgangspunkt eines kriminalistischen Manövers. Um aus dem Verhältnis zweier Texte ein Plagiat zu machen, bedarf es stets einer Intention, denn der Begriff übersetzt sich nicht schlichtweg als ›Ähnlichkeit‹ oder ›Gleichheit‹, sondern er involviert immer Rechtsempfinden. Wer ›Plagiat!‹ ruft, der greift also in irgendeiner Weise auf Vorstellungen von Eigentum und Strafbarkeit zurück, und er benutzt diese Vorstellungen, um mit ihnen eine bestimmte öffentliche Wirkung zu erzielen. Es ist dabei völlig unerheblich, ob der Plagiatsbefund einer perfiden Strategie oder einer ehrlichen Entrüstung entspringt und ob aus ihm schließlich ein ästhetisches, moralisches oder tatsächlich ein juristisches Urteil erwächst. Grundsätzlich gibt es keine ›neutralen‹ Entdeckungen von Plagiaten, sondern es handelt sich stets um Gesten im öffentlichen Raum, die mit Blick auf den Plagiator einen herabwürdigenden, mit Blick auf die Öffentlichkeit

---

2 Vgl. Habermas: *Strukturwandel der Öffentlichkeit*, 116–121.

aber einen appellativen Charakter besitzen. Letzteres tritt besonders in jenen Fällen zutage, in denen derjenige, der das Plagiat entdeckt hat, selbst der Plagiierte sein will. In der Gegenwart häuft sich dieses Phänomen gewohnheitsmäßig dort, wo die Literatur ihren Eigentumswert unverhohlen ausstellt und eintreibt: in der von Philologen eher unbehelligten ›Bestseller‹-Branche.

Der Ablauf ist dabei meist derselbe: Ein dem literarischen Betrieb eher unbekannter Autor wird darauf aufmerksam, dass ein kommerziell erfolgreicher Buchtitel mehr oder weniger deutliche Anleihen beim eigenen Werk genommen hat. Als jüngeres Beispiel mag die Strafanzeige dienen, die der Hamburger Meeresbiologe Thomas Orthmann 2005 gegen den Kölner Schriftsteller Frank Schätzing erstattete, nachdem dieser in seinem preisgekrönten und hunderttausendfach verkauften Ökothriller *Der Schwarm* (2004) vielfach Auszüge aus Forschungsreportagen, die auf Orthmanns Webseite veröffentlicht worden waren, ohne Genehmigung übernommen und in seinem Roman verarbeitet hatte. Exemplarisch sei hier eines der Indizien aufgeführt, von denen Orthmann seinem Strafantrag etliche beigefügt hat. So heißt es in dem von Orthmann publizierten Artikel *Sauger für die Säuger* (zur Orientierung: es geht in diesem Artikel um einen Lösungsansatz für die Befestigung von Sendern an Walen und Delfinen):

> Bei den Robben ist die Sache einfacher. Sie können je nach Art in großer Anzahl auf ihren Ruheplätzen gefangen und schließlich ausgerüstet werden. Ihr Fell erlaubt es, die Fahrtenschreiber und Sender mit wasserfesten, schnelltrocknenden Klebstoffen einfach zu befestigen. Die Geräte lösen sich erst wieder durch einen eingebauten Auslösemechanismus, und die Klebstoffreste verschwinden spätestens beim alljährlichen Fellwechsel.[3]

---

3 *http://www.ozeane.de/news/archive/telewal.htm* (letzte Aktualisierung 30.1.2004).

I. Eine unoriginelle Literaturgeschichte

Bei Schätzing findet sich nun – in den Einschlafgedanken des indianischen Walforschers Leon Anawaks, der mit den Mitteln der Tiertelemetrie einer Reihe mysteriöser Orca-Attacken auf den Grund gehen will – folgende Passage:

> Seehunde und Robben ließen sich problemlos auf ihren Ruheplätzen fangen. Der biologisch abbaubare Kleber, mit dem die Sender befestigt wurden, haftete im Fell, trocknete schnell und löste sich irgendwann durch einen integrierten Auslösemechanismus. Spätestens beim alljährlichen Fellwechsel verschwanden auch die Klebstoffreste.[4]

Man muss hier sicherlich nicht um den heißen Brei herumreden. Die Analogie der Diktion ist in diesem Falle bereits so weit ausgeformt, dass im direkten Vergleich die syntaktischen Abweichungen Schätzings sogar noch verdächtiger erscheinen als die Übereinstimmungen.[5] Gestritten wird also nicht nur um ein *stoffliches* Patent (das dürfte im Falle des *Schwarms* dann auch eher bei Karel Čapeks 1936 erschienenem Roman *Der Krieg mit den Molchen* liegen), sondern sogar um ein *wörtliches*. Auf den ersten Blick scheint die Situation damit eindeutig zu sein, zumal der des Plagiats Beschuldigte auf Nachfrage auch einräumt, Orthmanns Quellen bei der Recherche für seinen Roman benutzt zu haben.[6] Die Fülle an ähnlich analog verlaufenden Belegstellen verschafft dem öffentlichen Beobachter schließlich die Gewissheit, dass wir es mit einem echten Plagiat zu tun zu haben und nun endlich wissen, wovon wir eigentlich sprechen.

Glaubt man. Das anhängige Ermittlungsverfahren wegen einer gewerbsmäßigen, unerlaubten Verwertung urheberrechtlich geschützter Werke wurde am 29. September 2005 von der Kölner Staatsanwaltschaft mangels hinreichenden

---

4 Schätzing: *Der Schwarm*, 229.
5 Gerade das ist im Horizont des Schmidt'schen Dialogs »das wahre Kennzeichen des Plagiators: daß er noch ein ganz kleines bißchen Scham hat«. (Schmidt: *Die Meisterdiebe*, 355)
6 Schätzing: *Kann denn Recherche Sünde sein?*

Tatverdachts (und ohne ausführliche Begründung) eingestellt. Obwohl es sich bei Schätzings Roman also nach rein formalen Gesichtspunkten zweifellos um eine nicht markierte Fremdtextnutzung handelt, so ist diese juristisch, d. h. als Urheberrechtsverstoß, nicht fassbar. Die Gesetzgebung nimmt nämlich (in Gestalt von § 24 I UrhG, der die Schaffung selbständiger Werke durch die ›freie Benutzung‹ anderer Werke regelt[7]) ausdrücklich und zu Recht darauf Rücksicht, dass Literatur einen Textdiebstahl meist nicht einfach *begeht*, sondern ihn auch *inszeniert*; dass sie ihr Diebesgut in poetische Konzepte einbindet, arrangiert, kurzum: dass der plagiatorische Akt selbst wiederum einen literarischen Wert besitzen kann. Was sich in der Rechtsprechung das ›Tatbestandserfordernis‹ der ›Verblassung‹ eines entlehnten Textes nennt, ermöglicht der Literatur demnach bis zu einem gewissen Grad die Integration fremden Gedankenguts – selbst noch im Wortlaut. Im Gegensatz zum wissenschaftlichen Plagiat zeichnet sich das literarische Plagiat nämlich dadurch aus, dass es sich dem Aussagehorizont, dem ›Pragma‹ des geraubten Textes nicht verpflichtet, sondern diesen einer ganz anderen, eben einer *literarischen* Wirklichkeit zuordnet. Mit anderen Worten: Ein längerer unausgewiesener Auszug aus Thomas Orthmanns Erforschungen wildlebender Meeressäuger in einer ozeanografischen Dissertation ist justitiabel. Derselbe Auszug als Reflexion einer Romanfigur wie Leon Anawak ist es eben noch lange nicht.

Man kann diese Ohnmacht der Rechtsprechung im Angesicht solcher Raubzüge den originalgläubigen Klägern nun hämisch vorhalten. Tatsächlich ist abzusehen, dass das Phänomen des literarischen Plagiats mit den urheberrechtlichen Maßstäben der Justiz nicht in Übereinstimmung zu bringen ist, wir uns von dorther also keine Definitionshilfe erwarten dürfen – wie dann ja auch das ›Plagiat‹ überhaupt keinen

---

[7] Zur unterschiedlichen Auslegung von § 24 I UrhG vgl. Fischer: *Das Literaturplagiat*, 90–107.

Rechtsbegriff darstellt.[8] Vor diesem Hintergrund ist es verständlich, dass der Literaturbetrieb für diejenigen, die Literatur ernsthaft zu einer Sache der Staatsanwälte machen wollen, nur Spott und Verachtung übrig hat. Als Beispiel sei hier die Presseerklärung des Verlegers Lutz Schulenburg angeführt, dessen Verlagshaus sich einem Plagiatsvorwurf des Münchner Journalisten Peter Leuschner gegen Andrea Maria Schenkels Erfolgskrimi *Tannöd* (2006)[9] ausgesetzt sah:

> Plagiatsvorwürfe, einmal abgesehen von ihrem moralisierenden Beigeschmack und der eventuellen Absicht, üble Nachrede in Umlauf zu bringen, sind eine Freude für Juristen, die in der Metaphysik des Urheberrechts zu Hause sind. Da kann man sogar als Verleger wenig ausrichten, sind doch nur Juristen in der Lage, alle Präzedenzen, Fallstricke, Gründe und Abgründe zu kennen und die Wirrnisse zu ent- oder verwirren. Darüber hingegen, was ein literarisches Werk ist, gibt natürlich nur das Schaffen der Künstler selbst Auskunft.[10]

Aus der Perspektive der institutionalisierten Literaturproduktion ist der Fall somit klar: Geistiges Eigentum ist ein Trugbild, eine »metaphysische« Chimäre, die mit der angemessenen Beurteilung literarischer Leistungen und Wertschöpfungen nichts zu tun hat. Namhafte Bürgen vom Schlage Goethes, Heines, Brechts oder Manns stehen im Bedarfsfall (und so auch bei Schulenburg) zur Untermauerung dieser These bereitwillig zur Verfügung – und wenn die es schon behaupten, dann kann es ja gar nicht falsch sein. (Dass all diese ›Plagiatsapologeten‹ freilich einen ihnen jeweils eigenen Ar-

---

[8] Wenn dieser Feststellung im juristischen Kontext noch eine gewisse Bescheidenheit anmutet (Ulmer: *Urheber- und Verlagsrecht*, 273), so erscheint sie in der ostentativen Häufung zu Beginn literaturwissenschaftlicher Handbuchartikel eher als Bemächtigungsrhetorik, mit deren Hilfe man das Feld des Plagiats ohne Rücksichtnahme auf Rechtshintergründe ganz alleine bestellen kann.
[9] Vgl. Sippell: *Eine wirkliche Schauergeschichte*, 60.
[10] Schulenburg: *Erklärung*. Das anhängige Verfahren wurde im Übrigen eingestellt.

gumentationshorizont besitzen, den man sich selbst erst erarbeiten müsste, übergeht man dabei geflissentlich.) So sieht sich das Urheberrecht mitsamt seinen doch beschränkten Bestimmungsinstrumenten einem Literaturverständnis gegenüber, das geistige Besitzansprüche als einen Anachronismus betrachtet und den geistigen Diebstahl nicht zur strafbaren Ausnahme, sondern zum straflosen Regelfall erklärt. Das ist ja im Grunde auch ganz einfach zu verstehen, wenn man sich nicht – wie eben Thomas Orthmann – nur »in den Kabeljauarealen der Weltmeere« auskennt, sondern auch weiß,

> wie in der (Post-)Moderne literarische Texte entstehen [...]. Alle schreiben von allen ab, auch Thomas Mann von Adorno, eignen sich andrer Leute Gedankengut an und formen daraus neue feine Sätze.[11]

Hier sind wir dann im Grunde wieder bei Arno Schmidts jungem Mann und seinem Zornesausbruch angekommen: Die Literaturgeschichte ist und war schon immer ein einziger Plagiatsfall, und kein Gericht der Welt kann dagegen etwas unternehmen. Wie sollte es auch? Die Rechtsnorm muss ja die Realität literarischer Produktion nahezu zwingend verfehlen, denn um die Literatur ›unter das Recht‹ zu bringen, muss man sie zuerst wieder auf Begrifflichkeiten verpflichten, die ihrem Selbstverständnis auf wundersame Weise abhanden gekommen sind: Autor, Werk, Verantwortung, Intention. All diese Begriffe braucht man, wenn man Literatur rechtlich fassen will. Und dementsprechend kann es auf dieser Ebene gar keine Verständigung mit einem Denken geben, das keine Werke, sondern nur noch ›Textur‹, und keine Autoren, sondern nur noch ›Medien‹ kennt.

Die Versuchung liegt nahe, als Konsequenz aus diesem Dilemma eine der beiden Parteien zu ignorieren, die Plagiatsgeschichte also entweder nur vom Standpunkt der literarischen Verrechtlichung aus zu schreiben (und damit wider besseres Wissen davon auszugehen, dass Plagiate sich tatsächlich ge-

---

[11] Moritz: *Alle schreiben von allen ab.*

setzlich objektivieren lassen) oder ganz in den Bereich der literarischen Selbstreflexion zu verlegen (von dem aus gesehen das Plagiat immer als ein ideologisches Relikt erscheinen muss). Sinnvoll und angemessen scheint indessen nur eine Perspektivierung des Plagiats zu sein, die beide Standpunkte zu integrieren vermag, indem sie auf jeder Seite die berechtigten Argumente von ihrer ideologischen Verzerrung zu trennen beginnt. So könnte man in der Tat das stets wiederkehrende Lamento der ›Textbesitzer‹ in einem literaturhistorischen Kontext ungehört verklingen lassen, gäbe es nicht ernstzunehmende Anzeichen dafür, dass ›Eigentum‹ sehr wohl auch als eine literarisch *produktive* Größe verstanden wird. Der spanische Romancier Javier Marías etwa beschwört in einer im Januar 2008 verfassten Kolumne für *El País* die Gemeinschaft der Literaten als ›Eigentumsgemeinschaft‹, ergo: als eine Gemeinschaft, die ohne Eigentum zu existieren aufhört.

> Meinen Sie etwa, dass wir uns so viel Mühe geben würden, wenn unsere Werke sofort zum Gemeineigentum werden würden, wenn unser geistiges Eigentum sofort aufhören würde unser zu sein und wir aus unseren Erfindungen keinen Euro bekommen würden? Ich, ehrlich gesagt, würde keine Zeile schreiben. Genauer gesagt, ich würde keine Zeile veröffentlichen. Wie Salinger würde auch ich meine Texte in einer Schublade aufbewahren, bis respektvollere, weniger ›ausplünderische Zeiten‹ kämen.[12]

Tiempos saqueadores – ›ausplünderische Zeiten‹, es ist ein Kreuz. Tatsächlich lässt sich aber an dieser Einlassung sehr gut ablesen, wohin sich die Diskussion mittlerweile verlagert hat: Schreiben, um zu besitzen – besitzen dürfen, um schreiben zu können. Dies ist letztendlich die komprimierte Poetologie des modernen Urheberrechts und es empfiehlt sich, diese ernst zu nehmen: Eine Literatur, die um den Willen zum Besitz entsteht, verinnerlicht diesen Willen, gestaltet ihn und

---

12 Marías: *Tiempos saqueadores*; Übersetzung Guillermo Aparicio.

bringt ihn zum Sprechen. Und was für den Willen zum Besitz gilt, das gilt in gleichem Maße natürlich auch für die Angst vor der Besitzlosigkeit, vor der ›Ausplünderung‹. Das literarhistorische Profil des Plagiats ist demnach auch und gerade von der Seite zu entziffern, die es zur Fahndung ausschreibt und zu bekämpfen sucht. (Selbst, wenn sich dieser Versuch, wie im Falle von Marías, darauf beschränkt, das Urheberrecht für geistige Schöpfungen zu entfristen.)

Auf der anderen Seite ist aber auch der Logik einer außergesetzlichen Literatur durchaus etwas abzugewinnen – und wenn es zunächst vielleicht auch nur die Bilder sein mögen, in denen sie ihren Gegner beschreibt. So erscheint einer in Plagiatsfragen erfahrenen und gerichtlich erprobten Autorin wie Kathy Acker[13] das Urheberrecht nur mehr als Weg der Literatur in die Prostitution:

> Wir verdienen unser Geld mit diesem blöden Gesetz, aber wir hassen es, weil wir wissen, daß es Schwindel ist. Das ist einer der fundamentalen Widersprüche des Lebens im Kapitalismus. Ich verkaufe mein Urheberrecht, damit verdiene ich mein Geld.
> *Du verkaufst dein Urheberrecht?*
> Damit verdienen Schriftsteller ihr Geld. Nicht ihre Arbeit ist ihr Eigentum, sondern das Urheberrecht. Es wird zweimal für je 26 Jahre erneuert. Mit 52 Jahre altem Material kann

---

13 Acker hat ihre Theorie des plagiarischen Textspiels tatsächlich in die Praxis umgesetzt und es sich geradezu zum Arbeitsprinzip gemacht, fremde Texte – das reicht von *Don Quijote* (1605/15) über Dickens' *Great Expectations* (1861) und Mark Twains *Huckleberry Finn* (1884) bis hin zu William Gibsons *Neuromancer* (1984) – auszugsweise in das eigene Schreiben zu importieren, neu zu arrangieren oder zu dekontextualisieren. 1978 kommt sie dabei ernsthaft mit dem Gesetz in Konflikt, weil ein Journalist vier Seiten aus Harold Robbins' Bestsellerroman *The Pirate* (1974) in Ackers Erzählung *Adult Life of Toulouse Lautrec* (1978) nicht nur wiederentdeckt, sondern auch – Ackers Spezialität – pornografisch überzeichnet vorgefunden hatte. Robbins und seine Verlegerschaft reden von ›Plagiat‹ und Ackers eigene Verlegerin fordert von ihrer Klientin eine öffentliche Entschuldigung gegenüber Robbins – die Acker, die sich keiner Schuld bewusst ist, natürlich ablehnt.

ich alles tun, was ich will. Was ist also Eigentum? Eigentum stirbt nach 52 Jahren?[14]

Die Literatur des Urheberrechts ist also eine Zuhälterin. Sie verkauft nichts – außer dem zeitlich befristeten Recht an der Person. Umgekehrt wächst in dieser Perspektive das Plagiat zu einer emanzipatorischen und freiheitlichen Kunstform heran: »Ich benutze deine Arbeit, du benutzt meine Arbeit, wir benutzen die Arbeit von allen. Mir gefällt diese Vorstellung unheimlich gut, als wenn man tanzen könnte ...«[15] Was hier so leichtfüßig daherkommt, hat seine Voraussetzungen natürlich in der Entdeckung, »daß es keine individuellen Besitztümer der Sprache gibt, und daß deshalb PLAGIARISMUS Stoff der Literatur ist, oder wie jemand mal gesagt hat: PLAGIARISMUS ist nicht nur zugelassen, er ist angeraten.«[16] Raymond Federman, von dem diese Merksätze stammen, rekurriert natürlich seinerseits wieder auf das Ideologem einer umfassenden ›Diskursivierung‹ der Sprache, die es unmöglich macht, zu schreiben, zu sprechen oder zu denken, ohne sich bereits an fremdem Material zu vergreifen. Die Konsequenz für die Literatur liegt in diesem Fall dann darin, dass sie sich vom Gedanken des Originals verabschiedet und erkennt, dass sie immer nur dabei ist, an einem gigantischen ›Prä-Text‹ zu arbeiten, der nie vollendet werden wird, sondern sich nur von Plagiat zu Plagiat wiederholt, variiert, verschiebt.

Diese Einsichten muss und darf man nicht vorbehaltlos übernehmen oder gar zur Grundlage einer Historisierung des Plagiatsgedankens machen. Dennoch artikuliert sich in ihnen auch eine Wahrheit, über die nicht naiv hinweggesehen werden kann: Die Literatur besitzt ein unendliches Potential zum Plagiat. Alles lässt sich in ihr verbinden, alles lässt sich auf alles zurückführen, wenn man nur möchte. Die Entdeckung ist gut, allein es kommt auf die Differenzierung der aus ihr folgenden Konsequenzen an. Nur weil Plagiate sich überall und

14 *Mythen schaffen*, XVII.
15 Ebd.
16 Federman: *Kritifiktion*, 90.

jederzeit konstruieren lassen, heißt das noch lange nicht, dass sie prinzipiell substanzlos sind, keine Referenz jenseits des Textes finden, überhaupt nicht verantwortet werden können. An dieser Stelle – und nicht vorher – muss eine Kritik des postmodernen Plagiatsdenkens einsetzen: ›Verantwortung‹. Nicht erst seit Foucault hat die literaturtheoretische Reflexion massiv zur Verflüchtigung von Verantwortlichkeiten aus dem Raum der Literatur beigetragen. Im Horizont zeitgenössischer Theoriebildung lassen sich Texte weder stehlen noch überhaupt besitzen, denn sie ›fließen‹: Die Literatur ist ein einziger Ozean, in dem alles mit allem verwoben ist und dessen Rhythmus von den Gezeiten bestimmt wird. Den naiven Leser lockt das Faszinosum der Meerestiefe; er geht davon aus, dass es dort unten irgendwo Leben gibt, dass sich dort schöne, seltene Exemplare finden lassen, ebenso wohl Schwärme, die von jeder Strömung getrieben werden. Und Räuber gibt es dort sicher auch. Den literaturtheoretisch geschulten Leser und Schreiber kümmert all das indes nicht. Das Meer ist ihm kein Lebensraum, sondern allenfalls eine ›Struktur‹, »der Archetypus aller glatten Räume«.[17] Der Dichter erscheint ihm dementsprechend auch nicht als ein in der Literatur in irgendeiner Weise fortlebendes Wesen, sondern als ein Oberflächenphänomen, als eine sich im ›Strom der Welt‹ schäumend überbeugende Welle, in der sich der Sonnenglanz bricht, wie man mit Goethes Tasso sagen möchte.[18] Die Frage, woher ein Text kommt und wem er denn gehöre, erscheint ihm aus dieser Perspektive notgedrungen etwa genau-

---

17 Deleuze/Guattari: *Tausend Plateaus*, 665.
18 »Ich scheine nur die sturmbewegte Welle. / Allein bedenk, und überhebe nicht / Dich deiner Kraft! Die mächtige Natur, / Die diesen Felsen gründete, hat auch / Der Welle die Beweglichkeit gegeben. / Sie sendet ihren Sturm, die Welle flieht / Und schwankt und schwillt und beugt sich schäumend über. / In dieser Woge spiegelte so schön / Die Sonne sich, es ruhten die Gestirne / An dieser Brust, die zärtlich sich bewegte.« (Goethe: *Torquato Tasso* [1780–89], 166f. = vv. 3435–3444) Ausführlich zu dieser Passage und zu ihrer Verankerung in Goethes Wellenpoetologie vgl. Bickenbach: *Der Dichter als Welle*.

so sinnvoll wie die Frage, welche Meereswelle denn zuerst da war und ob es nicht vielleicht sogar immer dieselbe Welle ist. Im Ozean der Literaturtheorie jagt man vergebens nach Ursprüngen und Eigentümern. Da hilft dann auch keine Tiertelemetrie mehr.

Nun hatten wir ja aber ausdrücklich die ›Integration‹ der Perspektiven in Aussicht gestellt und immer noch ist nichts davon zu sehen. Statt dessen stehen wir immer noch vor der monströsen Wahl zwischen der Skylla des Urheberrechts und der Charybdis postmoderner Literaturreflexion, was bedeuten würde, dass dieses Buch schon zuende wäre, bevor es überhaupt angefangen hat. Denn wie will man eine Literaturgeschichte des Plagiats schreiben, wenn man davon ausgehen muss, dass es im Grunde gar keine literarischen Eigentumsinstanzen mehr gibt? Auf der anderen Seite sieht es aber auch nicht besser aus: Wenn das Plagiat eine Vorstellung wäre, die dem Rechtsdenken entspringt und der die ›literarische Basis‹ fehlt – wie könnte man dann noch von einer ›*Literatur*geschichte‹ des Plagiats sprechen? Nun ja: vielleicht deswegen, *weil das Plagiat eben selbst Literatur ist* – was uns zu unserer zweiten Feststellung führt.

Die Plagiatserzählung

Plagiate entstehen dadurch, dass man sich von ihnen erzählt. Sie erscheinen uns ausschließlich in Erzählungen; Erzählungen, die manchen ›unvermeidbar‹ scheinen, weil sie sich grundsätzlich auf jeden Text beziehen könnten,[19] Erzählun-

---

19 Vgl. Schwartz: *The Culture of the Copy*, 313, der zugleich mit einem schönen Vergleichsbeispiel aufwartet: »Inevitable, because, like déjà vu, plagiarism is recursive, unsolicited, irrepressible. Inevitable as a recipe constantly resurfacing, such that Aunt Anne's scrumptious spongecake may be the economical 1934 spongecake of the Cook County Hospital Ladies' Auxiliary may be the 1896 spongecake measured out by Fannie Farmer may be the spongecake reported by Mrs. Mary Cole who in 1788, ›like the sages of the law,‹ struggled to cite her sources ›where the receipt is not original,‹ as hardly ever it was …«.

gen, die uns aber eben von Fall zu Fall mehr oder weniger überzeugen. Was uns an Plagiatsfällen interessiert, ist demnach weniger das reine Faktum einer Textkopie, sondern die Geschichte, die man sich von ihr erzählt: Das, was wir ›Plagiat‹ nennen, wird immer erst auf der Folie einer Plagiats*erzählung* sichtbar, und zu dieser Plagiatserzählung steht es in einer seltsam anmutenden Beziehung, denn einerseits bringt die Erzählung das Plagiat hervor: ›Hier, dieser Text hat doch sehr starke Ähnlichkeiten mit einer meiner Novellen – und ich weiß auch, woher diese Ähnlichkeiten kommen, nämlich daher, dass der Mensch, der ihn geschrieben hat, der Bekannte einer guten Freundin von mir ist, der ich einmal ein Manuskript ausgeborgt hatte und die es dann seltsamerweise zwei Monate lang nicht mehr finden konnte, weswegen sie mit im Boot sitzt, ohnehin hatte ich seit letztem Jahr den Eindruck, als ob sie sich wegen dieser einen Sache damals an mir rächen wollte, und dann kommt dieser Bekannte nun hinzu – es passt alles.‹ *Jetzt* erst reden wir von einem Plagiat, und zwar deswegen, weil es sich erzählen lässt. Andererseits aber verfolgt diese Erzählung natürlich nur ein Ziel: nämlich das Plagiat durch die Erzählung wieder aufzulösen: ›Ihr habt die Geschichte gehört, der Fall ist ganz klar, mein Text ist das Original, der andere ein Plagiat – und das Plagiat muss verschwinden.‹ Wenn wir also das eigentümliche Verhältnis zwischen dem Plagiat und der Plagiatserzählung auf eine Formel bringen wollten, dann kämen wir in etwa auf folgendes Paradoxon: Die Plagiatserzählung *erzeugt* das Plagiat – indem sie es *aufzulösen* versucht.

Nun erzählt sich solch ein Plagiat nicht von alleine, sondern es ist ja eben nur dort als ein solches zu erkennen, wo man die Kulisse der falschen Wirklichkeit mit ihren falschen Autoren und falschen Eigentumsverhältnissen rücksichtslos über den Haufen geworfen hat. Zueigen ist der Plagiatserzählung von dorther ein gerüttelt Maß an Indiskretion: Sie begnügt sich weder mit juristischen Haarspaltereien noch mit einem nonchalanten Hinweis auf eine diskursive Eigendynamik, sondern verlangt nach Namen, Orten, Daten, Motiven, nach

»Lebenserfahrung«.[20] Sie wühlt im Privaten, in den Biografien, den Lese- und Schreibgewohnheiten, im Bekanntenkreis und in der Psyche der Beteiligten. Die Plagiatserzählung hat eine Tendenz zur Kriminalerzählung, dementsprechend kann sie sowohl be- als auch entlasten. Oft hält sich dies die Waage, mit dem Effekt, dass niemand wirklich für das angezeigte Verbrechen haftbar gemacht werden kann, aber alle irgendwie doch verdächtig bleiben.

Manche dieser Erzählungen beginnen recht harmlos. Zum Beispiel so: Ein türkisches Mädchen lässt in den fünfziger Jahren die erdrückenden Sittenvorstellungen der anatolischen Dorfgemeinschaft hinter sich, zieht mit ihrer Familie zunächst nach Istanbul, findet dort einen Mann, heiratet ihn, bekommt ein Kind und beginnt schließlich in Deutschland eine neue Existenz als Gastarbeiterin. Das ist sicherlich kein unbeschwerter und komplikationsfreier Lebensweg, gegangen sind ihn freilich einst Abertausende türkischer Frauen, unter ihnen auch die Mutter des Schriftstellers Feridun Zaimoğlu. Ihre Geschichte hat der Sohn in seinem von der Kritik mit Lob überhäuften Roman *Leyla* (2006) verarbeitet. Auf den zweiten Blick fiel einer Germanistin nun allerdings auf, dass es solch einen Roman bereits einmal gegeben hatte. Sie erinnerte sich an einen Text, der nicht einmal an abseitiger Stelle publiziert worden war, sondern sogar im gleichen Verlag wie Zaimoğlus Werk, einen Text, der seiner Verfasserin immerhin 1991 noch den Bachmann-Preis eingebracht hatte.[21] (Mit anderen Worten: ein Text, an den auch die Buchkritik sich hätte erinnern können, wäre sie nur im Besitze des bei Arno Schmidt eingeforderten ›gusseisernen Gedächtnisses‹ gewesen.) Emine Sevgi Özdamars Roman *Das Leben ist eine Karawanserei hat zwei Türen aus einer kam ich rein aus der anderen ging*

---

20 Riedel: *Der Schutz des Urheberrechts*, 76.
21 Vgl. Güntner: *Der schwerste Vorwurf*; Weidermann: *Streit um den Roman »Leyla«*, 37; Spiegel: *Zaimoglu gegen Özdamar*, 41. Den Bachmann-Preis hatte Özdamar für einen Auszug aus Ihrem Roman bekommen, der vorab veröffentlicht worden war.

ich raus (1992) fiktionalisiert nun natürlich nicht die Jugend von Zaimoğlus Mutter, sondern die seiner Verfasserin. Dass sich die beiden Lebensläufe ähnlich ausnehmen, mag sehr gut möglich, ja, mag sogar wahrscheinlich sein. Dass beide Romane ähnliche Handlungsstrukturen ausbilden, ließe sich vor diesem Hintergrund sodann der Gleichförmigkeit der geschilderten Schicksale zuschreiben. Verdächtig wird die Beziehung beider Texte erst in jenem Moment, in dem sich die Analogien auch in Handlungsdetails und Metaphorik fortsetzen – und das tun sie.

An diesem Punkt bricht die Diskussion wie von selbst aus der innerliterarischen Reflexion aus, denn nun steht der Plagiatsvorwurf im Raum, also eine ganz andere Erzählung. In deren Zentrum rückt nun nicht vorrangig – wie zu erwarten wäre – die Frage nach der Originalität und nach dem kreativen Primat (in etwa: Verdient Zaimoğlu so viel Anerkennung für einen Roman, den es in gewisser Weise schon gibt?), es geht da auch weitaus weniger um Neid und Missgunst, als man erwarten dürfte. Der Schock über die verdoppelte Geschichte sitzt tiefer. Nahezu instinktiv rekurrieren die beiden Beteiligten gerade auf dasjenige, was sich – anders als Zitate und auffällige Ähnlichkeiten – einer objektiven Messbarkeit verweigert: das ›Persönliche‹. Sowohl Özdamar als auch Zaimoğlu begreifen ihre Texte nicht allein als Ware, über deren Wert und Besitz zu verhandeln wäre, sondern sie verstehen Literatur als eine Inkarnation der eigenen ›Persönlichkeit‹. Als Özdamar zum ersten Mal das Ausmaß der Analogiebildungen in Zaimoglus Roman überblickt, findet sie für ihren Gefühlszustand einen nur auf den ersten Blick pathetischen, tatsächlich aber doch recht zutreffenden Ausdruck: »Sie fürchtet, ihre Lebensgeschichte sei ihr gestohlen worden«.[22] Zaimoğlu seinerseits sieht sich dazu genötigt, seinen Text auf genau dieser Ebene zu verteidigen: Er verwahrt sich gegen die Rufschädigung, denn die ›Persönlichkeit‹ des Romans gehöre

---

22 Weidermann: *Abgeschrieben?*, 37.

ihm als rechtmäßiger Erbteil. Er besitzt diesen Erbteil – zumindest sagt er das – auf Tonbändern, die ihm seine Mutter besprochen habe und die er zum Beweis der Identität von außerliterarischer und literarischer ›Persönlichkeit‹ im erforderlichen Fall der Öffentlichkeit vorlegen will. (Eine eidesstattliche Versicherung hinsichtlich der ›Authentizität‹ von *Leyla* haben sowohl Zaimoğlu als auch seine Mutter bei einem Anwalt hinterlegt.[23])

Die ›Persönlichkeit‹ des Textes

Man sollte meinen, dass spätestens hier das Feld des Philologen verlassen ist: biografische Bekundungen, ›authentisches Schreiben‹, ›Beweise‹ – das klingt alles nicht nach einem zeitgemäßen Literaturverständnis. Zu einem zeitgemäßen Plagiatsverständnis vermag der obige Fall allerdings einiges beizutragen, denn jene ›Verhaftung‹ der ›Person‹ im Text mag sich in der Auseinandersetzung um *Leyla* zwar in besonderer Weise bemerkbar machen; sie ist indessen als ein konstitutives Element des Plagiatsbegriffes zu verstehen. Und so lautet unsere dritte Feststellung: *Plagiate verhandeln grundsätzlich ein ›inneres Verhältnis‹ von Text und Autor.* Dies zielt nun weniger auf die auktorial-biografische Komponente, die die Plagiatserzählung der Literatur immer wieder zuspricht. Bezeichnet ist damit vielmehr der Umstand, dass Plagiatsdenken dem Schreiben eine Physiognomie unterstellt, die als Signatur des Verfassers gewertet und wiedererkannt werden kann, sobald sie in einem fremden Text auftaucht. Was die Kontroverse zwischen Özdamar und Zaimoğlu zutage fördert, ist demnach nichts weiter als der Grundgedanke des Plagiats: Der gestohlene oder als gestohlen bezeichnete Text ist kein wie auch immer geartetes ›Objekt‹, zu dem sich Plagiator und Plagiierter auf diese oder jene Weise verhalten können. Es geht da um mehr. Es geht um das eigene Leben.

---

23 Güntner: *Der schwerste Vorwurf.*

Die ›Persönlichkeit‹ des Textes 19

Wenn Martial in der oft berufenen Gründungsszene des Plagiats den Dichter Fidentinus, der ausgiebig aus Martials Büchern zitiert, einen *plagiarius* nennt,[24] dann ist das im ersten Jahrhundert nach Christus ein wohlbedachtes Wort. Anders als noch bei Seneca steht der Begriff bei Martial nicht mehr für einen ordinären Plünderer. Das Diebesgut des Fidentinus ist weder Gut noch Geld, sondern es handelt sich um Sklaven, die von ihrem Dienstherren – Martial – in die Freiheit entlassen wurden. Die Formulierung *plagiarius* setzt in diesem Zusammenhang eine nicht ganz einfach zu fassende Vorstellung voraus. Tatsächlich können Sklaven, die man aus dem Dienstverhältnis entlassen hat, ja nicht wirklich ›geraubt‹ werden (denn dazu müssten sie ja noch jemand anderem gehören). Wenn man denjenigen, der die Freigelassenen nun erneut versklavt, aber einen *plagiarius* nennt, dann heißt das nichts weniger, als dass die Sklaven immer noch etwas mit sich führen, was ihrem einstigen Besitzer gehört.

Hier sind wir nun am entscheidenden Punkt angelangt: In der Vorstellungswelt des Plagiats ist Literatur nicht nur eine Ware, sondern eine Sklavin, deren Identität ganz und gar durch den Dienst am Urheber bestimmt wird. Wird Literatur öffentlich, lässt man sie also frei, dann ergibt sich daher ein kleines Problem, denn wie bei allen Herr-Knecht-Verhältnissen ist die Abhängigkeit reziprok (das ist die alte Hegel'sche Pointe). In verständlicher Übersetzung: Quittiert die Literatur den Dienst an ihrem Schöpfer, dann läuft in ihr auch dessen Identität ungeschützt in der Weltgeschichte herum – »esse

---

24 Martial: *Epigramme* [80 n. Chr.] I, 52. Man muss an dieser Stelle darauf aufmerksam machen, dass die landläufige Übersetzung des *plagiarius* als ›Kinderräuber‹ philologisch nicht wirklich gedeckt ist, durch die betreffende Martial-Stelle zumindest auf keinen Fall, auch durch ältere Textzeugen wie Cicero (*Epistulae ad Quintum fratrem* [60–54 v. Chr.] I, 2, 2) oder Seneca (*De tranquillitate animi* [um 60 n. Chr.] VIII, 4) nicht. Die ideelle Transposition, die aus Sklaven und Herren Kinder und Eltern macht, ist nachvollziehbar, gleichwohl aber selbst wiederum historisch kodiert und interpretationsbedürftig.

meos manuque missos«[25] – »sie sind mein und von meiner Hand geschickt«, soll Quintianus seinem Freund Fidentinus von Martial ausrichten. Freigelassene Sklaven führen demnach zwar ein eigenes Leben und verkehren, mit wem sie wollen. Gleichzeitig bleiben sie aber immer auch ein Teil der Geschichte ihrer Urheber, ein Stück des eigenen Lebens. Tatsächlich – ziehen wir den historischen Kontext hinzu – unterstehen sie sogar immer noch rechtlichen Bindungen an ihren Dienstherren.[26] Wenn jemand sie ›raubt‹ und erneut zu Sklaven macht, dann trifft er damit folglich den Vorbesitzer in der Integrität seiner ›Person‹. (Weswegen auch die Frage, ob das Urheberrecht ein Eigentums- oder ein Personenrecht sei, unter den Juristen des 19. Jahrhunderts zum echten Streitpunkt geworden ist.[27])

Der Grund, warum man die ›Person‹ und das ›Persönliche‹ in diesem Zusammenhang permanent in Anführungszeichen setzt, liegt darin, dass es sich hierbei um keine austauschbaren oder schlecht gewählten Ausdrücke für ein wie auch immer geartetes Subjektempfinden handelt. Es handelt sich um Rechtsbegriffe, die seit Martials Zeiten mit der Urheber-

---

25 Das Epigramm im Ganzen: »Commendo tibi, Quintiane, nostros – / nostros dicere si tamen licebit libellos / possum, quos recitat tuus poeta: / si de servitio gravi queruntur, / assertor venias satisque praestes / et, cum se dominum vocabit ille, / dicas esse meos manuque missos. / hoc si terque quaterque clamitaris, / impones plagiario pudorem.« – »Dir, Quintianus, anempfehle ich meine / – so ich sie noch meine Büchlein nennen / kann, so lange sie einer deiner Dichter im Munde führt: / wenn sie sich ob ihres schweren Sklavenloses beklagen, / tritt als Verteidiger ihrer Freiheit hervor und leiste ihnen zur Genüge Beistand / und sollte sich jener zu ihrem Herren ernennen, / sag sie sind mein und von meiner Hand geschickt. / Wenn du dies drei- oder viermal ausrufst, wirst du den Plagiator mit Scham beladen.« (Martial: *Epigramme* I, 52)
26 Vgl. Schumacher: *Sklaverei in der Antike*, 291ff.; ausführlicher zu diesen Konstellationen aber Kapitel II, S. 35ff.
27 Vgl. dazu Kapitel X, S. 333ff.

rechtsfrage verknüpft sind[28] und die sich in deren Umfeld bis heute erhalten haben. So geht auch die heutige Rechtsprechung immer noch davon aus, dass ein literarisches Werk über »eigenpersönlich geprägte Bestandteile« verfügt,[29] die ihrerseits dem Urheberrechtsschutz unterstehen. Ließe sich also eindeutig zwischen der Übernahme eines frei verfügbaren, etwa eines historischen Stoffes und der Übernahme eines durch einen Verfasser vorgeprägten Stoffes unterscheiden, so wäre Erstere legal, Letztere aber ein Rechtsfall. Die Klagen derjenigen, die sich um ihren Text gebracht sehen – das gilt beispielsweise für die oben erwähnten Herren Orthmann und Leuschner –, zielen folgerichtig auf ebenjenen zweiten Aspekt der widerrechtlichen Aneignung ›eigenpersönlich geprägter Stoffe‹. Wenn es auch – eben mangels objektiv nachvollziehbarer Trennschärfe zwischen ›freiem‹ und ›eigenpersönlichem‹ Anteil – um die Erfolgsaussichten solcher Plagiatsklagen eher schlecht bestellt ist,[30] so wurzelt die Intention der Rechtsbestimmungen doch zweifelsfrei in einem Bewusstsein von der ›Textpersönlichkeit‹. Dieses Bewusstsein prägt und steuert das Plagiatsnarrativ von Grund auf, unabhängig davon, ob dieses letztlich gerichtlich vorstellig wird oder nicht.

Zugleich muss im Horizont der ›Textpersönlichkeit‹ eine Kategorisierung aufgegeben werden, die heutzutage leider nahezu alle literaturwissenschaftlichen Lexika durchzieht: die

---

28 Zum Zusammenhang von Urheberrecht und Persönlichkeitsrecht (und insbesondere zu dessen Wurzel im römischen Recht) vgl. Möller: *Die Unübertragbarkeit des Urheberrechts*, 95–118.
29 Siehe Urteil des BGH I ZR 65/96 vom 29.4.1999.
30 Die nationale und internationale Rechtsgeschichte kennt Verurteilungen auf dieser Rechtsgrundlage bezeichnenderweise vor allem in jenem Textmilieu, in dem der direkte Bezug auf Fremdtext nicht erst gesucht werden muss, sondern zum Programm gehört: bei den Weitererzählungen. (So etwa im Falle von Alexander Mollins unter dem Titel *Laras Tochter* 1994 erschienener Bearbeitung von Pasternaks *Doktor Schiwago* (1957) oder von Alice Randalls 1992 veröffentlichter und 2001 verbotener Umarbeitung von Margaret Mitchells Bürgerkriegsepos *Gone With the Wind* (1936); vgl. Ostwald: *Plagiat oder kritische Neuinterpretation?*

polare Entgegensetzung von ›Plagiat‹ und ›Fälschung‹. Die landläufige Definition besagt, dass unter einem ›Plagiat‹ das Ausgeben einer fremden Schöpfung für eine eigene, unter einer ›Fälschung‹ hingegen das Ausgeben einer eigenen Schöpfung für eine fremde zu verstehen sei. Tatsächlich ist der Unterschied zwischen beiden Phänomen kein ontologischer, sondern bestenfalls ein gradueller. Oder anders formuliert: Kein Plagiat ohne Fälschung, keine Fälschung ohne Plagiat. Dies ist erst dann einzusehen, wenn man sich verdeutlicht, dass die sich an der Richtung auktorialer Zuschreibungen orientierende Unterscheidung von Plagiat und Fälschung in der Regel mit einer perspektivischen Verschiebung einhergeht: Reden wir von einem Plagiat, so reden wir von den Lebenden und ihrer Selbstsucht, ihrem Geltungsdrang, wir denken – wie gerade gelesen – an Strafprozesse und Verdächtigungen. Der Fälschung haftet dagegen immer ein Moment der Generosität an; sie erscheint weitaus harmloser und vor allem selbstloser, denn sie vergrößert das Werk eines anderen ja nur mit eigener Arbeit. Zudem sind wir hier in der Regel bei den Toten, denen, die nicht mehr über die Abgeschlossenheit und Integrität ihres eigenen Werkes befinden können und denen man daher so viel literarische Verantwortung aufladen kann, wie man nur möchte.[31] Spontan kommen uns bei der Fälschung James MacPhersons *Ossian-*

---

31 Symptomatisch etwa Grafton: *Fälscher und Kritiker*, 51: »Die Palette des Fälschers weist, heute wie vor zwei Jahrtausenden, eine relativ begrenzte Anzahl Farben auf. Schließlich stellen sich ihm nur einige wenige Aufgaben, und die haben sich über die Zeiten nicht sehr verändert. Er muß seinem Text das Erscheinungsbild – das sprachliche Erscheinungsbild als Text und das materielle Erscheinungsbild als Dokument – einer Epoche verleihen, die erheblich älter ist als seine eigene und von dieser sehr verschieden. Er muß sich, mit anderen Worten, zwei Dinge vorstellen: Wie hätte dieser Text ausgesehen, als er geschrieben wurde, und wie müßte er jetzt, da er ihn gefunden hat, aussehen. Zwei Arten von Phantasie sollten zu zwei getrennten, komplementären Schritten im Fälschungsprozeß führen: Er muß einen Text produzieren, der entfernt scheint vom heutigen Tag, und einen Gegenstand, der entfernt scheint von seiner angeblichen Entstehungszeit.«

Dichtungen (1762/63), William Irelands wundersame Shakespeare-Funde (1794) oder auch Kujaus Hitler-Tagebücher (1983) in den Sinn, und bis zu einem gewissen Grad bewundern wir den Fälscher immer ob seines hermeneutischen Genius oder zumindest ob seiner kunstfertigen Selbstlosigkeit (die natürlich üblicherweise in Wahrheit Selbstsucht ist, die sich bloß vom ›Stolz des Erfinders‹ auf den ›Stolz des Finders‹ verlagert hat). Orientieren wir uns an den genannten Beispielen, dann funktioniert die Logik der Opposition von Plagiat und Fälschung also wunderbar; das sollte aber nicht darüber hinwegtäuschen, dass diese Logik vor allem deswegen trägt, weil sie die Gefälschten nicht befragt und deren Anklagerhetorik daher vollkommen ausblendet. Orientieren wir uns hingegen am Problem der ›Textpersönlichkeit‹, so wird schnell offensichtlich, dass die Grenzen von Plagiat und Fälschung fließend sind und sich die Fälschung nur in bestimmten Fällen wirklich vom Tatbestand des Persönlichkeitsdiebstahls abgrenzen lässt. Wendet man sich nämlich literarhistorischen Situationen zu, in denen die Opfer von Fälschungen noch am Leben sind und zu Wort kommen, so lässt sich bald feststellen, dass sowohl die Aneignung einer fremden Identität als auch die eigenhändige Erweiterung eines Textes oder Korpus nicht minder als Raub und als schwerer Eingriff in die personale Kodierung von Literatur verstanden werden. Das gilt zum einen etwa für die Frühzeit des Buchdrucks mit ihrer besonderen Problematik der illegalen Nachdrucke und Varianten.[32] Zum anderen aber betrifft dies eben Fälschungen, deren Vergehen zweifelsohne in der illegitimen Aneignung von Persönlichkeit lokalisiert wird: Das Skandalon der gefälschten Holocaust-Biografie des Bruno Dössekker resp. Binjamin Wilkomirski (1995) ist nicht die wundersame Vermehrung einer Autorschaft, sondern die abermalige Unterwerfung einer aus der Sklaverei befreiten Existenz (nämlich der des überlebenden KZ-Opfers) und de-

---

32 Vgl. hierzu Kapitel V, S. 131ff.

ren marktträchtige Verschleppung in die Autobiografie eines Thurgauer Klarinettenlehrers.[33] Das Skandalon ist das Plagiat – und es spielt dabei nicht einmal eine Rolle, dass der plagiierte Text in diesem Fall niemals geschrieben oder gedruckt, sondern ›nur‹ gelebt wurde.

Die Vorstellung von der Textpersönlichkeit übersteigt demnach das hierarchische Verhältnis von Text und Paratext, von Autor, Titel und Werk. Bei Licht besehen erstreckt sie sich über das literarische Arrangement hinaus – das ist ja gerade so verhängnisvoll. Jede mutwillige Veränderung, jede Inanspruchnahme des literarischen Arrangements vonseiten Dritter erscheint als eine Versklavung der sich in ihm artikulierenden ›Person‹, die eben *nicht nur* Literatur ist. Um die Geschichte dieser Versklavungen und ihrer Erzählungen soll es in diesem Buch gehen – und das kann mitunter eben auch Befunde einschließen, die nach der skizzierten ontologischen Differenzierung von Plagiat und Fälschung in den Bereich der Fälschung fallen würden. Allein der Umstand, dass Fälscher in der großen Mehrzahl der Fälle ihre Opfer nicht mehr zu Lebzeiten antreffen und es somit nur selten zur Opferrede kommt, hat die stärkere Ausbreitung der Versklavungsmetaphorik auf diesem Sektor verhindert. Es handelt sich somit um eine verborgene Diskussion, die aber dort, wo sie offen geführt wird, letztlich in der Plagiatstheorie ihren Platz finden muss und wird. Einen *Ossian* betrifft diese notwendige Ausweitung deswegen natürlich trotzdem nicht, handelt es sich dabei doch um eine Textpersönlichkeit, die erst im Akt ihrer Fälschung entsteht.

Um es kurz zu machen: Da das Plagiat eben auf ein inneres Verhältnis von Text und Autor zurückführt, kommen wir ihm nicht näher, wenn wir es darauf reduzieren, dass etwas ›anderes‹ als ›eigenes‹ ausgegeben wird. Die diskurshistorische Erfassung des Phänomens macht einen erweiterten Plagiatsbegriff, der sich wirklich am Wortsinn, am *plagium*, orientiert

---

33 Dieser Frage werden wir uns eingehend in Kapitel XIII, S. 460ff. zuwenden.

und folglich die Einspannung einer literarisierten Person zu einem fremden Zweck zum Inhalt hat, unumgänglich. Unerheblich ist hingegen, ob ich einen Namen oder das unter diesem Namen in die Welt gesetzte Werk stehle – in beiden Fällen kann es zur Plagiatserzählung kommen.

Fragen wir schließlich nach der Bedeutung dieser Vorstellung von einer ›Textpersönlichkeit‹ für ein spezifisches Verständnis von Literatur überhaupt, so kommt zu den bisherigen Bestimmungen noch etwas anderes hinzu: Die Aufklärung, der sich die Plagiatserzählung verschrieben hat, erfüllt letztlich auch eine hermeneutische Funktion. Wer immer sich seines Textes beraubt sieht und dieses Unrecht zur Sprache bringt, der sagt zugleich auch, dass es einen wesentlichen Unterschied macht, *wer* für ein Stück Literatur *verantwortlich* zeichnet, wer also sein *Urheber* ist, und macht dieses Wissen zur Grundlage einer ›verständigen‹ Lektüre. Plagiatserzählungen transportieren demnach immer – was man auf dem Feld der Literatur kaum mehr für möglich hält – einen Wahrheitsanspruch. Sie zielen darauf, die ›historische Wahrheit‹ eines Textes wieder sichtbar werden zu lassen,[34] die durch dessen falsche Zuordnung verstellt wurde. Man mag dieses Verharren bei einem verfügbaren und eben auch entwendbaren Sinn von Literatur als ideologisch abtun. (Und die Feierstunde des Plagiats in der zweiten Hälfte des 20. Jahrhunderts hat sicherlich etwas mit dieser Ideologiekritik zu tun.) Um das Plagiat als historisches Phänomen wirklich verstehen zu können, muss man indessen die enge Verbindung von geistigem Eigentum und literarischer Wahrheit als kulturgeschichtlichen Tatbestand anerkennen und sezieren.

---

34 »Si suol dire che il male del plagio sta nel frodare altrui del merito che gli spetta. Ma che cosa è nascondere il merito altrui se non, proprio, alterare la verità storica?« (»Man pflegt zu sagen, dass das Übel des Plagiats darin bestehe, einen anderen um den Verdienst zu betrügen, den er erwartet? Aber was heißt es, den Verdienst eines anderen zu verbergen, wenn nicht gerade das: die historische Wahrheit zu verfälschen?«; Croce: *Il plagio*, 70)

Zur Dynamik und Dimensionierung des Plagiarismus

Ganz zweifellos bildet das Plagiat somit einen, wenn nicht *den* Prüfstein für die Verortung und Bewertung von Literatur im Rahmen gesamtgesellschaftlicher Ordnungsentwürfe. In ihm verschränken sich alle Systeme kultureller Machtausübung – neben dem Recht etwa die Ökonomie und die Moral. Sobald man sich also dazu entschlossen hat, das Plagiat zu denken, hat man die Literatur bereits zum Schauplatz juristischer, ökonomischer und moralischer Machtkämpfe um den Anspruch auf die ›Person‹ erklärt. Das Patent, das Kapital, die Ehre – all das existiert *als Literatur* in jenem Moment, in dem vom Plagiat gesprochen wird. Dies bedeutet allerdings keineswegs, dass eine Plagiatsgeschichte lediglich die permanente Unterwerfung der Dichtung unter ihr fremde Ordnungskonzepte abbildet. Vielmehr verhält es sich gerade umgekehrt: Texte, die im Diebstahlsdiskurs auftauchen, führen in der Regel die Eigentumsvorstellung, nach der sie beurteilt werden, mit sich. Das können beispielsweise Vorstellungen vom Waren- oder Arbeitswert sein; es kann sich aber auch um psychologische Konzeptionen von Eigen- und Fremdanteilen des Bewusstseins handeln, um (theologische oder philosophische) Hermeneutikmodelle, für die der Wahrheitsaspekt natürlich besondere Bedeutung hat, oder auch um medientechnische Reflexionen, die das Verhältnis der Veräußerung der ›Person‹ im Akt der Verschriftlichung, des Drucks, der Digitalisierung etc. zu fassen versuchen. All das bewegt sich im historischen Vorstellungsraum der Plagiatorik – und dort hinein gelangt es wiederum nur durch Poetisierung, über Bildlichkeit, über Metaphern. Plagiatsgeschichte – das ist folglich immer und vor allem auch Metapherngeschichte. (Und tatsächlich wird man sich immer erst um das metaphorische Feld kümmern müssen, das die jeweilige Plagiatsvorstellung bestimmt, bevor man sich den sogenannten ›Fällen‹ zuwenden kann.)

Was aber treibt diese Geschichte eigentlich an? ›Geschichte‹ setzt ja voraus, dass hier etwas ›geschieht‹, es sich mithin nicht immer um dasselbe Funktionsmodell handelt, sondern es zu erzählbaren Entwicklungen kommt. Warum, unter welchen Bedingungen und auf welche Weise verändert sich also die Vorstellung vom Plagiat? Und was bedeutet das wiederum für die Konzeption seiner Geschichte?

Zum Ersten: Die Geschichte des literarischen Plagiats ist eine Geschichte literarischer Kriege. Grundsätzlich geht es in diesen Kriegen um die Verteilung der geistigen Güter, um die Trennung der geistig Armen von den geistig Vermögenden. Wer stehlen muss, hat Mangel; wer Literatur stiehlt, dem fehlt es an den Produktionsmöglichkeiten, diese selbst herzustellen: an Bildung, an Inspiration, an Ausdrucksvermögen, an der Gunst der Epoche. Der Plagiator ist also nicht nur verschlagen, hintertrieben, ohne Skrupel. Er ist vor allem mittellos. Mit diesem Befund beginnen alle öffentlichen Plagiatsschlachten – und treten damit in eine Verhandlung über die Grundregeln der geistigen Ökonomie ein (die sich von Kulturgemeinschaft zu Kulturgemeinschaft verändern). Der Plagiierte fragt, woher der vermeintliche Besitz des Plagiators eigentlich stammt; der Plagiator aber fragt danach, wem die Literatur überhaupt gehört und wer diesen Besitz verteilen darf. Er denkt demnach nicht innerhalb des literarischen Rechtssystems, sondern stellt diesem alternative Eigentumsregelungen gegenüber. Diese müssen nicht zwangsläufig anarchischen Charakter haben und auf ein »wer kann, der darf« zu reduzieren sein. Nicht selten zielt die plagiatorische Argumentation vielmehr auf eine Neubewertung der ›Zugriffsberechtigung‹ auf Fremdtext. Also etwa: »Wer kann, der darf« – aber es können eben nicht alle.[35]

Die Regeln und Maßstäbe, nach denen eine Gesellschaft ihr literarisches Gut organisiert sehen will, treten also in je-

---

35 Wer etwa nach dem literarischen Eigentum des Genies fragt, der wird immer zu hören bekommen, dass das Genie überhaupt keine Zugriffsbeschränkungen kennt. Das gilt aber nur deshalb, weil das Genie eben mehr kann als andere, weil es die von ihm plagiierten Texte veredelt und dann wieder der Gemeinschaft stiftet. (Vgl. hierzu ausführlich Kapitel VIII, S. 250ff.)

nem Moment offen zutage, in dem sie in der öffentlichen Plagiatsdebatte – in der Ankläger und Beschuldigter ihre jeweilige Auffassung von ›geistigem Eigentum‹ kundtun und zu begründen versuchen – infrage gestellt werden. Der Streit um das Recht am Text gibt somit immer auch Anlass, die Auslegung dieser Regeln und Maßstäbe zu modifizieren und deren Zielsetzungen zu überdenken. Was muss geschützt werden? Und warum? Gibt es paradigmatische Veränderungen innerhalb des eigenen Kulturverständnisses, die das Vergehen des Plagiators, seine Angriffe auf die tradierten Besitzstände, in Teilen gerechtfertigt erscheinen lassen? In solchen Momenten der wechselseitigen Befragung aber vollzieht sich *der historische Wandel des Plagiats*, und so sehr diese Momente nach außen hin kriegerische Züge annehmen, so sehr lassen sie sich aus einer anderen Perspektive als ein Innehalten, eine Besinnung, ein Raisonnement betrachten.

In der Konsequenz muss eine Geschichte des literarischen Plagiats immer auch die Theoreme, Strategien und Praktiken mitverhandeln, die dazu dienen, plagiarisches Vorgehen zu sanktionieren und zu rechtfertigen. Oder, um es deutlich auszusprechen: Die Geschichte des literarischen Plagiats ist immer auch eine Geschichte des ›Noch-Erlaubten‹ und ›Nicht-mehr-Verbotenen‹, eine Geschichte all jener Konzepte, deren Sinn und Aufgabe vorrangig darin besteht, eine legitime von einer illegitimen Fremdtextnutzung abzugrenzen und zu begründen. Dazu zählt der Begriff der *imitatio* genauso wie die Vorstellung des Genies oder die Forderung nach ›Produktionskollektiven‹, der wir sowohl in der Romantik als auch in der marxistischen Moderne begegnen. All diese Konzepte lassen sich letztlich als eine Abfolge von Grenzverschiebungen lesen, in deren Verlauf der Raum des Plagiats einmal kleiner, einmal größer zu werden scheint und das, was eben noch ein Diebstahl gewesen war, auf einmal gerade die ästhetische Norm erfüllt – und umgekehrt.

Zum Zweiten: Die Geschichte des literarischen Plagiats ist eine multidimensionale Geschichte; sie muss nicht nur das Plagiat als Praxis wie als poetologische Vorstellung beleuchten, sondern auch die mit ihm verknüpften Wissensdiskurse nachverfolgen. Fallsammlungen – wie etwa Paul Englischs *Meister des Plagiats* (1933)[36] – sind ehrenwert und für den suchmaschinenbewehrten Oberflächenforscher der Gegenwart unverzichtbar – sie erklären allerdings nichts. Kein Plagiatsfall ereignet sich in einem gesellschaftlichen Vakuum, vielmehr beweist er ja gerade, dass das hehre Terrain der Kunst durchaus seine merkantilen Nischen und Boulevards hat. Die Kriterien, nach denen sich der Eigentumswert von Literatur bemisst, werden eben nicht in der Literatur allein geschaffen, und auch die Frage, was geistiges Gemeingut (und somit ›frei benutzbar‹) ist und was nicht, bedarf der historischen Kontextualisierung. So mag es tatsächlich Kulturformationen geben, innerhalb derer jede Form der Aneignung von Text diskreditiert ist und zwischen ›Benutzen‹, ›Bearbeiten‹, ›Fortsetzen‹ und ›Stehlen‹ – um Arno Schmidts jungen Mann ein letztes Mal in Erinnerung zu rufen – in der Tat nicht differenziert wird. Das aber wäre die Ausnahme. Die historische Physiognomie des literarischen Plagiats ist indes eine andere, weitaus stärker ausdifferenzierte. Die gesellschaftlichen Regeln für die Nutzung geistigen Eigentums verändern sich unentwegt, sie können sehr rigide ausfallen, sie können in Ausnahmesituationen – etwa in Zeiten literarischer Dürre – das Plagiat aber auch forcieren (wie man es etwa in den frühneuzeitlichen Poetiken trefflich beobachten kann). Sie erlauben außerdem eine Unterscheidung zwischen ›freier‹ und ›geschützter‹ Literatur und können diese nicht nur personell zuordnen (z. B. durch Privilegien), sondern die Unterscheidung eben auch personell ganz aufheben (indem man etwa die besondere – göttliche – Befähigung eines Delinquenten anerkennt und ihm zum Wohl der Gemeinschaft einen uneingeschränkten Nutzungszugang zum Textarchiv einräumt).

All dies gilt es zu berücksichtigen, und der Ausschnitt, in dem der Entwicklungsprozess der Plagiatskultur beobachtet

---

36 Englisch: *Meister des Plagiats*, 1933.

werden sollte, kann somit im Grunde gar nicht groß genug sein, wobei die Multidimensionalität dieser Literaturgeschichte ihrer Multinationalität entspricht. Der literarische Diebstahl überschreitet nicht nur die Grenzen der Nationalphilologien, er verspricht sich von dieser Grenzflucht sogar Straffreiheit. So ist die Adaption fremdsprachiger Texte eine der niveauvollsten Plagiatsoptionen, denn sie verlangt dem Plagiator zum einen selbst einiges an Gestaltungsarbeit ab, zum anderen fordert sie von ihrem Leser einen doch ambitionierten Bildungsstandard ein, ohne den das Plagiat als solches gar nicht erkannt werden kann. Schnell erlangt sie zudem eine gewisse Eigenständigkeit und nicht selten verteidigen Nationalphilologien die ›Umsetzungen‹ fremdsprachiger Werke in die eigene Literatur als angemessen und kongenial. (Das wird sich insbesondere an den politisch aufgeladenen Debatten über den Nachdruck erweisen.[37]) Nicht zuletzt zeigt sich in diesem Bereich die ganze kulturelle Produktivität des Plagiarismus, denn oft genug hängt die transnationale Popularität von Texten, ihre ›weltliterarische Größe‹, von ebendiesen Adaptionsprozessen ab.[38]

Eine akkurate Plagiatsforschung würde dementsprechend den radikalen Verzicht auf jegliche Fachgrenzen verlangen – ein Anspruch, den die vorliegende Literaturgeschichte nur rudimentär erfüllen kann und soll. Die Entscheidung für eine ›kleine‹ Literaturgeschichte, deren Akzent mehr oder weniger deutlich auf der deutschsprachigen Literatur liegt, gründet zu einem guten Teil natürlich in der begrenzten Kompetenz des Verfassers. Sachlich rechtfertigen lässt sie sich durch den Umstand, dass die angrenzenden Philologien bereits über thematisch einschlägige Literaturgeschichten verfügen, auf die an

---

[37] Vgl. Kapitel VIII, S. 250ff.
[38] Man mag diesbezüglich etwa an die zahllosen *Tristram Shandy*-Ableger denken, in denen der ungeheure Einfluss Sternes auf die gesamte europäische Literatur des 18. und 19. Jh. überhaupt erst Gestalt gewinnt – auch ohne dass dabei stets Autor und Werk genannt werden.

dieser Stelle verwiesen sei.[39] Gemildert wird die Verengung der Darstellung schließlich durch die Konzession, dass sich der Fokus immer wieder exemplarisch auf national übergreifende Problemstellungen weiten wird: sei es in der poetologischen Diskussion, sei es am Beispiel rechtshistorischer Umbrüche, ganz abgesehen natürlich von Antike und Mittelalter, Entwicklungsstufen des Plagiats, die sich ohnehin nur gesamteuropäisch diskutieren lassen.

Die ›unoriginelle Literaturgeschichte‹ als Widerspruch

Die Herausforderung einer ›unoriginellen Literaturgeschichte‹ liegt natürlich vor allem darin, dass es sich dabei um eine Literaturgeschichte am Rande der Selbstaufgabe handelt. Im Detail entbehrt sie nicht einer gewissen Komik, im Gesamtentwurf kommt ihr eine gewisse Tragik zu. Denn was kann solch eine Literaturgeschichte noch zeigen? Womöglich nur eines: den Widerspruch innerhalb einer Vorstellung von Literatur, die ständig das Echte, Neue, eben ›Originelle‹ zu konstruieren versucht, indem sie dieses stets ausgerechnet dort aufspürt, wo es seine Ursprünglichkeit und Authentizität offenbar schon verloren hat. Oder umgekehrt: den Widerspruch innerhalb einer Vorstellung von Literatur, die alles für beeinflusst, entlehnt und gestohlen hält und darüber vergisst,

---

39 Auf dem anglistischen Sektor sind hier insbesondere zu erwähnen: Lindey: *Plagiarism and originality*; Mallon: *Stolen words*; in jüngster Zeit – und in seiner rechtshistorischen Beschlagenheit durchaus nicht ohne Charme – auch Posner: *The little book of Plagiarism*. In der französischsprachigen Literaturwissenschaft lassen sich vor allem die Arbeiten von Maurel-Indart hervorheben (*Plagiats*; *Le plagiat littéraire*), ferner das von de Chaudenay erstellte *Dictionnaire des plagiaires*. Auf dem germanistischen Sektor geben einen problemorientierten historischen Abriss mit Schwerpunkt auf Phänomenen des 19. und 20. Jh. mittlerweile Reulecke (*Ohne Anführungszeichen*) und Schütz (*Aneigentümlichkeiten*). Zur Reflexion des Plagiats (auch) in der deutschen Literatur der jüngeren Gegenwart vgl. des Weiteren Ackermann: *Fälschung und Plagiat*. Im Weiteren lässt sich natürlich auf diverse Handbuchartikel verweisen, etwa die von Ackermann oder Kanzog.

dass alles, was gestohlen ist, erst einmal jemandem gehört haben muss.[40] Die kleine Kunst einer ›unoriginellen Literaturgeschichte‹ besteht eben darin, jene Widersprüche auszuhalten: sich eben nicht aufzugeben und die historische Entwicklung durch diskursive Zeitschnitte zu ersetzen,[41] sich aber auch nicht so zu verhalten, als ob die permanente Hintertreibung des ›Originals‹ den Literaturhistoriker kalt lassen könnte. Eine Geschichtsschreibung, die nur aus Gegenständen besteht, deren Zugehörigkeit und Verortung fragwürdig ist, bekommt zwangsläufig Probleme mit ihrer Statik. Man muss deswegen nicht gleich das ganze Haus der Literaturgeschichte einreißen (denn es hat ja hier und dort noch ganz schöne und brauchbare Ecken). Man sollte sich in seinen Räumlichkeiten allerdings nur mit äußerster Vorsicht bewegen – denn dass die Konstruktion eigentlich nicht trägt und jeder Versuch, dicke Nägel einzuschlagen (an denen sich dann wieder die alten Bilderrahmen mit den Portraits der ›Originalschriftsteller‹ oder auch die schönen Epochengemälde aufhängen lassen), unweigerlich zum Einstürzen des Gebäudes führen wird, ist ein offenes Geheimnis.

---

40 Was im Zweifel dazu führt, dass man das Eigentum eben aus dem Diebstahl erklären muss, wie Lacan das so schön ausbuchstabiert: »Il n'y a pas de propriété intellectuelle, par exemple, cela ne veut pas dire qu'il n'y ait pas de vol. C'est même comme ça qu'elle commence, la propriété.« (Lacan: *Marché du Savoir*, 40: »Es gibt kein geistiges Eigentum, zum Beispiel, was nicht heißt, dass es keinen Diebstahl gibt. Gerade durch ihn beginnt überhaupt erst das Eigentum.«)

41 Diese Segmentierung der Geschichtsschreibung begegnet insbesondere im Umfeld Stephen Greenblatts und des ›New Historicism‹, als herausragendes Beispiel hierfür kann etwa die von Denis Hollier herausgegebene *New History of French Literature* (Cambridge [MA]/London 1989) gelten, die sich nach mehr oder weniger willkürlich ausgewählten Daten strukturiert und diese Zeitsegmente in einzelnen Essays auffaltet. Nach analogem Prinzip entstanden in der Folge innerhalb der unterschiedlichen Philologien eine ganze Reihe kulturwissenschaftlicher Arbeiten; hervorzuheben ist darunter die jüngst erschienene *Neue Geschichte der deutschen Literatur* (Köln 2007).

Einen Mann um die Dreißig mag der längere Aufenthalt in solch einem Haus noch in Panik versetzen. Sein nochmals dreißig Jahre älterer und in diesen Dingen bereits routinierter Gesprächspartner hat seine Skrupel gegenüber dem Plagiat indes längst abgelegt. Gelassen breitet er sein »gußeisernes Gedächtnis«[42] aus, souverän rekonstruiert er Abhängigkeiten, Entlehnungen, Diebstähle durch die Zeiten, Genres und Literaturen hindurch, klassifiziert sie und bringt somit etwas Klarheit in den »Wust von Menschlich=Allzumenschlichem […] aus ehrlichem Wettbewerbsgeist, verständlicher Anregung, Erschöpfung und Armut, […] Frechheit und Tücke.«[43]

Was lässt sich also noch gewinnen, was kann man aus dieser Geschichte ›lernen‹? Vielleicht dies: Eine Literaturgeschichte sollte nicht in erster Linie eine Geschichte der Literatur sein, sondern eine Geschichte der Vorstellungen, die wir uns von Literatur machen. Das Plagiat hat im Reigen dieser Vorstellungen eine vitale Funktion: Mit seiner meist raunenden, bisweilen lauten, stets aber aufdringlichen Erzählstimme spricht es offen aus, was wir uns von der Literatur erhoffen, und enthüllt zugleich, was wir unterdessen aus der Literatur haben werden lassen. Das unentwegte Auseinandertreten von literarischem Ideal und literarischer Realität durchzieht die Erzählungen des Plagiats, bis diese schließlich in eine Gegenwart münden, die einerseits vom Traum der gemeinsam an einem universalen Textgeflecht webenden digitalen Urgesellschaft angetrieben wird, die zum anderen aber keine größeren Sorgen kennt als die Sicherung von Copyrights und Persönlichkeitsrechten. Am Beginn unserer Betrachtungen werden wir dagegen – in genauer Verkehrung – eine literarische Kultur vorfinden, in welcher der Text als ›Besitz‹ emphatisch propagiert und eingefordert wird, während man sich in der poetischen Praxis doch wie selbstverständlich aus ›Textpools‹ bedient. Literarisches Ideal und literarische Realität verändern

---

42 Schmidt: *Die Meisterdiebe*, 339.
43 Ebd., 357.

sich also nicht nur in ihren Beziehungen zueinander, sie vertauschen sich bisweilen sogar.⁴⁴

Das Ziel dieser Literaturgeschichte ist demnach nicht die Skandalchronik. Vielmehr ist es ihr Anliegen, einen erweiterten historischen Zugang zu jenen Kategorien zu ermöglichen, die unsere Begriffe von literarischer Produktion und Rezeption bis zum heutigen Tage und darüber hinaus bestimmen. Sie muss sich deswegen keinesfalls den theoretischen Innovationen des 20. Jahrhunderts verschließen; sie ist nicht zwangsläufig dazu verdammt, der Literatur mit dem Strafenkatalog und überholter Terminologie hinterherzueilen. Ohne Weiteres kann sie auch mit postmodernen Theoremen, also etwa mit dem Postulat der Autorlosigkeit und mit dem transzendentalen Subjekt des Textes, leben. Sie behält sich nur vor, diese Theoreme selbst wiederum einer größeren, sie übersteigenden Erzählung zuzuordnen: der Geschichte der Obsession, mit der die Literatur unentwegt ihr eigenes Besessen- und Gestohlen-Werden umkreist.

---

44 Foucault hat diesen Vorgang als eine chiastische Entwicklung der Autorfunktion verstanden, die von einer zwanghaften Personalisierung wissenschaftlicher Texte bei einer gleichzeitig selbstverständlichen Anonymisierung literarischer Produktionen im Mittelalter ausgehe und schließlich – mit dem Umschlagpunkt im 17./18. Jh. – bei einer Anonymisierung der Wissenschaft und einer zwanghaften Personalisierung literarischer Texte anlange. (Foucault: *Was ist ein Autor?* [1969], 246f.) Diese Beobachtung mag auf den ersten Blick zutreffend sein, sie schematisiert freilich sehr stark und übergeht die Brechungen, die sich im epochalen Querschnitt hinsichtlich der jeweils unterschiedlichen (juristischen, poetologischen, psychologischen etc.) Konzeption von Autorschaft ergeben. Zur Kritik an Foucaults ›teleologischer‹ Interpretation der Geschichte des Autors vgl. exemplarisch Jannidis/Lauer/Martinez/Winko: *Rede über den Autor*, 3–35.

II. Wettkampf, Wolken und Wahrheit

éris – die Gottheit des Plagiats

Das Plagiat kann nur dort gedeihen, wo nicht von vornherein feststeht, wer sich im Recht befindet. Es setzt also die Möglichkeit zur Verunklärung der Eigentumsverhältnisse voraus. Umgekehrt sieht derjenige, der ein Plagiat als Plagiat aufdeckt, seine Aufgabe darin, diese Unklarheit wieder zu beseitigen. Am Ende einer Plagiatserzählung wissen wir nicht mit Sicherheit, aber eben doch mit Wahrscheinlichkeit, wer von wem abgeschrieben hat, welcher Text zuerst entstanden ist und auf welchem Wege er den Besitzer gewechselt hat. All dies beruht auf einem fundamentalen Zweifel: dem Fehlen einer eindeutigen und unmissverständlichen Urheberschaft. Durchdenken wir diese Bedingung, so wird verständlich, warum wir uns dem mächtigen Traditionsstrang der jüdischen Literatur gegenüber etwas respektlos verhalten und unsere Geschichte in Griechenland beginnen müssen. Im Horizont des *Tanachs*, also jenes Schriftenkomplexes, den die christliche Theologie als ›Altes Testament‹ bezeichnet, lässt sich das Plagiat nicht denken. Die literarische Ordnung, die der biblische Kanon entwirft, kennt keine Unentschiedenheit und keinen anderen Besitzanspruch als den göttlichen.

Natürlich weist uns die Textkritik darauf hin, dass es mit der organischen Prophetenreihe, die man sich in einer Jahrhunderte andauernden Redaktionsarbeit zusammenkanonisiert hat, nicht allzu weit her ist. Seit Abraham Ibn Ezras Pentateuch-Kommentar aus dem 12. Jahrhundert ist uns bekannt, dass wir es oft mit verschiedenen Textschichten unterschiedlichster Provenienz zu tun haben. So wissen wir etwa, dass sich innerhalb des Mose zugesprochenen *Fünfbuches* insgesamt vier Quellenschriften nachweisen lassen: die jahwistische, die elohistische, das Deuteronomium und die Priesterschrift – vier Autoren mit einem jeweils eigenen Begriffs- und Deutungsprofil,[1] deren Überblendung als ein verwickelter und langwieriger Prozess vorzustellen ist. Ähnliches gilt auch vom *Buch Jesaja*, das die Forschung längst in Jesaja, Deutero-Jesaja und Trito-Jesaja aufgegliedert hat. Weiterhin haben wir gelernt, dass im Zuge der biblischen Kanonbildung ganz offensichtlich zusammenhängende Textkomplexe aufgeteilt wurden. So lässt sich das, was in der Bibel unter den Namen Josuas und Samuels auf der einen, unter den Namen Nehemias und Esras auf der anderen Seite erscheint, zum einen Teil auf ein aus dem Umkreis des Deuteronomiums stammendes Geschichtswerk und zum anderen Teil auf ein chronistisches Geschichtswerk zurückführen. Dem wissenschaftlichen Blick erschließt sich die *Heilige Schrift* demnach als Resultat einer editorischen Strategie, als eine Geschichte von Entlehnungen, Verschmelzungen und Verleugnungen.

Allein: Der philologische Standpunkt hat sich hier dem Literaturverständnis derjenigen unterzuordnen, die an der Konzeption und Überlieferung des Kanons tatsächlich beteiligt waren. Und diese haben keinerlei Problem damit, das Textgewirr fein säuberlich nach Verfassern aufzuteilen und zu chronologisieren. So fragt und antwortet der *Talmud*:

> Wer schrieb sie? – Moše schrieb sein Buch, den Abschnitt von Bileám und Ijob. Jehošúa schrieb sein Buch und die [letzten] acht Verse der Tora. Šemuél schrieb sein Buch, Richter und Ruth. David schrieb die Psalmen nach zehn Altvorderen: Adam dem Urmenschen, Malki Çedeq, Abraham, Moše, Heman, Jeduthun, Asaph, und den drei Söhnen Qorahs. Jirmeja schrieb sein Buch, Könige und Klagelieder. Hizqija und sein Kollegium schrieben Ješája, Sprüche, das Lied der Lieder und Qoheleth. Die Männer der Großsynode schrieben Jehezqel, die zwölf [kleinen Propheten],

---

[1] Die Isolierung und Wiederherstellung solch einer verschmolzenen Autorschaft leistet in umsichtiger wie pointierter Reflexion etwa Harold Blooms *The Book of J* (New York 1990).

Daniél und die Esterrolle. Ézra schrieb sein Buch und die Genealogie der Chronik bis auf seine eigene.²

Man kann hier nun Einspruch anmelden und auf die tatsächliche Herkunft der Schriften und Schriftsegmente hinweisen: Der *Talmud* sei im Unrecht, er vertusche, dass der vermeintlich inspirierte Text einen ganz profanen redaktionellen Ursprung besitze; Samuel habe das *Buch der Richter* ja gar nicht geschrieben. Solche Feststellungen wirken auf den ersten Blick nüchtern und überlegen, sie verfehlen allerdings zielsicher das eigentliche Phänomen. Gut möglich, dass Samuel das *Buch der Richter* gar nicht selbst geschrieben hat. Das ist aber in jenem Horizont, in dem der *Tanach* geschaffen wurde, nicht entscheidend – entscheidend ist allein, dass Samuel das *Buch der Richter* genau so hätte schreiben müssen, wie es geschrieben wurde.³ Was ist damit gesagt? Nicht mehr, als dass die Person des Propheten die ›Inspiriertheit‹ eines Textes verbürgt und somit für seine Bewertung und Überlieferung zweifellos von entscheidender Bedeutung ist. Nicht weniger allerdings, als dass diese Person außerhalb des Textes überhaupt keinen Wert hat, dass wir sie somit gar nicht als Eigentümer denken können. Der biblische Autor wird von seiner Literatur erschaffen, nicht umgekehrt. Er ist ein Effekt der göttlichen Botschaft.

In diesem Lichte gibt es keine Diskussionen über geistiges Eigentum. Menschliche Verfasserschaft ist im Grunde nicht mehr als eine Leihgabe Gottes, und deswegen ist es auch völlig gleichgültig, ob ein Prophet selbst schreibt, schreiben lässt (wie etwa Jeremia) oder nur seinen Namen für ein Konglomerat fremder Schriften hergibt.⁴ Ansprüche erwachsen hie-

---

2   *Baba Bathra* I, 6 (14b–15a), zitiert nach: *Der babylonische Talmud*, 56.
3   Zu dieser Gedankenfigur vgl. Wyrick: *The Ascension of Authorship*, 80.
4   Ein Hauptgrund für diese Vereinheitlichung heterogenen Schrifttums unter dem Namen eines bekannten Verfassers liegt zweifellos in dem Umstand, dass ab einem gewissen Zeitpunkt nicht ohne Weiteres neue Propheten auszumachen sind, denn der Geist der Prophetie hat nach dem Tod des Artaxerxes (424 v. Chr.) – also mit dem Propheten Esra –

raus keine. Gott lässt sich nicht bestehlen, und das weiß man. Auf diesem Hintergrund wird ersichtlich, dass das Plagiat auch eine gewisse theologische Grundlage benötigt – und diese konnte es nur im griechischen Polytheismus finden. Der Olymp ist in Eigentumsfragen alles andere als zuverlässig; er schlichtet nicht, er schafft vielmehr Rechtskonflikte, die er befeuert und eskalieren lässt. Das schließt auch den Menschenraub mit ein: Wenn der trojanische Prinz Paris dem Spartanerkönig Menelaos die Gattin entführt, dann geschieht das nicht aus reinem Übermut, sondern deshalb, weil ihm eine Göttin – Aphrodite – die Helena versprochen hat. Die Griechen verstehen diesen Schenkungsakt freilich nicht als ein unwiderrufliches göttliches Urteil, sondern als einen nationalen Ernstfall, für den sie ihrerseits wieder den Beistand der Götter erbeten. Die Olympier entzweien sich: Hera, Athene, Poseidon, Hephaistos und Hermes schlagen sich auf die Seite der Griechen, die Trojaner dagegen finden Unterstützung bei Apoll, Ares, Artemis und natürlich Aphrodite. Und so entwickelt sich ein munterer Rechtsstreit, dessen Kern und Ausgangspunkt die *éris* ist. Die *éris*, das ist in einer schlichten Übersetzung der ›Hader‹ oder der ›Streit‹. *éris*, das ist aber vor allem anderen auch die Schwester des Ares, die Göttin der Zwietracht, die den berühmten goldenen Apfel mit der Aufschrift ›der Schönsten‹ in die Runde der Göttinnen wirft und somit die Kausalkette verantwortet, an deren Ende der Trojanische Krieg steht. Angesichts der von Homer geschilderten Konsequenzen blicken wir also mit einiger

---

Israel verlassen. (Wir erfahren von diesem Gerücht durch Flavius Josephus, *Contra Apionem* I, 37ff.) Mehr als 22 von Gott inspirierte Bücher gibt es eben nicht. Alles, was nach Esra kommt und seine Entstehung in der hellenistischen oder römischen Periode hat, steht deshalb unter Generalverdacht. Den Großteil dieser Schriften – also Tobit, Judith, Jesus Sirach etc. – finden wir dementsprechend heute in der *Septuaginta* wieder, aber eben nicht mehr im *Tanach*. Wenn dem Gesetz noch etwas hinzugefügt werden musste, dann konnte dies nur dadurch geschehen, dass man diesem späten Zusatz die Stimme eines älteren Propheten lieh und ihn damit zu einem inspirierten Text werden ließ.

Skepsis auf die *éris*, und es fällt uns schwer, in ihr ein schöpferisches Prinzip zu erkennen. Die Griechen indes denken hier anders, sie unterscheiden eine schlechte und eine gute *éris*. Nietzsche hat sich hierzu eingehender geäußert:

> [...] das gesammte griechische Alterthum denkt anders über Groll und Neid als wir und urtheilt wie Hesiod, der einmal eine Eris als böse bezeichnet, diejenige nämlich, welche die Menschen zum feindseligen Vernichtungskampfe gegeneinander führt, und dann wieder eine andre Eris als gute preist, die als Eifersucht Groll Neid die Menschen zur That reizt, aber nicht zur That des Vernichtungskampfes, sondern zur That des Wettkampfes. Der Grieche ist neidisch und empfindet diese Eigenschaft nicht als Makel, sondern als Wirkung einer wohlthätigen Gottheit: welche Kluft des ethischen Urtheils zwischen uns und ihm!⁵

Hier sind wir nun zu jener Innovation vorgedrungen, die in langer Sicht dem Plagiat den Weg bereiten wird: das poetische Vermögen, die Kunstfertigkeit des Vortrags, die literarische Komposition − all das wird vor dem Horizont eines neidbasierten Kulturprinzips zur messbaren und vergleichbaren Leistung, durch die man sich Ansehen der Person, Liebe, Hass, Gunst und Missgunst zuziehen kann. Erst auf dieser Grundlage wird die Rede vom ›geistigen Eigentum‹ resp. vom ›geistigen Diebstahl‹ sinnfällig, denn nur der Neid kann bemessen, was für ein spezifischer sozialer Wert Literatur zukommt. Diesen Gedanken kultivieren die Griechen, indem sie die poetische Produktion maßgeblich am Prinzip der *éris* ausrichten. Nietzsches Verdikt greift dabei womöglich etwas zu weit aus, wenn es die gesamte griechische Kultur unter das Primat des Neides stellt, denn für die Dichtung der Frühzeit gilt das vermutlich noch nicht.⁶ Ab dem 7. Jahrhundert aber

---

5   Nietzsche: *Homers Wettkampf* [1872], 787.
6   Bezeichnend ist freilich, dass späterhin versucht wird, Homer in einen Dichterwettkampf zu verwickeln, den er dann prompt auch gegen Hesiod verliert. Das Gedicht, das den *agôn* zwischen Homer und Hesiod beschreibt, wurde lange Hesiod selbst, sodann dem Altsophisten Alkida-

organisiert sich der griechische Literaturbetrieb maßgeblich über eine Veranstaltungsform, die man *agón*, also eben ›Wettstreit‹ nennt. Von großem öffentlichen Interesse ist insbesondere der tragische *agón*, der ab 532 v. Chr. zu den alljährlichen Dionysien in Athen stattfindet und bei dem in der Regel drei Dramatiker mit ihren Stücken gegeneinander antreten:[7] Das, was wir heute als die tragische Trias Griechenlands bezeichnen – Aischylos, Sophokles und Euripides –, ist letztlich eine Reihe von Titelträgern, die sich im Theaterwettkampf wechselseitig entthronen. Der *agón* bezeichnet aber nicht nur den Modus, in dem Theater gespielt wird, sondern er ist auch selbst Teil des Spiels, denn die Kerndispute zwischen den handelnden Figuren werden ebenfalls als *agón* betrachtet und benannt. Insofern sind dramatische Handlung und dramatische Aufführungspraxis wechselseitig aufeinander bezogen, und wir finden im einen die Reflexion des jeweils anderen. Bedenken wir, dass die Vorstellung des Plagiats eine gewisse Handlungsmoral voraussetzt, lässt sich bereits erahnen, dass sie ihren Platz nicht unter den Tragikern gefunden hat.

Die Komödie als Geburtsort des Plagiats

Die Tragödie ist nun einmal ein denkbar schlechter Ort für Leute, die es mit der persönlichen Verantwortung von Zeichen und Handlungen nicht ganz so genau nehmen. Tragisch ist ja zuvörderst die unausweichliche Kollision zweier Zwecke, also etwa die Entscheidung zwischen der Liebe zum toten Bruder und einer Staatsraison, die verbietet, dass man diesen Bruder beerdigt – weil er nämlich ein Landesverräter ist. Weil beides nicht zu vereinbaren ist, beide Anliegen aber ihre

---

mas (4. Jh. v. Chr.) zugeschrieben; die uns überlieferte Fassung gehört freilich in die Zeit Hadrians (2. Jh. n. Chr.). Kein Zufall ist es natürlich, dass es Nietzsche selbst war, der 1871 die erste Ausgabe nach der Originalhandschrift besorgt hat. Vgl. hierzu Hess: *Der Agon*; zur Datierungsfrage auch Richardson: *The Contest*.

7 Zur Geschichte des tragischen *agón* vgl. ausführlicher Dihle: *Griechische Literaturgeschichte*, 109ff.

Berechtigung haben, muss Antigone sterben, muss Haimon, ihr Geliebter, sterben, muss dessen Mutter, Eurydike, sterben, und derjenige, der den Staat Theben repräsentiert und Antigone hat hinrichten lassen – Kreon –, verliert Sohn und Gattin, opfert also die Familie dem politischen Willen (und wird dabei natürlich nicht glücklich).[8] Wo so viel Tod ist, da wird nicht getrickst. Der tragische Konflikt ist ein echter Konflikt, wäre er es nicht, dann würde man um die Katastrophen herumkommen.

Das aber ist gerade das Metier der Komödie: um Katastrophen herumzukommen, indem man Konflikte inszeniert, die eigentlich gar keine sind. Die Komödie weiß, dass aus tragischen Wettkämpfen im Grunde keine Gewinner hervorgehen können, weil ja alle irgendwie im Recht sind, jeder Mensch letztlich edle Absichten verfolgt und jeder Tragiker nichts anderes will, als die Katharsis der Gemeinschaft – was eben leider einschließt, dass man die würdevolle Konkurrenz aus dem Weg räumen muss. Der Komiker ist in diesem Punkt vielleicht etwas ehrlicher, denn er macht keinen Hehl daraus, dass man im Leben nur gewinnen kann, wenn man aufhört, an die Großmut der Konkurrenz zu glauben. Für ihn ist vielmehr bereits fraglich, ob die komödiantische Konkurrenz wirklich die ist, für die sie sich ausgibt, ob sie substantiell existiert, ob sie also einen echten Gegner darstellt. Während in der Logik der Tragödie nur derjenige an Größe gewinnen kann, der seinem Konterpart ›auf Augenhöhe‹ gegenübertritt, entspricht es folglich der Mentalität der Komödie, dem Wettkampf aus dem Weg zu gehen, indem man pöbelt, erniedrigt, die Widersacher entlarvt oder zumindest ihre Ansprüche als nichtig herausstellt.

Die Kriege der Komiker werden demnach mit anderen Mitteln geführt als die der Tragiker. Der Tragiker stiehlt nicht und glaubt auch nicht an den Diebstahl, denn er geht immer noch davon aus, dass es ein Recht gibt, das bei den Göttern

8 Vgl. Sophokles: *Antigone* (440 v. Chr.).

wohnt und sich eben leider nicht mit den Anforderungen menschlicher Existenz in Einklang befindet. Der Komiker hingegen gibt sich keinen Illusionen hin: Er lebt in einer Welt, der nichts mehr heilig ist und die nur noch Unrecht mit Unrecht bekämpfen kann.[9] Und so tritt in den *Wolken* des Aristophanes (423 v. Chr.) der ›gerechte Rede‹ (*díkaios lógos*) die ›ungerechte Rede‹ (*ádikos lógos*) gegenüber, verspottet die Grundsätze verantwortungsvollen und am Gemeinwohl orientierten Handelns und nimmt den Vorwurf, durch Wortklauberei und philosophische Scharaden die athenische Volksjugend zum Laster zu verführen, als Kompliment.[10] Innerhalb des Stückes ist dieser allegorische Disput deutlich auf die aufkommende Marktplatzphilosophie und ganz konkret auf Sokrates bezogen. (Und tatsächlich entsprechen die Vorwürfe, die man hier gegen Sokrates richtet, exakt jenen, die dem realen Sokrates später zum tödlichen Verhängnis werden sollen.) Sokrates und seine Schule stehen nämlich in dem Ruf, die Kunst des Ungerechten zu lehren, also Methoden, mit deren Hilfe man insbesondere geschäftliche Angelegenheiten zu seinem eigenen Vorteil ausrichten kann. Deswegen suchen im Stück auch der verschuldete Bauer Strepsiades und dessen verschwenderischer Sohn Pheidippides Sokrates auf –

---

9 Dies fügt sich zu der bemerkenswerten Beobachtung, dass die alte Komödie sich gezielt der Kriegs- und Kriegermythen annimmt, denen noch bei Sophokles der Erwerb von Ehre (*kléos*) zugeordnet war. Die Komödie enthüllt diese Mythen als eine Täuschung und nimmt darin Stellung zum aktuellen politischen Geschehen. Vgl. hierzu ausführlich Ehrenberg: *Aristophanes und das Volk von Athen*, 309: »Die Hoffnung auf Sieg gründet sich bisweilen auf die feste Überzeugung, daß die eigene Partei für ein gute Sache kämpft, doch war das häufig nur ein Vorwand, und manchmal war nicht einmal ein solcher Vorwand erforderlich. [...] Den kraftvollen und kühnen Mut der Athener, den der Feind bewunderte, läßt die Komödie so gut wie ganz unter den Tisch fallen – sie zeigt nur die wilden Expansionspläne von Politikern, die nichts anderes im Sinne hatten als Krieg, und andererseits die gefährliche Bereitwilligkeit, den Krieg abzubrechen oder einfach aus Kriegsmüdigkeit überhaupt keinen Krieg zu führen [...].«
10 Aristophanes: *Néphelai*, 889–1111.

Die Komödie als Geburtsort des Plagiats

und scheinen die sokratische Methodik nach kurzer Zeit bestens begriffen zu haben: Ihren Gläubigern halten sie entgegen, dass es gar keinen Zahltag gebe, somit auch nicht gezahlt werden müsse, und als diese sich von solchen Beweisführungen nicht beeindrucken lassen, verweigert das Bauerngeschlecht ihnen das zustehende Geld mit dem Hinweis auf ihre vermeintlichen grammatikalischen Schwächen, ihren überkommenen Glauben und ihren Mangel an Bildung, der ihre Forderungen unglaubwürdig mache. Aus der neuen Gelehrsamkeit erwächst den beiden allerdings nicht nur ein unerwartetes Verhandlungsgeschick, sondern in zweiter Linie auch ein gehöriger Mangel an Respekt, der es möglich macht, dass Pheidippides seinen Vater verprügelt, da der Schlag, den der Sohn dem Vater gibt, sich ja in nichts von dem Schlag unterscheide, den der Sohn vom Vater empfange. Als Strepsiades gewahr wird, dass er nun auf Gedeih und Verderb der Logik des Ungerechten ausgeliefert ist, weiß er sich nur noch auf eine Weise zu helfen: Er zündet die Schule des Sokrates an. So endet die Komödie.

Nun sind auch die *Wolken* ein Wettbewerbsbeitrag gewesen, ein Drama, das für sich selbst und vor anderen eine gewisse ›Gerechtigkeit‹ erwartet hatte, sich in dieser Erwartung aber enttäuscht sehen musste. So verkündet die Chorführerin am Ende der ersten Szene:

> Lasst mich, ihr Athener, einmal euch die Wahrheit sagen frei,
> Lautre Wahrheit, beim Dionys, der mich großgezogen hat!
> So gewiß ich heute den Preis wünsch' als Meister meiner Kunst,
> Traun, so wahr ist's, daß ich gebaut nur auf eure Kennerschaft
> Und den Wert des komischen Stücks, das ich für mein besten hielt,
> Als ich euch zu kosten es bot, euch zuerst, dies Stück, das mir
> Wohl die meiste Mühe gemacht! – Dennoch zog man plumpe Kerls

II. Wettkampf, Wolken und Wahrheit

Unverdienterweise mir vor. – Dieses Unrecht klag ich
euch
Weisen Kennern, denen zulieb' ich mir all die Mühe gab –
[…].[11]

Die ›plumpen Kerls‹, das sind in diesem Falle Kratinos und Ameipsias, deren Komödien die *Wolken* bei den Dionysien im Jahre 423 v. Chr. auf den dritten Platz verwiesen hatten. Die obige Passage stammt aus der zweiten Fassung des Stückes (die uns als einzige überliefert ist) und dokumentiert, dass Aristophanes diesen Misserfolg offenbar nicht wirklich verwunden hat.

Was nicht unmittelbar ersichtlich wird: Hinter dieser Polemik verbirgt sich eine Autorschaftsdebatte, die Kratinos – der erste Großmeister der altattischen Komödie – selbst angestoßen hatte: In der *Pytínae*, dem Siegerstück von 423 v. Chr., hatte er, wenn man den griechischen Kommentatoren glauben darf, Aristophanes nämlich vorgehalten, dieser habe in seinen *Rittern* (427 v. Chr.) Material verwendet, das eigentlich seinem Kollegen Eupolis gehöre.[12] Der Vorwurf lässt sich, wie wir noch sehen werden, nicht ganz von der Hand weisen; von entscheidendem Interesse ist aber der Ort, an dem jene erste uns bekannte Plagiatserzählung ihren Ausgang nimmt. Es handelt sich hierbei um das Problem der literarischen Kollaboration. Gemeinschaftliche Autorschaft ist den Griechen nicht fremd, sondern vielmehr ein vertrautes Kulturmuster: Letztlich lassen sich bereits die homerischen Epen als Kolla-

11 »῏Ω θεώμενοι, κατερῶ πρὸς ὑμᾶς ἐλευθέρως / τἀληθῆ, νὴ τὸν Διόνυσον τὸν ἐκθρέψαντά με. / Οὕτω νικήσαιμί τ' ἐγὼ καὶ νομιζοίμην σοφός, / ὡς ὑμᾶς ἡψούμενος εἶναι θεατὰς δεξιοὺς / καὶ ταύτην σοφώτατ' ἔχειν τῶν ἐμῶν κωμῳδιῶν,/ πρώτους ἠξίωσ' ἀναγεῦσ' ὑμᾶς, ἣ παρέσχε μοι/ ἔργον πλεῖστον· εἶτ' ἀνεχώρουν ὑπ' ἀνδρῶν φορτικῶν/ ἡττηθεὶς οὐκ ἄξιος ὤν· ταῦτ' οὖν ὑμῖν μέμφομαι/ τοῖς σοφοῖς, ὧν οὕνεκ' ἐγὼ ταῦτ' ἐπραγματευόμην.« (Ebd., 518–526. Übersetzung nach: Aristophanes: *Sämtliche Komödien*, 145f.)
12 »Ταῦτα ἀκούσας ὁ Κρατῖνος ἔγραψε τὴν Πυτίνην, δεικνὺς ὅτι οὐκ ἐλήρησεν ἐν οἷς κακῶς, λέγει τὸν Ἀριστοφάνην ὡς τὰ Εὐπόλιδος λέγοντα.« (Schol. eq. 531, in: *Scholia Graeca* 53f.)

Die Komödie als Geburtsort des Plagiats 45

borationen verschiedener Aöden, Rhapsoden und Diaskeuasten verstehen, wie seit Friedrich August Wolfs *Prolegomena ad Homerum* (1795) bekannt ist.[13] Auch die Dramatik kennt das Prinzip der Gemeinschaftsproduktion, der anonymen Mitarbeiter – ein Prinzip, das mit den Griechen nicht stirbt, sondern spätestens bei Brecht in ungebrochener Frische wieder auftaucht. Aristophanes kennt diese Praxis aus eigener Erfahrung, wie er in den *Wespen* (422 v. Chr.) freimütig bekennt:

> Nun leiht mir, ihr Bürger, ein achtsames Ohr, wenn ihr
> hold seid lauterer Wahrheit:
> Denn der Dichter hat vor, dem Publikum heut ein Kapitel,
> ein kleines, zu lesen.
> Mit Bösem, sagt er, vergaltet ihr ihm, was er öfters euch
> Gutes getan hat:
> Nicht offen im Anfang, nur insgeheim als Gehilfe von
> andern Poeten,
> Indem er sich klug ein Exempel nahm an dem schlauen
> Propheten Eurykles
> Und, versteckt in den Bäuchen von andern, euch Spaß
> produziert', ein artiges Häuflein.[14]

Eine ›Bauchredner‹-Existenz ist demnach nichts Anstößiges oder gar Verachtenswertes für einen Dramenschreiber, nichts, zu dem man sich nicht bekennen könnte. Man ›hilft einan-

---

13 Wolf hatte in seinen Prolegomena die Hypothese aufgestellt, dass die homerischen Epen auf eine Reihe ursprünglich selbständiger Rhapsodien zurückzuführen seien, die bis zur Aristarch'schen Fassung einen langen Vereinheitlichungsprozess durchlaufen hätten. In der Folge, beispielhaft in der Eposdiskussion zwischen Schiller und Goethe (zwischen 1795 und 1797), wird jener Eindruck der organischen ›Einheit‹ der Epen vom Bezug auf den einen inspirierten Autor Homer abgelöst und statt dessen den epischen Formgesetzen zugeschrieben.

14 »Νῦν αὖτε λεῷ προσέχετε τὸν νοῦν, εἴπερ καθαρόν τι φιλεῖτε. / Μέμψασθαι γὰρ τοῖσι θεαταῖς ὁ ποιητὴς νῦν ἐπιθυμεῖ. / Ἀδικεῖσθαι γάρ φησιν πρότερος πόλλ' αὐτοὺς εὖ πεποηκώς· / τὰ μὲν οὐ φανερῶς ἀλλ' ἐπικουρῶν κρύβδην ἑτέροισι ποιηταῖς, / μιμησάμενος τὴν Εὐρυκλέους μαντείαν καὶ διάνοιαν, / εἰς ἀλλοτρίας γαστέρας ἐνδὺς κωμῳδικὰ πολλὰ χέασθαι, […].« (Aristophanes: *Sphékes*, 1015–1020)

II. Wettkampf, Wolken und Wahrheit

der‹, daran ist nichts Verwerfliches. Und so haben auch Aristophanes und Eupolis einander einst geholfen.[15] Die Scholien (also die Randnotizen, die man in den byzantinischen Aristophanes-Handschriften gefunden hat) berichten, dass Eupolis in seinen *Färbern* (*Baptai*; 420er/410er Jahre v. Chr.) behauptet habe,

> dass er die Ritter gemeinsam mit Aristophanes geschrieben habe. Er sagt dies von der letzten Parabase. Er spricht: ›Und was die Ritter betrifft, so habe ich zusammen mit dem Kahlköpfigen an ihnen gearbeitet und sie ihm zum Geschenk gemacht.‹[16]

Nun verhält es sich mit Geschenken so, dass man sie nicht gleichzeitig verschenken und behalten kann. Sprich: Wenn sich eine literarische Arbeitsgemeinschaft auflöst, dann wird den einzelnen Beiträgern ihr Teil zugesprochen. Man kann im Zuge dessen auf sein Recht am Text verzichten (also: ein ›Geschenk‹ machen) oder seinen Anspruch anmelden. Ein Geschenk machen und dieses Geschenk zugleich als sein Eigentum kenntlich machen, das führt notwendigerweise zu Komplikationen. Mit diesen hat nun seinerseits Aristophanes zu kämpfen, denn Eupolis hat nicht nur öffentlich seine Mitarbeit an den *Rittern* herausgestellt, er hat wohl auch seine Komödie *Marikas* (421 v. Chr.) hinsichtlich der Personnage und der Handlungslinien recht unverhohlen in Analogie zu den *Rittern* entwickelt. In der Tat lässt sich anhand der Eupolis-Fragmente eine Vielzahl an Parallelen aufweisen. Beide Stücke sind Staatskomödien, beide Stücke wenden sich gegen Demagogen: Die *Ritter* sind Teil der Dauerfehde zwischen Aristophanes und dem Kriegshetzer Kleon, der im Stück als der ›Paphlagonier‹ auftritt; hinter ›Marikas‹ verbirgt sich Kle-

---

15 Zur ausführlichen, kritisch hinterfragenden und brillant reflektierenden Analyse dieser Kooperation vgl. Storey: *Eupolis*, 202–214 und 278–303.
16 »Εὔπολις δὲ ἐν τοῖς Βάπταις τοὐναντίον φησίν, ὅτι συνεποίησεν Ἀριστοφάνει τοὺς Ἱππεῖ. λέγει δὲ τὴν τελευταίαν παράβασιν. φησὶν δὲ; +κἀκεῖνος+ τοὺς Ἱππέας / ξυνεποίησα τῷ φαλακρῷ τούτῳ κἀδωρησάμην.« (schol. nub. 554, in: *Scholia Graeca*, 108)

ons Nachfolger Hyperbolos. Beide Figuren befinden sich in einem Dienstverhältnis gegenüber einem *despotês* (im Falle der *Ritter* ist das der ›ein wenig taube‹ Demos, also das Volk), beide Figuren intrigieren bei ihren Herren gegen die ihnen untergebenen Mitsklaven, von denen in beiden Stücken einer auf den Namen Nikias hört, und in beiden Stücken wird Nikias vom Demagogen angegriffen. Es gibt im *Marikas* zudem nicht nur einige wörtliche Anklänge, sondern an zwei Stellen auch direkte Verweise auf die *Ritter*. (So findet sich in den überlieferten Fragmenten die Bemerkung »Kleon als Paphlagonier«.[17]) Aristophanes sind diese Ähnlichkeiten nicht entgangen. Im bereits angeführten Stasimon aus den *Wolken* kartet er nach:

> Bin euch nagelneue Sujets [*idéas*] vorzuführen stets bedacht,
> Witzige Figuren und keck, keine je der andern gleich.
> Stieß ich nicht den mächtigen Mann Kleon mächtig auf den Bauch?
> Doch ich trat, sobald er im Staub lag, nicht mehr auf ihm herum.
> Andre – seit Hyperbolos sich einmal eine Blöße gab –
> Trampeln auf dem ärmlichen Kerl stets und seiner Mutter herum.
> Eupolis vor allen – er schleppt seinen ›Marikas‹ herein:
> Schmählich! Ein gewendeter Rock! Meine ›Ritter‹ dumm verhunzt!
> Nebenbei, dem Kordax zulieb, ein versoffnes altes Weib,
> Die er stahl dem Phrynichos, wo sie das Ungeheuer frisst.[18]

---

17 Fragmente zum *Marikas*, Zeile 135; vgl. Lucas: *Cratinus et Eupolis*.
18 »ἀλλ' ἀεὶ καινὰς ἰδέας εἰσφέρων σοφίζομαι, / οὐδὲν ἀλλήλαισιν ὁμοίας καὶ πάσας δεξιάς· / ὃς μέγιστον ὄντα Κλέων' ἔπαισ' εἰς τὴν γαστέρα, / κοὐκ ἐτόλμησ' αὖθις ἐπεμπηδῆσ' αὐτῷ κειμένῳ. / Οὗτοι δ', ὡς ἅπαξ παρέδωκεν λαβὴν Ὑπέρβολος, / τοῦτον δείλαιον κολετρῶσ' ἀεὶ καὶ τὴν μητέρα. / Εὔπολις μὲν τὸν Μαρικᾶν πρώτιστος παρείλκυσεν / ἐκστρέψας τοὺς ἡμετέρους Ἱππέας κακὸς κακῶς, / προσθεὶς αὐτῷ γραῦν μεθύσην τοῦ κόρδακος οὕνεχ', ἣν / Φρύνιχος πάλαι πεπόηχ', ἣν τὸ κῆτος ἤσθιεν.« (Aristophanes: *Nephelai*, 547–556)

Man kann beim langsamen Nachvollzug der in dieser Passage angedeuteten und ausgestellten Handlungszusammenhänge nun mit ansehen, wie sich das Plagiatsnarrativ in all seiner Komplexität entfaltet, sich verzweigt und bis heute die Rezeption der attischen Komödie mitbestimmt: Hat Aristophanes Recht und Eupolis hat sich aus seinem dramatischen Fundus bedient, der früher einmal ihr gemeinsamer Fundus war? Oder verhält es sich umgekehrt: Hat vielleicht Aristophanes sich in den *Rittern* an einem (dann vom allgemein angenommenen Entstehungsjahr 424 v. Chr. rückzudatierenden) Stück des Eupolis – *Chrysoun Genos* – bedient, dessen Teile dann Eupolis später schlicht wiederverwendet hat?[19] In welchem Zusammenhang steht die Einmischung des Kratinos in diese Debatte? Und welche Rolle spielt der Hinweis auf Phrynichos, den Aristophanes hier als weiteres Diebstahlsopfer anführt, der aber aller Wahrscheinlichkeit nach auch zu jenen Dichtern gehört, bei denen Aristophanes einst als ›Bauchredner‹ gedient hat? Zweifellos lassen sich all diese Geschichten nicht mehr eindeutig auflösen; es stellt sich vielmehr rasch der Eindruck ein, dass jedes weitere Detail die Sachlage weniger aufhellt als noch mehr verwirrt. Wir müssen die Prioritätsfrage an dieser Stelle aber auch nicht beantworten, sondern sollten uns auf die wesentlichen Beobachtungen beschränken.

Vor allem anderen ist festzustellen, dass der Plagiatsvorwurf hier im Grunde zu einem Topos komischer Dramaturgie wird. Nicht umsonst ist er völlig in die Stücke integriert und entwickelt – den Aufführungsumständen entsprechend – einen geradezu sportiven Charakter, der selbst dann nicht verlorenginge, wenn über die tatsächlichen Eigentumsverhältnisse völlige Klarheit herrschte. Das ist ja aber gerade nicht der Fall, vielmehr wird mit jeder Anschuldigung und mit jeder Erklärung deutlicher, dass die dramatischen Produktionsbedingungen eben jene Individualität der Komposition un-

---

19   Diese These bei Storey: *Eupolis*, 286f.

terlaufen, die später durch die Wettbewerbssituation eingefordert wird. Damit wird aber zugleich deutlich, dass die Vorstellung vom ›literarischen Eigentum‹ nicht mit dem sogenannten ›Autorbewusstsein‹ identifiziert werden kann, dessen Konturen im Grunde ja bereits mit der inszenierten Dichterweihe im Proömium der hesiodischen *Theogonie* sichtbar geworden waren.[20] Das Bewusstsein, dass ein Text an eine bestimmte personale Figuration – den Autor – gebunden bleibt, impliziert eben noch nicht, dass diese Figuration auch für sich in Anspruch nehmen muss, alleiniger Urheber aller Textbestandteile zu sein. Infolge dieser Einsicht wird man zu dem Schluss kommen müssen, dass sich der Autor als ›Eigentümer‹ nicht bereits durch den Wechsel von mündlicher zu schriftlicher Dichtung konstituiert, sondern dass er erst in einer bestimmten (eben: agonalen) Konstellation von Text und Öffentlichkeit auch wirklich zum Besitzer seiner Literatur werden kann, ja, werden muss.

In diesem Sinne bezeichnet das Netz an Fremdverweisen, in das wir das Werk des Aristophanes – das einzige Werk aus der Archaia, das uns mit immerhin elf erhaltenen Komödien auch wirklich in lesbarem Zustand erreicht hat – heute eingelassen sehen, letztendlich nur die Kluft, die sich zwischen der durch den *agón* etablierten Vorstellung vom ›Meisterdichter‹ und der gemeinschaftlichen Realität literarischer Entstehungsprozesse erstreckt. Die Komödie ist die Textsorte, die dieses Missverhältnis offen ausagiert und im Plagiatsdiskurs die Zumutung, die der *agón* für eine gemeinschaftlich verstandene Dichtung bedeutet, zu bewältigen versucht.

Klopé – das Gedächtnis des Plagiats

Anderenorts wird der Widerspruch nicht ausgetragen, sondern zum stillschweigend hingenommenen Normalzustand. Von solch einem Fall berichtet der römische Architekt Vitruv

---

20 Zu dieser Frage Stein: *Autorbewußtsein*, insbesondere 6–54.

(1. Jh. v. Chr.) im siebten seiner zehn Bücher *De architectura*: Zur Zeit der Ptolemäer lebt ein anderer Aristophanes, nämlich Aristophanes von Byzanz (257–180 v. Chr.), ein Mann, der sich um die griechische Literatur in hohem Maße verdient macht – er ist der Herausgeber sowohl der homerischen Epen als auch der kanonischen Lyriker, der Tragiker und auch der Komödien des Aristophanes. Dieser Mann, so berichtet Vitruv, wird vom König als siebter und letzter Fachmann in die Entscheidungskommission eines Dichterwettkampfes berufen. Ausschlaggebend für seine Berufung ist der Hinweis auf seine ungeheure Belesenheit, der Umstand, dass er »mit größtem Eifer und größter Sorgfalt Tag für Tag alle Bücher der Reihe nach von vorn bis hinten durchstudiere.«[21] Nun ist Belesenheit zwar eine Zier, aber längst nicht immer durchsetzungsfähig, und so kommt es, wie es kommen muss: Aristophanes von Byzanz bleibt mit seiner Urteilsfähigkeit alleine, die anderen sechs Preisrichter richten ihre Wahl alleine am Publikumsbeifall aus und kommen auf diesem Wege zu einstimmigen Urteilen. Der Philologe denkt da natürlich anders:

> Als aber Aristophanes nach seiner Meinung gefragt wurde, forderte er, daß als Sieger der bekannt gemacht werden sollte, der am wenigsten den Beifall des Volkes gefunden hätte. Als aber der König und die Volksmenge großen Unwillen zeigten, erhob sich Aristophanes und erreichte auf seine Bitte hin, daß sie ihn sprechen ließen. Unter allgemeinem Schweigen behauptete er, daß nur einer von diesen, und zwar der von ihm Bezeichnete, ein wirklicher Dichter sei, die übrigen fremde Werke vorgetragen hätten. Die Richter dürften aber nicht Plagiate [*furta*], sondern müßten nur Originalwerke [*scripta*] gelten lassen.[22]

---

21 Vitruv: *Zehn Bücher über Architektur*, 305.
22 »Aristophanes vero, cum ab eo sententia rogaretur, eum primum renuntiari iussit, qui minime populo placuisset. Cum autem rex et universi vehementer indignarentur, surrexit et rogando impetravit, ut paterentur se dicere. Itaque silentio facto docuit unum ex his eum esse poetam, ceteros aliena recitavisse; oportere autem iudicantes non furta sed scripta probare.« (Ebd., Übersetzung nach Fensterbusch)

Der König zweifelt zunächst. Nachdem Aristophanes aber anhand von herbeigeschleppten Buchrollen die Plagiatoren zu überführen vermag, wird diesen – man höre und staune – ein Gerichtsverfahren wegen Diebstahls in Aussicht gestellt; der Ankläger gelangt auf diesem Wege an den Posten des Bibliotheksdirektors von Alexandria.

Die Legende besitzt gleich in mehrfacher Hinsicht kulturellen Aussagewert. Zunächst verdeutlicht sie abermals die Dynamisierung, die der literarische Diebstahl durch den *agôn* erfährt: Poetischer Ruhm kommt vorzugsweise dem zu, der den Massengeschmack auch bedienen kann, und die Masse liebt natürlich vor allem das, was sie bereits kennt (ohne es gleichwohl wiederzuerkennen). Man kann also von den Plagiatoren halten, was man will – letztlich kommen auch sie natürlich nur einer gewissen Erwartungshaltung nach, mit der sie das literarisch interessierte Publikum konfrontiert. Entsprechend reproduziert man das, was bereits in den Bibliotheken steht: Man bedient sich aus dem dichterischen Schatz der Nation. Rein marktpolitisch ist das im Grunde legitim, zumal auch aus rechtshistorischer Sicht den griechischen Plagiatoren wahrscheinlich kaum beizukommen gewesen wäre. (Dass es im besagten Fall wirklich zu einer Verurteilung wegen Diebstahls gekommen sein würde, ist doch eher unwahrscheinlich. Naheliegend scheint vielmehr, dass die Verurteilung in allererster Linie moralischer Natur ist, schickt man die Delinquenten doch »mit Schimpf und Schande« von dannen.)

Ein Problem stellt diese Tendenz allerdings für denjenigen dar, dessen Aufgabe es ist, das gemeinschaftliche Kulturgut zu verwalten: den antiken Bibliothekar. Die Bibliothekare von Alexandria sammeln Literatur nicht einfach, sondern sie kanonisieren, d. h. sie wählen aus, was in den (begrenzten) hellenischen Textspeicher aufgenommen werden soll und was nicht. Zur Bestandsaufnahme gehört dabei natürlich auch die Unterscheidung von Original und Kopie, und eben hier liegt der Beginn der sogenannten ›*klopaì*-Literatur‹.[23] *klopé*, das ist

---

23 Zur *klopaì*-Literatur vgl. ausführlich Stemplinger: *Plagiat*, 6–80. Es gehört sicherlich eine gewisse Dreistigkeit dazu, Stemplingers Studie erst

das griechische Äquivalent zum lateinischen *furtum*, bezeichnet also den ›Raub‹, und die *klopaí*-Literatur ist zunächst einmal nichts weiter als eine Ansammlung von Kompendien, die ausschließlich damit beschäftigt sind, Entlehnungsnachweise und Parallelstellen aufzulisten. Meist geschieht dies autorbezogen: Man zerlegt das Werk eines Dichters (die Liste der Verdächtigen reicht hier hinauf bis zu Sophokles) in seine Einzelbestandteile, indem man es Zeile für Zeile auf seine Fremdreferenzen hin untersucht. In jenen Registern – über deren Inhalt wir leider nur aus dritter Hand, nämlich durch bei Eusebios von Caesarea (gestorben 339 n. Chr.) überlieferte Exzerpte Porphyrs (ca. 233/234–305 n. Chr.), informiert sind[24] – dokumentiert sich zum ersten Mal jenes Phänomen, das spätere Zeiten mit dem Ausdruck der ›Plagiatsschnüffelei‹ belegen werden. Anzumerken ist allerdings, dass das Interesse jener ersten *klopaí*-Literatur (eine zweite wird im Umfeld des frühen Christentums entstehen) nicht ausschließlich in Diffamierungsbestrebungen zu suchen sein dürfte. Tatsächlich entstammen die synoptischen Nachweise von Textdoppelungen der Kommentarliteratur, ihr Zweck liegt ursprünglich in der philologisch genauen Beschreibung von Textkorpora. Letztlich könnten diese Werke, so sie erhalten wären, demnach gerade jenes Faktum belegen, das uns als eine Kerneinsicht in das Wesen des Plagiats erschienen ist: Die bloße Analogie zweier Texte ist noch lange kein Plagiat.

an dieser Stelle zu erwähnen, stellt sie doch die einzige maßgebliche Untersuchung des Plagiats in der griechischen Literatur dar und führt auch all jene Beispiele an, die nun bereits hinter uns liegen. Dementsprechend beziehen sich auch alle späteren summarischen Abhandlungen zum Plagiat – großteils ungeprüft – auf Stemplinger. Dieser agiert auf seinem Terrain absolut souverän: Er sammelt, er systematisiert auch; er macht einleitend, abschnitts- und zitatweise sogar kurze Abstecher in die Renaissance, den Klassizismus und ins 19. Jahrhundert. Das Bewusstsein, dass er es in der Frage des Plagiats mit dem veränderlichen Profilabdruck einer Gesellschaftsformation und ihres Literaturverständnisses zu tun hat, fehlt ihm allerdings nahezu vollständig – und dementsprechend begegnen wir ihm nun auch erst hier.

24 Eine detaillierte Aufschlüsselung der Schriften zur *klopé* bei Ziegler: *Plagiat*, Sp. 1978–1984.

Wohl aber kann man aus jeder Analogie mit wenigen Handgriffen ein Plagiat konstruieren. Aristophanes von Byzanz gibt hier in der Tat und wider Willen ein exzellentes Beispiel ab, hat er doch allem Anschein nach Menanders Werk auf Parallelstellen hin untersucht und deren Zusammenstellung veröffentlicht. Leider sind wir, wie bereits gesagt, nicht im Besitz dieser Schrift, sondern kennen nur die Mitteilung Porphyrs, wonach Aristophanes eine Schrift verfasst habe, die die Analogien aufführe, die zwischen Menanders Werk und denjenigen beständen, die Menander bestohlen habe. ›Bestohlen‹ – das hört sich nun freilich schon sehr deutlich an, deutlicher, als es vermutlich angemessen ist, denn das inkriminierende *éklepsen* – ›er hat gestohlen‹ – will sich nicht so recht zu der an gleicher Stelle getroffenen Aussage fügen, dass Aristophanes Menander keineswegs angeklagt, sondern aufgrund seiner großen Zuneigung sehr pfleglich mit diesem umgegangen sei, indem er die Beweismittel, die Menander des Diebstahls hätten überführen können, zurückgehalten habe.[25] Tatsächlich wird man den Vorwurf der *klopé* also gar nicht bei Aristophanes verorten können, sondern ihn Porphyr (und damit einer späteren Zeit) zuordnen müssen, der aus der systematischen Textkonfrontation eine Plagiatserzählung konstruieren will.

Der konkrete Vorgang – die Ummünzung der literarischen Bestandsaufnahme in einen Angriff auf die Originalität des Dichters – ist nun sicherlich weder ein Einzelfall[26] noch die Regel. Dennoch gestattet er uns eine weitere kulturhistorische Präzisierung: Auch die ›Öffentlichkeit‹ (also: die Beobachtung) von Textentlehnungen alleine schafft noch kein Pla-

---

25 »[...] ὅπου γε καὶ Μένανδρος τῆς ἀρρωστίας ταύτης [das meint τῆς κλοπῆς, P.T.] ἐπλήσθη, ὃν ἠρέμα μὲν ἤλεγξε διὰ τὸ ἄγαν αὐτὸν φιλεῖν Ἀριστοφάνης ὁ γραμματικὸς ἐν ταῖς παραλλήλοις αὐτοῦ τε καὶ ἀφ' ὧν ἔκλεψεν ἐκλογαῖς; [...].« (*Eusebii Pamphili Evangelicae praeparationis libri XV*, 465d [X, 3])

26 Ähnliches gilt wohl auch für ein ebenfalls auf Menander bezogenes Parallelstellenkompendium eines gewissen Latinos, vgl. Ziegler: *Plagiat*, Sp. 1979, bzw. Stemplinger: *Plagiat*, 8.

giat. Entscheidend ist vielmehr, dass diese Öffentlichkeit von Literatur in einer bestimmten Weise organisiert ist, eine Aufgabe, die, das ist nun hinreichend deutlich geworden, der *agôn* erfüllt. Vollends verstanden ist jene Konstellation, in der das Plagiat geboren wird, allerdings erst dann, wenn wir uns verdeutlicht haben, dass die Organisation von Dichtung als Wettbewerb (und mit ihr auch die Vorstellung vom Plagiator als widerrechtlichem Wettbewerber) ihren Widerhall in der platonischen Seinslehre findet. In der Tat: die *klopé* ist nicht nur ein literarisches, sondern auch ein philosophisches Konzept und dementsprechend bleiben die Debatten um die literarische Urheberschaft auch keine Nebensächlichkeit, sondern greifen über auf das griechische Denken.

Die philosophische Wurzel des Plagiats

Aus der kurzen Betrachtung der *Wolken* und ihres Umfeldes hatten wir die Einsicht gewonnen, dass der Plagiatsvorwurf sich innerhalb der antiken Komödie nicht zuletzt deswegen als gängige Redeform etabliert, weil er auf ein virulentes Problem antiker Dichtung, nämlich das ungeklärte Verhältnis von literarischem Gemeingut und der Rezeption von Literatur im Rahmen des *agôn*, antwortet. Übergangen hatten wir in diesem Zusammenhang den Stoff der Komödie, vermutlich, weil es zunächst so schien, als habe die Beschuldigung des Eupolis – als nachgeschobener Text – nichts mit dem eigentlichen Sujet des Stückes zu tun. Das ist natürlich ein Irrtum.

Der Adressat der *Wolken* ist die Philosophie als Gewerbe. Komikfähig ist dieser Adressat deswegen, weil er stets etwas anderes tut, als das, was er zu tun vorgibt: Der gewerbsmäßige Philosoph, der in diesem Falle Sokrates heißt, orientiert sich in seinen Reden nicht an Wahrheiten, sondern am konkreten Nutzen. Auch er lebt eben – wie der Komiker – in einer Welt der Unbeständigkeit, in der man nichts und niemandem trauen sollte. Die Kunst, in dieser Welt zu überleben, besteht in der bereits erwähnten ›ungerechten Rede‹, die ganz am *prâgma*, an der Sache, orientiert ist, die es jeweils zu erreichen oder

Die philosophische Wurzel des Plagiats 55

zu verhindern gilt. Diese Rede muss also anpassungsfähig, flexibel, sein, was ihr nur dann gelingen kann, wenn sie darauf verzichtet, in irgendeiner Weise verbindlich zu sein. Dementsprechend hat Sokrates als Protagonist des Stückes den Olymp durch die ›Wolken‹ ersetzt (womit nun auch der Titel der Komödie erklärt wäre), denen allein er Verehrung entgegenbringt. Die Wolken nämlich verkörpern ebenjene wandelbare Gestalt der philosophischen Argumentation, auf die es bei der ›ungerechten Rede‹ ankommt:

> Sie geben sich jede belieb'ge Gestalt; zum Exempel, sie sehn einen geilen,
> Langhaarig verwilderten Bubenfreund, unter andern den Sohn Xenophantos',
> Gleich äffen sie nach des Verrückten Figur, und verwandeln sich selbst in Kentauren.[27]

Tatsächlich bewegt sich die Komödie hier bereits auf einer Argumentations- und Bildebene, von der aus wenig später Platon in der sokratischen Maske wiederum die Sophistik angreifen wird. So heißt es in seinem *Politikos* (365–348 v. Chr.) von den Sophisten:

> Ein gar vielstämmiges Geschlecht, wie sich gleich auf den ersten Anblick zeigt. Denn viele der Männer gleichen den Löwen und Zentauren und anderen der Art, gar viele aber auch den Satyrn und den schwächeren, aber gewandteren Tieren; oft verwandeln sie sich auch aus einer Gestalt und Eigenschaft in die andere.[28]

---

27 »γίγνονται πάνθ' ὅτι βούλονται. κᾆτ' ἢν μὲν ἴδωσι κομήτην / ἄγριόν τινα τῶν λασίων τούτων, οἷόν περ τὸν Ξενοφάντου, / σκώπτουσαι τὴν μανίαν αὐτοῦ Κενταύροις ἤκασαν αὐτάς.« (Aristophanes: *Néphelai*, 348–350)
28 »Πάμφυλόν τι γένος αὐτῶν, ὥς γε ἄρτι σκοπουμένῳ φαίνεται. Πολλοὶ μὲν γὰρ λέουσι τῶν ἀνδρῶν εἴξασι καὶ Κενταύροις καὶ τοιούτοισιν ἑτέροις, πάμπολλοι δὲ Σατύροις καὶ τοῖς ἀσθενέσι καὶ πολυτρόποις θηρίοις · ταχὺ δὲ μεταλλάττουσι τάς τε ἰδέας καὶ τὴν δύναμιν εἰς ἀλλήλους.« (Platon: *Politikos*, 291a, Übersetzung nach Schleiermacher)

Ganz gleich, ob man dieser Verwandlungsphilosophie nun wie Aristophanes den Namen ›Sokrates‹ gibt oder sie mit Platon als den substantiellen Kern des Sophismus betrachtet: In jedem Fall produzieren diese Leute nicht nur wolkige Worte (die dem Bauern Strepsiades natürlich »wie ein Haufen verzettelter Wolle« vorkommen müssen), sondern werden selbst zu Wolken, die sich ihre Gestalt bei anderen abschauen müssen. Dass Plagiarismus hier früher oder später ein Thema werden wird, ist abzusehen. Von größerem Interesse ist allerdings zunächst, auf welcher philosophischen Grundlage Plagiate gesichtet und geahndet werden können. Einen ersten Hinweis gibt hier womöglich nicht Platon, sondern bereits Aristophanes. Wenn dieser nämlich seinen Marktplatzphilosophen sagen lässt, dass die Wolken »des Verrückten Figur« ›nachäffen‹, dann meint das nicht *mímesis*, sondern Aristophanes gebraucht hier das Verb *skóptein*, das den Akzent recht eindeutig auf den Moment des Verspottens legt, zumindest aber einen leichten, oberflächlichen Umgang mit dem nachgeahmten Vorbild suggeriert. Den Nachahmungskünsten der Wolkenphilosophen mangelt es also an Seriosität, was wiederum die Frage aufkommen lässt, ob es dann nicht auch eine seriöse, den Ansprüchen der Philosophie gerecht werdende Form der Nachahmung geben könne.

Das platonische Denken baut auf ebendieser Prämisse auf, denn natürlich gibt es eine seriöse Nachahmung, nämlich die Nachahmung, die jeder ›kunstgemäßen‹ Rede überhaupt zugrunde liegt: die Nachahmung der Wahrheit. Bekannt ist, dass die Wahrheit bei Platon den Menschen nicht einfach zur Verfügung steht, sondern dass sie sich ihnen *mitteilt*. Wer die Wahrheit spricht, der hat also Teil an der Wahrheit, er besitzt die Wahrheit aber damit eben nicht, vielmehr besitzt die Wahrheit ihn. Das ›Höhlengleichnis‹ im siebten Buch der *Politeia* (nach 387 v. Chr.) fasst das Verhältnis von Wahrheit und menschlichen Erkenntnisformen als Stufenmodell, als eine Beziehung von Urbild und Abbild, Licht und Schatten. Das *Erkennen* der Wahrheit ist hierbei an ein *Sein* in der Wahrheit gekoppelt: Wer erkennt, dessen Seele erinnert sich ihrer Herkunft aus dem *wahren Sein*, der Erkennende kann dieses wahre Sein folglich ›nachahmen‹, es also in eine erkenntnisfähige Form, in den *lógos*, umwandeln.

Wie aber kommt man nun dazu, innerhalb dieser Konzeption wiederum einen ›gerechten‹ von einem ›ungerechten‹ *lógos* unterscheiden zu wollen? Denkbar wären ja bestenfalls Abstufungen in der Nachahmung des Wahren, die allerdings nur gradueller, nicht aber qualitativer Natur sein dürften, denn die Wahrheit kennt keine Qualitätsunterschiede. Platon legt aber gerade das nahe. Er unterscheidet nämlich zwischen den ›Abbildern‹ des Wahren, den *eikónes*, und den ›Trugbildern‹ des Wahren, den *phantásmata*, sowie entsprechend zwischen der *epistéme*, der Wissenschaft (dem ›gerechten‹ *lógos*), und der *dóxa*, dem bloßen ›Meinen‹ (dem ›ungerechten‹ *lógos*), das eben der Sophistik zugeordnet wird.[29] Wie ist das zu denken? Und was hat das alles mit dem Plagiat zu tun?

Im Grunde unterscheidet sich das Modell, nach welchem sich seriöse und unseriöse Nachahmung, gerechter und ungerechter *lógos*, Abbild und Trugbild im platonischen Horizont voneinander trennen lassen,[30] kaum von dem Wettkampfmodus, der die griechische Dichtung konstituiert; man spricht in diesem Kontext freilich nicht mehr von *agón*, aber dafür von *amphisbétesis*. Auch dieser Ausdruck bezeichnet nicht einfach einen Streit, sondern eben eine Konkurrenz: Die philosophischen Kombattanten treten im Disput gegeneinander an, um jeweils ihren Anspruch auf das Wahre, ihre persönliche Teilhabe am Wahren, durchzusetzen. Und so, wie Aristophanes von Byzanz unter den Teilnehmern am Dichterwettbewerb nur einen einzigen seriösen Bewerber ausgemacht hatte, so muss auch der Platoniker eine Entscheidung treffen, die den

---

29 Zum platonischen Zeichenmodell vgl. ausführlicher Simon: *Philosophie des Zeichens*, 20f.

30 Der Vollständigkeit halber sei nicht verschwiegen, dass Gilles Deleuze die Aufhebung dieser Unterscheidung von Trugbild und Abbild in Platons *Sophistes* ausfindig gemacht zu haben glaubt und von dorther eine Kulturgeschichte des Trugbildes entwickelt hat. Vgl. Deleuze: *Trugbild und antike Philosophie*, insbesondere 311–324.

berechtigten vom unberechtigten Bewerber um die Wahrheit sondert. Dies ist vor allem natürlich eine Frage der ›Beseelung‹: Wenn das das philosophische Lernen und die Erinnerung der Seele an das ›wahre Sein‹ dasselbe sind, dann ist auch die Rede des ›wahrhaft Wissenden‹ eine ›lebende und beseelte Rede‹, ein *lógos zōós kaì émpsychos*, wie das im *Phaidros* (um 370 v. Chr.) ausgedrückt wird.[31]

Der sophistischen Philosophie geht dieses Moment der Beseelung natürlich ab, was sich darin bemerkbar macht, dass sie nicht nur Trugbilder der Wahrheit verbreitet, sondern – wie dargelegt – sogar selbst eines ist. Das Wesen des Trugbildes liegt nämlich nicht einfach im Irrtum oder der Lüge (also in einer ›falschen‹ Gestalt), sondern in der *Unbeständigkeit* der Erscheinung – nach Platon das Wesensmerkmal des Sophisten. Im steten, von außen angefachten Wechsel der Gestalt liegt der Malus der Sophistik, und damit ist bereits klar, dass die Wahrheit durch eine geistige Fehlorientierung bedroht wird, die nicht ›seelisch‹, sondern nur oberflächlich erkennt. Oberflächliche Erkenntnis, das heißt Beschränkung auf die Form, auf Rhetorik, Stilistik, das heißt aber vor allem auch: *Beschränkung auf eine Erkenntnis, die man sich bei anderen ausborgt*, auf eine Erkenntnis, die man eben nicht selbst realisiert hat. Plagiatsvorwürfe innerhalb der antiken Philosophie zielen letztlich immer auf dieses Missverhältnis ab: Die Wahrheit einer Rede hängt vollständig an der Seele, die sie verbürgen kann, indem sie sich an die Welt der Ideen erinnert. Wer also seine Gedanken von anderen stiehlt, der besitzt kein Abbild der Wahrheit, sondern eben wieder nur ihr Trugbild, ihre sprachliche Form.

In diesen Zusammenhang gehört dann auch das Wort, das uns hier so viel Freude bereitet. Wie nämlich kommt es denn nun ganz konkret zu einem ›ungerechten‹ *lógos*? Theaitetos (um 369 v. Chr.) möchte das gerne wissen, und Sokrates gibt ihm die konzise Antwort:

---

31 Platon: *Phaidros*, 276a.

In dem aber, wovon wir wissen und was wir wahrnehmen, darin dreht und wendet sich die Vorstellung, bald richtig, bald falsch geratend; wenn sie nämlich gerade gegenüber geht und zusammengehörige Abbilder und Urbilder miteinander verbindet, wird sie wahr; wenn sie aber verdreht und kreuzweise verbindet, wird sie falsch.[32]

Das Abirren von der Wahrheit beruht also auf einer ›verdrehten‹ Verknüpfung von Abbild und Urbild – und richtig, da spricht der griechische Text dann zuverlässig von der *dóxa synágousa plágia*: einer Vorstellung, die *verdreht zusammenführt*, der Idee eine falsche Gestalt zuordnet – und einen falschen Gestalter.

Die Literatur als Ursünde des Plagiats

›Unoriginalität‹ stellt in der hellenischen Welt somit nicht nur einen ethischen, sondern auch einen erkenntnistheoretischen Makel dar – und als dessen Entblößung wird das Plagiat im Streit der philosophischen Schulen ab dem 4. Jh. v. Chr. auch verstärkt funktionalisiert. Wenn also kolportiert wird, dass Polemon (gest. um 265 v. Chr.) – das Oberhaupt der athenischen Akademie – seinem Schüler Zenon von Kition (333–264 v. Chr.), dem Begründer der Stoa, vorgehalten habe, dieser sei »durch die Gartentüre hereingeschlichen, habe seine Lehren (*dógmata*) entführt und ihnen eine phönizische Verkleidung aufgezwungen«,[33] so meint dies natürlich, dass die Stoa als Abspaltung der Akademie keine eigene Wahrheit besitzt. Im umgekehrten Fall bezichtigt dann auch der Schüler den Lehrer des Plagiats, so etwa Demokrit (5./4. Jh. v. Chr.),

---

32 »περὶ δὲ ὧν ἴσμεν τε καὶ αἰσθανόμεθα, ἐν αὐτοῖς τούτοις στρέφεται καὶ ἑλίττεται ἡ δόξα ψευδὴς καὶ ἀληθὴς γιγνομένη, καταντικρὺ μὲν καὶ κατὰ τὸ εὐθὺ τὰ οἰκεῖα συνάγουσα ἀποτυπώματα καὶ τύπους ἀληθής, εἰς πλάγια δὲ καὶ σκολιὰ ψευδής.« (Platon: *Theaitetos*, 194b)

33 »οὐ λανθάνεις, ὦ Ζήνων, ταῖς κηπαίαις παρεισρέων θύραις καὶ τὰ δόγματα κλέπτων Φοινικικῶς μεταμφιεννύς.« (Diogenes Laertius VII, 25)

der einem Gerücht zufolge dem Anaxagoras nachsagte, dessen Ansichten, die Sonne und den Mond betreffend, »stammten nicht von ihm, sondern seien von hohem Alter« und Anaxagoras habe sie »heimlich entwendet«.[34]

Was sich hier zunächst noch als ein reiner Originalitätsstreit ausnimmt, zieht nolens volens eine Reflexion auf den Status literarischen Philosophierens nach sich. Das sokratische Ideal liegt ja im mündlichen Philosophieren, also im Dialog, der den Vorteil mit sich bringt, dass er zumindest dem Anschein nach ›spontan‹ ist: Der Dialog kennt die Wahrheit nicht von vornherein, sondern er bringt sie erst hervor. Genau hierin liegt bekanntlich der Unterschied zwischen dem sophistischen und dem sokratischen Philosophieren: Der Sophist weiß etwas und führt sich und sein Gegenüber im gemeinsamen Gespräch zur Einsicht. Die platonischen Dialoge inszenieren damit den Bruch mit der Überredung, mit den rhetorisch ummantelten Trugbildern, die unter den sokratischen Fragen in sich zusammenstürzen. Hinter dieser Inszenierung verbirgt sich allerdings ein grundsätzliches Misstrauen gegen die Macht der sprachlichen Form. So untersteht die Rhetorik als die Lehre von der sprachlichen Formgebung nicht nur dem Generalverdacht, die Wahrheit zu fälschen, sondern sie gründet geradezu in der Überzeugung, dass sich die Wahrheit an der Oberfläche der Sprache befindet und sich über diese Oberfläche auch transferieren und ›kopieren‹ lässt – nach platonischem Verständnis ein fatales Missverständnis, denn die Wege der Erkenntnis führen ja nach wie vor über die Erinnerung der Seele, über welche der Sophismus einfach hinwegrhetorisiert. Der Agent, den Platon für die schleichende Ausbreitung jener seelenlosen Philosophie verantwortlich macht, ist ein ebenso seelenloses Medium: die Schrift. Der schreibende Philosoph glaubt daran, dass die Wahrheit Stil hat. Er glaubt aber auch daran, dass die Literatur Seelen transportiert,

---

34 »Φαβωρῖνος δέ φησιν ἐν Παντοδαπῇ ἱστορίᾳ λέγειν Δημόκριτον περὶ Ἀναξαγόρου ὡς οὐκ εἴησαν αὐτοῦ αἱ δόξαι αἵ τε περὶ ἡλίου καὶ σελήνης, ἀλλὰ ἀρχαῖαι, τὸν δ' ὑφῃρῆσθαι.« (Ebd. IX, 34f.)

genau genommen: seine eigene Seele, die immer und überall, wo seine Lehre auch gelesen wird, für die Richtigkeit seines Textes einstehen kann. In den Augen Platons ist das natürlich ein entsetzlicher Irrtum:

> Ist sie aber einmal geschrieben, so schweift auch überall jede Rede gleichermaßen unter denen umher, die sie verstehen, und unter denen, für die sie sich nicht gehört, und versteht nicht, zu wem sie reden soll und zu wem nicht. Und wird sie beleidigt oder unverdienterweise beschimpft, so bedarf sie immer ihres Vaters Hilfe; denn selbst ist sie weder imstande sich zu schützen noch sich zu helfen.[35]

Die Schrift beraubt also das Denken seiner Authentizität. Sie entfernt den *lógos* von der Seele, die ihn bezeugen kann. Aus dieser Perspektive ist Literatur immer bereits eine Ermunterung zum Plagiat, denn wer seine Gedanken verschriftlicht, der lässt sie hilflos allein und darf sich dann auch nicht wundern, wenn sie ihm gestohlen werden. Zugleich wird damit freilich ausgeschlossen, dass sich wahre Erkenntnis überhaupt stehlen lässt: Der griechische Plagiator macht keine Gefangenen, sondern sammelt Wolken (was ihn von seinen römischen Schülern unterscheidet, denen man tatsächlich ›Seelenfängerei‹ unterstellen wird). Rein rechtlich sind die philosophischen Abschreibereien dementsprechend des Aufhebens nicht wert, denn was keine Substanz mehr hat, das kann man auch nicht einklagen. Und richtig: Platons ontologische Abkopplung der verschriftlichten Rede von ihrem Urheber untermauert letztendlich auch die urheberrechtliche Praxis der Antike, der zufolge nur »die noch im Privatbesitz des Autors befindliche Schrift […] rechtlich vor ihrer Benutzung durch Andere geschützt« ist.[36]

---

35 »Ὅταν δὲ ἅπαξ γραφῇ, κυλινδεῖται μὲν πανταχοῦ πᾶς λόγος, ὁμοίως παρὰ τοῖς ἐπαίουσιν ὡς δ' αὔτως παρ' οἷς δεῖ γε καὶ μή. Πλημμελούμενος δὲ καὶ οὐκ ἐν δίκῃ λοιδορηθείς, τοῦ πατρὸς ἀεὶ δεῖται βοηθοῦ · αὐτὸς γὰρ οὔτ' ἀμύνασθαι οὔτε βοηθῆσαι δυνατὸς αὑτῷ.« (Platon: *Phaidros*, 275d–e)
36 Dziatzko: *Autor- und Verlagsrecht*, 561.

Die unsichtbare Bibliothek der Plagiate

Was aber wäre eine solch radikale Doktrin ohne ihre Ironisierung? Es liegt auf der Hand, dass sich der philosophische Kreuzzug gegen die Kopisten der Wahrheit schlussendlich gegen seinen Urheber wenden muss: Das Gerücht, Platon selbst sei nicht nur ein unorigineller Denker,[37] sondern auch ein regelrechter Bücherdieb gewesen, hält sich bis in die Spätantike hinein sehr hartnäckig.[38] So ist etwa der *Timaios* (wohl um 365 v. Chr.) mitsamt seiner Kosmologie einigen Quellen zufolge nichts weiter als die Übertragung eines Buches des Pythagoräers Philolaos (ca. 470–399 v. Chr.), das Platon entweder für teures Geld von dessen Verwandtschaft erstanden habe oder das ihm zum Dank für die Freilassung eines Schülers aus der Gefangenschaft des syrakusanischen Tyrannen Dionysios II. von Philolaos selbst geschenkt worden sei.[39] Die *Politeia* wiederum soll, wenn wir Aristoxenos von Tarent (um 370–300 v. Chr.) glauben, nahezu komplett den *Antilogikoi* des Protagoras (ca. 485/480 – 411/410 v. Chr.) entnommen

---

[37] Diesen Eindruck gefördert haben insbesondere das fünfte und sechste Kapitel im ersten Buch der aristotelischen *Metaphysik*, die die Einflüsse der platonischen Philosophie, namentlich den Pythagoräismus, Kratylos, Heraklit und natürlich Sokrates, benennen. Das ist eine im Altertum durchaus prominente Passage und bei genauem Hinsehen lässt sich konstatieren, dass das Gros der Plagiatsvorwürfe gegen Platon im Grunde diese ›Einflussgeschichte‹ im Blick hat.

[38] Eine kommentierende Zusammenstellung der Plagiatsvorwürfe gegen Platon findet sich bei Brisson: *Les accusations de plagiat*, 25–41.

[39] Beide Versionen finden sich sowohl bei Diogenes Laertios (VIII, 85) als auch in den *Noctes Atticae* des Aulus Gellius (III, 17, 6). Gellius führt als Zeugen allerdings noch einen Spottvers des Timon von Phleius an, in dem es heißt: »Und auch du, Platon, hast es dir zum Wunsche gemacht, ein Weiser zu werden, du hast um einen Goldpreis ein Büchlein erworben, mit dessen Hilfe du deine Lehre als Schreiber [des Timaios] gemacht hast.« (»καὶ σύ, Πλάτων, καὶ γάρ σε μαθητείης πόθος ἔσχεν, πολλῶν δ' ἀργυρίων ὀλίγην ἠλλάξαο βίβλον, ἔνθεν ἀπαρχόμενος τιμαιογραφεῖν ἐδιδάχθης.«)

sein.[40] Theopompos von Chios (den Porphyr wiederum als einen besonders schlichten Mann schmäht und selbst von der Seuche des Plagiarismus befallen sieht[41]), geht sogar noch einen ganzen Schritt weiter:

> Die meisten seiner Dialoge taugen nichts und sind trügerisch; und die Mehrzahl unter ihnen ist entliehen und wurde den Auseinandersetzungen des Aristipp entnommen, manche auch denen des Antisthenes und viele auch denen des Bryson von Heracleia.[42]

Die Anschuldigung des Theopompos hat nun mit Sicherheit einen wissenschaftspolitischen Hintergrund, der sich erhellt, wenn man weiß, dass Theopompos ein Schüler des Rhetorikers Isokrates (436–338 v. Chr.) war, dessen Schule letztlich in direkter Konkurrenz zur athenischen Akademie stand. In diesem Fall haben wir es also wohl mit einer strategischen Herabwürdigung zu tun. Mit den übrigen Anschuldigungen gegen Platon hat Theopompos' Schmähschrift dabei vor allem eines gemeinsam: Sie liefert überhaupt keine Beweise. So kann Theopompos zwar eine Vielzahl an plagiierten Schriften benennen, er kann aber keine einzige dieser Schriften zitieren – weil sie ihm offensichtlich gar nicht zur Verfügung stehen. Vermutlich gilt deswegen der Umkehrschluss: Platon wird beschuldigt, seine Weisheit aus ebenjenen Schriften gestohlen zu haben, *weil* diese verschollen sind.

Die Plagiatserzählungen konstruieren somit auf der Grundlage des platonischen Werkes eine stattliche Bibliothek verlorener philosophischer Traktate oder, um es deutlich zu formulieren: eine Bibliothek monumentaler Unbeweisbar-

---

40 »ἣν Πολιτείαν Ἀριστόξενος φησι πᾶσαν σχεδὸν ἐν τοῖς Πρωταγόρου γεγράφθαι Ἀντιλογικοῖς.« (Diogenes Laertius III, 37f.)
41 *Eusebii Pamphili Evangelicae praeparationis libri XV*, 465d [X, 3].
42 »'τοὺς πολλούς,' φησί, 'τῶν διαλόγων αὐτοῦ ἀχρείους καὶ ψευδεῖς ἄν τις εὕροι· ἀλλοτρίους δὲ τοὺς πλείους, ὄντας ἐκ τῶν Ἀριστίππου διατριβῶν, ἐνίους δὲ κἀκ τῶν Ἀντισθένους, πολλοὺς δὲ κἀκ τῶν Βρύσωνος τοῦ Ἡρακλεώτου.'« (Athenaios: *Deipnosophistae* XI, 508)

keit. »Die Bücher von Platons Vorgängern sind rar: sonst hätte man vermutlich bereits mehr Diebstähle des Philosophen entdeckt«, klagt (wie Porphyr kolportiert) der Peripatetiker Prosenes noch am Ende des 2. Jh. v. Chr.[43] Er selbst ist aber dennoch bis zur Wahrheit vorgedrungen, denn er hat Protagoras' verschollenes Traktat *Über das Sein* gelesen, einige frappierende Übereinstimmungen mit Platons Schriften festgestellt und könnte nun eigentlich den Beweis der Unselbständigkeit Platons erbringen. Seltsamerweise interessiert sich die Quelle, der wir die Ausführungen des Prosenes verdanken, nun aber auf einmal gar nicht mehr für die Beweisführung, sondern belässt es bei dem kurzen Hinweis, dass Prosenes die Beweise im Anschluss in aller Ausführlichkeit ausgebreitet habe. Das darf man gerne glauben.

Wir stehen nun also bereits inmitten der ›unoriginellen Literaturgeschichte‹, wenn wir auch nicht genau sagen können, woher sie gekommen ist oder wo sie beginnt. Für ein Phänomen wie das Plagiat, das erst durch einen Akt der Wiederholung entsteht, ist diese Anfangslosigkeit ohnehin strukturell bindend. Das Plagiat ist nicht ›ereignishaft‹;[44] es vollzieht sich nicht vor aller Augen, sondern bedarf immer des reflektierenden Beobachters, der die Wiederholung eines Textes als Wiederholung eines Textes erkennt und bewertet. Die Rückerinnerung an den wiederholten resp. an den plagiierten Text führt den griechischen Plagiatsdiskurs, wie wir gesehen haben, letztlich in eine unsichtbare Bibliothek. In dieser Bibliothek finden wir die Originalwerke: die Bücher, in denen die Urwahrheiten einmal niedergeschrieben wurden und deren Abschriften nun auf dem Buchmarkt und in den Schulen unter anderem Namen kursieren. Man kann den Katalog dieser Bibliothek beliebig füllen und den Umfang ihrer Rara-Bestände unendlich erweitern, bis er schließlich bis zu den Ägyptern reicht – von denen Platon angeblich den Atlantis-

---

43 *Eusebii Pamphili Evangelicae praeparationis libri XV*, 468 [X, 3].
44 Zum Zusammenhang von Wörtlichkeit, Ereignishaftigkeit und Wiederholung vgl. Lobsien: *Wörtlichkeit und Wiederholung*, 14–16.

Exkurs im *Timaios* gestohlen hat[45] – oder sich gar herausstellt, dass die Griechen all ihre Wahrheiten jüdischen Schriften entnommen haben.[46] Die Wahrheit dieser Wahrheit bleibt allerdings, dass sie die Plagiatserzählung bitter benötigt, denn erst das Plagiat verbindet die Literatur mit dem Dunkel, dem sie entstammt. Verfügbar wird ihr auf diese Weise die delikate Phase des Anfangs, in der all jene Ordnungsmuster, an denen sich Literaturgeschichten orientieren könnten, noch nicht in Kraft, sondern gerade erst im Entstehen begriffen sind. Alle Abhängigkeiten, Kausalitäten, Entstehungshintergründe, zeitlichen Parameter sind hier noch ungeklärt – verhielte es sich anders, käme man auch gar nicht auf die Idee, von einem ›Anfang‹ zu sprechen. Der Anfang der Literatur ist und bleibt also ein wolkenverhangener Abgrund des Wissens. Wer erforschen will, was dort unten wirklich verborgen liegt, der kann es auch gleich bleiben lassen (oder die Archäologen fragen, denn das ist deren Metier). Wer allerdings erfahren möchte, woher die Wolken kommen, warum ein Plagiat ein Plagiat sein kann, welchen verborgenen Prinzipien der literarische Diebstahl folgt und warum er uns überhaupt als ein solcher auffällt, der muss den Blick in diesen Abgrund einmal gewagt haben.

---

45 Das behauptet Proklos zufolge bereits Krantor, der erste Platon-Exeget. (Vgl. *Procli Diadochi in Platonis Timaeum Commentaria*, 76, 2)
46 Dieser Erzählung, die maßgeblich durch Clemens von Alexandria verantwortet wird, werden wir uns eingehender in Kapitel IV (S. 98ff.) zuwenden.

III. Sklaven und Bienen

Die ungleichen Brüder

Das 2. Jahrhundert v. Chr. markiert einen der gewaltigsten und folgenreichsten Einschnitte in der politischen Geschichte des Abendlandes. Es sieht die Zerstörung Karthagos im dritten punischen Krieg, die endgültige Manifestation Roms als einzige kulturelle Großmacht des Mittelmeerraumes, die Ausdehnung der römischen Herrschaft über den östlichen Mittelmeerraum, über Mazedonien, Griechenland, Syrien und Nordafrika. Diese neue Machtfülle hat zwei Gesichter. Das erste ist natürlich das des Krieges, der Unterwerfung und der kalten Imperialpolitik, das seine Vertreter in den Reihen römischer Militärkarrieristen, in Patriziergeschlechtern wie etwa dem der Aemilii Paulli findet. Das Leben des letzten großen Sprosses dieser Familie, das Leben von Lucius Aemilius Paullus Macedonicus (229–160 v. Chr.), von dem uns Plutarch in seinen *Parallelbiographien* (nach 96 v. Chr.) erzählt, liest sich wie eine einzige Agenda römischer Kolonialkriegsführung: Aemilius kämpft nicht nur in den hispanischen Provinzen, er beaufsichtigt auch den Feldzug in Ligurien und bringt schließlich in der Schlacht von Pydna den langwierigen dritten mazedonischen Krieg siegreich zu Ende (was ihm dann auch den Beinamen ›Macedonicus‹ einbringt). Nebenbei zeichnet er sich vor allem durch seinen besonders rigorosen Umgang mit besiegten oder ihm verdächtigen Volksstämmen aus. Auf seinem Rückweg nach Rom fällt er über die bereits unterworfene Provinz Epirus her; seine Truppen verwüsten 70 Städte, töten Zehntausende und nehmen mehr als 150 000 Sklaven mit sich, die Aemilius bei seiner triumphalen Rückkehr nach Rom mitsamt dem gefangenen mazedonischen König Perseus der Öffentlichkeit vorführt.[1]

---

1 Plutarch: *Bíoi parállaeloi. Aimílios Paúlos* XIX.

Vier Jahre später – im Jahre 160 v. Chr. – stirbt Lucius Aemilius Paullus Macedonicus und viel wäre darüber nicht zu erzählen, wenn man in Rom anlässlich solch illustrer Beisetzungen nicht auch sogenannte *ludos funebres*, ›Leichenspiele‹, abhalten würde. Im Rahmen der Leichenspiele zu Ehren des Verstorbenen Aemilius kommt es nun zur Uraufführung eines Stückes, welches dem zweiten Gesicht der römischen Kolonialherrschaft Ausdruck verleiht und den Titel *Adelphoe* (›Die Brüder‹) trägt. Verfasst wurde es von Publius Terentius Afer, einem Mann, der vermutlich aus Karthago stammt und lange Zeit als Sklave im Dienst eines Senators war, bis dieser ihm in Anerkennung seines dramatischen Talents die Freiheit schenkte. Terenz, wie wir ihn heute nennen, kennt die andere, die innere Seite der Imperialgeschichte, und weil er sie kennt, weiß er auch, dass Rom im gleichen Maße, in dem es seinen Machteinfluss ausdehnt, kulturell zunehmend von seinen Rändern her bestimmt wird. Leute wie Aemilius Paullus tragen den zentralistischen Machtanspruch Roms durch den gesamten Mittelmeerraum; umgekehrt gelangen Leute wie Terenz aus der Peripherie des Römischen Reiches in sein Zentrum und schreiben dort Klassiker der ›römischen‹ Komödie, wie zum Beispiel die *Adelphoe*.

Im Mittelpunkt des Dramas steht, wie könnte es anders sein, ein Menschenraub, genauer gesagt: die Entführung des Freudenmädchens Bacchis aus dem Haus des Kupplers Sannio.[2] Begangen hat diese Tat Aeschinus, der Sohn des Demea, der allerdings nicht auf dem Landgut seines Vaters, sondern durch dessen Bruder Micio in Athen erzogen wurde. Micio ist, wie er selbst zu Beginn des Stückes freimütig bekennt, Vertreter einer libertären Pädagogik, jemand, der sein Kind gewähren lässt und ihm jede Ausschweifung nachsieht. Demea, der seinen zweiten Sohn Ctesipho in eigener Obhut be-

---

2 Terenz führt Bacchis als *meretrix* ein, was mehr oder minder dem Status einer Prostituierten entspricht. (Es sei allerdings angemerkt, dass zu den besonderen Qualitäten der Bacchis ihre Musikalität resp. ihr Gesang gehört, weswegen sie auch als *psaltria* bezeichnet wird.)

halten und dessen Erziehung am Leitbild der Disziplin ausgerichtet hat, sieht das nicht gerne. Umso härter fallen nun angesichts jener Vorkommnisse seine Vorwürfe gegenüber Micio aus, denn es ist nicht allein damit getan, dass Aeschinus eine Frau an sich genommen hat, in deren Besitz er nicht war – Aeschinus steht außerdem bereits in einer Verbindung mit Pamphila, einem Mädchen, dem er angesichts des Umstandes, dass sie nach einem sexuellen Übergriff seinerseits ein Kind erwartet, die Ehe versprochen hat. Dieses Versprechen scheint nun gebrochen. Pamphilas Mutter Sostrata, ob der Arglist des Aeschinus sichtlich in Rage, schickt sich daraufhin an, den Fall mithilfe ihres Vertrauten Hegio vor Gericht zu bringen. Dieser sucht sogleich Micio auf, um ihn von den ungeheuerlichen Taten seines Ziehsohnes zu unterrichten. Micio kennt freilich bereits die Wahrheit über den Raub der Bacchis. Tatsächlich liegt diesem nämlich nicht Begierde und Selbstsucht, sondern uneigennützige Bruderliebe zugrunde: Aeschinus hat Bacchis nicht für sich, sondern für Ctesipho entführt. Dieser will sich mit Bacchis vermählen, kann aber weder den Kuppler Sannio dazu bewegen, das Mädchen freizugeben, noch wagt er es, seinem Vater Demea von seinen Heiratsplänen zu berichten. Letztlich ist es dieser Mangel an Vertrauen zum Vater, der die Situation katastrophisch werden lässt. Von der Sache her ist der Fall nämlich schon längst erledigt: Aeschinus hat Sannio erpresst (womit, das werden wir gleich erfahren) und ihm die Bacchis zum Einkaufspreis von 20 Minen abgekauft. Der Raub ist also schon längst kein Raub mehr, sondern ein Geschäft. Man kann dieses Geschäft aber eben nicht offen als ein solches deklarieren, denn dann würde Demea vom Vorhaben seines Sohnes Ctesipho erfahren – und gerade das will Aeschinus vermeiden.

Micio kostet sein doppeltes Wissen nun genüsslich aus (und dies sind auch die strukturell ›komischen‹ Momente des Dramas): Er lässt seinen Bruder Demea im Unklaren darüber, dass letztlich gerade nicht die freizügige, sondern die autokratische Erziehung für den Vorfall verantwortlich ist und so kann Demea die Überlegenheit seiner Pädagogik ausführlich exponieren, ohne zu bemerken, dass er gerade hierin zum Gegenstand des ›Verlachens‹ wird. Als er im fünften Akt die Wahrheit erfährt, stürzt Demea mitsamt seinem Erziehungsprogramm entsprechend tief, freilich nur gerade so tief, dass er noch seine Fehler erkennen und Besserung geloben kann. Am Ende erlangt er dann eine sittliche Position, die sowohl seine vormals überzogene Strenge als aber auch Micios ›Laissez-faire‹-Politik hinter sich lässt. Dieser neu gewonnenen Reflexivität gehören die letzten beiden Szenen, in denen Demea nicht nur der Vermählung zwischen Ctesipho und Bacchis sowie zwischen Aeschinus und Pamphila zustimmt, sondern auch seinen Bruder dazu überredet, sich mit Pamphilas Mutter zu vermählen sowie den Sklaven Syrus und dessen Gattin Phrygia freizulassen.

Mit der Vita des Mannes, zu dessen Ehren sie erstmals gespielt werden, verbindet die *Adelphoe* zweierlei. Zum einen ein biografischer Aspekt: Wie Demea hat auch Aemilius Paullus die Hälfte seiner Söhne zur Adoption freigegeben – mit dem Resultat, dass gerade diese beiden Söhne unter einem neuen Namen Karriere gemacht haben, während die von Aemilius selbst erzogenen Söhne schon früh den Tod fanden. Zum anderen aber – und darum lohnt sich dieser ganze stoffliche Umweg überhaupt – stellt das Stück unentwegt die Frage nach dem Persönlichkeitsrecht all jener, die das römische Imperium in seine Dienste gezwungen hat. Dies gilt nicht nur für diejenigen, die als ›Unfreie‹ kenntlich sind, also die Bacchis, der Sklave Syrus und dessen Ehefrau; es gilt auch für denjenigen, dessen eigener Wille gebrochen und unterdrückt wird, nämlich Ctesipho. Vor allen Dingen aber gilt es für den Text selbst, der sich im Prolog unumwunden als ein Geraubter zu erkennen gibt:

> Weil unserem Dichter auffiel, daß Mißgünstige das Stück, das wir spielen wollen, scharf beäugen und daß Gegner es bereits verreißen, so verklagt er sich selbst, und ihr sollt Richter sein, ob sein Verfahren Lob oder Tadel verdient. ›Synapothneskontes‹ ist eine Komödie von Diphilos. Aus ihr schuf Plautus seine ›Commorientes‹. Im griechischen Stück

kommt gleich zu Anfang ein Jüngling vor, der einem Kuppler eine Dirne raubt. Diese Stelle ließ Plautus unversehrt. Unser Dichter übernahm die Szene Wort für Wort in seine ›Brüder‹, die wir heute erstmals spielen werden. Nun prüft genau und urteilt, ob ein Diebstahl (*furtum*) an Plautus vorliegt oder ob ein Stoff nur wieder aufgenommen ist, der achtlos übergangen war.³

Im Handumdrehen verwandelt sich das Drama um die vermeintliche Entführung eines Freudenmädchens damit in eine Auseinandersetzung um Recht und Unrecht des Plagiats. Offensichtlich ist Aeschinus nicht der einzige, von dem man sich erzählt, er habe etwas aus fremdem Besitz widerrechtlich an sich genommen; auch Terenz selbst plagen solche Vorwürfe, und noch bevor das Stück beginnen kann, muss er sich ihrer entledigen. Da die hinter diesem Prolog sich verbergende Plagiatserzählung so verwirrend und tiefgründig ist wie das ihm nachfolgende Stück, lohnt es sich, die Einzelheiten nochmals zu rekapitulieren.

Zunächst einmal ist der Dirnen-Raub, wie Terenz unumwunden zugibt, nicht seine eigene Schöpfung. Das wird den Zeitgenossen nun nicht sonderlich verwundern, denn schließlich ist ja das gesamte Stück mehr oder minder eine getreue lateinische Nachbildung der von Menander knapp 150 Jahre zuvor verfassten gleichnamigen Komödie. Dort gibt es allerdings keine Szene, in der die Entführung der Bacchis wirklich gezeigt wird. Gerade darauf, auf die Bühnenaktion, kommt es aber Terenz an. Er erdichtet sich diese ihm fehlende

---

3 »Postquam poeta sensit scripturam suam / ab iniquis observari, et advorsarios / rapere in peiorem partem quam acturi sumus, / indicio de se ipse erit, vos eritis iudices /laudin an vitio duci factum oporteat. / Synapothnescontes Diphili comoediast: / eam Commorientis Plautu' fecit fabulam. / in Graeca adulescens est qui lenoni eripit / meretricem in prima fabula: eum Plautus locum / reliquit integrum, eum hic locum sumpsit sibi / in Adelphos, verbum de verbo expressum extulit. / eam nos acturi sumu' novam: pernoscite / furtumne factum existumetis an locum / reprehensum qui praeteritu' neglegentiast.« (Terenz: *Adelphoe*, vv. 1–14)

Szene jedoch nicht einfach, sondern sucht sich, wie man das als Abkömmling einer hellenischen Kultur nun einmal macht, wiederum einen guten Griechen, der solch eine Szene geschrieben hat. Das ist in diesem Fall der aus Sinope stammende Diphilos, wie Menander ein Vertreter der attischen Komödie des 4. Jahrhunderts v. Chr. Aus dessen Stück *Synapothneskontes* (das bedeutet soviel wie ›Todeskameraden‹) entnimmt Terenz seine erste Szene des zweiten Aktes – das Aufeinandertreffen von Sannio, Bacchis und Aeschinus – wortwörtlich. Auch das ist für den kulturbeflissenen Römer noch kein größeres Problem. Sehr wohl ein größeres Problem ist dagegen der Umstand, dass sich die Gallionsfigur der römischen Komödie, der um eine Generation ältere Plautus, bereits über das Diphilos-Stück hergemacht und daraus seine (leider nicht mehr erhaltenen) *Commorientes* geformt hat. Wenn aus diesem Umstand nun Gerüchte erwachsen, in denen Terenz avant la lettre als ›Plagiator‹ verdächtigt wird, so ist damit demnach sehr viel gesagt – oder zumindest so viel: Abschreiben an sich ist in der römischen Literatur keinen Skandal wert. Etwas abzuschreiben, was schon einmal von einem Römer abgeschrieben wurde – das ist ein Skandal.

Die Herren, die Sklaven, die Freien

Solch eine Logik muss erst einmal verstanden sein. Sie erhellt sich womöglich etwas, wenn man realisiert, dass Terenz in den *Adelphoe* eine wunderbare Art und Weise gefunden hat, die prekäre Lage der römischen Kulturpraxis auf die Bühne zu bringen. Rom mag sich die Welt Untertan machen, seinen Staatskörper bis ins Unendliche ausdehnen, die Völker unterjochen und beglücken – sein geistiges Leben, seine Literatur aber liegt ganz in den Händen der Gefangenen und der Verschleppten. Die römische Dichtung und ihr Gewerbe (also auch das Verlagswesen und der Buchhandel[4]) unterstehen

---

4 Vgl. hierzu Schickert: *Der Schutz literarischer Urheberschaft*, 20–25.

zum allergrößten Teil ›Libertinern‹, freigelassenen Sklaven wie Terenz, mithin Menschen, die zwar aus einem Dienstverhältnis entlassen, aber tatsächlich vom römischen Literaturbetrieb nur abermals ›versklavt‹ wurden. In erster Linie betrifft diese literarische Inanspruchnahme durch Rom natürlich die Griechen resp. den Hellenismus. Die Gelehrten und Lehrer, die *grammatici* und *scholastici*, die Dichter, die ›Intellektuellen‹ Roms – das sind in der Regel Griechen, und der Römer, der am kulturellen Leben teilhaben will, lernt Griechisch:

> Den Griechen verlieh die Muse Talent, den Griechen, gerundeten Mundes zu sprechen, ihnen, die nach nichts außer nach Ruhm süchtig sind. Römische Knaben erlernen, in langwieriger Rechnung ein Ganzes in hundert Teile zu teilen,

heißt es bei Horaz.[5] Dagegen lässt sich dann wohl wenig ausrichten. Die römischen Dichter mögen sich mühen, wie sie wollen; sie dürfen es gerne wagen, »die Spuren der Griechen zu verlassen und heimische Taten zu feiern«.[6] Die literarische Vorrangstellung Roms bleibt – bedingt durch die Ungunst der Musen – ein Konjunktiv:

> Latium wäre nicht mächtiger durch seine Tapferkeit und seine ruhmvollen Waffen als durch seine Sprache, verdrösse nicht unsere Dichter – aber auch jeden! – die zeitraubende Mühsal des Feilens.[7]

Und weil es dann wohl eben doch nicht nur die Musen gewesen sind, sondern auch – wenn man Horaz glauben will – der imperiale Hang zur Bequemlichkeit eine gewisse Rolle spielt,

---

5   »Grais ingenium, Grais dedit ore rotundo / Musa loqui, praeter laudem nullius avaris. / Romani pueri longis rationibus assem / discunt in partis centum diducere.« (Horaz: *De arte poetica* [ca. 20–15 v.Chr.], 323–326)
6   »nil intemptatum nostri liquere poetae / nec minimum meruere decus vestigia Graeca / ausi deserere et celebrare domestica facta«. (Ebd., 285–287)
7   »nec virtute foret clarisve potentius armis / quam lingua Latium, si non offenderet unum / quemque poetarum limae labor et mora.« (Ebd., 289–291)

so muss man halt weiterhin in den griechischen Fußspuren wandeln.

Diese nahezu rückstandslose Abhängigkeit der römischen Literatur von der griechischen wird von den Zeitgenossen des Terenz freilich weniger als Schande denn als Privileg aufgefasst. Und warum auch nicht: Rom beherrscht den Kulturraum des Mittelmeers, da muss es nicht auch noch eigens dessen Kultur erfinden. Wer braucht schon einen römischen Schriftsteller, der sich erst zur Originalität quälen müsste, wenn man doch schon den literarischen Schatz der Antike unter Kontrolle hat und ihn nur mehr ›importieren‹ (will heißen: ins Lateinische überführen) muss? Und so kommt es zu der außerordentlich interessanten Konstellation, dass hier eine Nationalliteratur in großem Stile und mit Systematik[8] von einer anderen bestohlen wird, ohne dass dieser Vorgang in irgendeiner Weise als ›Plagiat‹ verstanden würde. Kein römischer Komödienschreiber, Philosoph, Historiker oder Rhetoriker macht einen Hehl daraus, dass er sich bei den Griechen bedient. Im Gegenteil: Wer sich am griechischen Kanon orientiert und ihn nachbildet, der hat damit zumindest die Gewähr, dass sein Werk in einem qualitativ hochwertigen Traditionszusammenhang steht, und das zählt in einer Literatur, die so gar keine eigene Tradition vorzuweisen hat, schon sehr viel.

Allerdings besitzt die römische Graecophilie auch eine subversive Seite und um diese zu entdecken, lohnt es sich, die *Adelphoe* noch einmal genauer zu betrachten, denn gerade jene Szene, die Terenz in den Verdacht des ›Diebstahls‹ gebracht hat – der Raub der Bacchis – verfügt in diesem Zu-

---

8 Das literarische Erbe der Griechen wird natürlich nicht wahllos rezipiert, sondern durchläuft auf seinem Weg nach Rom eine Kanonbildung. Der Kanon entsteht dabei nicht zuletzt auf Basis der Textauswahl, die die Bibliothekare von Alexandria im 3./2. Jh. v. Chr. getroffen haben. Von römischer Seite aus wird die Kanonisierung dann im ersten nachchristlichen Jh. durch Quintilian fortgeführt, der in der *Institutio oratoria* (X, 1, 85–131) für die verschiedenen Textgattungen entsprechende griechische Autoren der Nachahmung anempfiehlt.

sammenhang Erschließungspotential. Dort finden wir auf der einen Seite den Mädchenhändler Sannio, mithin einen Herrn, dessen Gewerbe nur unter der Voraussetzung funktionieren kann, dass der Mensch eine Ware ist, über die man verfügen oder die man bei günstiger Gelegenheit zu Geld machen kann, wenn man will. Nur auf der Grundlage dieser Vorstellung ist der Raub der Bacchis überhaupt erst ein Raub, wird die Tat des Aeschinus überhaupt erst justitiabel. Aeschinus ist dagegen gar nicht so überzeugt davon, dass die Besitzansprüche, die Sannio stellt, so gut begründet sind. Aber man lese selbst:

Aeschinus: Du hast für 20 Minen sie gekauft (der Henker segne dir's!): So viel wirst du von mir bekommen.
Sannio: Wenn ich sie aber nicht verkaufen will? Wirst du mich zwingen?
Aeschinus: Nein.
Sannio: Mir war schon angst.
Aeschinus: Ich meine, sie ist gar nicht zu verkaufen, sie ist ja frei. Ich nehme sie als Freie vor Gericht in Schutz. Sieh du zu, was du lieber willst, das Geld annehmen oder zum Prozess dich rüsten. Das überlege, bis ich wiederkomme, Kuppler![9]

Das ist nun eine interessante Wendung, die zugleich für kommende Plagiatserzählungen sehr typisch sein wird. Der Kuppler unterstreicht seine Rechtsposition als Besitzer der Bacchis, indem er Aeschinus klar macht, dass er nicht nur den Preis des Mädchens festsetzen kann, sondern sogar entscheiden darf, ob dieses Mädchen überhaupt gegen Geld verfügbar ist. Aeschinus aber – der vorgebliche ›Menschenräuber‹ – hebt im Gegenzug die gesamte Argumentationsbasis Sannios aus den

---

9 »AE. Minis viginti tu illam emisti (quae res tibi vortat male): / argenti tantum dabitur. SA. Quid? si ego tibi illam nolo vendere, / coges me? AE. Minume. SA. Namque id metui. AE. Neque vendundam censeo, / quae liberast: nam ego liberali illam adsero causa manu. / nunc vide, utrum vis? argentum accipere an causam meditari tuam? / delibera hoc, dum ego redeo, leno.« (Terenz: *Adelphoe*, vv. 191–196)

Angeln. Der Raub der Bacchis mag ein Rechtsfall sein, nun gut; aber sicher nicht deswegen, weil hier eine Sklavin geraubt würde, sondern deshalb, weil die Sklavin zum Zeitpunkt ihrer Entführung *gar keine Sklavin war.* Jene plötzliche Umkehrung der Beweislast, in deren Folge der Bestohlene nachweisen muss, dass ihm der entwendete Sklave überhaupt zu Recht gehört hat, ist natürlich nicht römischer, sondern griechischer Provenienz: Es handelt sich um attisches Recht.[10] Dieses sah vor, dass in jenem Moment, in dem ein attischer Bürger behauptete, dass ein entführter Sklave eigentlich ein Freier (*eleútheros*) sei, dieser Sklave nicht zurückgegeben werden durfte. Stattdessen musste der rechtmäßige oder vorgebliche Besitzer des Sklaven eine Klage wegen ›Entziehung‹ (*aphaíresis*) einreichen – das ist der Prozess, der hier im Raum steht. Am Ende eines solchen Prozesses konnte natürlich die rechtmäßige Rückgabe des Sklaven an den Sklavenhalter und die Verurteilung des Beklagten zur Zahlung einer Geldstrafe an die Staatskasse stehen. Im ungünstigsten Fall (und der steht dem Kuppler hier vor Augen) entwickelte sich aus diesem ersten hingegen ein zweiter Prozess. Wurde nämlich der Sklave wirklich als ein ›Freier‹ erkannt, so kam es automatisch zur Anklage gegen den vormaligen Kläger, und diese lautete dann auf *andrapodismós* – Menschenraub: *plagium*.

Die Logik, die der zitierte Dialog entfaltet, ist demnach bestechend – und sie greift weit über den Handlungsverlauf des Stückes hinaus. Die Lässigkeit, mit der der Beschuldigte hier den Vorwurf des Menschenraubs an den Kläger zurückspielt, hat ihren eigentlichen Ort in der Diskussion um das literarische Eigentum; man erinnere sich daran, dass es sich bei der Auseinandersetzung zwischen Aeschinus und Sannio ja gerade um jene Szene handelt, die Terenz nach der Erstaufführung den Vorwurf des Plagiats eingebracht hatte. Dieser Vorwurf gründete sich, wie wir bereits gesehen haben, dabei nicht auf den Umstand, dass diese Szene in toto einem grie-

---

10 Vgl. hierzu Lipsius: *Das Attische Recht*, 640ff.

chisches Stück entnommen wurde, sondern darauf, dass ein Römer, nämlich Plautus, dieses Stück schon in seinen literarischen Besitz genommen hatte. Unter formalen Gesichtspunkten hat sich diese Angelegenheit für Terenz bereits erledigt, denn Plautus benutzt seine Griechen viel freier und hat in seiner Übertragung des Diphilos-Stückes die Entführungsszene einfach weggelassen, so dass diese weiterhin auf dem literarischen Gebrauchtwarenmarkt verfügbar ist. Um das Formale geht es Terenz aber anscheinend gar nicht. Vielmehr stellt er in den *Adelphoe* die Grundsatzfrage: Kann ein Literaturbetrieb, der sich ganz auf das Prinzip der Entlehnung gründet, überhaupt die Einhaltung des Eigentumsrechts einfordern, ohne dass sich der Diebstahlsvorwurf auf ihn selbst zurückwendet? Sollte es wirklich ein Delikt sein, wenn ein Römer sich aus dem Textfundus eines anderen Römers bedient,[11] dann wäre Terenz im konkreten Fall zweifelsohne freizusprechen, denn die fragliche Szene hat Plautus ja gar nicht benutzt. Allerdings bliebe dann immer noch zu klären, auf welcher Basis eine solche Anklage überhaupt entstehen konnte. Wer vorschnell einen Komödienschreiber des Plagiats bezichtigt, der muss sich umgekehrt die Frage gefallen lassen, ob der vermeintlich Plagiierte überhaupt der rechtmäßige Besitzer des geraubten Textes gewesen ist. Hier kommen wir nun zum entscheidenden Punkt: Wenn sich die literarische Öffentlichkeit Roms daran macht, Plagiatsvorwürfe zu erheben, dann vergisst sie, dass sie sich dann zuerst selbst auf

---

11 Terenz macht diese Erfahrung im Übrigen nicht nur einmal: Im Prolog zum *Eunuchus* (161 v. Chr.) geht er auf ähnlich gelagerte Plagiatsvorwürfe ein, die in diesem Fall vonseiten seines Rivalen Luscius Lanuvinus stammen und darauf hinauslaufen, dass Terenz seinem Stück Figuren beigegeben hat, die eigentlich Menanders *Colax* (der leider nur in wenigen Fragmenten überliefert ist, die letztlich mithilfe der Apologie des Terenz identifiziert werden konnten) entstammen, einer Komödie, die bereits durch Naevius und Plautus bearbeitet worden sei. Terenz verteidigt sich in diesem Falle dahingehend, dass er die Kenntnis der lateinischen Stücke abstreitet und vorgibt, sich ausschließlich am griechischen Original vergangen zu haben.

die Anklagebank setzen muss. Um in der Sprache der *Adelphoe* zu sprechen: Entweder sind die griechischen Textsklaven stillschweigend grundsätzlich für jeden verfügbar – dann kann man sie weder ›entziehen‹ noch ›rauben‹, es gäbe kein Plagiat. Oder aber man bricht das Schweigen und ruft nach dem Richter – der feststellen wird, dass es eigentlich überhaupt keinen rechtmäßigen Besitzer der Griechen gibt, sondern diese eben als ›Freie‹ zu behandeln sind. Das würde dann aber bedeuten, dass man das Abschreiben von den Griechen ganz unterlassen müsste oder, mit anderen Worten: das Ende der römischen Literatur.

Die Größe des Dramas liegt gerade in dieser radikalen Zuspitzung begründet. Wer in der römischen Literatur nach Eigentum sucht, der hat sich bereits von der Möglichkeit einer römischen Literatur verabschiedet, denn diese ist nur dann denkbar, wenn man in Kauf nimmt, dass sie ohne echte Besitzansprüche auskommen muss, dass das Patentrecht auf Texte also gleichsam ›unter der Hand‹ wandert und nirgends endgültig festgeschrieben werden kann. Auf diese Überlegung läuft die Gesamtanlage des Stückes hinaus. An die Geschichte von der geraubten Bacchis glaubt nur derjenige, der ohnehin schon ein falsches Verständnis von Eigentum hat: der Geizhals Demea, der seinem Bruder nicht nur einmal vorwirft, er habe ihm seinen Sohn ›entzogen‹. Um die Katastrophe abzuwenden, muss er lernen, dass man sich Menschen nur dadurch verpflichten kann, indem man ihnen ihren Willen lässt, dass nur derjenige einem zu Diensten ist, den man auch als einen ›Freien‹ behandelt. Es ist damit nichts weniger als konsequent, dass Demea seine Lernfähigkeit ausgerechnet dadurch unter Beweis stellt, dass er in der (von Terenz umgearbeiteten) Schlussszene seinen Bruder dazu überredet, dessen Sklaven die Freiheit zu schenken.

Recht verstanden: Terenz' Komödie wächst sich zu einem kulturkritischen Kommentar aus, der sich insbesondere an diejenigen Zeitgenossen richtet, die immer noch davon ausgehen, man könne die Literatur einfach nach den Kategorien der Leibeigenschaft denken, beurteilen und behandeln. Folgt man diesem Kommentar, so wird verständlich, warum mit der römischen Einverleibung des griechischen Textbestandes doch ein gewisses Unbehagen einhergeht, das seinen oberflächlichen Ausdruck in einem wachsenden Misstrauen gegenüber der geistigen Dienerschaft und deren doch etwas losen Moralvorstellungen findet.[12] Beunruhigend an der literarischen Abhängigkeit von den Griechen sind allerdings weniger die inhaltlichen Komponenten des Kulturimports als vielmehr deren soziale Implikationen, denn wenn die Gesellschaft der Nachahmer ihr kollektives Abschreiben auch für eine Zier halten mag, so spürt sie doch zugleich, dass die literarische Praxis auch soziale Hierarchien und Besitzstände unterhöhlt. Im Lichte der Originalität betrachtet sind die römischen Herrschaftsansprüche nichts wert. Sobald es ernst wird und die Frage aufkommt, bei wem denn die geistige Richtlinienkompetenz dieses Staates liegt, verkehren sich die Hierarchien: Die vermeintlichen Sklaven legen ihre Fesseln ab und werden wieder zu Freien, die sich frech weigern, Rom mit einer Literatur zu beliefern, die dem Imperium zur Ehre gereicht. Stattdessen beginnen sie Komödien zu schreiben, in denen ungeschützt griechische Wahrheiten ausgesprochen werden[13] – zum Beispiel eben die, dass man keinen Menschen als gestohlen melden kann, wenn man sich nicht ganz sicher ist, ob man ihn auch wirklich besitzen konnte. Und dass man eben auch kein Plagiat ausrufen sollte, wenn man den Nachweis nicht erbringen kann, selbst kein Plagiator gewesen zu sein.

---

12 Vgl. Kroll: *Die Kultur der ciceronischen Zeit*, 117–134.
13 Nicht zu vergessen: Die Sklaven schreiben nicht nur; sie führen mittlerweile auch noch Kriege und rufen eigene Könige aus – so geschehen im ersten Sklavenkrieg, den der Syrer Eunus von 136–132 v. Chr. mit einem Heer von 200 000 Sklaven von Sizilien aus gegen Rom führt.

Die imitatio als Beruhigung des plagiatorischen Gewissens

Es liegt somit auf der Hand, dass Martials Begriffswahl, mit der erst 200 Jahre nach Terenz der Textdieb offiziell zum ›Plagiator‹ ernannt werden sollte,[14] alles andere als zufällig war und in dieser Form auch nur in Rom zustande kommen konnte.[15] Martials Einfallsreichtum war dabei vermutlich begrenzter, als man es sich gemeinhin vorstellt, denn tatsächlich herrschte zwischen dem Diskurs der gestohlenen Literatur und dem Diskurs der Versklavung schon längst weitgehend Kongruenz;[16] das musste man nicht mehr erfinden. Wenn der Römer über literarisches Eigentum diskutierte, dann dachte er dabei unweigerlich an Freiheit und Unfreiheit, an Dominanz und Unterwerfung. Und er ahnte, dass die Plagiats-Debatte nicht nur in der Lage war, die griechischen Sklaven zu befreien. Sie vermochte auch umgekehrt die einstigen Herren in Sklaven zu verwandeln – ein Gedanke, den wiederum Horaz als erster offen artikuliert hat: »o imitatores, servom pecus« – ›O ihr Nachahmer, ihr Sklavenherde!‹[17]

---

14 Vgl. Kapitel I. S. 1ff.
15 Renate Frohne (und im Anschluss an sie auch Katharina Schickert) hat versucht, die in Kapitel II, S. 59 bereits erwähnte Polemik gegen Zenon (Diogenes Laertius VII, 25) als Vorlage des von Martial ins Leben gerufenen *plagiarius* zu deuten. Sie unterstellt Diogenes dabei, dass dieser Zenon vorhalten würde, ein *andrapodistés* (also ein ›Sklaventreiber‹) zu sein. Dieser Befund ergibt sich freilich aus der besagten Stelle nicht: Der Begriff fällt bei Diogenes nirgends, sondern wird lediglich von Ziegler (Artikel »Plagiat«, Sp. 1974) ins Spiel gebracht, so dass ein derartiger Bezug wohl eher von Martial aus gesucht werden muss als von Diogenes hergeleitet werden kann. Zum Vergleich: Frohne: *Sorgen mit dem Urheberschutz*, 41–49.
16 Die Deckungsgleichheit beider Verhandlungsgegenstände reicht sogar so weit, dass die geschlossene Gelehrsamkeit des 16. und 17. Jh. (die zum Lateinischen ja noch einen durchaus intimen Zugang hat) die *lex Fabia de plagiariis*, ein Gesetz, das sich zweifelsfrei mit der Versklavung freier Menschen befasste, als ein Urheberrechtsgesetz identifiziert. Vgl. hierzu Nodier: *Questions de littérature légale*, 224.
17 Horaz: *Epistulae* [20 v. Chr.] I, 19, 19.

Horaz, 65 v. Chr. in Lukanien (der heutigen Basilikata) geboren, fungiert als Stichwortgeber eines neuen literarischen Selbstbewusstseins der Römischen Republik, das seinen Ausdruck vor allem auf dem Gebiet der Rhetorik findet. Wie die Komödie, so ist auch die Rhetorik eines der Beutestücke aus dem geistigen Schatz der Griechen, und noch im weit stärkeren Maße als im Bereich der Poetik wird die Inbesitznahme des griechischen Eigentums durch die Römer hier theoretisch begründet und institutionalisiert. Der Dichter genießt in Rom einen höchst zweifelhaften Stellenwert, denn dem Staatswesen nützt er nicht viel und angesichts seiner meist fragwürdigen (oft eben auch nichtrömischen) Herkunft stehen ihm die angesehenen Karrierewege auch nicht offen. Der Redner dagegen ist von Anfang an *homo politicus*, ein Künstler, der sich nicht nur in die Öffentlichkeit wagt, sondern der die Öffentlichkeit mit seinen Worten formt und gefügig macht. Diese Staatskunst, der sich das römische Patriziat mit Freuden widmet, stammt natürlich von den ja bereits beleuchteten Sophisten und ihren philosophischen Kontrahenten her, also aus dem attischen Staatsleben des 5. und 4. vorchristlichen Jahrhunderts. Wer sie lernen will – das muss man eigentlich nicht wiederholen –, der sollte also zum einen Griechisch können, zum anderen ein Bildungssystem durchlaufen, das in der typischen Stufung (Elementar-, Grammatik- und schließlich Rhetorikunterricht) in Griechenland erdacht, von den Römern ohne große Abstriche abgekupfert wurde und in Rom von griechischen Lehrern organisiert wird.[18] Auch hier stoßen wir dann natürlich wieder auf die unvermeidliche Ambivalenz von Griechenliebe und Griechenverachtung – das hatten wir aber bereits zur Genüge.

Nun geschieht aber auf dem Feld der Rhetorik etwas Neues. Am Beispiel der *Adelphoe* ließ sich mehr oder weniger deutlich erkennen, dass das Kopieren griechischer Vorlagen

---

[18] Zu den historischen und politischen Voraussetzungen der römischen Rhetorik sei immer noch verwiesen auf Fuhrmann: *Die antike Rhetorik*, 42–51.

Die imitatio als Beruhigung des plagiatorischen Gewissens 81

bislang im Grunde auf einer stillschweigenden Übereinkunft beruhte. Jeder weiß, woher die Texte eigentlich stammen, niemand scheut sich, seine Vorlagen auch beim Namen zu nennen; die Frage nach der ›Originalität‹ resp. nach dem ›Wert‹ einer Schöpfung, die mehr oder minder Abschrift ist, wagt aber niemand wirklich ernsthaft zu stellen, denn die Antwort wäre – wie Terenz uns belehrt hat – dem römischen Selbstwertgefühl alles andere als zuträglich. Dies ändert sich nun mit dem Aufkommen einer dezidiert auf nationale Eigenständigkeit bedachten Kunstform, als welche sich die Rhetorik seit Cicero (*De oratore* bzw. *Orator*, 55 bzw. 46 v. Chr.) versteht. ›Nationale Eigenständigkeit‹ – damit ist nicht gemeint, dass man jetzt die griechischen Philosophen und Redner aus der Stadt jagt (worüber in Senatsdebatten allerdings tatsächlich nachgedacht wird[19]); auch hören die römischen Redner nicht urplötzlich auf, sich an den griechischen Idealformen, der Stilistik, Topik, Redegliederung etc. zu orientieren. Man kopiert immer noch; man nennt das nur jetzt anders, nämlich *imitatio*, ›Nachahmung‹.[20] Die *imitatio* stellt – neben der theoretischen Unterweisung (*ars*) und der Übung (*exercitatio*) – einen zentralen Baustein rhetorischer Pädagogik dar. Die *Rhetorica ad Herennium* (Anfang des 1. Jh. v. Chr.), einer der Gründungstexte der römischen Rhetorik, versteht darunter Folgendes: »Die Nachahmung ist das Mittel,

---

19 Vgl. Sueton: *De rhetoribus* I.
20 Die geistesgeschichtliche Datierung des literarischen *imitatio*-Konzepts ist natürlich eine durchaus diffizile Angelegenheit. Allerdings herrscht mittlerweile dahingehend Übereinkunft, dass man die epochale Reichweite der *imitatio* auf die klassische und nachklassische Periode beschränkt, während man vor dem 1. Jh. v.Chr. – also etwa auch im Bezug auf Terenz – eher vom Konzept der *interpretatio* zu sprechen geneigt ist. (Worin zum Ausdruck kommt, dass dort die Unterordnung unter die griechische Vorlage eben noch weit stärker ausgeprägt ist.) Zur Datierung der *imitatio* vgl. beispielhaft Flashar: *Die klassizistische Theorie der Mimesis*, 201–219. Zur Differenzierung von *interpretatio* und *imitatio* vgl. Reiff: *Interpretatio, imitatio, aemulatio*. Zur allgemeinen Einführung in die Geschichte des *imitatio*-Gedankens vgl. De Rentiis/Kaminski: ›Imitatio‹, sowie Petersen: *Mimesis – Imitatio – Nachahmung*.

durch das wir mit gewissenhafter Überlegung dazu gebracht werden, daß wir irgendwelchen Männern beim Reden ähnlich zu sein vermögen.«[21] Zugegeben: Das klingt noch nicht sonderlich spektakulär. Gleichwohl verbirgt sich in dieser Formulierung ein konzeptueller Umbruch, denn in jenem Moment, in dem in Rom offen über die Nachahmung gesprochen wird – wir bewegen uns da bereits tief im ersten vorchristlichen Jahrhundert –, geht es alsbald um das Problem, wie die römische Literatur einerseits ihre Ausrichtung auf die ›Alten‹, die *veteri*, behalten und kultivieren kann, ohne dadurch andererseits für immer auf Eigenständigkeit verzichten zu müssen.[22] Zugespitzt: Wie lässt sich die imperiale Vormachtstellung Roms auf literarischem Terrain verteidigen?

Die programmatischen Vordenker der rhetorischen Nationalverteidigung sind – neben Horaz – Cicero und Quintilian (35 – ca. 96 n. Chr.). Alle drei sehen im Prinzip der *imitatio veterum* (der »Nachahmung der Alten«) den zentralen Baustein für die Schaffung eines neuen römischen Stils; alle drei machen zugleich aber auch deutlich, dass ›Nachahmung‹ eben nicht gleich ›Nachahmung‹ ist. Die bereits zitierte Horaz-Stelle, in der von den *imitatores* als ›Sklavenherde‹ die Rede ist, hat in dieser Unterscheidung von ›richtiger‹ und ›falscher‹ resp. ›guter‹ und ›schlechter‹ Nachahmung ihren eigentlichen Ort – und bezieht sich natürlich auf die letztere Variante. Eine sklavenhafte *imitatio* zeichnet sich dabei dadurch aus, dass sie ganz an der Oberfläche bleibt, dass sie ihr Vorbild nur äußerlich nachzuahmen vermag. Im Zusammenhang wird das Verdikt des Horaz über diese Spezies der Nachahmer verständlich:

> Ja wie denn? Wenn jemand da mit düsterer Miene, finster, barfuß, mit seiner schmalen Toga durch des Schneiders Hilfe ›Cato‹ spielen will, repräsentiert er dann auch schon Catos Tugenden und Sittenstrenge? Jarbita wollte Timagenes mit seiner Rede gleichkommen, aber er zerbarst dabei, während

---

21   Nüßlein (Hg.): *Rhetorica ad Herennium* I/3, 11.
22   Zu diesem Problem ausführlich Vogt-Spira: *Literarische Imitatio*.

er sich anstrengte, um als gebildet, und Verrenkungen machte, um als wortgewandt zu gelten. Ein Vorbild, dessen Fehler leicht nachahmbar sind, bringt zu Fall. Würde ich durch Zufall eine blassere Farbe bekommen, dann würden sie Kümmeltee trinken, der blaß macht. O ihr Nachahmer, ihr Sklavenherde![23]

Dies also die ganze Passage. Es ist deutlich erkennbar, dass Horaz das *imitari* hier auf eine Dichtung bezieht, die mit der Geste bereits die Gesinnung, mit dem Körper bereits die Seele und mit der Form bereits die Würde des von ihr nachgeahmten Vorbildes zu besitzen glaubt. Auf diesem Wege wird das natürlich nichts mit einer souveränen Nationaldichtung. Deren Kunst liegt eben nicht im bloßen Abkupfern, sondern in einem freien und offensiven Umgang mit den Klassikern, deren Redestil man sich ›anverwandelt‹.

Das ist nun wiederum eine ganz andere Geschichte: Etwas ›sich anverwandeln‹, das heißt ja, über einen eigenen Standpunkt zu verfügen, von dem aus man sich der Tradition, dem rhetorischen Ideal, nähern kann. Ein solches ›Imitat‹ ist also etwas aufwendiger zu denken als eine Kopie; genau genommen soll es sich hierbei nicht um ein ›Abbild‹, sondern um eine ›Darstellung‹ handeln. Cicero hat das in seinem Dialog *De oratore* (55 v. Chr.) präzise ausgeführt:

Lass dies den ersten meiner Ratschläge sein, dass wir dem Schüler zeigen, wen er nachahmen soll und dies in einer Weise, dass er den besten Qualitäten dessen, den er nachahmt, besonders nacheifert. Lass sodann praktische Übung hinzutreten, in der er jenen, den er sich erwählt hat, nachahmend neu ersinnt und so ihm Ausdruck verleiht, nicht allerdings, wie ich es schon oft bei vielen Nachahmern bemerkt

---

[23] »quid? siquis voltu torvo ferus et pede nudo / exiguaeque togae simulet textore Catonem, / virtutemne repraesentet moresque Catonis? / rupit Iarbitam Timagenis aemula lingua, / dum studet urbanus tenditque disertus haberi. / decipit exemplar vitiis imitabile: quodsi / pallerem casu, biberent exsangue cuminum. / o imitatores, servom pecus, ut mihi saepe / bilem, saepe iocum vestri movere tumultus!« (Horaz: *Epistulae* I, 19, 19)

habe, die in der Nachahmung jene Charakteristika verfolgen, die einfach nachzubilden sind, oder gar jene, die abnorm oder gar fehlerhaft sind.[24]

Imitatio ist folglich nicht nur ›Nachahmung‹, sondern steht für die ›Auslese in der Nachahmung‹. (Hierin verrät sie ihre Abkunft vom aristotelischen Postulat der *mímesis*, das allerdings noch ganz auf eine Nachahmung der Natur ausgerichtet war.) Die ›Auslese in der Nachahmung‹ aber ist die Kunst, die den platten vom guten Redner und den Sklaven vom freien Römer unterscheidet. Wer nicht begreift, dass man die Vorbilder nicht nachahmt, um das Alte undifferenziert zu wiederholen, der wird nie über die Tradition hinausgelangen, sondern sich im Gegenteil lächerlich machen. Er kennt seinen Rhetor nicht, sondern ›äfft‹ ihn bloß nach – und mit ihm alle seine Fehler. Der ciceronische Idealschüler hingegen weiß, dass es bei der *imitatio* nicht darum geht, sich »wie Demosthenes auszudrücken«, sondern »sich in der Weise des Demosthenes auszudrücken«, wie es ein (fälschlicherweise) dem Dionysios von Halikarnassos zugeschriebenes Traktat aus dem ersten nachchristlichen Jahrhundert formuliert.[25] Erst wenn man sich dieses Unterschiedes bewusst wird, lässt sich verstehen, warum die römische Rhetorik davon ausgeht, dass sie in der Nachahmung der Griechen etwas Neues gestalten kann. Der Nachahmer filtert die qualitätvollen Elemente des Nachgeahmten heraus und verbessert das sprachliche Vorbild in dessen eigenen Zügen, und so ist es ihm letzthin auch möglich, aus einem sklavischen Abhängigkeitsverhältnis heraus in den Wettbewerb zu den Klassikern zu treten. Diese Konkurrenzfähigkeit mit der Tradition ist das zentrale Anlie-

24 »Ergo hoc sit primum in praeceptis meis, ut demonstremus, quem imitetur atque ita, ut, quae maxime excellent in eo, quem imitabitur, ea diligentissime persequatur; tum accedat exercitatio, qua illum, quem delegerit, imitando effingat atque exprimat, non ut multos imitatores saepe cognovi, qui aut ea, quae facilia sunt, aut etiam illa, quae insignia ac paene vitiosa, consectantur imitando.« (Cicero: *De oratore* II, 22)
25 *Ars Rhetorica*, in den *Opuscula* des Dionysios II, 373, 16–19.

gen des *imitatio*-Gedankens, auch wenn sich der Aspekt des ›nachahmenden Wetteifers‹ später begrifflich abkoppeln (und dann *aemulatio* heißen) wird.[26] Die Alten haben das Patentrecht, schön und gut. Aber: »nihil est enim simul et inventum et perfectum« – »nichts ist im Moment seiner Erfindung auch schon vollendet«, wie es bei Cicero heißt.[27] Auf diese Weise kann man durchaus weiterhin den Griechen ihren Tribut zollen und sich ihrer bedienen – als übermächtige Gegner auf dem Feld der Sprachkunst muss man sie dennoch nicht mehr fürchten, denn indem man ihnen nacheifert, begegnet man ihnen auf Augenhöhe und vermag womöglich sogar über sie hinauszuwachsen.[28]

Als bedeutendstes Produkt eines solchen Wettstreits ist zweifellos die *Aeneis* (30–19 v. Chr.) anzusehen, ein Werk, das seine griechische Konkurrenz – Homer – nicht erst beim Namen nennen muss und bereits vor seiner Veröffentlichung als Herausforderer der *Ilias* (8. Jh. v. Chr.) gehandelt wird.[29] Vergil verfasst dabei nicht einfach das römische Nationalepos, sondern er konzipiert die *Aeneis* ganz bewusst als nationale Überbietung griechischer Dichtung, indem er die zentralen Szenen und Handlungsmomente der homerischen Epen aufgreift und diese in transformierter Gestalt dem eigenen Werk einpasst. Nicht nur für Vergil selbst, auch für die Rezeption der *Aeneis* durch die öffentliche Kritik stellt diese literarische Erschaffung Roms aus dem Geist der Griechen einen Grenz-

---

26 Das Lateinische kommt damit der Differenzierung nach, die im Griechischen bereits geleistet worden war: Das Griechische stellt im gleichen Kontext der Nachahmung (*mímesis*) den Wetteifer (*zélos*) zur Seite; eine Unterscheidung, der die hellenischen Rhetoriker in der Regel Folge leisten, während die römische Rhetorik noch lange Zeit *imitatio* und *aemulatio* weitgehend synonym verwendet.
27 Cicero: *Brutus* [46 v. Chr.], XVIII, 71.
28 Diesem Enthusiasmus wird dann erst Quintilian Einhalt gebieten, der davon ausgeht, dass »niemand mit dem auf gleicher Höhe zu sein vermag, in dessen Fußspuren er stets glaubt treten zu müssen; mit Notwendigkeit bleibt immer jener zurück, der folgen muss.« (Quintilian: *Institutionis oratoriae* X, 2, 10)
29 Vgl. Schmit-Neuerburg: *Vergils Aeneis*, 2.

gang dar: an der Eigenständigkeit und poetischen Größe Vergils hängt ja das Selbstwertgefühl der gesamten römischen Nation. Entsprechend ist auch der Wettstreit zwischen Vergil und Homer für die Römer keine theoretische Angelegenheit, sondern Grundlage jeder gehobenen Bildung – die vergleichende Lektüre der homerischen Epen und der *Aeneis* bildet die Basis des römischen Grammatikunterrichts. Dort seziert man den Gründungsmythos des Römischen Reiches bis in die kleinsten Details, man nimmt zur Kenntnis, wo Vergil sich in welcher Weise bei Homer bedient hat, und diskutiert natürlich, ob der Römer aus diesem Nachahmungsgefecht als Sieger hervorgegangen ist oder nicht.

In diesen Diskussionen spiegeln sich also noch einmal, mit gehöriger Verspätung, jene Konfliktpositionen wider, die wir in ähnlicher Form auch schon bei Terenz aufgearbeitet sahen. Auf der einen Seite stehen diejenigen, die wirklich auf dem Prinzip eines unveräußerlichen (also: stehlbaren) literarischen Eigentums beharren – die *obtrectatores*, die ›Neider‹ Vergils, die die Homer-Entlehnungen durchweg als *furti*, also als ›Diebstähle‹ bewerten. Sueton erwähnt in seiner Vergil-Vita (2. Jh. n. Chr.) etwa ein *Homoiotétôn* (›Ähnlichkeiten‹) betiteltes achtbändiges Werk des Quintus Octavius Avitus, das mit nichts anderem beschäftigt sei als mit der Aufschlüsselung all jener Verse, die Vergil bei anderen Autoren entliehen habe.[30] Einem besonders hartnäckigen *obtrectator*, Evangelus mit Namen, begegnen wir auch in den *Saturnalien* des Macrobius (vermutlich Anfang des 5. Jh. n. Chr.), wobei die Vorwürfe gegen Vergil hier noch weiter reichen: Nicht allein, dass dieser hemmungslos gestohlen habe; nein, er habe nicht einmal gewusst, was eigentlich stehlenswert gewesen sei, denn er, der venezianische Bauernsohn, habe keine Ahnung von griechischer Stilistik gehabt und somit nicht einmal die Grundanforderungen erfüllt, um eine ordentliche ›Nachahmung‹ zu betreiben. Dem widerspricht aber im selben Text sogleich

---

30 Sueton: *Vita vergili*, 45.

Eustathius, ebenfalls ein Grieche – und dessen Worte sind natürlich Balsam für die römische Seele:

> Evangelus, hüte dich vor dem Gedanken, dass irgendein griechischer Schriftsteller, wie bedeutend auch immer, so viel aus dem Quell des Griechischstudiums gezogen hätte wie es Vergil seine Begabung und Vernunft zu erschließen und in seinem Werk Gestalt zu geben ermöglichten. Neben der Überfülle an philosophischer und astronomischer Lehre […] finden sich noch andere und keinesfalls unbedeutende Dinge, die er den Griechen entlehnt und in seine Gesänge eingearbeitet hat, als ob sie dort ihren eigentlichen Ursprung hätten.[31]

Im Anschluss daran wird Eustathius seitenlang Beispiel an Beispiel aneinanderreihen, um den Beweis zu führen, wie genau Vergil Homer verstanden und – zum Teil wortwörtlich – ins Lateinische übertragen hat. Daraus erwächst diesem aber eben kein Tadel mehr; vielmehr wird die Vielzahl der Entlehnungen gerade als Beweis der Meisterschaft Vergils gewertet; eine Meisterschaft, die dadurch ausgewiesen wird, dass die lateinische Kopie nun als das eigentliche Original erscheint. Wer die Kunst der *imitatio* richtig beherrscht, der vermag die Zeit zu verkehren und das Spätere als das Frühere erscheinen zu lassen.

Insofern die *imitatio* also nicht als schlichte ›Übernahme‹, sondern als eine Form der ›Darstellung‹ begriffen wird, die an ihrem Gegenstand die charakteristischen Wesenszüge herausarbeitet und ihn damit vervollkommnet, ist klar, dass sie sich nicht mehr unter dem Stichwort des ›Plagiats‹ verrechnen lassen will. So folgert auch das sowohl Dionysios (2. Jh. n. Chr.) wie Longin (3. Jh. n. Chr.) zugeschriebene und nachweislich

---

31 »Cave, inquit, Evangele, Graecorum quemquam vel de summis auctoribus tantam Graecae doctrinae hausisse copiam credas, quantam sollertia Maronis vel adsecuta est vel in suo opere digessit. Nam praeter philosophiae et astronomiae amplam illam copiam, de qua supra disseruimus, non parva sunt alia quae traxit a Graecis et carmini suo tamquam illic nata conseruit.« (Macrobius: *Saturnalia* V, 2)

III. Sklaven und Bienen

von keinem der beiden stammende Traktat *Vom Erhabenen*, nachweislich eine der wirkungsmächtigsten Poetiken der Kaiserzeit: »Solches Entleihen ist kein Diebstahl, sondern gleicht der Abbildung schöner Gestalten in plastischen und anderen Kunstwerken.«[32] Mit der Etablierung der *imitatio* als Kernprinzip der rhetorischen Schulung entledigt sich die römische Literatur demnach per Handstreich ihres schlechten Gewissens. Mehr noch: Wo einst die römische Verspätung auf dem Feld der Kultur bisweilen bedauernswert erschien, dort entdeckt das neue literarische Selbstbewusstsein Roms nun auch die Vorzüge dieser Spätheit:

> Außerdem ist die Situation des letzten am besten: vorbereitet findet er die Worte, die anders angeordnet ein neues Aussehen gewinnen. Und nicht legt er an sie Hand wie an fremdes Eigentum: sie sind nämlich Allgemeingut.[33]

Kunstvoller gestaltet Seneca diesen Gedanken nochmals im sogenannten ›Bienengleichnis‹[34] aus:

> Die Bienen, wie man sagt, müssen wir nachahmen, die umherfliegen und die zur Honiggewinnung geeigneten Blüten aussaugen, sodann, was sie eingebracht haben, ordnen, auf die Waben verteilen […].[35]

---

32 »ἔστι δ' οὐ κλοπὴ τὸ πρᾶγμα, ἀλλ' ὡς ἀπὸ καλῶν εἰδῶν ἢ δημιουργημάτων ἀποτύπωσις.« (*Perì hypsous* XIII, 4)
33 »Praeterea condicio optima est ultimi: parata verba invenit, quae aliter instructa novam faciem habent. Nec illis manus inicit tamquam alienis; sunt enim publica.« (Seneca: *Epistulae morales* [62/63 n. Chr.], 79, 6)
34 Erstmals dokumentiert ist das Gleichnis im 1. Jh. v. Chr. bei Lukrez (*De rerum natura* III, 11f.), in der Folge findet es sich auch bei Horaz (*Carmina* [23 v. Chr.] IV, 2, 27ff.); von Seneca ausgehend gelangt es dann zu Macrobius (*Saturnalien* I, 1), und taucht danach erst wieder im 12. Jh. (bei Johannes von Salisbury und Peter von Blois), schließlich bei Petrarca (*Epistolae familiares* I, 8, 1364), Erasmus (*Ciceronianus*, 1528), Ronsard (*Sonnet à …M. des Caurres*, 1575) und Montaigne (*De l'institution des enfants*, 1580) auf. Ausführlich hierzu: von Stackelberg: *Das Bienengleichnis*.
35 »Apes, ut aiunt, debemus imitari, quae vagantur et flores ad mel faciendum idoneos carpunt, deinde quidquid attulere disponunt ac per favos digerunt […].« (Seneca: *Epistulae morales*, 84, 3)

Literatur in Zeiten der Nachahmung ist also eine Blumenlese, ein *florilegium*: Wer fleißig sammelt und sich bei den besten Autoren bedient, der wird schon etwas Neues, Schönes und seinerseits Nachahmenswertes zustande bringen. Dahinter verbirgt sich freilich kein postmodernes Literaturverständnis – gemeint ist natürlich immer noch eine innere, eine ›nachfühlende‹ *imitatio*. Eine gewisse Dreistigkeit im Einzelfall schließt das gleichwohl nicht aus; gerade unter den nachrangigen Dichtern, den *poetae minores*, finden sich immer wieder Texte, die von einer doch sehr eigenen Auslegung des *florilegium* zeugen. Wenn sich etwa der Verfasser der *Ciris* (1. Jh. n. Chr.), eines fälschlicherweise Vergil zugeschriebenen Kleinepos, mehr als ein Viertel seiner Verse aus dem Korpus anderer Autoren zusammenstiehlt,[36] dann kann man das sicher nicht mehr als einen Wettstreit auffassen. Zumindest nicht als einen fairen.

Von Mann zu Frau zum Mann – *gestohlene Libido*

Den Hauptgefechtsplatz der *imitatio* bildet freilich die Lyrik. Sehr großzügig bedienen sich etwa die horazischen Oden bei griechischen Vorlagen, vorzugsweise natürlich aus dem ›Kanon der Neun‹, den die Bibliothekare von Alexandria aus dem lyrischen Textkorpus der Griechen zusammengestellt hatten.[37] Nun wird hierbei meist nicht ›wortwörtlich‹ übersetzt (zumindest nicht großflächig), wohl aber übernimmt man Topoi, Aufbau oder Diktion, gelegentlich auch alles zusammen – und des Öfteren geschieht dies nicht ohne Hintergedanken, denn gerade dort, wo wir uns mehr oder weniger frei von den Sorgen des imperialen Alltags wähnen, im Gedicht, finden wir uns unversehens im griechisch-römischen

---

36 Eine genaue Zusammenstellung der Entlehnungen findet sich in der von Emil Bährens herausgegebenen Sammlung der *Poetae Latini Minores*.

37 Bei den neun kanonisierten Lyrikern handelt es sich um Alkman, Sappho, Alkaios, Anakreon, Stesichoros, Ibykos, Simonides, Pindar und Bakchylides.

III. Sklaven und Bienen

Kulturkampf wieder. Nehmen wir als Beispiel folgende Horaz-Ode:

> Siehst du, wie auf da ragt, im hohen Schnee hellweiß,
> Soractes Berg?[38] Wie schon nicht mehr ertragen ihre Last
> Die Wälder schwerbedrängt? Und wie im Frost
> Die Flüsse stille stehn, im beißenden?
>
> Vertreib die Kälte, Hölzer auf den Herd
> In Fülle lege nach und reichlicher
> Bring hervor vier Jahre alten aus dem sabinischen,
> o Thaliarch, Wein aus doppelhenkligem Krug!
>
> Was sein mag morgen, vermeide zu fragen, und
> Jeden Tag, den das Schicksal dir schenken wird, dem
>   Gewinne
> Zähle ihn zu, und ja nicht die süßen Spiele der Liebe
> Verschmähe, Knabe, noch die Tänze,
>
> solang deiner grünenden Blüte das Grauhaar noch fern ist,
> das grämliche. Jetzt: das Marsfeld und die Spielgefilde,
> leis auch, wenn die Nacht fällt, das Flüstern,
> nach der Verabredung soll es wiederkehren zur festen
>   Stunde;
>
> jetzt auch aus dem Versteck verräterisch im verborgenen
> Winkel des Mädchens verführerisch Lachen,
> das Pfand auch, entrissen ihren Armen
> oder dem Finger, der schwach nur es festhält.[39]

---

38 Das ist der in Kampanien gelegene Monte Soratte.
39 »Vides ut alta stet nive candidum / Soracte nec iam sustineant onus / silvae laborantes geluque / flumina constiterint acuto? / dissolve frigus ligna super foco / large reponens atque benignius / deprome quadrimum Sabina, / o Thaliarche, merum diota. / permitte divis cetera, qui simul / stravere ventos aequore fervido / deproeliantis, nec cupressi / nec veteres agitantur orni. / quid sit futurum cras, fuge quaerere, et / quem Fors dierum cumque dabit, lucro / adpone, nec dulcis amores / sperne puer neque tu choreas, / donec virenti canities abest / morosa. nunc et campus et areae / lenesque sub noctem susurri / conposita repetantur hora, / nunc et latentis proditor intumo / gratus puellae risus ab angulo / pignusque dereptum lacertis / aut digito male pertinaci.« (Horaz: *Carmina* I, 9, Übersetzung nach Bernhard Kytzler.)

Von Mann zu Frau zum Mann – gestohlene Libido 91

Die Teilvorlage dieses Gedichtes findet sich in den Weinliedern des Alkaios von Lesbos (ca. 630 – ca. 580 v. Chr.), die Horaz in mehrfacher Hinsicht nutzt. Zum Ersten formal, denn er hält sich an das alkaische Metrum; zum Zweiten topologisch, denn nicht nur verbindet er wie Alkaios den Topos des Jugendpreises mit dem Bild des Weines und der Besinnung auf das gegenwärtige Beisammensein, sondern er gliedert seinen Text auch einigermaßen analog zur Vorlage; zum Dritten aber wird Alkaios hier wirklich zum Zeilenstifter, denn die Eingangsstrophen seines Gedichtes lauten ›wohlübersetzt‹ etwa so:

> Der Himmel regnet, Sturm schickt uns Zeus herab,
> zu Eis erstarrt vor Frost ist der Flüsse Lauf,
> [die nächsten beiden Zeilen sind nicht erhalten]
>
> Vertreib die Kälte, schüre das Feuer nach,
> und geiz nicht, wenn du heute den Trunk mir mischst
> von süßem Wein, und in den Nacken
> lege mir, Knabe, ein weiches Kissen.[40]

Die lyrische *imitatio* wagt sich hier, wie zu sehen ist, durchaus nahe an das Original heran. Dabei übernimmt sie dasjenige, was ihr schicklich erscheint, wortwörtlich – und streicht dasjenige, was sie dem römischen Ohr nicht zumuten will: den Knaben, der bei Horaz ja erst in den Folgestrophen auftritt und dort eine Belehrung erfährt – auch bezüglich der Damenwelt. Wenn indes Alkaios in den Folgestrophen vom »Jung-Sein« spricht, das er mit seinem Zechpartner Melanippos betrinken möchte, dann ist dabei erwartungsgemäß von Mädchen nicht die Rede. Die gibt es nur bei Horaz, der mit der auf Lesbos kultivierten gleichgeschlechtlichen Liebe nicht allzu viel anfangen kann und sie deswegen übertüncht, gleichwohl ohne darüber das poetische Muster zu verwerfen.

---

40 »Ύει μὲν ὁ Ζεῦς, ἐκ δ᾽ ὀρἀνω μέγας / χεἱμων, πεπἀγαισιν δ᾽ὑδἀτων ῥόαι / […] / κἀββαλλε τὸν χεἱμων᾽ ἐπὶ μὲν τἱθεις / πῦρ, ἐν δὲ κέρναις οἶνον ἀφειδέως / μέλιχρον, αὐτὰρ ἀμφὶ κόρσαι / μόλθακον ἀμφιβάλων γνόφαλλον.« (*Alkaios*, 63 [90 D])

Nachahmung avanciert hier also zu einem Akt der moralischen Zensur: Einer lateinischen Dichtung würdig sind der Vers, die Bildlichkeit und das Kompositionsvermögen der Griechen. Das übernimmt man. Die Kulturwerte jedoch, die von der griechischen Lyrik transportiert werden, kommen in der *imitatio* auf den Prüfstand und werden, so als unverträglich empfunden, herausgefiltert. An Raffinesse überboten wird Horaz in dieser Hinsicht nur noch von Catull (84/82 – ca. 54/52 v. Chr.), der sich an einer sapphischen Ode über die Eifersucht vergreift. Das Original (entstanden zu Beginn des 6. Jh. v. Chr.) lautet folgendermaßen:

> Scheinen will mir, daß er den Göttern gleich ist,
> jener Mann, der neben dir sitzt, dir nahe
> auf den süßen Klang deiner Stimme lauscht und,
> wie du voll Liebreiz
>
> ihm entgegenlachst: doch, fürwahr, in meiner
> Brust hat dies die Ruhe geraubt dem Herzen.
> Wenn ich dich erblicke, geschiehts mit einmal,
> daß ich verstumme.
>
> Denn bewegungslos liegt die Zunge, feines
> Feuer hat im Nu meine Haut durchrieselt,
> mit den Augen sehe ich nichts, ein Dröhnen
> braust in den Ohren,
>
> und der Schweiß bricht aus, mich befällt ein Zittern
> aller Glieder, bleicher als dürre Gräser
> bin ich, bald schon bin einer Toten gleich ich anzusehn …
> Aber alles muß man ertragen, da doch
> [Der Schluss der Ode ist nicht erhalten][41]

---

41 »Φαίνεταί μοι κῆνος ἴσος θέοισιν / ἔμμεν' ὤνηρ, ὄττις ἐνάντιός τοι / ἰσδάνει καὶ πλάσιον ἆδυ φωνείσας ὑπακούει / καὶ γελαίσας ἰμέροεν, τό μ' ἦ μὰν / καρδίαν ἐν στήθεσιν ἐπτόαισεν, / ὡς γὰρ ἔς σ' ἴδω βρόχε' ὤς με φώνας οὐδεν ἔτ' εἴκει, / ἀλλὰ κὰμ μὲν γλῶσσα ἔαγε, λέπτον / δ' αὔτικα χρῷ πῦρ ὐπαδεδρόμηκεν, / ὀππάτεσσι δ' οὐδ' ἒν ὄρημμ', ἐπιρρόμβεισι δ' ἄκουναι / ἀ δέ μ' ἴδρως κακχέεται, τρόμος δὲ / παῖσαν ἄγρει, χλωροτέρα δὲ ποίας / ἔμμι, τεθνάκην δ' ὀλίγω 'πιδεύης φαίνομ' αι …« (*Sappho*, 25 [Fragment 2D])

Catull macht daraus Folgendes:

> Göttergleich, so will es mir scheinen, ja der,
> Steht noch über Göttern – wenn dies kein Frevel –
> Wer des öftern dir gegenübersitzt, dich
> Ansieht und hört, wie
>
> Reizend süß du lachst, was mich Armen aller
> Sinne gleich beraubt; denn wenn ich einmal dich
> Nur erblicke, Lesbia, kann ich nicht mehr sprechen
> [Zeile fehlt]
>
> Schwer und lahm wird mir dann die Zunge, wie von
> Flammen, so durchrieselt es mich. Die Ohren
> Klingen mir und brausen. Es wird mir schwarz wie
> Nacht vor den Augen.
>
> Mußezeit bekommt dir nicht gut, Catullus,
> Muße macht zu dreist dich und übermütig.
> Muße hat schon glückliche Herrn und Städte
> Völlig vernichtet.[42]

Deutlich erkennbar ist der Parallellauf der ersten drei Strophen – hier ist nahezu alles griechisch-lateinische Übersetzungsarbeit gewesen. Neu ist indessen die letzte Strophe, die das Ich aus der Schwermut der Eifersucht zu reißen versucht, indem sie es an die Fatalität und die Zerstörungskraft dieses Leidens gemahnt. (Man hat da unwillkürlich Troja vor Augen.) Dies ist aber keineswegs das eigentlich Interessante: Der gebildete Catull-Leser, der das sapphische Original kennt, weiß natürlich auch, um was für eine Eifersuchtskonstellation es sich hier eigentlich handelt. Das lyrische Ich, das beobachtet, wie die geliebte Frau sich den ›göttergleichen‹ Mann gefügig macht und ihm zugleich verfällt – dieses lyrische Ich ist

---

[42] »Ille mi par esse deo videtur, / ille, si fas est, superare divos, / qui sedens adversus identidem te / spectat et audit / dulce ridentem, misero quod omnis / eripit sensus mihi: nam simul te, / Lesbia, aspexi, nihil est super mi / lingua sed torpet, tenuis sub artus / flamma demanat, sonitu suopte / tintinant aures, gemina et teguntur / lumina nocte. / otium, Catulle, tibi molestumst: / otio exultas nimiumque gestis: / otium et reges prius et beatas / perdidit urbes.« (*Catull*, 67 [51])

bei Sappho ein weibliches Ich, was spätestens die Zeile »tethnákên [...] phaínom'ai« – »bin einer Toten gleich ich anzusehen« – dann auch grammatikalisch belegt. Dafür aber hat Catull keine Verwendung, und so schreibt er sich ganz ungeniert selbst in dieses Dreiecksverhältnis hinein. Die (im Gesamtwerk sehr typische) Selbstanrede des Ichs – »Catulle« – hat hier also einzig und allein den Zweck, die Liebe auf Lesbos dem römischen Beziehungskodex zu unterwerfen, und so stiehlt hier nicht nur ein Römer einen griechischen Text, sondern auch ein Mann einen weiblichen Eros. Die ersehnte »Lesbia« steht nicht länger zwischen dem männlichen Begehren und dem weiblichen Gesang; sie ist zum Streitobjekt zweier Männer geworden.

Die Geschichtsschreibung als Krisengebiet der *imitatio*

Der Siegeszug der *imitatio* hinterlässt das Feld der römischen Dichtung also scheinbar als einen Raum ohne Eigentum. Mussten literarische Erzeugnisse schon vorher ohne wirksamen rechtlichen Schutz auskommen, so lässt sich vor dem Hintergrund einer kulturpolitisch motivierten und ausgefeilten Nachahmungspoetik dem geistigen Diebstahl nun nicht einmal mehr ein echter moralischer Vorwurf machen. Wer immer auch sich literarisches Eigentum ›leiht‹ – gleich ob von Griechen oder von Römern –, der tut dies im Bewusstsein einer qualitativen Verbesserung des Entliehenen. Dabei spiegelt das poetische Programm den tatsächlichen juristischen Sachverhalt: Jeder, der seinen Gedanken eine schriftliche Form gibt und diese veröffentlicht, sie also auf den Markt wirft, hat bereits seine Exklusivrechte verwirkt und der Weiterverarbeitung seines Textes indirekt zugestimmt.[43]

Was aber der Poesie recht und billig erscheint, ist es der Wissenschaft noch lange nicht. In der Folge wird insbesondere auch die römische Geschichtsschreibung vom Virus der

---

43 Dziatzko: *Autor- und Verlagsrecht*, 559–576.

Die Geschichtsschreibung als Krisengebiet der imitatio 95

imitatio befallen – ganz offensichtlich nach einem allzu engen Kontakt mit den Rhetorikern.[44] Auch die Historiker beginnen nun zu ›imitieren‹ – zunächst nur den Duktus, später aber auch die *res*, also die historischen Befunde. So schreibt Livius in großem Stile bei Polybios ab, Tacitus und Sueton stehlen bei Plutarch, Capitolinus plündert Herodian, aus den Dieben werden natürlich auch selbst wieder Bestohlene und so weiter und so fort, bis sich schließlich – zum Ende des Römischen Reiches hin – eine Historiografie etabliert hat, die ihre Wissenschaftlichkeit nicht mehr wirklich nachweisen kann. Um der entrüsteten Stimme des 19. Jahrhunderts ob dieser Geschichtswilderei einmal Gehör zu verschaffen:

> Es ist eine durch den allgemeinen Sittenverfall verschuldete Ausartung, wenn spätere Antiquare wie Nonius und Macrobius erwiesenermassen ihre Hauptquellen *verheimlichen*, bei den byzantinischen Chronisten unter einander ein völliger Kommunismus herrscht, der sich auch auf die ältere Litteratur ausdehnt.[45]

Ganz so schlimm verhält es sich dann doch nicht; allerdings ist die Geschichtsschreibung als literarische Gattung wirklich just der Fall, an dem die Ideologie der *imitatio* an ihre Grenzen stößt. Der antike Historiker will ja sein Publikum davon überzeugen, dass das, was er erzählt, nicht nur *möglich*, sondern auch *wirklich* gewesen ist. Dazu aber braucht er Augenzeugen, Textzeugen, Gewährsmänner; zwischen seiner Erzählung und dem, was dort erzählt wird, muss sich also irgendwo jemand finden, für den die Geschichte nicht nur Erzählen, sondern auch Erleben war. Ist dieser Jemand nicht er selbst, dann braucht er Quellen, die die Wirklichkeit seiner Erzählung garantieren. Lässt er aber im Rausche rhetorischer Begeisterung auch noch die Quellenangaben weg, dann kann sein Leser nur noch zwei Schlüsse ziehen: Entweder war der Autor selbst dabei oder sein Text hat keinerlei wissenschaftliche Au-

---

44 Hierzu ausführlich: Peter: *Die geschichtliche Litteratur*, 179–275.
45 Ebd., 254.

torität. Für einen ›seriösen‹ Universalhistoriker wie den älteren Plinius stellt die Rhetorisierung der Geschichtsschreibung dementsprechend nichts weniger als das Einfallstor einer wissenschaftlichen Korruption dar. Mehr als dies: Sie macht aus der Geschichte ein Geschäft, ein schmutziges Geschäft.

> Es ist nämlich nur recht und billig, wie ich meine, und bezeugt anständige Ehrlichkeit, einzugestehen, wem man etwas zu verdanken hat, nicht etwa so zu handeln wie viele derer, mit denen ich mich befaßt habe. Denn Du mußt wissen, daß ich beim Vergleich der Gewährsmänner die Beobachtung gemacht habe, daß von den Neuesten gerade die Zuverlässigsten ihre Vorgänger ohne Zitierung wörtlich abgeschrieben haben; nicht wie Vergil aus dem durchaus löblichen Bestreben, mit ihnen in Wettstreit zu treten, nicht mit der Aufdringlichkeit Ciceros, der im ›Staat‹ zugibt, daß er sich dem Plato anschließe [...]. Es zeigt wahrlich eine niederträchtige Gesinnung und einen unseligen Geist, sich lieber beim Diebstahl erwischen zu lassen als Geborgtes zurückzuerstatten, besonders dann, wenn man aus dem Nutzen Kapital schlägt.[46]

Plinius kehrt hier wieder zurück zur Vorstellung der Literatur als einer ökonomischen Veranstaltung: Er erinnert daran, dass die munter voneinander abschreibende Textgemeinschaft, zu der sich das Römische Reich entwickelt hat, notgedrungen am Konzept des Urhebers festhalten muss, will sie die junge literarische Blüte nicht verraten und vertrocknen lassen. Der Gedanke dahinter ist recht deutlich zu erkennen: Wer

---

46 »est enim benignum, ut arbitror, et plenum ingenui pudoris fateri per quos profeceris, non ut plerique ex iis, quos attigi, fecerunt. scito enim conferentem auctores me deprehendisse a iuratissimis ex proximis veteres transcriptos ad verbum neque nominatos, non illa Vergiliana virtute, ut certarent, non Tulliana simplicitate, qui de re publica Platonis se comitem profitetur [...]. obnoxii profecto animi et infelicis ingenii est deprehendi in furto malle quam mutuum reddere, cum praesertim sors fiat ex usura.« (C. Plinius Secundus der Ältere: *Naturkunde* [80 n. Chr.], 17ff. [praefatio 21ff.])

schreibt, der ist auf etwas aus, vielleicht auf Ruhm, auf wissenschaftliche Anerkennung, vielleicht auch nur auf Geld. In jedem Fall misst er seinem Text einen Wert zu und versucht, diesen in irgendeiner Weise zu ›kapitalisieren‹. Das literarische Rom ist ein Marktplatz, auf dem mit Komödien, Gedichten, Geschichtswerken, mit einheimischer Ware und mit griechischen Importen gehandelt wird – aber auf dem Marktplatz wird eben bezahlt. Wer etwas nimmt, der hat dafür den entsprechenden Preis zu entrichten; Plinius spricht in diesem Zusammenhang von der literarischen *sors*, und *sors*, das meint ein auf Zinsen ausgeliehenes Kapital. Wer sich also Literatur leiht, der ist Teil einer auf stetes Wachstum ausgerichteten Geisteswirtschaft: Was er von anderen nimmt, das mehrt, läutert und vollendet er, streicht seinen Gewinn ein und bezahlt davon dann seine Gläubiger. Natürlich bestehen diese Rückzahlungen immer noch lediglich aus Verweisen, Namensnennungen, Quellenangaben; allein der Vergleich mit der Zinswirtschaft spricht Bände, denn was ist die Folge einer Literatur, die sich andere Texte ausborgt und ihre Quellen nicht nennt, ihre Zinsen nicht zahlt? Die Rezession der Wachstumswirtschaft, das Ende der wundersamen Mehrung antiken Wissens, kurzum: eine Schädigung der gesamten gelehrten Gemeinschaft. Wer sich demnach dem Prinzip der Textverzinsung verweigert, der entbindet die Literatur von ihrer gesellschaftlichen Realität; er kapitalisiert, ohne dass sich der literarische Bestand tatsächlich vermehrt hätte. Der Textdieb produziert Texte ohne Wert, er betreibt literarische Inflation und sorgt somit letztlich dafür, dass die Schriftstellerei – die historiografische insbesondere – allmählich ihren Kredit verspielt. Und wer kauft dann noch 37 Bände einer *Naturalis historia*? Eben.

Aus Sklaven sind Bienen geworden, aus Griechen Römer, aus einem Verdacht eine Tugend. Wir haben die unoriginelle Seite Roms gesehen, ihre Komplikationen wie ihren Enthusiasmus. Wir können die Türe zum Antikenzimmer nun schließen und uns sogleich darüber wundern, wie im Nebenraum sich alles so ganz und gar anders ausnimmt.

IV. In Ketten

Nichts Neues

Die zurückliegenden Betrachtungen konnten den Nachweis führen, dass der Plagiatserzählung im Umfeld epochaler Schwellen die Aufgabe zufallen kann, die Entstehung einer neuen aus einer alten kulturellen Identität zu erklären und den Grenzverlauf sowie die Hierarchien zwischen beiden Identitäten nachzuzeichnen. Die Selbstbegründung der römischen Literatur erfolgte in der Auseinandersetzung um die Rechtmäßigkeit literarischer Beutezüge. Solange Textraub dabei als ein Delikt angesehen wurde, so lange musste Rom unter der kulturellen Oberherrschaft der Griechen verbleiben. Wenn die Kultur aber eine römische Kultur werden sollte, dann musste man Mittel und Wege finden, das Plagiat zu legitimieren. Das Resultat dieser Legitimationsstrategie war dann das Konzept der *imitatio* gewesen.

Der Weg von einer antik-paganen zu einer christlichen Kultur führt nun über ungleich tiefere Gräben. Mit dem endgültigen Austritt des Abendlandes aus der Antike im Jahre 529 n. Chr. – in dem Jahr, in dem mit der Schließung der Platonischen Akademie ein geistiges Kapitel zugeschlagen und mit Benedikts Klostergründung in Monte Cassino ein anderes aufgeschlagen wird – etabliert sich ein neues Verständnis von literarischer Kreativität, von Inspiration und geistigem Besitz. Der *agôn* als poetisches Prinzip sowohl zwischen Zeitgenossen als auch zwischen Kulturformationen verliert seine metaphysische Grundlage; der christliche Schriftsteller konkurriert nicht um die Wahrheit, sondern er faltet sie nur immer wieder von Neuem aus. All seine Literatur gehört Gott, den man eben nicht bestehlen kann. Originalität ist in dieser Welt daher zunächst einmal kein Wert, zumindest kein Wert, an dem der Mensch zu messen ist.

Nun vollzieht sich dieser Umbruch nicht ohne gewisse Widerstände. Natürlich spielt dem Christentum der Zusammenbruch des politischen Nervenzentrums der antiken Welt, der mit dem Untergang des Weströmischen Reiches 476 n. Chr. abgeschlossen ist, in die Hände. Dennoch muss es sich über Jahrhunderte hinweg gegenüber den etablierten Kulturtraditionen als ›Spätling‹ behaupten. Die Antike ergibt sich nicht einfach in ihr Schicksal, sondern ist selbst in der Agonie noch eine durchaus wehrhafte Formation, die entwaffnet werden will. Die Kirchenväter mögen sich auf der sicheren Seite wähnen und die Glaubensinhalte polytheistischer Restbestände als absterbenden Aberglauben deklarieren; sie müssen dennoch zur Kenntnis nehmen, dass die Zukunft und die Solidität der christlichen Lehre auch davon abhängt, wie man mit der im Verborgenen operierenden Konkurrenz der antiken Vergangenheit umzugehen weiß. Und an diesem Punkt kommt nun auch wieder das Plagiat ins Spiel.

Jemand, der die geistige Konkurrenzsituation der Spätantike bestens kennt, weil er sie selbst durchlaufen hat, ist Clemens von Alexandrien, der Lehrer des Origenes. Clemens war über den Platonismus zum Christentum gekommen. Wohlvertraut sind ihm also die Verlaufsformen christlich-paganer Auseinandersetzungen, und wenn er um 200 n. Chr. die sieben Bücher seiner *Stromateis* (was sich in etwa mit ›Teppiche‹ übersetzen lässt) verfasst, dann entwirft er darin zum einen das geistige Panorama seiner Zeit in seiner ganzen Durchmischung, um zum anderen die christliche Lehre als Triumphantin daraus hervorgehen zu lassen.[1] Clemens ist sich dabei der Problematik bewusst, dass es gerade die Jugend des Christentums ist, die ihm im Angesicht der Anciennität athenischer Philosophie ein Autoritätsdefizit verschafft. Das muss er ausräumen, und bei dieser Gelegenheit verfällt er auf das *Johannes-Evangelium*, in dem – dem Hörensagen nach – geschrieben steht: »Alle, die vor der Ankunft des Herrn

---

1 Zum geistigen Entstehungshorizont und zur Struktur der *Stromateis* vgl. Wyrwa: *Die christliche Platonaneignung*, 1–69.

gekommen sind, sind Diebe und Räuber.«² Clemens übersetzt das wie folgt:

> Die griechischen Philosophen dürften [...] insofern ›Diebe und Räuber‹ sein, als sie vor der Ankunft des Herrn von den hebräischen Propheten Teile der Wahrheit nicht mit vollem Verständnis übernahmen, sondern sie sich aneigneten, als wären sie ihre eigenen Lehren, wobei sie manches fälschten, anderes infolge eines Übermaßes an Scharfsinn töricht umdeuteten, einiges auch erfanden.³

Das ist eine strategisch durchaus interessante Argumentation, in der wir bereits eine innere Verwandtschaft zwischen der christlichen und der platonischen Vorstellung vom geistigen Diebstahl ausmachen können. (Eine Verwandtschaft, deren Zustandekommen Clemens im Übrigen ja gerade aufzuklären versucht.) Die antike Philosophie verdankt ihre Wirkungsmacht also dem Umstand, dass sie sich beim Judentum bedient hat. Insofern partizipiert sie in gewisser Weise an der göttlichen – und eben auch der christlichen – Wahrheit. Allerdings ist diese Partizipation auf eine falsche Grundlage gestellt, denn der griechische Philosoph nähert sich der Offenbarung Gottes »selbstsüchtig und prahlerisch« (*phílautoi kaì alazónes*).⁴ Er hält sie für eine Erkenntnis, die sich stehlen lässt, die also innerhalb einer ›Verstandesökonomie‹ verortet und

---

2 »Ναί φασι γεγράφθαι· πάντες οἱ πρὸ τῆς παρουσίας τοῦ κυρίου κλέπται εἰσὶ καὶ λῃσταί.« (Clemens von Alexandrien: *Stromateis* I, 81,1. Übersetzung hier und im Folgenden nach Otto Stählin, hier 74) Freilich steht das im *Johannes-Evangelium* so nicht; dort heißt es vielmehr (Joh 10, 8): »Alle, die vor mir gekommen sind, sind Diebe und Räuber« (das sind diejenigen, die in den Schafstall gelangen, ohne die Türe zu benutzen – die Türe ist Christus).

3 »οἱ παρ' Ἕλλησι φιλόσοφοι καὶ οἱ πρὸ τῆς τοῦ κυρίου παρουσίας παρὰ τῶν Ἑβραϊκῶν προφητῶν μέρη τῆς ἀληθείας οὐ κατ' ἐπίγνωσιν λαβόντες, ἀλλ' ὡς ἴδια σφετερισάμενοι δόγματα, καὶ τὰ μὲν παραχαράξαντες, τὰ δὲ ὑπὸ περιεργίας ἀμαθῶς σοφισάμενοι, τὰ δὲ καὶ ἐξευρόντες·[...].« (Clemens von Alexandrien: *Stromateis* I, 87, 2)

4 Ebd. I, 87, 7.

verwertet werden kann. Der Prophet hingegen weiß, dass seine Gotterfahrung nicht zu verrechnen ist, sondern dass alle Prophetie »aus dem Überfluß« Christi[5] hervorgeht: Gott redet durch den Propheten und der Prophet ist hinsichtlich seiner Worte selbstlos. Die Philosophie redet hingegen zwar von der gleichen Wahrheit (denn sie hat diese ja immerhin von den Propheten genommen), sie redet jedoch ›aus sich selbst‹ – und bereits hierin erweist sie sich nach christlicher Logik als Plagiatorin.

Unter diesen Vorzeichen macht sich Clemens nun daran, insbesondere die Metaphysik des mittleren Platonismus auf jüdisch-christliche Heilslehren zurückzuführen und weist somit nach, »dass die Vorstellung des griechischen Denkens aus der durch die Heilige Schrift uns überlieferten Wahrheit das rechte Licht erhielt« und den Griechen »in diesem Sinne [...] der Diebstahl der Wahrheit vorzuwerfen sei«.[6] Damit aber ist die Umkehrung der Autoritätsverhältnisse erreicht: Das Christentum erscheint nun nicht mehr als antike Spätgeburt, sondern als einzig echter Nachfahre der ältesten Wahrheitslehre; die antike Philosophie mutiert hierüber zu einem kleptomanischen Bastard der Geistesgeschichte. Diesen Nachweis will Clemens dann auch mit Nachdruck führen. Hierfür hat er sich ein ganzes Buch – das sechste der *Stromateis* – vorbehalten, in dem er der griechischen Diebstahlssucht auf den Grund gehen will und zu diesem Zweck Massen an Belegstellen literarischer Entlehnungen auffährt. Es handelt sich hier um das gewaltigste und bedeutendste Exemplar aus der Gattung der *klopaí*-Literatur,[7] eine Anthologie, die keinen Hehl daraus macht, dass es ihr nicht um literaturgeschichtliche Korrekturen, sondern um die Bloßstellung einer per se

---

5 Vgl. Joh 1, 16.
6 »Παραστήσαντες δὲ τὴν ἔμφασιν τῆς Ἑλληνικῆς διανοίας ἐκ τῆς διὰ τῶν γρφῶν εἰς ἡμᾶς δεδομένης ἀληθείας περιαυγασθεῖσαν, καθ' ὃ σημαινόμενον διήκειν εἰς αὐτοὺς τὴν κλοπὴν τῆς ἀληθείας ἐκδεχόμενοι, [...].« (Clemens von Alexandrien: *Stromateis* VI, 4, 3)
7 Vgl. Kapitel II, S. 49ff.

problematischen Disposition der griechischen Kultur zu tun ist. Wenn hier gezeigt werden soll, »dass die Griechen sich selbst des Diebstahls an ihren eigenen Volksgenossen bezichtigen«, so ist damit letztlich nur eines gesagt:

> Denn wenn sie so offenbar einander ihr Eigentum wegnehmen, so machen sie es einerseits gewiss, dass sie Diebe sind, andererseits beweisen sie auch, ohne es zu wollen, dass sie sich unsere Wahrheit aneignen und heimlich zu ihren Stammesgenossen bringen. Denn wenn sie nicht einmal sich selbst gegenüber ehrlich sind, so werden sie schwerlich unser Eigentum unberührt lassen.[8]

In der Folge arbeitet sich Clemens also an der griechischen Literatur – der Dichtung, der Philosophie, der Geschichtsschreibung und der Rhetorik – ab. Er beginnt bei gestohlenen Gedanken und wortwörtlichen Versatzstücken, widmet sich eingehend den Eigentumsverhältnissen bei Homer und Euripides und endet schließlich bei komplett abgeschriebenen Büchern. In Anbetracht der angezeigten Argumentationslage darf man freilich nicht erwarten, dass diese Untersuchung ein ernsthaftes systematisches Interesse an der Definition des literarischen Diebstahls entwickelt. Sie reflektiert nicht auf die Bedingungen, unter denen Literatur überhaupt als Eigentum gedacht werden kann und macht auch keinen Unterschied zwischen der Verwendung allgemein gängiger Wendungen und der Zitation eines anderen Autors. Clemens sieht überall nur die Ähnlichkeiten und versteht diese grundsätzlich immer als Diebstahl, wobei er auf eigenes Quellenstudium verzichtet, wie diverse Fehlzitationen belegen.[9] Seine Plagiatssammlung ist daher in großen Teilen selbst wiederum eine Kopie und besitzt mit Sicherheit auch eine Vergangen-

---

8 »οἱ γὰρ τὰ οἰκεῖα οὕτως ἄντικρυς παρ'ἀλλήλων ὑφαιρούμενοι βεβαιοῦσι μὲν τὸ κλέπται εἶναι, σφετερίζεσθαι δ' ὅμως καὶ ἄκοντες τὴν παρ' ἡμῶν ἀλήθειαν εἰς τοὺς μοφύλους λάθρᾳ διαδείκνυνται. οἱ γὰρ μηδὲ ἑαυτοῖς, σχολῇ γ' ἂν τῶν ἡμετέρων ἀφέξονται.« (Clemens von Alexandrien: *Stromateis* VI, 4, 4)
9 Vgl. hierzu Stemplinger: *Plagiat*, 75.

heit außerhalb der *Stromateis*. Vermutlich handelt es sich dabei um eine Allzweckwaffe des hellenistischen Judentums, als deren Urheber unter anderem der alexandrinische Theologe Aristobulos gehandelt wird, dessen Werk leider verloren ist.

Das plagiatorische Narrativ besitzt hier demnach die durchaus komplexe Funktion, antike Philosophie und christliches Denken zu versöhnen und dabei das Christentum als einzig legitimen Vertreter der Seinswahrheit herauszustellen. Dafür wird es einer paulinischen Bekehrungsstrategie eingegliedert: Die nichtchristliche Weisheit kommt nicht aus einer gänzlich anderen Quelle, sondern beruht lediglich auf einer Fehlinterpretation derselben als Folge der Selbstsucht der Philosophen, deren logische Konsequenz wiederum der Diebstahl ist:

> Nun ist, wie ich glaube, durch gar viele Zeugnisse hinreichend bewiesen, dass die Griechen als Diebe aller möglichen Schriften überführt sind; dass aber die bedeutendsten Griechen Gott nicht in vollem Maße erkennen, sondern nur in ungefähren Umrissen, das sagt Petrus in seiner Predigt. [...] ›Diesen Gott verehrt nicht nach der Weise der Griechen!‹ Damit will er offenbar sagen, dass auch die Hervorragenden unter den Griechen den nämlichen Gott wie wir verehren, aber nicht mit voller Erkenntnis, da sie die Überlieferung durch den Sohn nicht kennengelernt haben. Daher sagt er: ›Verehrt nicht‹ und fuhr nicht fort: ›den Gott, den die Griechen verehren‹, sondern sagte: ›Verehrt nicht Gott nach der Weise der Griechen‹, womit er die Art der Verehrung Gottes ändern will, aber nicht einen anderen Gott verkündigt.[10]

10 »Καὶ ὡς μὲν κλέπται πάσης γραφῆς Ἕλληνες ᾕρηνται, ἱκανῶς, οἶμαι, διὰ πλειόνων δέδεικται τεκμηρίων· ὅτι δὲ οὐ κατ' ἐπίγνωσιν ἴσασι τὸν θεόν, ἀλλὰ κατὰ περίφρασιν Ἑλλήνων οἱ δοκιμώτατοι, Πέτρος ἐν τῷ Κηρύγματι λέγει·[ῦ] "τοῦτον τὸν θεὸν σέβεσθε μὴ κατὰ τοὺς Ἕλληναςῦ ὡς δηλονότι τὸν αὐτὸν ἡμῖν σεβόντων θεὸν καὶ τῶν παρ' Ἕλλησι δοκίμων, ἀλλ' οὐ κατ' ἐπίγνωσιν παντελῆ, τὴν δι' υἱοῦ παράδοσιν μὴ μεμαθηκότων. "μὴῦ, τοίνυν φησί, "σέβεσθεῦ – οὐκ εἶπεν "θεὸν ὃν οἱ Ἕλληνεςῦ, ἀλλὰ "μὴ κατὰ τοὺς Ἕλληναςῦ, τὸν τρόπον τὸν τῆς σεβάσεως ἐναλλάττων τοῦ θεοῦ,

Erst wenn gewährleistet ist, dass Moses und Platon dasselbe Licht der Erkenntnis geleuchtet hat, wird es dem Platoniker nicht mehr allzu schwerfallen, über die monotheistische Brücke zu gehen und zu konvertieren. Er muss sich nur davon überzeugen lassen, dass das Reich des Geistes nur einen einzigen Eigentümer kennt und dass der wahre *lógos* nicht gehandelt und somit eben auch nicht gestohlen werden kann. Die literarische Sphäre, die sich im Ausgang einer solchen Argumentation öffnet, scheint im Grunde hinsichtlich jedweder plagiatorischen Infektion immun: Unter der Prämisse, dass ein christliches Schreiben ohnehin selbstlos ist, nie für sich nimmt und alles Gott zuerkennt, unter der Prämisse, dass in der *Heiligen Schrift* bereits alles Maßgebliche gesagt ist, so dass ihr von Menschenhand nichts Entscheidendes mehr hinzugefügt werden kann, erübrigt sich jede Nachfrage nach Ursprüngen und nach Innovation.

Die christliche Literatur kann überhaupt nicht plagiieren – und das heißt eben nicht, dass sie sich für besonders originell hält, sondern dass sie sich gerade von vornherein dazu bekennt, *nichts Neues* zu formulieren. Dieses Bekenntnis erleichtert die Adaption antiker Schreibverfahren bei der Entstehung der christlichen Poesie im 4. Jahrhundert natürlich ungemein.[11] Wenn nämlich, wie Clemens das so präzise festgehalten hat, der Gott der Griechen auch der Gott der Christen ist, dann ist auch der Kontakt mit griechischer Literatur nicht zwangsläufig sündhaft, zumindest dann nicht, wenn man das dieser Literatur zugrunde liegende diebische Kulturmodell außer Acht lässt. Sobald alle Schriftlichkeit ohnehin immer nur auf ein und denselben Urheber zurückgeführt werden kann, muss man sich über die moralischen Implikationen des Abschreibens also nicht länger den Kopf zerbrechen, denn wer kopiert, der bekennt sich letztlich nur zu dem Glaubenssatz, dass alle Originalität bei Gott liegt. Die

---

οὐχὶ δὲ ἄλλον καταγγέλλων.« (Clemens von Alexandrien: *Stromateis* VI, 39, 1–5 [264])
11 Vgl. hierzu: Thraede: *Untersuchungen zum Ursprung*.

Folgen dieser Überzeugung sind mit Händen zu greifen: Wo Unselbständigkeit zu einer Tugend wird, da muss das Neue alt werden und so sieht auch die christliche Dichtung ihre Innovativität nicht im radikalen Bruch mit der antiken Literatur, sondern in deren ›rechtem Gebrauch‹ (*chrésis*) – in der Poetisierung der neuen Botschaft mithilfe des tradierten Formenrepertoires.[12]

Literatur als Kette – die Poetologie des Kommentars

Die Wahrheit liegt also in der Abschrift des Alten – an diesem Leitgedanken richtet sich bis weit ins 12. Jahrhundert hinein das Korsett mittelalterlicher Textproduktion und -rezeption aus. Das autorgeschichtliche Korrelat dieser Vorstellung ist die Anonymität,[13] das gattungsgeschichtliche Korrelat der Kommentar, der letztlich als die literarische Formation verstanden werden kann, in der sich das völlige Fehlen eines plagiatorischen Horizontes artikuliert. Ursprünglich besitzt der Kommentar autoritative Funktion: Die Kommentierung sichert eine bestimmte Auslegung des Heiligen Textes, sie versteht sich als exegetische Richtlinie und wird dementsprechend von denjenigen übernommen, die Verantwortung für die Einheitlichkeit der Theologie besitzen. Der Absicherung einer ›orthodoxen‹ Glaubenslehre steht dabei freilich als Kehrseite das Risiko wachsender Unselbständigkeit des theologischen Denkens gegenüber, denn wer sich immer nur auf die kirchlichen Autoritäten verlässt, der verzichtet auf den lebendigen Umgang mit der Schrift. In dieser Hinsicht betreibt das Kommentarwesen in nicht geringem Maße auch die geistige Isolierung des Christentums. Als sichtbarster Ausdruck dieser Tendenz entsteht ab dem 5. Jahrhundert in der östli-

---

12 Zu diesem Problem ausführlich Hofmann: *Die Angst vor der Innovation*; zur *Chrésis* als Leitfigur christlicher Dichtungstheorie siehe auch Walter: *Pagane Texte und Wertvorstellungen bei Lactanz*, 98f.

13 Zur Anonymität mittelalterlicher Autorschaft vgl. Bein: *Zum ›Autor‹*, insbesondere 303–307.

chen Kirche der sogenannte ›Katenen‹-Kommentar. Die Katenen versammeln Auszüge aus Schriften der Kirchenschriftsteller, gruppieren diese um ein bestimmtes Thema und schließen die einzelnen Zitationen, wie der Ausdruck *catenae* schon verrät, kettenartig zusammen.[14] Es handelt sich somit um eine reine Kompilation von Fremdtext, wobei das eigentliche Subjekt des Kommentars – der Kommentator nämlich – nur noch im Akt der Auswahl und der Anordnung in Erscheinung tritt.[15]

Der ›Verfasser‹ einer solchen Katene konnte davon ausgehen, dass seine Leser sich der grundlegenden Unselbständigkeit seiner Arbeit bewusst waren und die Zitationen auch als solche erkannten. Die exakte namentliche Zuordnung der Auszüge wurde freilich schon früh durch die Laxheit der Kopisten torpediert, denn diese überprüften die Zitate ja nicht jedes Mal von Neuem, sondern schrieben in der Regel einfach die Katenen ab. Im Laufe der Zeit kam es auf diese Weise nicht nur zu Verwechslungen; in manchen Fällen schwanden auch die Namen der Zitierten, so dass ein Textgefüge übrig blieb, das überhaupt erst einmal als eine Zitatreihe (und nicht etwa als ein durch einen alleinigen Verfasser verbürgtes Traktat) erkannt werden musste.

Vor ebenjenem Problem steht in der ersten Hälfte des 9. Jahrhunderts der Fuldaer Abt Hrabanus Maurus. Hraban hat in seiner Funktion als Leiter der Fuldaer Klosterschule die Katenenmethode adaptiert. Seine Lehrschriften, die sowohl

---

14 Zu den Katenen ausführlich Krumbacher: *Geschichte der byzantinischen Literatur*, 206–218.
15 Diese Konstellation erfährt ihre eigentliche Zuspitzung dann ab dem 11. Jh. im Sentenzenkommentar, der nur mehr Aussprüche kirchlicher Autoritäten nach bestimmten Schemata (also etwa: dialektisch) verknüpft, um dann zu bestimmten Lehrmeinungen, letztlich zu einer universalen ›Summa‹, zu gelangen, die im Grunde subjektlos ist. Demgegenüber steht eine Entwicklung des Kommentarwesens, die ab dem 12. Jh., durch die Mystik hindurch, das kommentierende Kombinationsverfahren ›subjektiviert‹ und mit den erläuternden Typologien frei verfährt. Vgl. hierzu Haug: *Der Kommentar und sein Subjekt*, 333–354.

theologisch-dogmatische und naturwissenschaftliche als auch grammatische Wissensbereiche und die Komputistik umfassen, bestehen zum größten Teil – nicht vollständig – aus besagten Zitatverkettungen, wobei sich Hraban nicht nur direkt auf die antike und patristische Literatur bezieht, sondern auch auf ältere Kompendien wie Cassiodors *Institutiones divinarum et saecularium litterarum* (562 n. Chr.), Isidors *Etymologiarum libri viginti* (623 n. Chr.) oder Bedas *De natura rerum* (frühes 8. Jh. n. Chr.) zurückgreift.[16] In diesem Zusammenhang begegnen wir nun erstmals wieder einer Scheu vor dem Ruch des Textdiebstahls: In einem Brief an den Mainzer Erzbischof Haistulf erläutert Hraban im Jahre 821 (oder 822) seine Zitationstechnik und versucht damit von vornherein jeden Plagiatsverdacht auszuräumen:

> Da es nämlich zu mühsam war, die Namen für jede einzelne Eintragung einzufügen und mit namentlicher Nennung aufzuzeigen, was von welchem Autor sei, hielt ich es für geziemend, die Anfangsbuchstaben der Namen in einiger Entfernung auf den Rand zu schreiben und im Einzelnen anzumerken, wo welcher der Väter beginnt und wo eine von mir abgeschriebene Rede aufhört, da ich vor allem in Sorge war, dass von mir gesagt werden könnte, ich würde die Worte der Älteren stehlen und diese als meine eigenen zusammenstellen. Ich möchte die Leser beim Namen unseres Herrn inständig bitten, dass sie, wenn ihnen unsere kleinen Werke, so, wie sie beschaffen sind, vielleicht einer Abschrift würdig scheinen mögen, sie sich daran erinnern sollen, dass sie auch die erwähnten Namenszeichen, wie sie in unserem Exemplar erscheinen, hinzufügen.[17]

---

16 Ausführlich zu Hrabans Kompilationsverfahren Rissel: *Rezeption*, 294–348.
17 »Quorum videlicet quia operosum erat vocabula interserere per singula, et quid a quo auctore sit dictum nominatim ostendere, sommodum duxi eminus e latere primas nominum litteras inprimere, perque has viritim, ubi cuiusque patrum incipiat, ubi sermo quem transtuli desinat, intimare, sollicitus per omnia, ne maiorum dicta furari et haec quasi mea propria componere dicar. Multumque obsecro et per Dominum legentes obtestor, ut si qui forte nostra haec, qualiacumque sunt, opuscula tran-

Hrabans Skrupel reichen indessen noch weiter; sie gelten nicht allein der Transparenz der Quellenlage, sondern in der Tat auch der Wörtlichkeit der Zitation. So unterscheidet er gegenüber Hilduin, dem Abt von St. Denis, zwischen der exakten Wiedergabe des Wortlautes und der bloß sinngemäßen Zusammenfassung einer Sentenz mit eigenen Worten, die Hraban mit einem ›M‹ (für Maurus) kennzeichnet, so dass »der aufmerksame Leser weiß, wer was von dem Seinen beiträgt, und darüber befinden kann, wie jedes Einzelne zu beurteilen sei.«[18]

Diese penible Abtrennung des eigenen vom fremden Text und die Angst vor einer Vermischung des einen mit dem anderen müssen doch nachdenklich stimmen. Wenn Hraban den Verdacht des literarischen Diebstahls fürchtet, dann ist damit ja noch nicht allzuviel gesagt. ›Stehlen‹, das hieße ja letztlich nur, dass hier Regeln der Ökonomie verletzt würden; und was kann das schon bedeuten in einer Welt, der alle Literatur zur Auslegung des einen göttlichen Wortes wird, die also gänzlich unökonomisch geistige Urheberrechte gar nicht kennt? Was also wäre so verheerend daran, wenn man einen Ausspruch des Lactantius nicht als einen solchen erkennen, sondern ihn einem Späteren, also etwa Hraban selbst, zuschreiben würde? Wie wäre in diesem Fall der Verlust zu beziffern?

Vermutlich wird man davon ausgehen müssen, dass Hrabans Ermahnung zur Kennzeichnung der Quellen weniger auf die Sicherung von Urheberverdiensten abzielt, als vielmehr moraldidaktische Zwecke verfolgt, also im Leser resp.

---

scriptione digna duxerint, memorata quoque nominum signa, ut in nostro exemplari repperiunt, adfigere meminerint.« (*Hrabani Mauri epistola 5 ad Haistulfum archiepiscopum Moguntiacensem*, 389)

[18] Ebd., 403: »[...] ubi vero sensum eorum meis verbis expressi aut ubi iuxta sensus eorum similitudinem, prout divina gratia mihi concedere dignata est, de novo dictavi, M litteram Mauri nomen exprimentem, quod meus magister beatae memoriae Albinus mihi indidit, prenotare curavi, ut diligens lector sciat, quid quisque de suo proferat, quidve in singulis sentiendum sit, decernat.«

im Klosterschüler etwas Bestimmtes bewirken soll. Ansatzweise kommen hierbei die altbekannten platonischen Denkmuster zur Geltung; insbesondere die Differenzierung von Wörtlichkeit und Wortsinn scheint ja auf ein ›inneres Verständnis‹ der Wahrheit zu zielen, das vom konkreten rhetorischen Arrangement abgekoppelt werden muss. Wozu?

Es verhält sich so: Der Kommentar, der immer wieder auf die Quellen verweist, markiert damit auch stets den Abstand, der zwischen ihm selbst und dem Glaubenssatz besteht. Er liest die Katene wirklich als Katene, nämlich als eine Folge von Sentenzen, die sich über Jahrhunderte hinweg aufgebaut hat, und macht sich dadurch den langwierigen Überlieferungsprozess bewusst, in dessen Nachverfolgung er sich den geistigen Kern der biblischen Worte erst aneignen musste. Das heißt: Wer stets seine Quellen offenlegt, der begnügt sich nicht damit, Sentenzen im Zweifel auch unverstanden und nur dem Wortlaut nach zu übernehmen. Der gewissenhafte Kommentator verfällt nirgends der Oberflächlichkeit, sondern ist stets in der Lage, das bereits Geschriebene – die Kette – in seiner konkreten zeitlichen Beziehung sowohl zur Gegenwart als auch zur ewigen Wahrheit zu durchdenken und es auf diese Weise auch zu erinnern. Ein gutes Gedächtnis kennt demnach den *Aussagewert*, die ›innere Seite‹ eines Textes; am Text selbst bleibt nur ein schlechtes Gedächtnis hängen.[19] Umgekehrt heißt das dann natürlich aber auch: Wer sich einen fremden Gedanken anverwandelt und in seine eigenen Worte bringt, der darf ihn behalten (oder zumindest sein Initial daneben schreiben).

Horaz' Lehre von der guten und schlechten *imitatio* erfährt somit in der Vorstellung von einer tugend- und einer lasterhaften Abschrift eine Aktualisierung. Wer richtig kopiert, der verinnerlicht die göttliche Lehre, er schreibt sie nicht nur in

---

19 Zur Vermeidung von Wörtlichkeit als einem Leitgedanken mittelalterlicher Lern- und Gedächtniskultur vgl. Carruthers: *The Book of Memory*, 74 und 219f.; im Rekurs auf Carruthers und dann auch konkret zu Hraban: de Hartmann: *Fures uerborum alienorum*, 85–95.

eigenen Worten, sondern auch im eigenen Handeln aus. Zurückzuweisen ist dagegen ein Abschreiben, das nicht zum Inneren des Textes vordringt – und dementsprechend vor lauter Unverständnis das wahre Christentum verfälschen muss. Verlassen wir das Frühmittelalter, in dem Hraban mitsamt seiner Besorgnis ein Einzelfall geblieben ist, dann stoßen wir um 1150 an der Küste von Yorkshire auf eine theologisch präzisierte Fassung der oben angestellten Überlegungen. Im sogenannten *Bridlington Dialogue*, der gemeinhin Robert ›dem Schreiber‹, dem vierten Prior der Abtei von Bridlington zugeschrieben wird, bittet ein Schüler seinen Meister, ihm die augustinische Regel näherzubringen, indem er für ihn »durch die weiten Felder der Schrift wandeln soll«, um dann »aus den hier und da gesammelten Sentenzenblüten, die ein solch gefordertes Werk benötigt«, einen »vielfarbgen knöchellangen Mantel unserem Prinzen Joseph« anzufertigen.[20] Der Meister schreckt vor diesem Vorhaben zunächst zurück, hat er doch bereits diverse Kompilationen hinter sich gebracht und erfahren müssen, dass »diejenigen, die das Gute mit Bösem vergelten«, ihn für »solchen Freundschaftsdienst verunglimpfen«, indem sie erzählen, man sollte ihn »einen Dieb [*furem*] und Zusammenklauber [*compilatorem*] der Worte anderer Leute nennen.«[21] In diesem Zusammenhang beginnt der Meister dem Schüler nun zu erläutern, was in der geistlichen Literatur überhaupt als Diebstahl gelten kann – und was nicht. Zunächst wird dabei natürlich wieder auf das göttliche Geschenk der Wahrheit verwiesen, das jedem zuteilwerden könne, auch denen, die nichts ›anzubieten‹ hätten. ›Anbieten‹ [*profere*] kann man Gott seine Person, die in Wort und Schrift

---

20 »Perge itaque ut tibi moris est per amplissima scripturarum prata, et collectis hinc inde sententiarum flosculis operi postulato necessariis, faciamus quasi variam atque talarem tunicam principi nostro Ioseph […].« (Robert of Bridlington: *The Bridlington Dialogue*, 12)
21 »Quia enim hoc feci in quibusdam collectionibus meis, qui retribuunt mala pro bonis detrahunt mihi huiusmodi bonitatem facienti pro amicis meis, dicentes me alienorum verborum furem et compilatorem debere vocitari.« (Ebd., 13)

für das Geschenk der Wahrheit bürgen, also im besten Falle Literatur produzieren kann. Wer dies nicht vermag, empfängt Gottes Geschenk dennoch, dann aber eben durch andere, deren Lehren nur richtig ›erinnert‹ werden müssen:

> Und so ist es sicherlich eine gute Einrichtung, dass es viele Prediger der Wahrheit gibt, aber nicht viele Meister, und dass die Schüler eines Meisters alle dasselbe sprechen und unter ihnen keine Spaltung ist.[22]

So verteidigt der Meister – das ist dann ganz auf Hrabans Argumentationslinie – die Kompilationstechnik und das Kopistenwesen durch den Hinweis auf die Einheit des Glaubens, die alle in der Wahrheit stehenden Schriften eine. Wer sich also bei anderen Autoritäten bedient und zugleich dessen gewahr ist, dass die hinter dem Text liegende Wahrheit einen Anspruch auf das eigene Leben erhebt, der hat Teil an Gottes Schenkung, dem Wort, »das all jenen gehört, die ihm gehorchen.«[23] Einen Dieb kann man ihn nicht nennen. Gleichwohl gibt es Diebe: Man bezeichnet damit jene, denen Wort und Handeln nicht zur Einheit werden, die also Gottes Wort an sich reißen, um es in sein Gegenteil zu verkehren, es zu ›pervertieren‹.[24] Solchen Menschen gehört Gottes Wort nicht, und wenn sie es dennoch im Munde führen, dann ist es eben gestohlen.

Wiedererzählen: Stofferoberer und Geschichtenjäger

Bis ins 12. Jahrhundert hinein – der *Bridlington Dialogue* mag somit als ein Ausläufer gelten – kann sich jene moralische Interpretation des ›geistigen Diebstahls‹ behaupten. Ihr Funda-

---

[22] »Sic enim quod profecto utile est multi predicatores ueritatis fiunt, nec multi magistri, si ut unius magistri discipuli idipsum dicant omnes, et non sint in eis scismata.« (Ebd.)
[23] »Uerbum autem Dei non est ab eis alienum, qui obtemperant ei.« (Ebd.)
[24] »Eos itaque dixit Deus furari verba sua, qui perverterunt ea, vel qui boni volunt videri loquendo que Dei sunt, cum sint mali faciendo que sua sunt.« (Ebd.)

ment ist letztlich das Prinzip der Partizipation, das dem Einzelnen Besitzrechte innerhalb eines christlichen Tradierungsstranges unter der Voraussetzung gewährt, dass er sich mit dem Eintritt in diese Besitzgemeinschaft auch dem sie einenden Gedanken unterordnet. Innerhalb dieser Gemeinschaft wird das Verhältnis von Eigentext und Fremdtext dann bestenfalls klassifikatorisch, nicht aber moralisch (oder gar rechtlich) bestimmt. Bonaventuras vielzitiertes Diktum von den »vier Weisen, ein Buch zu machen«,[25] das im einen Extrem den *scriptor* kennt (der nur Fremdes [*aliena*] schreibt) und im anderen Extrem den *auctor* (bei dem zwar das Eigene [*sua*] das zentrale Element bildet, der aber dennoch das Fremde zur Bestätigung [*confirmatio*] herbeizitieren muss) – dieses Diktum wertet den Fremdtext entsprechend nicht zugunsten des Eigenen ab, sondern erklärt ihn gerade zur literarischen Norm des Mittelalters. Man kann Sentenzen der Kirchenväter problemlos aufgreifen, wörtlich aneinanderreihen, umformen oder in seine eigenen Worte bringen; entscheidend ist nur, dass man sich dem in der Sentenz ausgedrückten Sinn verpflichtet fühlt. Ein Diebstahl (*furtum*) wird hingegen dort begangen, wo man das Wort von seinem Sinngehalt trennt und es damit auch der geistlichen Tradition entreißt.

Diese Vorstellung prägt nun nicht nur die religiöse Literatur des Mittelalters, sondern besitzt für das Selbstverständnis der weltlichen Dichtung ebenso Modellcharakter. Auch im höfischen Roman ist der Rückbezug auf Vorlagen konstitutiv und von höchstem poetologischen Wert, denn der mittel-

---

25 »Ad intelligentiam dictorum notandum, quod quadruplex est modus faciendi librum. Aliquis enim scribit aliena, nihil addendo vel mutando; et iste mere dicitur scriptor. Aliquis scribit aliena, addendo, sed non de suo; et iste compliator dicitur. Aliquis scribit et aliena et sua, sed aliena tamquam principalia, et sua tamquam annexa ad evidentiam; et iste dicitur commentator, non auctor. Aliquis scribit et sua et aliena, sed sua tamquam principalia, aliena tamquam annexa ad confirmationem; et talis debet dici auctor.« (S. Bonaventura: *Prooemium ad Commentaria in IV libros sententiarum Magistri Petri Lombardi* [1250–53], 12)

alterliche Romancier ›erfindet‹ nichts, sondern er berichtet.[26] Wer aber etwas berichten will, das er nicht selbst erlebt hat (wir kennen das Problem ja bereits aus der römischen Historiografie), der braucht einen Zeugen, also einen älteren Erzähler, der das Erzählte mit seinem Namen autorisiert und dem man damit schlicht nachfolgt. Dies gilt mit Sicherheit für die massiv einsetzende Adaption antiker Erzählstoffe im 12. Jahrhundert, also etwa den um 1155 entstandenen *Roman de Troie* des Benoît de Sainte Maure, der sich – wie alle Troia-Bearbeitungen dieser Zeit – explizit auf ein spätantikes Geschichtswerk beruft, das wiederum als lateinische Übersetzung einer mythischen Autorschaft, nämlich der des in der *Ilias* erwähnten trojanischen Priesters Dares Phrygius, gehandelt wird. Mit solch einer Vorlage als Bürgen begibt man sich im Grunde direkt ins Kriegsgeschehen hinein, ist in seinem Wahrheitsanspruch also mehr oder weniger unanfechtbar – zumindest so lange, wie man dem Augenzeugen Dares nichts Falsches, ›Erdichtetes‹, in den Mund legt, sondern einfach dessen Geschichte nochmals erzählt. Genau hierin erlangt der mittelalterliche Autor seine Anerkennung, denn, wie es Geoffrey von Vinsauf, der Verfasser der *Poetria nova* (um 1200) formuliert:

> Viel schwieriger, aber umso mehr zu loben ist es, einen alten Stoff, der gemeinhin bekannt und bereits benutzt ist, gut zu behandeln, als einen anderen Stoff, der noch neu und unbenutzt ist.[27]

Die deutsche Epik macht da keine Ausnahme. Auch an ihrem Beginn steht zunächst der troianische Sagenkreis, allerdings nicht die *Ilias*, sondern die *Aeneis*, die (aller Wahrscheinlich-

---

26 Zum Komplex der Beglaubigung des Erzählens durch Vorlagenbezug vgl. ausführlich Schmitt: *Inszenierungen von Glaubwürdigkeit*; immer noch bedeutsam aber auch Wehrli: *Strukturen des mittelalterlichen Romans*.

27 »Et quanto difficilius tanto laudabilius est bene tractare materiam talem, scilicet communem et usitatam, quam materiam aliam, scilicet novam et inusitatam.« (Geoffrey de Vinsauf: *Documentum de modo et arte dictandi et versificandi*, § 132, 309)

IV. In Ketten

keit nach) Benoît zunächst in einen *Roman d'Enéas* (um 1160) verwandelt hatte, welcher dann wiederum die Vorlage der *Eneide* Heinrichs von Veldeke (fertiggestellt nach 1183) wurde. Heinrich – übrigens einer der wenigen Autoren, denen nach eigenem Bekunden wirklich einmal das Manuskript gestohlen wurde, wodurch sich die Fertigstellung des Romans um einige Jahre verzögert habe[28] – avanciert hierin zum Prototyp des höfischen Epos deutscher Zunge. Dabei greift er nicht nur einen bekannten Stoff auf, sondern schließt sich zudem ausdrücklich einer französischen Vorlage an. Im Epilog stellt Heinrich jene Tradierungskette in einer Weise heraus, die uns Anlass zum Nachdenken gibt:

> dat es genoech kontlîch,
> als et dâ dichte Heinrîch,
> de't ût den welsken boeken las,
> dat et ût Lâtîn gedichtet was
> als nâ der wârheide.
> Die boec heiten Êneide,
> di Virgîlius dâ vane skreif,
> van den ons die rede bleif,
> de dôt es vor menich jâr,
> end enlouch he niet, sô es et wâr,
> dat Heinrich gemaket hât dar nâ.
> Hem enwas ter reden niet sô gâ,
> dat he van sînre skulde
> den sin verderben wolde,
> sint dat he sich's onderwant.
> Wan als he't dâ geskreven vant,
> alse hât he't vore getogen,
> dat er anders niwet hât gelogen,
> wan als he't an den boeken las.
> of dat gelogen niet enwas,
> sô wele er onskuldich sîn:
> als es et welsc end lâtîn

---

28 Vgl. Heinrich von Veldeke: *Eineide*, 13436–13460. Der Diebstahl wird allerdings mittlerweile angezweifelt, hierzu Weicker: *Dô wart daz Bûch ze cleve verstolen*.

âne missewende.
hie sî der reden ein ende.²⁹

Heinrich ruft hier also eine Ahnenreihe auf, durch welche die *wârheide* von Vergil über den französischen Aeneas-Roman bis zu seinem eigenen Text hinab überliefert wurde. Der bewusste Verzicht auf Originalität, wie ihn alle mittelalterlichen Epiker begehen, sichert auch hier die Glaubwürdigkeit des Erzählens – wobei vorerst offen bleiben muss, was hier eigentlich ›geglaubt‹ werden soll. Glauben wir also zunächst einmal Heinrichs Beteuerung, er habe nichts anderes geschrieben, »als he't an den boeken las«, dann ließe sich daraus folgern, dass wir mit der *Aeneis*, mit dem *Roman d'Enéas* und schließlich mit der *Eneide* drei inhaltlich identische Texte vorliegen hätten. Diese Folgerung ist erwartungsgemäß vollkommen abwegig. Der mittelniederdeutsche Ênêas ist nicht der antike Aeneas, er ist nicht einmal der altfranzösische Enéas; im Vergleich zu jeder seiner Vorlagen hat Heinrich massiv geändert, gestrichen, hinzugefügt, umgestellt. So zentriert er seinen Plot ganz um die beiden aeneischen Liebesepisoden herum, also um Dido und Lavinia, von denen Vergil der Ersteren immerhin noch ein ganzes Buch (nämlich das vierte), der Letzteren aber genau genommen nur fünf Zeilen gewidmet hat. Bei Heinrich hingegen entwickeln sich daraus zwei gleichermaßen schwergewichtige Handlungskomplexe, an denen sich

29 »Das ist gemeinhin bekannt, / gerade so, wie es Heinrich geschrieben hat, / der es in den französischen Büchern gelesen hat, / wo es aus dem Lateinischen / nach der Wahrheit gedichtet war. / Die Bücher heißen ›Eneide‹, / die Vergil darüber geschrieben hat, / von dem uns die Geschichte geblieben ist / und der schon seit vielen Jahren tot ist. / Und wenn er nicht gelogen hat, dann ist auch wahr, / was Heinrich daraus gemacht hat. / Er hat seine Geschichte nicht so schnell verfasst, / als ob er hierbei / den Sinn verfälschen wollte, / nachdem er seine Aufgabe begonnen hatte. / Denn gerade so, wie er es dort geschrieben fand, / hat er es ausgezogen, / so dass er nicht mehr gelogen hat, / als das, was er in den Büchern gelesen hatte. / Wenn das nicht gelogen war, / so will auch er keine Schuld tragen: / ebenso wie hier steht es auf Französisch und Latein / ohne Abweichung. / Hier sei der Erzählung ein Ende.« (Heinrich von Veldeke: *Eneide*, vv. 13505–13528)

die eigentliche Entwicklung des höfischen Helden Ênêas zeigt. Kurzgefasst: Ênêas wird ein Opfer der Minne-Pädagogik. Das, was bei Vergil noch der eigentliche Fluchtpunkt des Erzählens war, nämlich der nationale Mythos der von den Göttern vorherbestimmten Gründung Roms, der durch die Substruktur einer iliadischen und einer odysseischen Erzählung als Überbietung des griechischen Nationalepos konzipiert worden war, tritt demgegenüber deutlich in den Hintergrund. Aber nicht nur zur antiken Historia, auch zur französischen Vorlage verhält sich die deutsche Übertragung alles andere als deckungsgleich. Zum einen kürzt Heinrich vieles aus Benoîts Komposition, mitunter auch zentrale Passagen (so fehlt etwa der Tod des Anchises). Dennoch ist seine Fassung um 3000 Verse länger als die Benoîts, denn er gestaltet ebenso gezielt aus, psychologisiert stärker (das gilt insbesondere für die Figur der Dido, aber auch für Turnus und Lavinia) und dekoriert fleißig im höfischen Stil (nicht zuletzt etwa bei der Hochzeit von Ênêas und Lavinia).

Zieht man all dies in Betracht, so ist man geneigt, Heinrichs Bekenntnis zur Unoriginalität nicht länger vorbehaltlos Glauben zu schenken. Vielmehr hat es den Anschein, als ob sich das Verschweigen der eigenen Innovation als Strategie der Beglaubigung von der Theologie auf das Feld der Dichtung ausgebreitet habe. Auch hier sorgt diese Strategie nun für eine Entwicklung neuer Denk- und Schreibformen ›unter der Hand‹, während ›vor der Hand‹ eben immer nur das geschrieben wird, was sowieso schon in den Büchern steht – und damit ›wahr‹ ist. Die Frage ist allerdings, inwiefern eben dieses Verhältnis von offizieller Traditionsverpflichtung und inoffiziellen Erneuerungsvorgängen poetologisch reflektiert wird. Die Antike hatte diesen Komplex noch gänzlich über den *imitatio*-Begriff systematisieren und steuern können. Die mittelalterliche Epik verfällt auf eine verwandte Denkfigur, die sich aber im konkreten Fall doch anders ausprägt. Das Stichwort lautet hier *reconter*, ›Wiedererzählen‹.

›Wiedererzählen‹, das gestaltet sich keineswegs so trivial, wie es sich zunächst anhört. Es handelt sich dabei eben nicht –

wie der Blick auf Heinrichs Schwur und seine Umsetzung ja deutlich gemacht hat – um ein ›Übersetzen‹ oder ›Übertragen‹, sondern um eine Form der Umarbeitung, deren Selbstverständnis immer noch dasjenige der Treue zum Original ist. Der mittelalterliche ›Wiedererzähler‹ unterscheidet nämlich die Sinnschicht eines Textes, die unverändert bleibt – die *materia* –, von einer Sinnschicht, die seiner eigenen formenden Verantwortung untersteht.[30] Solange die *materia*, also der Stoff, erhalten wird, solange steht das eigene Erzählen immer noch in der ›Wahrheit‹ des Ausgangstextes, selbst wenn auf der Ebene der Komposition resp. der literarischen Faktur massivste Veränderungen vorgenommen werden. Die gestaltenden Eingriffe in eine Stoffvorlage werden dabei immer als ein Dienst an eben dieser unberührbaren Wahrheit des Stoffes begriffen, insofern, als die Sicht auf die eigentlichen Sinnstrukturen einer Geschichte durch die Bearbeitung ihrer literarischen Oberfläche transparent werden sollen. Genau hierin, in der Aufhellung einer stofflich bereits angelegten Bedeutung, findet die höfische Klassik deutscher Zunge ihre Aufgabe: Im Gesamten abhängig von französischen Vorlagen, insbesondere natürlich von denen Chrestiens, beginnt spätestens mit Hartmanns *Erec* (zwischen 1180 und 1190) ein Erzählen in deutscher Sprache, das seine Legitimation ganz aus dem Erweitern und Kürzen, der *dilatatio* und *abbreviatio*, vorhandener Texte gewinnt.[31] Dieses Erzählen ermöglicht zum einen selbstbewusste Autorschaft (denn ganz analog zur Traditionsbildung in der geistlichen Literatur hat sich der Bearbeiter ja die Materie ›angeeignet‹), zum anderen aber bewahrt es den Anspruch auf einen verbürgten Stoff. Wer also einen Roman ›noch einmal‹ schreibt und seiner Vorlage auch in großen Teilen nachfolgt, der besitzt dennoch jedes Recht auf Anerken-

---

30 Als systematische Kategorie der höfischen Erzählkultur wird das Wiedererzählen neu entdeckt bei Worstbrock: *Wiedererzählen*, 134f.
31 Auch hierzu hat Worstbrock den entscheidenden Hinweis gegeben und mit der Formel »Dilatatio materiae« den Zentralcharakter dieses Erzählens bestimmt: vgl. Worstbrock: *Dilatatio materiae*.

nung seiner Autorschaft, denn diese bemisst sich im Mittelalter eben nicht nach dem Grad der Erfindung, sondern nach der Transparenz der *rede*. Dort, wo die Wahrheit der Historie durch das Arrangement des Erzählens an Sichtbarkeit gewinnt, dort dürfen wir demnach getrost einen eigenständigen, jeden Diebstahls unverdächtigen Autor ansetzen. Wo durch das bloße Sammeln und Neuordnen verschiedener Quellentexte gar eine neue stoffliche Grundlage entsteht, wie das etwa Rudolf von Ems für seinen *Alexander*-Roman (um 1240) beansprucht, da muss man entsprechend damit rechnen, dass sich der Kompilator nicht nur als Interpret, sondern sogar als *urhap*, als Urheber seiner Erzählung, versteht.[32]

Umgekehrt aber wird ein Erzählen, das seine Materie nicht gut präpariert und ›sauber‹ herleitet, schnell auch verdächtig. In diesen Zusammenhang gehört zweifellos jener berühmte und viel diskutierte Literaturexkurs aus Gottfrieds *Tristan* (1205–15), der im Anschluss an eine Huldigung Hartmanns in eine Polemik gegen einen Autor mündet, der nur durch das Epitheton »des hasen geselle« näher gekennzeichnet wird. Dieser schickt sich an, Hartmann den Dichterlorbeer streitig zu machen, wogegen Gottfried dann doch etwas einzuwenden hat. Für ihn gehört der Anonymus nämlich zu einer Gruppe von Autoren, deren poetische Verfahren ihm mehr als suspekt sind:

vindaere wilder maere,
der maere wildenaere,
die mit den ketenen liegent
und stumpfe sinne triegent,
die golt von swachen sachen
den kinden kunnen machen
und ûz der bühsen giezen

---

32 »wan ich in tiutscher zungen wil / ein urhap dirre maere wesen: / als ich die wârheit hân gelesen, / vert ez, als ich hân gedâht, / sît ich hân zesamene brâht / allez daz diu schrift uns seit / mit ungelogener wârheit / endehafter maere / von dem wîsen wunderaere.« (Rudolf von Ems: *Alexander*, vv. 15804–15812) Hierzu ausführlicher auch Worstbrock: *Wiedererzählen*, 141f.

stoubîne mérgríezen:
die bernt uns mit dem stocke schate,
niht mit dem grüenen meienblate,
mit zwîgen noch mit esten.³³

Es gibt eine traditionsreiche Debatte darüber, auf wen diese Verse gemünzt sein sollen. Zunächst hat man sie zum Ausgangspunkt einer angeblichen Fehde zwischen Gottfried und Wolfram stilisiert; zur These, dass dieser Angriff Wolframs *Parzival* (um 1200–10) gelte, gesellen sich mittlerweile aber auch längst Vermutungen, dass die Polemik einen größeren Autorenkreis einbeziehen könnte, möglicherweise den Verfasser des *Nibelungenliedes* (um 1200) oder etwa auch Ulrich von Zatzikhoven, den Verfasser des *Lanzelet* (um 1195/1200).³⁴ All das ist uns für den Moment eher nebensächliche Spekulation, die die eigentlich spannende Frage in den Hintergrund rückt, was Gottfried dem betroffenen Anonymus hier tatsächlich zum Vorwurf macht. Es ist ja nicht so, dass sich das alles leicht übersetzen oder gar verstehen ließe (und tatsächlich ist dieser Text auch ganz bewusst darauf angelegt). Das beginnt schon bei der Tatsache, dass *vindaere* sowohl ›Finder‹ (im Sinne von ›Entdecker‹) als auch ›Erfinder‹ bedeuten kann. Das erste würde besagen, dass es sich bei den *wilden maere* um Erzählstoffe handelt, die bereits existieren und von den

---

33 »(Er-)Finder dunkler Geschichten, / Geschichtenjäger, / die mit Ketten betrügen / und die einfachen Gemüter täuschen, / die aus nichtigem Material Gold / für kindlichen Verstand machen können / und aus ihrer Arzneibüchse hervorholen / Perlenpulver aus Staub. / die wollen uns mit einem Stock Schatten spenden / nicht mit dem ergrünten Maienblatt, / weder mit Zweigen, noch mit Ästen.« (Gottfried von Straßburg: *Tristan*, vv. 4663–4673)

34 Die Vorstellung der ›Fehde‹ verdankt sich natürlich der Germanistik des 19. Jh.; abseits des ›Fehde‹-Konzepts und damit stellvertretend für die herrschende Meinung wird die Passage Wolfram dennoch aufgebürdet, etwa bei Nellmann: *Wolfram und Kyot*. Kritisch zu dieser Zurechnung bereits Ganz: *Polemisiert Gottfried gegen Wolfram?*. Das *Nibelungenlied* als Adressaten bringt unter anderen Vennemann ins Spiel: *Gegen wen polemisierte Gottfried von Straßburg?*; auf Zatzikhovens *Lanzelet* bezieht Hoffmann (*Die vindaere wilder maere*) die Polemik.

vindaere lediglich aufgespürt werden; das zweite spräche den *vindaere* wiederum die Urheberschaft dieser *maere* zu. Nun gut: Die vorausgegangenen Betrachtungen sollten deutlich gemacht haben, dass im Zeitalter des Wiedererzählens zwischen ›entdecken‹ und ›erfinden‹ nicht zwingend ein großer Unterschied bestehen muss. Dass sich Gottfrieds Wortwahl allerdings genau auf der Grenze beider Aspekte positioniert, sollte dennoch zu denken geben. Es handelt sich ja eben doch um einen poetischen Tadel, und deswegen ist davon auszugehen, dass gerade diese eben noch so gefeierte Grenzüberschreitung von ›entdecken‹ und ›erfinden‹ hier bereits problematisch geworden ist. Inwiefern problematisch?

Schauen wir auf den nächsten schwierigen Terminus *wilde*. Auch das ist vieldeutig: Zunächst einmal kann man sich am Normgebrauch orientieren, da wäre *wilde* dann einfach nur das ›Ungezähmte‹, ›Undomestizierte‹, also dasjenige, das keinen Herren hat. Zugleich aber – wie ein Blick auf die poetische Verwendung des Adjektivs zeigt[35] – steht *wilde* für das vom Sinn her ›Dunkle‹, das ›Unverständliche‹. Auch das darf man nun zusammendenken: Dasjenige, dessen Besitzerschaft ungeklärt ist, kann zugleich für dasjenige stehen, das keinem verbürgten oder einsehbarem Sinn zugeordnet werden kann. Gottfrieds Meisterschaft gründet sich nun gerade auf das Gespür für solch beredte Zweideutigkeiten, die er nochmals dadurch zu übersteigern vermag, dass er anschließend klanglich wie begrifflich mit den *vindaeren wilder maere* spielt und in der Folgezeile die Apposition *der maere wildenaere* anschließt. Das hört sich nun bereits deutlicher an, denn die *wildenaere* sind ›Wildfänger‹, und zwar nicht nur Jäger, sondern vor allem auch Fallensteller. Versuchen wir also, beide Zeilen zusammenzufassen, dann kämen wir zu dem Schluss, dass hier jemand dabei ist, Geschichten einzufangen, dass diese Geschichten aber eben in den Händen des Jägers immer noch als

---

35 Vgl. Nellmann: *Wolfram und Kyot*, 47ff.

Wiedererzählen: Stofferoberer und Geschichtenjäger 121

wilde zu erkennen sind – denn beherrschen lassen sie sich nicht.

Das kann man nun wunderbar in unseren Kontext übersetzen: Da gibt es diejenigen Autoren, die ihre Stoffe sorgfältig wählen und den in der *historia* verborgenen Sinn durch ihr Wiedererzählen neu zum Vorschein bringen. Das gilt mit Sicherheit für Gottfrieds Heros Hartmann, der seine

> [...] maere
> beide ûzen unde innen
> mit worten und mit sinnen
> durchverwet und durchzieret[36]

hat. Auf der anderen Seite gibt es Autoren, die, wie der unbekannte »hasen geselle«, auf der Suche nach Geistesblüten über die literarischen Wiesen hetzen und ohne Geschmack und Verstand adaptieren, was ihnen unterwegs begegnet. Die notwendige Folge einer solch wahllosen Aneignung von Erzählstoff ist nach Gottfrieds Logik die Verdunklung des Erzählens, die Verwirrung von *wort* und *sinn*. Ein solcher ›Wildfänger‹, ein *wildenaere*, kann die Wahrheit seiner Materie nicht durchscheinen lassen, weil er sie gar nicht kennt; er hat von seiner Geschichte auf unangemessene Weise Besitz ergriffen und weder nach ihrem Bürgen noch nach ihrer Herkunft gefragt. Das ist schon schlimm genug. Die eigentliche Infamie besteht indessen darin, dass der Autor, der sich um die historische Ankopplung seines Erzählens nicht schert, dennoch vorgibt, eine solche Ankopplung zu besitzen und seiner dahergelaufenen Geschichte eine Sinntiefe unterschiebt, die sie gar nicht besitzt. Das meint Gottfried, wenn er davon spricht, dass solche Leute »golt von swachen sachen« machen und aus ihrer Arzneibüchse »stoubîne mérgríezen« – teure Medizin, die eigentlich nichts als Staub ist – verteilen. Die poetischen Scharlatane haben nichts Lehrreiches, nichts Heilsames, nichts Wertvolles anzubieten, denn sie stehen außerhalb der Tradition, weit ab von der Kette der Überlieferung und des Wiedererzählens. Es

---

36 Gottfried von Straßburg: *Tristan und Isolde*, vv. 4620–4623.

handelt sich eben um jene Leute, »die mit den ketenen liegent«,[37] die also die historische Verankerung ihrer Erzählung vorgaukeln müssen, weil diese inexistent ist. Den Kenner führt man damit freilich nicht hinters Licht – und nur der vergibt den Lorbeer an den größten Dichter, der eben Hartmann ist und bleibt. Der Betrüger hingegen, wir kennen das noch von Platon, ist ein irregulärer Wettbewerber, und deswegen tut nicht einmal sein Name etwas zur Sache. Er zählt einfach nicht.

Die unauflösbare Fremdheit: Provokateure und Tönediebe

Gottfrieds Einlassung lässt erkennen, wie sehr der rechtmäßige und der unrechtmäßige Besitz von Erzählstoff hier noch an Fragen der geistigen Durchdringung geknüpft ist und in welch geringem Maße dabei dem Aspekt der Erfindung eine Bedeutung zukommt. Das Dogma der Textketten ist noch längst nicht gebrochen. Es hat indessen bereits eine kleine Vertrauenskrise hinter sich. Dies verdeutlicht uns ein erneuter kurzer Blick auf die geistliche Literatur des 12. Jahrhunderts, deren Reflexion auf die legitime und illegitime Übernahme von Texten sich bereits erkennbar von jener ›moralischen‹ Ausdeutung eines nur auf Wörtlichkeit fixierten Zitierens unterscheidet, wie wir sie im Frühmittelalter beobachtet hatten. Dabei geht es schon nicht mehr um die Trennung eines ›guten‹ von einem ›verwerflichen‹ Zitier- und Kopierverfahren, sondern um eine Selbstkritik, die sich auf den Automatismus der Zitation überhaupt bezieht. So begegnet man dem permanenten Ausweisen der eigenen Argumentation durch das Anführen von Auszügen kirchlicher Autoritäten in Gelehrtenkreisen mitunter bereits mit einer gewissen Koketterie. Das Nutzen von Versatzstücken der *auctores* gehört zum

---

37 Die Identität der »Lügner mit Ketten« ist bis heute – trotz gründlicher Ausschau auf den mittelalterlichen Jahrmärkten – ungeklärt geblieben (vgl. Nellmann: *Wolfram und Kyot*, 51). Ich nehme mir die Freiheit, die Deutungslücke dadurch zu schließen, indem ich die Kette wieder dort ansiedle, wo Gottfried den Betrug auch ausgemacht hat: in der Literatur.

Spiel dazu, daran erkennt sich nun einmal die geistige Elite, und weil die Besonnensten unter ihren Vertretern längst erkannt haben, dass es eben vorrangig ein Spiel ist, stellen sie diesen Spielcharakter der Zitation bewusst aus. Die bedeutenden Sentenzen sind allesamt schon verbreitet, in der kleinen Bildungsschicht bestens bekannt und haben längst Formelcharakter angenommen. Was läge also näher, als diesen problematischen, weil notwendig oberflächlichen Umgang mit den Texten der Älteren dadurch sichtbar zu machen, dass man ›regellos‹ zu zitieren beginnt, Autornamen austauscht, den Wortsinn von Passagen verändert, Fremdes (das jedem bekannt ist) als Eigenes ausgibt und umgekehrt? In solch ironischem Umgang mit den Regeln des mittelalterlichen Bildungswesens, wie wir ihn beispielhaft in der Quellentechnik Johanns von Salisbury, des Bischofs von Chartres (ca. 1115/20–1180), ausmachen können,[38] artikuliert sich das Bewusstsein intellektueller Unaufrichtigkeit. Die Aussage ist deutlich: Wenn wir unsere Quellen ohnehin nur mehr der Konvention wegen zitieren, dann macht es auch keinen Unterschied, ob wir ihre Verfasser und ihren Wortlaut korrekt wiedergeben oder sie gänzlich unserer Willkür überantworten. Tatsächlich hat die theologische Literatur längst aufgehört, ihr Textmaterial (also ihren Zitatenschatz) vor Gebrauch zu durchdenken und erst dann zu verarbeiten. Das penible Anführen der zitierten Schriften, das von Hraban noch als Reflexionsstütze verstanden wurde, wird vom Hochmittelalter folgerichtig als reiner Automatisierungsmechanismus erkannt, durch den ein

---

38 Vgl. hierzu von Moos: *Geschichte als Topik*, 412–420, hier 415f.: »Den bereits zugunsten infiniter Verwendbarkeit päparierten Stoff benützte er [Johann von Salisbury] überdies höchst frei, verschmähte weder pseudoepigraphische Konstruktionen im Großen noch Wortlautumformungen und Sinnverdrehungen der Textvorlagen im Einzelnen. Vor allem aber liebte er es, große Namen – magna nomina antiquitatis – über die derart zusammengeflickten ›Purpurlappen‹ zu setzen, nicht unbedingt, um gelehrter zu erscheinen als er war, sondern vornehmlich, um seine Leser mit Ironie zu erfreuen und ›deren Gefühl, zu einer gebildeten Elite zu gehören, zu bestärken‹.«

permanent erfolgender geistiger Diebstahl seine kulturelle Legitimation erhält. Wenn aber ohnehin unwillkürlich gestohlen wird, das ist die Botschaft, dann bitte mit Freude und so, dass es jedem auffällt.

Der Blick auf den Gelehrtendiskurs verdeutlicht, dass in den Werkstätten der Kettenhersteller die ernüchternde Erkenntnis eingekehrt ist, dass die Aufreihung, Kanonisierung und Memorierung theologischer Merksätze ganz und gar nicht in Korrelation zu einer sich vertiefenden theologischen Bildung steht. Im Gegenteil: Die fremden Texte leisten Widerstand, sie stören und behindern das selbständige Denken. Die intellektuelle Pflicht, jede eigene Argumentation mit rhetorischer und theologischer Tradition aufzuladen, wird daher nun als Ballast wahrgenommen, den man am liebsten wieder loswerden würde – denn das, was man da in seiner eigenen Rede stets mit sich herumschleppen muss, gehört einem nicht und wird einem niemals gehören. Dies ist die eine, eher charmante Seite plagiatorischer Bewusstseinsentwicklung, mit der sich das Mittelalter in rasanten Schritten der Neuzeit nähert. Ihr Komplement bilden jetzt aber auch endlich eindeutige Belege von Diebstahlsdebatten auf dem literarischen Sektor. In den Fokus rückt dabei zwangsläufig jenes literarische Genre, in dem die Trennung von formaler Neuerung und stofflicher Kontinuität nicht so einfach zu leisten ist wie in der Epik: die Lyrik.

Von Interesse ist hier weniger der klassische Minnesang, dessen Produktionsbedingungen denen des arturischen Romans ähneln, insofern die mittelhochdeutsche Minnelyrik etwa ab 1170 ganz deutlich Einflüssen aus der Romania ausgesetzt ist und in großem Stil Kontrafakturen der altfranzösischen Trouvèrelyrik ausbildet.[39] Eine explizite Reflexion auf das geistige Eigentum findet sich hier nicht. Eine solche hält erst dort Einzug, wo sich die Lyrik wieder mit einer Stofflich-

---

39 Zu den nachweisbaren Abhängigkeiten zwischen mittelhochdeutscher und altfranzösischer resp. altprovenzalischer Lyrik vgl. die Arbeit von Zotz: *Intégration courtoise*.

keit verbindet, die auf ihren ›Wahrheitscharakter‹ hin befragt werden kann, also in der Sangspruchdichtung, deren Siegeszug im 13. Jahrhundert einsetzt. Vom Selbstverständnis her handelt es sich hier um ›Gelehrtendichtung‹; verhandelt werden mitunter religiöse und politische Themen, Tugendbegriffe, aber auch immer noch die Minne. Die Sangspruchdichtung verknüpft sich dementsprechend auch mit Brucharbeit, also mit durch Lektüre gewonnenem Wissen, und hierin rückt auch sie wieder in eben jene Textkettenproduktion ein, die wir als zentrales Merkmal der mittelalterlichen Literatur herausgearbeitet hatten. In diesem Horizont wird sie wahrgenommen[40] (anders als der Minnesang), und für die Frage nach dem Stellenwert von Poesie als einem geistigen Eigentum ist ebendieses Faktum – wie zu zeigen sein wird – von äußerster Bedeutung.

Nun verhält es sich allerdings so, dass die Meisterschaft der Sangspruchdichter[41] sich nicht aus der Wahl des Stoffes ergibt, sondern vor allem in jenem Komplex beschlossen liegt, der uns heutzutage leider nicht mehr in seiner Gänze einsichtig wird: im ›Ton‹. Der ›Ton‹ umschließt alles, was die formale Gestaltung eines Liedes anbelangt: den Reim, das Metrum, die Strophe und natürlich – als grundlegendes Formelement – die Melodie. Diese fehlt uns unglücklicherweise in den allermeisten Fällen, so dass Einflüsse, Abhängigkeiten, Variationen und Innovationen in der Regel nur auf der Basis eines unvollständigen ›Datensatzes‹ rekonstruiert werden können. Darauf lässt sich an dieser Stelle verzichten, von Bedeutung ist

---

40 Rumelant etwa lobt an Konrad von Würzburg explizit dessen Belesenheit: »Von wertzebuorch meister conrat. Der besten synger eyner. Der scrift in buochen kvnde hat. Davon is sy getichte vil die reyner.« (*Die Jenaer Liederhandschrift*, 103)

41 Die Verwendung des ›Meister‹-Begriffs an dieser Stelle erfolgt mit Blick auf das Selbstverständnis der professionellen Sangspruchdichter. Tatsächlich wird der ›Meister‹-Titel erst anachronistisch, nämlich erst im 16. Jh. an die zwölf ›alten Meister‹ vergeben, die dadurch zu Gründungsfiguren des städtisch institutionalisierten ›Meistersangs‹ stilisiert werden. Vgl. Brunner/Wachinger: *Einleitung*, 5.

allein der Umstand, dass der ›Ton‹ die Individualität des Verfassers transportieren kann und soll. Ein anerkannter Sangspruchmeister hat seinen eigenen Ton (man spricht dann von einem ›Autorenton‹[41]), an dem man den Urheber eines Liedes erkennen kann – »nû lâ sehen, wer mich gelêren kunne, / daz ich singe niuwen sanc!«[42], heißt es schon bei Heinrich von Morungen (ca. 1150–1222), und mit dem *niuwen sanc* ist eben der ›neue Ton‹ gemeint. Originalität, Erfindungsgabe wird hier also tatsächlich zu einem unverkennbaren Wert der poetischen Leistung. Die bei vielen Autoren wiederkehrende Ankündigung, in einem *niuwen dône* zu beginnen,[43] soll folglich den Könner ausweisen bzw. denjenigen, der mit wahrer Sangeskunst begabt wurde.

An diesem Nerv – der Eigenständigkeit des Tones – muss man dementsprechend denjenigen treffen, dem man seine Meisterschaft abspenstig machen will. Der Marner (urkundlich 1231–67), ein durch und durch streitlustiger Wandersänger aus Schwaben, lässt sich so etwas nicht entgehen und verfasst eine doch böse Polemik gegen seinen Kontrahenten Reinmar von Zweter (ca. 1200–60), die an exponierter Stelle vom Plagiatsvorwurf Gebrauch macht:

> Wê dir von Zweter Regimâr!
> dû niuwest mangen alten funt:
> dû speltest als ein milwe ein hâr;
> dir wirt ûz einem orte ein pfunt,
> ob dîn liezen dich niht triuget.
> Dir wirt ûz einem tage ein jâr,
> ein wilder wolf wirt dir ein hunt,

---

41 Zur Ausdifferenzierung der Tonverwendung und -verbreitung siehe Schanze: *Meisterliche Liedkunst*, 15f.
42 Heinrich von Morungen, 124, 6f., in: *Des Minnesangs Frühling*, 239.
43 Zur Entstehung dieser Eingangsformel, die ganz offensichtlich in enger Beziehung zur religiösen Weihe des Liedbeginns mit den Worten *in nomine domini* steht und sich dann über Walthers »in numme dumme« (L 31, 33) zu Sigehers »im niuwen dône« (11, 1 resp. 14, 2) hinentwickelt, vgl. Brodt: *Meister Sigeher*, 76–85.

ein gans ein gouch. Ein trappe ein star,
dir spinnet hirz dur dînen munt:
wâ mit hâstû daz erziuget?
Ein lüg dur dîne lespe sam ein slehtiu wârheit vert,
dû hâst dien vischen huosten. krebzen sât erwert.
bî dir sô sint driu wundertier:
daz ist der gît,
haz unde nît.
dû doenediep,
du briuwest âne malz ein bier:
supf ûz! dir ist ein lecker liep,
der den hêrren vil geliuget.[45]

Der »doenediep«, das ist nun endlich der Terminus, an dem sich jede Abhandlung zum Plagiat, die das Mittelalter auch nur streift, festklammern muss. Reinmar soll gestohlen haben, von wem und welchen Ton, wissen wir nicht. Die Forschung hat lange Zeit versucht, direkte Bildbezüge dieser Strophe zu Passagen aus Reinmars Liedern herzustellen – was zu keinem echten Ergebnis geführt hat.[46] Wir können dementsprechend davon ausgehen, dass die Polemik einen Generalangriff darstellt, dessen innere Systematik man sich einmal anschauen sollte. So scheint es doch bemerkenswert, dass der Vorwurf des Diebstahls offensichtlich aus einer ganz anders gearteten Kritik an Reinmars Liedgut erwächst: Reinmar lüge, er übertreibe maßlos, er verzerre die Bildlichkeit und es spiegelten

---

45 »Weh Dir, Reinmar von Zwêter! / Du verwendest so manchen alten Einfall von neuem, / Wie eine Milbe spaltest du Haare, / Aus einem Heller wird dir ein Pfund, / wenn dich da deine Zauberei nicht einmal selbst betrügt. / Aus einem Tag wird dir ein Jahr, / ein wilder Wolf wird dir ein Hund, / eine Gans ein Kuckuck. Eine Trappe ein Star, / Hirsche vermögen zu spinnen durch deinen Mund: / Wodurch hast du dies bewiesen? / Eine Lüge fährt über deine Lippen wie eine glatte Wahrheit, / du hast es erlaubt, daß die Fische husten und die Krebse säen. / Drei wundersame Tiere begleiten dich: / Das sind der Geiz, / der Haß und der Neid. / Du Tönedieb, / du braust ohne Malz ein Bier: / Sauf es selbst! Du hast den Speichellecker zum Vorbild, / der den Herren oftmals etwas vorlügt.« (*Der Marner* XI, 3, 97f.)
46 Hierzu ausführlich Haustein: *Marner-Studien*, 14–31.

sich in seinem Gesang keine Tugenden, sondern nur die »driu wundertier« Geiz, Hass und Neid wider. Mit anderen Worten: Die Behauptung, dass Reinmar gestohlen hat, ist mehr oder weniger die Conclusio aus einer Verfehlung, die *alle* Bereiche der Dichterexistenz betrifft.

Dazu muss man wissen, dass Kunstfertigkeit und Schöpfungsvermögen in der Anthropologie der Sangspruchdichtung keine isolierten Gaben sind, sondern nur im Verein mit Verständigkeit und sittlicher Haltung erscheinen können. Wer dem Gelehrsamkeitsanspruch des Genres entspricht, der kennt die wahren Verhältnisse in der Welt, richtet sein Leben nach diesen Verhältnissen aus und wird nicht nur die richtigen Bilder, sondern auch den richtigen Ton für sie finden. Der ›neue Ton‹ kommt zum Meister, das ist nun einmal so, selbst wenn die Wege, die der Ton dazu nehmen muss, oft auch eigenwillig sein mögen; der Marner selbst etwa hat einen seiner Töne zwei Fischen abgelauscht. Sei's drum, jedenfalls wird das Entdecken ›neuer Töne‹ nicht als ein von Erkenntnis und Ethos unabhängiger Vorgang gedacht, sondern eines kommt hier zum anderen: die künstlerische Fertigkeit zur Bildung und zur Menschenführung. Diese Ganzheitlichkeit der Vollendung macht den Meister aus.

Uns interessiert hier freilich der Umkehrfall: Wer stets die falschen Bilder benutzt, wie der Marner es Reinmar in seinem Lied vorwirft, der kann die Wahrheit nicht kennen, verhält sich entsprechend liederlich und ist dann selbstredend auch kein echter Meister. Die Logik ist bestechend, doch sie hat natürlich einen Haken: Der falsche Meister singt ja dennoch, er hat eben doch ›Töne‹, die er streng genommen nicht haben dürfte. Will man an der ganzheitlichen Vorstellung des inspirierten Dichters festhalten, dann kann es für das Rätsel des singenden Scharlatans nur eine Erklärung geben: Er hat seine Töne nicht ›empfangen‹, sondern eben gestohlen. Erst vor dem Idealbild eines Weisheit mit Tugend verschränkenden Dichtertypus wird die Anzeige eines geistigen Diebstahls somit funktional. Zumindest gibt eine ›poetologische‹ Lesart der Marner-Strophe solch einen Schluss her.

Abseits der Ideale ist das Problem der ›Tönediebe‹ allerdings auch bereits ein Problem des Berufsethos resp. ein Problem der Ökonomie geworden. Die Selbständigkeit im Ton gilt zweifellos als ein Qualitätsmerkmal, durch welches sich der Berufsdichter nicht zuletzt vom Laien unterscheidet. Unter den uns namentlich bekannten *poetae minores* der Sangspruchdichtung, denjenigen also, die einfach nur die Töne anderer Autoren benutzen, finden sich in der Mehrzahl Dilettanten, also etwa Schulmeister, die sich die Dichtung zur Nebenbeschäftigung gemacht haben.[47] Mit solchen Leuten will der professionelle Autor natürlich nicht auf eine Stufe gestellt werden, wird er mit einem Amateur verwechselt, so muss ihn das in seinem Stolz kränken. Doch nicht nur das: Die dilettierende Konkurrenz macht den Meistern auch ihre Mäzene und Tantiemen streitig. Entsprechend wendet sich Konrad von Würzburg (1220/30–1287) voller Empörung an die »edelen tumben«, oder, um es anders zu formulieren: an die höfischen Kulturbanausen.

> Ir edelen tumben, wes lânt ir iuch gerne tôren triegen,
> die mit ir valsche rilich guot in kunnen abe erliegen?
> Sinnelôse giegen
> Hânt in ir herze die vernunst,
> daz si den künsterîchen stelnt ir rede und ir gedoene,
> dar umbe si vil dicke enpfâhent hôher gâbe loene:
> in der tievel hoene,
> der ûf si kêre sîne gunst!
> Waere ich edel, ich taete ungerne eim iegelichen tôren liep,
> der die meister als ein diep
> ir künste wollte rouben.
> Ein herre möhte wol erkennen bluomen under schouben:

---

47 Vgl. hierzu Kornrumpf/Wachinger: *Alment*, 356–411. Außer Acht lassen darf man indessen nicht die Möglichkeit, dass die Benutzung eines fremden Tones auch gerade als Ehrenbezeugung (wie im entgegengesetzten Fall als Polemik) gelten kann. Dokumentiert ist eine solche Verwendung etwa in einem Lied des Regenbogens, in dem sich dieser an seinen Kollegen Frauenlob wendet – in dessen Ton, wie er selbst anzeigt: »Her Vrouwenlob, ich sing' in iurem done, / mit urloub ich ez sprechen will, […]« (Vgl. *Minnesinger*, 354.)

IV. In Ketten

> Owê, daz ich ir manigen sihe an witzen alsô touben,
> daz er will gelouben,
> daz eigen sî verstolniu kunst.[48]

Was wir hier sehen, macht Epoche. Im Grunde existiert der Raum des literarischen Besitzes, in den die obigen Zeilen hineingesprochen werden, noch nicht. Die Kategorien, die es braucht, um den Zorn über den ›Dieb der Künste‹ verständlich zu machen, sind noch nicht institutionalisiert und auch noch nicht wirklich in Betrieb, sondern dämmern aus dem Spätmittelalter zu uns herauf. Konrads Klage markiert damit den Abschluss einer Entwicklung, welche die Literatur aus den scheinbar sicheren Schreibpraktiken der Kette allmählich auf das gefährliche Terrain des Originalitätsdenkens geführt hat. Die Vermengung des Eigenen mit dem Anderen, die über Jahrhunderte die normative Vorstellung von literarischer Tätigkeit gewesen war, ist spätestens hier endgültig zu einem Regelverstoß geworden. Ein Bewusstsein, das nicht mehr zu erkennen vermag, dass der eigene Text eigentlich *verstolniu kunst* ist, erscheint nun auf einmal als Alptraum der Dichtung, der, das haben wir gesehen, zwar keine rechtliche, jedoch eine moralische, eine professionelle und eine ökonomische Dimension besitzt. Die Auseinandersetzung mit diesem Alptraum – in jeder seiner Dimensionen – wird die Aufgabe der Neuzeit sein, die ihm einen alten und neuen Namen geben wird: Plagiat.

---

48 Konrads von Würzburg *Partonopier und Meliur. Turnei von Nantheiz – Sant Nicolaus – Lieder und Sprüche*, 395. (»Ihr adeligen Dummköpfe, warum lasst Ihr Euch gerne wie Toren hinters Licht führen, / von denen, die durch ihre Falschheit sich reichlich Wohlstand erschwindeln können? / Verstandlose Narren / tragen in ihrem Herzen nur den Sinn, / dass sie den Kunstfertigen Worte und Töne abstehlen, / für die sie ausgiebig von hoher Stelle entlohnt werden. / Der Teufel möge ihnen ihr Schmachlied singen, / der ihnen seine Gunst erweisen soll! / Wäre ich von Adel, würde ich schwerlich jedwedem Toren einen Gefallen tun, / der wie ein Dieb die Meister / ihrer Künste berauben wollte. / Ein Herr sollte schon Blumen von Stroh unterscheiden können: / Wehe, dass ich so manchen sehen muss, der so unverständig ist, / dass er glauben kann, / dass gestohlene Kunst ein Eigenwerk sei.«)

V. Der Druck, die Person – und Literatur als Geschäft

Ein Wort kehrt zurück

Niemand wird daran zweifeln, dass die Grenzen zwischen mittelalterlichem und neuzeitlichem Denken fließend verlaufen, sich sowohl national als auch thematisch in unterschiedlicher Geschwindigkeit verschieben und sich auch nicht allein über singuläre Ereignisse – etwa die kopernikanische Wende, die Entdeckung Amerikas oder die Reformation – hinreichend markieren lassen. Der Grund dafür, dass wir im 15. und 16. Jahrhundert überhaupt den Anbruch eines neuen Zeitalters ansetzen, besteht im Wesentlichen in der nun offen zutage tretenden Krise mittelalterlicher Wissensordnungen, einer Krise, deren allmähliche Überwindung einen fundamentalen Umbau des scholastischen Kosmos zur Folge hat. Diejenigen, die für diesen Umbau verantwortlich zeichnen, verstehen ihr Tun dabei keineswegs als Bruch mit der abendländischen Wissenstradition, sondern vielmehr als deren Wiederherstellung. Man müsse das mittelalterliche Bildungswesen nicht über Bord werfen, sondern ihm lediglich die Scheuklappen abnehmen, die es zu lange vor seiner eigenen Geschichte abgeschirmt hätten – dann komme es mit den politischen, religiösen und epistemologischen Erschütterungen der Gegenwart schon wieder zurecht.

Man erinnert sich also eines längst vergessenen Erbes und bereist, auf der Suche nach geeigneten Heilpflanzen für den angekränkelten Geist, nun jene Welten, die unter dem von der Scholastik etablierten aristotelisch-thomistischen Bildungsideal verschütt gegangen waren. Dort stößt man auf eine Vielzahl vor- und scheinbar außerchristlicher Denktraditionen, auf den Hermetismus und die Kabbala etwa, die gemeinsam mit der Bibel in eine ›ursprüngliche Theologie‹ einmünden: eine »prisca theologia«, wie Ficino das im Vorwort zu seiner 1463 entstandenen Übersetzung des *Poimandres*, des ersten Traktates des *Corpus Hermeticum* (2. Jh. n. Chr.),

V. Der Druck, die Person – und Literatur als Geschäft

nennt.[1] Während die Philosophie im Zuge dessen die großen Schulen der Spätantike und mit ihnen – gestützt auf erstmalige Übersetzungen und Editionen – bislang randständige Denker wie Jamblich oder Porphyr für sich entdeckt, wendet sich die Dichtung, insbesondere natürlich die der Romania, in der Folge verstärkt den Topoi, Motiven und der Stilistik der Antike zu. Ganz beispielhaft gilt das etwa für Pierre de Ronsard (1524/25–1585), der sich großzügig und ganz unverhohlen aus dem Bildfundus Homers, Hesiods und des Apollonios Rhodios bediente[2] – und dafür auch mit entsprechender Kritik bedacht wird. Die Argumente, die im Falle Ronsards ausgetauscht werden, sind natürlich nicht neu: Die Skeptiker sehen in ihm einen Scharlatan, einen ›unverschämten Prahlhans‹ (*impudent vanteur*), eine Krähe (*corneille*), die sich, wie Horaz das von seinem Freund Albinovanus Celsus behauptet hatte[3] mit fremden Federn schmückt, bis man bemerkt, dass sie unter ihrem Federkleid nackt ist und ihr Glanz ein gestohlener war.[4] Ronsard verteidigt sich erwartungsgemäß ebenfalls im Rückgriff auf Horaz und dessen *imitatio*-Gedanken; er greift sogar dessen Absetzung der ›guten‹ Nachahmung von der ›äffischen‹ (*comme vray singe*) wortwörtlich wieder auf.[5]

1 Marsilio Ficino: *Argumentum Marsilii Ficini Florentini* [1561].
2 Zu Ronsards Adaption der griechischen Dichtung vgl. Silver: *Ronsard*.
3 Horaz: *Epistula*, 1, 3, vv. 15–20: »quid mihi Celsus agit – monitus multumque monendus, / privatas ut quaerat opes et tangere vitet / scripta, Palatinus quaecumque recepit Apollo, / ne, si forte suas repetitum venerit olim / grex avium plumas, moveat cornicula risum / furtivis nudata coloribus –?« (»Was macht mein Celsus? Gemahnt wurde er und muss oft noch gemahnt werden, eigene Schätze zu sammeln und es zu meiden, jene Schriften anzurühren, die der palatinische Apoll bei sich verwahrt, damit nicht, falls eines Tages die Vogelschar ihre Federn wiederzuholen kommt, die arme Krähe, entblößt der geraubten Farbenpracht, nur Gelächter hervorruft.«)
4 So Chrestien: *Seconde Response*.
5 Pierre de Ronsard: *Les trois livres du Recueil des nouvelles poésie* [1564], 990. Eine ausführlichere Darstellung dieser zoologischen Debatten bei Welslau: *Imitation und Plagiat*, 101–110.

All dies ist wenig überraschend und die in diesem Zusammenhang zum Vorschein kommenden Vorstellungen von eigenem und fremdem Text sind uns bereits bestens bekannt; letztlich handelt es sich um Oberflächendiskussionen, die immer dort auftreten, wo es einer historisch begründeten poetischen Norm bedarf, an der sich nationale Literaturen aufrichten können. Man muss dieses Paradigma an dieser Stelle nicht nochmals diskutieren, wenn es auch eine frühneuzeitliche Konstante bleibt und nicht zuletzt in der Gelehrtendiskussion des 16. und 17. Jahrhunderts eine tragende Rolle spielt. Die wesentlichen Neubestimmungen der literarischen Kultur werden auf einem anderen Feld vorgenommen.

Es beginnt harmlos: 1449 legt der römische Rhetorikphilosoph (oder Philosophierhetoriker, wenn man will) Lorenzo Valla seine sechs Bücher von den *Elegantiae lingua Latinae* vor, welche das Lateinische in Morphologie, Syntax, Lexik und Semantik von Neuem durchleuchten und hierdurch das verdunkelte Mittellatein einer antiken Stilauffrischung unterziehen wollen. Die besondere Herausforderung seines Vorhabens sieht Valla selbst in dessen prekärer Zeitlichkeit, also: im ungeheuren Abstand der humanistischen *imitatio* zu ihrem nachgeahmten Gegenstand gegeben. Als Vorbilder benennt er Caesar, Messala, Varro, Marellus, Aulus Gellius, er hebt das Triumvirat Donatus, Servius, Priscian hervor – allesamt Autoren, die schon allein aufgrund ihrer ›Latinität‹ die Konkurrenz eines Gelehrten des 15. Jahrhunderts sicher nicht zu scheuen brauchen. Valla ist mutig, er stellt sich gegen die Geschichte. Seine Rechtfertigung liest sich letztlich wie eine Generalabrechnung des neuzeitlichen Denkens mit dem zurückliegenden Jahrtausend: Alles, was nach dem 6. Jahrhundert über die lateinische Sprache – also die Sprache, in der das Mittelalter sich zu artikulieren pflegte – geschrieben wurde, sei unbrauchbar, unklar, ein Werk der Bildungsarmen und ›Unwürdigen‹ (diese Reihe beginnt dann bei Isidor von Sevilla und reicht bis zum *Catholicon* des Johannes Balbus, einem lateinischen Wörterbuch mit Grammatikanhang aus dem Jahre 1286). Zwischen der Spätantike und Valla liegt also nichts außer »temporum culpa«, die ›Schuld der Zeiten‹.[6] Damit ist alles gesagt.

Ein derart ausgeprägtes Selbstbewusstsein bleibt natürlich nicht ohne Anfechtungen. So sieht sich Valla nicht nur von argwöhnischen Kritikern umstellt, die die kanonische Würde seines Werkes grundsätzlich anzweifeln. Größere Sorgen bereiten ihm vielmehr einige derjenigen, deren eigene Arbeiten durch ihn ›vorweggenommen‹ werden und die aus diesem Grunde auf das, was ihnen aus Vallas Vorlesungen bekannt ist, »in ihren Werken zurückkommen und diese in höchster Eile auf den Markt bringen, damit es so aussieht, als wären sie selbst früher auf diese Dinge gestoßen«.[7] Dieses Kalkül geht freilich nicht auf, denn »die Sache selbst macht deutlich, wessen Herren Besitz sie tatsächlich sei.«[8] Ein geniales Kompendium wie die *Elegantiae* lässt sich nicht abkupfern, schon gar nicht in Teilen und erst recht nicht auf dem unsicheren Wege des bloß ›Gehörten‹. Es erschließt sich nur als ein »aus sich Hervorgetragenes« (*ex se prolatum*) und nicht als ein »Gepflücktes« (*decerptum*), nur als ein »Ergründetes« (*excogitatum*) und nicht als ein lediglich »Vernommenes« (*auditum*). Der Dieb verrät sich durch sein Unverständnis, seinem Werk mangelt es an geistiger Tiefe. Eines dieser Exemplare ist Valla angeblich sogar schon in die Falle gegangen: Er hat eines von jenen Büchlein aufgeschlagen, die er hin und wieder als Freundschaftsgeschenk entgegennimmt, und dabei die ungeheuerliche Entdeckung gemacht, dass an ihm ein Diebstahl begangen wurde – »furto mihi sublata«.[9] Zwar tröstet sich der Bestohlene zunächst mit der offen zutage tretenden Nachlässigkeit und Unwissenheit des Verfassers, dessen Namen er schonen (also für sich behalten) will. Allerdings kann Valla

---

6   Laurentius Valla: *Elegantiae lingua Latinae* [Basel 1540], 41.
7   »Sunt enim qui nonnulla horum que à me praecipiuntur, uel de me, uel de auditoribus meis audita (nunquàm enim ista suppressi) in opera sua retulerint, festinatque edere, ut ipsi priores inuenisse uideantur.« (Ebd., 42)
8   »Sed res ipsa deprehendet, cuius domini uerè sit haec possessio«. (Ebd.)
9   Ebd.

dann doch nicht ohne Weiteres über diesen Fund hinwegsehen und so wendet er sich »bestürzt« (*conturbatus*) direkt an den anonymen Nutznießer: »Diese [meine Schrift] erkenne ich in ihrer wissenschaftlichen Gründlichkeit und halte sie für mein Eigentum und kann rechtmäßig den Vorwurf der *plagiaria* auf dich münzen.«[10] Hier, in dieser Passage, erlebt Martials *plagiarius* nach einem knappen Jahrtausend also seine ganz persönliche etymologische Renaissance, die natürlich, wie jede Wiedergeburt, eine kleine Varianz mit einschließt. Die *plagiaria* – im Übrigen auch ein Beiname der Venus[11] – bezeichnet hier keinesfalls nur die weibliche Variante des *plagiarius*, nicht nur die ›Sklavenmacherin‹ also, sondern ist bereits allegorisch zum Delikt selbst verschoben: Sie steht demnach für die Plagiatssünde selbst. Die Eingliederung des Plagiatsbegriffs in den neuzeitlichen Sprachgebrauch nimmt genau hier ihren Ausgang.

Die Wiederkehr des Wortes besagt zunächst, dass offensichtlich ein Bedarf besteht, den Akt des Abschreibens in einen Horizont zu stellen, in dem er als ein ›Personenraub‹ erscheinen muss. Dieser Horizont ist freilich nicht mit einem Mal einfach ›da‹, sondern er bildet sich im Laufe des 16. Jahrhunderts allmählich heraus, etwa in der gleichen Geschwindigkeit, mit welcher der Plagiatsbegriff – als *plagiaire*, im Verb *plagier* und ganz zuletzt erst im *plagiat* selbst[12] – im Französischen heimisch wird. Zwischen den Vorstellungsfeldern der Literatur und des Personenrechts kommt es zu einer langsamen Annäherung, wie ein kurzer Blick auf die dritte Auflage

---

10 »Hanc ego elegantiam agnosco, & manicipium meum assero, téque plagiaria lege conuenire possum.« (Ebd.)

11 Das erfahren wir aus einer pompeijanischen Wandinschrift; vgl. Diehl: *Pompeianische Wandinschriften*, 31: »Venus enim / plagiaria / est: quia exsanguni / meum petit, // in vies tumultu / pariet. optet / sibi, ut bene / naviget, / quod et // Ario sua r(ogat?)«. Noch Jean Paul erkennt in der Plagiaria eine ›Männerräuberin‹ resp. eine »Wilddiebin der Herzen meines Geschlechts«. (Jean Paul: *Das Kampaner Thal* [1797], 654f.)

12 Geht man nach dem *Dictionnaire historique de la langue française*, erscheint der Begriff *plagiat* tatsächlich erst 1697.

von Theodor Zwingers *Theatrum Humanae Vitae* (1586) verdeutlichen mag: In dessen 19. Band, der sich mit der »Iniustitia profana distributiva« (also der ›Ungerechtigkeit im Rahmen der Verteilung weltlicher Dinge‹, auf Deutsch: Eigentumsdelikte) befasst, beginnt das Lemma »Fures« (›Diebe‹) mit der Rubrik »Literarii fures. Furta literaria« (»Literarische Diebe. Literarische Diebstähle«).[13] Aufgeführt sind hierunter – gegliedert in die Kategorien »Poetarum«, »Philosophorum«, »Iureconsultorum« und »Historicorum« – diverse antike Beschuldigungen: Aristophanes wird genannt, auch Vitruvius kommt zu Wort und die Martial-Stelle in all ihrer Ausführlichkeit darf natürlich auch nicht fehlen. Aufschlussreich ist allerdings vor allem, dass die Rubrik, die unmittelbar auf die ›literarischen Diebe‹ folgt, historische Entführungsfälle auflistet und diese unter dem Stichwort »Fures hominum. Et vel Liberorum. Plagiarii« (»Menschenräuber. Und auch Kinderräuber. Plagiatoren«) verortet. Textraub und *plagium* werden hier also noch nicht identisch gedacht; gleichwohl gehören sie – wie nicht zuletzt ein Blick auf den ›Stammbaum‹ des Unrechts verdeutlicht (Abb. 1) – zur selben Sippschaft, sind unmittelbar benachbart. Die Verbindung zwischen den Einzeldelikten bleibt hier folglich noch unausgesprochen; unzweifelhaft wird sie aber wahrgenommen und der Augenblick der begrifflichen Verschmelzung beider Sachverhalte ist im Grunde schon abzusehen.

Wie aber konnte es zu dieser Annäherung kommen, wie konnte sich das Plagiat als personale Grenzmarkierung der neuzeitlichen Literatur etablieren? Beginnen wir auf der anderen Seite: Die Überlieferungsketten des Mittelalters hatten für die Metapher der Textversklavung keine Verwendung gefunden, denn der Mensch, das Wissen und die Wörter kannten hier nur einen Eigner: Gott. Wer schrieb, trat demnach in einen Wahrheitsstrom ein, der sich aus Gott ergoss und in dem der Autor keine andere Bedeutung hatte als die der Fe-

---

13 Zwinger: *Theatrum Humanae Vitae* [Basel 1586], 3560.

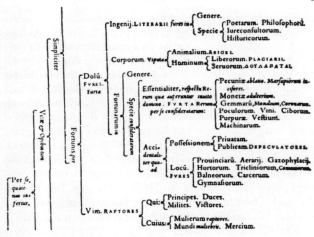

Abb. 1a: »De iniustitia profana distributiva«.

Abb. 1b: Die Spezies der Diebe: oben die *literarii fures*, unten die *plagiarii*.

der Gottes. Die personale Zuordnung von Literatur war in diesem Modell bestenfalls von sekundärer Bedeutung und wurde vor allem – wie wir gesehen haben – vom Ethos des korrekten ›Durchdenkens‹ der geistigen Tradition getragen. Auf der Seite der Verfasser mochte dies zu einer zunehmenden Verstimmung führen, die sich ab dem 13. Jahrhundert dann in erster Linie auf dem Feld der Dichtung Ausdruck verschaffte. Wenn Diebstahlsbeschuldigungen wie die des Marners letztlich aber marginale Erscheinungen blieben, dann liegt das nicht zuletzt daran, dass Autorschaft als textliche Verfügungsgewalt im Mittelalter keine hinreichende mediale Grundlage besaß. Die Realität mittelalterlicher Literaturverbreitung war die Schreibstube, in der kompiliert, redigiert und zensiert wurde; ein Autor bekam die von Hand gefertigten Varianten seines Werkes nicht zu Gesicht, er ›autorisierte‹ sie nicht.[14] Wer um 1200 einen Roman verfasste, der wusste also bereits, dass er den weiteren Weg seines Textes, dessen Integrität, mögliche Mutationen oder eben Adaptionen, nicht kontrollieren konnte. In dem Moment, in dem er zu schreiben begann, hatte er folglich bereits in die mögliche Korrumpierung seiner Autorschaft durch die Schreiber eingewilligt. Er mochte zwar das Beste für seinen Text hoffen oder auch Drohungen in Richtung potentieller Diebe aussprechen. Im Zweifel wird er sich aber eben damit zufriedengegeben haben, dass er ohnehin nichts Neues mitzuteilen hatte, sondern selbst wiederum nur ein Glied in der Kette der Wahrheit war, das seinerseits auf Vorgänger zurückgreifen konnte und auf das andere, spätere Geister wieder zurückgreifen würden.

Damit korrespondierte auf der anderen Seite, nämlich im Bewusstsein mittelalterlicher Literaturrezipienten, die Ausblendung personaler Autorschaft als literarische Ordnungskategorie: Wer um 1200 einen Roman las, der wusste, dass dieser einen Weg durch fremde Federn hinter sich hatte, geändert, vermehrt, gekürzt sein konnte. Man vertraute auf die Stabilität der erzählten Materie, das musste genügen. Und je älter ein Text war, umso mehr wuchs auch die Diskrepanz zwischen der enormen Bedeutung der auktorialen Zuschreibung auf der einen und der prekären Konstitution des Text-

---

14 Das ändert sich erst im 15. Jh., aber noch vor der Etablierung des Buchdrucks. Valla etwa versieht eine Abschrift seiner lateinischen Thukydides-Übertragung mit einer Autorisierungsnote und überstellt das Exemplar der Vatikanischen Bibliothek als »archetypus«, mit dessen Hilfe abweichende Abschriften korrigiert werden könnten. Vgl. hierzu Grafton: *Commerce*, 11.

bestandes auf der anderen Seite, der durch diese auktoriale Zuschreibung verbürgt werden sollte. Das Mittelalter arbeitete nicht mit Autografen, es einigte sich nicht auf verbindliche Editionen, sondern es verwies etwa auf die aristotelische *Topik* und meinte damit eine Passage, die irgendjemand irgendwo zitiert hatte, der wiederum in einer endlosen Überlieferungskette stand, an deren Ende sich dann vermutlich auch keine griechische Fassung, sondern oft nur ›Hörensagen‹ befand. (Ganz davon abgesehen, dass man dieselbe Passage auf seiner Spurensuche durch die Codices dann wohl auch noch ganz anderen Autoren zugeordnet sehen konnte.) Das alles schadete gleichwohl nichts, denn der Verfasser war letztlich nichts anderes als eine Projektion, mit deren Hilfe sich der jeweilige Leser oder Schreiber Zutritt zu besagter Textkette verschaffte und sich hierdurch an den Strom der göttlichen Wahrheit ankoppelte.

Kein Zweifel kann also bestehen, dass eine systematische Ordnung der mittelalterlichen Textwelt nach Verfassern nur gegen die mediale Realität dieser Textwelt geschaffen werden konnte – oder eben dadurch, dass sich diese Realität änderte. Und damit wären wir beim Buchdruck angelangt.

Universalität und Veräußerung der Person – zur Dialektik des Drucks

Der entscheidende und revolutionäre Unterschied zwischen einer skriptografisch und einer typografisch sich kommunizierenden Literatur liegt bekanntlich in der Gewährleistung von Textstabilität. Die Verbreitung und Vervielfältigung von Literatur wird mechanisiert und erlangt hierin ›Zuverlässigkeit‹. Das hat Folgen. Die nächstliegende besteht darin, dass Tradierung als zentrales Konzept mittelalterlicher Schreibtätigkeit eine radikale Abwertung erfährt. Man eignet sich Texte nicht mehr durch Abschrift an, man kann auch nicht mehr zum Träger einer durch die Handschriften fließenden Wahrheit werden, denn das Kopieren ist fortan nicht länger die äußere Seite eines geistigen Kontinuums, sondern ein Akt maschineller Reproduktion. Damit aber zerbricht auch die Vorstellung von der Literatur als Zeugnis des göttlichen Überflusses, der steten Umformung des Ewiggleichen, in welcher Autorennamen nicht mehr sind als vorübergehende Oberflächenmarkierungen. Der Buchdruck verwandelt die Unendlichkeit der göttlichen Fülle in einen sozioökonomischen Komplex, er macht die Literatur zum Geschäft, zu einem ›Sklavenmarkt‹. Wie muss man sich das vorstellen?

Zum Ersten: Der mittelalterliche Literaturbetrieb produzierte nicht aus Plaisir oder Geschäftssinn, sondern aus dem Bestreben heraus, sich Wissen verfügbar zu machen. Demnach kommt er in jenem Moment zum Stillstand, in dem all dieses Wissen geordnet in Ausgaben vorliegt und – wenn man die Kosten nicht scheut – in gedruckter Form zu erwerben ist. Man muss nicht mehr selbst lesen und schreiben (lassen), um einen Autor zur Hand zu haben; man muss nicht einmal mehr ein stoffliches Interesse an seinen Schriften haben, das den Kopistenaufwand rechtfertigt. Nein, man kann den Autor jetzt einfach kaufen und dadurch privatisieren. Umgekehrt kann man einen Autor auch produzieren und dadurch einer potentiell unbegrenzten Öffentlichkeit überantworten, ohne ihn zwangsläufig gelesen oder gar wirklich verstanden haben zu müssen. Der Buchdruck verbreitet in diesem Sinne die ›intellektuelle Basis‹ der Gesellschaft.[15] Er demokratisiert das Wissen in jeder Hinsicht, er macht es verfügbar, erschwinglich und erfüllt damit in gewisser Weise eine prometheische Aufgabe, wie es Tommaso Garzoni in seiner *Piazza universale* (1589) feierlich bekundet:

> Unnd mag man wol sagen / daß die Druckerey ins gemein alle Menschen / oder ja einen guten theil derselbigen / welche sonsten in aller Unwissenheit entschlaffen / aufgewecket haben / Dann man freylich muß bekennen / daß man vorzeiten / ehe diese wunderbarliche Kunst der Druckerey erfunden / gar wenig gelehrter Leute / gegen diesen unseren seligen Zeiten zu rechnen / hat gefunden / welches aber

---

15 Hierzu ausführlich Marchetti: *Mnemotechnik*, 679–697.

nirgends anders hero entstanden / als von dem untraeglichen Unkosten / der dazumal auff die Buecher gangen / unnd kondte niemand studieren / als die / so reich genug gewesen / und solchen Kosten tragen können / derhalben gemeine / oder arme Leute musten dahinden bleiben / als wider iren Willen / daß sie nirgends zu kommen kondten. Jetzunder aber sind sie alle auffgewacht / unnd haben alle gute Gelegenheit / etwas zu lernen und zu erfahren / und kan / wer nur Lust und Liebe darzu hat / Buecher genug / und wolfeil / durch die Druckerey bekommen / darinnen alle Wissenschaft der Alten / die sonste bey wenigen verborgen / und gleichsam heimlich gehalten / offenbaret wirdt.[16]

In der Logik der Kettentheologie ist das natürlich Himmel und Hölle zugleich: Die Wahrheit ist für den Einzelnen auf immer gesichert – zugleich hat sie sich von ihm abgekoppelt, ruht nun in den Druckplatten und ist so ganz ohne Ethos geblieben. Jedem ist sie zugänglich, und was das wiederum bedeutet, hat 1534 bereits Rabelais' Gargantua erkannt:

›Anitzt sind alle Disciplinen wieder hergestellt, die Sprachen erneuert, Griechisch, ohn welches eine Schand wär sich einen Gelahrten nennen zu wollen, Hebräisch, Chaldäisch, Latein: es sind die so correcten zierlichen Bücher mit Druckschrift nun in Umlauf kommen, die man durch göttliche Eingebung in meinen Tagen erfunden hat, gleichwie im Widerspiel das Geschütz auf des Teufels Antrieb. Die ganze Welt ist voll gelahrter Männer, hochbelesener Lehrer, voll reichbegabter Büchersäl, und dünket mich, daß eine solche Bequemlichkeit der Studien, wie man itzo siehet, weder zu Plato noch Cicero Zeiten, noch Papiani gewesen sei. Und wird sich künftig in Gesellschaft gar keiner mehr herfürtraun dürfen, der nicht in der Minerva Werkstatt recht aus dem Grund polieret ist. Ich seh, es sind die Straßenräuber,

---

16 Garzoni: *Piazza universale*, 647. Ich zitiere hier und im Folgenden nach der von Nicolaus Hoffmann herausgegebenen deutschen Übersetzung.

Stallbuben, Waghäls und Henkersknecht itzund gescheiter als die Doctoren und Prediger zu meiner Zeit.«[17]

Wäre die Literatur wirklich das, wofür das Mittelalter sie gehalten hat – nämlich ein Medium der sich in der Zeit ausfaltenden Offenbarung –, dann wäre sie nun zu Ende. Alles ist verfügbar, ganz gleich, wer sich nun dafür interessiert und ob das alles überhaupt noch jemand lesen will. Doch natürlich wird gelesen, mehr als zuvor, und dementsprechend wird nun auch mehr Text als zuvor produziert. Im Zuge dessen stellt sich allmählich heraus, dass es sich bei der Literatur um ein lebendes Geschöpf handelt, das gefüttert werden will, das nie genug bekommt, das nicht nur gierig, sondern auch neugierig ist. Der Druck befreit die Literatur aus der Vereinzelung der Schreibstube und formt aus ihr einen großen öffentlichen Speicher, in dem schnell ersichtlich wird, was Original, Variante und Kopie ist, was schon da ist und was noch fehlt. Das Bewusstsein aber, dass etwas fehlt, dass noch etwas gesagt und geschrieben werden kann, wodurch das bisher Geschriebene *substantiell* ergänzt wird – dieses Bewusstsein ist neu und mit ihm einer geht auch die Einsicht, dass man Dinge, die bereits gesagt sind, nicht noch einmal sagen muss, denn sie befinden sich ja bereits im gedruckten Textspeicher. Die Wissensgesellschaft des 15. und 16. Jahrhunderts – Michael Giesecke hat

---

17 François Rabelais: *Gargantua und Pantagruel*, 176. (»Maintenant toutes disciplines sont restituées, les langues instaurées, Grecque sans laquelle c'est honte que une personne se die sçavant, Hebraicque, Caldaicque, Latine. Les impressions tant elegantes et correctes en usance, qui ont esté inventées de mon eage par inspiration divine, comme à contrefil l'artillerie par suggestion diabolicque. Tout le monde est plein de gens savans, de precepteurs tresdoctes, de libraries tresamples, qu'il m'est advis que ny au temps de Platon, ny de Ciceron, ny de Papinian n'estoit telle commodité d'estude qu'on y veoit maintenant. Et ne se fauldra plus doresnavant trouver en place ny en compaignie qui ne sera bien expoly en l'officine de Minerve. Je voy les brigans, les boureaulx, les avanturiers, les palefreniers de maintenant plus doctes que les docteurs et prescheurs de mon temps.« Rabelais: *Œuvres complètes*, 243f.)

dies ausführlich dargelegt[18] – formiert sich um ebenjene Vorstellung einer steten Erweiterung des gedruckten Literaturbestandes. Das Neue erhält somit einen Eigenwert, der sich auch pekuniär verrechnen lässt.

Zum Zweiten: Während sich die Literatur durch das Potential der mechanischen Reproduktion vom lesenden und schreibenden Subjekt loslöst, erzeugt ebendieses Potential zugleich eine neue literarische Identität: das Original. Wo die Namen von Autoren zuvor lediglich vage Orientierungspunkte im Textgeflecht der Tradition darstellten, aus denen sich kein kohärentes und unveränderliches ›Werk‹ generieren ließ, da

> setzt sich in der Neuzeit die Überzeugung fest, jede gespeicherte Information müsse auf eine Eingabequelle aus Fleisch und Blut zurückgeführt werden – und könne dies auch letztlich.[19]

Der Autor wird also nun als Absender gedruckter Texte ernst genommen: Der Körper der Literatur erhält eine Seele. So hat die Erstellung und Autorisierung standardisierter ›Werkausgaben‹, die nun einsetzt, die Vorstellung von einem psychischen Kontinuum zur Grundlage, das sich von der Person des Autors über dessen Handschrift und den Wiegedruck bis in das gedruckte Textexemplar hinein erstreckt. Es gibt jetzt in der Tat *den* Aristoteles, *den* Vergil, *den* Plinius etc. Dessen Wort gedruckt wird, der verliert es nicht länger an die Autorschaft Gottes und ihre zahllosen Schreiber, sondern der erwirbt hierin ewiges Leben,[20] eine unsterbliche Seele in einem robusten, typografisch wohldefinierten Leib,[21] der dafür sorgt, dass »die Gelehrten auch nach dem Todt leben / unnd

---

18 Giesecke: *Buchdruck*, insbesondere 425–433.
19 Ebd., 318.
20 Dieser Glaube schwindet dann allerdings schon bald und ist spätestens dann, wenn die Ewigkeit in Gryphius' *Catharina von Georgien* (1647) vom Himmel herabsteigt und ihr »Glaubts frey! Die Ewikeit beruht nicht auff Papir« spricht, endgültig gebrochen.
21 Vgl. McLuhan: *Gutenberg galaxy*, 202–206.

bey jederman bekannt werden / da sie sonsten in einer geringen zeit mit einem ewigen Vergeß möchten begraben worden seyn.«[22] McLuhan spricht in diesem Zusammenhang vom Buchdruck als einer »immediate technological extension of the human person«.[23] Dies aber kann eine Plagiatsreflexion nicht gleichgültig lassen, denn erst hier, in der Übertragung der ›Person‹ auf den Text, wird letztlich genau das literarische Subjekt wiedergeboren, dem wir späterhin das Plagiat als Erzählung einer psychischen Versklavung zu verdanken haben. Erst der ›typografische Mensch‹ wird von der Vorstellung geleitet, dass sich Autoren in Lettern inkarnieren und dass Literatur im Wesentlichen eine auktorial zuzuordnende Kommunikation darstellt, deren Absendeadresse sich auf dem Titelblatt findet.[24]

Will man wirklich verstehen, warum Martials Begriff just im Moment des medialen Umbruchs wieder Verwendung findet, dann gilt es, genau *das* zu verstehen: Die Voraussetzung für das Plagiat liegt in der Annahme eines psychisierten Textes, einer zwischen Literat und Literatur bestehenden seelischen Verbindung. Diese Verbindung kann auf unterschiedliche Weise vorgestellt werden, vorzugsweise genealogisch (der Autor als Vater seiner Textkinder) oder organologisch (der Text als Körper des Autors) – in jedem Fall hat man es mit einem Übertragungsphänomen zu tun. Der Buchdruck universalisiert also den neuzeitlichen Literaten, indem er dessen Seele einer ungeheuren Dynamisierung unterzieht, ihr eine potentiell unbegrenzte Zahl an Inkarnationen zur Verfügung stellt und sie die belesene Welt in zuvor ungeahnter Geschwindigkeit durchlaufen lässt.

In einem größeren, kulturhistorischen Rahmen ist die typografische Revolution und die sich mit ihr verbindende

---

22 Garzoni: *Piazza universale*, 647.
23 McLuhan: *Gutenberg galaxy*, 138.
24 Die Ablösung des Kolophons, das die zur Identifizierung des Textes notwendigen Informationen an dessen Ende aufführt, zieht sich freilich noch bis weit ins 16. Jh. hinein. (Vgl. Giesecke: *Buchdruck*, 420f.)

mediale Extension der Autorseele dann sogar als technische Erfüllung einer epochalen Sehnsucht zu begreifen. Diese Sehnsucht zielt auf die universale Ausdehnung menschlicher Zuständigkeiten und findet ihre sichtbarsten Manifestationen sicherlich im Bereich der Expeditionen. Ihre Grundlage ist jedoch die radikale Umwertung der *curiositas* – der ›Neugierde‹, die dem Christentum einst durch Augustinus verleidet wurde, der von ihr in den *Confessiones* (um 400) als der »concupiscentia oculorum«, der ›Augenlust‹ gesprochen hatte,[25] die den Menschen ins Diesseits ziehe und von Gott fernhalte. Diesem Verdikt der Weltabgewandtheit hatte insbesondere der italienische Neuplatonismus – angefangen bei Ficino, über Pico und bis hin zu Bruno – die Vorstellung des *kósmos ánthrōpos* entgegengesetzt, deren Kern die Annahme bildet, dass der Mensch nicht in eine ihm fremde Schöpfung gestellt, sondern umgekehrt die Welt vielmehr in seinem Bilde geschaffen ist.[26] Adam – der Mensch – ist der ›geborene Herr der Welt‹, und zwar deswegen, weil durch ihn hindurch die Schöpfung ihre Namen erhält; der Mensch ist innigst mit dem Kosmos verbunden, nichts ist ihm hier fremd – er muss sich nur daran erinnern (und die weibliche Sinnlichkeit, den Sündenfall und seine Folgen hinter sich lassen). Vor dem Hintergrund dieses Menschheitsentwurfs aber erhält der gedruckte Autor einen nahezu prototypischen Charakter: denn ebenso, wie das allumspannende Netz der Schöpfungsworte im kosmischen Menschen angeknüpft ist und ihn dazu autorisiert, die Welt ohne schlechtes Gewissen zu erkunden, so hält nun auch die Autorseele ihre in der ganzen Welt frei umherlaufenden *opuscula* und *opera* zusammen. Die typografische Literatur avanciert damit zum sinnfälligen Exponenten der angestrebten Totalisierung menschlicher Präsenz.

Hinter jeder neuen Sehnsucht verbirgt sich aber immer auch eine neue Angst. Wenn sich in diesem Fall die Sehnsucht als der Wunsch nach absoluter Potenzierung des Selbst entzif-

---

25 Siehe Augustinus: *Confessiones* X, 30, 41.
26 Vgl. hierzu Schmidt-Biggemann: *Philosophia perennis*, 222f.

fern ließ, dann korrespondiert ihm folgerichtig die Angst vor dem absoluten Selbstverlust. Wie sich das für eine schöne dialektische Denkfigur gehört, ist das eine nicht ohne das andere zu haben, vielmehr produzieren sich das Ersehnte und das Gefürchtete wechselseitig. Dem neuzeitlichen Streben nach einer universell agierenden Textpersönlichkeit ist die Veräußerung der Person als Gefährdungspotential daher immer bereits eingeschrieben. Übersetzt: Der Diebstahl des literarischen Selbst hat hier weniger personalen, als vielmehr strukturellen Charakter. Man mag die Diebe beim Namen nennen und auf einzelne Nachdrucker schimpfen; letztlich verhält es sich aber eben so, dass ein sich in der literarischen Schöpfung totalisierendes Ich prinzipiell immer schon damit rechnen muss, zusammen mit seinen Buchwelten verkauft, gestohlen und korrumpiert zu werden. Der Plagiarismus ist demnach im System begründet.

Der Erfolgsroman des 16. Jahrhunderts, der *Fortunatus* (1509), hat diese Verhältnisse wunderbar auf den Punkt gebracht. Mit den Wundergaben des Zaubersäckels und des Wunschhütleins avanciert der zypriotische Edelmann Fortunatus zur Allegorie des aufziehenden Merkantilismus. Spendet das Zaubersäckel unerschöpfliche Geldvorräte, so sorgt das Wunschhütlein dafür, dass diese nicht als Schatz gehortet werden, sondern versetzt Fortunatus in die Lage, an jeden Ort der Welt zu gelangen, Handel zu treiben, seinen Besitz fließen zu lassen, ihn mit dem Leben der Menschen zu verbinden. Das Ergebnis ist eine Prosperität, deren Stabilität und unaufhörliches Wachstum gerade dadurch gesichert wird, dass sie die Erde umspannt, alle Handelsschranken überwindet und darin nicht nur ein bilanzfähiges Vermögen, sondern vor allem einen ganz neuen, einen ökonomisierten Kosmos für sich erwirbt. Omnipotenz und Omnipräsenz, unendliche finanzielle Zeugungskraft und lückenlose Kontrolle der Geldströme liegen vereint in einer Hand – und müssen untergehen, sobald sie wieder voneinander getrennt werden. So weist Fortunatus auf dem Totenbett seine beiden Söhne Ampedo und Andolosia an, ihr Erbe beisammen zu halten; »sy solten die kleynat nit von ainander taillen«[27] – was natürlich prompt geschieht. Ampedo wird mit zwei Truhen Gold aus dem Zaubersäckel abgefunden und behält dafür das Wunschhütlein, das er allerdings nicht nutzt, sondern lieber »zu Famagusta beleyben unnd [s]ein leben in dem schoenen ballast verschleissen« möchte[28] – er fällt also in altes Besitzstandsdenken zurück. Sein Bruder Andolosia wiederum begibt sich zwar mit dem Zaubersäckel auf Reisen, ein Kaufmann wird aus ihm jedoch nicht, denn sein Interesse gilt weniger dem Handelsverkehr, als vielmehr den Frauen, in die er sein Geld investiert, bis schließlich die englische Königstochter Agrippina hinter das Geheimnis der Wundergaben gelangt, den die Liebesnacht erwartenden Andolosia mit einem Schlafmittel betäubt und das Säckel in den Besitz ihres Vaters überführt. Es folgt eine komplexe und langwierige Nachgeschichte der Wundergaben, in der Andolosia zunächst auch noch das Wunschhütlein an Agrippina verliert, dann beide Gegenstände wiedergewinnt, das Hütlein wieder an Ampedo abtritt, schließlich von zwei Grafen in einen Hinterhalt gelockt wird und sowohl das Säckel als auch das Leben verliert. Ampedo stirbt an Kummer über den Tod des Bruders, freilich nicht, ohne zuvor noch das Hütlein vernichtet zu haben – wodurch auch das Zaubersäckel seiner Kräfte beraubt wird. (Der Zwist, der deswegen zwischen den beiden Nachbesitzern entsteht, führt dann letztlich dazu, dass sie als Mörder Andolosias identifiziert und hingerichtet werden.)

Der durchschlagende internationale Erfolg des *Fortunatus*-Romans (der es allein im 16. Jahrhundert auf 16 Auflagen und Übersetzungen ins Französische und Italienische brachte) erklärt sich nun gerade aus dem Umstand, dass der Text für jenes Ineinander von unbegrenzter Wachstumsfülle und gestörter Traditionsbildung, das seine Zeit kennzeichnet, ein strukturelles Deutungsangebot unterbreitet, das sich in gleichem Maße auf die Umbrüche im ökonomischen Denken

---

27 *Fortunatus*, 122.
28 Ebd., 124.

wie auf die Erweiterung des abendländischen Kosmos durch die Entdeckung Amerikas und des Seehandelsweges nach Indien beziehen lässt. Neu lesbar wird im Horizont des *Fortunatus* aber auch die Transformation der Wissenssysteme und ihrer medialen wie wirtschaftlichen Bedingungen, sprich: die Kommerzialisierung und Technisierung des Buchwesens. Zentral ist hierbei die ›fortunatische‹ Verschleifung von rapider Vermehrung (des Geldes), unbeschränkter Verbreitung (von Waren) und gleichzeitigem Verfall der Abstammungslinien. Just diese Verschleifung wird sich in der Folge als gängiges Beschreibungsmuster für das Verhältnis zwischen Text und Autor, von literarischem Besitz und literarischem Diebstahl durchsetzen.

Wie lassen sich diese Zusammenhänge nun übersetzen und sinnvoll auf den Plagiatsdiskurs beziehen? Charakteristisch für das fortunatische Paradigma ist die ihm eingeschriebene Überzeugung, dass die Entfremdung der eigenen Textkinder der Preis ist, den der im Druck in seiner Wirkungsmacht unendlich potenzierte Autor nahezu zwangsläufig zu entrichten hat. Fortunatus mag durch seine unbegrenzte Zeugungskraft und Mobilität der Vater einer ganzen Generation sein; einen brauchbaren Erben seines Vermögens findet er darunter gleichwohl nicht. Im Gegenteil: Seine Kinder schlagen aus der Art, widersetzen sich dem väterlichen Gebot, verselbständigen sich und gehen zugrunde.[29] Gerade dort, wo der irdische Wohlstand ins Unendliche anzuwachsen beginnt, zerbrechen also die Traditionsstränge, werden die Wege zwischen den Generationen unsicher, verändert sich das Erbgut im Übergang von den Vätern auf die Söhne, bricht der Organismus der universalen Person zusammen. Wenn die Plagiats-

---

29 Das gilt nicht nur für Andolosia und Ampedo, das gilt auch schon für Fortunatus' Vater Theodorus, der sich »an so groß eer und guott« erinnert, »so ich gehebt hab und das so unnutzlich on worden bin / das mir meine vordern so treülichen gespart hond / Als ich billich und von rechts wegen auch gethon solt haben / und unser alt herkommen und stammen in wuerde hon gesetzt.« (Ebd., 7)

erzählungen der Frühen Neuzeit mit schlafwandlerischer Sicherheit immer wieder Szenarien der Entfremdung und Degeneration aufsuchen und den Textraub als empfindliche Störung innerhalb eines familiären resp. anatomischen Gefüges vorstellen, dann handelt es sich somit um nichts weniger als um die katastrophischen Ausläufer einer epochalen Verheißung.

Meuterei

Einer ersten ausdrücklichen Inszenierung dieser eigentümlichen Dialektik begegnen wir bei Sebastian Brant, einem der ersten Autoren, der nicht nur ausschließlich für den Druck schreibt und seine Drucke maßgeblich mitkonzipiert, sondern sich sogar über vorangestellte Autorbilder im Druck inszeniert, *präsent* macht.[30] Die Literatur wird so zum zweiten, zum rhetorischen Körper des gedruckten Verfassers; sie wiederholt seine Physiognomie. Zugleich bürgt die visuelle Anwesenheit des Autors im Buch für die organische Integrität des nachfolgenden Textes. Die Voraussetzung, unter der dieser Bürgschaft vertraut werden kann, ist natürlich die Unveränderlichkeit des Druckes, den Brant selbst autorisiert hat. Bald schon muss er allerdings die Erfahrung machen, dass der Schein der Stabilität trügt. *Das Narrenschiff*, jene 1494 in Basel erschienene moralische Exempelsammlung, deren kommerzieller Erfolg Brants literarischen Ruhm begründet hat, nimmt Fahrt auf, es verlässt die heimischen Gewässer und macht sich selbständig. Was auf der See des Buchmarktes geschehen ist, lässt sich erahnen, wenn wir im Vorsatz zur dritten Auflage (Basel 1499) folgende Verwahrung »Nüt on ursach« finden:

> Uor hab ichs narren schif gedieht
> Mit grosser arbeyt uff gerieht
> Vnd das mit doren also geladen

---

30 Vgl. hierzu ausführlich Knape: *Autorpräsenz*.

V. Der Druck, die Person – und Literatur als Geschäft

>   Das man sie nit durfft anders baden
>   Ein yeder het sich selbs geriben
>   Aber es ist dar by nit bliben
>   Vil mancher hat noch sym geduncken
>   Noch dem villicht er hatt getruncken
>   Nuw rymen wellen dar an hencken
>   Die selben solltten wol gedencken
>   Das sie vor saessen jn dem schiff
>   Dar jnn ich sie vnd ander triff
>   Hetten jr arbeyt wol erspart
>   Diß schiff mit altem segel fart
>   Vnd duot glich wie das erst vß fliegen
>   Loßt sich mit slechtem wynd benuegen[31]

Diejenigen, die da »vor saessen jn dem schiff«, das sind aller Voraussicht nach die Herausgeber des 1494 unter Brants Namen in Straßburg gedruckten *Nüv schiff von Narragonia*, einer unter mehreren unautorisierten Nachdrucken, mit denen diverse Druckwerkstätten an Brants Popularität ökonomisch zu partizipieren versuchten. Letzterer steht den Freibeutern indessen von Rechtswegen ohnmächtig gegenüber: Um 1500 herrscht in Europa immer noch Nachdruckfreiheit, und dementsprechend werden auch unentwegt und allerorten Bücher gekapert. Bei diesem Problem der Rechtsfreiheit hält sich Brant allerdings auch gar nicht lange auf. Für ihn steht die Frage der Integrität seines Textes im Vordergrund, die er ganz korrekt auch in dessen Bildlogik – der Logik der Seefahrt und des Schiffbaus – verhandelt. Es geht ihm also nicht um die Herrschaft über den Text und über das Schiff (denn die wird

---

31 Brant: *Das Narrenschiff*, 321f. (»Habe ich zuerst das Narrenschiff gedichtet / und mit viel Mühe erbaut / und dergestalt mit Toren bevölkert, / dass man diese nicht anders abschrubben durfte. / Abgetrocknet hat sich ein jeder selbst. / Doch dabei ist es nicht geblieben: / so mancher hat nach eigenem Gutdünken, / vielleicht, nachdem er etwas getrunken hatte, / neue Reime anhängen wollen. / Diejenigen sollten sich besser daran erinnern, / dass sie im Schiff ganz vorne saßen, / in dem ich sie und andere mit meinem Tadel treffe. / Sie hätten sich ihre Mühe sparen können. / Dieses Schiff fährt mit dem alten Segel / und sticht in See genauso wie das erste. / Es genügt ihm ein leichter Wind.«)

ja von den Nachdruckern dadurch scheinbar anerkannt, dass sie ihren Nachbau nach wie vor unter Brants Namen segeln lassen), sondern um die Herrschaft *im* Text und *auf* dem Schiff. *Das Narrenschiff* – hier können wir die neuzeitliche Zäsur schön beobachten – ist kein frei flottierender Stoff mehr, über den man verfügen kann, wie man möchte, sondern die typografisch verewigte Stimme des Autors, die man sich eben nicht mehr ›aneignen‹ kann, ohne dass die imaginierte Fügung von poetischer Organizität und Druckbild zerbricht. Genau dies ist hier aber geschehen:

> Wor ist / Ich wolt es han gemert
> Aber myn arbeyt ist verkert
> Vnd ander rymen dryn gemischt
> Denen / kunst / art und moß gebryst
> Myn rymen sint vil abgeschnitten
> Den synn verlürt man jn der mitten
> Jeder rym hat sich muessen schmucken
> Noch dem man jn hatt wellen drucken
> Vnd sich die form geschicket hat
> Dar vmb manch rym so übel stat
> Das es mir jn mym hertzen we
> Geton hat tusent mol / vnd me
> Das ich myn groß muegsam arbeyt
> On schuld hab übel angeleyt
> Vnd ich sol oefflich sehen an
> Das ich nit hab gelon vß gan
> Und mir nie kam für mund noch kaelen[32]

---

[32] Ebd. (»Es ist wahr, ich habe es erweitern wollen, / aber mein Werk ist nun verfälscht / und andere Reime hat man hinein gemischt, / denen es an Kunstfertigkeit, Stil und Versmaß mangelt. / Meine Reime sind an vielen Stellen abgeschnitten. / In der Mitte verliert man den Sinn. / Jeder Reim hat sich ducken müssen, / je nachdem, wie man ihn gerade zusammenpressen wollte / und er sich in die Druckform eingefügt hat. / Deswegen sieht auch mancher Reim so übel aus, / dass es mir im Herzen / tausendfach und mehr wehgetan hat, / dass ich meine mühsame Arbeit / arglos schlecht angelegt habe / und nun offen dasjenige mit ansehen muss, / das ich selbst nicht habe ausfahren lassen / und mir weder aus Mund noch Kehle kam.«)

Der Straßburger Usurpator des Narrenschiffs hat also die Einheit von Sinn, Kehle, Mund und Typografie zerstört. Er hat den Autor, mit dessen Namen er hausieren gegangen ist, zerstückelt, indem er die Komposition der neuen Verse einzig und allein der Druckform überlassen, den lebendigen Logos des Orators Brant folglich durch reine Mechanik ersetzt hat. So etwas geht natürlich ›zu Herzen‹, d. h. zu Lasten des poetischen Organismus. Das Besondere dabei ist allerdings, dass Brant selbst sein Herzleiden nicht auf einen äußeren Eingriff in sein Werk zurückführt, sondern es als Folge einer textinternen Revolte begreift. Es handelt sich demnach weniger um Piraterie als vielmehr um Meuterei. Diejenigen, die nun auf seinem Schiff die Kontrolle an sich gerissen haben, die Segel austauschen und im Maschinenraum herumfuhrwerken – das sind alles seine eigenen Geschöpfe; er selbst hat sie an Deck gebracht und dort saßen sie ganz vorne und lauerten darauf, das Steuer zu übernehmen. ›Ganz vorne‹ – Brant gibt diesen Hinweis nicht von ungefähr – sitzen im *Narrenschiff* aber in der Tat jene Narren, deren Laster die Bücher sind: die »vnnützen buecher« nämlich (vgl. Abb. 2 und 3). Der erste Diskurs des *Narrenschiffs* (dessen Narr seine Rede tatsächlich auch mit den Worten »Das jch sytz vornan in dem schyff« beginnt) verhandelt unter diesem Stichwort allerdings nicht das Druckgewerbe, sondern eigentlich die falsche Gelehrsamkeit, einen Menschen, der von sich behaupten kann: »Von buechern hab ich grossen hort / Verstand doch drynn gar wenig wort«.

Was hat das alles nun mit den Straßburger Nachdruckern zu tun? In der Tat zielt Brants Spott an dieser Stelle – wie man das als strategische Position auch für den Gesamttext des *Narrenschiffs* veranschlagen kann – nicht nur auf ein offensichtliches ›Fehlverhalten‹, das aus dem Gelehrten einen Esel, aus dem Menschen einen Narren werden lässt. Er beleuchtet zugleich immer auch die Bedingungen, unter denen ein spezifischer Narrentypus entstehen kann. In diesem Fall stößt Brant auf ein Phänomen, das tatsächlich neu ist: Bücher als massenhafter Privatbesitz; Bücher, die nur entstehen, um besessen, nicht um gelesen zu werden; Literatur, die keine andere Funktion besitzt, als einfach *da zu sein*. Das aber ist nur denkbar in einer Welt, in der Literatur durch närrische Verwandlung zum Geschäft geworden ist resp. Massenverbreitung erlangt – in just der Welt, deren seltsamen Gesetzlichkeiten auch Brant selbst seine ruhmvolle Literatenexistenz verdankt. Wenn es also bei Garzoni vom Buchdruck später heißen wird, »[d]iese Kunst lernet die Narren kennen«,[33] so ist es Brant damit tatsächlich ernst: Es geht nicht um Personen, es geht um Strukturen medialer Öffentlichkeit. Der Büchernarr ist im Grunde kein so übler Kerl, sondern die Ikone des Buchmarktes. Jeder, der im Zeitalter des Druckes Bücher schreiben will, trägt seine Kappe – auch »Der narr Sebastianus Brant« trägt sie, und daher kann es ihn wenig überraschen, dass seine Texte gegen ihn meutern und dass es Leute gibt, die seine gedruckte Persönlichkeit nach eigenem Gutdünken verunstalten, um damit ihr Geld zu verdienen. Der sich dem Original entfremdende, sprich: ›verderbte‹ Nachdruck ist somit letztlich nur das Symptom einer prekären medialen Konstellation, in der einerseits Autoren dazu animiert werden, ihre Seelen in einen literarischen Körper zu investieren, für dessen Unversehrtheit andererseits aber niemand garantieren will. Das Phantasma des im Druck gezeugten omipräsenten und unverwüstlichen Autorenichs muss sich damit über kurz oder lang gegen sich selbst wenden. *Potentiell* ist der gedruckte Literat in der Lage, an jedem Ort der Welt zur selben Zeit in gleicher Weise zu erscheinen – *realiter* ist er gerade dadurch immer und überall in seiner Integrität gefährdet. Dies zu wissen und sich dennoch weiter drucken zu lassen – das zeugt von närrischem Fatalismus.

---

33 Garzoni: *Piazza universale*, 647.

154 V. Der Druck, die Person – und Literatur als Geschäft

Abb. 2: Der Meuterer vor der Meuterei.

Den vordantz hat man mir gelon / Die ich nit lyß / vnd nit verstan
Dan ich on nutz vil bücher han / Doch wer ich in der mucken schon

Unnütze bücher

Das ich sitz vornan in dem schiff
Das hatt worlich ein sundern griff
On vrsach ist es nit getan
vff min libry ich mich verlan
Von büchern hab ich grossen hort
verstand doch drin gar wenig wort
Vnd halt sy dannaht in den eren
Das ich in will der fliegen weren
So mit loß ich krÿegen mich
Das ich vil bücher vor mir sich
Vnd ich die bücher all vff kouff
vnd selten doch dar vber louff
Dann so eins an der oeren sytt
stoß mit ein fuß ich dran zu zyt
Der küng ptolomeus bstelet
Das er all bücher hett der welt

Vnd hielt dz für ein grossen schatz
Doch hatt er nit das recht gesatz
Noch kund dar vff briechten sich /
Der keiser Gordian des glich
Hatt sechtzig tusen / zwey dar by
bücher in siner libkry /
Vß allen den / kund er nitt synnen
Das er Philippo möcht entrynnen
Vil bücher han das hilffet nit vil
Wan einer sunst nit leren will
Was hilfft ein esel das er treit
vil harppffe vñ klingt nymer seyte /
Wo man von künsten reden dùt
sprich ich do heyn hab ichs vast güt
War vm wolt ich mich küken vast
wer vil studiert würt ein vantast
Jch mag doch sunst wol sin ein herr
vnd sonen ein der für mich ler

Abb. 3: Der Meuterer nach der Meuterei.

Luther und das Paradoxon gestohlener Arbeit

An diesen Zuständen ändert sich zunächst nichts Wesentliches: Der unautorisierte Nachdruck bleibt die Regel, nicht die Ausnahme. Die Verfügungsgewalt des Autors über seinen Text erweist sich somit zwar als eine weitverbreitete Leitvorstellung des 16. Jahrhunderts, die der Etablierung des Buchdrucks Vorschub leistet. Mit der Realität des Literaturbetriebes – da ist Brant eben sehr hellsichtig – hat diese Leitvorstellung allerdings nicht wirklich etwas zu tun. Natürlich wissen manche Drucker und Verleger den ›zweiten Körper‹ des Autors zu respektieren; dann setzen sie ein »cum consensu autoris« in die Titelei. In bestimmten Fällen wird sogar der Versuch unternommen, die Stabilität der Verbindung von Autor, Druckadresse und Werk in Form von Druckprivilegien rechtlich zu sichern. Das erste dieser Druckprivilegien erteilt 1481 der Herzog von Mailand – auf eine Schilderung der Heldentaten des Francesco Sforza;[34] im deutschsprachigen Raum ist es Conrad Celtis, der 1501 für seine Ausgabe der Schriften Hrotsvithas von Gandersheim erstmals ein Privileg vom zuständigen Reichsregiment erhandelt. Insgesamt handelt es sich hierbei jedoch um Randerscheinungen resp. ›Ausnahmemaßnahmen‹, deren Wirksamkeit zudem regional begrenzt ist: Das kursächsische Druckprivileg etwa, das drei Wittenbergische Buchhändler 1534 für Luthers Bibelübersetzung erhalten, kann nicht verhindern, dass auf jeden Wittenberger Druck bis zu fünf auswärtige Nachdrucke kommen.

Luther selbst ist das nicht geheuer; immerhin soll seine Arbeit den Grundstein für die Anerkennung der *Heiligen Schrift* als höchste Autorität in Glaubensfragen legen: An seiner Übersetzung soll sich die Glaubenswelt des deutschsprachigen Christentums ausrichten – da kommt es auf jedes Wort an. Und so stellt Luther der Ausgabe von 1545 eine »Warnung« voran, an der sich sehr schön ablesen lässt, wie sich die

---

34 Zur Entwicklung der Druckprivilegien vgl. ausführlich Gieseke: *Vom Privileg zum Urheberrecht*, 39–92.

Vorstellung vom Plagiat in den Protestantismus übersetzt. Auf der einen Seite steht die *Heilige Schrift*, die nicht gestohlen werden kann, da sie – wir kennen das noch aus der Schriftökonomie des Mittelalters – dem Überfluss entstammt:

> Denn ich habs vmb sonst empfangen / vmb sonst hab ichs gegeben / vnd begere auch dafur nichts / Christus mein HErr hat mirs viel hundert tausentfeltig vergolten.[35]

Von Gottes Wort kann man also im Grunde nie genug bekommen – das ist aber natürlich eine schlechte Argumentationsgrundlage, um dem Nachdruck etwas entgegenzusetzen.

Man muss allerdings noch etwas hinzufügen. Das selbstlose Geben und Nehmen des göttlichen Wortes in Ehren – Luther hat sehr wohl etwas investiert. Er hat Gottes Gnade erfahren und diese dann doch in etwas sehr Menschliches verwandelt: in Arbeit bzw. »Erbeit«, wie es bei Luther heißt. Die Arbeit am Wort, also die Überführung des Logos in Ethos, fungiert hier letztlich als Ausweis der Gnade; genau genommen ist das das komprimierte Luthertum. Wem Gott die Gnade gewährt, der tritt folglich in seinen Dienst und gibt seinem Wort Wirklichkeit. So weit kein schlechter Gedanke. Allerdings ist ›Arbeit‹ im Gegensatz zum Wort Gottes nun wiederum etwas, das Warencharakter annehmen kann, das sich verrechnen und selbstredend auch entwenden lässt. Auf diesem Wege kommt Luthers Übersetzung nun in die Hände von gnadenlosen Leuten, die nichts von der Materie verstehen und natürlich auch kein Arbeitsethos besitzen. Das Resultat ist verheerend:

> Aber das mus ich klagen vber den Geitz / Das die geitzigen Wenste vnd reubische Nachdrücker mit vnser Erbeit vntrewlich vmbgehen. / Denn weil sie allein jren Geitz suchen / fragen sie wenig darnach / wie recht oder falsch sie es hin nachdrücken / Vnd ist mir offt widerfaren / das ich der Nachdrücker druck gelesen / also verfelschet gefunden / das ich meine eigen Erbeit / an vielen Orten nicht gekennet / aufs newe habe müssen bessern. / Sie machens hin rips raps /

---

35 *Warnung D. Mart. Luth.*, 6.

Es gilt gelt. / So doch (wo sie anders rechte Drücker weren) wol wissen vnd erfaren sollten haben / Das kein vleis gnugsam sein kann jn solcher Erbeit / als die Drückerey ist / Des wird mir Zeugnis geben / wer jemals versucht hat / was vleisses hie zugehöret.[36]

Erst in Form von ›Arbeit‹ erlangt Literatur einen Besitzwert; nur als Entfremdung der eigenen Arbeit wird für Luther die Verwerflichkeit des Nachdrucks letztlich greifbar. Verständlich wird diese Logik erst auf der Folie der reformatorischen Auffassung vom ›guten Werk‹. Die Arbeit am Buch, ob als Übersetzer, Verfasser oder Drucker, kann nur im Hinblick auf das »erste und hochste, aller edlist gut werck« beurteilt werden, und das ist »der glaube in Christum«, denn »in diesem werck mussen alle werck gan und yrer gutheit einflusz gleich wie ein lehen von ym empfangen«.[37] Die Bibel-Übersetzung als Buch ist für Luther demnach kein ›Produkt‹, sondern aus dem Glauben hervorgegangene Arbeit, deren Wertigkeit ganz entscheidend von der Teilhabe am ›guten Werk‹ abhängt. Daraus geht bereits hervor, dass derjenige, der in den gläubigen Arbeitsprozess des Autors resp. Übersetzers nicht eingebunden ist, schwerlich gottgefällige Literatur produzieren kann. Da ist »kein glaub, kein gut gewissen zu got, darumb szo ist den wercken der kopff ab, und all yr leben unnd gute nichts.«[38] Der Nachdrucker ist nicht am lebenden Werk beteiligt, sondern nur am toten: Er sieht nicht Luthers Ringen um die Schrift, sondern nur das Ergebnis, das er dann notgedrungen auch noch verfälschen muss. (Denn irgendwo muss der gottlose Frevel an einem göttlichen Werk ja auch sichtbare Konsequenzen haben.)

Im Protestantismus, zumindest in der mittelbaren Nähe Luthers, bleibt diese Überzeugung der im Raub sich notwendig verfälschenden Arbeit verbindlich. Ein gestohlener Text steht nicht mehr in der Gnade und muss daher nach allen Gesetz-

---

36 Ebd., 6f.
37 Luther: *Von den guten werckenn* [1520], 204.
38 Ebd., 205.

mäßigkeiten aus der Wahrheit herausfallen, denn der Räuber unterbricht die Verbindung von Gott und Mensch, den Erkenntnisprozess – und im konkreten Fall auch schon einmal die Werkentstehung, wie es Luther im Falle seiner 1525 erschienenen *Fastenpostille* widerfahren ist:[39]

> Ich habe die postillen angefangen von der heyligen Drey könige tage an bis auff Ostern, so feret zu eyn bube, der setzer, der von unserm schweys sich neret, stilet meyne handschrifft, ehe ichs gar aus mache, und tregts hynaus und lesst es draussen ym lande drucken, unser kost und erbeyt zu verdrucken. Wolan, Gott wird's finden, was du dran gewynnest, da schmyre die schuch mit. Du bist eyn dieb, und fur Gott schuldig die widdererstattung.[40]

Luther spielt an dieser Stelle ganz unzweifelhaft auf die trügerische Stabilität des Drucks an, hinter welcher der Arbeitscharakter der Literatur zu verschwinden droht. Der konkrete Fall, der Ärger über den Frevel der Schrifträuber, dient ihm dabei letztlich nur zum Anlass einer grundlegenden Reflexion über die »verdruckte erbeyt«: das Verhältnis von eigentlich unabschließbarem Schreibprozess und der Vollendung des Werkes im Druck. Das ist durchaus aufschlussreich. Tatsächlich geht es Luther ja in der oben zitierten Vorrede darum, den Leser über die sich im Umlauf befindenden Raubexemplare der *Fastenpostille* zu informieren und ihm den qualitativen Vorzug der autorisierten Fassung deutlich zu machen, sprich: den Leser dazu zu bringen, dass er »falsche buocher von den rechten scheyden muege.«[41] Erkennbar wird der Unterschied freilich nur dem, der mit Luthers Arbeitsweise vertraut ist. So ist seiner »handschrifft exemplar nicht zu trawen«, denn »ym corrigiren mus ich offt selbs endern, was ich ynn meyner handschrifft habe uber sehen und unrecht gemacht«.[42] Die Postille wurde also vor der Endkorrektur der

---

39 Ausführlicher hierzu Brecht: *Das gestohlene Manuskript*.
40 Luther: *Fastenpostille* [1525], 3.
41 Ebd., 4.
42 Ebd.

Öffentlichkeit zugänglich gemacht, und der Plagiator trägt hierfür die Verantwortung.

Das ist aber noch nicht alles. Luther gelangt in diesem Zusammenhang zu einer weiteren Feststellung, mit der er die Differenz zwischen dem gedruckten und dem geschriebenen Wort zu einer generellen Frage des Besitzes macht. Wenn er sich's nämlich recht versieht, dann führt im Grunde überhaupt kein Weg von der Arbeitsform der Handschrift zur Vollendung des Druckes – man wird mit der Arbeit nämlich niemals fertig: »Wie wol meynet halben ichs zu friden were, das ich nymer keyn buoch duorffte auslassen gehen«.[43] Vor dem Hintergrund dieser Äußerung stellt der eingangs thematisierte Raubdruck nur mehr den Extremfall eines generellen Missverhältnisses dar. Das gedruckte Buch ist immer als ein Problemfall zu betrachten, denn es führt die persönliche Arbeit in ein beliebig reproduzierbares Handelsgut über, macht also das Geschenk der göttlichen Gnade erwerbbar und damit zu einer Frage der Kalkulation. Aus dem unmittelbaren Verhältnis zu Gott in der Arbeit wird so ein mittelbares Verhältnis zu den Werken, die immer wieder darauf angewiesen sind, dass sie der Verfasser »fur die meynen« erkennt, die genealogische Abstammungslinie also offiziell bekundet. Literatur, ob nun gestohlen oder vom Autor autorisiert, bleibt in dieser Hinsicht – wie bereits bei Brant gesehen – immer ein gefährdetes Gut, das schnell verdirbt, wenn man es erst einmal aus seinem Entstehungszusammenhang entfernt.

Auf der anderen Seite kann die literarische Arbeit im günstigen Fall auch eine gewisse Resistenz gegenüber dem Dieb aufweisen. Nachdem Herzog Georg von Sachsen die Verbreitung der *Luther-Bibel* in seinem Herzogtum verboten und das Verbot durch Konfiszierung der umlaufenden Exemplare auch durchgesetzt hat, versucht sich 1527 der erbitterte Luthergegner Hieronymus Emser an einer Gegenübersetzung des Neuen Testaments, die – mithilfe herzoglicher Protek-

---

43 Ebd.

tion – Luthers Bibel ersetzen und deren fundamentale Fehler beheben soll. Tatsächlich halten sich die Unterschiede zwischen beiden Übersetzungen allerdings stark in Grenzen, so sehr, dass Luther in Emser keinen Konkurrenten, sondern nur einen Plagiator erkennen will:

> Denn wir haben ja gesehen den Sudler zu Dresen, der mein New Testament gemeistert hat […], der bekennet, das mein deutsch susse und gut sey, und sahe wol, das ers nicht besser machen kundt, und wolt es doch zu schanden machen, fur zu, und nam fur sich mein New Testament, fast von wort zu wort, wie ichs gemacht hab, und thet meine vorhrede, gloß und namen davon, schreib seinen namen, vorhrede und gloß dazu, verkaufft also mein New Testament unter seinem Namen, Wann, lieben kinder, wie geschach mir da so wehe, da sein landsfurst mit einer grewlichen vorrhede verdampt und verbot des Luthers New Testament zu lesen, Doch daneben gebot des Sudelers New Testament zu lesen, welchs doch eben dasselbig ist, das der Luther gemacht hat.[44]

Das ist eine reformatorische Pointe, über die sich freilich nur dann lachen lässt, wenn man eben gerade *nicht* davon ausgeht, dass gestohlene literarische Arbeit zwangsläufig zu Entstellungen führt. Offensichtlich ist Diebstahl hier nicht gleich Diebstahl. Luthers Schelte über die Nachdrucker war von dem Gedanken beseelt, dass derjenige, der den aus der göttlichen Gnade hervorgehenden Arbeitsprozess willkürlich der mechanischen Reproduktion unterwirft, ihn also einfach ›wiederholen‹ will, die Arbeit selbst verfälschen, vernichten muss. In Emsers Fall ist die Konstellation allerdings gerade umgekehrt: Dessen Übersetzung war von vornherein nur darauf ausgerichtet, Luthers Werk zu vernichten – und gerade deswegen kann sie dieses Werk letztlich nur wiederholen. Das protestantische Arbeitsethos ist nicht korrumpierbar: Den, der es nur imitieren möchte, verrät es, und den, der es beseitigen möchte, unterwirft es. Mit entsprechender Süffisanz kann Luther somit abschließend kommentieren:

---

44 Luther: *Sendbrief vom Dolmetschen* [1530], 634.

Wie wol, was das für ein tugent sey, einem andern sein buoch lestern und schenden, darnach das selbige stelen, und unter eignem namen dennoch auß lassen gehen, und also durch fremnde verlesterte erbeyt eygen lob und namen suochen, das las ich seinen richter finden. Mir ist ynn des gnug, und bin fro, das meine erbeit [...] muß auch durch meine feinde gefoeddert, und des Luthers buoch on Luthers namen, unter seiner feinde namen gelesen werden. Wie kuend ich mich bas rechen?[45]

Die gestohlene Seele der Reformation

Die reformatorische Sicht auf das Plagiat steht zweifelsohne ganz im Lichte der theologischen Herausforderung, menschliches Handeln und menschliche Verfehlungen ohne den freien Willen und ohne den Rückgriff auf das Prinzip der Werkgerechtigkeit zu erklären. Ohne Glauben, ohne Gnade kommt man nicht zur Erkenntnis der Schrift. Wenn also die Schrift in Hände gerät, die Gott nicht dazu berufen hat, dann bleibt sie in diesen Händen auch nicht dieselbe. Wenn aber die Schrift in Hände gerät, die sie auslöschen wollen, dann ist es an Gott, sie zu erretten und – als Doublette – wiederherzustellen. Ein gelungenes Plagiat ist demnach gottgewollt, wohingegen der von Menschen veranschlagte Textraub immer fehlgehen muss.

Es hat zunächst den Anschein, als ob der Aspekt der ›Person‹ und dementsprechend auch der oben angesprochene Komplex der ›Entselbstung‹ von diesen Debatten weit entfernt wären, und so stellt sich der Verdacht ein, dass dem protestantischen Plagiatsverständnis ›die Seele‹ fehlt. Dass dem durchaus nicht so ist, mag ein kurzer Blick auf eine Plagiatserzählung verdeutlichen, die sich in Gabriel Rollenhagens erstmals 1603 veröffentlichter Sammlung *Vier Bücher Wunderbarlicher biß daher unerhörter / und ungleublicher Indianischer Reysen / durch die Lufft / Wasser / Land / Helle / Paradiso / und den Him-*

---

45 Ebd., 635.

mel. Mit etlichen warhafften / jedoch bey vielen Gelehrten glaubwirdigen Lügen findet. In deren letztem Kapitel, gewidmet »der Krahe, mit frembden Federn gezieret«, wendet sich Rollenhagen dem in Frankfurt/Oder lehrenden Mathematikprofessor David Tost, genannt David Origanus, zu. Dieser habe nicht nur zwei astrologische Lehrbücher seines Vaters – des berühmten Georg Rollenhagen, Autor des *Froschmeuseler* (1595) und seines Zeichens Privatgelehrter und Prediger zu Magdeburg – den Studenten »als seine eigene Erbeyt« vorgelesen; im dritten Teil seiner *Ephemerides* (1599) habe er sie auch noch unter Verschweigung ihres Urhebers abgedruckt.[46]

Der Skandal ist nun auch in diesem Fall nicht die Kopie selbst, sondern die Entstellung der Kopie, oder, um es anders zu formulieren, nicht der offensichtliche Diebstahl, sondern die in ihm verborgene Gewalt. Gestohlen wurden also zwei Bücher, die der astrologischen Prognostik zuzurechnen sind und die unter den Titeln *De Prognostico Calendariorum* resp. *De Prognostico Nativitatum* in Origanus' Werk eingegangen sind. Auf den ersten Blick handelt es sich hier demnach um einen Diebstahl des ›Systems‹, von Berechnungsprinzipien, nach denen man verfahren soll, wenn man Kalender machen oder Nativitäten stellen will. Der Systemdiebstahl ist hier aber offenkundig nicht das Problem (was die kolportierte erste Reaktion des Bestohlenen dokumentiert[47]), sondern die Veränderung der Parameter, mit denen das System gefüttert wird: Nicht die astrologische Syntax, sondern die Lebensgeschichten, die mit dieser Syntax erzählt werden, stehen auf dem Spiel. Dem Prognostiker dienen zur Demonstration seiner Künste in der Regel die Geburtsdaten bekannter historischer Persönlichkeiten, deren Lebensbahn er anhand der stellaren Konstellationen zu rekonstruieren versucht. Georg Rollen-

---

46 Rollenhagen: *Vier Bücher*, 325.
47 »Dazu lacht mein Vater. Unnd spricht. Es ist gar gut. So haben wir Calmeuser zu Magdeburgk noch die Ehre / das wir einen Franckfurtischen Professor lehren und ernehren koennen.« (Ebd., 327.)

hagen hatte hier zunächst im Privaten begonnen, die Geburtssterne seines Sohnes bestimmt und sein »bedencken davon« ausführlich dargelegt. Diesen Passus hat Origanus – zur Empörung des Betroffenen – in seiner Adaption natürlich gestrichen. Interessanter scheint indessen, dass Origanus die Nativitäten prominenter Zeitgenossen, die Rollenhagen in der Folge aufgeführt hatte, offensichtlich verändert und nicht vorschriftsgemäß (»auff die Praecepta nicht gebührlich«) durchgeführt hat. Dies gilt insbesondere für Luthers Nativität, denn Origanus hat hier – in Anlehnung an die Prognostiken Gauricus'[48] und Cardanos[49] – »Doctoris Martini Lutheri Falsche Geburtsternen« gesetzt, »als were er den 22. Octobris geboren«.[50]

Hinter dieser wissenschaftlichen Verfehlung verbirgt sich nun nichts weniger als das eigentliche *plagium*, eine ›Personenentführung‹ im großen Stil. Tatsächlich hat Origanus nicht nur einen Text oder eine wissenschaftliche Systematik gestohlen; er hat vielmehr die Person Luther, die im prognostischen Narrativ des gut protestantischen Georg Rollenhagen mit seinem realen Geburtsdatum, dem 10. November 1483, aufgeführt ist, einer astrologischen Reprogrammierung unterworfen, die wiederum eine eigene Agenda verfolgt. Die Umdatierung von Luthers Geburtsdatum auf den 22. Oktober 1484 hat nämlich eine Geschichte, die Gabriel Rollenhagen offensichtlich auch kennt, die er aber ob des Frevels am väterlichen Werk hier verschweigt.[51] Dort, wo sie Origanus hergenommen hat, aus dem *Tractatus atrologicus* (1552) des süditalienischen Astrologen Lucas Gauricus, ist die Umdatierung keineswegs wertfrei, sondern verbindet sich mit einem Horoskop, das Luthers Seele als die eines Ungläubigen brandmarkt

---

48 Gauricus: *Nativität Luthers*.
49 Cardanus: *Liber de exemplis geniturarum*.
50 Rollenhagen: *Vier Bücher*, 327.
51 Zu dieser Agenda vgl. ausführlich Warburg: *Heidnisch-antike Weissagung*, 11–24.

und der Hölle und ihren Furien überantwortet.[52] Das falsche Geburtsdatum ist damit fester Bestandteil einer gegenreformatorischen Argumentation, die in Luther einen Ketzer sieht (dessen Untergang Gauricus 1525 Papst Clemens VII. prophezeit hatte) – und genau dieser Argumentation unterstellt der Plagiator Origanus Luther, indem er das Original mit dem falschen Geburtsdatum versieht.

Die eigentliche Wahrheit hinter dieser »glaubwirdigen Lüge« lässt sich somit auf die Formel bringen: Plagiarismus ist Psychagogie, ›Seelenraub‹. Die Entwendung geistiger Arbeit führt zu deren Verfremdung; so weit war Luther selbst auch schon. Von dieser Verfremdung geht aber tatsächlich auch eine reale Gefährdung aus, insofern hierdurch die der Literatur eingeschriebenen Seelen einem nicht mehr steuerbaren Narrativ unterworfen werden. Der Plagiator schreibt Texte nicht nur ab, sondern er bricht sie auf und manipuliert die in ihnen abgelegte psychische Substruktur. Er kann auf diese Weise Seelen vom Weg abführen, er kann sie spalten, verdoppeln, vertauschen. Diese Einsicht gehört freilich bereits dem 17. Jahrhundert, das sich zunehmend in der Notlage sieht, mit diesen abtrünnigen Seelen kommunizieren und umgehen, sie in irgendeiner Weise wieder ›zurückholen‹ zu müssen. Es gelangt hierbei zu ganz erstaunlichen literarischen Modellen, die wir uns nun einmal aus der Nähe anschauen werden.

---

52 »Ex horoscopi directione ad Martis coitum irreligionisissimus obijt. Eius Anima scelestissima ad Inferos nauigauit; ab Allecto, Tesiphone, & Megara flagellis igneis cruciata perenniter.« (»Berücksichtigt man die [Planeten]zusammenkunft unter Mars, so geht aus dieser Nativität der Ungläubigste hervor. Seine über alle Maßen verbrecherische Seele fährt zur Hölle; von Allecto, Tesiphone und Megara wird sie mit Feuerpeitschen in alle Ewigkeit gequält werden«; Gauricus: *Nativität Luthers*, zitiert nach Warburg: *Heidnisch-antike Weissagung*, 15.)

VI. Die Ökonomie der literarischen Seelen. Drei Lektüren

Psychagogie

Hatten wir eingangs das ›innere Verhältnis‹ von Text und Autor als zentrales Kriterium der Plagiatserzählungen ausgemacht, so lässt sich nun konstatieren, dass mit der Umstellung der literarischen Produktion auf die Technologie des Buchdrucks und der damit einhergehenden Psychisierung von Literatur erstmals eine nachdrückliche Reflexion dieser Innerlichkeit vorliegt. Die Konsequenzen, die daraus für die Konzeption eines literarischen Eigentums erwachsen, blieben freilich bisher noch im Dunkeln, denn sowohl Brant als auch Luther interpretierten Textraub als ein Vergehen, dessen Bewertung für sie gänzlich unter die Zuständigkeit der *Moral* fiel. Zwar beobachteten beide, dass sich an gestohlenen Schriften seltsame Dinge vollziehen resp. dass diese Schriften offensichtlich ein Eigenleben führen, dass sie ihre Verfasser verraten oder auch verteidigen können. Gleichwohl war ihnen der *Zusammenhang* zwischen dem beseelten Textkörper auf der einen und den merkwürdigen Angewohnheiten geraubter Manuskripte und nachgedruckter Bücher auf der anderen Seite nicht wirklich wichtig. Die Motivation und theologische Einordnung plagiatorischen *Handelns* ging ihnen über alles; das Phänomen des Plagiats *von innen heraus verstehen* zu wollen – dieser Gedanke lag ihnen dagegen verständlicherweise fern. Und so haben wir im letzten Akt jenes Kapitels Luthers Seele im Schlepptau eines Plagiators zur Hölle fahren sehen, ohne dass sich dafür irgendeine theoretische Begründung hätte geben lassen. Eine solche sollten wir nachholen.

Die Psychagogie, der ›Seelenraub‹, als erweiterter Tatbestand des Plagiats ist, wie bereits angedeutet, eine (Wieder-)Entdeckung des 17. Jahrhunderts gewesen: ein Gerücht, das einen langen Weg – von den byzantinischen *Glossae Basilico-*

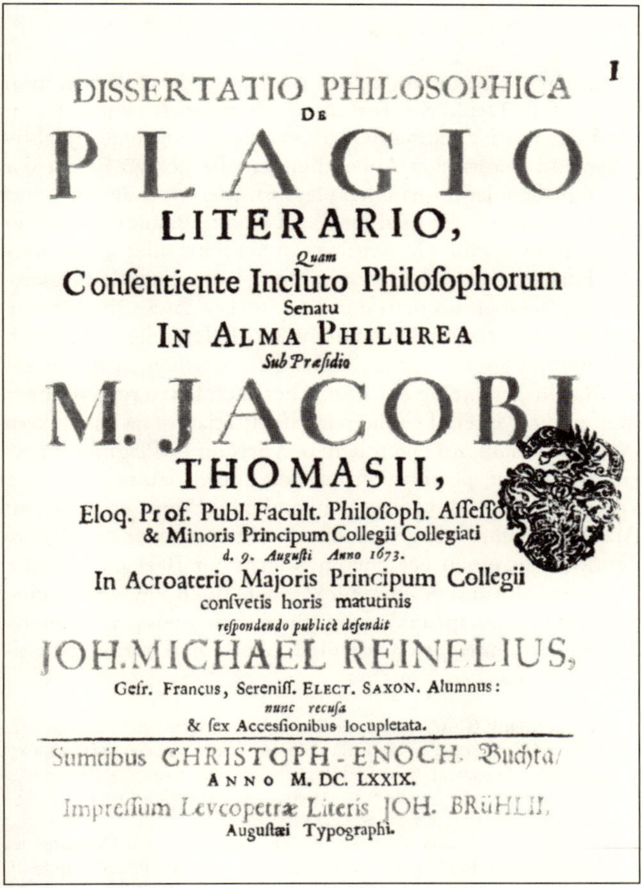

> DISSERTATIO PHILOSOPHICA
> De
> # PLAGIO
> LITERARIO,
> *Quam*
> Confentiente Incluto Philofophorum
> Senatu
> In Alma Philurea
> *Sub Præfidio*
> ## M. JACOBI
> THOMASII,
> Eloq. Prof. Publ. Facult. Philofoph. Affeffor
> & Minoris Principum Collegii Collegiati
> *d. 9. Augufti Anno 1673.*
> In Acroaterio Majoris Principum Collegii
> confvetis horis matutinis
> *refpondendo publicè defendit*
> JOH. MICHAEL REINELIUS,
> Gefr. Francus, Sereniff. Elect. Saxon. Alumnus:
> *nunc recufa*
> & fex Accefsionibus locupletata.
> Sumtibus CHRISTOPH-ENOCH Buchta,
> Anno M. DC. LXXIX.
> Impreffum Lcvcopetræ Literis JOH. BRüHLII,
> Auguftæi Typographi.

Abb. 4: Natürlich ein »plagium«, aber eben kein »plagium propre dictum« – Jacob Thomasius' *Dissertatione De Plagio Literario*.

rum (vermutlich 10. Jh.) über Johannes van Meurs' *Glossarium graecobarbarum* (1510) – hinter sich hat, bis es sich 1673 dann in Jacob Thomasius' *Dissertatione De Plagio Literario* endgültig verfestigt.[1] Dieses Gerücht füllt die oben beschriebene systematische Leerstelle (›warum neigen gestohlene Schriften zur Mutation?‹) aus, indem es die Beseelung der Literatur nun auch auf das Delikt des Textraubes überträgt. Im Zuge dessen wird das Plagiat erstmals Gegenstand großangelegter juristischer und historischer Abhandlungen, die sich zu Recht vor einer großen definitorischen Herausforderung wähnen, denn noch ist unklar, wie man dieses rätselhafte Phänomen verorten soll, ob es eine Gerichtsbarkeit verdient oder nicht, welche Formen es überhaupt annehmen kann etc. Die Plagiatsforscher kennen bis dato nur die Umrisse ihres Objektes, sie wissen um die einschlägigen antiken Belegstellen und auch die etymologische Verwandtschaft des *plagiums* ist ihnen aus der Rechtsgeschichte bekannt. Aber auch Letztere hilft ihnen hier nicht weiter: Das literarische Plagiat ist ja eben kein ›Menschenraub‹ im eigentlichen Wortsinn – »Plagium literarium non est plagium propre dictum«,[2] lautet der erste Grundsatz von Thomasius' Abhandlung. Wenn er direkt im Anschluss dann zu begründen versucht, warum er das *plagium* dennoch für einen geeigneten Begriff zur Bezeichnung des Deliktes hält (und er eben nicht – wie noch Zwinger – einfach vom *furtum* spricht), dann spielt eben jenes psychisierende Moment eine entscheidende Rolle.[3] Die Literatur ist we-

---

1   In van Meurs' Glossar lautet der Eintrag zum griechischen *plagiários* wie folgt: »Πλαγιάριος. Plagiarius. Glossae Graecolatinae. πλαγιάριος. Plagiarius, Fragana. Gossae [sic] Basilicorum. πλαγιάριος, ψυχαγωγὸς, ἀνδραποδιστής.« (van Meurs: *Ioannis Meursi Glossarium*, 541)
2   Hierzu Thomasius: *De Plagio Literario*, 13.
3   Ebd., 9, § 27 (Thomasius stellt hier die Frage nach dem Ursprung des Begriffs und verweist dabei auf das Façettenspektrum, das der Ausdruck *plagiários* bei den Griechen noch besaß und in welches eben auch die ›Psychagogie‹ fällt): »Feliciores tamen Graeci Latinis, tum qvod voce ψυχαγωγῇ conceptum definitionis utrumq recondunt; tum quod ἀνδραποδιζιὰ appellantes differentiae qvalemcunq; notionem edunt: cum in Latina plagiarii voce non nisi generis sit, ejusq; remoti circumducta qvaedam hario latio.« (»Glücklicher aber als die Lateiner trafen es die Griechen, weil sie zum einen im Ausdruck der ›Psychagogie‹ eines von zwei Definitionskonzepten [des Plagiários] bewahrten, weil sie zum an-

der Person noch Gegenstand, sondern *ein persönlich aufgeladener Gegenstand*. Wer sich fremde Literatur aneignet, der geht also mit Seelen um und führt diese von dem ihnen zugedachten Weg ab.

Thomasius ist nicht der erste, dem jene abgründige Dimension des Plagiats auffällt; seine Abhandlung stützt sich ihrerseits nicht nur auf die formalen Vorbestimmungen Zwingers, Raynauds[4] und Speckhans,[5] sondern auch auf Daniello Bartolis wohltuend beredte (und bereits sehr früh ins Deutsche übersetzte) Darstellung des literarischen Diebstahls in *Dell' huomo di lettere difeso et emendato* (1645).[6] Im Gegensatz zu seinen Vorläufern argumentiert Bartoli durchaus empathisch. Er ist kein Versezähler, kein Inquisitor, er verdammt das Plagiat auch nicht von vornherein, sondern er sucht vielmehr nach der Möglichkeit einer bedingten Legitimation des literarischen Diebstahls. Unter der Rubrik »Wie man aus ander Schriften mit guten Gewissen und Lob etwas stehlen moege« verhandelt er dabei natürlich das Konzept der *imitatio*, das darauf ausgelegt ist – wir erinnern uns an Rom –,

> was man auch wil / von andern zu entnemen / solches aber dergestalt zu verbessern / daß es das vorige erste Ansehen gantz verändert / und nicht mehr ist / was es vorhin gewesen.[7]

Diese Kunst des Diebstahls stellt für Bartoli zweifellos ein ›lobwürdiges‹ Arbeitsprinzip dar. Wohlgemerkt: ein *Prinzip*. Problematisch erscheint ihm allerdings die Umsetzungspraxis:

---

deren ein davon in irgendeiner Weise unterschiedenes Konzept *andrapodizía*, ›Menschenraub‹, nannten; sie schufen den Begriff [des Plagiats]: denn im Lateinischen hat der Ausdruck ›Plagiarius‹ nicht seinesgleichen; entfernte Zeiten besitzen eine gewisse Wahrsagekraft.«

4 Raynaud: *Erotemata*.
5 Speckhan: *Quaestionum*, qu. 8.
6 Ich zitiere nach Georg Adams von Kufstein Übersetzung *Vertheidigung der Kunstliebenden und Gelehrten anständigere Sitten*, Nürnberg 1654.
7 Ebd., 190.

Aber diese Art / die Sachen so weit zu verbessern / daß sie nicht mehr dieses sind / was sie vormals gewesen / und dergestalt unser eigen werden / wird zwar wol verstanden / aber uebel in die Uebung gebracht von denen Leuten / so zwar gar geschickt sind zu veraendern / aber nicht zu verbessern / so um so viel mehr straffwuerdig werden / je groesser das Verbrechen ist / das schoene ungestalt zu machen / auch zu stuemmeln und zu zerbrechen / was in einer schoenen Ordnung und richtigen Maß zusammen gesetzt ware. Den Nahmen eines Diebs zu entfliehen / werden sie Moerder / *nehmen die Seel aller Zierde denen Sachen / so sie enttragen / indem sie solche berauben ihrer Vollkommenheit / und in eine Unordnung bringen ihre richtige Austheilung* / mit einer so unglueklichen Glueckseligkeit dergleichen zu begehen / daß sie mit etlich geringen Strichen ihrer Feder verkehren die Helena in eine Hecate / und den Achilles in einen Thersites.[8]

Bartoli formuliert hier einen für das ganze 17. Jahrhundert verbindlichen Nexus. Ein legitimer Diebstahl, wie er etwa auch Opitz vorschwebt (der seinen Landsleuten in seinem *Buch von der deutschen Poeterey* von 1624 rät, dass »man die epitheta; an denen bißher bey vns grosser mangel gewesen / sonderlich von den Griechen vnd Lateinischen abstehlen / vnd vns zue nutze machen möge«[9]) und etwas später noch durch Harsdörffer im *Poetischen Trichter* (1650–53) propagiert wird,[10] zeichnet sich durch eine ›organische‹, regelhafte Kunstform aus. Die ästhetische Qualität verbürgt also die ethische Qualität: Der Räuber, insofern er sich auf die *imitatio* versteht, handelt ehrenhaft, er entführt die Seele seines Gegenstandes, aber nur, um ihr einen neuen, zeitgemäßen und würdigen Körper zu verleihen. Das Plagiat beginnt hingegen

---

8 Ebd., 194f. (Hervorhebungen durch Verfasser).
9 Opitz: *Buch von der deutschen Poeterey*, 380.
10 »Etliche bedienen sich fremder Poeten Erfindungen / und ist solches ein ruehmlicher Diebstal bey den Schuelern / wann sie die Sache recht anzubringen wissen / wie Virgilius deß Theocriti, und Homeri, Horatius deß Pindari Gedichte benutzet hat [...].« Vgl. Harsdörffer: *Poetischer Trichter*, 102.

dort, wo einem Werk die Seele ausgetrieben wird, mit der Folge, dass dessen Proportionen, das Maß, die Kunstfertigkeit verloren gehen. Das, was dem unbeholfenen Imitator dann noch bleibt, ist selten schön anzusehen, handelt es sich dabei doch um verdammte Geschöpfe, die man um ihre Seligkeit gebracht hat.

Der literarischen Reflexion eröffnet diese Erweiterung des Plagiats um den Komplex der ›abgeführten‹ Seelen ein gewaltiges Experimentierfeld:[11] Wohin führt der Weg dieser Seelen? Was richten sie an? Und vor allem: Welche Konsequenzen hat die Störung des psychischen Kontinuums für den Textkörper? Wo die Literatur des 16. Jahrhunderts das Plagiat noch als leidvolles Geschehen begreift, das sich an ihr *vollzieht*, dort entdeckt das 17. Jahrhundert ein gestaltbares Fiktionspotential, ein narratives Element. Diese Umwertung ist in gewisser Weise auch als ein Aufruf zur Selbstverteidigung zu verstehen: Die Literatur muss Diebstähle nicht schlechthin über sich ergehen lassen. Sie kann den Diebstahl auch in ihre eigene Logik zurückholen und versuchen, sich auf diesem Wege sich selbst zurückzugeben. Das läuft freilich in der Regel nicht ohne Komplikationen ab. Wo der Körper und seine Seele erst einmal voneinander getrennt waren, da fügt sich, wie wir bald sehen werden, nicht alles umstandslos wieder zusammen; es kommt zu Verkennungen, zu Verwechslungen, zu Entstellungen. In diesen Momenten hebt sich der Schleier einer vollendeten, sittsamen und ökonomisch geregelten Literatur und gibt den Blick frei auf ein triebhaftes, räuberisches und nach Auflösung strebendes Wesen, mit dem erst einmal verhandelt werden muss, bevor es dem harmonischen Schein wieder die Herrschaft überlässt. Die Affinität des Plagiats zur Komödie, wie sie sich bereits in der antiken Diskussion verfolgen ließ, hat sicherlich hier ihren Grund.

Während im 17. Jahrhundert also die gelehrten Normierungsversuche ins Kraut schießen, lässt sich die innerliterari-

---

[11] Dieses Experimentierfeld teilt sich die Dichtung des 17. Jh. bekanntermaßen mit der naturmagischen und hermetischen Literatur.

sche Diskussion um das Plagiat sehr rasch und lustvoll auf das freie Spiel der Seelen ein. Getragen wird diese Entwicklung von einer konsequenten Verwilderung jener Leitvorstellungen von Werk und Autor, die sich mit dem Buchdruck etabliert hatten. Die organische Einheit und die saubere Genealogie mögen wunderbare Ordnungsmuster sein, wenn man über den Texten steht und sie ihren Besitzern zuweisen muss; spannende Erzählungen ergeben sich gleichwohl aus diesen Paradigmen nicht. Und so verwundert es kaum, dass die Literatur aufhört, Plagiate pauschal abzuurteilen, und damit beginnt, sie in ihrer ganzen Lebhaftigkeit sichtbar werden zu lassen. Hinter jedem organischen Körper lauert ein grotesker Leib, hinter jeder sorgsam geregelten Erbfolge liegt ein überschäumendes Trieblebern, hinter jedem auktorial verbürgten Text verbirgt sich die vertrackte Ökonomie der literarischen Seelen.

Die Zauberer

Die erste großangelegte Erkundung dieser Ökonomie beginnt im Jahre 1605 in der kastilischen Hochebene. Dort trifft man zu dieser Zeit auf einen etwas schwierigen Charakter, der mit Vornamen Alonso, mit Zunamen wohl Quijada, Quesada oder Quijana geheißen haben soll. Bekannt geworden ist dieser Mensch indessen unter dem Titel *El ingenioso Hidalgo Don Quijote de la Mancha*, obgleich er sich bei näherem Hinsehen weniger als standhafter Ritter denn als ein in Zeit und Raum verirrtes Zitat ausnimmt:

> Als langer magerer Graphismus, wie ein Buchstabe, ist er gerade den offenklaffenden Büchern entkommen. Sein ganzes Wesen ist nur Sprache, Text, bedruckte Blätter, bereits geschriebene Geschichte.[12]

---

12 Foucault: *Die Ordnung der Dinge*, 78.

Die Zauberer

Wie aber konnte es dazu kommen? Letztendlich muss Don Quijote als der Überrest eines Scheiterns begriffen werden: Der Ritterroman des 16. Jahrhunderts, allen voran der Komplex der *Amadís*-Romane (deren ältestes erhaltenes Exemplar aus dem Jahr 1508 stammt), war angetreten, die Gesellschaft an einem literarischen Ideal zu erziehen. Er

> erhebt den Anspruch, Normen für die lebenspraktische Sprache zu setzen, lehrt guten Stil und guten Ton: wie man in der Gesellschaft zu sprechen hat, wie man Briefe zu schreiben hat usw.[13]

Man kann hier übrigens in der Tat von *dem* Ritterroman sprechen, denn letztlich handelt es sich bei diesem Genre um eine unaufhörliche Reduplikation des immer gleichen Sujets, die nicht selten auch durch einen genealogischen Bezug auf den zentralen Typus – Amadís de Gaula – plausibilisiert wird. In ihrer Selbstbezüglichkeit erscheinen diese Texte uns lebensfremd, ja, im höchsten Maße harmlos. Dass sie es eben nicht sind, dokumentiert Don Quijote. Gerade *weil* der Ritterroman an seinem Anspruch scheitert, die Literatur in das Leben zu tragen, muss derjenige, der sich zu weit in die Bücher hineinwagt, in ihnen verschwinden und selbst Literatur werden. Und nichts und niemand bringt so einen Menschen wieder zu sich selbst zurück, kein Exorzismus, kein Autodafé. Man mag die *encantadores*, die ›Zauberer‹, die nach Annahme seiner Haushälterin in der Bibliothek des Don Quijote hausen, mit Weihwasser besprengen oder den Flammen überantworten[14] – von ihrem Opfer lassen sie niemals mehr ab und verfolgen es auf Schritt und Tritt. (Wobei ihnen zugute kommt, dass sie keinerlei Mühe haben, »jede Gestalt anzunehmen, die ihnen beliebt«[15] und dementsprechend an jedem

---

13 Bachtin: *Die Ästhetik des Wortes*, 266.
14 Wie das im sechsten Kapitel des ersten Teiles geschieht.
15 »[...] que los que me han encantado habrán tomado esa apariencia y semejanza, porque es fácil a los encantadores tomar la figura que se les an-

VI. Die Ökonomie der literarischen Seelen

Ort vermutet werden müssen.) Der Öffentlichkeit aber bleiben die Zauberer verborgen; sie sieht nur den kleinen Edelmann, der die Fähigkeit verloren hat, zwischen Literatur und Leben zu unterscheiden. Konsequenterweise ist solch ein Mensch dann auch nur von jemandem zu ertragen, der diesen Unterschied ebenfalls nicht kennt: einem Analphabeten wie Sancho Panza.

Mit Don Quijote treibt also eine von der Literatur gefangen gehaltene Seele durch die Weiten Kastiliens, durch eine Welt, die sich die Literatur fortwährend anverwandelt und die sie doch nicht erlösen kann; eine Welt, in der jede Schenke eine Burg und jede Schankmagd eine Person von Stand ist, in der Bartbecken zu Helmen und Windmühlen (oder wahlweise Rotweinschläuche) zu Riesen werden. Es ist diese schonungslose Selbstbespiegelung des Literarischen, die Cervantes' Roman seine Größe gegeben hat. Literatur ist hier keineswegs ein wehrloses Geschöpf, sondern vielmehr ein Täter: ein Seelenfänger. Wer ihr in die Hände fällt, den zwingt sie dazu, ein Leben im Lesen zu führen, überall Literarizität zu vermuten und verborgene Deutungsstrukturen aufzuspüren, an welche die Seele des Gefangenen unauflöslich gekettet ist. Die Entführung Don Quijotes durch die Literatur bringt somit die ganze Perfidie des Plagiats zum Vorschein, die darin zu suchen ist, dass es sich hierbei *um einen verdeckten Vorgang* handelt. Eigentlich sieht die Welt des Plagiats, die verzauberte Wirklichkeit, genauso aus wie die des Originals, die unverzauberte Wirklichkeit – und lässt sich dementsprechend auch kaum von ihr unterscheiden: Natürlich sieht das dort vorne aus wie eine Windmühle – aber eigentlich ist es eben doch ein Riese. Die literarische Magie treibt ihr Spiel im Verborgenen und kein Zweifel besteht,

toja«. (Zitation des *Don Quijote* im Deutschen nach der Ausgabe von Anton M. Rothbauer, hier 599. Zitation des *Don Quijote* im Spanischen nach der Ausgabe von Francisco Rico, hier 558.)

daß es viele Arten von Verzauberungen gibt, und es könnte sein, daß eine Art von Verzauberung mit der Zeit in eine andere übergegangen ist und es jetzt gebräuchlich ist, daß die Verzauberten alles tun, was auch ich tue, obschon sie es vorher nicht getan haben.[16]

Wo der Zwang fremder Mächte beginnt und wo er endet, das ist für den oberflächlichen Betrachter nicht zu entscheiden; das Bewusstsein des Plagiierten ist hingegen unbestechlich, und so ist auch Don Quijote »fest davon überzeugt und weiß es auch, daß ich verzaubert bin«.[17] Geistig geraubt, in den Bann einer fremden Herrschaft geschlagen zu sein, ist kein leichtes Schicksal, denn niemand außer dem Betroffenen selbst kann das Verbrechen in seiner ganzen Tragweite erkennen. Aus demselben Grund sollte der Plagiierte bei seinem Kampf gegen die Windmühlen des Literaturbetriebes auch besser nicht auf das uneingeschränkte Verständnis der Öffentlichkeit zählen.

Nun bleibt Don Quijote nicht bis an das Ende seiner Tage nur ein Leser, der in die Fiktion hineingeraten ist – das Plagiat einer Figur aus einem *Amadís*-Roman. In Cervantes' Fortsetzung des Romans, 1615 erschienen, muss er erfahren, dass er zudem ein *Gelesener* geworden ist: »Irgendein weiser Zauberer«[18] (nämlich der maurische Verfasser Cide Hamete Benengeli, auf dessen übersetzte Vorlage der Erzähler des Romans wiederum rekurriert) hat seine Geschichte aufgeschrieben und drucken lassen, der Bakkalaureus Sansón Carrasco hat sie gelesen und Sancho Panza davon in Kenntnis gesetzt, der wiederum seinem Herrn umgehend Bericht erstattet. Don Quijote begreift nun, was es wirklich heißt, eine literarische Existenz zu führen: Wer lebt, um gedruckt zu werden, über

---

16 »[…] que hay muchas maneras de encantamentos, y podria ser que con el tiempo se hubiesen mudado de unos en otros y que agora se use que los encantados hagan todo lo que yo hago, aunque antes no lo hacían.« (Cervantes: *Don Quijote*, 601 [dt.], 560 [span.])
17 »Yo sé y tengo para mí que voy encantado […]«, ebd.
18 Cervantes: *Don Quijote*, 666 (dt.).

den verfügen andere. Dies betrifft nicht nur den Autor, von dem Don Quijote »keinerlei Aufrichtigkeit« erwartet (da die Mauren eben doch »alle Betrüger, Fälscher und Schwindler« sind[19]), sondern vor allem seine Leser, denn in der Welt, in der sich Don Quijote bewegen muss, eilt ihm von nun an sein Ruf voraus, hat sich seine Gestalt und ihre Geschichte bereits derart verbreitet – Carrasco spricht von 12 000 gedruckten Exemplaren –, dass man mit ihm ›rechnet‹ und ihn auch entsprechend ›in Szene setzen‹ kann. Die Herzogin und der Herzog etwa, die Ritter und Knappen im zweiten Teil bei sich aufnehmen, haben beide den ersten Teil des Romans gründlich gelesen und so übernehmen sie fortan die Kontrolle über die Handlung, indem sie Don Quijote die von ihm selbst literarisierte Wirklichkeit widerspiegeln und ihn in dieser agieren lassen.[20] Für diesen allerdings stellt die Konfrontation mit seiner Leserschaft eine so große Herausforderung dar, dass er beinahe daran verzweifelt: Wo sich ihm zuvor die Einheit von Literatur und Leben wie von selbst ergeben hatte, da muss er mit einem Mal nachweisen, dass diese Einheit wirklich besteht, dass er also wirklich derjenige ist, von dem man sich Geschichten erzählt – und dass umgekehrt diese Geschichten auch mit dem übereinstimmen, was die *Person* Don Quijote ausmacht.

Letzteres wird nun aber zum Problem. Im 59. Kapitel des zweiten Teiles kehren Don Quijote und Sancho in ein Wirtshaus ein; gerade erst haben sie das Schloss des Herzogs verlassen und den Weg nach Saragossa eingeschlagen. Ihre wiedergewonnene Unbeschriebenheit findet allerdings schon bald ein jähes wie überraschendes Ende. Beim Abendessen belauscht Don Quijote ein Gespräch am Nebentisch:

---

20   Ebd., 668 (dt.).
20   Dementsprechend ist die bereits legendäre ›Passivität‹ Don Quijotes in diesem zweiten Teil darauf zurückzuführen, dass die Figur »no longer the framer of reality but an actant within systems devised by others« darstellt; vgl. Friedman: *Subject of the Novel*, 79.

Die Zauberer

›Bei Eurem Leben, Euer Gnaden, Señor Don Jerónimo, lesen wir doch, indes wir darauf warten, daß man uns das Abendessen bringe, ein weiteres Kapitel des zweiten Teiles des ›Don Quijote de la Mancha‹.‹ [...] ›Weshalb wollt Ihr, Euer Gnaden, Señor Don Juan, daß wir diese Dummheiten weiterlesen, da doch einer, der den ersten Teil der Geschichte des ›Don Quijote de la Mancha‹ gelesen hat, unmöglich Gefallen daran finden kann, diesen zweiten Teil zu lesen?‹ ›Trotzdem‹, sagte Don Juan, ›wäre es gut, ihn zu lesen, gibt es doch kein Buch, das so schlecht sein könnte, daß es auch nicht sein Gutes hätte. Was mir an diesem zweiten Teil mißfällt, ist, daß darin Don Quijote so dargestellt wird, als sei in ihm die Liebe zu Dulcinea del Toboso erloschen.‹[21]

Die Unterstellung, seiner Gebieterin abgeschworen zu haben, stellt für Don Quijote natürlich eine Ungeheuerlichkeit dar. Noch weitaus erschreckender als das Gerücht ist freilich die Quelle, der es sich verdankt. Die papierne Existenz des Ritters wird herausgefordert durch einen gedruckten Doppelgänger, einen zweiten Teil des *Don Quijote*, der schon vorliegt, während Cervantes' eigene Fortsetzung noch im Entstehen begriffen ist. Dies ist nun keine Erfindung des Romans, sondern literarhistorische Realität. Cervantes sitzt vermutlich – orientiert man sich an den Datierungen in Sancho Panzas Briefwechsel – an einem der Kapitel zwischen 36 und 47, als er im Sommer 1614 auf ein Werk aufmerksam wird, das den Titel *Segundo Tomo del ingenioso Don Quijote de la Mancha, que contiene su tercera salida y es la quinta parte de sus aventuras* trägt. Der direkte Bezug auf den ersten Teil des Romans ist explizit:

---

21 »— Por vida de vuestra merced, señor don Jerónimo, que en tanto que traen la cena leamos otro capítulo de la segunda parte de *Don Quijote de la Mancha*. [...] – ¿Para qué quiere vuestra merced, señor don Juan, que leamos estos disparates, si el que hubiere leído la primer aparte de la historia de don Quijote de la Mancha no es posible que pueda tener gusto en leer esta segunda? – Con todo eso – dijo el don Juan –, será bien leerla, pues no hay libro tan malo, que no tenga alguna cosa buena. Lo que a mí en este más desplace es que pinta a don Quijote ya desenamorado de Dulcinea del Toboso.« (Cervantes: *Don Quijote*, 1184f. [dt.]; 1110f. [span.])

VI. Die Ökonomie der literarischen Seelen

Die ungebetene Fortsetzung enthält die dritte Ausfahrt Don Quijotes und somit die (nach Cervantes' Einteilung) fünfte Abenteuersequenz.[22]

Veröffentlicht wurde dieser verfrühte zweite Teil unter dem Namen Alonso Fernández de Avellaneda; ganz offensichtlich ein Pseudonym, dessen Träger bis heute nicht enttarnt werden konnte.[23] Ob Cervantes die Identität des Delinquenten bekannt ist, wissen wir nicht. Beim Namen nennt er ihn zumindest nicht, obgleich dieser nicht nur seinen Roman entführt, sondern auch dessen Verfasser ob seines Alters geschmäht hat und mit dessen Erzählkünsten recht beckmesserisch ins Gericht gegangen ist.[24] In den Vorreden zum

---

22 Tatsächlich enthält die Fortsetzung insgesamt drei weitere Sequenzen, also die fünfte, sechste und siebte. Verpflichtet fühlt sich dabei allem Anschein nach vor allem den Handlungsstrukturen der ersten 22 cervantischen Kapitel, in denen der pikareske Aspekt am stärksten hervortritt. Die narrative Verschachtelung, die mit Don Quijotes Auszug in die Sierra Morena anhebt und in deren Zentrum die Erzählung des liebeskranken Cardenio steht, schien ihr hingegen für die eigenen Zwecke offenbar bedeutungslos.

23 Hinsichtlich der Identität Avellanedas gibt es zahllose Spekulationen, deren dunkelste natürlich die ist, dass hinter Avellaneda wiederum niemand anderes als Cervantes selbst steckt – eine Spekulation, die durch den Umstand Leben erhält, dass Cervantes' Urgroßmutter Juana Avellaneda hieß; vgl. hierzu Nabokov: *Lectures on Don Quixote*, 79.

24 Wörtlich: »Y pues Miguel de Cervantes es ya de viejo como el castillo de San Cervantes, y por los años tan mal contentadizo, que todo y todos le enfadan, y por ello está tan falto de amigos, que cuando quisiera adornar sus libros con sonetos campanudos, había de ahijarlos, como él dice al preste Juan de las Indias o al emperador de Trapisonda por no hallar título quizás en España que no se ofendiera de que tomara su nombre an la boca, com permitir tantos vayan los suyos en los principios de los libros del autor […]!« (Avellaneda: *El ingenioso Hidalgo*, 53: »Miguel de Cervantes ist schon so alt wie die Burg vom heiligen Cervantes, und wegen des Alters so schwer zufrieden zu stellen, dass alles und alle ihn ärgern, und deswegen hat er so wenig Freunde, dass, wenn er seine Bücher mit hohltönenden Sonetten schmücken möchte, er sie adoptieren müsste, wie er selber sagt, beim Priester Johannes aus Indien oder beim Kaiser von Trapisonda, da er in Spanien kaum einen Adelstitel finden kann, der nicht beleidigt wäre, wenn Cervantes seinen Namen nennen würde,

zweiten Teil belässt es Cervantes bei einer Verwahrung gegen den Plagiator und sein Werk, wenn er es auch als eine vorrangige Aufgabe seines eigenen Textes betrachtet,

> den widerlichen Geschmack und den Ekel zu beseitigen, den ein anderer Don Quijote zurückgelassen, der sich unter der Maske eines ›Zweiten Teiles‹ versteckt und die ganze Welt durchzogen hat.[25]

Dieses Geschäft wird die Kritik für ihn besorgen, die Avellanedas Version am selbstgewählten Vergleich mit Cervantes zerschmettern wird – hat Avellaneda sich doch ganz bewusst dafür entschieden, das Reflexionspotential der Vorlage gegen ein Erzählen im Sinne der spanischen *comedia*, die Tiefenschichten der Figuren gegen ihr Stereotyp einzutauschen.[26] Letztlich ist die Verflachung der Charaktere aber nur Ausdruck ihrer universalen Verfügbarkeit: Für Avellaneda stellen Don Quijote und Sancho Panza keine originären Schöpfungen, sondern Typen dar, derer man sich frei bedienen kann.

Das eigentlich Pikante an diesem Plagiatsfall ist freilich in dem Umstand zu sehen, dass hier eine Person gestohlen werden soll, die bereits vollständig in Literatur aufgegangen ist. Don Quijote ist ja ohnehin das Paradigma eines Menschen, der keinen außerliterarischen Standpunkt mehr besitzt und der dementsprechend nicht mehr für die Stabilität seiner literarischen Repräsentation garantieren kann. Die Möglichkeit einer Unterscheidung zwischen einem ›echten‹ und einem ›falschen‹ Quijote wird also durch den Text selbst hintertrieben. »Vengan más quijotadas« – »Her mit mehr Quijote-

---

wobei so viele in Spanien erlauben, dass ihre Namen am Anfang der Bücher des Autors stehen […]!«, Übersetzung Guillermo Aparicio)

25 »[…] para quitar el hámago y la náusea que ha causado otro don Quijote que con nombre de *Segunda parte* se ha disfrazado y corrido por el orbe.« (Cervantes: *Don Quijote*, 641 [dt.], 622 [span.])

26 Den eindrucksvollen Versuch einer kritischen Neubewertung von Avellanedas Fortsetzung hat Aylward unternommen: *Towards a Revaluation*.

Abb. 5: Und noch ein Werk der Zauberer – Avellanedas Fortsetzung von 1614.

Die Zauberer

rien!«,[27] ruft sich der Roman zu, und hat dabei nicht bedacht, dass dieses Verlangen auch Gelegenheitsarbeiter auf den Plan ruft, welche die Aussicht auf ein schnelles Geschäft lockt, dieweil sein Verfasser noch darauf hofft, »daß er die Geschichte, nach der er mit überaus großem Eifer sucht, findet und sie, einmal gefunden, sogleich in den Druck geben kann«.[28]

Cervantes zieht daraus die richtigen Schlüsse: Wo sich Literatur die eigene Seelenfängerei zum Gegenstand macht, da ist auch das Plagiat kein rechtliches, sondern ein literarisches Problem, und muss deswegen auch literarisch behandelt werden.[29] Don Quijote muss folglich selbst mit der falschen Quijoterie zurechtkommen, er muss den Kampf um seine ›echte‹ Person zur Geschichte machen und dadurch seinen Verfasser, den Cide Hamete Benengeli, als rechtmäßigen erweisen. Die Vorbereitungen zu dieser Geheimoperation beginnen damit, dass man Informationen über die Widergänger einholt: Wie sahen sie aus, wie haben sie geredet, was hatten sie vor? Dem ersten Eindruck nach – Don Quijote blättert ein wenig in der falschen Fortsetzung – sprachen sie mit aragonesischem Akzent. Dem zweiten Eindruck nach ergeben sich Unstimmigkeiten in biografischen Angaben: Die Frau des falschen Sancho Panza heißt Mari Gutiérrez und nicht Teresa Panza,[30] der falsche Quijote hört auf den Vornamen Martín und nicht Alonso. Noch deutlicher fallen die charakterlichen Unterschiede aus. So schildert Avellaneda, wie Don Jéronimo be-

---

27 Cervantes: *Don Quijote*, 679 [dt.], 658 [span.].
28 »[...] en hallando que halle la historia, que él va buscando con extraordinarias diligencias, la dará luego a la estampa«. (680 [dt.], 658f. [span.])
29 Gelernt hat Cervantes dies aller Voraussicht nach bei Mateo Alemán, dem Mateo Juan Martí 1602 bei der Fortsetzung seines *Lazarillo de Tormes* (1554) zuvorgekommen war, was Alemán dazu veranlasst hatte, in seinem eigenen zweiten Teil die Figur des Diebes Sayavedra (Martís Pseudonym) zu schaffen und in den Wahnsinn zu treiben; vgl. hierzu Friedman: ›Guzman de Alfarache‹, 66–69.
30 Dieser Name wird freilich vom Erzähler des ersten Teiles als einer unter mehreren möglichen (Juana Panza, Juana Gutiérrez und Mari Gutiérrez) angegeben, insofern ist das natürlich ein Vorwurf, der letztlich auf ihn selbst zurückfällt.

richtet, Sancho »als einen Freßsack, einen Einfaltspinsel, ganz und gar nicht spaßhaft und als einen ganz anderen Sancho als jener es ist, der im ersten Teil der Geschichte [...] beschrieben wird.«[31] Das alles sind nun bestenfalls Steckbriefe, mit deren Hilfe der neutrale Leser erkennen soll, dass »der Sancho und der Don Quijote dieser zweiten Geschichte [...] gewiß nicht die gleichen [sind], die in jener anderen umgehen, die Cide Hamete Benengeli geschrieben hat«.[32]

Das Plagiat ist allerdings immer noch in der Welt, die Verwechslungsgefahr besteht nach wie vor und dementsprechend müssen nun weitere strategische Schritte erfolgen, mit denen Don Quijote seine gestohlene Persönlichkeit wieder unter Kontrolle bringen kann. Die erste Maßnahme besteht in einer Änderung der Reiseroute. Avellaneda hatte sich an die Ankündigung des ersten Teiles gehalten, der zufolge Don Quijote sich nach Saragossa begeben wollte. Von dort aus führt ihn Avellaneda über Alcalá und Madrid schließlich in das Narrenspital von Toledo, wo er bis zu seiner Heilung untergebracht wird. Dies vor Augen ändert Cervantes' Quijote seinen Plan:

Aus diesem Grunde [...] werde ich meinen Fuß nicht nach Zaragoza wenden; dadurch mache ich die Lüge dieses neuen Verfassers öffentlich bekannt, und die Leute werden daraus ersehen, daß nicht ich jener Don Quijote bin, von dem er spricht.[33]

Sprach's und ging nach Barcelona.

31 »[...] píntaos comedor y simple y nonada gracioso, y muy otro del Sancho que en la primer aparte de la historia de vuestro amo se describe«. (Cervantes: *Don Quijote*, 1186 [dt.], 1112f. [span.])
32 »[...] que el Sancho y el Don Quijote desa historia deben de ser otros que los que andan en aquella que compuso Cide Hamete Benengeli«. (Ebd. 1188 [dt.], 1114 [span.])
33 »Por el mismo caso [...] no pondré los pies en Zaragoza y así sacaré a la plaza del mundo la mentira dese historiador moderno, y echarán de ver las gentes como yo no soy el don Quijote que él dice«. (Ebd., 1189 [dt.], 1115 [span.])

Hier zeichnet sich eine nicht unwesentliche Veränderung in der Geschichte der literarischen Entführungsfälle ab. Erstmals interagiert ein Text offen und massiv mit seinem Plagiat, richtet sich an diesem aus, verändert seine Handlungsführung im Abgleich. Es mag auf den ersten Blick so scheinen, als ob es sich dabei um Ausweichmanöver handelt, die eben ein Zusammentreffen mit der Schöpfung des Plagiators vermeiden sollen. Indessen geschieht genau das Gegenteil: Cervantes' Fortsetzung lässt Avellanedas Text bis zum Ende nicht mehr los; immer wieder beschwört der Text den Widersacher. Zieht Don Quijote in Barcelona ein, so wird er dort als »der tapfere Don Quijote de la Mancha, nicht der falsche, der vorgetäuschte, der unterschobene, den man uns dieser Tage in verlogener Geschichte dargeboten«, sondern als »der wahre, der rechtmäßige, der echte, den uns Cide Hamete Benengeli geschildert hat«, ausgerufen.[34] Besucht er hier eine Verlagsdruckerei, so erfährt er nebenbei, dass man gerade dabei sei, den zweiten Teil des *Don Quijote*, »verfasst von einem Herrn Soundso, wohnhaft in Tordesillas«, zu korrigieren und für den Druck vorzubereiten.[35] Das Plagiat ist allgegenwärtig; es wird zum festen Bestandteil einer Erzählung, die darauf angelegt ist, sich die Verfügung über ihr Personal und ihre Handlung zurückzuerobern. Doch das ist noch nicht alles: Cervantes importiert zu diesem Zweck sogar noch das Personal, das seinen eigentlichen Sitz ausschließlich im Plagiat hatte. Im 72. Kapitel treffen Don Quijote und Sancho zufällig auf Señor Don Alvaro Tarfe, dessen Name Don Quijote durchaus bekannt vorkommt – er hat ihn nämlich in Avellanedas Fortsetzung gelesen. Dort spielt dieser Charakter in der Tat eine wichtige Rolle, avanciert er doch zum steten Begleiter der beiden Reisenden, und er ist es auch, der Don Quijote am

---

34 »[…] bien sea venido, digo, el valeroso don Quijote de la Mancha: no el falso, no el ficticio, no el apócrifo que en falsas historias estos días nos han mostrado, sino el verdadero, el legal y el fiel que nos describió Cide Hamete Benengeli, flor de los historiadores«. (Ebd., 1208 [dt.], 1131 [span.])
35 Ebd., 1224.

Ende in das Irrenhaus von Toledo bringt. Alvaro Tarfe fungiert sozusagen als Kronzeuge der plagiatorischen Realität. Genau als solchen nimmt Cervantes' Don Quijote ihn dann auch in Anspruch: Er verlangt von Alvaro Tarfe eine öffentliche Erklärung,

> daß Ihr, Euer Gnaden, mich zeit Eures Lebens nie gesehen habt und daß ich nicht jener Don Quijote bin, der in jenem zweiten Teil gedruckt umgeht, noch daß dieser Sancho Panza hier, mein Schildknappe, jener ist, den Ihr, Euer Gnaden, gekannt habt.[36]

Wohlgemerkt: Gefordert ist hier nicht die Auskunft über ›wahre‹ und ›falsche‹ Identität, sondern lediglich die Bestätigung der Unvereinbarkeit beider Identitäten. Don Alvaro sieht das wie von selbst ein,

> obschon es erstaunlich ist, wenn zwei Don Quijote und zwei Sancho zu gleicher Zeit existieren, die ebenso sehr in den Namen übereinstimmen, wie sie sich in ihrem Verhalten unterscheiden; ich wiederhole und bestätige darum, daß ich nicht gesehen habe, was ich gesehen, noch erlebt habe, was ich erlebt.[37]

Man muss das nun ganz genau beleuchten, um zu begreifen, wie die Literatur sich in ihrer plagiatorischen Grundstimmung selbst reflektiert und zu helfen versucht. Mit Alvaro Tarfe raubt sich Cervantes' Fortsetzung eine Person jenes Textes, der selbst wiederum Cervantes seiner Figuren beraubt hatte. Diese Figuren aber gehörten ohnehin – wie wir gesehen hatten – bereits einer Welt an, die das Werk einer universalen Seelenfängerei war: der Welt der Romanliteratur, in der

---

36 »[...] de que vuestra merced no me ha visto en todos los días de su vida hasta agora, y de que yo no soy el don Quijote impreso en la segunda parte, ni este Sancho Panza mi escudero es aquel que vuestra merced conoció.« (Ebd., 1295 [dt.], 1207 [span.])
37 »[...] puesto que cause admiración ver dos don Quijotes y dos Sanchos a un mismo tiempo tan conformes en los nombres como diferentes en las acciones; y vuelvo a decir y me afirmo que no he visto lo que he visto, ni ha pasado por mí lo que ha pasado.« (Ebd.)

sich das Leben Don Quijotes aufgelöst hatte. Wenn also mit Alvaro Tarfe nun ausgerechnet eine Figur Avellanedas als Zeuge für die ›Originalität‹ Don Quijotes und Sanchos berufen wird, dann spricht in jenem Moment ein Plagiat des Plagiats des Plagiats.

Das ist nun wahrlich keine souveräne Sprechposition, und deswegen hält Don Alvaro auch nicht Gericht – die Kapitulationsgeste, mit der er die Figuren des Avellaneda verwirft und die des Cervantes anerkennt, ist verräterisch. Don Alvaro hat »nicht gesehen, was er gesehen« und »nicht gehört, was er gehört«. Er bezeugt also eine Realität, indem er dieser ihren Realitätswert abspricht. Keine schlechte analytische Leistung: Das Plagiat ist etwas, was eigentlich nicht ist, wenn man das Original – den ›echten‹ Quijote – vor sich sieht. Also: wenn man ein Original überhaupt sehen könnte. Tatsächlich bezieht sich nämlich die Begründung, die Don Alvaro für die Doppelexistenz Don Quijotes und Sanchos gibt, auf den unterschiedslos plagiarischen Gesamtzustand dieser Literatur. Nicht von ungefähr tauchen in dieser Begründung auch gerade wieder die *encantadores* auf, bei denen schon die Verantwortung für Don Quijotes mentalen Grundzustand gesucht wurde. Wenn Don Alvaro nämlich angibt, es stünde nun »außer jedem Zweifel [...], daß die Zauberer, die den guten Don Quijote verfolgten, mich mit einem schlechten Don Quijote narren wollten«,[38] dann unterstellt er dabei indirekt Original und Plagiat der gleichen Wirkungsinstanz. Die Magier der Literatur manipulieren die Seelen *aller* Quijoterien. Erst haben sie aus Alonso Quijada, Quesada oder Quijana Don Quijote de la Mancha werden lassen, sodann haben sie die »Narrenpossen und Spukgestalten« (»burlería y cosa de sueño«) Avellanedas auf den Plan gerufen und schließlich diese in der Erklärung des Don Alvaro auch wieder zum Verschwinden gebracht. Ontologisch gibt es also keinen Unterschied mehr

---

38 »[...] que los encantadores que persiguen a don Quijote el bueno han querido perseguirme a mí con don Quijote el malo.« (Ebd., 1294 [dt.], 1206 [span.])

zwischen originärer Schöpfung und Fortsetzungsplagiat. Es gibt nur zwei Texte, die mit Gespenstern – mit gestohlenen Seelen – angefüllt sind, von denen freilich nur einer sich dessen auch bewusst ist.

Dieses Bewusstsein beschreibt die Differenz zwischen Avellanedas und Cervantes' Fortsetzung, zwischen einem naiven und einem reflektierten Selbstverständnis des literarischen Plagiarismus. Für Avellaneda übersetzt sich die Verzauberung Don Quijotes als ein singulärer, typisierender Vorgang, der die Figur beliebig verfügbar werden lässt. Er verleugnet das Eigenleben des Ritters von der Mancha und unterwirft ihn den Mächten literarischer Transposition. Mit anderen Worten: Avellaneda hält sich selbst für einen der Zauberer, die leibhaftige Edelmänner in papierne, entwicklungsunfähige Abziehbilder zu verwandeln vermögen. Hierin bleibt er hinter den Einsichten der Cervantes'schen Vorlage weit zurück, die ihren Reiz ja gerade dadurch gewinnt, dass sie einen Menschen zeigt, der mit der und gegen die Literatur um seine Seele kämpft und eben darin ja doch einen unverwechselbaren, eben nicht ›typischen‹ Charakter gewinnt. Avellaneda hat durchaus gut beobachtet, aber aus seinen Beobachtungen völlig falsche Konsequenzen gezogen: Don Quijote gehört gar keinem Autor mehr, das ist richtig; aber es ist nur deshalb richtig, weil sich dieser Mensch seine Existenz gegen das Kollektiv der Romanautoren erstritten hat, weil er immer wieder das Recht der geraubten Seele gegen ihre Unterdrücker durchzusetzen sucht. Natürlich kann er diesen Kampf nicht gewinnen. Wohl aber kann er kämpfend seiner Welt begreiflich machen, dass er nicht der einzige ist, dessen Leben von der Literatur bedroht wird. Cervantes hat diese Untiefen der Bücherexistenzen gesehen, und so breitet sich in seiner Fortsetzung der Sog der Psychagogie von Don Quijote her aus und erfasst nicht nur dessen nächste Umgebung, sondern den gesamten literarischen Kosmos – Autoren, ungeladene Gäste und Fortsetzer mit eingeschlossen.

Was heißt das? Nichts weniger, als dass derjenige, der sich näher an die quijotische Welt heranwagt und sich ihrer zu bemächtigen versucht, selbst ein Teil von ihr wird, selbst seinen Namen (und sei es auch nur ein vorgeschobener) an sie verliert, dass er entführt, missbraucht, umgeschrieben und gar ausgestrichen werden kann.[39] So ist auch von Alonso Fernández de Avellaneda am Ende nicht mehr übriggeblieben als der Ärger über einen »angeblich aus Tordesillas gebürtigen Schriftsteller«.[40] Die Zauberer haben seine Seele in der Literatur verschwinden lassen und mit dem Bann belegt,

> daß er die müden, nun schon morschen Knochen Don Quijotes in ihrem Grabe ruhen lasse und ihn nicht allen Gesetzen des Todes zuwider nach Altkastilien schleppe, indem er ihn aus der Grube hervorholt, in der er wirklich und wahrhaftig seiner ganzen Länge nach liegt.[41]

In Wahrheit hält die Totenruhe natürlich nicht lange. In ganz Europa schießen schon in der zweiten Hälfte des 17. Jahrhunderts zahllose Quijote-Adaptionen aus dem Boden und spätestens die Aufklärung etabliert den Ritter von der traurigen Gestalt als »eine symbolische Person, welche erfunden worden, eine besondere und merckwürdige Eigenschaft in dem Character der Spanischen Nation vor den Augen aller Welt

---

39 Deswegen ist es für den von Cervantes beschäftigten Erzähler geradezu lebensnotwendig, einen möglichst großen Abstand zwischen sich und seinen Gegenstand zu bringen. Als Schutz dient ihm Cide Hamete Benengeli, der Chronist, der Quijote auf Schritt und Tritt verfolgt, der sein Leben aufgeschrieben hat und von sich sagen kann, »[f]ür mich allein wurde Don Quijote geboren und ich für ihn« – »[p]ara mí sola nació don Quijote, y yo para él« (ebd., 1312 [dt.], 1223 [span.]). Wer sich so symbiotisch zur Quijoterie verhält, der muss letztlich ganz in ihr aufgehen und selbst wiederum zum literarischen Effekt werden. Man kann diesen Text dann auch nicht einfach den Lesern aussetzen, sondern muss diesen vermitteln, durch einen maurischen Konvertiten übersetzen lassen, ihm die arabischen Zaubersprüche austreiben.
40 Ebd.
41 Ebd.: »[…] que deje reposar en la sepultura los cansados y ya podridos huesos de don Quijote, y no le quiera llevar, contra todos los fueros de la muerte, a Castilla la Vieja, haciéndole salir de la fuesa donde real y verdaderamente yace tendido de largo a largo, […].«

zu spielen«.⁴² ›Symbolische Personen‹ aber fallen notgedrungen aus der Zirkulation der Seelenökonomie heraus, denn an ihnen interessiert nicht die Seele, sondern nur das Prinzip. Dieses schwindende Bewusstsein von der Dramatik des Plagiats wird vermutlich durch nichts besser dokumentiert als durch Bertuchs sechsbändige Übersetzung *Leben und Thaten des weisen Junkers Don Quixote von la Mancha* (1775–77), die Cervantes' und Avellanedas Fortsetzung einfach zusammenfügt. Aber auch Wielands *Don Sylvio von Rosalva* (1764), der durchaus »eine Art von einem jungen Don Quischott seyn [könnte], der [...] auf der Feerey, wie der Ritter von der Mancha auf der irrenden Ritterschaft, herum zöge«,⁴³ begreift das Leben und Wirken seines Vorgängers bereits nicht mehr als literarisches Schicksal, sondern als abschreckendes Exempel und verwahrt sich entsprechend ausdrücklich dagegen, ›einen Don Quischot‹ aus sich machen zu lassen.⁴⁴ Als exemplarischer Typus zieht der Ritter von der Mancha fortan seine Kreise durch alle europäischen Literaturen und Textgattungen. Das ist Rezeptionsgeschichte. Die Plagiatsgeschichte indessen kann diese Ausfahrten nicht mehr begleiten. Sie bleibt, wie die Seele des Ritters, vorerst in Kastilien.

Der Arm des Cid

Wie nah der Verdacht des Plagiats und die Wahrnehmung eines Formverlustes beisammen liegen und in welcher Körpervorstellung beide letztlich gründen, lässt sich an der sicherlich bedeutsamsten öffentlichen Werkdiskussion des 17. Jahrhunderts ablesen: der »Querelle du Cid«. Die kunstpolitische Tragweite, die die ›Querelle‹ erst zur *querelle* werden lässt – schließlich nimmt sich die Académie Française

---

42 Vgl. Johann Jakob Bodmer: *Von dem Character* [1741], 261. Hierzu auch Häfner: *Miguel de Cervantes' Don Quijote*, und Jacobs: *Don Quijote in der Aufklärung*.
43 Wieland: *Don Sylvio von Rosalva*, 253.
44 Ebd., 144.

(also: Richelieu) des Falles an und lässt in Person von Jean Chapelain ein Gutachten anfertigen –, hat in diesem Zusammenhang durchaus Aussagecharakter. Letztlich gibt sie Zeugnis ab von einem Kampf um die Grenzen der *imitatio*, der in der französischen Klassik mit aller Heftigkeit geführt wird.[45] Hatte sich die deutsche Gelehrtentradition (neben dem eingangs erwähnten Thomasius sind hier noch die Abhandlungen von Theodor Jansen Almeloveen[46] und Johann Albert Fabricius[47] zu nennen) der Problematik des Plagiats doch mit historisch-systematischer Nüchternheit zugewandt, so beherrschen in Frankreich zur gleichen Zeit die Extreme das Feld.

Auf der einen Seite findet sich dort ein Theoretiker wie Richesource, der das Plagiat in *Le Masque des orateurs* (1667) als eine *ars rhetorica* betrachtet, für die er den Begriff des »plagianisme« wählt.[48] Genau genommen beschreibt »plagianisme« die Kunst, von einem fremden Text her zu arbeiten: Man liest einen Text analytisch, zerlegt ihn in seine Einzelteile und arbeitet ihn mikrologisch um, bis das Original, das als Gesamtkonstrukt immer noch fortwirkt, hinter der neuen Fassade vollkommen verschwunden ist.[49] Man mag das als eine rhetorische Fingerübung betrachten, doch geht es Richesource grundsätzlich um die Etablierung einer auktorialen Verkleidungstechnik, um eine »maskenhafte Ausarbeitung, durch die der Autor oder ein anderer Geltung als zweiter Meister eines Werkes erlangen kann.«[50] Recht verstanden verfertigen die »Orateurs Plagianistes« somit ›Masken‹ für einen anderen, früheren Redner, dessen Physiognomie vollkommen unkenntlich gemacht, der aber dennoch weiterhin

---

45 Vgl. hierzu ausführlicher Viala: *Naissance de l'écrivain*, 90–93.
46 Almeloveen: *Plagiorum Syllabus*.
47 Fabricius: *Decada Decadum*.
48 Richesource: *Le masque*.
49 Ebd., 52: »[...] un ouvrage travesty par l'auteur ou par quelqu'autre peut passer pour un second chef d'œuvre.« Zu Richesources Anweisungen vgl. ausführlich Zoberman: *Plagiarism as a Theory of Writing*.
50 Richesource: *Le masque*, 52.

als das ›Original‹ hinter der Maske gedacht wird. Dabei ist die Radikalität, mit der Richesource den Begriff des *plagianisme* verwendet, bemerkenswert. Selbst dort, wo die Verfremdung des Originals nicht nur an rhetorische Detailarbeit, also etwa an die *amplificatio* oder *diminutio* gebunden bleibt, sondern auch die Kerngedanken des Ursprungstextes ersetzt werden, bewegt man sich immer noch auf dem Gebiet des Fremden. Richesource schreitet bei alledem nicht über die Produktion eines Einzeltextes hinaus, er fordert keine fundamentale Neuperspektivierung literarischer Produktionsvorstellungen. Dennoch wird man zugestehen müssen, dass der affirmative Plagiatsbegriff der Avantgarden hier seine Wurzeln findet, oder zumindest: hätte finden können.

Im Frankreich des 17. Jahrhunderts bleibt Richesource gleichwohl ein Ausnahmefall. Schon längst – von Ronsard war bereits die Rede – hat sich der Plagiatsvorwurf zu einem elementaren Bestandteil ästhetischer Normierungsversuche entwickelt. Bereits 1627 trifft es Guez de Balzac, den man mit dem dafür eigens neu geschaffenen Stigma der *conformité* belegt, das nicht nur auf die Uneigenständigkeit einer literarischen Schöpfung zielt, sondern diesen Vorwurf auch explizit auf das Prinzip der *imitatio* ausweitet; auf die Nachahmung der Klassiker etwa, was einem humanistisch gesinnten Autoren natürlich unbegreiflich sein muss.[51]

Die Abhandlungen zu den diversen *conformités* bilden gewissermaßen den französischen Ableger der *klopaï*-Literatur; im Gegensatz zum griechischen Vorläufer forciert die *conformité* aber einen nationalen Originalitätsanspruch, der weder durch antike noch durch fremdländische Importe beeinträchtigt werden soll. So spricht man nicht nur von der »Conformité der Beredsamkeit des Herrn Balzac mit jener der großen Persönlichkeiten aus Vergangenheit und Gegenwart« (André de Saint Denis, 1628), sondern etwa auch von

---

51 Zur Auseinandersetzung um Balzac vgl. Bombart: *Guez de Balzac*, zur *conformité* vor allem 251–259.

der »Conformité der italienischen und der französischen Musen«.⁵²

Unter solchen Vorzeichen erwischt es nun auch – zehn Jahre nach Balzac – Pierre Corneilles Tragikomöde *Le Cid*. Im März 1637 geistert ein kleines Poem durch Paris, in Umlauf gebracht durch Jean Claveret, verfasst und (vermutlich in Mans) gedruckt von dessen Freund, Jean Mairet, dem Verfasser der *Sophonisbe* (1634). Überschrieben sind die sechs Strophen mit »Der Verfasser des echten spanischen Cid an seinen französischen Übersetzer«.⁵³ Der ›französische Übersetzer‹ – damit ist Corneille gemeint, den der *Cid* über Nacht von einem beachteten zu einem populären Dramatiker hatte werden lassen. Als Nebeneffekt hat sich wie von selbst der Neid der Konkurrenten eingestellt, unter ihnen eben Mairet, dessen Zorn sich freilich weniger am Stück, denn an der Selbstdarstellung seines Verfassers entzündet hat. In unmittelbarer zeitlicher Nähe zur Veröffentlichung des *Cid* im Druck hatte Corneille sich nämlich in der sogenannten *Excuse à Ariste* selbst auf den französischen Parnass gehoben, von dem aus er auf die Verzweiflung seiner Neider herabgeschaut hatte.⁵⁴ Der Erfolgsdichter vergleicht sich mit Apoll, aus seinen Versen spricht grenzenloses Vertrauen in die eigene Ingeniosität, kulminierend in:

---

52 Zumindest erinnert Tallemant des Réaux sich in seinen *Historiettes* (1657) an solch ein Werk, in dem 43 italienische und französische Sonette – zur Schande der Letzteren und insbesondere des von des Réaux geschätzten Philippe Desportes – gegenübergestellt werden. Das bibliografische Gedächtnis hat ihn allerdings wohl betrogen, denn tatsächlich bezieht er sich auf die 1604 erschienene Anthologie *Les Rencontres des Muses de France et d'Italie*. (Vgl. Tallemant des Réaux: *Les Historiettes*, 64f.)

53 »L'autheur du vray Cid espagnol à son traducteur françois, sur une Lettre en vers qu'il a faict imprimer Intitulée (*Excuse à Ariste*) ou apres cens traits de vanité, il dit parlant de soymesme. *Je ne doy qu'a moy seul toute ma Renommée.*« (Die Zitation der *Querelle*-Texte – außer dem *Cid* selbst – nach der umfassenden Dokumentation von Armand Gasté, hier 67f.)

54 »Puis d'un vol eslevé se cachant dans les cieux / Il rit du desespoir de tous ses envieux.« (Corneille: *Excuse à Ariste*, 63)

Je satisfaits ensemble et peuple et courtisans
Et mes vers en tous lieux sont mes seuls partisans
Par leur seule beauté ma plume est estimée
Je ne dois qu'à moy seul toute ma Renommée[55]

Die Zeile, aus der sich schließlich die »Querelle du Cid« entwickeln wird, ist die letzte – »Je ne dois qu'à moy seul toute ma Renommée«: ›Meine ganze Berühmtheit schulde ich niemandem als mir selbst‹. Nun ist eine solche Behauptung im Bezug auf den *Cid* nicht unproblematisch, denn tatsächlich handelt es sich dabei um die französische Adaption einer spanischen Komödie. Die Vorlage *Las mocedades del Cid* (1618) stammt von Guillén de Castro, den Mairet in seinem Gedicht gegen Corneille in Stellung bringt. Es fallen dort unschöne, bereits aus den Diskussionen um Ronsard bekannte Formulierungen. So wird Corneille als »vanteur« (Dieb), als »imposteur« (Hochstapler) tituliert, welcher der »Verachtung der Welt und ihrer Bewohner« ausgesetzt sei,[56] und natürlich lässt sich Mairet auch das Wortspiel »Corneille d'Horace« nicht nehmen, das aus dem für seine Feder, seine »plume«, geschätzten Dichter eine »Corneille déplumée«, eine ›gerupfte Krähe‹, werden lässt. Jede Strophe wird zudem von einer Variation der ›Renommée‹-Zeile abgeschlossen, bis der ›Verfasser des echten spanischen Cid‹ am Ende zu dem Fazit kommt: »Et qu'enfin tu me dois toute ta Renommée« – ›Und letztlich schuldest du deine ganze Berühmtheit mir‹.[57]

---

55 Ebd., 64. (»Ich erfreue sowohl das Volk wie die Hofgesellschaft / und meine Verse sind hierbei meine einzigen Verbündeten / Allein aufgrund ihrer Schönheit wird meine Feder geschätzt, / Meine ganze Berühmtheit schulde ich niemandem als mir selbst«)

56 Die Formulierung »Au mepris de la terre, et de ses habitants« entspricht dabei in verblüffender Weise der Diktion, mit der sich der erstmals 1694 erschienene *Dictionnaire de l'académie françoise* der Plagiatoren annimmt, die dort »die Verachtung der ganzen Welt auf sich ziehen« (»s'attirent le mespris de tout le monde«); vgl. *Dictionnaire de l'académie françoise*, Paris 1694, 254.

57 *L'autheur du vray Cid*, 68.

Sekundiert werden Mairets Anwürfe alsbald von seinem Kollegen Georges du Scudéry, der seine *Observations sur le Cid* mit einem Katalog all jener Stellen abschließt, die wörtliche Übersetzungen aus Castros Drama darstellen – und das sind nicht wenige. Corneille hatte diesen Sachverhalt zunächst nachlässig behandelt und erst in späteren Ausgaben jene (etwa hundert) direkt entliehenen Passagen kursiv setzen lassen, eine Maßnahme, die zweifellos als Reaktion auf die Angriffe Mairets und Scudérys zu sehen ist. Betrachten wir uns diese Angriffe und die auf sie folgende Debatte allerdings etwas genauer, so fällt auf, dass der Plagiatsvorwurf im Grunde einen Initialeinwand abgibt, der rasch in eine ästhetische Fundamentalkritik übergeht, in deren Verlauf die Frage der Originalität allmählich in den Hintergrund tritt. So lassen sich insgesamt zwei Argumentationslinien gegen den *Cid* ausmachen, von denen die erste mit Sicherheit, die zweite, größere, aber auf den ersten Blick nicht in diese Literaturgeschichte zu gehören scheint. Das Primärargument trifft Corneilles Autorschaftsentwurf, dessen ungebrochenes Selbstbewusstsein im starken Kontrast zu der Beobachtung steht, dass »nahezu alle Schönheit, die das Stück besitzt, gestohlen ist« (»que presque tout ce qu'il a de beautez sont derrobees«[58]). Das Sekundärargument stößt sich hingegen an der mangelnden Konformität des Stückes, seiner Handlungsführung, seiner Rhetorik und seiner Charaktere. Der disparate Eindruck täuscht indessen: Beide Einsprüche gegen den *Cid*, der plagiatsbezogene wie der formale, erscheinen bei näherem Hinsehen als Ausfaltungen *ein und desselben* Gedankens. Scudéry kann noch so sehr beteuern, seine Angriffe gälten dem *Cid* und nicht dessen Verfasser: In Wahrheit zielt er im einen auf das andere. Wenn er also Corneille sein persönliches *gnothi seautón* – »Connois Toy Toy Mesme«[59] – entgegenschleudert, dann heißt das vor allem eines: Erkenne Dich wieder in Deinem Stück, so wie ich es Dir zeige. Scudérys Logik ist schlicht:

---

58 Scudéry: *Oberservations*, 78.
59 Ebd., 72.

Corneilles Selbstverständnis als Autor spiegelt sich im Selbstverständnis des Dramas und seiner Figuren. Zerlegt man also das Stück in seiner Disproportionalität, dann zerlegt man damit zugleich auch den göttlichen Autor Corneille, hinter dem dann wiederum die literarische Tradition in Gestalt des spanischen Zulieferers zum Vorschein kommt.

Um das zu verstehen, muss man sich natürlich erst einmal ins Gedächtnis rufen, um was es im *Cid* eigentlich geht. In Kürze (was viel verlangt ist): Chimène, die Tochter von Don Gomès, des Grafen von Gormas, hat sich dazu entschlossen, Don Rodrigue, den Sohn Don Diègues, zu ehelichen. Leider geraten die Väter der Liebenden über die vakante Stelle des Prinzenerziehers aneinander, wobei Don Gomès den ob seines fortgeschrittenen Alters kraftlos gewordenen Don Diègue beleidigt und ohrfeigt. Dieser fordert nun seinen mit dem Schwert noch unerprobten Sohn auf, die Ehre des Hauses wiederherzustellen. Es kommt zum Duell zwischen dem Grafen und Rodrigue, der Graf kommt dabei ums Leben. Schon sind die Konflikte da: Chimène will Rache für ihren Vater, Rache an dem Mann, den sie zugleich als einzigen liebt und dessen Tod sie daher mit ihrem eigenen Tod gleichsetzt. Rodrigue wiederum erkennt seine Tat zum einen als der Familienehre gemäß, zum anderen aber als Verbrechen an der Familie Chimènes, deren eigenhändiger Vergeltung allein er sich aushändigen will – ein Wunsch, dem Chimène aber eben nicht entsprechen kann. Don Fernand, König von Kastilien und oberster Gerichtsherr in dieser Sache, kommt nun auf den Gedanken, das Schicksal Richter spielen zu lassen: Rodrigue soll das kastilische Heer in den Krieg gegen die Mauren führen, die in Spanien eingefallen sind. Aus der Schlacht kehrt Rodrigue als triumphaler Sieger und vaterländischer Held zurück – mit dem Beinamen »Cid« (›Herr‹), den ihm die unterlegenen Mauren verliehen haben. Vor dem König ist Rodrigues Schuld damit endgültig abgegolten. Chimène besteht jedoch weiterhin auf Vergeltung, so dass nun in einem Duell zwischen dem Wichtigtuer Don Sanche und Rodrigue die endgültige Entscheidung herbeigeführt werden soll. Wer am Leben bleibt und Chimène das Schwert des Unterlegenen bringt, den wird sie heiraten. Rodrigue entwaffnet den im Kampf ungeübten Sanche, verschont ihn aber und lässt ihn sein Schwert selbst zu Chimène bringen. Diese hält Rodrigue für tot, lässt ihren Gefühlen freien Lauf und bekennt vor dem König, dass Rodrigues Tod sie »von einer unversöhnlichen Feindin zu einer untröstlich Liebenden« gewandelt habe.[60] Don Sanche offenbart daraufhin die wahre Begebenheit, die Liebenden werden unter dem Beistand des Königs und der Infantin versöhnt und ihre baldige Hochzeit in Aussicht gestellt – Rodrigue hat nämlich den Auftrag erhalten, zuvor noch die Mauren in ihrem eigenen Land zu besiegen und zu unterwerfen.

Man muss kein Experte auf dem Gebiet der Dramentheorie sein, um zu erkennen, dass dieses Stück sich nur bedingt auf dem Boden der aristotelischen Normpoetik bewegt. Corneilles Kritikern ist es ein Vergnügen gewesen, dem *Cid* seine ›Regelverstöße‹ als Kriterium mangelnder Qualität vorzuhalten; ein Defizit, das freilich auch der spanischen Vorlage angelastet wird. Diese Insuffizienz des *Cid* beginnt natürlich beim Genre der ›Tragikomödie‹, führt über das Problem der drei dramatischen Einheiten (insbesondere der Einheit der Zeit[61]) und endet schließlich bei der fehlenden Durchmischung der Charaktere. So urteilt Scudéry, dass das Bühnenpersonal an vom Himmel gefallene Götter erinnere (»que les Personnages y semblent des Dieux de machine, qui tombent du Ciel en terre«).[62] Man habe es hier nicht mit Menschen zu tun, die zu

---

60 »Enfin, Rodrigue est mort, et sa mort m'a changée / D'implacable ennemie en amante affligée.« (Zitation des *Cid* aus dem Frz. nach der Ausgabe von Georges Couton, hier 774 (vv. 1755f.); dt. Übersetzung nach der Ausgabe von Hartmut Köhler, hier 223.)

61 Scudéry: »[…] dans le court espace d'un jour naturel, on eslit un Gouverneur au Prince de Castille; il se fait une querelle er un combat, entre Dom Diegue et le Comte, autre combat de Rodrigue et du Comte, un autre de Rodrigue contre les Mores; un autre contre Dom Sanche; et le mariage se conclut, entre Rodrigue et Chimene […].« (*Observations*, 77.)

62 Ebd.

Helden würden, sondern mit einem Heldentum *ex machina*, einem Heldentum ohne Geschichte, ohne Risiko, ohne Konformität: mit Göttern. In der Tat kennt der Cid Rodrigue keinen echten Gegner außer sich selbst; er ist ein Mann von unbegrenzter (und von väterlicher Seite ererbter) *valeur*, ein Mann, dem alles gelingt, auch wenn er nicht die geringste Erfahrung besitzt. Der Heros des Don Rodrigue hat also keinen Realitätswert, das ganze Stück bewegt sich im Grunde in einer Sphäre der Falschheit, des Unwahrscheinlichen: »Die Wahrscheinlichkeitsregel wird in keiner Weise befolgt, auch dort, wo sie absolut unabdinglich wäre.«[63] Für ein ordentliches Drama ist das natürlich zuviel des Guten. Aber es geht wohl eben nicht nur um das Drama.

Tatsächlich verbindet sich die Kritik an der überzogenen Figurenkonstellation auf das Engste mit der Grundsatzkritik an der öffentlichen Aufnahme des Stückes sowie mit der Kritik an Corneilles auktorialer Selbstherrlichkeit.[64] Ein Theater, das bahnbrechende Publikumserfolge erzielt, obwohl es sich an keinerlei Regeln hält; ein Autor, der sich als Genius dieser Regellosigkeit auch noch feiern lässt – all das erscheint ebenso unglaublich wie ein junger Edelmann, der noch kaum ein Schwert in den Händen hatte und schon bereit ist, sich um seiner Liebsten Willen einer ganzen Armee zu stellen.[65] ›Erkenne dich selbst‹, das heißt also hier: Erkenne die Falschheit deiner Selbstvergottung. An dieser Stelle greift die Argumentation aber nun wieder auf den Plagiatsvorwurf zurück, denn kein Zweifel kann bestehen, woher dasjenige kommt, das Stück und Autor so göttlich erscheinen lässt: »presque tout ce qu'il a de beautez sont derrobees« – ›alles, was das Drama an Schönheit besitzt, ist Diebesgut‹. Der *Cid* und sein Verfasser sonnen sich in fremdem Glanz. Sowohl Scudéry als auch etwa

---

63 »[…] la regle de la vraysemblance n'est point observée, quoy qu'elle soit absolument necessaire.« (Ebd.)
64 Erstmals aufgefallen ist diese eigentümliche Nähe Dalia Judovitz: *La Querelle du Cid*.
65 Vgl. Corneille: *Le Cid*, 776 (vv. 1808–1812).

Der Arm des Cid

Sorel in seinem *Jugement du Cid* (immer noch 1637) kommen demnach zu dem unmissverständlichen Schluss, dass Corneille »sich mithilfe einer geraubten Autorität zum Gott erhebt«,[66] und dass es nötig ist, »sich der Vergöttlichung entgegenzustellen, die er selbst herbeigeführt hat, und ihn vom Himmel zu holen, in den er sich selbst gestellt hat, ohne dabei Jupiter um Erlaubnis zu fragen.«[67]

Man muss diese Angriffe, so neiderfüllt und pedantisch sie auch sein mögen, analytisch lesen. Nehmen wir sie ernst: Corneilles Inszenierung des dichterischen Ingeniums auf der Grundlage eines ›geliehenen‹ Textes erscheint tatsächlich problematisch. Die Frage ist jedoch, ob diese Problematik einfach eine Folge naiver Vorstellungen von literarischem Eigentum ist oder ob ihr Corneille nicht auch selbst wieder einen eigenen Reflexionsrahmen eingeräumt hat. Ist die heroische Person, die Corneille in der *Excuse à Ariste* entwirft, wirklich so ungebrochen, zahlt sie wirklich keinen Preis für ihr ›Renommée‹?

Doch, sie zahlt, und der Tribut ist in der Tat nicht ganz so klein, wie es auf den ersten Blick scheinen mag. Der poetische Heros Corneille ersteht, indem er seine Seele verliert:

Mein Glück begann, als mir meine Seele genommen
                                                                                                          wurde,
Ich erwarb Ruhm, indem ich meine Freiheit verlor,
Bezaubert von zwei schönen Augen, bezauberte meine
                                                                                    Dichtung den Hof
Und den Namen, den ich habe, schulde ich der Liebe.[68]

---

66 »[…] qu'il [Corneille] se Deifioit d'authorité privée«. (Scudéry: *Observations*, 77)
67 »[…] de s'opposer à ceste deïfication qu'il faisoit de luy mesme, et de le desnicher du ciel où il s'estoit mis, sans en demander permission à Jupiter.« (Sorel: *Le Jugement du Cid*, 239)
68 »Mon bonheur commença quand mon ame fut prise, / Je gaignay de la gloire en perdant ma franchise, / Charmé de deux beaux yeux, mon vers charma la Cour, / Et ce que j'ay de nom je le dois à l'amour.« (Corneille: *Excuse à Ariste*, 65)

Die schönen Augen gehören vermutlich Catherine Hue, Corneilles erster Liebschaft – das aber nebenbei. Natürlich geht es hier um ein Inspirationsgeschehen. Der Dichter und seine Muse schenken einander ihre Seelen, und diese Seelen bleiben auf immer miteinander verbunden, ganz gleich, wie viel Realität diese Liebe für sich beanspruchen darf.[69] Die Dichtung, die aus dieser Verbindung hervorgeht, ist also bereits ›bezahlt‹, psychisch abgegolten. Die Muse spendet Gedanke, Wort und Ruhm, der Dichter überlässt ihr dafür seine Seele, wird aus freien Stücken ein Unfreier. Die Inspirationsvorstellung kehrt die Parameter der Plagiatsvorstellung also konsequent um: Der Inspirierte stiehlt nicht, sondern lässt sich selbst stehlen. Somit steht Corneilles Behauptung eines aus der Liebe erstehenden Heros dem Vorwurf eines sich ganz der Tradition verdankenden Renommées gegenüber; und nicht von ungefähr verläuft der eigentliche Konflikt des *Cid* genau zwischen diesen beiden Fronten.

Um das zu begreifen, wird man sich erst noch einmal darauf besinnen müssen, auf welche Weise Don Rodrigue – der Cid – überhaupt zu seiner tragischen Situation gekommen ist. Der Ausgangskonflikt des Stückes besteht in der Auseinandersetzung zwischen Don Diègue und Don Gomès, wobei es oberflächlich nur um eine Personalentscheidung ging: Don Gomès hatte als aussichtsreichster Kandidat für die Stelle des Prinzenerziehers gegolten, überraschend wurde Don Diègue ihm aber vorgezogen. Der darauffolgende Zwist legt nun die eigentlichen Differenzen frei. Mit Don Diègue ist die Wahl des Königs auf denjenigen gefallen, dessen Ruhm sich auf frühere Verdienste gründet, der aber bereits zu schwach ist, um sein Heldentum noch beweisen zu können; der Prinz wird bei ihm nur eine ›Lebensgeschichte‹ lesen können.[70]

---

69 »[…] tant qu'ont duré nos flames / Ma Muse egallement chatoüilloit nos deux ames«. (Ebd.: »so lange unsere Flammen brennen, so lange kitzelt meine Muse auch unsere beiden Seelen«.)
70 »Pour s'instruire d'exemple, en dépit de l'envie / Il lira seulement l'histoire de ma vie«. Corneille: *Le Cid*, 715 (vv. 179f.)

»Lebendige Beispiele sind von anderer Macht; / aus einem Buch erlernt ein Prinz seine Pflichten schlecht«,[71] hält dem Don Gomès entgegen. Höfischer Heroismus sei keine Lektüre, er verlange nach Verlebendigung – und wie zum Beweis folgt dann die Ohrfeige, mit der sich der Graf in die Lebensgeschichte Don Dièques hineinschreibt, ohne dass dieser sich dessen erwehren könnte.

Um seine Ehre wiederherzustellen, muss Don Dièque seine ›Lebensgeschichte‹ also wieder zum Leben erwecken, ihr einen neuen, wehrhaften Körper stiften. Diesen aber findet er in seinem Sohn. Don Rodrigue, der ›Cid‹, ist demnach letztendlich selbst nur die Fortschreibung resp. die ›Aktualisierung‹ einer fremden, ins Alter gekommenen Geschichte. Zur ruhmreichen Vita seines Vaters verhält er sich in gewisser Weise so wie Corneilles Drama zur Vorlage des Guillen de Castro: In neuem Gewande wird das Alte, Überholte, Unzeitgemäße gegenüber seinen Verächtern wieder satisfaktionsfähig – so weit die Theorie, deren Funktionalität der junge Rodrigue ja mit dem tödlichen Triumph über den Grafen unter Beweis stellt.

Nun beginnt die Geschichte dieses neuen Helden allerdings nicht erst hier. Don Rodrigue ist ja ein Liebender, das Recht an seiner Seele hat per Schenkung Chimene. Dieser Umstand wird nun allerdings zum Problem, denn Chimene erhält Konkurrenz: In den Körper des Geliebten zieht die Seele seines Vaters ein, die ihn unabweisbar auf die Familienehre verpflichtet. Das ist kein Vergnügen, sondern vielmehr die Grundlegung des dramatischen Konfliktes, der sich auf die kurze, durch Rodrigue selbst geprägte Formel bringen lässt: »Allons, mon âme« oder »Allons, mon bras« – ›Auf, meine Seele!‹ oder ›Auf, mein Arm!‹.[72] Die Forderung der Vaterseele entzweit Don Rodrigue also mit sich selbst, was bereits in

---

71 Corneille: *Der Cid*, 69. (»Les exemples vivants ont bien plus de pouvoir, / Un Prince dans un livre apprend mal son devoir«, Corneille: *Le Cid*, 715, vv. 185f.)
72 Vgl. Rodrigues Monolog in der siebten Szene des ersten Aktes.

jenem Moment geschieht, in dem der Vater den Sohn erstmals um Hilfe bittet. Dabei appelliert Don Diègue nicht an die Seele seines Sohnes; ohnehin will er ihn gar nicht ganz besitzen, sondern nur einen bestimmten Teil: »dieses Eisen, das mein Arm nicht länger halten kann, / ich übergebe es dem deinen, um zu rächen und zu strafen.«[73]

Der Arm – *le bras* – ist fortan der Sitz des fremden Bewusstseins im Körper des Cid. »Majestät, ich bin der Kopf, er ist nur der Arm«, wird Don Diègue später zur Verteidigung seines Sohnes vor dem König vorbringen. In der Tat: Mit Blick auf den Vater ist Rodrigue wirklich »nur der Arm«, die modernisierte Extension eines altehrwürdigen kastilischen Ehrenkodex. Von diesem Arm wird in der Folge noch oft die Rede sein, wie ohnehin das gesamte Bühnenpersonal viel von bzw. sogar mit seinen ›Armen‹ redet[74] sowie gemeinhin zur Häufung von Synekdochen neigt, also Sprachbilder produziert, in denen sich die Körperteile Zug um Zug von ihrem Besitzer abzuspalten scheinen. (Auch hieran hat die Kritik dann später Anstoß genommen.[75]) Die scheinbare Unbesiegbarkeit dieser Menschen – wir erinnern uns: allesamt ›Dieux de machine‹ – gründet sich allein auf das Pathos des Arms, den ein eigentümliches wie unerbittliches Sittengesetz regiert. Viel ist damit zu gewinnen, nicht zuletzt eben *renommée*. Außer Frage steht auch, dass die von Generation auf Generation vererbte Seele des Arms staatserhaltende Bedeutung hat,[76] dass Kasti-

---

73 Corneille: *Der Cid*, 77. (»Et ce fer quem on bras ne peut plus soutenir, / Je le remets au tien pour venger et punir«, Corneille: *Le Cid*, 719, vv. 273f.)
74 Dies ist natürlich eine männliche Konversationsregel, die vom Grafen, der allein seinem gefürchteten Arm das Privileg der königlichen Erziehung zuspricht (v. 217), über Don Diègue, der unentwegt die Altersschwäche seines Arms betrauert (vv. 239f.), bis eben hin zum Cid führt, der seinen Weg in die Tragödie über ein Zwiegespräch mit seinem Arm findet (vv. 33–342).
75 Vgl. Sorel: *Le Jugement du Cid*, 234f., 237.
76 So erst der Graf (v. 190): »Et ce bras du Royaume est le plus ferme appui«, und dann auch Don Diègue (v. 240): »Mon bras qui tant de fois a

lien untergehen muss, sobald die Söhne sich der Vererbung verweigern. Am Cid wird jedoch zugleich auch deutlich, dass derjenige, der diesen alten Geist in sich aufnimmt, nie wieder Herr im eigenen Hause sein wird. Erneut stoßen wir also auf das Phänomen der plagiatorischen Umkehrung: Wer zum Träger einer fremden Seele wird, der muss seine eigene dreingeben – ein schlechtes Geschäft. Der Dienst am Vater erweist sich damit im Nachhinein als Teufelspakt, der nicht mehr rückgängig zu machen ist:

> Ihnen gedient zu haben bereue ich in keiner Weise;
> doch geben Sie mir nun auch das Gut zurück, das dieser
> Streich mir entrissen hat.
> Mein Arm, der, um Sie zu rächen, sich gegen meine Liebe
> wappnete,
> hat mich durch diesen ruhmreichen Schlag meiner Seele
> beraubt.[77]

Der Arm des Cid hat Ruhm gewonnen und dabei leider das Band durchtrennt, das zwischen Chimene und Rodrigue bestand. Chimene, die rechtmäßige Besitzerin der Seele Rodrigues, nimmt darauf ihr Eigentum zu sich und kündigt damit die Inspirationsgemeinschaft auf, so dass Don Rodrigue keinen Zugang mehr zur eigenen Seele hat. Diesen wiederherzustellen, ohne dabei den Ruhm zu verlieren – das ist die Herausforderung, vor der er nun steht.

Am Ende des Dramas wird er dann dort angekommen sein, wo Pierre Corneille, sein Autor, längst auf ihn wartet. Glauben wir der *Excuse à Ariste*, dann konnte Corneille seine Seele ja scheinbar ohne Umstände seiner Muse vermachen, obschon auch er ein altes kastilisches Erbe (nämlich eine spanische Textvorlage) zu verwalten hatte. Auch er stand einst zwi-

---

sauvé cet Empire« bzw. v. 1082: »Ton Prince et ton pays ont besoin de ton bras.« (Corneille: *Le Cid*, 715 und 751)

[77] Corneille: *Der Cid*, 157. »Je ne me repens point de vous avoir servi, / Mais rendez-moi le bien que ce coup m'a ravi, / Mon bras pour vous venger armé contre ma flamme, / Par ce coup glorieux m'a privé de mon âme«. (Corneille: *Le Cid*, 750f. [vv. 1057f.])

schen der Macht der Überlieferung und dem Eros der Inspiration, und offensichtlich hat er einen Ausweg aus diesem Zwiespalt finden können. Der Konflikt zwischen beiden Instanzen fällt im Selbstlob Corneilles allerdings einfach unter den Tisch; in seinem Drama wird er hingegen bis zum Ende durchgespielt. (Und zum Glück handelt es sich eben um eine Tragikomödie, so dass für ein glückliches Ende gesorgt ist.)

Vergegenwärtigen wir uns noch einmal – ein letztes Mal – die Situation des Cid. Die Verpflichtung gegenüber dem Vater hat ihn bis auf den Tod von seiner Liebsten entzweit, denn auch Chimene kann das Recht der Familie nicht ohne Weiteres ignorieren, sondern muss auf der Rache für den erschlagenen Vater bestehen. Die Körper der Liebenden, ihre Arme, ihre Hände gehören alten Männern, deswegen können sie einander ihre Seelen nicht schenken. Rodrigue mag sich noch so viele Verdienste auf dem Felde erwerben – die Schuld gegenüber Chimene wird dadurch nicht abgegolten, denn es sind andere Mächte, die in seinem Körper wirken und ihn zum Ruhm führen. Man mag die fremde Seele des Cid achten und respektieren – lieben kann man sie nicht. Bevor der Eros wieder Einzug halten kann, muss sie folglich exorziert werden. Das ist nun eine tragische Konstellation par excellence: Um die amouröse Einheit der Seelen wiederherzustellen, müssen ihre Besitzer durch den Tod hindurch gehen.

Diesem Schicksal entgeht der Cid, wie berichtet, durch eine kluge Strategie. Er ändert die Dramaturgie der Tragödie, spielt den Toten und befreit die Seelen der Liebenden auf diese Weise von der Tyrannei der Väter. Chimene ihrerseits glaubt im Schwert, das der unterlegene Don Sanche ihr bringt, jenes Instrument zu erkennen, mit dessen Hilfe sich die Logik der Ehre jener Seele bemächtigt hatte, die doch ihr, Chimene, zugesprochen war. Kehrt dieses Schwert also in ihre Hand zurück, hat diese Logik keine Macht mehr über den Cid – er gehört wieder ihr und sie gehört wieder ihm. Das ist die eigentümliche Verwandlung, die Chimene durchlebt und hinter welche sie auch dann nicht mehr zurück kann, als sie erfährt, dass sie sich geirrt hat. Don Rodrigue lebt und trägt immer noch das ruhmbringende Schwert seines Vaters. Es richtet sich allerdings nicht länger gegen seine Liebe, sondern wird von nun an von dieser gestützt: Chimene gewährt dem Cid die Rückkehr in die Gemeinschaft der liebenden Seelen und aus dieser Gemeinschaft heraus kann er nun auch erneut das Erbe des Don Diègue im Felde übernehmen.[78]

Das Private verbindet sich auf diese Weise einmal wieder galant mit der Staatsraison. Kastilien verwandelt sich wieder in eine große, schlagkräftige Familie, in deren Namen ein Mann Heldentaten vollbringt und seine Gegner vor Furcht und Bewunderung erstarren lässt. Eben dies ist aber auch die Einheitsvision, auf der das Ich der *Excuse à Ariste* sein Selbstbild aufbaut. Corneille tritt ein spanisches Erbe an, er führt vielleicht nicht das Schwert, aber doch die Feder Guilléns de Castro mit sich. Doch so viele Zeilen er dem ›Verfasser des echten Cid‹ auch schuldet, so wenig kann er sich als einen Plagiator begreifen. Immerhin hat ›sein‹ Stück gerade unter dem großen Beifall des Publikums den Beweis geführt, dass der Zorn der Musen sich besänftigen lässt und sie auch zu demjenigen zurückkehren, der den väterlichen Traditionszwang zeitweilig ihren Einflüsterungen vorzieht. Der Dichter, wie ausgiebig er auch von Vorlagen Gebrauch machen mag, steht letztendlich immer noch in einem Inspirationsverhältnis, und, wir hatten das bereits am Eingang dieser Betrachtung: Der Inspirierte stiehlt eben nicht, sondern lässt sich stehlen – von der Muse persönlich.

Genau dies aber werden Kritiker wie Mairet und Scudéry nie verstehen: Dort, wo eine »douce amorce« erst einmal die Kontrolle übernommen hat, interessieren die Besitzansprüche alter Männer niemanden mehr: nicht die eines ›wahren Autors‹, erst recht nicht die eines Aristoteles und seiner

---

78 Und so verwundert es denn auch nicht, dass sich am Ende vor die Heirat mit Chimene ein weiterer Feldzug des Cid schiebt, denn Chimene muss ja erst noch lernen, ihren Mann nicht trotz, sondern wegen seines Ruhmes zu lieben – »Qu'il lui soit glorieux alors de t'épouser«. (Corneille: *Le Cid*, 777 [v. 1858])

Normpoetik. Der Eros adelt alle literarischen Beutezüge und macht sie zu den seinen – die man nicht strafen kann.

Das Plagiat als Kriegskind

Der eigentliche Plagiator des 17. Jahrhunderts aber heißt Mars. Der Krieg, der allein die deutschen Staaten ein Drittel ihrer Bevölkerung kosten wird, erscheint in der Vorstellungskraft der Zeitgenossen keinesfalls nur als Zerstörer, sondern vor allem auch als ein Entführer, der sich das gesamte europäische Gesellschaftssystem unter den Nagel gerissen hat und es nun nach eigenem Gutdünken umgestaltet. Aus den Trümmern der Zivilität erschafft er ein eigenes Rechtswesen, eine eigene Wirtschaftsstruktur, ja, sogar eine eigene Theologie. Er okkupiert die Sprache, die Wissenschaften und die Bevölkerungspolitik, die ihn schon bald zum alleinigen Vater einer großen martialischen Familie erklärt.

Mars ist vor allem deshalb ein Plagiator, weil er einer Welt vorsteht, in der das Plagiat zur gesellschaftlichen Norm geworden ist. Was einmal in den Kriegskosmos eingetreten ist, bleibt nur im seltensten Fall ›originär‹, unverrückt, unangetastet, sondern durchlebt Plünderungen, Entführungen, Verschleppungen, Schändungen, Entstellungen. Eigentum wird flüchtig – und mit dem Eigentum auch die Person des Eigentümers, denn das kriegerische Subjekt veräußert sich ganz an das Hier und Jetzt. Es kennt weder ewigen Besitz noch unveränderliche Zugehörigkeit, es besteht nicht aus dem, *was es hat*, sondern aus dem, *was es sich nimmt und was ihm genommen wird*. Nicht Besitzlosigkeit, sondern der stete Wechsel von Besitzrechten; nicht Unpersönlichkeit, sondern der stete Wechsel von Zuschreibungen; nicht Körperlosigkeit, sondern die fundamentale Verunklärung, wessen Seele gerade in welchem Körper steckt – das ist also die Problematik, von der her nun das Phänomen des Plagiarismus gedacht werden muss.

Die eindrücklichste Veranschaulichung des martialischen Kosmos und seiner Bewohner verdanken wir Grimmelshausens Simplicianischen Schriften (1668–73), in denen wir den

Krieg als einen ›Spielplatz‹ kennenlernen, der alle auf ihm versammelten Spieler umgehend in Diebe verwandelt:

> Wann einer nur einen Fuß hieher setzt / in Meynung zu spielen / so hat er das zehende Gebot schoen uebertretten / welches will / Du solt deines Naechsten Gut nicht begehren![79]

Der Einsatz ist bei diesem Spiel indessen ein hoher, denn der Besitz im Kriege ist ja von der Person des Besitzers nicht mehr zu trennen:

> Wer sich auff den Spielplatz begibt zu spielen / derselbe begibt sich in eine Gefahr / darinnen er nicht allein sein Geld / sondern auch sein Leib / Leben / ja was das allerschroecklichste ist / so gar seiner Seelen Seeligkeit verlieren kann.[80]

Die Fatalität des Kriegs-Spiels besteht gerade darin, dass es die allmähliche Auflösung der Person geradewegs zur Teilnahmevoraussetzung hat: Wer viel ›umsetzt‹, der verliert sich zugleich an die Welt. So hat auch die Courasche, sicherlich die Meisterin der Kriegswirtschaft, sich ihren »Glumpen Gold […] mit Gefahr Leib und Lebens / ja / wie mir gesagt wird / mit Verlust der Seeligkeit zusammen geraspelt«.[81] Der Springinsfeld kommt etwas glücklicher davon: Er verliert sein Bein, rettet aber sein Seelenheil. Das »wunderbarliche Vogelnest«, die Wundergabe der letzten beiden Simplicianischen Bücher (1672/73), veranschaulicht schließlich das martialische Wirtschaftsprinzip in potenzierter Form. Wer es mit sich führt, wird unsichtbar; eine Gabe, welche die Besitzer des Nestes in erster Linie dazu nutzen, zu stehlen und mit verheirateten Frauen zu schlafen, bis ihnen – gerade noch rechtzeitig – bewusst gemacht wird, dass sie kein geringerer als der Teufel selbst »mit der Unsichtbarkeit schon dermaßen ange-

---

79 Grimmelshausen: *Simplicissimus*, 188.
80 Ebd.
81 Grimmelshausen: *Trutz Simplex*, 21.

seylet hatte«, dass sie von selbst »der Hoellen« entgegeneilen.[82]

Zusammengefasst: Der Krieg zwingt die Menschheit in die Dämonisierung der Ökonomie. Dementsprechend ist das Emblem dieser Ökonomie eben auch ein Dämon: der sogenannte *spiritus familiaris*, ein »dienender Geist / welcher dem jenigen Menschen / der ihn erkaufft / und bey sich hat / groß Glueck zu wegen bringt«.[83] Dieser Geist durchwandert als »Gleichnus / ich weiß nit von was vor einer ewigwaehrenden Bewegung« die simplicianische Welt und belebt ihren Wirtschaftskreislauf, »verschafft zu jedwederer Handelschafft genugsame Kauffleute und vermehret die *prosperitaet*«,[84] was nur deshalb möglich ist, weil der *spiritus familiaris* nichts anderes darstellt als ein Wesen, das seine Seele ganz an die Dinge verloren hat[85] und deswegen nun seinem Besitzer deren geheime – spirituelle – Beziehungen nutzbar zu machen vermag. (Mit dem kleinen Nachteil, dass derjenige, der den *spiritus* besitzt, »biß er stirbt / [...] mit ihm in die ander Welt reissen« muss, »welches ohne Zweiffel seinem Nahmen nach / die Hoell seyn wird«.[86]

Das Plagiat als Psychagogie gehört demnach zu den basalen Vorstellungen barocker Kriegsreflexion. Es ist nicht erst mit Rückgriff auf Rechtssatzungen zu konstruieren, sondern nimmt vielmehr den Charakter einer *conditio humana martialis* an. Wird diese Welt nun Literatur, Weltliteratur gar, so ergibt sich hierbei wie von selbst ein Paradoxon. Den Krieg erzählen, das heißt immer auch, sich dessen dämonische Kommunikations- und Handlungsstrukturen anzueignen, das Personal ins Fließen zu bringen, eindeutige Zuweisungen und Zweckbestimmungen konsequent zu hintertreiben – wie es

---

82 Grimmelshausen: *Das wunderbarliche Vogel-Nest*, 635.
83 Grimmelshausen: *Trutz Simplex*, 102.
84 Ebd.
85 Deswegen hält man den Dämon auch »vor keine Insect oder lebendige Creatur / weil das Glaß keinen Lufft hat / dardurch das beschlossene Ding sein Leben haette erhalten moegen«. (Ebd., 100)
86 Ebd. 103.

die Simplicianischen Schriften in Vollendung vorexerzieren. Diese Literatur bleibt nicht auf einer sicheren Anhöhe und schaut auf das Getümmel herab; sie plündert mit, sie verdingt sich als Söldner, sie verspielt ihre Seele. Immerhin handelt es sich ja um Schelmenprosa und der Schelm steckt bekanntlich immer mitten im Geschehen. Schelme operieren nicht außerhalb, sondern innerhalb der von ihnen verzerrt abgespiegelten Ordnung; erst indem sie sich zunächst ganz mit ihrer Umwelt identifizieren, indem sie Teil des Systems werden, erlangen sie ihre reflexive Überlegenheit. Schelmenromanerzähler, die sich in einem von Grund auf plagiatorischen Kosmos bewegen, schreiben deshalb nicht *über* diesen Kosmos, sondern werden erst einmal eins mit ihm.

Nun hat uns aber schon Cervantes gelehrt, dass diese Verschmelzung des Erzählens mit der Welt der Seelenräuber für die Literatur einen echten Testfall darstellt, denn nicht nur als Ware, auch als geschlossene Kunstform ist die Literatur immer noch darauf angewiesen, sich selbst zuzuordnen und zwischen ihren ›rechtmäßigen‹ und ›unrechtmäßigen‹ Eigentümern zu unterscheiden, will sie nicht ihre Seele verlieren. Sie muss sich folglich gegen den martialischen Zugriff zur Wehr setzen, wenn sie ihre Seele retten und die Dichtung nicht den marodierenden Landsknechten überlassen will. Im Eigeninteresse darf Literatur also kein Kriegskind sein. Wie aber kann sie dann überhaupt vom Krieg reden?

Das Schöne an großer Literatur ist, dass sie solch virulenten Konflikten nicht aus dem Weg geht, sondern sie zum Anlass einer opulenten Inszenierung nimmt. Angenommen also, der große Roman des Dreißigjährigen Krieges, der *Abentheurliche Simplicissimus Teutsch* (1668), wird selbst zum Opfer einer Plünderung; mit welchen Argumenten kann sich ein solcher Text verteidigen, wen könnte er noch zu seinem Sachwalter bestellen? Glücklicherweise ist das kein hypothetischer, sondern ein historischer Fall, der durchaus aufschlussreich ist. Werfen wir also einen Blick auf die »Wolgemeinte Vorerinnerung«, die der erweiterten Neuausgabe des *Abentheurlichem Simplicissimus Teutsch* von 1671 vorangestellt ist.

Im Gestus unterscheidet sich der Vorsatz nur wenig von Luthers Einleitung zur *Fastenpostille*; erneut geht es um die Umtriebe eines gewissenlosen Nachdruckers. Das ist in diesem Falle der Frankfurter Verleger Georg Müller, der 1669 ohne Rücksprache eine sprachlich überarbeitete Fassung des *Simplicissimus* veröffentlicht hatte.[87] Grimmelshausens Stammverleger, Wolff Eberhard Felßecker, hat dieser unliebsamen Konkurrenz zwei kurz aufeinanderfolgende (und reich ausgestattete) Neuausgaben entgegengesetzt, die jeweils durch eine kleine Vorrede eröffnet werden. Diese Vorreden machen nun – jede auf ihre Weise – die unbotmäßige Nutzung des Textes durch den Nachdruck zum Thema. Als Verfasser zeichnet allerdings weder Grimmelshausen noch Felßecker noch der anagrammatische Autor German Schleifheim von Sulsfort, sondern Simplicius Simplicissimus persönlich. Ihm ist der Nachdruck resp. die ›Neueinrichtung‹ seiner Lebensbeschreibung offensichtlich nicht gut bekommen; tatsächlich ist ihm das »frevelhafftige beginnen« des Nachdruckers Müller »als ichs vernommen / so sehr zu Hertzen gegangen / daß ich darueber in eine hoechstgefaehrliche Kranckheit gerahten / von welcher ich bis auf diese Stunde noch nicht genesen kan.«[88] Bei dieser Herzkrankheit aber, wir wissen es bereits von Brant, handelt es sich um die Folgeerscheinung einer Störung des auktorialen Organismus. Der Text ist seinem Eigentümer abtrünnig geworden, er läuft nun – als dessen zweites Leben – unter fremder Führung in der Weltgeschichte herum und verübt seine Streiche unter dem Namen des Autors. Um dem zuvorzukommen, erfolgt an dieser Stelle eine unmissverständliche Kaufempfehlung:

Jndessen lasset euch diese *Edition* meiner Lebens-Beschreibung / darbey meines Verlegers Nahm befindlich / vor andern lieb seyn / dann die andern Exemplarien / da das Wie-

---

[87] Zur Druckgeschichte des *Simplicissimus* vgl. ausführlich den Kommentar von Dieter Breuer, in: Grimmelshausen: *Simplicissimus*, 725–730.
[88] Ebd., 742.

derspiel befindlich / werde ich / so wahr ich *Simplicissimus* heisse / nicht vor meine Geburt erkennen / sondern / weil ich Athem hole / anzufeinden / und wo ichs sehe / aus selben Scharmutzel zu machen / auch dem Nachspicker eine Copi darvon zu uebersenden nicht unterlassen.[89]

Die Inszenierung der Beziehung von Autor und Verleger/Drucker als Elternschaft, also als Akt des Zeugens und Gebärens, ist an und für sich nichts Neues. Die Weigerung des Verfassers, die Nachdrucke »vor meine Geburt« zu erkennen, ist bestes Luthererbe und weist dem Leser zugleich den Weg in eine Vorstellungswelt, in der es von Wechselbälgern nur so wimmelt – eine Welt des ›Wiederspiels‹, der nun eine *authentische Literarizität* entgegengesetzt werden soll. Letzteres ist die Problemstellung, der sich unser Text im Angesicht der unliebsamen Frankfurter Konkurrenz ausgesetzt sieht und die er mit seinen eigenen Mitteln lösen muss.

Dass er dazu bereit ist, signalisiert er bereits mit der Wahl seines Leumunds. Wenn die »Vorerinnerung« mit dem Namen »Simplicius Simplicissimus« unterzeichnet ist, dann verschmelzen hierin Text und Paratext, literarisches Geschehen und literarische Marktstrategie, so dass das mit Blick auf den Nachdruck formulierte Problem der untergeschobenen Kinder erneut aus dem verlagspolitischen Diskurs herausgelöst und in die Logik der Literatur, sprich: in die Logik der simplicianischen Welt überführt wird. Im Aufgreifen der Dichotomie von ›echten‹ und ›unechten‹ Geburten überantwortet die »Vorerinnerung« die Plagiatsfrage also dem Roman selbst, der in einem eigens angelegten Spiel um die Möglichkeit gesicherter Vaterschaft und Kindschaft kreist. Dies gilt umso mehr, als der vom Plagiatsvirus befallene Simplicius vorgeblich selbst nicht in der Lage ist, sein Leben gegen den Diebstahl zu verteidigen. Deswegen beauftragt er seinen Stammhalter, für ihn in die Bresche zu springen und der Unterschei-

---

89 Ebd., 743.

dung von legitimer und illegitimer Abkunft, von Original und Plagiat, wieder feste Konturen zu verleihen:

> Nichts destoweniger habe ich meinem geliebten Sohn Simplicio anbefohlen / an Statt meiner ein Tractaetgen zu verfertigen / und solches euch hochwehrten Lands-Leuten mit ehisten zuzuschicken / auch euer Judicium darueber zu vernemen / dessen Titul also lautet:
>
> Derer in frembde Aemter greiffenden Frevler
> Rechtmaessige Naegelbeschneidung.
>
> Hoffe / solch Wercklein / werde ihnen nicht unangenehm seyn / weil darinnen solche arcana enthalten / welche vortreffliche Mittel an die Hand geben / das Seinige in hoechster Zufriedenheit und angenehmster Sicherheit zu besitzen.[90]

Das klingt nun etwas absonderlich. Angekündigt wird hier ja, wenn man genau liest, keine philosophisch-historische Abhandlung über den Plagiarismus, kein zweiter Thomasius also, sondern vielmehr eine Geheimlehre, deren Ziel der Schutz der eigenen Werke gegen die Fremdnutzer ist. Die Sicherung originärer Besitzverhältnisse kommt keiner Rechtsinstanz, keinem Privilegienstifter, nicht einmal dem Gelehrtenstand mit seinen Quellenreferaten zu. Wer auch immer glaubt, in einer Welt, in der sich Besitz und Erwerb konsequent über Betrug und Plünderung regeln, einen Standpunkt einnehmen zu können, von dem aus rational über das Eigene und das Andere befunden werden könnte, der sitzt bereits einer Illusion auf. Für Simplicius gilt das nicht, er weiß genau: »Das Seinige in angenehmster Sicherheit zu besitzen« – dies fällt im Deutschland des 17. Jahrhunderts längst in den Zuständigkeitsbereich eines ›anderen‹ Wissens. Wenn er hier von den »arcana« spricht, dann hat er das Problem des Plagiats schon längst auf das Feld der magischen Künste, nicht zuletzt auf das Feld der Alchemie verlagert. Das ist vielleicht gar nicht so abwegig: In Zeiten des Krieges ist geistiges Eigentum ein Stein

---

90 Ebd., 742.

der Weisen, ein Schöpfungsgeheimnis, dessen Grundprinzipien nicht von jedem verstanden und schon gar nicht von jedem gelehrt werden können. Im Grunde eignet sich für diese Unterweisung nur jemand, der weiß, wie man aus der Unmöglichkeit von Originalität ein evidentes Original herzustellen vermag, jemand, der mit den verworrenen wie verborgenen Besitzverhältnissen resp. dem ›Personenrecht‹ der simplicianischen Welt qua Geburt bestens vertraut ist – und das trifft auf den jungen Simplicius allemal zu.

Hierzu muss man nun zunächst wissen, dass die Verunklärung von Abstammung zum Kernprinzip des simplicianischen Erzählens gehört. Wenn Simplicius in der »Vorerinnerung« von ›Geburten‹ spricht, die er nicht als ›die seinen‹ ansehen will, dann wird sich der aufmerksame Leser daran erinnern, dass Simplicius selbst einst »an Kindes statt« aufgezogen wurde und erst sehr spät, im fünften Buch seiner *Lebens-Beschreibung*, die Identität seiner Eltern erfahren hat. Doch die Analogie reicht weiter: Das Ziehkind hat seine eigenen Familienverhältnisse innerhalb der Romanwelt in viralem Ausmaß reproduziert. Die Seelen, die durch Simplicii sexuelle Eskapaden wiederum zu zweifelhaften Geburten geworden sind, lassen sich nicht zählen. So berichtet die Schwester seiner auf dem Kindbett verstorbenen Frau, Simplicius habe bei seiner Verschickung nach Frankreich nicht nur seine Gattin, sondern »noch wol ein halb Dutzet Burgers-Toechter / schwanger hinderlassen; [d]ie dann eine nach der andern […] mit lauter jungen Söhnen nider kommen.«[91] Auf dem Höhepunkt dieser Entwicklung gebiert Simplicii zweite Frau dann ihrerseits einen Jungen, dessen Vater ganz offensichtlich der Knecht des Hauses ist, während die Magd zur gleichen Zeit mit einem von Simplicius selbst gezeugten Knaben niederkommt. In derselben Nacht lässt ihm eine seiner zahl- und folgenreichen Affären zudem einen weiteren Knaben vor die Tür legen: »mit schrifft Bericht / daß ich der

---

91 Ebd., 465f.

Vatter wäre / also daß ich auff einmal drey Kinder zusammen brachte«.[92] ›Gelöst‹ wird die verworrene Situation wiederum durch eine dreifache Fälschung der Abstammung. Die Magd wird mit Schweigegeld dazu gebracht, »ihr Kind einem Stutzer zuzuschreiben / der mich das Jahr zuvor unterweilen besucht«; Simplicius hingegen erklärt sich wider besseres Wissen zum Vater des von seiner Frau geborenen Kindes.

Mit dem dritten Kind hat es nun allerdings seine besondere Bewandtnis, denn dieses verknüpft nicht nur die sechs Bücher des *Simplicissimus Teutsch* mit den Folgebüchern der *Ertzbetrügerin und Landstörtzerin Courasche* und dem *Seltzamen Springinsfeld*, sondern es taucht zudem und nicht von ungefähr in der von Felßecker lancierten »Vorerinnerung« wieder auf. Dieses Kind, bei dem es sich um den ›jungen Simplicius‹ handelt, hat, bis es in der Obhut seines Vaters ankommt, bereits mehrere Täuschungsmanöver durchlaufen. Simplicius selbst hält es ganz zweifellos für das Ergebnis seines kurzen Stelldicheins mit einer Dame, die »mehr *mobilis* als *nobilis* war«, einer »Mannsfallen«, vor deren »Leichtfertigkeit« er jedoch alsbald ein »Abscheuen« entwickelt hatte.[93] Ganz offensichtlich wäre der Lebenswandel dieser Dame nicht der beste Bürge für eine zuverlässige Vaterschaft. Das eigentliche Problem liegt in diesem Fall allerdings weniger auf der väterlichen, denn auf der mütterlichen Seite: Die Courasche – um die »Mannsfalle« beim Namen zu nennen – ist unfruchtbar, das Kind, das sie vor die Türe des Simplicius legt, kann demnach gar nicht das ihre sein. Und in der Tat wird sie gegenüber dem von ihr verschleppten Erzähler Philarcho Grosso von Tromerheim, dem anagrammatischen Verfasser des *Seltzamen Springinsfeld*, bekennen, was es mit dieser Geburt wirklich auf sich hat:

> dann als ich vernommen / daß sich der schlimme gast verheurathet / hab ich ein Jungfer Kindgen / welches meine

---

92 Ebd., 481.
93 Ebd., 468.

Cammer-Magd eben damals aufgelesen / als er im Saurbrunnen mit mir zuhielte / auf ihn tauffen und ihm vor die Thuer legen lassen; mit Bericht / daß ich solche Frucht von ihm empfangen und geboren haette / so er auch glauben: das Kind zu seinem grossen Spott annehmen und erziehen: und sich noch darzu von der Obrigkeit tapfer straffen lassen müssen; vor welchen Betrug / daß er mir so rechtschaffen angangen / ich nicht 1000. Reichsthaler nehme / vornemlich / weil ich erst neulich mit Freuden vernommen / dass dieser Banckert des betrognen Betriegers einiger Erb seyn werde.[94]

Die Courasche triumphiert, glaubt sie doch, mit ihrem Wechselbalg die ›Autorschaft‹ des Simplicius auf immer beschädigt zu haben, denn was in seinem Namen fortlebt, sein Erbe übernimmt, seine Geschichten und ›Tractaegten‹ fortschreibt, steht tatsächlich in keiner Beziehung mehr zur simplicianischen Genealogie. Die Blutslinien scheinen abgerissen, die rechtmäßigen Erben rechtlos geworden,[95] während ein Kind aus einer scheinbar völlig unbekannten Verbindung als »einiger Erb« eingesetzt wird. Unter allen unehelichen ›Kopien‹, die Simplicius von sich hat anfertigen lassen,[96] scheint der junge Simplicius also gerade diejenige zu sein, die überhaupt nicht von ihrem Urheber autorisiert werden kann. Wenn es mit der Geschichte der Courasche seine Richtigkeit hat, dann ist dieses Kind nicht nur nicht die Geburt seines Vaters: es ist die Geburt eines Körpers, der keine Individualitäten, keine stabilen Zugehörigkeiten mehr kennt. Präziser: Der junge Simplicius erscheint als der symptomatische Auswurf einer Welt, in der die Leiber einander offenstehen, ineinander übergehen und letztlich nicht mehr voneinander zu trennen sind. Sein Vater ist allein der Krieg, der große Plagiator, »der

---

94 Grimmelshausen: *Der seltzame Springinsfeld*, 182.
95 So beklagt Simplicius laut die Tatsache, dass infolge der Geburtenvertauschung »ich meinem Knecht ein Kind auffziehen / und die Meinige nicht meine Erben seyn sollten«. (Grimmelshausen: *Simplicissimus*, 482)
96 Und man muss bemerken, dass ihm seine Söhne in der Regel dermaßen gleichen, als ob sie ihm »auß den Augen geschnitten« wären. (Ebd., 466)

Abb. 6: Eine schöne Familie...

Abb. 7: ... und ihr Vermächtnis.

befruchtende und empfangende, gebärende und geborenwerdende, verschlingende und verschlungenwerdende, trinkende, ausscheidende, kranke und sterbende Körper«[97] – ein groteskes Geschöpf.

Überträgt man diese Abstammungsverhältnisse nun auf den Kontext, dem wir die ›Geburts‹-Metapher entnommen hatten – die Verlagsinvektive gegen den Nachdruck des *Abenteuerlichen Simplicissimus Teutsch* –, dann ergibt sich hieraus zunächst, dass der ›junge Simplicius‹ für die Aufgabe, die Ordnung zwischen den diversen Exemplaren der Lebensbeschreibung seines Vaters wiederherzustellen und diese in legitime und illegitime Erbfolger einzuteilen, denkbar ungeeignet erscheint, bezeugt doch dieser ›Sohn‹ Simplicii vor allem anderen die Erkenntnis, dass die Flüchtigkeit der Seelen, die Entstellung und Durchmischung des Körpers, nicht Effekte eines Missbrauchs am Text sind, sondern vielmehr dessen Existenzbedingung darstellen. Dementsprechend kommt dieser Welt und ihren Figuren auch jedwede Position abhanden, von der aus eine Klage über das Plagiat verfasst werden könnte. Entführungen, Vertauschungen, Verdoppelungen sind in den Simplicianischen Schriften an der Tagesordnung; da wäre ihr wilder Nachdruck lediglich konsequent. Druckprivilegien, wie Grimmelshausen sie scherzhaft dem zweiten Teil seines *Wunderbarlichen Vogel-Nests* vorangestellt hat, finden also am grotesken Textkörper weder Halt noch Autorität und können demzufolge bestenfalls von einem »Nemonius Secretarius« unterzeichnet werden.[98]

Doch es bleibt dabei: Nicht auf den ›Sekretär Niemand‹, sondern auf das Wechselbalg der Courasche ist die Wahl des marktpolitischen Gewissens diesmal gefallen – und das mit gutem Grund. Dieses Kind weiß nämlich wie kein Zweites, dass es nicht darum gehen kann, die Textkörper und ihre ineinander verflochtenen Seelen wieder voneinander zu tren-

---

97 Die strukturale Rekonstruktion der Groteske natürlich bei Bachtin: *Rabelais und seine Welt*, 357–363.
98 Grimmelshausen: *Das wunderbarliche Vogel-Nest*, 453ff.

nen. Von entscheidender Bedeutung ist vielmehr, *die Wege der Seelen* zu kennen. An der Verworrenheit der Verhältnisse, der die Kriegskinder und ihre Texte entstammen, lässt sich nicht rütteln; womöglich lässt sich der groteske Leib des Krieges aber so programmieren, dass er am Ende doch wieder Originale zustande bringt. Diese Leibeskunst mag der junge Simplicius von seinem Vater gelernt haben, dem es in der Tat gelungen ist, das von der Courasche initiierte ›Wiederspiel‹ der falschen Geburten zu hintergehen und so doch noch zu einer beglaubigten Kopie seiner Person wie auch zu einer beglaubigten Kopie seiner Lebensbeschreibung zu kommen. Die Courasche hat sich getäuscht:

> [...] denn damals als ich sie *caressirte* / lag ich mehr bey ihrer Cammer-Magd als bey ihr selbsten; / und wird mir viel lieber seyn / wann mein *Simplicius* (dessen ich nicht verläugnen kann / weil er mir sowol im Gemuet nachartet / als im Angesicht / und an Leibs-Proportionen gleichet) / von derselben Cammer-Magd / als einer losen Zigeunerin geboren seyn wird.[99]

Hierin liegt also die Pointe des Ganzen: Die triumphale Pose der Seelenaustreiber geht ins Leere. Der alte Simplicius hat sein Erbe und seine literarische Autorität nicht an ein elternloses Geschöpf verloren und ebenso wenig ist der junge Simplicius ein Erbschleicher wider Willen; kein Dukat, kein Buchstabe hat jemals die simplicianische Erbfolge wirklich verlassen, denn die Courasche hat in ihrer Rachsucht danebengegriffen und Simplicius aus Versehen seinen eigenen Sohn zugestellt.

Auf den ersten Blick scheint das natürlich ein mehr als glücklicher Zufall zu sein, denn etwas unwahrscheinlich nimmt es sich doch aus, dass ausgerechnet aus dem Zusammenspiel von ausschweifender Sexualität (aufseiten des Simplicius) und betrügerischer Manipulation (aufseiten der Courasche) letztendlich eine stabile Familiengeschichte

---

99 Grimmelshausen: *Der seltzame Springinsfeld*, 183.

hervorgehen soll. Doch die Literatur kennt keine Zufälle. Grimmelshausens Seelenökonomie erfordert es geradezu zwingend, dass sowohl die simplicianische Vaterschaft als auch die simplicianische Autorschaft unabänderlich in das Szenario eines ungezügelten, räuberischen Trieblebens eingebunden bleiben – ihre Einzigartigkeit verdanken sie dem Umstand, dass sie *trotzdem* funktionieren. Die fundamentale Verwirrung der Familienverhältnisse durch den Krieg lässt sich ebenso wenig aufheben wie die Unterwanderung der Literatur durch die Plagiatoren. Wer welchen Namen rechtmäßig trägt (oder drucken lässt) und wer ihn nur gestohlen hat, ist auf beiden Ebenen zu einer unentscheidbaren Frage geworden, die Väter und ihre Söhne, aber auch Literaten und ihre Leser zu entzweien droht. Wie können Simplicius und sein Nachfahre sich dennoch finden und einander sicher sein? Und wie kann sich der simplicianische Erzähler vor den räuberischen Nachdruckern schützen?

Die Option, welche die simplicianische Welt für solche Fälle gewöhnlich bereithält, ist eine religiöse und nennt sich ›der unverstellte Blick‹: Man mag die Verhältnisse nicht verändern können, man kann sie aber vielleicht durchschauen. Wem nämlich ein ›unverstellter Blick‹ gegeben ist, der kann erkennen, wie die Genealogien innerhalb des Kriegskörpers verlaufen, was ›echte‹ und was ›falsche‹ Geburt ist. Ebenso erkennt er aber auch, in welchem Buch die Seele des Autors sich noch verbirgt und aus welchem sie abgeführt, vertrieben wurde. Wie aber gelangt man zu diesem ›unverstellten Blick‹?

Die Beantwortung dieser Frage wäre nun genau die Aufgabe des »Tractaegtgens« gewesen, das man dem jungen Simplicius zu schreiben aufgenötigt hat, das aber leider nie angefertigt wurde. Die Einführung in die Kunst, »das Seinige in hoechster Zufriedenheit und angenehmster Sicherheit zu besitzen«, muss deswegen wohl verschoben werden – wenn sie nicht schon verschoben wurde. Sicher, das angekündigte »Tractaegtgen« war offensichtlich nur ein leeres Versprechen. Allerdings ist der Sohn des Simplicius statt dessen an einer anderen Beigabe der *Simplicissimus*-Ausgabe von 1671 mitbeteiligt, denn diese ist »mit schoenen von mir / meinem Knan / Meuder / Ursele und Sohn *Simplicio inventir*ten Kupfferstuecken«[100] – 18 an der Zahl – ausgestattet, die Einzelszenen aus der Lebensbeschreibung wiedergeben, in die jeweils derselbe Wahlspruch eingeschrieben ist: »Der Wahn betreügt«. Die Komplexität dieses Satzes ist kaum zu erahnen, und doch führt er die ganze Schwere der simplicianischen Welt mit sich. Der ›Wahn‹ bezieht sich nämlich immer auf zweierlei: Zunächst bezeichnet er eine Sinnestäuschung, das ist in der Regel ein teuflisches Phänomen, ein sogenanntes *praestigium*.[101] ›Wahnhaft‹ ist dann derjenige, der einem Betrugsszenario aufsitzt, der also verführt wird, an etwas zu glauben, *was nicht ist*. (Denn der Teufel kann nun einmal nichts ›erschaffen‹, sondern bestenfalls Schöpfung vorspiegeln.) Man mag also in der Annahme gehen, einen eigens gezeugten Erben zu besitzen, der aber tatsächlich gar nicht leiblicher Abstammung ist. Ebenso kann es aber auch geschehen, dass man eine Lebensgeschichte in der Hand zu halten glaubt, die durch das in ihr erzählte Leben beglaubigt wird – der in Wahrheit aber ein Diebstahl zugrunde liegt. In diesem Sinne wäre der Leser des Frankfurter Nachdrucks von 1669 einem Wahn verfallen, und der verborgene simplicianische Hinweis auf den ›Trug‹ der Wahnbilder wäre somit ganz auf die ›Fehlleser‹ resp. die betrogenen Väter bezogen, die sich vor den höllischen Zauberkünsten der Plagiatoren in Acht nehmen sollen.

Die simplicianische Intention reicht jedoch über die Reihen der Betrogenen hinaus: »Der Wahn betreügt« – das richtet sich vor allem eben auch an diejenigen, die mit dem Wahn Kalkulation betreiben, falsche Vorspiegelungen (also beispielsweise unlizenzierte Nachdrucke) veranlassen und aus diesen ihren Vorteil zu ziehen versuchen. Wer seine Existenz auf den Wahn gründet, ihm also nicht nur erliegt, sondern sich ihm vermacht, der verwechselt nicht nur Wahrheit und

---

100 Grimmelshausen: *Simplicissimus*, 742.
101 Zum Teufelsdiskurs im *Vogel-Nest* vgl. Bergengruen: *Nachfolge Christi*, 257–267.

Lüge: er geht vielmehr davon aus, dass sich Wahrheit und Lüge gar nicht mehr unterscheiden lassen. Für den Betrüger gibt es demnach nur noch ein unendliches Durcheinander an Körpern, deren Seelen schon längst verlorengegangen und die dementsprechend beliebig austauschbar sind. Umso überraschter muss er also sein, wenn sich dann auf der einen Seite doch auf einmal Vater und Sohn wiederfinden und auf der anderen Seite ganz offen zutage tritt, dass ein autorisierter und ein unautorisierter Druck zwei ganz verschiedene Dinge sind.

Die möglichen Konsequenzen dieser Überzeugung hat Simplicius selbst deutlich ausgemalt. Er weiß, dass

> oft Jenige so andere zu betriegen vermeinen / sich selbst betriegen / vnd dass Gott die grosse Suenden (wo kein Besserung folgt) / mit noch groessern Suenden zu straffen pflege / davon endlich die Verdammnus desto groesser wird.[102]

Der ›betrogne Betrieger‹ glaubt an eine Körperlichkeit, die ohne Wahrheit ist, keine festen und abgeschlossenen Einheiten, Identitäten, Besitztümer kennt. Er bekennt sich zur Welt des Wahns und an diese Welt verliert er – ohne es zu bemerken – dann natürlich auch die eigene Seele. Das gilt ganz sicher für die Courasche, das gilt im gleichen Maße aber auch für den zweiten Geburtenfälscher: den Frankfurter Nachdrucker. Dessen Ausgabe des *Abentheurlichen Simplicissimus* ist ein Wahngebilde, ein Trugtext, der ein Leben an einem Ort erscheinen lässt, wo es keines geben kann. Aus simplicianischer Perspektive macht ihn das aber nicht nur zu einer falschen, sondern zu einer geradezu teuflischen Geburt – und wer die Kinder des Teufels zur Welt bringt, weil er keine eigenen zeugen kann (da wären wir dann bei der Courasche), der ist seine Seele längst los geworden.

Die lustvolle Abgründigkeit, mit der sich die Literatur des 17. Jahrhunderts des Plagiats annimmt, wird in der Folgezeit kaum mehr erreicht werden. Bleibt seine Sündhaftigkeit auch

---

102 Grimmelshausen: *Der seltzame Springinsfeld*, 183.

erhalten, so verliert diese dennoch bereits in der Frühaufklärung ihre höllische Tragweite. Für ein knappes Jahrhundert – bis zu den Romantikern – wird die Psychagogie nun erst einmal eingestellt. Unterdessen hat das Plagiat in der Ratio bereits ein ganz neues Betätigungsfeld gefunden; 1706 weist ihm Johann Conrad Schwartz, der letzte frühneuzeitliche Plagiatsforscher, schon nahezu selbstverständlich einen Sitz im Intellekt zu.[103] Aus dem Reich der verborgenen Kräfte und der Geister siedelt die Diskussion nun also in die Sphäre der unverborgenen Wahrheit und des Geistes über. Dass es dort gesitteter zugeht, darf schon jetzt bezweifelt werden.

---

103 Schwartz: *De plagio literario liber unus*. Schwartz unterscheidet hierbei zwei Klassen von Plagiaten, nämlich diejenigen, die direkt aus dem Verstand kommen (und da kann es sich eben auch um unbeabsichtigte Plagiate handeln, deren Ursache dann in der *ignorantia* liegt und bei denen es sich auch häufig um Zweifelsfälle handelt), und diejenigen, die einem boshaften Willen entsteigen, die aber dazu immer noch die *coniunctio* des Willens mit dem Verstand benötigen. (Vgl. ebd., 29–44)

VII. Wem das Wissen gehört

Frei und verkauft

Es ist nicht einfach, das Leben eines Originals zu führen, denn originell zu sein, das heißt zunächst einmal, sich keiner Konvention verpflichtet zu fühlen. Wer aber um jeden Preis ein Original sein will, dem wird als erstes auffallen, dass ihm überall Konventionen im Weg stehen: dass er nirgendwo der erste ist, dass er von Neigungen, Begierden, Lastern und Idealen heimgesucht wird, die er mit anderen Menschen teilen muss. Das Original kämpft gegen diese Teilhabe an, wenn es sein muss, auch wider jede Vernunft. Adrast ist solch ein Fall. Nichts will er mit denen gemein haben, die auf Gottes ausgetretenen Pfaden wandeln, nicht ihre Moral (die in seinen Augen nur eine Hinterlist ist), nicht ihre Verständnisbezeugungen (die ebenfalls nur eine Hinterlist sind) und schon gar nicht ihre Freundschaft (deren Angebot die allergrößte Hinterlist ist). Mit der Welt dieser Leute hat Adrast nichts zu schaffen, bequem hat er es sich in seiner Deismus-Nische eingerichtet und könnte dort wohl sein Lebtag lang ausharren, wenn es da nicht ein Problem gäbe: Er ist verliebt. Noch schlimmer: Juliane, die Frau, die er liebt, ist dem frommen Theophan versprochen, während für Adrast selbst Julianes Schwester Henriette bestimmt ist. Auch dies ginge wohl noch an, würde Theophan nicht alles daran setzen, seinen zukünftigen Schwager für sich einzunehmen und ihm unentwegt Güte zu erweisen, derer sich der Nonkonformist immer wieder erwehren muss. Fatalen Charakter gewinnt diese Konstellation indessen erst aus der Entdeckung, dass Adrast massiv verschuldet ist (und zwar bei Theophans Vetter Araspe), er die Grundvoraussetzung für die versprochene Heirat demnach nicht erfüllt und hierüber vollends von dem Wohltäter Theophan abhängig wird, der großzügig Adrasts Wechsel übernimmt. Letztlich geht das alles natürlich gut aus: Im entscheidenden Moment erkennt Adrast die guten Absichten Theophans als ebensolche, die beiden Eheanwärter begreifen, dass sie jeweils die Frau des anderen lieben (was sich gut fügt, denn auf der Seite der Frauen verhält es sich ebenso), der Vater der Schwestern ist schließlich milde gestimmt und sieht Adrast seine ruinöse Finanzlage nach – Doppelhochzeit.

Bei alledem geht fast unter, dass Lessing uns mit dieser Typenkomödie zugleich das Drama moderner Autorschaft beschert hat. Was man an Adrast liebt, ist die Illusion, in der er lebt; man liebt den »Freigeist«. Man glaubt ihm natürlich nichts: Der Freigeist ist – berücksichtigt man die »jetzigen Umstände« – »kein Mann von Kredit«.[1] Obwohl also jeder weiß, dass er es mit einem »lockre[n] Zeisig« zu tun hat, gibt man ihm trotzdem gerne die eigene Tochter zur Frau. Bei Licht betrachtet, zeichnet sich der Umgang mit den ›Freigeistern‹ ab der Mitte des 18. Jahrhunderts tatsächlich durch solch eine fröhliche Inkonsequenz aus. Man ergötzt sich an der Vorstellung des ›Original-Scribenten‹, der ganz aus sich selbst heraus denkt, schreibt und natürlich auch bezahlt; zugleich ist man jedoch, wie der Brautvater Lisidor, schlau genug, den Freigeist niemals nach seinem ›Vermögen‹ zu fragen, denn man ahnt die traurige Wahrheit ohnehin bereits. Also arrangiert man sich mit der Chimäre.

Den Freigeist selbst stellt solch ein Arrangement natürlich vor ungemeine Schwierigkeiten, denn er muss an ebenjene Chimäre seiner Originalität tatsächlich glauben. Seine größte Angst ist es, kein Unikat mehr zu sein, anderen gleich zu werden und »seinen Charakter zu verlassen«.[2] Niemand soll ihn für einen »Toren« halten, »der überall gern kleine Kopien und verjüngte Abschilderungen von sich selbst sehen möchte.«[3] In seiner Welt zählt nur der, welcher nichts von anderen nimmt, kein Geld, keine Gunst, keine Gedanken. Und da liegt dann auch das Problem: Der Freigeist Adrast ist nicht frei. Sein exaltierter Lebensstil beruht auf nicht bezahlten Wechseln, sein zukünftiges Glück hängt vom Wohlwollen eines

---

1 Lessing: *Der Freigeist* [1749], 536f.
2 Ebd., 526.
3 Ebd.

Theophan ab, und auch mit der Originalität seiner Rede ist es nicht allzu weit her, denn, wie er selbst freimütig bekennt: »Abgeborgt, oder selbst erfunden: es ist gleich viel. Es muß ein kleiner Geist sein, der sich Wahrheiten zu borgen schämt.«[4] Auf dem Weg ins Glück muss der Freigeist nun also lernen, dass zwischen ›abgeborgt‹ und ›selbst erfunden‹ in Wahrheit doch einige Unterschiede bestehen, dass man mit jedem Wort, mit jeder Münze, die man sich leiht, zum Schuldner wird, seine Freiheit verkauft. Freilich, am Ende gibt es, wie das bei Lessing nun einmal ist, die Großmut, die alle Rechnungen bezahlt und die Liebenden vereint;[5] aber darauf kann ein Freigeist nicht zählen. Im Gegenteil: Er wird in der Großmut anderer immer nur die unerträgliche Fortsetzung seines eigenen Ausverkaufs erkennen können. »Ich kann nicht wieder zu mir selbst kommen!«,[6] ruft er erschrocken aus, als ihm bewusst wird, dass er seine ökonomische Freiheit nicht durch weitere ungedeckte Wechsel wiedererlangen kann, sondern hierzu wiederum einen Bürgen braucht, in dessen Abhängigkeit er sich damit begibt. (Und das ist dann natürlich wieder Theophan, der die Bürgschaft nur zu gerne übernimmt).

»Ich kann nicht wieder zu mir selbst kommen!« – solch Leid widerfährt einem Don Quijote noch nicht. Um diesen Satz zu formulieren, bedarf es der Annahme eines jeder Nachahmungsdoktrin abholden Schöpfertums, eines ›freien Geistes‹ eben, der nichts als sich selbst ins Werk setzt, sich niemals in fremden Normen, Worten oder Krediten verliert. Wir brauchen hier nicht lange um den Begriff des ›Genies‹ herumschleichen, denn dieser gehört natürlich just in diesen Kontext. Lessing selbst wird den Terminus zwei Jahre nach der Entstehung des *Freigeist*, in einer im Juni 1751 erscheinen-

4 Ebd., 478.
5 Dass die Großmut allerdings immer nur über Umwege zur Wohltäterin werden kann, zeigt am trefflichsten Tellheims tragischer Widerstand gegen die Kompensationsbestrebungen der Minna von Barnhelm. Zur Analyse dieser zentralen Figur aufgeklärter Ökonomie vgl. Weidmann: *Ökonomie der »Großmuth«*.
6 Lessing: *Der Freigeist*, 541.

den Rezension zweier deutscher Übersetzungen von Charles Batteux' *Les beaux-arts réduits à un même principe* (1746), erstmals benutzen. Tatsächlich spiegelt aber schon der *Freigeist* Lessings spätere Perspektivierung des ›Genies‹, wie sie sich bis in den 17. Literaturbrief (Februar 1759) hinein verfolgen lässt,[7] ganz trefflich ab. Lessing entradikalisiert das Genie. Er glaubt – zumindest zunächst – nicht an den Triumph des regel- und traditionslosen Künstlers, sondern unterwirft das genialische Schaffen einem letzten, aber eben doch mächtigen Grundsatz: der »Nachahmung der schönen Natur«, ein »Grundsatz, woran sich alle, welche ein wirkliches Genie zu den Künsten haben, fest halten können«.[8] Der Genius ist nach dieser Bestimmung aber eben kein ›Freigeist‹, sondern ein Original *nach Maßgabe der Natur*, und das ist nachgerade das Gegenteil eines Freigeistes, wie Theophan bereits im Eingang des Stücks ausführt:

> Ihr Herz also ist das beste, das man finden kann. Es ist zu gut, Ihrem Geiste zu dienen, den das Neue, das Besondere geblendet hat, den ein Anschein von Gründlichkeit zu glänzenden Irrtümern dahinreißt, und der, aus Begierde bemerkt zu werden, Sie mit aller Gewalt zu etwas machen will, was nur Feinde der Tugend, was nur Bösewichter sein sollten. Nennen Sie es, wie Sie wollen: Freidenker, starker Geist, Deist; ja, wenn Sie ehrwürdige Benennungen mißbrauchen wollen, nennen Sie es Philosoph: es ist ein Ungeheuer, es ist die Schande der Menschheit. Und Sie, Adrast, den die Natur zu einer Zierde derselben bestimmte, der nur seinen eignen Empfindungen folgen dürfte, um es zu sein; Sie, mit einer solchen Anlage zu allem was edel und groß ist, Sie entehren sich vorsätzlich.[9]

---

7 Die Entwicklung der Reflexionen Lessings zum Genie findet sich in breiter Dokumentation bei Schmidt: *Die Geschichte des Genie-Gedankens*, 69–95.

8 Lessing: *Das Neueste aus dem Reich des Witzes*, 113.

9 Lessing: *Der Freigeist*, 476. Das ist übrigens ein internationaler Standard aufgeklärter Topik; auch Rousseaus Emile wird vom savoyischen Vikar darauf hingewiesen, dass der philosophische Dünkel (»l'orgueilleuse

Das Problem Adrasts besteht also im Verweigern der Einsicht, dass er nur dort ›zu sich selbst kommen‹ wird, wo er sich auf die Natur, d.h. ein Vermögen, das er sich mit allen anderen Menschen teilen muss, einlässt; dass er hingegen gerade dort, wo er sich noch ganz bei sich selbst wähnt, auf dem Feld des Geistes, schon immer verloren und verkauft ist. Die Natur ist eine reiche Dame, die allen alles gibt, aber eben keine Exklusivrechte vorsieht. Der Geist dagegen vergibt zwar Exklusivität: Er kann sie aber nicht aus der eigenen Tasche bezahlen, denn für sich allein vermag er wenig. All seine Originalität ist nur ›geborgt‹ (auch wenn er das Gegenteil behauptet), und würde er wirklich einmal wie Adrast, dem seine Gläubiger auf die Schliche gekommen sind, dazu gezwungen, all seine Schulden zu begleichen – nichts würde mehr für ihn, nichts würde mehr von ihm übrigbleiben. Der Geist ist ein notorischer Plagiator, und er weiß es.

Lessings Drama stellt innerhalb der Reflexionsgeschichte des literarischen Eigentums und seinen Entwendungen eine Grenzmarkierung dar. Bewegen wir uns von ihr in Richtung des 19. Jahrhunderts, so durchqueren wir das mythische Zeitalter, in dem die Literaturhistoriker die Geburt des modernen Autors verorten und wo sich aus den strukturellen Veränderungen des Buchmarktes heraus das Urheberrecht entwickelt. Es lässt sich beobachten, dass in diesem Zeitraum die Vorbehalte gegenüber dem ›Geist‹ als einer Instanz des Eigentums systematisch schwinden, dass ›Geistigkeit‹ sogar zum zentralen Kriterium von Unveräußerlichkeit und schöpferischer Autarkie avanciert. Blickt man hingegen von Lessing aus zurück – und das wollen wir als erstes tun –, so werden jene Prozesse sichtbar, in denen der Geist sich überhaupt erst als Spielfeld von Besitzstandswahrung und Plagiarismus etablieren konnte.

philosophie«) zu einer Existenz als ›Freigeist‹ (»esprit fort«) führe, der die Einfachheit des Herzens (»la simplicité de vôtre cœur«) entgegenzustellen sei. (Rousseau: *Emile* [1762], 633f.)

Scharlatane

Mit der Frühaufklärung scheint das Plagiat der Seelenfängerei zunächst müde geworden zu sein. Seine ganze Aufmerksamkeit gilt nun einem neuen Fetisch: dem Wissen. Das Wissen in literarischer Form ist ein zwielichtiger Geselle. Unzweifelhaft gilt, dass sich das Wissen zwar formen, systematisieren und erweitern, aber eben nicht teilen lässt, so dass es etwa veröffentlicht und zugleich durch den Veröffentlicher einbehalten werden könnte. Was einmal gewusst wurde, das kann nicht wieder zurückgeholt werden, es ist in der Welt und gehört allen. Besitzansprüche auf Wissen sind (anders als etwa der Anspruch auf das Primat einer Entdeckung) daher schwerlich zu realisieren. Die gedruckte Manifestation von Wissen, die Form, in welcher es sich organisiert, trägt hingegen individualisierende Züge – ohne dass diese freilich in den Vordergrund treten. (Denn das Wissen als *mathesis* muss ja immer als etwas gedacht werden, das den Einzelnen übersteigt und für jeden im gleichen Maße gültig und verfügbar ist.) Wer also mit Wissen sein Geld verdienen muss, der steht mitunter vor einem großen Problem, denn er verkauft eine Ware, die sich schnell selbständig macht und Allgemeingut wird, während sie dabei gleichzeitig eine Person zurücklässt, für die niemand auch nur einen Pfifferling gibt. Das ist der Gelehrte.

Die Emphase des Wissens, die das 18. Jahrhundert durchzieht, sorgt nicht nur für eine rasant ansteigende Bücherproduktion,[10] sondern verwandelt in diesem Zuge auch das Gelehrtengespräch in eine öffentliche Veranstaltung.[11] Der Gelehrte agiert nun auf einem Absatzmarkt, in einer Sphäre, in der ganz andere Regeln gelten als im rein universitären Betrieb. Der Markt interessiert sich nicht für Entdecker, sondern für Eigentümer, und dementsprechend triumphiert hier dann auch nicht immer der tiefste Denker, sondern oft einfach auch der geschickteste Dieb resp. der lauteste Verkäufer. Be-

---

10 Die genauen Zahlen liefert Vogel: *Der literarische Markt*, 117–136.
11 Vgl. Pompe: *Schrift-Gelehrsamkeit*.

Abb. 8: Links: Der Jahrmarkt der Gelehrsamkeit.

gleitet wird diese Entwicklung von dem verzweifelten Versuch einer Kodifizierung intellektueller Sittlichkeit, einer Literatur, die sich gegen die »Marktschreyerey der Gelehrten« zu stemmen versucht und die, dem Titel einer 1715 erschienenen Abhandlung des Historikers Johann Burkard Mencke folgend, unter dem Signum der *charlataneria eruditorum* firmiert.[12]

Zu dieser ›Scharlatanerie der Gelehrten‹ gehört ein ganzer Katalog an Verhaltensmustern: Hier findet sich die Selbstüberhöhung des Verfassers durch das Führen falscher Ehrentitel neben dem Bestellen von lobesreichen Vorreden, dem übertriebenen Gebrauch von Fußnoten und der Irreführung

---

12 Zur Literatur der *charlataneria eruditorum* vgl. Füssek: ›*Charlataneria Eruditorum*‹; ferner Forster: ›*Charlataneria eruditorum*‹.

des Lesers durch die Wahl reißerischer Überschriften. Immer geht es also um Unredlichkeiten, hinter denen sich letztlich marktpolitische Strategien verbergen. (Der Königsberger Theologe Michael Lilienthal spricht in diesem Zusammenhang von einem »Machiavellismo literario«.[13]) Die Kardinalsünde des Gelehrtenstandes bleibt dabei natürlich immer noch das Plagiat. So beginnt Georg Paul Hoenns *Betrugs-Lexicon* (1720) den entsprechenden Artikel, der insgesamt 26 gelehrte Betrugsszenarien auflistet, wie folgt:

> Gelehrte betrügen: 1) Wenn sie durch Edirung vieler Schriften sich einen Namen zu machen suchen, solche aber aus andern Büchern ausschreiben, und also fremde Arbeit vor die ihrige ausgeben. 2) Wenn sie die auf Academien nachgeschriebene Collegia zu Hause, und in ihrem Vaterlande, als Zeugen einiger Gelehrsamkeit, drucken lassen, und damit sich Patronen zu machen suchen.[14]

Das alles mag sich auf den ersten Blick als Selbstverständlichkeit ausnehmen, und doch wird in dieser Passage eine Position formuliert, die durchaus prekären Charakter hat, wobei insbesondere die Analogisierung einer Abschrift aus Büchern und einer Nachschrift von bloß Gehörtem (denn nichts anderes sind die »Collegia«) auffällig ist. Nicht von ungefähr hat Hoenn beide Delikte am Eingang des Artikels unmittelbar aufeinanderfolgen lassen: Beide verletzen im Auge des Betrachters dasselbe Recht – auch wenn es zum Leidwesen der Wissensgemeinschaft gar kein Recht ist. Wer behauptet, man dürfe nicht nur den Büchern anderer nichts entnehmen, son-

---

13 Lilienthal: *De Machiavellismo*.
14 Hoenn: *Betrugs-Lexicon*, 185. Bezeichnenderweise genießt das Plagiat nur im Gelehrten-Artikel das Primat; im Artikel zu den »Bücher-Schreibern« erscheinen Delikte aus dem Plagiatsregister erst an fünfter bzw. sechster Stelle. (»Wenn sie die Bücher der Alten, so gut sind, vernichten, das ihrige aber selbst aus denselben nehmen, und sie nicht einmal allegiren« resp. »Wenn sie aus vielen Büchern etwas zusammen schreiben, und es nachgehends vor ihre eigene Invention ausgeben«; ebd., 90.) Der Leitdiskurs des Plagiats ist und bleibt im 18. Jh. zweifelsfrei der akademische.

Abb. 9: Einer ganz bestimmten Charlatanerie kommen Polyempirus und Calocagathus auf die Schliche. Wir werden die beiden gleich kennenlernen …

dern sich vor lauter Redlichkeit nicht einmal ihre Rede aneignen, der setzt nämlich voraus, dass Wissen teilbar ist, und das ist es eben nicht. Ganz offensichtlich geht es hier demnach nicht nur um ein falsches Selbstbewusstsein, und es geht eben auch nicht nur um Text. Verhandelt wird hier vielmehr das Verhältnis von öffentlichem und privatem Wissen – wahrlich keine einfache Aufgabe, denn wie kann etwas, das potentiell (und in wachsendem Maße realiter) allen zugänglich ist, überhaupt zum ›Besitz‹ werden?

Das zentrale Argumentationsmodell in dieser Frage hatte um 1680 John Locke in seinen (anonym erschienenen) *Two Treatises of Government* formuliert. Das fünfte Kapitel der zweiten Abhandlung, »Of Property« betitelt, erklärt die Entstehung des Eigentums aus einer der gesamten Menschheit überantworteten Natur mit der Arbeit, mittels derer »irgendein Teil aus dem, was allen gemeinsam ist, herausgenommen und aus dem Zustand entfernt wird, in dem es die Natur belassen hat.«[15] Die Arbeit des Einzelnen entzieht also der Gemeinschaft den Zugriff auf einen bestimmten Teil ihres Vermögens – was kein Schaden ist. Das Eigentum des Einzelnen bleibt ja stets an den allen gemeinsamen Besitz zurückgebunden: zum einen durch den Umstand, dass Aneignung immer durch Arbeit erfolgt und die Arbeit eben eine gesellschaftliche Funktion erfüllt,[16] zum anderen durch die vernunftgegebene Beschränkung des natürlichen Eigentums auf das, was der Einzelne »zu irgendeinem Vorteil seines Lebens gebrauchen kann, bevor es verdirbt«.[17]

Für das Problemfeld eines intellektuellen Besitztums konnten Lockes Überlegungen aus genau diesem Grund wegweisenden Charakter einnehmen.[18] Solange man nämlich davon

---

15 Locke: *Zwei Abhandlungen über die Regierung*, 217 (§ 28).
16 Ebd.
17 Ebd., 218f. (§ 31).
18 Hierzu ausführlich Drahos: *A Philosophy of Intellectual Property*, 41–72. Man wird hier natürlich differenziert argumentieren müssen: Lange Zeit hat man Locke als einen festen Bestandteil der Entwicklungsgeschichte

ausgeht, dass der Gemeinschaft aus der Errichtung des Privateigentums kein Mangel entsteht, da ihr vom gleichen Arbeitsmaterial in jedem Fall immer genügend zur Verfügung steht, solange ließe sich das Naturrecht auch auf die unerschöpfliche Ressource der Gedanken beziehen. Damit würde allerdings das Recht am Wissen zugleich an seine produktive Nutzung, seinen ›Genusswert‹ (um bei Locke zu bleiben), gekoppelt. Der Besitz des Allgemeinguts ›Wissen‹ wäre sodann allein durch die Arbeit gerechtfertigt, die mit diesem Besitz verbunden ist. In der Konsequenz entstünden Besitzer, Händler und Diebe ›verarbeiteter‹ Gedanken in einem indefiniten Raum des Denkens.

Just an dieser Vorstellung – dass gedankliches Eigentum auch durch eigene Arbeit erworben sein müsse – richtet die Gelehrtenkritik sich aus, ohne allerdings tatsächlich über ein juristisches Fundament zur Urteilsfindung zu verfügen. Genau genommen ist es ein zentrales Anliegen der *charlataneria*-Literatur, Lockes Reflexionen zum Eigentum auf das Feld des Wissens zu überführen und damit eine rechtsphilosophische Lücke zu schließen. Gleichwohl fehlt es ihr diesbezüglich noch am geeigneten Instrumentarium; erst in den 1780er Jahren wird der Rechtstransfer auf das Feld der Gedanken auch systematisch begründet und abgesichert werden können.[19] Somit bleibt es vorerst bei Lasterkatalogen und satirischen Beleuchtungen gelehrter Diebstähle.

Der Hauptgrund für die mangelnde Durchsetzungskraft der Gelehrtenmoral auf juristischer Ebene ist natürlich in der

---

des Urheberrechts gesehen, zumindest für den deutschsprachigen Raum kann solch eine Patenschaft indes ausgeschlossen werden. Gleichwohl machen Lockes Ausführungen in »Of Property« ein geistiges Eigentum erstmals überhaupt strukturell denkbar – und die Aufmerksamkeit, die gerade dieses Kapitel in England auf sich ziehen konnte, wo man mit dem *Statute of Anne* bereits im Jahre 1710 ein Urheberrecht installierte, ist wiederum unmittelbar auf diese naturrechtliche Restrukturierung des Eigentums zurückzuführen.

19 Dieser Mühe unterzieht sich dann etwa der anonyme Verfasser der kleinen Abhandlung *Ueber das Eigenthum der Gedanken*.

bestehenden Rechtslage zu suchen. Die Kritik der *charlataneria eruditorum* geht notwendig ins Leere, da der zeitgenössische Literaturbetrieb ja durchaus bereits ein Eigentumsrecht besitzt – das freilich nur einen einzigen Eigentümer kennt, nämlich den Verleger. Selbstverständlich gibt es, wie wir gehört haben, seit dem 16. Jahrhundert den sogenannten *consensus*[20] und es gibt auch Autorenverträge, in denen der Verleger die Bedingungen festhält, zu denen er vom Autor das Recht an dem von ihm Geschaffenen erwirbt. (Was natürlich auch bedeutet, dass es zuvor eben Eigentum des Autors gewesen sein muss.) Marktpolitisch kommt der Autor hingegen nicht zum Zuge. Allein der Verleger kann sich sein Recht am Eigentum (also dem Buch) über Privilegien sichern lassen, für die er beim zuständigen Potentaten vorstellig werden kann. Die Frage nach dem gestohlenen Wissen trifft demnach auf eine literaturrechtliche Konstellation, in der Eigentumsstreitigkeiten noch nicht für die Konfrontation auf auktorialer Ebene aufbereitet werden können, sondern – immer noch – ganz allein das Verlagsrecht betreffen.

Dieses Verlagsrecht kollidiert nun aber mit den Entwicklungen der Wissensorganisation, zu deren gewichtigsten zweifelsfrei die Umstellung der Enzyklopädik von einem topischen auf ein alphabetisches Ordnungsverfahren gehört, die um 1700 erfolgt.[21] Der geistesgeschichtliche Hintergrund dieser Umstellung ist die endgültige Abkopplung des Wissens von einer präreflexiven Ordnung der Dinge und seine feste Anbindung an ein selbsttätiges vernünftiges Subjekt. Mit anderen Worten: Die Alphabetisierung des Wissens stellt einen festen Bestandteil des Projekts ›Aufklärung‹ dar (und nicht zuletzt Voltaire hat diesen Zusammenhang später – in *La raison par alphabet* [1768] – ganz offen benannt). Infolge der alphabetischen Umkodierung kommt es zu einer absoluten Durchlässigkeit des Wissens: Der Enzyklopädist kann von nun an auf die *inventio* einer eigenen kategorialen Systematik

---

20 Vgl. Kapitel V, S. 131ff.
21 Zu dieser Umstellung Kilcher: *mathesis und poiesis*, 17f.

(und damit eben auch auf einen intellektuellen Arbeitsschritt) verzichten, denn mit dem Alphabet steht ihm ein arbiträres Medium zur Verfügung, mit dessen Hilfe schlichtweg *alles* Eingang in ein literarisches Wissensgebäude zu finden vermag.[22] Der radikalste Repräsentant dieser Revolution ist natürlich das sogenannte Universallexikon, das überhaupt keine Wissensbereiche mehr unterscheidet, die Welt allein nach Maßgabe des Alphabets in Literatur überführt und damit dem Einzelnen pragmatisch wie poetisch verfügbar macht.[23]

Für die Vertreter eines verlagsrechtlichen Eigentums stellt diese Entwicklung einen Alptraum dar, denn wenn das Wissen mit dem Verzicht auf eine gedankliche Systematisierung all seine auktorialen Kennungen verliert, wenn es demnach keine systematische Rückkopplung mehr an das Sein hat, dann verflüssigt es sich und wird in seiner Gesamtheit vom einen zum anderen Moment der Besitz aller Leser. Wer also zuvor noch theologische, biografische, historische, geografische oder juristische Lexika (sogenannte ›Reallexika‹) auf dem Markt hatte, der sieht nun mit Sorge einer Strömung entgegen, die die Fachgrenzen niederreißt und sich an alles wagt – auch und gerade an das, auf das man selbst das verlagsrechtliche Wissenspatent zu besitzen glaubt. Der Moment, an dem die Konfrontation verlagsrechtlicher Eigentumsansprüche mit der Vorstellung eines der Vernunft frei zustehenden Universalwissens kollidieren muss, naht heran – und auf deut-

---

22 Ebd., 229.
23 Das denken zumindest neunmalkluge Leute wie der Ex-Jesuit und künftige Prinzenerzieher Josephus, der das »Zedlerische Universallexikon« ernsthaft als »Erziehwerk« vorschlägt, in der Annahme, es handle sich dabei um eines der »Reallexika und Sachwörterbücher«, in denen »bei dem übermäßigen Reichtum an allen Wissens-Artikeln« »erstlich […] die größte alphabetische Ordnung beobachtet« und aus denen »zweitens […] ein geschickter Lehrer leicht […] Ordnung nach Sachen zusammenklauben« könne. Der Erzähler in Jean Pauls *Der Komet* (1822) bemerkt gleichwohl, dass derjenige, der lexikalisch erziehe, »anfangs immer nur einen ABC-Schüler liefern würde, bis erst nach langer Zeit ein DEFGHIJKLMNOPQuRSTVWXYZ-Schüler dastände.« (Jean Paul: *Der Komet*, 616f.)

schem Boden verbindet sich diese Kollision mit dem Namen Johann Heinrich Zedlers.

Zedler und die Töchter der Mnemosyne

Zedler, ein junger Leipziger Verleger, der zunächst mit einer 22-bändigen Luther-Ausgabe (1728–34) auf sich aufmerksam gemacht hatte, fasst 1730 den Plan zu einem 12-bändigen[24] *Grossen Universal Lexicon Aller Wissenschaften und Künste, Welche bißhero durch menschlichen Verstand und Witz erfunden worden*, für das er beim Dresdner Oberkonsistorium ein Druckprivileg beantragt. Das Gesuch wird abschlägig beschieden: Die Konkurrenz, das sind insbesondere die Verleger und Buchhändler Thomas Fritsch und Johann Gottlieb Gleditsch, fürchtet um ihre Pfründe und verweist auf ihre eigenen Privilegien, die sie durch Zedlers Projekt verletzt sieht.[25] So war bei Gleditsch bereits 1704 Johann Hübners *Reales Staats-, Zeitungs- und Conversations-Lexicon* verlegt worden, Fritsch hingegen hatte 1709 mit dem *Allgemeinen historischen Lexicon* das erste deutsche historische Wörterbuch veröffentlicht und diesem 1721 Johann Theodor Jablonskis *Allgemeines Lexicon der Künste und Wissenschaften* nachfolgen lassen. Die (berechtigte) Befürchtung von Fritsch und Gleditsch besteht nun darin, dass Zedlers *Universal-Lexicon* letztlich nichts anderes darstellen wird als ein Konglomerat von aus den entsprechenden Reallexika abgeschriebenen Artikeln. Zedler lässt sich indessen weder durch die Argumente seiner Konkurrenten durch die Entscheidung der Leipziger Bücherkommission von seinem Vorhaben abbringen. Um der kursächsischen Gerichtsbarkeit zu entgehen, lässt er den ersten Band des Lexikons in der Halleschen Waisenhausdruckerei drucken, um ihn dann,

---

24 Schon bald kalkuliert Zedler mit 24 Bänden, in seiner Letztform umfasst das Lexikon dann 64 Bände und vier Supplementbände.

25 Zu den Auseinandersetzungen um den Erstdruck des *Zedler'schen Universal-Lexicons* vgl. Juntke: *Johann Heinrich Zedler's Grosses Vollständiges Univerallexikon*, 18ff.

wie er es seinen Subskribenten versprochen hat, auf der Michaelismesse 1731 vorzustellen. Es kommt, wie es kommen muss: Der Band wird noch auf der Messe beschlagnahmt; Zedler selbst entgeht allerdings vorerst einer Verurteilung wegen Nachdrucks geschützter Werke. Das lassen sich Fritsch und Gleditsch wiederum nicht bieten. Sie legen Beweise für Zedlers ›räuberische‹ Lexikografie vor, eine Konkordanz von insgesamt 87 Seiten. Das Oberkonsistorium sieht sich angesichts der Beweislage außerstande, Zedler von der Strafzahlung von 300 Reichstalern auszunehmen, reduziert die Summe allerdings im Nachhinein auf 100 Reichstaler. Über das Weitere wird zu reden sein.

Die besondere, man darf sagen: katalytische Position dieses Rechtsfalls führt auf den Befund zurück, dass die prekäre Situation, in welche die aufgeklärte Wissenssystematik das literarische Eigentumsrecht gebracht hat, mit Zedler erstmals ganz offen zutage tritt. Nach diesem Gefecht kann kein Zweifel mehr bestehen, dass die Ära der Privilegien sich unweigerlich dem Ende zuneigt, dass der Verleger über kein Instrumentarium verfügt, das er der wild wuchernden Vernunft entgegensetzen könnte. Aber schauen wir uns das im Detail an. Einerseits sieht die Konfrontation zwischen Zedler und seinen alteingesessenen Leipziger Konkurrenten das letzte Aufbäumen einer dinglich orientierten Vorstellung von literarischem Besitz. Diese Vorstellung betrifft nun keineswegs nur das gedruckte Buch in seiner Dinglichkeit, sondern auch den Bereich der Dinge, auf den sich Literatur jeweils bezieht: Das Nachdruckverbot, so wie es dann auch Zedler trifft, sichert dem Verlag Thomas Fritschs Erben zu, dass kein zweiter Verleger ein Werk auf den Markt werfen darf, dass dieselben Realia verhandelt wie Fritschs historisches Lexikon.[26] Das

---

26 Das Oberkonsistorium verfügt, dass Zedler »in das von ihm zu druckende Lexicon nichts, was in dem allgemeinen Historischen Lexico begriffen, am allerwenigsten aber die darinnen befindlichen Historica in sein neues Werck bringen« dürfe. (Zitiert nach: Quedenbaum: *Der Verleger und Buchhändler Johann Heinrich Zedler*, 69)

Streitobjekt ist also nicht allein der Text; die Privilegien legen vielmehr einen wissenschaftlichen Zuständigkeitsbereich fest, sie begrenzen den Raum, in dessen Grenzen geschrieben werden darf. Das Privileg reserviert nicht die literarische Erscheinungsform von Welt: Es reserviert die Welt selbst.

Für den Universal-Enzyklopädiker auf der anderen Seite sind solche Regelungen aus begreiflichen Gründen unannehmbar. Ihm verschwimmen alle Grenzmarkierungen, sowohl die Grenzen der Dinge als auch die Grenzen der Worte, und so lässt auch Zedler nicht davon ab, sein Lexicon ungeachtet aller Auflagen weiterhin in Halle zu drucken. Unter ruinösem finanziellen Aufwand kann er bis 1735 14 Bände fertigstellen, 1736 verjährt dann auch das Privileg von Fritschs historischem Lexikon, so dass Zedler 1738 schließlich doch noch zu seiner Leipziger Druckgenehmigung kommt. Das ist aber nicht alles. Zedler durchquert die Jagdgründe des Wissens ja nicht nur einfach, er wildert dort auch tatsächlich – will heißen: Er lässt massiv abschreiben.

Nicht nur den Bestohlenen ist dieses Vorgehen ein Dorn im Auge. Bereits 1732 wird der erste – konfiszierte – Band Gegenstand eines kleinen Pasquills, das zu Menckes Gelehrtenkritik aufschließt und sich dementsprechend den programmatischen Titel *Charlatanerie Der Buchhandlung, welche den Verfall derselben Durch Pfuschereyen, Prænumerationes, Auctiones, Nachdrucken, Trödeleyen u.a.m. befördert* gibt. Die beiden Disputanten, mit den (sprechenden) Namen Calocagathus und Polyempirus, die sich hier die verschiedenen Unarten des Verlagswesens vornehmen, kommen schon nach einer kurzen Zeit auf das *Universal-Lexicon* zu sprechen, von dem

> Gelehrte urtheilen [...], es sey ein Werck, dessen die Welt nicht nur entbehren könnte, sondern auch die Anzahl der unnützen Bücher, damit die gelehrte Welt beschweret würde, vermehret.[27]

---

27 *Charlatanerie Der Buchhandlung*, 20f.

Zedlers Projekt haftet also der Geruch des Unseriösen an. Dabei kommt alles zusammen: seine Subskriptionspolitik, seine Geheimniskrämerei (die dazu führt, dass das Werk ›ohne Vater‹ erscheint, da der sich auf der Leipziger Messe nicht hervorwagt), nicht zuletzt natürlich auch sein vermessener wie systemloser Universalitätsanspruch. Die Akquisition und Organisation des ›Weltwissens‹, das nimmt man Zedler nicht ab, sondern hegt einen ganz anderen Verdacht. Der sorgfältigen Lektüre (die den beiden ›Beflissenen‹ deswegen möglich ist, weil Polyempirus umsichtig genug war, auf der Messe noch vor dessen Konfiszierung ein Exemplar des ersten Bandes zu erstehen) übersetzt sich der Bauplan des Lexikons, wie er sich auf dem Titelblatt findet, in eine universalgelehrte Perfidie:

> Pol. Die Worte des Tituls: *Durch den Fleiß der gelehrtesten Männer unserer Zeit nach alphabetischer Ordnung sorgfältig zusammen getragen.* Hier ist das Aufschneide-Messer sehr starck gebraucht worden.
>
> Cal. Diese Anmerckung ist nicht zu verwerfen. Vielleicht hat der Setzer seine Weisheit hier mit angebracht, und da er im MSt. gefunden: *sorgfältig aus andern* Lexicis *zusammen geschrieben*, dieses geändert, damit er nur ein schönes Spitzgen machen könnte.[28]

Wenn die Herrschaften am Ende des Dialogs dann jenen ersten Band tatsächlich anzulesen beginnen, werden sie sich in ihren Vermutungen bestätigt sehen:

> Cal. [...] Der erste Articul handelt von dem Buchstaben *A*, und sind 2 völlige Seiten, oder ein halber Bogen davon angefüllet, da derselbe in dem allgemeinen Historischen Lexico etwan 20 Zeilen ausmacht. Diese weitläufftige Ausführung verspricht mir schon zum voraus, ich werde meinen Endzweck, aus dem Universal-Lexico gelehrt zu werden, erhalten.
>
> Pol. Wenn uns nur unsre Hoffnung nicht betrügt. Denn gleich der erste Anfang dieses Articuls ist mit wenig

---

28 Ebd., 26.

veränderten Worten aus dem allgemeinen Historischen Lexico genommen, hernach hat man sich des Jablonski Arbeit bedienet.

[...]

Pol. Der Artickel *Aach* oder *Aachen* p. 11. seqq. ist ausser wenig Zusätzen aus dem besagten Historischen Lexico entlehnet, nur hat man die Construction in etwas geändert, auch manchmal eine andre Redens-Art und Connexion genommen. Gleiche Bewandniß hat es p. 14. mit den zwey Artickeln: *Aagardus*, it. mit *Aalst*.

Cal. Den Art. *Aas=Seite* hat man Beiers Handlungs=Lexico zu dancken; ingleichen *Abrufft*. Und der: *Abdeck=Leder* p. 76 ist von Wort zu Wort aus gedachten Beiero p. 2 ausgeschrieben. Meine Hoffnung ein Gelehrter aus dem Zedlerischen Universal-Lexico zu werden, fängt ziemlich an zu wancken, nachdem ich hier wenig finde, was ich nicht schon in andern Lexicis gelesen habe.[29]

Das ist nun doch eine erdrückende Beweislast, die einem da beim Anblättern des *Zedler* entgegenkommt. Man mag sich fragen, wie um alles in der Welt (wobei – hierin ist vermutlich auch die Antwort zu suchen) sich ein solches Konzept wirklich über Jahrzehnte auf dem Literaturmarkt durchsetzen konnte, ohne dass der Herausgeber dieses Diebesstücks eines Tages hinterrücks von seinem Gewissen erdrosselt wurde, denn Zedler wusste natürlich genau, woher das Wissen in seinem Lexikon stammte. Er hat seine Vorgehensweise gleichwohl niemals zur Disposition gestellt, sondern sie vielmehr zum Ausgangspunkt einer fundamentalen Umkodierung der literarischen Eigentumsfrage werden lassen. Als Apologeten in eigener Sache erwählte Zedler hierbei Johann Peter von Ludewig, seines Zeichens Kanzler der Universität Halle, der sich in seiner »Vorrede über das Universal-Lexicon« explizit der Diebstahlsvorwürfe und der Privilegienregelung annimmt. Ludewigs Position in dieser Sache ist eindeutig:

---

29 Ebd., 68f.

VII. Wem das Wissen gehört

A. Dieser Buchstabe ist in allen Sprachen der erste im A B C, aus was Ursachen, führet *Loredano Bizzarrerie Academiche* P. IV an, in der Æthiopischen aber ist er der dreyzehende. Bey denen Europæern ist er ein vocal oder selbstlautender, bey denen Morgenländern aber ein stummer, und hat eine unterschiedene Benennung. Sein Laut ist der leichteste und natürlichste, der sich im ersten Aufthun des Mundes selbst ergiebt, wovon *Helmontius* in alphab. naturali. Er dienet fast in allen Bewegungen des Gemüths, sowohl Freud als Freude, Loben und Schelten zu erkennen zu geben. Wird als ein Zeichen gebraucht, nicht nur gewisse Dinge nach ihrer Zahl und Ordnung zu unterscheiden, wie bey denen Kauffleuten, Buchdruckern etc. sondern auch in andern Künsten. Denen Römern dienete dieser Buchstabe zu einem Zahlzeichen, und bedeutete 500; besände einen Strich darüber gezogen, 5000. *du Fresne Glossario mediæ & infimæ latinitatis.* In der Scholastischen Logic ist dieser Buchstabe ein Zeichen der bejahenden Universalität, wenn nehmlich in denen Syllogismis Propositiones universales affirmantes vorkommen, welche, ob sie richtig, man nach denen bekandten Modis prüfete. Zu iedwedem Modo war ein besonderes dreysylbiges Wort erfunden worden, welches zwar an und vor sich nichts bedeutete, sondern der Vocalis ieder Sylbe deutete die Beschaffenheit der Proposition an, nach den bekanten Versen:

Asserit A, negat E, sed vniuersaliter ambæ;
Asserit I, negat O, sed particulariter ambæ.

In Padua fand man auf des Antenoris Grab und dem dabey gefundenen Schwerd 7 Verse, deren Inhalt war, daß so offte Padua einen Regenten haben würde, *Universs. Lexici* I, Theil.

dessen Nahmen sich von dem Buchstaben A anfienge; so offte würden sie Gefahr ausstehen, und Veränderung leiden müssen. *Leonhard Wurffbain* Rel. Hist. p. 166. *Besold.* Thes. Pract. Heute zu Tage wird solcher Buchstabe nebst dem ω ebenfalls noch, vornehmlich von denen Medicis, gebrauchet, welche bey Verbindung derer Artzeney-Gläßgen ein Creutz mitten durch selbige zu machen gewohnet. Viele von denen andern Künstlern bedienen sich derselben mannichfaltig. Die Grafen und Freyherren von Althan, wie auch die von Dietrichstein führen diesen Buchstaben A in ihren Geschlechts-Wappen; Die letztern von diesen haben es im XIV Jahrhundert erhalten. Besiehe hiervon *Phil. Jac. Spener.* Oper. Herald. Part. I, Sect. IV, membro 5, §. 2; von jenen aber eben denselben Par. II, L. II, c. 21.

A. hatte nächst dem in derer Römer öffentlichen Handlungen zwey besondere Bedeutungen. Wenn die jenige Obrigkeitliche Person bey den Römern, welche zustande Gesetze zu geben, sich mit etlichen Rechtsverständigen zu Hause beredet, und dor gut befunden, ein neu Gesetz auszubringen, so wurde solches gleich niedergeschrieben, und dem Rathe communiciret. Befand selber es vor dienlich, muste selbiges in einer Zeit von 27 Tagen dem Volcke an öffentlichen Oertern vorgeleget werden, damit es wohl überleget, ob es ihnen Umständen zuträglich, ehe und bevor es ihre Stimmen gäbe. War nun benennte Zeit verflossen, so wurde, wo nicht etwan Götter oder Menschen hierüber einen Widerwillen bezeiget, (anderer Solennitäten vor ietzo zu geschweigen,) in Beyseyn des gantzen Römischen Volcks zum votiren geschritten. Hiermit verfuhren sie also: Es war nemlich auf dem Campo Mario ein verschlossener Ort, allwo biß 1000 Taseln in Kasten aufgehoben wurden, aus diesen holete man die Tabellas, deren zwey, eine mit U. R. i. e. *uti rogas*,

A die

Abb. 10: Der Buchstabe *A*. Oben: Die Redaktion des *Zedler* bei der Arbeit.

In Gott oder der Vernunft und Natur die Menschen gelehrter und weiser zu machen / solle keine gleichgesinnete Obrigkeit hindern. [...] / Wann einmal eine Wahrheit im öffentlichen Druck ist; / so kann sich derselben ein ieder bedienen. / Wer verdencket es den mahlern, wenn sie die mühsamsten und kostbarsten Stücke so wohl nachmachen / daß man ihre Copien vor Originalien kauffet. / Der erste Erfinder muß sich mit der Ehre der Erfindung vergnuegen / und sich eine Freude daraus machen; daß andere ein Muster von ihme nehmen. [...] / Der Wucher, den man in Büchern zu suchen und zu hoffen / solle darinnen bestehen: / daß die Sachen und Wahrheiten vielen andern Menschen bekannt werden. / Es duerfften sich wohl Neidhaemmel oder gewinnsuechtige Leute finden / die da wuenschten; / daß man die Weisheit in Saecken verkauffen koennte / wie iener nach einem Handel mit den Sonnenstrahlen sich gesehnet. / Allein Gott und Natur sind allen gleich guetig / und ein vom Geitz nicht geblendeter Mensch wird sich freuen; / wann er eine Mittels=Person seyn kann / dardurch die Leute klueger und gelehrter zu machen.[30]

Da ist es passiert: Die Aufklärung macht Ernst und etabliert einen Wahrheitsbegriff, der scheinbar noch platonische Züge hat, während er unter der Oberfläche die Lehre von der radikalen Individualität der Wahrheit geradewegs in ihr Gegenteil verkehrt. Platons Gedanke, dass die Wahrheit sich nicht stehlen lasse, basierte auf einem Ausschließlichkeitspostulat: Wer die Wahrheit nicht selbst gesehen hat, der wird sie selbst dann verfehlen, wenn er sie wortwörtlich abschreibt. Bei Ludewig hingegen lässt sich die Wahrheit nicht stehlen, weil sie von vornherein dem Kollektiv gehört, das sich von den Entdeckungen Einzelner nährt. Letztlich wird hier ein Argumentationsmuster geboren, dass die Debatten um das Recht der Gemeinschaft an der Erfindung eines Einzelnen noch bis hin zu Fichte befeuern wird: Die Entdeckung der Wahrheit gehört dem Einzelnen, die entdeckte Wahrheit allen. Das

---

30 von Ludewig: *Vorrede über das Universal-Lexicon*, 15.

dieser Vorstellung zugrundeliegende Kommunikationsmodell ist natürlich ein mündliches. Die Wissenschaft ist ein Sermon (und keine Bibliothek), wissenschaftliche Errungenschaften sind folglich mit ausgeplauderten Geheimnissen gleichzusetzen (wie man das 50 Jahre später formulieren wird[31]), die jeder ungestraft in die eigene Rede aufnehmen kann.

Das Problem, das diese Positionierung mit sich bringt, liegt damit ebenso auf der Hand. Die Freiheit des Nachdrucks resp. der Wiederverwertung gedruckter Wahrheiten bezieht sich nicht nur auf Zedlers lexikalische Vorgänger; sie sollte in gleicher Weise auch für sein eigenes Werk gelten. Zedler ist jedoch nicht angetreten, um die Besitzlosigkeit allen Wissens auszurufen – er möchte vielmehr selbst ein Privileg darauf haben.[32] Somit muss Ludewig in seiner Vorrede eine doppelte, um nicht zu sagen: eine paradoxe Aufgabe bewältigen, denn auf der einen Seite muss er begründen, warum die Privilegien, gegen die Zedlers *Universal-Lexicon* verstößt, keine Gültigkeit besitzen, und auf der anderen Seite muss er darlegen, warum dasjenige, was er eben noch zum Gemeinschaftsgut erklärt hat, nun doch ganz in Zedlers Besitz übergehen soll. Dieser Herausforderung kann Ludewig sich nicht auf juristischem Boden nähern. Bestehen kann er sie letztlich nur durch ein Ausweichmanöver: Er unterstellt Zedlers Aneignungsverfahren schlichtweg einer Nomenklatur, die nicht auf dem Feld der Gelehrsamkeit, sondern auf dem Feld der Poe-

---

31 Wieland: *Schreiben eines Nachdruckers*, 206.
32 Gleiches gilt für Ludewig, der, wie Polyempirus hämisch anmerkt, »für die abermalige Auflage seines Buchs: *Germania Princeps* [...] ein allzuhohes Pretium« fordert: »Wenn obiger Satz [dass sich einer öffentlich gedruckten Wahrheit ein jeder bedienen kann] richtig waere, duerffte einieder Buchhaendler selbiges in Verlag nehmen und den Hn. Cantzler mit der blossen Ehre der Erfindung abspeisen. Er dürffte aber damit wol nicht zufrieden seyn, und jenen auch wol nicht leicht einen ehrlichen Mann heissen.« (*Charlatanerie der Buchhandlung*, 55)

sie funktionalisiert ist.³³ So hat Zedler nach Ludewigs Auskunft

> nach Anzahl der IX. Musen / neunerley gelehrte Leute / auf seine Kosten / ausgesuchet und gedinget / an diesem Gebäude Hand anzulegen. / Und zwar ein iedweder davon in denen Articklen, / welche in diejenige Wissenschaft gehören / worinnen er sich vor einen Meister ausgegeben. / Der Theologus hat die Theologische Artickel; / der Iureconsultus die Juristische; die Medicinische der Medicus; / und so der Mathematicus die Mathematische / und so fort hin.³⁴

Das in der Tat doch neuartige Prinzip lexikalischer Arbeitsteilung dahingestellt – im Bild der ›Musen‹, das nicht nur die weiteren Ausführungen, sondern auch Zedlers den einzelnen Lexikonbänden vorangestellte Widmungsschreiben durchziehen wird, verwandelt Ludewig jenen redaktionellen und editorischen Prozess, den die Verlagskonkurrenz als ›Nachdruck‹ bezeichnet, in ein poetisches Verfahren. Dieses Lexicon stiehlt nicht, sondern ihm wird ›eingegeben‹, es hat keine Autoren, sondern nur Anonyma³⁵ – ›Musen‹ eben. Aus diesem Grund hat Zedler jene »Entschuldigung«, der zufolge veröffentlichte Wahrheiten kein Privateigentum mehr sein können, an sich auch »gar nicht von noethen«:

> Er läßt keine Lexica, / wie ihme fälschlich Schuld gegeben worden / zusammen schreiben und anderer Leute ihre Arbeit drucken. / Er hält und besoldet seine neun Musen oder Mitarbeiter darauf: / daß jeder selbsten in seiner Art oder *metier* sein Heil versuchen möge. / Er will aber und kan denselben den Weg und Mittel nicht verwehren oder verschliessen; / daß Sie nicht hierzu dienliche Bücher brauchen / und

---

33 Nicola Kaminski hat diese Wendung stark gemacht und hellsichtig analysiert: *Die Musen als Lexikographen*.
34 Ludewig: *Vorrede*, 6.
35 Zedler hat seine Autoren – zum Ärger und zur Freude der Forschung – niemals genannt, wiewohl Ludewig gegen Ende seiner *Vorrede* von den »am Ende des Wercks zu bennende[n] neun Musen« spricht. (Ebd., 15)

also die vorhero geschriebene Lexica mit ansehen. – / Jeder kaufft die Bücher zu seinem Gebrauch / und wann man von der fast unsäglichen Anzahl der neu gedruckten Bücher eine Untersuchung anstellen sollte; / so bin ich der gewissen Meynung; / daß unter hunderten sich kaum etliche finden / die nicht ausgeschrieben und aus zwölf Büchern das dreyzehende gemachet. / Allein wer will diesem ausgerissenem Damme Gräntzen setzen. / Man lasse das Unkraut mit dem Weizen wachsen und denen Gelehrten über was sie lesen oder gebrauchen wollen.[36]

Ludewig redet hier also offen einer Wissensproduktion das Wort, die das ›Ausschreiben‹ anderer Werke in Betracht zieht. Zumindest gibt er dieser Praxis den Vorzug gegenüber einem Zustand, in dem

die Particularisten in den Lexicons ein Vorrecht haetten; / daß bey ihnen allein die Wissenschaft / so dieselbe ins Alphabet gebracht, / verbleiben sollte.[37]

Ein solches ›Ausschreiben‹ aber ist – und zwar nach der Maßgabe des *Zedlers* – eigentlich keine Angelegenheit der Musen, sondern die eines anderen Herren: des *plagiarius litterarius*.

Plagiarius Litterarius, der gelehrte Dieb, wird unter den Gelehrten derjenige geheissen, der eines andern Sachen ausschreibet, und vor seine eigene Arbeit ausgiebet, anbey aber den rechten Autorem, woraus er seine Nachrichten und Künste gezogen, nicht nennet. Und diese Gewohnheit heißt *Plagium Litterarium*, der gelehrte Diebstahl.[38]

Im Schein einer Diktion, die sich noch ganz den Gelehrtendebatten des 17. Jahrhunderts verdankt (der Artikel zitiert im Folgenden ausschließlich die üblichen Verdächtigen, nämlich Thomasius, Speckhan, Bartoli, Schwartz etc.), ließe sich der ›Fall Zedler‹ also schnell abhandeln und zu den Akten legen. Die Zeit ist an diesen Definitionen nun aber eben nicht spur-

36 Ebd.
37 Ebd.
38 Zedler: *Grosses vollständiges Universal-Lexicon*, Bd. 28, Sp. 612.

los vorbeigegangen: An den Dichter unter den Gelehrten hat ein Thomasius noch nicht denken können, *imitatio* war auf dem Feld der Wissenschaften kein Begriff und die Installation poetischer Informationssysteme zum Zwecke des Universalwissens lag noch in weiter Ferne. Hätte man die Wiederkehr der Musen um 1730 erahnen können – man hätte sicher Ausnahmeregelungen getroffen, denn tatsächlich sind die Musen – zumindest solange man ihre Namen nicht kennt – niemandem Rechenschaft schuldig. Man kann sie nicht kontrollieren oder über sie verfügen, und woher die Dinge kommen, die sie einem Verleger einflüstern, weiß niemand so genau. Ihr Wissen kennt viele Väter – allerdings nur eine Mutter: Mnemosyne, bisweilen auch ›Moneta‹, ›Memoria‹ oder ›Mens‹ genannt, wie uns der entsprechende Artikel in Benjamin Hederichs *Gründlichem mythologischen Lexicon* (1724) wissen lässt,[39] an den Zedlers Musen sich im 1739 erschienenen 22. Band des *Universal-Lexicons* so prächtig erinnern können.[40] ›Ausgeschrieben‹ wird also in Wirklichkeit kein fremdes Wissen, sondern ein anderer Wissens*speicher*: die Mnemosyne, die Memoria, die Mens, mithin eine Kapazität, die ihre eigenen Gesetzlichkeiten hat und ihre Geschäfte vorzugsweise über dunkle Kanäle abwickelt.

Man wird sich diese Größe gut merken müssen, denn letztlich haben wir es hier mit der medialen Leitvorstellung zu tun, nach deren Maßgabe sich das Aufklärungsdenken ›ökonomisiert‹. Wer Wissen verbreiten will, der muss es sich zunächst aneignen – und dabei hilft ihm eben das ›Gedächtnis‹, das seinerseits die Welt schon kannte, bevor man sie entdeckte. Die Berufung auf Mnemosyne, das wird gerade auch an Ludewigs Ausführungen deutlich, hebelt damit jede Plagiatserzählung aus. Sie löscht jede Körperlichkeit, jeden materiellen Widerstand aus, kennt keine Biografien, Wege oder Motive, denn wer sich eine ausreichende Zahl an Musen leisten kann, der muss nicht stehlen gehen und hinterlässt auch keine

---

39 Hederich: *Gründliches mythologisches Lexicon*, Sp. 1669f.
40 Zedler: *Grosses vollständiges Universal-Lexicon*, Bd. 22, Sp. 1370.

Spuren. Vielmehr hinterlassen die Musen Spuren in ihm. Die Mnemosyne hat dem Menschen nämlich – und hier landen wir dann doch wieder bei Platon[41] – eine Wachstafel hinterlassen, in welche sich die Wahrnehmungen und Gedanken einschreiben, so dass wir uns an diese erinnern, solange ihre Abbilder (εἴδωλα) dort sichtbar bleiben. Bei Platon ist damit natürlich die *psyché* gemeint; man kann daraus aber offensichtlich nach Bedarf auch ein Buch werden lassen (oder gar 64 davon). Entscheidend ist letztlich nur eines: Man hat es hier eben nicht mehr (wie es die privilegierten Realenzyklopädiker gern hätten) mit dem Sein, sondern nur mit Literatur, also mit *Abbildern* des Seins zu tun, deren korrekte Verbindung mit den Urbildern – wir erinnern uns an Platons Rede von der *dóxa synágousa plágia*[42] – immer nur in der Verantwortung des Einzelnen liegt, grundsätzlich instabil ist und somit auch nicht verlagsrechtlich patentiert werden kann.

Mit Zedler hört die Literatur somit endgültig auf, sich über Dinglichkeit zu definieren. Wer in Zukunft seinen Wissensschatz effizient verwalten will, der kann nicht länger wie die Lexikografie alter Schule den mühsamen Umweg über die Realia suchen, deren Erschließung sich der eine oder andere Verlag patentieren lässt. Nein, die Literatur handelt nicht mit Dingen; sie ist auch selbst eben kein Ding, sondern verlangt eine weitaus komplexere Bestimmung, will man ihr mit dem Eigentumsrecht kommen. Diese Bestimmung steht allerdings erst noch aus. Die Folge ist ein begründungstheoretisches Vakuum, um das Zedler und Ludewig wissen und das sie durch ihr mnemonisches Konstrukt weniger ausfüllen als vielmehr offenlegen. Natürlich werden Calocagathus und Polyempirus in den »9. Musen des Hn. Cantzlers« hundsgemeine »Plagiarii« erkennen und vermutlich würden sie damit auch Recht behalten.[43] Allerdings ist die Rechtsgrundlage, auf die sie ihre Argumentation stützen, genauso wenig hinreichend wie

---

41 Vgl. Platon: *Theaitetos*, 191 d/e.
42 Siehe Kapitel II.
43 *Charlatanerie der Buchhandlung*, 71.

eine Beschwörung der lexikografischen Musen glaubwürdig ist.

Jene argumentative Machtlosigkeit des verlagsrechtlichen Apparats gegenüber den Töchtern der Mnemosyne genüsslich auszuschlachten, bereitete Zedler aber offenbar diebische Freude. So hat er einer weiteren Diagnose des »Verfalls der ietzigen Buch-Handlung«,[44] die sich natürlich ebenfalls vor allen Dingen mit dem *Universal-Lexicon* und seinen ›Musen‹ befasst, zu der zweifelhaften Ehre verholfen, in ebendiesem *Lexicon* unter dem Lemma »Nachdruck derer Bücher« selbst nachgedruckt (und dadurch der eigenen Wehrlosigkeit vollends überführt) zu werden. Nicola Kaminski hat diese Logik treffend als Zedler'sche ›Kreisverkehrsführung‹ bezeichnet:

> In einem Lexikon, dem der Vorwurf des Nachdrucks gemacht wird, findet sich unter dem Lemma ›Nachdruck‹ der Nachdruck einer Schrift, die eben dieses Lexikon des Nachdrucks bezichtigt und zudem des Lexikonvorredners Entschuldigung des Lexikons vom Nachdrucksvorwurf ihrerseits als Nachdruck einer bereits zwölf Jahre zurückliegenden Entschuldigung erweist [...].[45]

Man wird aus solch kleinen Teufeleien keine Segnungen machen dürfen, und es wäre sicherlich zu viel der Ehre, wenn man in Zedlers neun Musen schon die Vorboten resp. die Erynnien des Urheberrechts (das noch ein knappes Jahrhundert auf sich warten lassen wird) erkennen wollte. Auf dem Weg dorthin stellen sie aber fraglos eine nicht zu unterschätzende Größe dar, indem sie das Problem, das der Aufklärung als dem Projekt einer (freilich von oben herab orchestrierten) Volkswirtschaft des Wissens von Anfang an inhärent war, nicht nur benannt, sondern auf die Spitze getrieben haben. Das Herz dieses Projekts sind immer die Lexika gewesen und geblieben – dabei konnte ausgerechnet die Lexikografie den Eindruck nie ganz abschütteln, dass sie die von ihr angetrie-

---

44 *Eines Aufrichtigen Patrioten Unpartheyische Gedancken*, Schweinfurt 1733.
45 Kaminski: *Die Musen als Lexikographen*, 685.

bene Wissensökonomie der Aufklärung zugleich von innen her korrumpierte. So segelt noch Diderots und d'Alemberts *Encyclopédie ou Dictionnaire raisonné des sciences, des arts et des métiers* (1751–72), zweifellos das Flaggschiff der europäischen Aufklärung, beharrlich im Dunstkreis der Piraterie. Beständig bewegt es sich zwischen den Polen des Arrangements und des Widerstands gegen die Nachdrucker, wie Robert Darntons Analysen erschöpfend dokumentiert haben.[46]

Ein Ausweg aus jenem Dilemma, das aus dem aufkommenden Wunsch nach einem freien Zugriff auf Wissen und dem gleichzeitigen Drang zur Monopolisierung der Nutzungsrechte entstanden war, konnte unter den Gegebenheiten der 1720er und 30er Jahre nicht gefunden werden. Zum einen lag ein solcher Ausweg nicht aufseiten des Verlegers, sondern aufseiten des Verfassers, den wir als rechtliche Instanz überhaupt noch nicht kennengelernt haben. Zum anderen – und damit wenden wir den Blick wieder Lessing zu – mangelte es dem frühen 18. Jahrhundert noch an einem Begriffsapparat, mit dem sich jener seltsame Prozess, der die Scharlatane in Günstlinge der Götter verwandelt hatte, genauer bestimmen ließ.[47] Zedler und Ludewig kennen zwar die Musen und ihre Mutter; einen adäquaten Begriff von ›Geist‹ haben sie gleichwohl noch nicht. So versteht der *Zedler* unter *inspiratio* noch ›das Einathmen‹[48] und auch dem *spiritus* misst er die rein körperlichen Bedeutungen ›Physiologicam‹ bzw. ›Chymicam‹[49] zu. Aus der frühneuzeitlichen Schulphilosophie und der in ihr verankerten aristotelischen Seelenlehre ist aber kein echtes Ingenium zu machen.[50] Ein Adrast findet sein Wunschbild

---

46 Darnton: *The Business of Enlightenment.*
47 Vgl. dazu Woodmansee: *The Genius and the Copyright,* 427: »›Inspiration‹ came to be explicated in terms of original genius, with the consequence that the inspired work was made peculiarly and distinctively the product – and the property – of the writer.«
48 Zedler: *Grosses vollständiges Universal-Lexicon,* Bd. 14, Sp. 758.
49 Ebd., Bd. 10, Sp. 663.
50 Und so ist dem ›Zedler‹ auch das ›Genie‹ nur »ein langsamer oder hurtiger, durchdringender und scharfer, oder stumpfer und schwacher Trieb

hier nicht. Aus dem *Zedler* hätte dieser freilich eines lernen können: dass der freieste Geist eben gerade derjenige ist, der niemals ganz ›bei sich‹ ist, sondern unentwegt in das Denken anderer eintaucht, sich aus fremden Trögen nährt und bereits Geschriebenes nachschreibt. *Frei* zu sein heißt nämlich nicht, sich alles selbst zu verdanken: frei zu sein heißt vielmehr, seine Rechnungen nicht bezahlen zu müssen.

oder Wesen des dem Menschen beywohnenden Verstandes im Judiciren und Aussinnen, den Wohlstand eines Dinges zu begreiffen, oder dessen zu verfehlen.« (Ebd., Sp. 871)

VIII. Die Eroberer

Ein Schreiben

Eine große Zeit bricht nun an. Das Urheberrecht entsteht und mit ihm der moderne Autor, in Deutschland reckt die Klassik ihr Haupt, in Frankreich gibt es Revolution und all das hängt auf irgendeine Weise miteinander zusammen – oder auch nicht. Die relativ freie Kombinierbarkeit all dieser Ereignisse lässt das späte 18. Jahrhundert in der Tat zu einer quasi-mythischen Epoche werden, aus der sich alles und nichts begründen lässt. Wer es bedeutungsschwanger will, der kann in dem sich allmählich verfestigenden Konzept der Autorschaft als eigentumsrechtlicher Instanz die literarische Visitenkarte eines subjekttheoretischen Umsturzes erblicken: der rechtsfähige Verfasser rückt dann in eine Reihe mit dem Revolutionär, mit dem kantischen Subjekt und/oder eben mit dem Genius der Kunstperiode. Er erscheint so als Ausdruck eines politischen, ästhetischen und erkenntnistheoretischen Neuanfangs.[1] Diese Verknüpfung ist mittlerweile zum Kernpostulat einer geschichtsphilosophischen Kritik am Autor geworden, die Literatur grundsätzlich als ein gegen die Vorstellung des Besitzes gerichtetes Manöver, als »Möglichkeit der Übertretung«, begreift.[2] Das leitende Paradigma dieser Kritik besteht daher in der Enttarnung von ›Autorschaft‹ als einer typischen ›Funktion‹ aufgeklärter Verregelung.[3] Die Errungenschaft des Urheberrechts verkehrt sich aus dieser Perspektive dann entsprechend zu einem Akt rigider Normierung, in dessen Folge jeder Text seiner Freiheiten beraubt, einer Person unterworfen und »zu einem Gut im Kreislauf des Eigentums« erklärt wird.[4]

---

1 Der zentrale Vertreter einer solchen Argumentation ist sicher Bosse (*Autorschaft ist Werkherrschaft*).
2 Foucault: *Was ist ein Autor?*, 246.
3 Vgl. hierzu Kapitel XIII, S. 460ff.
4 Ebd.

Dem doch sehr weit gesteckten Erklärungsanspruch dieser kulturhistorischen Diagnose wird freilich nicht selten das Faktum entgegengehalten, dass der Autor als Rechtsinstanz keineswegs eine Erfindung der bürgerlichen Demokratie, sondern vielmehr noch eine Schöpfung des französischen Absolutismus ist.[5] Nimmt man dies zur Kenntnis, dann verliert die Geschichte des Urheberrechts nicht nur ein falsches Pathos, sondern auch den Ruch einer literarischen Selbstentfremdung, die dem ›Autor‹ anhaftet. Autorschaft im Sinne einer ›Verfügung‹ über Text stellt keine Neuerung des bürgerlichen Zeitalters dar, die vorher nicht denkbar gewesen wäre; es gab vor dem Urheberrecht keine besitzlose und unrestringierte Literatur – es gibt sie auch danach nicht. Was sich aber mit der Einführung des Urheberrechts tatsächlich verändert (und vervielfältigt), sind die Möglichkeiten literarischer Kommunikation, die Posen, mit denen Autorschaft produziert oder sublimiert werden kann, die Distanzen, die zwischen Autor, Text und Leser treten und die auf immer andere Weise überbrückt oder aufrechterhalten werden können.[6] Die rechtlich abgesicherte Verfasserschaft hätte somit unmittelbare poetologische, insbesondere narratologische Konsequenzen: ohne den Urheber kein modernes Erzählen.

Wir müssen uns in dieser Debatte nicht zwingend positionieren, denn im Horizont des Plagiats bleibt die historische Bedeutung des Urheberrechts ohnehin ein nachgeordnetes Diskussionsfeld: Gesetz und Strafe bilden ja lediglich die äußersten Konturen des Vergehens ab, um dessen Physiognomie wir uns bemühen. Wir wollen also nicht die Analytiker der Urheberschaft hören, vorerst auch nicht ihre Apologeten, sondern zunächst einmal das in der öffentlichen Debatte um den Urheber beschuldigte Subjekt: den Nachdrucker.

Ein solcher meldet sich im Juni 1780 im *Teutschen Merkur* zu Wort: In seinem Schreiben an den Herausgeber beklagt er die

---

[5] Erstmals hierzu: Hesse: *Enlightenment Epistemology*; mittlerweile auch Lauer: *Offene und geschlossene Autorschaft*.
[6] Vgl. Lauer: *Offene und geschlossene Autorschaft*, 473f.

Ungerechtigkeit, die ihm und seinem Stande vonseiten der »Herren Autoren« widerfahre, und stellt heraus,

> daß wir eine dickere Haut haben müßten, als der Rhinozeros, wenn wir es länger ertragen könnten, uns die unleidlichsten Injurien in die Zähne stoßen, uns, als den elendesten und verworfensten unter allen Menschen begegnen, und geradezu für literarische Straßenräuber, für Diebe, die ihrem Nebenmenschen das Brod aus dem Munde stehlen, kurz für Betrüger, Schurken und Spitzbuben in öffentlichem Druk erklären zu lassen.[7]

Die Entrüstung des Herrn Nachdruckers ist leicht zu verstehen, denn längst vertritt er keinen Haufen anonymer Strauchdiebe mehr, sondern ein Kartell von sich ihres Patriotismus rühmenden Ehrenmännern. Er kann mittlerweile auf eine stattliche Zahl an öffentlichen Fürsprechern verweisen, und auch von staatlicher Seite wird sein Treiben bisweilen begrüßt, gefördert und auch gerechtfertigt. Der Textraub ist ein ernst zu nehmender Wirtschaftsfaktor geworden – ein negativer, meinen die Kritiker des Nachdrucks, ein positiver, betonen seine Verteidiger. Was ist geschehen?

In der Tat: Der Nachdruck war ab der Jahrhundertmitte salonfähig geworden. Als Ursprung dieser Entwicklung lässt sich eine massive Störung der buchhändlerischen Kommunikation ausmachen.[8] Die Verbreitung eines Buchtitels im deutschsprachigen Raum war lange Zeit durch den sogenannten Changehandel gesichert gewesen, der sich über die Buchmessen in Leipzig und Frankfurt vollzog. Dort konnten Buchhändler aus den nördlichen deutschen Staaten durch Tausch jene Neuerscheinungen erwerben, die im sogenannten Reichsbuchhandel umliefen (in dem die süddeutschen, österreichischen und Schweizer Buchhandlungen organisiert waren) – und eben umgekehrt. Mit diesem Prinzip brach nun der Buchhändler Philipp Erasmus Reich, der 1745 die Ge-

---

7 Wieland: *Schreiben eines Nachdruckers*, 199.
8 Zu dieser Entwicklung vgl. ausführlich Wittmann: *Der gerechtfertigte Nachdrucker?*, insbesondere 72–74.

schäftsführung der Weidmannschen Buchhandlung in Leipzig übernommen hatte. Reich, sicherlich nicht ohne Bewusstsein des qualitativen und marktpolitischen Vorsprungs, den der sächsische Buchmarkt als *der* Buchmarkt der deutschen Aufklärung gegenüber den Publikationen der südlichen Verleger hatte, etablierte anstelle des Tauschgeschäftes den ›Kontanthandel‹. Wer einen Titel aus Reichs Sortiment in sein eigenes übernehmen wollte, musste den Titel fortan bar bezahlen und erhielt nur wenig Rabatt. Diesem Modell schlossen sich alsbald auch andere Leipziger Verleger an. Deren Vertriebskunden aus dem Süden indessen sahen sich durch die einseitig vorgenommene Buchhandelsreform vor den Kopf gestoßen: Die Transportkosten für die Bücher überstiegen die Rabatte, das Geschäft rechnete sich für sie nicht mehr. Der Ausweg aus der Misere hieß: Nachdruck, in großem Stile organisierter Nachdruck – und die Druckbewegung verlief nahezu ausnahmslos von Norden nach Süden.

Der Nachdruck als Staatsaffäre: Reich gegen Trattner

Die bibliopolitische Spaltung Deutschlands kennt zwei Hauptakteure: auf der einen Seite den genannten Reich, der sich zum Generalvertreter des sächsischen Buchhandels aufschwingt und dessen Monopolstellung nicht zuletzt dadurch zu zementieren versucht, dass er seinen Stand auf der Frankfurter Buchmesse 1764 schließt. (Es wird auf absehbare Zeit die letzte Buchmesse sein, auf der norddeutsche Buchhändler vertreten sind.) Auf der anderen Seite steht der Wiener Buchdruckmogul Johann Thomas von Trattner, der – wie kolportiert wird[9] – im Hader über die Handelskonditionen, die ihm vom Leipziger Buchhändler Breitkopf auferlegt werden, auf das Nachdruckgeschäft verfällt. Beide Akteure prallen aufeinander, als Trattner die Chuzpe besitzt, seine Nachdrucke von

---

9 *Der gerechtfertigte Nachdrucker*, 10. Dass diese Geschichte nicht wirklich stimmig ist, hat Lehmstedt überzeugend dargelegt: »*Ein Strohm, der alles überschwemmet*«, 254–256.

Der gerechtfertigte Nachdrucker,

oder:

Johann Thomas von Trattners,

des Heil. Römschen Reichs Ritters,
wie auch Kayserl. Königl. Hofbuchdruckers und
Buchhändlers in Wien

erwiesene

Rechtmäßigkeit

seiner veranstalteten

Nachdrucke.

Als eine

Beleuchtung der auf ihn gedruckten
Leipziger Pasquille.

Wien und Leipzig,
bey Weidemanns Erben und Reich. 1774.

Abb. 11: Freunde des Nachdrucks …

Zufällige Gedanken eines Buchhändlers über Herrn Klopstocks Anzeige einer gelehrten Republik.

1773.

Abb. 12: ... Feinde des Nachdrucks.

privilegierten Werken, die er selbst erst von Leipziger Verlegern erhandelt hat (darunter Werkausgaben von Gellert, Hagedorn, Ewald von Kleist und Klopstock), auf der Leipziger Buchmesse von 1765 zu bewerben.[10] Das lässt sich Reich, der sich bereits zum Fürsten und Generalvertreter des sächsischen Buchhandels aufgeschwungen hat, nicht bieten. In seinen Augen ist Trattner »für uns der gefährlichste Mann«, ein Usurpator des reformierten Buchmarkts, der dessen Schwachstellen ausfindig gemacht hat und nun das Leipziger System gegen sich selbst arbeiten lässt; man könnte auch sagen: ein Plagiator allererster Klasse. Hören wir Reich selbst:

> Den Credit, den wir ihm gegeben, hat er zu unßerm Verderben angewandt; Er hat bis izt Niemand bezahlt [hier schwindelt Reich nachweislich], sondern braucht das aus unßerer eigenen Waare gelöste Geld, unßere besten Bücher nachzudrucken, folglich unßer gegenwärtiges und künftiges Vermögen an sich zu ziehen. Gegen einen solchen Mann, muß man herzhafte Entschliesungen faßen, wann man nicht sein Raub werden, und in der Sklaverey sterben will, und das ist der vornehmste Endzweck unserer Verbindung.[11]

Die Versklavung der Literatur erhält hier also nun eine staatspolitische Dimension. Reich will dabei nicht untätig zusehen und strengt vor der Leipziger Bücherkommission ein Verfahren gegen Trattner an. Diese macht Trattners Warenbestand ausfindig und konfisziert ihn: Er umfasst 2555 Bände, 2436 davon sind Nachdrucke. Trattner protestiert und wird bei Maria Theresia persönlich vorstellig. Der politische Gegendruck zeitigt Folgen. Der Leipziger Rat folgt der von der Bücherkommission ausgesprochenen Empfehlung von Strafzahlungen nicht, sondern übernimmt Trattners Argumentation, die sich darauf gründet, dass die nachgedruckten Bände weder

---

10 Zu Trattners eigenen Geschäftspraktiken – er betreibt nämlich selbst eine höchst einträgliche Mischform aus Change- und Kontanthandel – sowie zu den Ereignissen von 1764/65 im Detail vgl. Lehmstedt: »*Ein Strohm, der alles überschwemmet*«, insbesondere 185–204.
11 Zitiert nach ebd., 201.

auf kursächsischem Terrain gedruckt noch dort vertrieben wurden, sondern ausschließlich für ausländische Abnehmer bestimmt gewesen seien, es sich also um ›Transitware‹ handle. Trattner kommt somit ohne Strafe davon; allerdings verbleiben die beschlagnahmten Bände in Leipzig – im Grunde eine Marginalie, die sich aber zur Staatsaffäre auswachsen wird. Trattner will nämlich nicht nur seine Bücher zurück. Es geht ihm ums Prinzip: Die Leipziger sollen ihre Handelsbedingungen revidieren und zum Changehandel zurückkehren – und das nicht aus Respekt vor den südlichen Geschäftspartnern, sondern um die Solidität der Nationalökonomien zu wahren. So schreibt Trattner am 23.4.1766 an Reich:

> Sie werden wißen, daß im Handel und Wandel keine Freundschafft statt findet, Sie werden mich dahero nicht verdenken, daß ich den Gesetzen meines Souverains nachleben muß, welche dahin gehen, das baare Geld im Lande zu erhalten, und nach Kräften bedacht zuseyn, eher Geld herein zubringen als hinauszuschicken. Wenn ich mich nun nach Ihrem Willen verhalten sollte, so würden wir oder ich beständig ihre Diener wie hundert andre kleine Buchhändler verbleiben müßen, und das Joch, so die Herren Sachsen uns aufgebürdet haben, geduldig tragen, um alle Meß Zeit mit unserm Schweiß nach Leipzig zugehen, nebst unserer gehorsamsten Aufwartung noch das baare Geld abzulegen; [...].[12]

Versklavungsfantasien existieren also auch auf der anderen Seite: Die Buchhandelsreform stehe im Dienste eines geistigen Imperialismus, der die »gesammten K. K. Erblanden und Staaten« zu Untertanen Kursachsens und Preußens machen wolle. Nach dieser Logik – und das ist entscheidend – avanciert aber der Nachdrucker zum kühnen Verteidiger eines souveränen Habsburger Merkantilismus. Wenn Trattner sich also immer wieder auf das Sonderrecht Österreichs beruft, dem zufolge etwa Druckprivilegien der deutschen Staaten auch nur in diesen Staaten Geltungskraft besäßen und somit

---

12 Ebd., 236.

in Wien keine Anwendung finden könnten, so geschieht das vordergründig natürlich mit Blick auf seine sich noch in sächsischem Besitz befindlichen Nachdrucke. Was in Österreich zu Recht oder zu Unrecht gedruckt wird – darüber hat kein Sachse zu befinden, solange diese Drucke nicht an Sachsen verkauft werden. Für Trattner handelt es sich demnach um »Waaren« wie »Baumwolle, türkisch Garn, Saffian«, deren Durchgangsverkehr ohne Auflage zu erfolgen habe (da umgekehrt »die in Sachsen verfertigten Manufacturen« ja auch die österreichischen Lande ohne Auflagen durchqueren).[13] Damit ist aber zugleich offensichtlich, dass der eigentliche Verhandlungsgegenstand in diesem Konflikt das nationale Recht auf geistige Selbstversorgung ist.

Wir hatten bereits am Fall Zedler beobachten können, dass solche Auseinandersetzungen gerade deswegen absurde Züge annehmen müssen, weil die Standpunkte der Streitenden letztlich zusammenfallen. Ganz richtig: Der Nachdrucker teilt letztendlich das Literaturverständnis seiner Verfolger, er bejaht die Privilegienwirtschaft und die alleinige Verfügungsgewalt des Verlegers über den Text. Deswegen hat er auch keinerlei Bedenken, sein Handeln öffentlich und ausführlich zu diskutieren und zu legitimieren. Im Nachdruck aber treibt er das Verlegern und Nachdruckern gemeinsame Literaturverständnis zugleich in die ihm inhärente Widersprüchlichkeit, die er zu seinen eigenen Gunsten auslegt. Wird Literatur über das Verlegerprivileg definiert, dann bezieht sich das Eigentumsrecht an Literatur auf eine Machtinstanz, die eben diese Privilegien vergibt, was im Umkehrschluss heißt, dass die geografisch-politischen Grenzen dieser Machtinstanz zugleich die Grenzen der Privilegien sind. Jenseits dieser Grenzen wird Literatur also wieder frei verfügbar und kann von jedem, der sich dafür privilegieren lässt, wiederum zu seinem Eigentum gemacht werden. Das ist Trattners Logik und tatsächlich lässt sich gegen diese Logik wenig vorbringen. Auf

---

13 Ebd., 244.

der Grundlage dieser Logik aber konnte sich nun der Nachdruck als staatstragendes Gewerbe inszenieren, eine eigene Vertriebslogistik aufbauen und sich als Scharnier zwischen den europäischen Literaturen unentbehrlich machen. So wissen wir heute, dass die auf den Nachdruck spezialisierten Druckereien des 18. Jahrhunderts keineswegs blind agierten, sondern tatsächlich so etwas wie ›Marktforschung‹ betrieben, dass sie ihre Agenten hatten, die im Ausland erschienene Titel auf ihre kommerzielle Tauglichkeit hin überprüften; ja: dass sie ihre Geschäfte mindestens ebenso systematisch und seriös verrichteten wie ihre privilegierten Kollegen aus der Verlagsbranche.[14] Gerade als Vermittler fremdsprachiger Texte genossen sie dabei auch die Anerkennung der Gelehrten- und sogar der Verlegerkreise,[15] wobei diese Anerkennung selbstverständlich entsprechend national gebunden blieb: An den französischen Importen ergötzte man sich, die französische Adaption der von Carl Ludwig von Klöber und Hellscheborn verfassten Geschichte *Von Schlesien vor und seit dem Jahre 1740* (1785) brandmarkte man hingegen als »Unverschämtes Plagiat eines Franzosen«.[16]

Wieland oder Der Nachdrucker als Advokat des Autors

Der Nachdrucker, der sich da 1780 an den Herausgeber des *Teutschen Merkurs* wendet, hat also wahrlich Grund zum Lamento, denn die »unläugbarsten Verdienste«, die er sich und seinem Stande attestiert, entsprechen nicht nur dem Selbst-

---

14 Am Beispiel der *Société typographique de Neuchâtel* hat dies Darnton (*Die Wissenschaft des Raubdrucks*) ausführlich dargelegt.
15 Vgl. Reich: *Der Bücher-Verlag in allen Absichten genauer bestimmt*, 22f.: »Der Nachdruck ausländischer Bücher, von fremden Nationen, hat noch einen Schein des Rechts für sich. Die Italiäner, Holländer, Franzosen, Engländer etc. drucken uns nach, was zu ihrem Gebrauche dienet. Wir üben das Vergeltungsrecht aus, und bereichern dadurch gewissermaßen unser Vaterland durch innländische Auflagen fremder Bücher; aber deutsche gegen deutsche, ein Bruder gegen den andern?«
16 Gemeldet im ersten Teil der *Berlinischen Monatsschrift* von 1788, 184f.

verständnis dieser Leute, sondern werden auch weithin anerkannt. Und auch die Argumente, die der Nachdrucker zur Verteidigung seines Treibens vorbringt, sind nicht aus der Luft gegriffen, sondern erinnern doch sehr an Trattners Verteidigungsstrategie. Es gibt demnach gute Gründe, dieses Schreiben ernst zu nehmen, und das hat man auch getan – fälschlicherweise.[17] Verfasst hat den Text nämlich sein Adressat: Christoph Martin Wieland, der Herausgeber des *Teutschen Merkur* (und nebenbei: in seiner poetischen Produktion selbst ein ausgiebiger Nutzer literarischen ›Importgutes‹[18]). Auch Wieland sind die Nachdrucker ein Dorn im Auge, hat er doch 1773 ohnmächtig mit ansehen müssen, wie ein auf der Leipziger Messe entstandener Nachdruck des *Merkur* »in den meisten teutschen Buchläden um einen halben Thaler, oder um einen leichten Gulden wohlfeiler verkauft [wurde] als ihn die Abonnenten haben.«[19] Gleichwohl wollte Wieland dem schändlichen Treiben seinerzeit nichts anderes entgegensetzen als den Sachverstand und den Geschmack der Leserschaft:

---

17 Zur Rezeption des ›Schreibens eines Nachdruckers‹ siehe von Ungern-Sternberg: *Christoph Martin Wieland*, insbesondere 177f.
18 Wieland ist im Deutschland des 18. Jh. sicherlich der Autor, der das Plagiat als *ästhetischen* Vorwurf kanalisiert, ohne dabei wirklich greifbar zu sein. Dies beginnt bei Lessings Befremden ob des ›Stillschweigens‹, mit dem Wieland seine *Lady Johanna Gray* (1758) bisweilen passagenweise aus Nicholas Rowes *Lady Jane Grey* (1715) herausarbeitet (vgl. Lessing: *63. und 64. Literaturbrief*, 205–218), und endet bei der berüchtigten *Citatio edictalis*, die die Schlegels 1799 im *Athenäum* veröffentlichen und die hier des Amüsements halber auch in voller Länge zitiert sei: »Nachdem über die Poesie des Hofrath und Comes Palatinus Caesareus Wieland in Weimar, auf Ansuchen der Herren Lucian, Fielding, Sterne, Bayle, Voltaire, Crebillon, Hamilton und vieler andern Autoren Concursus Creditorum eröffnet, auch in der Masse mehreres verdächtige und dem Anschein nach dem Horatius, Ariosto, Cervantes und Shakspeare zustehendes Eigenthum sich vorgefunden; als wird jeder, der ähnliche Ansprüche titulo legitimo machen kann, hiedurch vorgeladen, sich binnen Sächsischer Frist zu melden, hernachmals aber zu schweigen.« (*Athenäum* 2/2 [1799], 340)
19 Wieland: *Der Herausgeber an das Teutsche Publicum*, IX.

Genug, der Nachdruck ist einmal da, und vom Publico allein hängt nun es ab, ihn zu hemmen. Ich will zu keinen Privilegien, zu keinen Zwangsmitteln meine Zuflucht nehmen: der Merkur soll durch seine gerechte Sache und den guten Willen der Leser fortdauren – oder er soll fallen! Aber dies ist gewiß, soll er fortdauren, so muß der Nachdruck aufhören; für beyde ist die teutsche lesende Welt nicht groß genug.[20]

Im *Schreiben eines Nachdruckers* hat Wieland nun der Gegenseite das Wort verliehen, und man mag sich fragen, was ihn zu diesem Schritt bewogen hat. Dabei lässt vor allem der Umstand, dass man die Satire gar nicht als solche erkennt (was Wieland dann fünf Jahre später zerknirscht zur Kenntnis nimmt[21]), tief blicken, denn tatsächlich gibt der Nachdrucker mitsamt seinen Argumenten hier ja keineswegs eine Spottfigur ab. Den eigentlichen Angriffspunkt des Schreibens bildet in der Tat die weiterhin problematische Rechtslage des literarischen Werkes, denn immer noch ist auf die Frage, *was denn Literatur eigentlich für ein Gegenstand sei*, keine Antwort gefunden, die es erlauben würde, dass sich das Eigentumsrecht an einem Buch »weiter erstreken [kann] als auf das Manuscript« und die davon gefertigte Auflage.[22] Richtig, also satirisch gelesen, weist Wielands Text auf ebenjenen Missstand, die juristische Begründungslücke, hin, der seine eigene Herausgebertätigkeit zum Opfer fällt. In der Reziprozität satirischen Schreibens, die das Starke schwach und das Schwache stark erscheinen lässt, zielt Wieland dabei überdeutlich auf jene Instanz, von der allein eine Lösung des Problems erwartet werden könnte: den Autor.

Wenn der entrüstete Nachdrucker den Herausgeber Wieland ausdrücklich als ›Autoren‹ adressiert,[23] dann muss das

---

20 Ebd.
21 Vgl. Wieland: *Actenstücke zur Oesterreichischen Nachdruckergeschichte*, insbesondere 158.
22 Wieland: *Schreiben eines Nachdruckers*, 208.
23 Ebd., 200.

aufhorchen lassen, denn den Autoren bleibt in der Auseinandersetzung zwischen ›legitimen‹ und ›illegitimen‹ Verlegern bis dahin bestenfalls der Part des Bauernopfers. Für sie ändert sich durch die von Wieland konstatierte »Usurpation des Daseyns« im Nachdruck de facto nicht viel, denn Einbußen entstehen einem Autor durch den Nachdruck seines Werkes allenfalls mittelbar – nämlich durch die Kürzung des Festhonorars durch den seinen eigenen Verlust vorauskalkulierenden Verleger. In der Zeit des bibliopolitischen Schismas ist zudem jeder Schriftsteller, der seine Werke im deutschen Sprachraum möglichst weit verbreitet sehen will, zwingend auf die Nachdrucker angewiesen. Bisweilen geschehen Nachdrucke daher mit ausdrücklicher Billigung der Verfasser, ab und an kommt es sogar zu Kooperationen zwischen Autor und Nachdrucker.[24] Irgend etwas muss es aber doch mit den Autoren auf sich haben. Immerhin weist Wielands Nachdrucker die ›Herren Schriftsteller‹ explizit darauf hin, dass sie

> noch weit davon entfernt sind, ihre Sache ausser allen rechtlichen Zweifel gesetzt zu haben; und daß es mit ihrem vermeyntlichen Eigenthumsrecht an die Werke ihres Kopfes oder ihrer Hände bey weitem nicht die Bewandtnis hat, wie mit irgend einer andern Sache, die vermöge des natürlichen oder bürgerlichen Rechts im Eigenthum steht.[25]

Stellt der Nachdrucker für den *Herausgeber* Wieland noch eine reelle ökonomische Bedrohung dar, so dient er dem *Autoren* Wieland als willkommener Stichwortgeber, denn aus dem Blickwinkel des Nachdruckers werden all jene Mechanismen schonungslos freigelegt, die den Autor an seiner Selbstentfaltung im Literaturbetrieb hindern. Dem verhinderten Satiriker Wieland geht es um die Eroberung ebendie-

---

24 Das schlagendste Beispiel für eine solche Kooperation stellen vermutlich Voltaires *Questions sur l'Encyclopédie* dar, deren Fahnen Voltaire hinter dem Rücken seines Verlegers an den Neuenburger Raubdrucker Ostervald verkaufte. (Hierzu Darnton: *Die Wissenschaft des Raubdrucks*, 32–45.)
25 Wieland: *Schreiben eines Nachdruckers*, 202.

ser Sprechposition. Will man in Erfahrung bringen, an welcher Stelle im literarischen Wirtschaftssystem der Fehler liegt, dann muss man den zu Wort kommen lassen, der jenen Fehler zu seinen Gunsten ausnutzt und folglich das System auch am besten kennen muss. Hört man diesem Menschen gut zu, dann wird schlagartig klar, dass die Nachdruckindustrie nur deswegen leichtes Spiel hat, weil Literatur immer noch das rechtliche Leben eines rein *materiellen* Eigentums führt. Daran trifft den Nachdrucker keine Schuld, denn der nutzt diese Situation lediglich aus. Verantwortlich für das juristische Dahindarben der Autoren ist vielmehr das Kartell der Verleger und das durch sie zementierte Privilegiensystem, das den Autor nur als Rechte*veräußerer*, nicht aber als Rechte*besitzer* kennt.

Den Kampf gegen dieses Kartell resp. gegen das ›ewige Verlagsrecht‹ hat Wieland seit seiner Bindung an das Zürcher Verlagshaus Orell, Geßner & Co. im Jahre 1762 geführt. Immer wieder hat er in den Vertragsverhandlungen versucht, die Verlagsrechte am jeweiligen Werk zu beschneiden, diese zeitlich einzugrenzen, eigene Gewinnbeteiligungen durchzusetzen, auch die Gestaltung resp. die Textform mitzubestimmen,[26] und immer wieder ist er dabei mit den Verlegern aneinander geraten. Wieland beginnt, sein Schreiben eigenständig zu organisieren und zu vermarkten: Zum einen verfällt er auf den Gedanken eines im Selbstverlag erscheinenden Journals – das ist dann eben der *Teutsche Merkur*. Zum anderen vergibt er bereits ab 1768 die Rechte an seinen Werken regelmäßig an Reich und dessen Weidmannsche Buchhandlung, zur Erinnerung: der Leipziger Bastion gegen den Nachdruck, an die er sich dann nach dem endgültigen Bruch mit den Zürchern 1772 auch vertraglich bindet. Es vergeht ein knappes Jahrzehnt, bis Wieland unsanft an dieses Vertragsverhältnis erinnert wird: Mit dem Jenaer Verleger Johann Michael Maucke hat er eine dreibändige Ausgabe seiner *Auserlesenen Ge-*

---

26 Vgl. von Ungern-Sternberg: *Chr. M. Wieland*, 1347–1398.

dichte vereinbart, deren erster Band auf der Ostermesse 1784 zu greifen ist. Reich bekommt ihn in die Hände und stellt fest, dass Mauckes Edition auch Wielands Versepos *Musarion* enthält. Die Rechte an *Musarion* befinden sich aber im Besitz der Weidmannschen Buchhandlung, die das Werk bereits 1768 veröffentlicht hat. Schon ist Wieland in die Falle der Privilegienwirtschaft gegangen und muss nun erleben, wie Reich ihn seinerseits zum »Nachdrucker« seines »rechtmäsigen Verlegers« stempelt.[27]

Der Weg vom Verfolger zum Verfolgten ist auf dem Buchmarkt des 18. Jahrhunderts also ein kurzer. Während Wieland sich in seiner Funktion *als Herausgeber* noch heftigst gegen eine großangelegte Kooperationsofferte vonseiten Trattners und seiner Nachdruckmaschinerie wehrt,[28] ist er *als Autor* längst selbst in den Verdacht der Veruntreuung von Verlagseigentum gekommen. Gerade aus dieser Furcht heraus, letztlich *zum Räuber des eigenen Textes* werden zu müssen, wird schließlich der *Urheber* gezeugt.

Vom Grundstoff der Literatur

Wieland ist dabei wahrlich nicht der Vater des Gedankens; vielmehr agiert er im Schatten einer ambitionierten Emanzipationsbewegung, der er im *Merkur* zwar ein Forum stiftet, die aber zu diesem Zeitpunkt bereits gewaltig an Fahrt aufgenommen hat. Ihren Ausgang hat sie bei Klopstocks Aufruf zur Subskription seiner *Deutschen Gelehrtenrepublik* (1773) ge-

---

27 Vgl. Reichs Brief an Wieland vom 12. Mai 1784, zitiert in Buchner: *Wieland und die Weidmannsche Buchhandlung*, 78.
28 Trattner hatte 1784 den Plan einer ›Gelehrtenoffensive‹ veröffentlicht, welcher die Aufklärung in den K.K. Staaten durch gezielte und großangelegte Nachdruckaktionen vorantreiben sollte. Zu diesem Zwecke hatte er Einladungen an die Autoren der Leipziger Verlage schicken lassen, in denen diese gebeten wurden, ihre Werke den Nachdruckern zu überlassen, wofür sie ihrerseits wieder »neue Original-Werke oder gute Uebersetzungen zum Druck« erhalten sollten; vgl. Wieland: *Actenstücke zur Oesterreichischen Nachdruckergeschichte*.

Vom Grundstoff der Literatur   265

nommen, die ausdrücklich als Testlauf für das Vorhaben gedacht war, »die Gelehrten […] Eigenthümer ihrer Schriften werden« zu lassen.[29] Klopstock machte ein gutes Geschäft mit diesem Verfahren;[30] sein Verleger (erneut Reich) witterte freilich das den Buchhändlern drohende Ungemach und wandte sich in einem Antwortschreiben gegen die neue Konkurrenz, das pikanterweise die an Klopstock gerichtete Drohung einschloss, die »brauchbaren Artikel sofort noch correcter und schöner, als die Originale wären«, nachzudrucken und zum halben Preis abzusetzen.[31] Der Weg der Verhandlung über das Eigentumsrecht der Autoren und Verleger führte sodann – wir kürzen das jetzt ab, da es in der gebotenen Ausführlichkeit an anderen Orten besser nachgelesen werden kann[32] –, über den Hamburger Gelehrten Johann Albert Hinrich Reimarus[33] und Reichs Antwort auf denselben,[34] zum Göttinger Rechtsgelehrten Johann Stephan Pütter,[35] von dort schließlich zu Johann Georg Feder,[36] Pütters Göttinger Kollegen aus der Philosophie. Auf diesen Wegen wurde nun allmählich eine Konstruktion sichtbar, die eine differenzierte Eigentumsregelung in Bezug auf Literatur ermöglichen sollte und schließlich auch den Autor ins Recht zu setzen vermochte.

Zentral für die Konstruktion ist zunächst die Unterscheidung zwischen dem Buchexemplar und dem diesem Exemplar zugrunde liegenden ›Stoff‹:

29 Zitiert nach dem Abdruck des Subskriptionsplanes vom 8.6.1773 bei Pape: *Klopstocks Autorenhonorare*, Sp. 103f.
30 Das Publikum war von dem im Voraus bezahlten Werk allerdings alles andere als angetan und »verschenkte nun scherzend die teuer erworbenen Exemplare«, wenn man Goethe glauben darf, der »selbst mehrere von guten Freundinnen« erhalten haben will, »deren keines aber mir geblieben ist.« (Goethe: *Dichtung und Wahrheit*, 519)
31 Reich: *Zufällige Gedanken*, 15.
32 Nämlich vorzugsweise bei Bosse: *Autorschaft*, 37–64.
33 Reimarus: *Der Bücherverlag*.
34 Reich: *Der Bücher-verlag*.
35 Pütter: *Der Büchernachdruck*.
36 Feder: *Neuer Versuch*.

So kann man [...] mit völligem Grunde behaupten, daß so wenig, als ein Apotheker mit dem Verkaufe einzelner Apothekerwaare seine Apothekergerechtigkeit mit verkauft, so wenig auch ein Buchhändler, indem er einzelne Exemplare seines Verlagsbuches in Handel bringt, sein Verlagsrecht daran mitverkauft.[37]

Literatur ist folglich kein in toto verkäuflicher Gegenstand. Wer Literatur vertreibt, der behält immer etwas zurück, das dem Käufer des Exemplars nicht zugänglich gemacht werden darf: den Grundstoff des Buches, die *materia prima*. Was kann das sein? Dies führt zur zweiten Unterscheidung: Als *materia prima* kommen – folgt man Pütter – einerseits der ›bloß materielle Grundstoff‹, also das Druckmaterial, andererseits aber der ›gelehrte Grundstoff‹, der Gehalt des Buches in Form eines Manuskripts, infrage.[38] Am Grundstoff aber erwirbt der Buchkäufer in keinem Fall Rechte, ganz gleich, welche Rechte er in Bezug auf das Exemplar besitzt:

Jeder Eigenthümer eines Buches mag sein Buch lesen, zur Parade hinstellen, verschenken, verleyhen, verpfänden, theurer oder wohlfeiler wieder verkaufen oder vertauschen; ja er mag es zerreissen, zerschneiden, verbrennen, oder sonst anwenden wie er will; so benutzt er die Rechte seines Eigenthums ohne einem andern Rechte Eintrag zu thun. Und damit kann sich das Publicum bey der so vortheilhaften Einrichtung des Handels mit gedruckten Büchern völlig beruhigen. Wenn sich aber jeder Käufer eines Buches auch das Recht anmassen wollte, eben dasselbe wieder drucken zu lassen, ohne darauf zu sehen, ob dem ursprünglichen rechtmässigen Verleger Schaden damit geschehe, oder nicht; so würde dieses nicht nur viel weiter gehen, als was nach dem Zwecke des Buchhandels in jedem einzelnen Bücherverkaufe begriffen ist, sondern es würde auch diese fürs Publicum so vortheilhafte Einrichtung bald gänzlich zerstöhren.[39]

---

37 Pütter: *Der Büchernachdruck*, 44.
38 Ebd., 19f.
39 Ebd., 46.

Die Frage, die sich in diesem Zusammenhang natürlich stellen muss (und sich bei Pütter natürlich nicht stellt, denn dessen Abhandlung ist vom Buchhandel in Auftrag gegeben worden), lautet: Wenn es einen geistigen und einen materiellen Grundstoff der Literatur gibt, beides nicht restlos veräußert werden kann, der Ureigentümer des geistigen Grundstoffs aber notgedrungen der Verfasser ist – inwiefern kann der Verfasser in jedem Fall gegenüber dem ersten Käufer, dem Verleger nämlich, ein Eigentum am Text beanspruchen? Lessing hat sich in seiner Bruchstücksammlung *Leben und leben lassen. Ein Projekt für Schriftsteller und Buchhändler* (entstanden irgendwann zwischen 1773 und 1780) genau dieses Problem durch den Kopf gehen lassen und kommt dort zu dem Schluss: »Daß dem Verleger auf das Buch, welches er mit Genehmhaltung des Verfassers drucken läßt, ein Eigentum zustehe, halte ich für unerwiesen.«[40]

Nach und nach setzt sich in der Folge tatsächlich die Auffassung durch, dass gerade jenes Prinzip der ›unvollständigen Veräußerung‹, das vonseiten der Buchhändler und Verleger gegen die Nachdrucker mobilisiert wird, im Umkehrschluss von den Autoren gegen die Verleger gewendet werden kann.[41] Die Schöpfung des Autors ist durch keinen Verlagsvertrag in Gänze von diesem zu erwerben, was den Verleger im Grunde zum bloßen Stellvertreter, also einem nachgeordneten Eigentümer, degradiert. Am schönsten lässt sich dies an Kants Schrift *Von der Unrechtmäßigkeit des Büchernachdrucks* (1785) nachweisen. Kant wechselt dort – strategisch nicht ungeschickt – ausgerechnet auf das metaphorische Terrain der Nachdrucker, die Literatur als einen Sermon begreifen,[42] mit

---

40 Lessing: *Leben und leben lassen*, 783.
41 In England nimmt die Gesetzgebung zur gleichen Zeit ebendiesen Verlauf: Die Verleger suchen beim Gesetzgeber (also beim House of Lords) Hilfe, um sich vor den schottischen Nachdruckern zu schützen – am Ende liegt das Urheberrecht auf einmal ganz bei den Autoren, denen die Verleger dann *royalties* für jedes verkaufte Buch zahlen müssen; hierzu Rose: *The Author as Proprietor*, 51–85.
42 Vgl. Kapitel VII, S. 222ff.

dem jeder, der ihn vernimmt, anstellen darf, was er will. Just diese Vorstellung des geschriebenen als eines gesprochenen Wortes aber führt in Kants Argumentation geradewegs zur rückstandslosen Konzentration des literarischen Eigentums auf den Autor:

> In einem Buche als Schrift *redet* der Autor zu seinem Leser; und der, welcher sie gedruckt hat, *redet* durch seine Exemplare nicht für sich selbst, sondern ganz und gar im Namen des Verfassers. Er stellt ihn als redend öffentlich auf und vermittelt nur die Überbringung dieser Rede ans Publicum. Das Exemplar dieser Rede, es sei in der Handschrift oder im Druck, mag gehören, wem es wolle; so ist doch, dieses für sich zu brauchen, oder damit Verkehr zu treiben, ein Geschäft, das jeder Eigenthümer desselben *in seinem eigenen Namen* treiben kann. Allein jemand öffentlich *reden zu lassen*, seine Rede als solche ins Publicum zu bringen, das heißt, in jenes Namen reden und gleichsam zum Publicum sagen: ›Durch mich läßt ein Schriftsteller euch dieses oder jenes buchstäblich hinterbringen, lehren u.s.w. Ich verantworte nichts, selbst nicht die Freiheit, die jener sich nimmt, öffentlich durch mich zu reden; ich bin nur der Vermittler der Gelangung an euch;‹ das ist ohne Zweifel ein Geschäft, welches man nur im Namen eines andern, niemals in seinem eigenen Namen (als Verleger) verrichten kann.[43]

Pütters Unterscheidung zwischen dem exemplarischen und dem ›grundstofflichen‹ Nutzungsrecht am Buch wird hier also nochmals aufgegriffen; sie erhält nun allerdings einen Hintersinn, an den Pütter noch nicht gedacht hat: Wenn das rechtliche Problem wirklich darin besteht, dass, wie Reich es formuliert, »der Nachdruck nicht das *corporelle*, d. i. das bedruckte Papier, sondern, wenn man so sagen mag, nur das *Spirituelle*, i. e. den eben so gut bezahlten Inhalt ihm raubet«,[44] dann wird eine konsequent gedachte juristische Lösung des Problems letzten Endes auch auf einen *spiritus rector* verfallen

---

43 Kant: *Von der Unrechtmäßigkeit des Büchernachdrucks*, 80f.
44 Meyer: *Reformbestrebungen im achtzehnten Jahrhundert*, 213.

müssen: auf den ›Geist‹ des Autors, der jedes gedruckte Exemplar durchzieht und trotzdem immer bei sich selbst bleibt. Denkbar wird dieses Wesen allerdings erst vor dem Hintergrund einer Konzeption von geistiger Schöpfung, die niemandem mehr etwas schuldet, sondern alles aus sich selbst nimmt: *Das ist der Urheber.*

Noch ist allerdings unklar, was ›Urheberschaft‹ eigentlich bedeutet, auf welches Moment sie sich eigentlich bezieht, wo sie anfängt und wo sie endet. Pütters Unterscheidung von literarischem ›Grundstoff‹ und literarischer ›Ware‹ war noch ganz auf die Bedürfnisse der Verlegerschaft ausgerichtet, es ging da ja vornehmlich um Druckerschwärze, Papier und druckfertige Manuskripte, was für die Instanz des Autors eher nachgeordnete Rechtsgegenstände sind. Urheberschaft, verstanden als ein aus geistig-schöpferischer Tätigkeit entstandener Besitzanspruch, wird hier nicht glücklich, sondern verlangt nach einer präziseren, eben: auf die Autorschaft abgestimmten Differenzierung. Geleistet wird diese durch Johann Gottlieb Fichte, der mit seinem *Beweis der Unrechtmässigkeit des Büchernachdrucks* (geschrieben 1791, veröffentlicht 1793) eigentlich Reimarus' Verteidigung der Nachdrucker entgegentreten will, en passant aber die Frage nach der konkreten Bedeutung des ›geistigen Eigentums‹ aufs Erste klärt und für den größten Teil der ihm nachfolgenden Urheberrechtsdebatten das Fundament legt. Zunächst unterscheidet er »an einem Buche [...] das *Körperliche* desselben, das bedruckte Papier; und sein *Geistiges*.«[45] So weit war Pütter auch schon gekommen. Fichte aber geht nun einen Schritt weiter. Am ›Geistigen‹ unterscheidet er nämlich nun wieder »das *Materielle*, den Inhalt des Buches, die Gedanken, die es vorträgt; und [...] die *Form* dieser Gedanken, die Art wie, die Verbindung in welcher, die Wendungen und die Worte, mit denen es sie vorträgt.«[46] Man mag es kaum aussprechen, aber hier bahnt sich etwas wahrhaft Revolutionäres an. Nicht länger wird hier

---

45 Fichte: *Beweis der Unrechtmässigkeit,* 225.
46 Ebd.

über ›unvollständige Veräußerungen‹ räsoniert, Fichte ist ganz gegen solche Halbheiten. Was tatsächlich Eigentum eines Verfassers ist und was nicht, daran besteht gar kein Zweifel:

> Was also fürs erste durch die Bekanntmachung eines Buches sicherlich feilgeboten wird, ist das *bedruckte Papier*, für jeden, der Geld hat es zu bezahlen, oder einen Freund, es von ihm zu borgen; und der Inhalt desselben, für jeden, der Kopf und Fleiss genug hat, sich desselben zu bemächtigen. Das erstere hört durch den Verkauf unmittelbar auf, ein Eigenthum des Verfassers (den wir hier immer noch als Verkäufer betrachten können) zu seyn, und wird ausschliessendes des Käufers, weil es nicht mehrere Herren haben kann; das letztere aber, dessen Eigenthum vermöge seiner geistigen Natur Vielen gemein seyn kann, so, dass doch jeder es ganz besitze, hört durch die Bekanntmachung eines Buches freilich auf, *ausschliessendes* Eigenthum des ersten Herrn zu seyn […], bleibt aber sein mit Vielen gemeinschaftliches Eigenthum. – [Jetzt kommt es:] Was aber schlechterdings nie jemand sich zueignen kann, weil dies physisch unmöglich bleibt, ist die *Form* dieser Gedanken, die Ideenverbindung, in der, und die Zeichen, mit denen sie vorgetragen werden.[47]

Das, was Fichte hier beiläufig formuliert, wird letztlich die rechtsphilosophische Grundlage der Urheberschaftstheorie des 19. Jahrhunderts bilden:[48] Die Urheberschaft, das Recht des neuen literarischen Herrschers, des Autors, kann letztlich nur über die Form verletzt werden, und das ist allein deswegen so, weil allein in der Form sich die unveräußerbare Individualität eines Schriftwerkes erhält. Diese lässt sich nicht einfach über die Reflexion eines geistigen Inhalts anverwandeln:

> Alles, was wir uns denken sollen, müssen wir uns nach der Analogie unserer übrigen Denkart denken; und bloss durch

---

47 Ebd., 226f.
48 Noch Kohler, der dann im 20. Jh. die Debatte in Richtung eines ›Immaterialgüterrechts‹ umsteuert, spricht von Fichtes Unterscheidung als dem ›Bedeutendsten‹, »was bis gegen die Neige des 19. Jahrhunderts für die Konstruktion des sog. geistigen Eigentums geleistet worden ist« (Kohler: *Urheberrecht*, 78).

dieses Verarbeiten fremder Gedanken, nach der Analogie unserer Denkart, werden sie die unsrigen: ohne dies sind sie etwas Fremdartiges in unserem Geiste, das mit nichts zusammenhängt und auf nichts wirkt. Es ist unwahrscheinlicher als das Unwahrscheinlichste, dass zwei Menschen über einen Gegenstand völlig das Gleiche, in eben der Ideenreihe und unter eben den Bildern, denken sollen, wenn sie nichts voneinander wissen, doch ist es nicht absolut unmöglich; dass aber der eine, welchem die Gedanken erst durch einen anderen gegeben werden müssen, sie in eben der Form in sein Gedankensystem aufnehme, ist absolut unmöglich.[49]

»Absolut unmöglich« – das heißt natürlich: unter legalen Umständen absolut unmöglich. Denn natürlich weiß Fichte, dass es Leute gibt, bei denen solch eine seltsame Verdoppelung der Gedankenform doch möglich scheint, die man »mit dem entehrenden Namen eines Plagiars gebrandmarkt« hat.[50] Dazu bliebe nun wohl nicht viel Weiteres zu sagen, aber Fichte will natürlich genau bleiben. Warum verachtet man nämlich denjenigen, der sich daran macht, andere Schriftsteller »wörtlich auszuschreiben«, warum nennt man ihn eigentlich ›Plagiar‹? Eben: nicht aufgrund dessen etwaiger »Geistesarmuth« (denn diese ist durch bloßes Abschreiben nicht erwiesen), sondern allein deswegen, weil »der Plagiar sich eines Dinges bemächtiget, welches nicht sein ist.«[51] Klingt simpel, ist es aber ganz und gar nicht, denn auch zum ›Plagiar‹ wird man natürlich nicht einfach so, sondern nur auf der Basis der Fichte'schen Rechtslogik:

> Warum denkt man nun über den Gebrauch der *eigenen Worte* eines Schriftstellers ganz anders, als über die Anwendung seiner *Gedanken*? Im letzteren Falle bedienen wir uns dessen, was unser mit ihm gemeinschaftliches Eigenthum seyn kann, und beweisen, dass es dieses sey, dadurch, dass wir ihm unsere Form geben; im ersten Falle bemächtigen wir uns

---

49 Fichte: *Beweis der Unrechtmässigkeit*, 227.
50 Ebd., 228.
51 Ebd., 229.

seiner Form, welche nicht unser, sondern sein ausschliessendes Eigenthum ist.[52]

Da haben wir's also: Plagiarismus übersetzt sich nun als Aneignung eines ›ausschliessenden Eigenthums‹, als das ›Ausschreiben‹ einer persönlichen Gedankenform. Die Diskussionen um das Verlagswesen und den Nachdruck – an denen sich Fichtes kleine Schrift ja im Grunde noch beteiligt, lässt diese Überlegung weit hinter sich: Ihre Reflexionsgrundlage ist bereits eine andere, nämlich eine autorfokussierte. Ob die Autoren selbst es allerdings mit Fichtes Beweisführung so genau nehmen, wird man nicht entscheiden dürfen, ohne sie vorher gehört zu haben.

Das Original und die Vertauschung der Zeiten

Damit verlassen wir nun die urheberrechtliche Debatte und wenden uns der ›poetologischen‹ Dimension dieser Entwicklungen zu. Bereits an Lessings Freigeist Adrast ließ sich erkennen, dass die Sehnsucht nach ›Originalität‹ sich letzten Endes dem Trauma der Unselbständigkeit verdankt. Tatsächlich avanciert ›geistige Abhängigkeit‹ im Laufe des 18. Jahrhunderts zu einem der schlimmsten Stigmata, die man einem Menschen anhängen kann, und es ist die Aufklärung, die diese Stigmatisierung zu einem tragenden Prinzip der Volkserziehung macht. So denkt Klopstocks bereits gewürdigte *Deutsche Gelehrtenrepublik* sogar schon an eine entsprechende Gesetzgebung:

> Wer Andre ausschreibt, und sie nent, muß gleichwohl Rechenschaft geben, warum er ausgeschrieben habe. Sind die Ursachen, die er anführt, nicht gut; (und beynah niemals können sie es seyn) so wird er auf ein Jahr Nachtwächter.[53]

Wer nicht um jeden Preis Nachtwächter werden möchte, dem bleibt nichts anderes übrig, als sich seiner Vorlagen zu

---

52 Ebd.
53 Klopstock: *Die deutsche Gelehrtenrepublik*, 48.

entledigen. Der aufgeklärte Mensch verdankt sein Leben einzig dem eigenen Verstand; er ist in der Lage, alles selbst zu prüfen, für richtig und falsch zu befinden und ins Werk zu setzen. Dieser Vorstellung liegt freilich ihrerseits eine Paradoxie zugrunde, denn zum ›Original‹ wird man letztlich nur durch aufgeklärte Erziehung, Belehrung, Lektüre. Selbstbestimmtheit muss also gelernt werden (das unterscheidet sie von bloßer Ignoranz), und so führt der Weg zur Originalität nicht selten über eine massive intellektuelle Verschuldung. Auf großer Bühne vollzieht sich dieses Schauspiel, wenn etwa Maria Theresia ihren Nachdrucker Trattner damit beauftragt, so viele Leipziger Schriften als möglich nachdrucken zu lassen, bis auch in Österreich endlich »Originalwerke zu Stande kommen«.[54]

Wenn wir Lessings *Freigeist* richtig verstanden haben, ist dies natürlich eine höchst naive, zumindest aber eine hochgradig verquere Vorstellung von Originalität, denn Originalität ist – glauben wir Theophan, dem Retter des Freigeistes – keine Frage der Gelehrsamkeit, sondern vielmehr die Wiederentdeckung einer verschütteten Natur des Menschen. Unterstützung findet Theophan in einer Schrift, die in den europäischen, insbesondere in den deutschen Gelehrtenkreisen schon bald für Furore sorgen wird: Edward Youngs *Conjectures on Original Composition* (1759), die nur ein Jahr nach Erscheinen als (freilich arg verstümmelte) *Gedanken über die Original-Werke* ihren Weg ins Deutsche gefunden haben.

Youngs Reflexionen, formuliert als Brief an den Drucker und Schriftsteller Samuel Richardson, geben sich rasch als ein spätes Echo auf die ›Querelle des Anciens et des Modernes‹ zu erkennen. In der ›Querelle‹, die Ende des 17. Jahrhunderts in Frankreich ihren Ausgang genommen hatte, gewärtigen wir die Emanzipation der Literatur vom Prinzip der *imitatio auctorum*. Die antiken Autoren – und vor allen anderen natürlich Homer – verlieren ihre Aura der Unerreichbarkeit. Sie wer-

---

54 Giese: *Johann Thomas Edler von Trattner*, Sp. 1019.

Gedanken über die Original-Werke.

In einem Schreiben des D. Youngs an dem Verfasser des Grandison.

Aus dem Englischen.

Leipzig,
bey Johann Samuel Heinsii Erben,
1760.

Abb. 13: Das Grundbuch der literarischen Eroberer.

den vergleichbar, kritikfähig, und auf der Seite der *modernes* macht sich die Überzeugung breit, dass man es mit der Dichtung der Alten zweifellos aufnehmen könne, denn »Ils sont grands, il est vray, mais hommes« comme nous« – »sie sind groß, das ist wahr, aber sie sind Menschen wie wir«, wie es Charles Perrault 1687 in seinem Gedicht *Le siècle de Louis le Grand* formuliert.[55] Als Folge treten erstmals Übersetzer auf, die ihre Aufgabe nicht darin sehen, dem Originaltext möglich nahezukommen, sondern vielmehr darin, philologische Arbeit zu leisten, Emendationen vorzunehmen, den Originaltext zu verbessern und zu vervollkommnen.[56] In England ist die Konstellation ähnlich und hört auf den Namen ›Battle of the Books‹ (den sie Jonathan Swifts gleichnamiger Satire aus dem Jahre 1704 verdankt). In den Vordergrund tritt hier gleichwohl ein *ancien*, nämlich Alexander Pope, der seine Homer-Übertragungen (1715; 1725) ganz im Sinne einer gelungenen *imitatio* verstanden haben will – wiewohl viele Zeitgenossen bestenfalls eine Nähe zwischen Original und Übertragung erkennen (was den Gräzisten Richard Bentley zu seinem berühmten Ausspruch »It is a pretty poem, Mr. Pope, but you must not call it Homer« veranlasst hat). Pope verhält sich in seiner Arbeit mit dem antiken Text also keineswegs sklavisch, sondern entwickelt vielmehr an der Vorlage eine eigene Dichtung, die er dann auch, unter Homers Namen, eigenhändig per Subskription vermarktet – mit großem Erfolg.

Es ist diese Gespaltenheit der poetischen Inszenierung, mit der Pope die britischen *modernes* gegen sich aufbringt. Auf der einen Seite agiert hier jemand marktpolitisch selbstbewusst, verwaltet eine Übertragung als literarisches Eigentum und ist

---

55 Die Erstveröffentlichung des Gedichts erfolgte in Perraults Streitschrift *Parallèle des anciens et des modernes*, 4.
56 In Frankreich ist dies Antoine Houdar de la Motte, der seiner *Ilias*-Bearbeitung – der Versbearbeitung einer Prosaübersetzung (Paris/Amsterdam 1714) einen *Discours sur Homère* beifügt, dessen Hauptintention darin besteht, Homers dichterische Schwächen Punkt für Punkt offenzulegen, in deren Überwindung de la Motte die Aufgabe seiner Übertragung sieht.

sich im Zweifel auch nicht zu schade, wegen ein paar gestohlener Zeilen literarische Fehden anzuzetteln.[57] Auf der anderen Seite unterstellt dieselbe Person ihr Schaffen der Größe der Alten, in deren Schatten sie ihr ganzes Renommée zu erlangen sucht. Youngs *Conjectures* setzen just an diesem Punkt an: »He [Pope] chose rather, with his namefake of Greece, to triumph in the old world, than to look out for a new.«[58] Diese Orientierung an der alten Welt, die »Anbetung« (*worship*) jener »Scribenten [...], die seit langer Zeit canonisiret, ihre Vergötterung durch einen wohlgegründeten und allgemeinen Ruhm erhalten haben«,[59] ist Young zufolge auf einen Irrtum zurückzuführen. So habe Pope nicht wirklich verstanden, was *aemulatio*, »emulation« resp. »Nacheiferung«, bedeute:

> He that imitates the divine *Iliad*, does not imitate *Homer*; but he who takes the same method, which *Homer* took, for arriving at a capacity of accomplishing a work so great.[60]

---

57 James Moore-Smythe hatte in seinem Drama *The Rival Modes* (1727) sechs Zeilen aus Popes Gedicht *Sent on her Birthday* (veröffentlicht 1728) benutzt; Pope hatte Moore-Smythe zunächst die Genehmigung zur Verwendung der Zeilen erteilt und dieser hatte sie im Text kursiv setzen lassen. Als Pope die Genehmigung dann plötzlich wieder zurückgezogen hatte, hatte Moore-Smythe trotzdem an den Zeilen festgehalten, was Pope dazu veranlasste, ihn in seinen Satiren immer wieder als Plagiator bloßzustellen, so etwa in einem 1730 für das *Grub-Street Journal* verfassten Vierzeiler: » A gold watch found on Cinder Whore, / Or a good verse on J–my M–e, / Proves but what either shou'd conceal, / Not that they're rich, but that they steal.« (*The Grub-Street Journal*, July 2nd, 1730, 3)

58 Young: *Conjectures*, 67. (»Er wollte lieber mit seinen [sic] griechischen Namensvetter in der alten Welt triumphiren, als nach einer neuen umher schauen.« Young: *Gedanken*, 58)

59 Ebd.

60 Young: *Conjectures*, 21. (»Nicht der ahmet den Homer nach, der die göttliche Iliade nachahmet; nur der ahmet den Homer nach, der eben die Methode erwählt, die Homer erwählte, um die Fähigkeit zu erlangen, ein so vollkommenes Werk hervorzubringen.« Young: *Gedanken*, 23f.)

Im Verfehlen jener wahrhaften *aemulatio* ortet Young dann auch die Ursache für das Ausbleiben zeitgenössischer ›Originalwerke‹. Natürlich bleibt die Antike ein Maßstab; erreichen lasse sich dieser jedoch nur durch das Aufkündigen aller Verpflichtungen gegenüber den Werken des Altertums und den Eintritt in die Schöpfungspotenz, aus der diese Werke einst hervorgingen: »Imitate; but imitate not the *Composition*, but the *Man*.«[61] *The imitation of Man* – dem deutschen Übersetzer tönt das offensichtlich zu profan, zu sehr nach einem weiteren Tugendprogramm, und deswegen gibt er seinen Landsleuten das Wort, mit dem sie mehr anfangen können: ›Geist‹ schreibt er, »Ahmet nach; aber nicht die *Schriften*, sondern den *Geist*«,[62] womit er den Gegensatz zwischen einer äußeren, formalen, regelhaften und einer inneren, ›spirituellen‹, in einem ominösen Reich namens ›Natur‹ gründenden Nacheiferung noch verschärft. Wer Homer nahekommen will, der muss von dessen Werken absehen und statt dessen *werden wie Homer*. Wie aber ›war‹ Homer? Das ist nicht einfach zu bestimmen. Für Young steht aber zumindest fest, dass er keine Vorbilder haben konnte, weil er eben der erste war. Allein deswegen ist Homer also ein ›Original‹, und er kann sich diesen Umstand nicht einmal als Verdienst anrechnen lassen, denn zeitliche Priorität ist kein Verdienst.[63] Für den zeitgenössischen Schriftsteller, den *modern writer* stellt sich vor diesem Hintergrund die Aufgabe, die durch seine Nachzeitlichkeit entstandenen Abhängigkeiten zu überwinden, ja: die zeitliche Ordnung zu vertauschen:

> Denn gesetzt, ihr könntet eure Stelle mit dem Homer in Ansehung der Zeit verwechseln; so würdet ihr dann, wenn ihr natürlich schriebet, Homern eben so wohl Schuld geben, daß er euch nachgeahmet hätte. Kann man euch wohl vorwerfen, daß ihr den Homer nachahmet, wenn ihr so schrei-

---

61 Young: *Conjectures*, 21.
62 Young: *Gedanken*, 24.
63 »After all, the first ancients had no merit in being *Originals*. They could *not* be *Imitators*.« (Young: *Conjectures*, 19)

bet, wie ihr würdet geschrieben haben, wenn Homer nie gewesen wäre? Entfernet euch stolz von euern großen Vorgängern, so lange als die Rücksicht auf die Natur, oder auf den gesunden Verstand, euch diese Entfernung von ihnen erlaubet; ie weiter ihr von ihnen an *Aehnlichkeit* entfernet seyd, desto näher kommt ihr ihnen an *Vortreflichkeit;* dadurch erhebt ihr euch zum *Originale;* dadurch werdet ihr ein edler Seiten=Verwandter, nicht ein niedriger Abkömmling von ihnen.[64]

Mit dem Eintauchen in die ›Natur‹ zersprengt das Original demnach die Kette der Zeit und wird zum ›Erstbeweger‹, der die Regeln der Kunst im Gegensatz zum Gelehrten, zum Philologen, zum Übersetzer nicht nachbuchstabiert, sondern setzt. Diesen Erstbeweger – »a god within« – nennt Young *genius*: »Genius can set us right in Composition, without the rules of the learned«.[65]

Das fremde Feuer – Prometheus, der Dieb

Die Diskussion in Deutschland treffen diese Überlegungen noch unvorbereitet. Die Regelpoetiker kennen noch keine ›Originale‹, oder wollen sie nicht kennen. Gottsched, der Youngs Schrift 1760 rezensiert, seziert erwartungsgemäß Youngs wolkige Angaben zum Wesen des Genies und spottet, dass »es ja sonnenklar« sei, »was ein Originalscribent ist, man müßte denn nicht wissen, was die Hexen und Hexereyen

---

64 Young: *Gedanken*, 24f. (»For suppose you was to change place, in time with Homer; then, if you write naturally, you might as well charge Homer with an imitation of you. Can you be said to imitate Homer for writing so, as you would have written, if Homer had never been? As far as a regard to nature, and sound sense, will permit a departure from your great predecessors; so far, ambitiously, depart from them; the farther from them in similitude, the nearer are you to them in excellence; you rise by it into an Original; become a noble collateral, or an humble descendant from them.« Young: *Conjectures*, 22)
65 Ebd.

sind.«[66] Gottscheds Argwohn ist verständlich, denn er hat in Fragen des ›Originals‹ mit den Briten bereits schlechte Erfahrungen gemacht. So ist er zehn Jahre zuvor auf den Schotten William Lauder hereingefallen, der in seinem *Essay on Milton's use and imitation of the moderns in his Paradise Lost* (1750) bewiesen haben wollte, dass Miltons Epos zu großen Teilen aus Hugo Grotius' *Adamus exul* (1601) und der *Sarcotis* (1654) des Kölner Jesuiten Jacobus Masenius abgeschrieben sei – was nicht zuletzt eine bis dato nie gesehene lateinische Fassung von *Paradise Lost* (1667) belegen sollte, in der Grotius und Masenius passagenweise geplündert würden. Gottsched hatte sich diese Entdeckung aus zweierlei Gründen wunderbar ins Bild gefügt: Zum Ersten wurde durch sie das Primat der angelsächsischen Literatur zerbrochen und umgekehrt nun die Krone der englischen Literatur als ein Raub aus deutschen Landen sichtbar. Zum Zweiten war Milton aber natürlich auch der Heros der Poetik-Konkurrenz aus Zürich: Bodmers und Breitingers Lehre vom Wunderbaren in der Literatur ging gänzlich auf eine Miltonlektüre zurück – und hätte durch die Entlarvung Miltons als Plagiator sicherlich schweren Schaden genommen. Also hatte Gottsched 1752 in seiner Zeitschrift *Das Neueste aus dem Reiche der Gelehrsamkeit* über sechs Ausgaben hinweg Auszüge aus Lauders Schrift veröffentlicht, versetzt mit triumphierenden Kommentaren – und dabei geflissentlich übersehen, dass John Douglas, der nachmalige Bischof von Salisbury, Miltons angebliche lateinische Fassung bereits ein Jahr zuvor als Lauders Fälschung enttarnt und Letzterer diese auch bereits gestanden hatte. Dass Gottsched diese Umstände offenbar hatte ignorieren wollen, rief dann letztendlich Friedrich Nicolai auf den Plan, der 1753 seine *Untersuchung ob Milton sein verlornes Paradies aus neuern lateinischen Schriftstellern ausgeschrieben hat* veröffentlichte, die wiederum mit »einigen Anmerkungen über eine Rezension des Lauderischen Buchs von Miltons Nachahmung der neu-

---

66 Gottsched: *Rezension*, 676.

ern Schriftsteller« versehen war. Gottsched war blamiert. Zwar schämte er sich, wie wiederum Lessing ihm das nahelegte, sicherlich nicht so sehr »als ein Quartaner, welcher ut mit dem Indicativo konstruiert hat«;[67] für die produktive Umsetzung eines englischen Originalbegriffs fiel er jedoch in der Folge aus. Und so fällt Youngs Lehre in Deutschland erst mit einer gewissen Verspätung auf fruchtbaren Boden – und treibt Früchte in Hamanns *Kreuzzügen des Philologen* (1762), Klopstocks erwähnter *Gelehrtenrepublik*,[68] Herders organologischem Verständnis vom künstlerischen Schaffen in den Fragmenten *Über die neuere Deutsche Litteratur* (1767), Sulzers *Allgemeiner Theorie der schönen Künste* (1771/74) und natürlich bei Goethe, der dem Genie – in der von Young als ›genialische Gattung‹ betrachteten Odenform – die womöglich aufrichtigste Rede verliehen hat: den *Prometheus*.

Das Gedicht, wohl 1773 entstanden, wurde und wird bisweilen noch als der Hymnus der ›Geniezeit‹ gelesen, welche die germanistische Literaturgeschichtsschreibung mitunter auch als ›Sturm und Drang‹ bezeichnet. Für diese Lektüre spricht natürlich der prometheische Gestus der Empörung, der, deswegen ist dieser Text in unserem Zusammenhang überhaupt relevant, ein Gestus des *Besitzes* ist. Den Göttern den Himmel – hier aber »meine Erde«, »meine Hütte«, »mein Herd«. Kultur ist allein das, was sich dem ›Ich‹ verdankt, das,

---

67 Vgl. Lessings Kurzrezension zu Nicolais Abhandlung.
68 Dort finden wir in der Erzählung *Die ekle Nase* einen »kalte[n] einsylbige[n] Mann«, der »seine Bücher folgendermaassen geordnet« hat: »In einem kleine Cabinette hatte er die Originalwerke; und in einem grossen Saale die unzähligen Arbeiten der Nachahmer und der Ausschreiber. Jene nannte er seine *Blumen*; und diese, nach einer wörtlichen Dolmetschung des französischen Ausdruks: seine *verfaulten Töpfe*. Kam einer zu ihm, und wollte seine Bücher sehen; so hatte er's bald weg, wohin er ihn führen müste. Es begab sich selten, daß er Jemanden ins Cabinet führte. Gewönlich ging er mit den Leuten in den Saal, machte links und rechts die Deckel auf, und ließ hinein riechen.« (Klopstock: *Gelehrtenrepublik*, 78)

was »nach meinem Bilde« geformt wird,⁶⁹ das »Heilig glühend Herz« hat »alles selbst vollendet«. Jeder Anspruch, den andere auf die Schöpfung erheben, wird folglich nicht etwa zurückgewiesen, sondern schlichtweg ignoriert: das Credo des Prometheus ist »dein nicht zu achten«, und seine Geschöpfe – alles Ingenien – werden diesen Leitspruch von ihm lernen. Im Angesicht dieser Schöpfungskraft vermögen Zeus und sein Gefolge nichts. Sie sind armselige Gestalten, Schuldner der Menschheit, deren Bankrott schon längst bevorstünde, »wären / Nicht Kinder und Bettler / Hoffnungsvolle Toren«. Es bedarf keiner großen Abstraktion, um den Losungscharakter zu erahnen, den die Ode – auch und gerade ohne Goethes Wissen – unter den Zeitgenossen erhalten sollte.⁷⁰ Übersehen wird indes, dass das Gedicht nicht ohne Widerrede davonkommt. Zum einen hat es seinen Ursprungsort in einem Dramenfragment, dessen 3. Akt es eröffnen sollte, zum anderen hat ihm Goethe in der Auswahl seiner Hymnen den *Ganymed* (1774) zur Seite gestellt, eine Figur, die es gegenläufig von der Erde gen Himmel zieht und die sich ganz dem Du des Göttervaters schenkt. Gehen wir aber davon aus, dass die Rede des Genies Prometheus widerspruchsfähig ist, dann heißt dies auch, dass an den Besitzverhältnissen, die das Genie propagiert, etwas faul ist. Und in der Tat: Man kann die Ode auch gegen ihr Ich lesen, dessen absolutes Eigentumsrecht anzweifeln.

Dazu muss man nun zunächst wissen, dass derjenige, der hier spricht – Prometheus also –, seine ganze Persönlichkeit erst durch einen Mythos erhält, in dem er Zeus' Herrschaftswillen zum Opfer fällt. Prometheus erschafft den Menschen als Kulturwesen, er stiftet ihm die Künste – das ist sein Verdienst. ›Prometheisch‹ wird er indessen erst durch die Bestrafung, die ihm von Zeus widerfährt: durch die Anschmiedung an den Kaukasus und den Adler, der tagtäglich an seiner Leber

---

69 Zitation des *Prometheus* nach: Goethe: *Werke*, Bd. I, 44–46.
70 Zur Rezeption des Gedichtes ausführlich Blumenberg: *Arbeit am Mythos*, 438–466.

frisst. Das himmlische Feuer, das er den Menschen bringt, hat Prometheus nämlich vom Sonnenwagen des Apoll gestohlen, und wenn Zeus ihn daraufhin an die Felswand kettet, dann geschieht das zum Gedächtnis an die kulturellen Schulden, die Prometheus damit auf sich genommen hat. (Dass diese Schulden in Leber abgegolten werden, ist dann das unappetitliche Detail.) Die Kunst hat ihren Preis, die Götter schenken sie einem nicht. Prometheus will aber nicht zahlen. »The God Within« ist also ein Dieb.

Nun fällt natürlich auf, dass Goethes Ode im Grunde nichts anderes im Schilde führt, als jene Straferzählung aus dem Mythos zu löschen. So weist bei Goethe nichts darauf hin, dass Prometheus seine Kunstfertigkeit bezahlen musste. Im Gegenteil: Die Strafe ist im Gedicht selbst zur Kunst geworden. Die Werkzeuge, die seinen eigenen Mythos geschaffen haben, hat sich Prometheus in seiner Rede angeeignet – die Werkstatt des Hephaistos, in der man Prometheus in Ketten gelegt hat, ist im Text noch schemenhaft zu erkennen: im »Herd«, der »Glut«, und im Wirken der Zeit, die den Titanen »zum Manne geschmiedet« hat – und er sieht sich dementsprechend straflos davonkommen. Das wirkt auf den ersten Blick überzeugend. Diese Figur gehört von nun ab sich allein, nicht nur ihr Wirken, auch ihre Biografie liegt ganz in den eigenen Händen. Was aber bleibt vom Demiurgen noch übrig, wenn er sich der Texte bemächtigt hat, aus denen er entstiegen ist und denen er seinen Namen verdankt? Richtig, ein nacktes »Wie Ich« – damit schließt die Ode: ein Gott ohne Namen, Geschichte und Motive. ›Prometheus‹ (den man in Anführungszeichen setzen muss, denn er existiert als solcher nur im Titel) wird also niemals dort anlangen, wo er zu sein vorgibt, er wird niemals all das besitzen, was ihm bereits zu gehören scheint, denn wenn der Vorbesitzer seiner Kunst endgültig ausgestrichen wäre, wenn Zeus wirklich einmal ganz aus der ›Achtung‹ fallen würde, würde die Rede des Titans augenblicklich verstummen. Nur indem er von den Göttern spricht, denen er das Feuer gestohlen hat, welches er rechtmäßig als sein Eigentum betrachtet, kann er demnach seinen

Charakter als Schöpfer behalten. Da ist der Widerspruch des Genies: Alles aus der eigenen Natur zu nehmen, »nicht durch die Kunst getrieben« zu sein,[71] sondern die Kunst aus sich heraus zu treiben, ihr »als *Natur* die Regel zu geben« (wie Kant es dann knapp zwei Jahrzehnte später formulieren wird[72]) – ein solches Phänomen kann niemals Literatur werden. Literatur bzw. ›Original-Literatur‹ ist vielmehr *die Eroberung von Besitzständen, die Durchsetzung des eigenen Besitzanspruches gegen einen fremden*. Und so verschwindet bei näherer Betrachtung der schöne Schein der alleinigen Urheberschaft. Kein Zweifel kann bestehen, dass all diese Worte nicht schon immer das Eigentum des genialischen Menschen waren, sondern er sie zuvor einem anderen wegnehmen musste. Dieser Vorbesitzer aber lässt sich nicht verleugnen. Wenn man Zeus doch nicht achtet – warum bitte muss man dann unentwegt von ihm reden?

Das große Wollen und seine Opfer

Dem hellsichtigen Leser gibt Goethes Ode somit zu erkennen, dass das ›Genie‹ keineswegs vom Himmel geschickt wurde, um dem Urheberrecht ein ihm angemessenes Rechtssubjekt zu stiften. Vielmehr muss Genialität als eine suggestive Kraft verstanden werden. Das Genie ist nicht die Gabe, alles aus sich selbst heraus zu vollenden – das ist Humbug. Genie bezeichnet allenfalls die Fähigkeit, die Dinge so zu sehen, *als ob* sie zur Vollendung durch das Ingenium geschaffen wären. In der Verschiebung der Perspektive verschwimmen also die Grenzen zwischen dem Eigenen und dem Anderen, zwischen dem Früher und dem Später – genau das meinte Young, als er vom modernen Schriftsteller einforderte, so zu schreiben, als ob Homer nie gelebt hätte. Das Geheimnis der Verwandlung fremden Eigentums durch den kühnen Zugriff des Genies hat

---

71 Young: *Gedanken*, 17.
72 Vgl. Kant: *Kritik der Urteilskraft* [1790], 406 (B 181f.).

Goethe kurz vor seinem Tod seinem Freund Johann Peter Eckermann anvertraut:

> Was hatte ich aber, wenn wir ehrlich sein wollen, das eigentlich mein war, als die Fähigkeit und Neigung, zu sehen und zu hören, zu unterscheiden und zu wählen, und das Gesehene und Gehörte mit einigem Geist zu beleben und mit einiger Geschicklichkeit wiederzugeben. Ich verdanke meine Werke keineswegs meiner eigenen Weisheit allein, sondern tausenden von Dingen und Personen außer mir, die mir dazu das Material boten. Es kamen Narren und Weise, helle Köpfe und borniertte, Kindheit und Jugend wie das reife Alter; Alle sagten mir, wie es ihnen zu Sinne sei, was sie dachten, wie sie lebten und wirkten und welche Erfahrungen sie sich gesammelt, und ich hatte weiter nichts zu tun, als zuzugreifen und das zu ernten, was Andere für mich gesäet hatten.[73]

Und noch deutlicher:

> Es ist im Grunde auch Alles Torheit, ob einer etwas aus sich habe, oder ob er es von Andern habe; ob Einer durch sich wirke oder ob er durch Andere wirke; die Hauptsache ist, *daß man ein großes Wollen habe und Geschick und Beharrlichkeit besitze, es auszuführen*; alles Übrige ist gleichgültig.[74]

Das »große Wollen« und seine Ausführung – darauf reduziert sich also letztendlich das Konzept des Originalschriftstellers. Genialität steht keineswegs für intellektuellen Autismus, denn auch wer Genie hat, bleibt ein Mensch und hierin – wie Goethe schlussfolgert – »ein kollektives Wesen«.[75] Allein: Wer das ›Große‹ will, der muss neue Wege finden, *aus dem* und *in das* Kollektiv zu wirken. Die Zentrierung des geistigen Güterverkehrs auf das eigene Schaffen hin – hierin besteht die Aufgabe des Genies. Der originelle Künstler schafft demnach einen *virtuellen Besitzstand*. Er lässt es so *scheinen*, als stünde er im Zentrum des Warenumlaufs der ideellen Gemeinschaft. Alles

---

73 Eckermann: *Gespräche mit Goethe*, 745. (Eintrag vom 17. Februar 1832).
74 Ebd.
75 Ebd., 744.

wurde für ihn geschaffen und vorbereitet, und alles kehrt aus ihm, verwandelt durch ihn, wieder in den Kollektivbesitz zurück. In einer Hinsicht ist er somit Monopolist, in anderer Hinsicht wird er nie daran zweifeln, dass es nur »Weniges« ist, »das wir im reinsten Sinne unser Eigentum nennen.«[76] Die Inanspruchnahme des Dämons ›Genie‹ führt somit auch zur Entschärfung geistiger Eigentumsdelikte, denn nach seinem eigenen Verständnis stiehlt der geniale Künstler nur, um die gestohlene Ware der Gemeinschaft im veredelten Zustand, also: nach einer Läuterung im Feuer des Geistes, wieder zurückzugeben.

Wer ›Originale‹ schafft und sich hierbei stillschweigend an fremdem Material vergreift, begeht folglich keine echte, sondern nur eine scheinbare Sünde gegen das Naturrecht. Dementsprechend fürchtet ein ingeniöser Dichter auch keinen Plagiatsvorwurf, denn das Original kultiviert, und zwar nicht nur sein eigenes Terrain:

> Originale sind unsere großen Lieblinge, und sie müssen es auch seyn; denn sie sind große Wohlthäter; sie erweitern das Reich der Wissenschaften, und vergrößern ihr Gebiete mit einer neuen Provinz.[77]

Sprechen wir es gelassen aus: Bei den ›Originalschriftstellern‹ haben wir es mit *conquistadores* zu tun, die im Dienste der *republic of letters* Ländereien unterwerfen und seltsame, nie gesehene Nutzpflanzen dort anbauen. Der Ruhm der Eroberung umgibt sie, und so wagt nur noch selten jemand die Frage zu stellen, ob die ›neuen Provinzen‹ denn eigentlich zuvor unbewohnt waren – oder ob ›Gebietsvergrößerung‹ im Grunde nicht nur ein nettes Wort für Landraub sei. Lichtenberg besitzt die nötige Frechheit:

---

76 Ebd.
77 Young: *Gedanken*, 16. (»Originals are, and ought to be, great favourites, for they are great benefactors; they extend the republic of letters, and add a new province to its dominion.« Young: *Conjectures*, 10)

Daß die plagiarii so verächtlich sind kommt daher, weil sie es im kleinen und heimlich tun. Sie sollten es machen wie die Eroberer, die man nunmehr unter die honetten Leute rechnet, sie sollten platterdings ganze Werke fremder Leute unter ihrem Namen drucken lassen und wenn sich jemand dagegen in loco selbst regt, ihm hinter die Ohren schlagen, daß ihm das Blut zu Maul und Nase heraussprützt, Auswärtige in Zeitungen Spitzbuben, Kabalenschmiede, und Bengel schelten, sie zum Teufel weisen oder sagen, daß sie das Wetter erschlagen solle. Auf diese Art wollte ich meinem Vaterland weismachen, daß ich den Nothanker[78] geschrieben hätte.[79]

Die ›honetten Wohltäter‹ der Originalschriftstellerei entpuppen sich aus einem anderen Blickwinkel als bloße Okkupatoren. Unter dem Schutzmantel des allgemeinen Wohles plagieren sie im großen Stil; vom gemeinen Literaturdieb unterscheidet sie nur ihr ungebrochenes Bewusstsein, *im Recht zu sein*. Entscheidend für die Frage von literarischem Besitz und literarischem Diebstahl wird damit allein das Maß an Suggestionskraft, das ein Schriftsteller mobilisieren kann, um sich als bestmöglicher Eigentümer im Sinne des schreibenden Kollektivs (dessen Vermögen er ja letztendlich mehrt) zu inszenieren.

Wenigen gelingt das natürlich nur. Sulzer hat sie in seinem Artikel zu den »Originalgeistern« einmal aufgezählt:[80] In der Kunst sind das Raphael und Hogarth, in der Musik findet Carl Heinrich Graun Erwähnung, von den antiken Autoren nennt Sulzer Horaz, Aesop und Vergil, von den Franzosen Voltaire, Montesquieu, Rousseau, Crebillon und Diderot, un-

---

78 Friedrich Nicolais *Das Leben und die Meinungen des Herrn Magister Sebaldus Nothanker* (1773) ist einer der von Lichtenberg am höchsten geschätzten Romane, handelt es sich dabei doch um »ein Buch, das jetzt in London deutsch gelesen wird« – was allzu verständlich ist, denn letztendlich handelt es sich dabei um ein weiteres Ebenbild von Sternes *Tristram Shandy* (Ebd., 403 [=E 255]).
79 Lichtenberg: *Sudelbücher* [entst. 1765–99], 418f. (= Heft E, Nr. 334).
80 Sulzer: *Allgemeine Theorie der schönen Künste*, 861–863.

ter den Engländern hebt er Richardson, Swift, Sterne, Fielding und Butler hervor, die deutschen Literaten sind mit Luther, Gleim, Bodmer und Breitinger, La Fontaine und Klopstock vertreten. (Wieland wird grundsätzlich ein Potential zum Originalgeist zugestanden, aber aufgrund seiner Abhängigkeit vom englischen und französischen Roman wird er noch nicht beim Namen genannt.) Überhaupt blüht in Youngs Gefolge die Suche nach zeitgenössischen Originalwerken und -schriftstellern. Die ältere Riege der Aufklärer ist da bekanntermaßen – wir haben es an Gottsched gesehen – noch recht vorsichtig. Sie glaubt nicht an die Legende von der ›inspirierten Generation‹ der Stürmer und Dränger, sondern hält an der normierenden Funktion der Kunstkritik fest, die im Zeitalter des Genies die Aufgabe übernimmt, die ›Originale‹ zu sichten, an welchen »andere ihr eigenes Talent prüfen mögen, um sich jenes zum Muster, nicht der *Nachmachung*, sondern der *Nachahmung*, dienen zu lassen.«[81] Christian Friedrich von Blankenburg, einer der Hauptzuchtmeister des Schönen, hat im Jahre 1775 solch ein Muster ausfindig gemacht, von dem er der Leserschaft der *Neuen Bibliothek der schönen Wissenschaften und der freyen Künste* euphorisch berichtet:

> Und wollte er [der Dichter] es selbst nicht; behauptete er, daß er, selbst undenkend, alles hervorgebracht habe; so würden wir ihm antworten: verstatte es uns allen Nutzen aus deinem Werke gezogen zu sehen, der daraus gezogen werden kann. Wenn du ihn unwissentlich hineingeleget hast: so beweist dieß weiter nichts, als was wir längst schon wissen, daß das Genie Dinge schafft und hervorbringt, eben weil es *Genie* ist, aus welchen wir viel lernen können.[82]

Der Text, vor dem Blankenburg hier in die Knie geht, ist natürlich der *Werther* (1774). Der Rezensent hat ganz recht: Vor ihm liegt ein Buch, aus dem sich tatsächlich viel lernen lässt,

---

81 Kant: *Kritik der Urteilskraft*, 409 (= B 186).
82 von Blankenburg: *Die Leiden des jungen Werthers*, 94f.

auch und gerade über das Genie, womöglich sogar einige Details, die wir noch längst nicht wissen. Immerhin handelt es sich um den Roman eines Menschen, der an dem frisch errichteten Maßstab des Genialischen hilflos scheitert. Werther ist genaugenommen einer jener jungen Männer, die »mit ihren Träumen von Originalität ein halbes Leben im Dunkeln« tappen, »als ob sich die Welt ihnen nicht bei jedem Schritt aufdränge und aus ihnen, trotz ihrer eigenen Dummheit, etwas machte«.[83] Alles will Werther aus sich selbst heraus vollenden, seine ›Natur‹ will er zum Sprechen bringen, dieweil er beständig darauf wartet, dass »der Strom des Genies [...] ausbricht, [...] in hohen Fluten hereinbraust und eure staunende Seele erschüttert«.[84] Gegen jede Nachahmungstendenz verwahrt er sich, seine Bücher soll ihm sein Freund Wilhelm »vom Halse« halten: »Ich will nicht mehr geleitet, ermuntert, angefeuert sein, braust dieses Herz doch genug aus sich selbst«.[85] Die Inszenierung seiner Originalität vermag indessen nicht wirklich zu überzeugen. In Wahrheit überzeugt sie weder Lotte, die dann eben doch bei ihrem unoriginellen Albert bleibt, noch den aufmerksamen Leser, dem nicht entgeht, dass Werther immer dort, wo er ›aus sich selbst‹ zu reden versucht, eigentlich in Zitaten spricht. Durch und durch besteht er aus Literatur, aus der Literatur anderer ›Originale‹, die sein Leben kodieren und durch die hindurch er allein sein Befinden kommunizieren kann. Niemand erkennt das schneller als Lotte, die den Moment der sich im Naturschauspiel erkennenden Liebenden eiligst in einen Text – Klopstock! – übersetzt, um Werther überhaupt die Teilhabe am beseelten Ereignis zu ermöglichen. Der Geist, der all die Bücher an sich reißt, ist zu schwach, um sie zu meistern und seinem eigenen Schreiben zu unterwerfen. Nicht allein, dass Werther vorzugsweise in neutestamentarischen Sentenzen redet; in seinem Herzen gibt es auch kein Genie, sondern nur den »Wie-

---

83 Eckermann: *Gespräche mit Goethe*, 744.
84 Goethe: *Werther*, 16.
85 Ebd., 10.

gengesang« Homers und später dann die von Ossian besungenen »Geister der Väter«,[86] in deren Fußstapfen er laufen will, wenn er MacPhersons Fälschung ins Deutsche übersetzt und seitenweise vorliest. Tatsächlich haben wir es hier mit einem äußerst »großen Wollen« zu tun, dessen Ausführung völlig misslingt: Werther kann die Texte seiner Vorgänger nicht im geringsten Maße organisieren – sie organisieren ihn. Nicht einmal in den Selbstmord kommt er alleine, nein, auch dort muss er erst Lessing lesen und »Emilia Galotti […] auf dem Pulte aufgeschlagen« lassen, damit der Nächstbeste gleich erkennt, dass auch der Tod ein Plagiat sein kann. Werthers Selbstopfer vollendet dabei zugleich den Coup seines Schöpfers, denn in jenem Moment, in dem der genialische Versager zur Pistole greift, verkehren sich zugleich die literarischen Macht- und Besitzverhältnisse: Werther unterliegt seiner Lektüre – Goethes Roman hingegen inszeniert die Niederlage und erhebt sich darin nicht nur über seinen toten Protagonisten, sondern auch über die Texte, die diesen in den Tod geführt haben. Homer, Ossian, die Bibel, Klopstock – all das hat nur auf die Eroberung durch den *Werther* gewartet, auf eine Erzählung, von der aus die gesamte Literaturgeschichte neu gelesen und geschrieben werden muss. Während der eine (Werther) am Paradoxon der genialischen ›Gebietserweiterung‹ zugrunde geht, feiert also der andere (Goethe) mit diesem Paradoxon seinen größten Erfolg; während Werther als Plagiator wider Willen ohne einen geistlichen Fürsprecher zu Grabe getragen wird, verwandelt sich die Geschichte seines Lebens zum Originalwerk.

Plagiarismus und Melancholie

Die Generation an jungen Schriftstellern, die im Schatten des *Werther* aufwächst, muss in ihm ein Menetekel sehen: Wer sich im Zeitalter des Genies an die Literatur wagt, der muss damit

---

[86] Ebd., 82.

rechnen, dass sie einen vernichtet. Jeder Text wird gewogen, und der für zu leicht befunden wird, muss mit dem Stempel des nichtswürdigen ›Nachahmers‹ leben. Man wird ihn vergessen, sein Name wird sich in keiner Poetik finden, niemand wird ihn sich wiederum zum Vorbild ausersehen, ›aus ihm lernen‹. Im Augenschein dieser Bedrohung kommt es zu einer famosen Verkehrung der Verhältnisse: Während die etablierten Originalschriftsteller den Diebstahl als Schaffensprinzip immer noch in ihrem Arsenal führen und mit einer gewissen Verve als Kunstform einsetzen,[87] fürchtet man bei den Nachkömmlingen, die sich dem Dauerbeschuss genialischer Publikationen ausgesetzt sehen, sogar schon den *Verdacht* des Plagiarismus.

Anton Reiser ist so einer. Die Literatur bedeutet ihm alles; sie allein hat ihm den Weg aus dem bedrückenden Elternhaus zu den Weihen der höheren Bildung geebnet, ihn zugleich aber auch zum Sonderling werden lassen. Die kultischen Fi-

---

[87] Man denke hier etwa an Diderots *Jacques le Fataliste* (1796), dessen fiktiver Herausgeber als Nachtrag zum Roman das wörtlich übersetzte pornografische 22. Kapitel des achten Buches aus Sternes *Tristram Shandy* diskutiert und in einem Scheingespräch mit dem Verfasser als vermutliches Plagiat entlarvt. Ironisiert werden hier zum einen die recht offensichtlichen narratologischen Anleihen, die Diderot bei Sterne genommen hat. Zum anderen aber liegt die Arbeit mit dem Plagiat als Plagiat wiederum ganz in der Konsequenz eines ›fatalistischen‹ Erzählens, das sich – so sieht Jacques das – immer wieder auf den bereits geschriebenen Text (das Fatum nämlich) zurückgeworfen sieht, der die eigene Geschichte verdeckt und nicht zum Ende kommen lässt. Jacques verschwendet folglich keine Zeit mit Raisonnements über die Möglichkeiten von Eigenständigkeit und Originalität, denn er glaubt ohnehin nicht daran: Es gibt nichts Neues, alles ist bereits erzählt, steht ›da oben‹ (»làhaut«) geschrieben: das kann man schwer nehmen oder unbefangen. Diderots Erzähler entscheidet sich für Letzteres: »Qu'il est facile de faire des contes!« – »wie leicht ist es, Geschichten zu erfinden!« Erfunden werden dabei allerdings keine Geschichten (also die von Jacques versprochene »histoire de ses amours«), sondern Vorwände, die erklären sollen, warum die Geschichten eben nicht mehr erzählt werden können. Zur Originalitätsdiskussion in *Jacques le Fataliste* vgl. mittlerweile Sechin: *On Plagiarism*.

guren des Genialen – er hat sie alle gelesen und ›gelernt‹, vor allem natürlich Youngs Ikone Shakespeare, Young selbst auch (allerdings nicht die *Conjectures*, sondern die unter den Empfindsamen populäreren *Nachtgedanken*[88]) und selbstredend den *Werther*. Mit diesem Proviant ausgestattet beginnt der Primaner Reiser nun ein eigenes Werk: Er schreibt Gedichte, durch welche er sich nach und nach bei seinen Mitschülern Achtung erwirbt. Auch der Lehrerschaft bleibt sein Talent nicht verborgen, so dass Reiser schließlich die große Ehre widerfährt, vom Schuldirektor den Auftrag für eine öffentliche Rede auf den Geburtstag der englischen Königin zu erhalten. Das Unternehmen gelingt, bei der Verfertigung des Textes tritt allerdings eine Problematik zutage, die für den Protagonisten des ersten ›psychologischen Romans‹ weitaus schwerer wiegt als ein kurzzeitiger Erfolg:

> Da er aber nun freilich von seinem Gegenstande wenig oder gar nichts wußte, so bemühte er sich, eine Anzahl Lobreden, die auf den König und die Königin schon gehalten waren, in die Hände zu bekommen; diese las er durch, und abstrahierte sich daraus sein Ideal, ohne sonst aus einer einzigen, sich auch nur eines Ausdrucks zu bedienen – dies vermied er so sorgfältig, als er nur immer konnte; denn vor dem Plagiat hatte er die entsetzlichste Scheu – so daß er sich sogar des Ausdrucks am Schluß seiner Rede, *daß Wald und Gebürg' es widerhallen*, schämte, weil einmal in Werthers Leiden der Ausdruck steht: *daß Wald und Gebürg' erklang* – ihm entschlüpften zwar oft Reminiszenzien, aber er schämte sich ihrer, sobald er sie bemerkte.[89]

Man ist geneigt, Anton Reiser diese Redlichkeit hoch anzurechnen, und übersieht dabei geflissentlich, dass in dieser Einlassung – wie im Vorübergehen – zugleich offengelegt wird, warum aus der adoleszenten Begabung kein Originalschriftsteller mehr werden wird. Nicht der Umstand, dass er sich wie sein gefürchteter Vorgänger Werther nicht von der großen

---

88 *The Complaint, or Night Thoughts* (1742–44).
89 Moritz: *Anton Reiser* [1785–90], 363.

VIII. Die Eroberer

Literatur trennen kann, nein, dass er die Auseinandersetzung mit den großen Texten *nicht einmal sucht*, sondern sie angstvoll umschleicht, disqualifiziert ihn für eine Position in den Reihen der Eroberer. Anton Reiser hat kein Vertrauen in die Stärke seiner eigenen literarischen Produktion. Er fürchtet den Tadel; im Grunde nimmt er den Tadel sogar schon vorweg und inszeniert vor seinem geistigen Auge ein Tribunal, das ihn zum Plagiator erklärt, der sich den Rechten der genialischen Literatur zu unterwerfen habe. Wer aber aus Angst, absichtslos plagiiert zu haben, die eigene Position, das eigene Wort, aufgibt und ausstreicht, der zeigt Symptome eines ›Kleinheitswahnes‹ oder, um den Terminus aufgreifen, um den es Moritz geht: der leidet an ›Melancholie‹.[90] Die psychologische Diagnose des Romans übersetzt sich dabei immer auch als eine Problemstudie der zeitgenössischen literarischen Kultur. Die Melancholie ist eine durch das Lesen sich viral verbreitende Infektionskrankheit, deren Auslöser immer die Erfahrung der eigenen Nichtigkeit bleibt – eine Erfahrung, in deren Folge sich das Prinzip der ›Nachahmung‹ Bahn bricht:

> Auch die Nachahmungssucht unter uns ist ein großes Hindernis des Beobachters. Man legt nach und nach seinen originellen Karakter ab, und setzt sich aus hie und da abgerissenen Lappen einen andern zusammen. Dies macht die Menschen oft so unwahr, daß man sie selber beinahe gar nicht mehr reden hört oder handeln sieht. Diese Nachahmungssucht scheint aber daher zu entstehen, weil eine große Eigenschaft des Menschen, der Stolz eines jeden auf sein eignes individuelles Dasein, so sehr unter uns verloschen ist. Die Menschen drücken sich einander ihr Gepräge auf, und jeder verliert dadurch sein eignes. [...] Die Nachahmungssucht erstreckt sich gar so weit, daß man Ideale aus Büchern in sein Leben hinüber trägt. Ja nichts macht die Menschen wohl mehr unwahr, als eben die vielen Bücher. Wie schwer

---

90 Zur Melancholie als zentraler Kategorie der Moritz'schen Kunst- und Gesellschaftstheorie vgl. Wagner-Egelhaaf: *Die Melancholie der Literatur*, 326–406.

wird es dem Beobachter, unter alle dem, was durch das Lesen von Romanen und Schauspielen in den Karakter gekommen ist, das Eigne und Originelle wieder hervorzusuchen![91]

Wer sich selbst nicht zu schätzen weiß, der unterwirft sich der literarischen Diktatur, imitiert die großen Autoren und wirft, getrieben vom Terror der Originalgeister, sich irgendwann weg. Werther ist das beste Exempel für dieses Theorem und, wie gesagt: Anton Reiser hat den *Werther* gelesen. Gerade dieser Umstand macht ihn aber erst zu einem *echten* Melancholiker, der eine ausführliche Beschreibung seines Falles verdient hat: Der Melancholiker zeigt ja eben nicht nur die Symptome seines Zeitalters – *sondern er bezieht sie falsch*. Gerade, weil er zu viel über die genialische Krankheit weiß, weil er an sich selbst die »abgerissenen Lappen« erkennt, ist ihm nicht beizukommen (oder gar zu helfen): Alles an ihm ist Verschuldung, ist geborgt und nicht wirklich sein Eigentum. Zahlt er seine imaginären Schulden zurück – das ist seine Erlösungsfantasie –, dann verschwindet er ganz, löscht sich aus, tötet seine Geburten.[92] Und so stellt die Melancholie in Moritz' Horizont

---

91 Moritz: *Vorschlag zu einem Magazin einer Erfahrungsseelenkunde* [1782], 803f.
92 »Der Teufel soll die Melancholie hohlen, die Händ und Füß hat!«, flucht der Metzger Humbrecht, der Vater der Kindermörderin Evchen Humbrecht (Heinrich Leopld Wagner: *Die Kindermörderin*, 1776), der im Melancholiediskurs des 18. Jh. fraglos eine Schlüsselposition zukommt. Auch sie wird von der Literatur in die Schwermut getrieben – erneut spielen hier Youngs *Nachtgedanken* eine unrühmliche Rolle – und ihr Kindsmord ist somit nicht nur eine Tat ganz besonderer, verquerer Umstände, die sie entschulden könnten, sondern eben auch die ganz paradigmatische Handlung einer Melancholikerin: In der literarhistorischen Logik fungiert Evchens Tat als »Chiffre für das Scheitern des Sturm und Drang«, dessen »radikale Kritik an der Aufklärung […] in der Tat der Auslöschung, […] im Tod der jungen Literatur« endet (vgl. Luserke: *Körper – Sprache – Tod*, 211f.). Vergessen werden darf hierüber allerdings nicht die plagiarische Logik: Der Selbstverlust der Kindermörderin, die sich ihre Exekution »lieber heut als morgen« herbeisehnt, rührt natürlich auch daher, dass das Evchen eigentlich ein Gretchen ist, Wagner näm-

nicht nur die Kehrseite der literarischen Nachahmungskrankheit dar, sondern zugleich auch deren fehlgeleitete Therapie in der Selbstanklage des Plagiators, *lange bevor* es überhaupt zum Plagiat kommen kann.

Das ist natürlich der falsche Weg. Durch Selbstaufgabe ist noch niemand kuriert worden, und deswegen ist Anton Reiser ja auch kein Held, sondern ein Fall: ein groß angelegtes Demonstrationsprojekt für Moritz' »Erfahrungsseelenkunde«, die es sich zum Ziel gesetzt hat, ebenjene psychischen Fehlkodierungen erzählend transparent zu machen und auf diese Weise zu überwinden. Es besteht also durchaus noch Hoffnung für die Opfer des Geniegedankens (und infolgedessen auch für den deutschen Literaturmarkt).

> Kömmt eine solche Wissenschaft zur Vollkommenheit, so wird man einmal die Kenntnis des menschlichen Herzens mehr aus der ersten Quelle, als aus Erdichtungen schöpfen können. Das Nachbeten und Abschreiben in den Werken des Geistes wird aufhören, und der Dichter und Romanenschreiber wird sich genötigt sehn, erst vorher *Erfahrungsseelenlehre* zu studieren, ehe er sich an eigene Ausarbeitungen wagt.[93]

Das hätte Moritz wohl gern: die gesamte deutsche Dichtung durch seine Schule wandern zu lassen, um ihr dadurch den Plagiarismus wieder auszutreiben. Es wird Zeit, dass wieder ein wenig ökonomischer Sachverstand in die Debatte einzieht. Doch natürlich liegt der Schatten der Melancholie nun wie Mehltau über der Literatur. Ob er sich wirklich weganalysieren lässt, darf bezweifelt werden – verkaufen lässt er sich allemal.

---

lich Goethe das Sujet entlockt und es eiligst dramatisch umgesetzt hat, noch bevor dieser die Kindsmord-Tragödie im *Faustfragment* (1790) realisieren konnte (vgl. Goethes Schilderung im 14. Buch von *Dichtung und Wahrheit*, 11).

93 Moritz: *Vorschlag zu einem Magazin einer Erfahrungsseelenkunde*, 798.

IX. Schattenwirtschaft

Kredit

Im Rahmen unserer Eingangsreflexionen hatten wir klare Entscheidungen getroffen und uns nicht allzu lange mit Ketzereien aufgehalten, die unsere Systematik hätten aus den Angeln heben können. ›Plagiat‹, das übersetzte sich uns – sehr grob gefasst – als eine an den Text gekoppelte ›Persönlichkeitsentführung‹, und erst auf der Grundlage dieser Definition konnte sich uns das Plagiat als eine kulturhistorisch sinn- und wirkungsvolle Ordnungskategorie erweisen. Bis hierher hat sich diese Festlegung bewährt, doch vielleicht ist es nun wirklich an der Zeit, ein paar kritische Fragen zu stellen. Gesetzt den Fall, es wäre wirklich möglich, sich durch den Gebrauch oder Missbrauch von Literatur einer Person zu bemächtigen: Heißt das denn unweigerlich, dass diese Person immer schon ›in der Literatur war‹? Oder könnte es sich nicht auch so verhalten, dass die Persönlichkeit eines Textes erst durch das Plagiat als solche geschaffen wird?

Es scheint tatsächlich geboten, jenen häretischen Gedanken (den die Postmoderne dann zu einer Doktrin ausarbeiten wird) ernst zu nehmen und ihn auf seine Voraussetzungen und Konsequenzen hin zu befragen. Zugrunde liegt ihm zweifelsfrei die Beobachtung, dass Plagiatserzählungen immer eine tragische Note besitzen. Inwiefern tragisch? Nun, es ist die Besonderheit des Plagiats, dass es hinter einem Stück Literatur ein Stück Persönlichkeit – entstehungsgeschichtliche Zusammenhänge, die Physiognomie eines Autors etc. – hervortreten lässt. Zuvor war von alledem noch nichts zu sehen, erst jetzt, da dieses Stück Literatur sich in fremder Gewalt befindet, meldet sich die Persönlichkeit des Textes und legt Briefe, Manuskripte oder mittlerweile auch Tonbänder vor, die ihr eine Stimme verleihen, ihre Existenz beweisen sollen. Immer also kommt die Textpersönlichkeit zu spät: In dem Moment, in dem sie zu sprechen beginnt, hat sich das Unglück schon ereignet und konsequenterweise ist ihr erstes Wort dann ›Plagiat‹.

Eine interessante Beobachtung, über deren Kausalzusammenhänge man nun allerdings geteilter Meinung sein kann. Plagiatserzählungen berichten, wie wir wissen, immer von der Vergangenheit: Ich habe das *vorher* geschrieben. Will heißen: Meine Person hatte sich diesem Text bereits vermacht, *bevor* man ihn mir weggenommen hat; es gab mich in diesem Text schon, *bevor* die Geschichte seiner Entführung geschrieben wurde. Davor war dieses Ich aber stumm. Erst jetzt spricht es, und der Verdacht liegt nahe, dass es im Grunde erst durch die Entführung das Sprechen gelernt hat, dass es erst ›Ich‹ sagen konnte, als man ihm die Identität einmal genommen und es in einen anderen Text verschleppt hatte. Da ist die Tragik: Plagiatserzählungen konstituieren eine Identität von Literatur, die überhaupt nur erzählt werden kann, weil sie gerade eben verloren gegangen ist. Denken wir in dieser Logik konsequent zuende, dann wird uns klar: Die ›Persönlichkeit des Textes‹ ist niemals eine still in sich ruhende, von Dieben unbehelligte Instanz gewesen. Um sich überhaupt als Literatur begreifen zu können, musste sie einen Teil von sich opfern, abspalten, gefangen nehmen, zum Teufel führen lassen. Dieser Gedankengang ist freilich keine Innovation des 20. Jahrhunderts; seine theoretische wie poetische Fundierung beginnt in der deutschen Romantik.[1]

1813 kommt es in Hamburg – unweit des Kanonendonners der Napoleonischen Kriege – zu einem verhängnisvollen Geschäft: Herr Peter Schlemihl verkauft einem seltsamen Mann im grauen Rock seinen Schatten gegen das wundersam wiederaufgetauchte Säckel Fortunati aus Kapitel V. Ein schlechter

---

[1] Philologie ist kein Rechtfertigungsdiskurs; dennoch soll darauf hingewiesen sein, dass die Betrachtung der englischen Romantik und ihrer eigenen Plagiatverhandlungen an dieser Stelle ausgespart bleiben wird. Ich verweise dafür auf die einschlägigen Untersuchungen von Robert Macfarlane (*Original Copy*) und Tilar J. Mazzeo (*Plagiarism and Literary Property*).

Tausch, wie sich herausstellt, denn alles Geld der Welt kann Schlemihl nicht vor der Verachtung der ›ordentlichen Leute‹ bewahren, die »ihren Schatten mit sich zu nehmen« pflegen, Schlemihls Gesellschaft scheuen und ihm ihre Töchter nicht verheiraten wollen. Die schreckhafte Reaktion der Öffentlichkeit auf den schattenlosen Gesellen bildet dabei freilich nur die äußere Seite eines Bewusstseinsprozesses, dem sich Schlemihl selbst nicht verschließen kann und der in der Einsicht wurzelt, dass das, was zuvor *nichts* zu sein schien, doch *etwas* gewesen ist:

> Es wäre doch am Ende ein Schatten, nichts als ein Schatten, man könne auch ohne das fertig werden, und es wäre nicht der Mühe wert, solchen Lärm davon zu erheben. Aber ich fühlte so sehr den Ungrund von dem, was ich sprach, daß ich von selbst aufhörte [...].[2]

Durch die Veräußerung seines Schattens lernt Peter Schlemihl also zunächst, dass ein Bild und sein Künstler auf eigentümliche Weise miteinander verbunden sind. Er registriert die Identität von Schein und Sein des Selbst als eine *verlorene* Identität, die sich leidvoll erfahren lässt, wenn der Schein erst einmal von anderen in Besitz genommen wurde und nach ihren »Bewegungen sich richten und bequemen« muss.[3] Nach dieser Erfahrung verzichtet Schlemihl auf weitere Tauschgeschäfte mit dem Herrn im grauen Rock und behält dadurch seine Seele (um die es dem Teufel natürlich gegangen wäre).

Die schmerzhafte Lektion beinhaltet indessen noch mehr. Sie vermittelt nämlich nicht zuletzt die Erkenntnis, dass ökonomische Systeme notwendig aus dem Verzicht auf Identität hervorgehen. Schlemihl und der Graue tauschen zwei Dinge, die *vor* dem Tausch keiner substantiellen Schätzung standhalten konnten: Das Glückssäckel steht für das Geld überhaupt, für einen niemals versiegenden Fluss von Wertzeichen, der deswegen gar keinen Gegenwert besitzen kann; es ist »Gehalt

---

2 Chamisso: *Schlemihl*, 41.
3 Ebd., 43f.

ohne Phänomenalität«. Der Schatten hingegen ist »Phänomen ohne Inhalt«, eine Erscheinung, die zu nichts zu gebrauchen ist und über die sich nicht verhandeln lässt.[4] Keines der beiden Tauschmittel kann folglich in einer sinnvollen Beziehung auf das andere gedacht werden, denn zu solch einer Beziehung würden die Pole der Identität und der Alterität, des Selbstwertes und des Fremdwertes, gehören. Tatsächlich ist Schlemihls Schatten aber eben *nur* identisch (und eben solange völlig wertlos), während das Glückssäckel potentiell zu allem werden kann und somit völlig *identitätslos* ist. Erst aus der Überkreuzung beider Pole ergibt sich eine Struktur, auf der Wirtschaft (grenzenloser Reichtum), Wissenschaft (denn Schlemihl wird ja ein welterkundender Botaniker) und Literatur (nämlich die Aufschriebe, die Schlemihl am 26. September 1813 in Chamissos Haus abgibt) gedeihen können. So steht der Schein der ›Person‹ *nach* dem Tausch gleichwertig einer unermesslichen Summe des umlaufenden Geldes, der weltlichen Güter und der gedruckten Zeichen gegenüber. Individualität ist damit zu einem ›Wert‹ geworden, dessen Verlust Tauschgeschäfte, Wissenstransfers und literarische Kommunikation möglich macht. Übersetzt aber heißt dies: Nur wer die ›persönliche‹ Bindung an die Bilder aufgibt, kann wirtschaften, studieren und schreiben; nur wer von der singulär-unvergleichbaren Gestalt seines Schattens absieht, kann ihn auch zum ›Besitz‹ werden lassen.

Chamissos Erzählung exerziert die tragische Geburt des ökonomischen Menschen beispiellos vor. Sie mobilisiert das gesamte Arsenal frühneuzeitlicher Wirtschaftswunderzeichen,[5] um diese an die schattenhafte Währung der Person zu koppeln. Ihre Doppeldiagnose:

---

4 Vgl. Breithaupt: *Urszenen der Ökonomie*, 191.
5 Neben dem Glückssäckel führt der Teufel auch noch den *Spiritus familiaris* sowie das ›wunderbarliche Vogelnest‹ mit sich und woher die Siebenmeilenstiefel stammen, an die Schlemihl zufällig gerät, ist auch leicht zu erraten.

a) Das romantische Subjekt ist ein gespaltenes Wesen, das seiner fehlenden Hälfte durch die Welt hinterherläuft und so deren Unendlichkeit ausschreitet.
b) Der Wirtschaftskreislauf ist das Resultat einer Veräußerung von Persönlichkeitsanteilen, die sich mit den Dingen verbunden und dadurch Werte generiert haben. Infolgedessen kann die Staatswirtschaft auch nur so lange existieren, wie die an ihr partizipierenden ›Schattenspender‹ ihre persönlich-identitäre ökonomische Verwicklung auch als eine solche anerkennen. Diese Verwicklung aber nennt man ›Kredit‹.

Wir werden alsbald sehen, inwiefern sich diese Diagnosen ganz zwangsläufig mit der Frage nach dem literarischen Eigentum zusammenschließen und zu ihrer Neubewertung beitragen. Zunächst aber gilt es zu anzumerken, dass die ›Schattenwirtschaft‹ keineswegs ein spätromantisches Märchen ist, sondern letztlich die adäquate Beschreibung realer finanzpolitischer Umbrüche darstellt. Am 26. Februar 1797 war die Bank von England per Parlamentsbeschluss von der Verpflichtung befreit worden, Papiergeld in Münzgeld umtauschen zu müssen; offensichtlich waren die Zahlungsversprechen, die im Papiergeld umlaufen, von staatlicher Seite aus nicht mehr durch Realia gedeckt. Das bloße Zeichen der Zahlungsfähigkeit, die Banknote, war somit von seiner materiellen Referenzgröße, dem Metall, entkoppelt worden. Im Grunde ist das ein katastrophisches Szenario; genau aus diesem Szenario geht allerdings die Revolutionierung ökonomischer Handlungsprinzipien hervor. Wenn nämlich die Überzähligkeit der Zahlungszeichen Fakt ist, wenn also mehr Papiergeld zirkuliert als letztlich in Metall umgewandelt werden könnte, dann beruht die Finanzwirtschaft per decretum von nun an auf *Glauben*. Wer also bedrucktes Papier für bare Münze nimmt, der spricht damit immer auch seiner Nationalökonomie das Vertrauen aus, obwohl er von nun an weiß, dass es sich bestenfalls um einen Vertrauensvorschuss handelt, er seinen Anspruch auf Einlösung des Zahlungsversprechens aber nicht bedingungslos durchsetzen könnte. Vor diesem Horizont kommt *Peter Schlemihls wundersamer Geschichte* nun eine ganz ungeahnte analytische Kraft zu. Genau so, wie der verkaufte Schatten einerseits auf den Körper des Schattenwerfers verweist, andererseits aber erst durch die Loslösung von diesem Körper seinen ökonomischen Wert erlangt, verbürgen die englischen Banknoten »den Anspruch auf deponierte Werte und Geldsummen«, während sie »als Zirkulationsmittel nur durch den Verzicht auf die Realisierung dieses Anspruchs« funktionieren.[6] Das Schattenbild substituiert also seinen Referenten und zeigt zugleich doch nur an, dass dieser als Deckungsgröße ausfällt, man ihn also *glauben* muss, um an der Geldgemeinschaft teilhaben zu können – einer Gemeinschaft, die nur über den wechselseitigen Kredit miteinander zu handeln vermag.

In diesem eigentümlichen Phänomen des ›wechselseitigen Kredits‹ findet auch die romantische Ökonomie ihren Ankerplatz. Adam Müller, enger Freund des Friedrich von Hardenberg und stetiger Aufenthalter im Dunstkreis des Jenaer Kreises um die Brüder Schlegel, entwickelt auf der Grundlage der britischen Fiskalrevolution eine *Theorie des Geldes* (erstmals veröffentlicht 1814), in deren Zentrum die Lehre von der »freien Wechselwirkung zwischen den ökonomischen Kräften« steht. Diese ›Wechselwirkung‹ beschreibt zunächst nichts Weiteres als das, was sich auch in Chamissos Erzählung als Folge jenes ›unmöglichen Tausches‹ ergeben hatte: Reine Zeichenhaftigkeit (Schatten) und reine Materialität (Zaubersäckel) müssen miteinander in Beziehung treten, um überhaupt ›Geld‹ zu erzeugen. Das Material (Metall) ist nichts ohne die Zeichen, denn »wenn das Metallgeld zu wirklichem Gelde werden soll, so muß das Wort sein Siegel, seinen Stempel darauf drücken: es muß *Münze* werden«.[7] Umgekehrt kommt auch das Papiergeld nicht ohne das Material aus, denn »soll das Wort zum wirklichen Gelde werden, so muß es in

---

6 Vogl: *Kalkül und Leidenschaft*, 274f.
7 Müller: *Versuche einer neuen Theorie des Geldes*, 153f.

Beziehung auf das Metall stehen«.[8] ›Geld‹ entsteht somit als ein fortwährendes Wechselspiel zwischen Wort und Materie. Deswegen ist es auch falsch, das Papier »nach Sklavenart« wieder mit seiner metallischen Referenzgröße vereinigen zu wollen, denn gerade im *Auseinandertreten* von Papier und Metall, von Signifikant und Signifikat, kann sich das monetäre Beziehungsgeflecht – das Müller in einem Kugelmodell verewigt – ja erst konstituieren.

Die Radikalität dieses Entwurfs besteht darin, dass Müller *jede* Beziehung von Mensch und Ding ökonomisiert, und ›ökonomisiert‹ heißt in diesem Fall: aus der Interaktion der Wirtschaftsgemeinschaft herleitet. Dass vor diesem Hintergrund die Vorstellung eines in den Metallen selbst schlummernden ›Wertes‹ ad acta gelegt wird, versteht sich von selbst. Auf den zweiten Blick aber wird erst deutlich, dass die totale Vergesellschaftung der Mensch-Ding-Beziehungen auch bedeutet, dass es kein unveräußerbares persönliches Eigentum mehr gibt. An dessen Stelle tritt ein unendlicher Vermittlungsprozess zwischen dem ›Persönlichen‹ und dem ›Sächlichen‹, ein Prozess, dessen »gemeinschaftlichen Mittelpunkt« der »Nationalcredit« bildet. Dieser ist

> das eigentliche, wahre Geld: alle Personen und Sachen an der Oberfläche dieser Sphäre, wenn sie in gehöriger sphärischer Beziehung aufeinander und auf den Mittelpunkt gedacht werden, repräsentieren das Geld, und diese Geldeigenschaft in ihnen, dieses ihr Hinneigen zum und ihre Bezüglichkeit auf den Mittelpunkt formiert den ökonomischen Wert.[9]

Ökonomie ist demnach ein – sprechen wir es deutlich aus – *poetischer* Prozess, eine stete Transformation von Werten durch den Wechselbezug von Besitzenden und Besessenem. In der gesellschaftlichen Isolation, als statisches Phänomen, das entweder im Material oder im persönlichen Besitz ange-

---

8 Ebd., 154.
9 Ebd., 169.

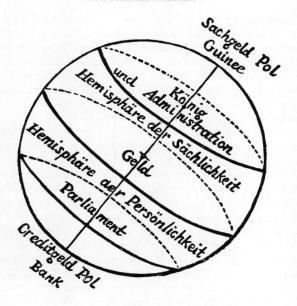

Abb. 14: Müllers Kugel – hier werden Schatten zu Geld.

siedelt wird, ist Geld wertlos. »Das Geld ist nur Geld, indem es übertragen wird«, also als ein Schein, der von allen ökonomischen Subjekten als Sein betrachtet wird und deshalb zwischen ihnen zirkulieren kann. Wer Besitz hortet, ihn ›verpersönlicht‹, besitzt deswegen im Grunde *nichts*. Wer *etwas* besitzt, der besitzt es allein durch die Gemeinschaft und ihren Nationalcredit hindurch, indem er sein Eigentum veräußert, in die Zirkulation gibt und wieder zu sich zurückkehren lässt. (Ein Optimismus, dem auch noch Peter Schlemihl anhängt, wenn er anmerkt, dass, »was man einmal verloren, […] man ein andermal wieder finden« könne.[10])

10 Chamisso: *Schlemihl*, 41.

›Eigentum‹ erfährt hier also eine massive strukturelle Umdeutung, und zwar gerade deswegen, *weil es als eine poetische Größe gedacht wird*. Das ist neu – und für den Plagiatsgedanken von immenser Bedeutung, denn erstmals ist der Besitz nun nicht mehr eine ›dingliche‹ Vorstellung, die mühsam auf das Feld der Dichtung übertragen werden muss. Der Romantiker kann auf diesen Transfer getrost verzichten – denn *Besitz ist Dichtung*. Müller stellt den Bezug von ökonomischer Verfügung und poetischer Faktur selbst her. So veröffentlicht er 1808 in Kleists *Phöbus* eine Miszelle mit dem Titel *Der poetische Besitz*, in der es heißt:

> Was du erworben hast mit Mühe und biegsamer Kunst, das liebst du, weil du es hast kommen sehen, weil es erkannt, gewünscht, gerufen, gelockt hat werden müssen; du legst hohen Wert auf den Diamant, dem du jeden seiner Strahlen mit hohem Fleiße abgewinnen mußtest, und bist gefühllos selbst gegen das herrliche, notwendige Element des Wassers, weil es ungerufen deinen Wohnsitz umspült, und mit zuvorkommender Eil in deinen Becher fließt, ehe du noch den Durst empfunden. Aber sollst du das erworbene Gut fortlieben, so mußt du es auch verlieren können, und der Gedanke, wie auf tausend Wegen es verlorengehen möchte, muß deine Augen offen erhalten: jeden Tag, an welchem sein Besitz dir noch vergönnt wird, muß es dir wie ein neuer Erwerb, wie ein neues Geschenk erscheinen. […] deine Liebe zu jedem Gute der Welt ruht darin, daß du um die Gegenliebe solches Gutes wirbst, und selbige dir in immer vollerem Maße zuteil wird. Erzwingen wirst du nichts, auch das Ärmste, Geringste nicht, aber wohl durch Werben gewinnen, und das ist die Bedeutung des schönen Wortes *erwerben*.[11]

Man muss das ordnen. Warum nennt Müller einen solchen Besitz »poetisch«? Deswegen, weil derjenige, der seinen Besitz richtig ausübt, ihn nicht einsperrt »wie der Kerkermeister seinen Gefangenen«, sondern ihn in seinem flüchtigen Zustand belässt. Die Dinge, die man liebt, liebt man aufgrund ihres

---

11 Müller: *Der poetische Besitz*, 261f.

Wertes; der Wert aber ergibt sich erst (und immer wieder neu) durch den formativen Prozess, den ein Ding im Wechselspiel der Geld-Repräsentationen durchläuft. Mit anderen Worten: Die Liebe gehört den Dingen, *insofern sie Schatten sind*. Und insofern sie Schatten sind, wandern sie durch die ökonomische Gemeinschaft, treten in Beziehung zu anderen Schatten, verbinden sich mit ihnen und lösen sich wieder.[12] Genau das aber ist die Poesie des Besitzes: ein Besitz durch die unendliche Vermittlung des gesellschaftlichen Kredits hindurch.

›Sym-‹ oder die Poesie als ökonomisches System

Was hat das nun alles mit uns zu tun? Zunächst einmal so viel, dass gemäß romantischer Wechselseitigkeit nicht nur die Ökonomie poetisch gedacht werden muss, sondern umgekehrt auch die Poesie ökonomisch. Wenn Müller sich ein ums andere Mal in aller Schärfe gegen diejenigen wendet, die ›Eigentum‹ im Locke'schen Sinne als eine *ausschließende* Tätigkeit verstehen (also als das, was entsteht, wenn ich etwas durch eigene Arbeit *dem Zugriff der Allgemeinheit entziehe*) und ihnen immer wieder mit dem Vorwurf der ›Sklaverei‹ begegnet,[13] dann formuliert er hierin zugleich ein Grundgesetz romantischer Textproduktion. So spricht auch Novalis im *Allgemeinen Brouillon* (1798) vom ›Erwerben‹ – und bezieht das wie selbstverständlich auf den Komplex der »Ideen« und der »Beobachtungen«, die jedem »geistvollen systematisirenden Menschen« zur Gänze gehörten, solange er sie »durch *Formation* und Benutzung« »erwirbt«.[14] Die romantische Dichtung ist nicht

---

12 Hierzu ausführlich Gray: *Hypersign, Hypermoney, Hypermarket*, insbesondere 302–305.
13 »Der Mensch braucht also nicht die Sachen, um sie ausschließend in Besitz zu nehmen, um sie als Sklaven sich zu unterwerfen, sondern als Band mit den Personen und um vermittelst ihrer in Verbindung mit der bürgerlichen Gesellschaft zu treten und zu bleiben; […].« (Müller: *Versuche einer neuen Theorie des Geldes*, 162)
14 Novalis: *Allgemeines Brouillon*, 336.

bloß ›gesellig‹, sondern tatsächlich eine ›Erwerbsgemeinschaft‹ im Müller'schen Sinne, welche die gemeinschaftliche Nutzung des Stoffes und dessen Formung durch den Einzelnen zum ästhetischen Kernprinzip erhoben hat. Die permanente dialektische Vermittlung von Individualität und Universalität, wie sie Schleiermacher, Mitglied des Jenaer Kreises, 1799 in seinem *Versuch einer Theorie geselligen Betragens* einfordert,[15] findet ihren Ausdruck in einer Unzahl von Doppelurheberschaften und Gemeinschaftsproduktionen, wie sie keine zweite Epoche hervorbringen konnte. Dies beginnt beim *Ältesten Systemprogramm des deutschen Idealismus* (1797), dessen Verfasserschaft zwischen den drei Stiftsfreunden Hegel, Schelling und Hölderlin umherwandert, und führt von der Freundschaft Wackenroder/Tieck und deren literarischen Erzeugnissen[16] über die Kooperation von Arnim und Brentano für *Des Knaben Wunderhorn* (1805–08) schließlich bis zum 1815 begonnenen und dann doch beerdigten Gemeinschaftsprojekt *Der Roman des Freiherrn von Vieren*, an dem E.T.A. Hoffmann, Carl Wilhelm Salice Contessa, Adelbert von Chamisso und Friedrich de la Motte Fouqué beteiligt sind. Am deutlichsten tritt der Gedanke der gemeinschaftlichen Text-

15 »Wenn wir, wie es eine Theorie fodert, auf eine allgemeine und bestimmte Art zu Werke gehen wollen, so bleibt nichts übrig als […] die beiden Gegensätze schlechthin zu vereinigen. Ich soll meine Individualität, meinen Charakter mitbringen, und ich soll den Charakter der Gesellschaft annehmen; beides soll in demselben Moment geschehen, soll eins und in einer Handlungsweise vereiniget seyn.« (Schleiermacher: *Versuch einer Theorie des geselligen Betragens*, 76f.)

16 Tieck macht bei dieser Zusammenarbeit bekanntlich den besseren Schnitt und gibt zugleich die zwielichtigere Figur ab. So enthalten die 1796 ohne Verfasserangabe veröffentlichten *Herzensergießungen eines Klosterbruders* nur ganze vier Erzählstücke aus Tiecks Feder, was von Tieck indes erst 1799 – da ist Wackenroder bereits ein Jahr tot – bekannt gemacht wird. Wackenroders Anteile an dem 1798 unter Tiecks Namen veröffentlichten, ursprünglich als Gemeinschaftsprojekt angelegten ersten Teil von *Franz Sternbalds Wanderungen* sind umstritten, Tieck selbst versichert in der Nachrede zur Ausgabe von 1843, dass der Tod Wackenroders Ko-Autorschaft zuvorgekommen sei.

produktion aber natürlich im von den Brüdern Schlegel herausgegebenen *Athenäum* (1798–1800) zutage, das keine Autoren nennt und bisweilen auch Urheberschaften mischt, wobei diese Publikationspraxis der Empfehlung folgt, die Novalis in den (im *Athenäum* publizierten und durch Friedrich Schlegel ergänzten) *Blüthenstaub-Fragmenten* gibt:

> Die Natur ist Feindin ewiger Besitzungen. Sie zerstört nach festen Gesetzen alle Zeichen des Eigenthums, vertilgt alle Merkmale der Formazion. Allen Geschlechtern gehört die Erde; jeder hat Anspruch auf alles.[17]

Richtig: Die Zeichen des Eigentums vergehen, die Literatur als eine urhebergestützte Kunstform verschwindet. An ihre Stelle tritt das Gespräch, oder sagen wir besser: das Geplauder, »ist nun doch die Sprache« für alle Künste »das allgemeine Organ der Mittheilung; [...] die gangbare Münze, worein alle geistigen Güter umgesetzt werden können. Also plaudern muß man, plaudern!«[18] Der Sermon als Medium ungeschützter Geistesäußerungen ist uns bereits aus der Nachdruckerdebatte bekannt. Nun paart er sich mit jener Vorstellung der Schattenökonomie, die Müller ein Jahrzehnt später ausformulieren wird, denn

> es ist mit den geistigen Reichthümern wie mit dem Gelde. Was hilft es, viel zu haben und in den Kasten zu verschließen? Für die wahre Wohlhabenheit kommt alles darauf an, daß es vielfach und rasch cirkulirt.[19]

Tatsächlich spiegelt sich also die romantische Wirtschaftstheorie in der romantischen Dichtungstheorie und umgekehrt. Echter Besitz und echte Dichtung sind dasselbe. So, wie Müller vom ökonomischen Subjekt fordert, »um die Gegenliebe« eines Gutes zu werben, so erreicht für Friedrich Schlegel der romantische Dichter die höchste Form der Poesie nur »durch Mitteilung mit denen, die ihn gleichfalls von einer an-

---

17 Novalis: *Blüthenstaub* [1798], 417.
18 [August Wilhelm Schlegel/Caroline Schlegel:] *Die Gemählde*, 50.
19 Ebd., 49.

dern Seite auf eine andre Weise gefunden haben. Die Liebe bedarf der Gegenliebe.«[20]

Man wird das nicht immer ›Plaudern‹ nennen. Friedrich Schlegel zieht für gewöhnlich den nobleren Begriff der »Symphilosophie« oder der »Sympoesie« vor, ein Verfahren, von dessen Entwicklung man sich »eine ganz neue Epoche der Wissenschaften und Künste« verspricht, in der »es nichts Seltnes mehr wäre, wenn mehre[re] sich gegenseitig ergänzende Naturen gemeinschaftliche Werke bildeten.«[21] An diesem Projekt arbeitet die Romantik mit großer Energie, und es ist abzusehen, dass in diesem Zuge auch das Plagiat seine angestammten Konturen verlieren und neuen Reflexionsformen zugewiesen wird. Unterschieden werden sollten dabei zunächst die Ebene des poetischen Verfahrens und die Ebene der poetischen Reflexion.

Auf der Verfahrensebene lassen sich die Kompositions- und Tradierungstechniken romantischer Dichtung beobachten. Motive, Figuren, Zeilen und Worte wandern munter zwischen den Texten umher, ohne dass jemand Rechenschaft verlangt – zumindest, solange dieser Jemand die romantische Kunstauffassung teilt. Ein Text ist niemals ›fertig‹ und deswegen auch niemals sakrosankt, sondern vielmehr eine Münze, die umgesetzt werden will. Auf diese Weise entstehen in der Romantik etwa stark ausgeprägte Toposketten, die sich quer durch die Werke verschiedener Autoren spannen: das Bergwerk als Ort von Selbstfindung und Selbstverlust wäre so ein Topos,[22] ein anderer sicherlich die sprechende (und schreibende) Katze als Wiedergänger des romantischen Künstlers, ein dritter wohl die Automate als das Übergreifen des An-

---

20 Friedrich Schlegel: *Gespräch über die Poesie*, 286.
21 Friedrich Schlegel: *Athenäums-Fragment 125*, 185. Schlegel verhandelt die Begriffe auch im *Kritischen Fragment* 112; dort bezieht sich das ›Sym‹ allerdings auf den Leser, den sich der synthetische Schriftsteller konstruiert, um mit diesem im Akt der Produktion »in das heilige Verhältnis der innigsten Symphilosophie oder Sympoesie« zu treten. (Ebd., 161)
22 Diese Tradition wird ausführlich beleuchtet bei Frank: *Kaltes Herz*, 11–49.

organischen auf das liebende Subjekt (wie es uns in Arnims *Melück Maria Blainville*, 1812, und in Hoffmanns *Sandmann*, 1817, begegnet). Dahinter folgen dann die diversen ›Gemeinschaftsphantasmen‹, also der Krieg (dessen poetische Energie sowohl Hölderlins *Hyperion*, 1797–99, als auch Philander in Arnims *Wintergarten*, 1809, suchen) und eben das bereits erwähnte Geld, hinzu, denen als Gegenpol die märchenhafte Inszenierung der Familie als Instanz der Ich-Bildung (paradigmatisch natürlich im *Heinrich von Ofterdingen*, 1802, in unmittelbarem bildlichen Anschluss aber auch in Tiecks *Der blonde Eckbert*, 1797) gegenübersteht. Abseits dieser Abstrakta und Motivketten sind aber zum anderen – auf der Ebene der poetischen Reflexion – auch tatsächlich Operationen mit der besagten ›Zeichenhaftigkeit‹ des Eigentums zu registrieren. Ganz konkret finden wir diese in der Lyrik Clemens Brentanos wieder, dessen Arbeitsweise nicht zuletzt darin besteht, »aus dem Repertoire schon vorhandener Texte durch Kreuzung und Vereinigung neue zu zeugen«.[23] Dabei parodiert er nicht nur bisweilen missliebige Kontrahenten, sondern leiht sich gerne auch ungeniert ihm zusagende Töne und Zeilen bei anderen, insbesondere bei den von Brentano bewunderten Elegien Hölderlins. In prosaischer Opulenz vollendet sich diese Kompilationstechnik romantischen Schreibens zweifellos im Werk Jean Pauls, das unverhohlen passagen- und kapitelweise parodiert, zitiert und exzerpiert, so dass etwa die achte »Summula« des ersten Bandes von *Dr. Katzenbergers Badereise* (1809) nichts anderes darstellt als das achte Kapitel des ersten Teiles von Sternes *Tristram Shandy* (1760–67), der ohnehin als zentraler Referenztext der europäischen Plagiatorik um 1800 gelten kann.

Wir haben Sternes Einfluss auf literarische Diebe bereits in Diderots *Jacques le Fataliste* konstatieren können[24] und werden ihn auch noch bei Hoffmann wiederfinden, wobei sich in der Retrospektive erkennen lässt, dass es Sternes eigener offener

---

23 Boëtius: *Brentano und die Philologen*, 14.
24 Vgl. Kapitel VIII, Anmerkung 79, S. 28 .

›Sym-‹ oder die Poesie als ökonomisches System 309

Umgang mit seinen Vorlagen gewesen ist, die Verve, der ›Asche‹ Cervantes' und Rabelais' zu gedenken und sich ihrer gleichzeitig zu bedienen,[25] die ihn zu einem Paten für die romantische Perspektivierung von Autorschaft macht. Durch Sterne hindurch erschließt sich der Romantik die Literaturgeschichte als eine Gemeinschaft von Plagiatoren, deren Besitztümer flüchtig, aber eben nicht nichtig sind. Charles Nodier, dessen *Questions de littérature légale* (1812) sicherlich das ausführlichste Reglement zum Umgang mit Fremdtext darstellen, das wir kennen, hat dieses Sterne'sche Tor zum Alles und Nichts der auktorial orientierten Literaturgeschichte aufgestoßen, wobei ihm sein Originalitätsbedürfnis abhanden gekommen ist

> Et vous voulez que moi, plagiaire de plagiaires de Sterne –
> Qui fut plagiaire de Swift –
> Qui fut plagiaire de Wilkins –
> Qui fut plagiaire de Cyrano –
> Qui fut plagiaire de Reboul –
> Qui fut plagiaire de Guillaume des Autels –
> Qui fut plagiare de Rabelais –
> Qui fut plagiaire de Morus –
> Qui fut plagiaire d'Érasme –
> Qui fut plagiaire de Lucien – ou de Lucius de Patras – ou d'Apulée – car on ne sait lequel des trois a été volé par les deux autres, et je ne me suis jamais soucié de le savoir … [26]

Der literarische Kanon, die Namensgläubigkeit der Schriftsteller, wird also im Plagiat im selben Moment zementiert wie ausgelöscht. Anonymität und persönliche Verantwortung fal-

---

25 Sterne: *Tristram Shandy*, III/19.
26 Nodier: *Histoire*, 26f. (»Und Sie wollen, dass ich, der Plagiator der Plagiate Sternes – der Swift plagiierte – der Wilkins plagiierte – der Cyrano plagiierte – der Reboul plagiierte – der Guillaume des Autels plagiierte – der Rabelais plagiierte – der Morus plagiierte – der Erasmus plagiierte – der Lucien plagiierte – oder Lucius von Patras – oder Apuleius – wobei man nicht weiß, welcher von den dreien wiederum von den anderen beiden bestohlen wurde, und ich habe mich auch niemals darum bekümmert, dies zu wissen …«)

len damit in eins. Die Konsequenzen: Die auktoriale Dichtung wird durchzogen von einer schleichenden Anonymisierung der Vorgänger, während umgekehrt die anonyme Dichtung mit einem Male einen auktorialen, historischen Wert zugesprochen bekommt.

Auf diesem Wege wird die Romantik auch zur Blütezeit der volkskundlichen Sammlungen: In der Hinwendung zur Volksdichtung, den Liedern, Sagen und Märchen, erschließt sie sich das Archiv der ›Gemeinschaftspoesie‹ und – das ist der entscheidende Punkt – trägt sich dort selbst ein. Von der philologischen Disziplin der Germanistik, die sich im Laufe der Jahrzehnte aus diesen literarischen Ausgrabungsaktionen entwickeln wird, trennt diese Produktionen ihr Eigeninteresse, ihr universalpoetischer Gestaltungswille. Aus diesem Grund gerät etwa die von Brentano und Arnim veranstaltete Liedersammlung *Des Knaben Wunderhorn* auch unter massiven Beschuss vonseiten der etablierten Altphilologie, die in ihr nicht mehr entdecken kann als »poetische Falschmünzerey« und »zusammengeschaufelte[n] Wust, voll muthwilliger Verfälschungen«.[27] Die romantische Informationsverarbeitung ist eben nicht mit der Gelehrtenkultur, der »Citaten und Kommentarmanier der ältern Philologen«,[28] zu vereinbaren, die noch ganz unter der Herrschaft einer Restitutionsvorstellung steht. Letztere herrscht nicht über ihr Wissen, sondern stellt es wieder her – nach der Maßgabe der zuvor von ihr ausgelesenen Informationen. Der Romantiker macht sich hingegen selbst zum ›Autoren‹ des Wissensspeichers: Er liest und schreibt und überschreibt in einem Zuge, und kein Zeichen ist dabei vor ihm sicher, wie auch wiederum sein eigener Text niemals vor anderen sicher sein soll. Friedrich Kittler hat das als die Verdrängung der »rhetorische[n] Umwälzung von res und verba« durch den unaufhörlichen Prozess der »herme-

---

27 Brentano: *Sämtliche Werke und Briefe*, Bd. 9/3, 666. Vgl. hierzu ausführlich Kilcher: *Philologie in unendlicher Potenz*.
28 Novalis: *Dialogen*, 663.

neutischen Selektion« bezeichnet.²⁹ Gemeint ist damit, dass ab 1800 die Produktion des Universalwissens Wiederholungs- und Imitationsverfahren ausmerzt und sich ganz auf die fortlaufende Aktualisierung des literarischen Speichers besinnt. Man stellt keine Bezüge mehr zwischen einem referierten und dem eigenen Text her, indem man als Kritiker, Interpret etc. auftritt, sondern ›schmilzt den Text um‹ – mitsamt Autorennamen.³⁰

Ausgerissenes Papier I: Jean Paul

Man ist geneigt, aus jenen literarischen ›Umschmelzungsprozessen‹ der Romantik auf ihre schlichte Gleichgültigkeit gegenüber Eigentumsfragen zu schließen. Das ist natürlich falsch und das Gegenteil ist richtig: Wir haben es hier mit einer Poetik zu tun, die die Fiktion des literarischen Eigentums braucht, um überhaupt Literatur produzieren zu können. So findet sich die Ausstellung des Abschreibens *als Abschreiben* nirgends häufiger als in der romantischen Prosa, wo wir immer wieder auf Texte stoßen, die nicht nur die routinierte Übernahme fremder Schriften in den Mittelpunkt stellen, sondern in denen auch das Erzählen selbst als ein ›umgeschmolzenes‹ begriffen und in Szene gesetzt wird. Der Großmeister solcher Inszenierungen ist sicherlich Jean Paul, der im Zuge der textinternen Verhandlungen über das Recht am Erzählen völlig neue Autorschaftsmodelle entwickelt.

29 Kittler: *Über romantische Datenverarbeitung*, 136.
30 Ebd.: »Nur solche ›Aufarbeitung‹ oder ›Umschmelzung‹ stellt sicher, daß niemand, auch kein Professor, ›das gesammte Buch[wesen] der Welt noch einmal setzt‹. Sie bietet darüber hinaus den Vorzug, Interpreten doppelt unbemerkt zu bleiben: weil erstens ein umgeschmolzener Autorname fällt und zweitens ein umschmelzender entsteht. So beutet Tiecks *Sternbald* [...] ein Konvolut zur *Geschichte und Theorie der bildenden Künste* aus, das seinerseits, als Vorlesungsmitschrift aus dem Wintersemester 1793/94, den Göttinger Kunsthistoriker Johann Dominik Fiorillo ausbeutet, ohne ihn zu nennen.«

Nehmen wir – als ein Beispiel unter vielen – das *Leben Fibels* (1811). Gotthelf Fibel, das ist niemand anders als der Verfasser des Bienrodischen Abc-Buchs, das deswegen auch die ›Bienrodische Fibel‹ genannt wird. Keine Kleinigkeit, dieses Büchlein, erwägt man, dass Abertausende von sächsischen Kindern aus ihm lesen und schreiben gelernt haben, allein aus diesem Werk zu Mitgliedern der geistigen Gemeinschaft reifen und selbst zahllose Bücher produzieren konnten. (Nebenbei: Jean Paul ist selbst eines dieser Kinder gewesen.) Fibel ist somit kein schlichter Schulbuchstifter, sondern ein Universalgenie, der »Baumeister eines neuen alphabetischen Gebäudes«:[31]

> Wer schon bloß bedenkt, was Buchstaben sind und wie sie einen Kadmus durch ihre Erfindung unsterblich gemacht – und Fibel hat sie bekanntlich forterhalten und gelehrt, Erhaltung aber ist zweite Schöpfung, conservatio altera creatio –; wer nur gelesen, daß unbedeutende Menschen schon dadurch auf die Nachwelt gekommen, daß sie den vorhandnen Buchstaben noch einige hinzuerfanden, z. B. Evander, der den Römern aus dem Griechischen die Buchstaben h r q x y z zuführte, indes unser Fibel auch die übrigen 18 darbringt – wer nur obenhin erwägt, daß über diese Vierundzwanziger kein Gelehrter und keine Sprache hinauszugehen vermag, sondern daß sie die wahre Wissenschaftslehre jeder Wissenschaftslehre sind und die eigentliche, so lange gesuchte und endlich gefundne allgemeine Sprache, aus welcher nicht nur alle wirkliche Sprachen zu verstehen sind, sondern auch noch tausend ganz unbekannte, indem 24 Buchstaben können 1391 724 288 887 252 999 425 128 493 402 200 mal versetzt werden – [...] ein Mann, sag' ich, der nun dies alles überschlüge und addierte, würde schwerlich sich der Frage enthalten: wer ist wohl größer als Fibel?[32]

Niemand, wird man zugestehen müssen, denn Fibel beherrscht nicht nur das deutsche Alphabet, sondern liest seit

---

31 Jean Paul: *Leben Fibels*, 399.
32 Ebd., 489.

seiner Jugend auch Griechisch, Hebräisch, Syrisch und Arabisch – ohne es gleichwohl zu verstehen, »aber der Stoff ging ihn, wie einen Dichter, nichts an, sondern nur die Form.«[33] Allein aus dem Studium der Form fliegt Fibel das Weltwissen zu. Sein Werk umfasst – neben dem Abc-Buch – insgesamt 135 Bände, darunter »Fibels Zufällige Gedanken von dem bishero so zweifelhaften wahren Ursprung der heutigen Reichs-Ritterschaft«, die »Histoire du Diable par Fibel«, die »Villa Borghese di Fibel«, die »Fibelii Biblia« oder auch »das seltne Werk Tale of a Tub from Fibel«. Mit diesem opulenten Œuvre hat es allerdings eine besondere Bewandtnis. Das Abc-Buch hat Fibel zu einem gefeierten Autor werden lassen, dessen Ruhm andere Gelehrte »kaum durch ein Dutzend schweinlederne Folianten mit Register« errungen haben, so dass er es »für Pflicht« hält, »noch etwas Übriges zu leisten« – und so verfährt er wie folgt:

> Er erstand nämlich in Versteigerungen Bücher jedes Bands und Fachs und Idioms, welche auf den Titelblättern ohne Namen der Verfasser waren; in diese Blätter druckte er nun seinen Namen so geschickt hinein, daß das Werk gut für eines von ihm selber zu nehmen war; […].[34]

Von einem Erneuerer des Alphabets ist Fibel demnach unversehens zu einem Erneuerer der Werke und des Weltwissens geworden. Angesichts der eminent zentralen Stellung der Buchstaben als ›wahre Wissenschaftslehre jeder Wissenschaftslehre‹ steht ihm dieses Recht der Ausweitung seiner Autorschaft sicherlich zu. Wer das ABC autorisiert und ›umschmilzt‹, der besitzt in der Konsequenz auch die Rechte an allem, was aus dem ABC folgt. Und diese Rechte fallen ja auch nicht vom Himmel, sondern sind teuer erkauft, nämlich mit dem Erbe väterlicherseits, das Fibel die Möglichkeit verschafft, die lang ersehnte »Taschendruckerei« zu erstehen. Der

---

33 Ebd., 398.
34 Ebd., 478.

»Paradiesfluß der Autorschaft«[35] unterscheidet sich dabei nicht wirklich von den Geldflüssen der romantischen Ökonomie: Der Schriftsteller, der wie Fibel »das güldne ABC des Testaments« (also eine Erbschaft) besitzt, kann hierdurch »das bleierne des Buchs« erwerben, sich also drucken lassen und hierdurch wieder zu Gold gelangen usw.[36] Das Verlags- und Buchhandelswesen hat die Autoren, selbst die größten unter ihnen, »zu den Metallen verurteilt«,[37] und so zirkulieren die Texte nunmehr wie Münzen, die von Zeit zu Zeit eben umgeprägt werden. Fibel mag den Bogen wohl etwas überspannen, wenn er seinen Namen sogar auf ein Werk setzt, das nach Verlagseindruck 1631 und damit »einige Jahrzehnde vor seiner eigenen Geburt geboren worden« ist;[38] letztlich ist aber auch das nur konsequent und zu verzeihen, denn

> [ü]brigens sagen alle Unparteiischen, daß fast wir alle es nicht so machen wie Fibel, sondern viel schlimmer, weil wir nicht, wie er, nur auf anonyme Gedanken eines Einzelnen, sondern auf die unzähligen vieler Tausende, ganzer Zeitalter und Bibliotheken unsern Namen unter dem Titel ›unsere gelehrte Bildung‹ setzen und sogar bald *dem*, bald *den* Plagiarius selber stehlen.[39]

Der Topos der Literatur, die von den Diebstählen anderer Diebe lebt, ist uns bereits aus unseren obigen Ausführungen bekannt. Zu denken geben sollte uns allerdings jene feine Unterscheidung, der zufolge sich nicht nur das Raubgut, sondern darin auch *der Räuber selbst* stehlen lässt; eine Differenzierung, die nur an einem einzigen Buchstaben hängt, die nicht weiter ausgeführt wird und scheinbar lapidar bleibt. Eine Differenzierung, hinter der sich aber Plagiatstheorie im engsten Sinne verbirgt, auf deren Verankerung in der romantischen Persönlichkeitskonzeption wir bald zu sprechen kom-

---

35 Ebd., 460.
36 Ebd., 444.
37 Ebd.
38 Ebd., 479.
39 Ebd.

men. Zuvor allerdings sollte man klären, wer da eigentlich spricht, mit welcher narrativen Autorität Fibels Lebensgeschichte mitsamt ihrer Plagiatsrechtfertigung versehen ist.

Wie man es sich denken kann, ist die Autorität des Textes selbst eine ›verstohlene‹ Autorität: Jean Paul Friedrich Richter, der Unterzeichner des »Vor-Kapitels«, hat den Text *Leben Fibels* zum größten Teil aus der

> Curieuse[n] und sonderbare[n] Lebens-Historie des berühmten Herrn Gotthelf Fibel, Verfasser des neuen Markgrafluster, Fränkischen, Voigtländischen und Kur-Sächsischen Abc-Buchs, mit sonderbarem Fleiße zusammengetragen und ans Licht gestellt von Joachim Pelz, der heil. Gottesgelahrtheit Beflissenenen

herausgerissen.[40] Die Genehmigung hierzu hat er sich vom Buchhändler, einem getauften Juden, erkauft; dieser wiederum hat die ›gesammelten Werke‹ Fibels (also die 135 Bände, in die Fibel seinen Namen hat drucken lassen, sowie 39 Bände der besagten »Lebens-Historie«) »nicht aus der ersten Hand, sondern aus der letzten«, woraus der Verfasser schließt, »er habe sie durch die göttliche Hülfe des Diebs-Gottes Merkur bekommen.«[41] Das ist wohl nicht ganz falsch; angeblich stammen die Bände aus dem Besitz französischer Marodeurs, welche die Bücher aus Heiligengut, einem ihrer ›Raubnester‹ und gleichzeitig dem Heimatort Fibels, mitgenommen haben. Dementsprechend wenig Respekt hat der Buchhändler vor seinem Besitz. Er verkauft zunächst nämlich die leeren Marmorbandschalen wie »ausgeleerte Pastetenrinden für neues Meßgefüllsel«,[42] zwei Tage später dann den Buchinhalt an diejenigen, die sich für das Papiermaterial interessieren. So bleiben für den zu spät gekommenen Jean Paul nur noch die Reste, 39 Einbände, in denen meist »zwei bis dritthalb Bogen stehen geblieben« sind. Aus diesen Resten beginnt er nun, die

---

40 Ebd., 374.
41 Ebd.
42 Ebd., 373.

Lebensgeschichte abzuschreiben, wobei diese noch vervollständigt wird durch fehlende Bögen, welche die Marodeurs »zerschnitten und aus dem Fenster fliegen lassen« hatten, wo sie von den zurückbleibenden Geplünderten aufgelesen und zu »Papierfenstern, Feldscheuen und zu allem« verschnitten wurden. Um an diese verstreuten Papiere zu gelangen, wendet sich der Herausgeber der Fibel'schen Lebensgeschichte direkt an die »Schwein-, Schaf- und Gänshirten«, die »zu Kompilatoren der im Dorfe zerstreuten Quellen tüchtig waren« und ihn während der Abfassung des Buches immer wieder mit neuen Bündeln fliegender Blätter beliefern, viele davon »ein Kapitel stark«.[43] Auf diese Weise entsteht also »durch Gesamt-Wirkung vieler das [...], was man ein Werk nennt«. *Das Leben Fibels* »ist demnach der treue Auszug aus den 40 bruchstücklichen Bänden des Christen-Judas und meiner Jünger, und das Heiligengut hebt sich zu einer biographischen Schneiderhölle voll zugeworfener Papier-Abschnitzel.«[44]

Es handelt sich bei dieser Erzählung also um ›ausgerissene‹ Literatur, die nicht mehr verfasst, sondern nur noch kompiliert und herausgegeben wird. Wie Fibel, so hat auch der Herausgeber seines Lebens scheinbar keinen gestalterischen Anteil an der von ihm verantworteten Literatur, fügt er doch nur zusammen, was ihm ›zugetragen‹ wird. Jean Paul Friedrich Richter fehlt dabei nicht viel zur fibelschen Plagiatorik, vielleicht eine letzte Naivität oder eine letzte Skrupellosigkeit, vor der er freilich noch zurückschreckt:

> Ich bekenne letztlich gern, daß ich oft unter dem Benutzen und Überfärben der köstlichsten, aber unwahrscheinlichsten (von den Knaben gelieferten) Züge, auf welche schwer ein Dichter zu fallen wagt, unmoralische Stunden hatte, worin ich es beinahe bereuete, daß ich nicht das Ganze für mein eigenes Gemächt ausgegeben; denn ich fragte mich: welcher kann mich denn einen Plagiarius (Gedanken-Dieb oder

---

43 Ebd., 376.
44 Ebd.

Geistes-Räuber) schelten, da kein Beiträger nicht einmal lesen kann – geschweige schreiben, ich meine meine Jungen?[45]

Man kann über Plagiate in der Romantik also sehr wohl reden, man muss dabei nur den rechten, nämlich den ironischen Ton treffen. Über Funktion und Struktur der romantischen Ironie kann man andernorts viel Kluges lesen,[46] halten wir für den Moment daher nur eines fest: Ironisch ist ein Sprechen dann, wenn es »Position und Gegenposition zueinander in ein negatives Verhältnis bringt und so eins durch das andere sich relativieren und vernichten läßt.«[47] Wie aber wird das Plagiat nun hier, bei Jean Paul, ironiefähig? Worin findet es »Position und Gegenposition«?

Betrachten wir uns den geschilderten Werkprozess noch einmal: Zum einen lässt sich sagen, dass das *Leben Fibels* sich um ein absolut nichtiges Œuvre aufbaut. Schreiben kann man über Gotthelf Fibel nur, wenn man außer Acht lässt, dass er eigentlich selbst nichts geschrieben hat, wenn man also seine nachträgliche Personalisierung des anonymen literarischen Kollektivs zwar in ihrem plagiatorischen Charakter erkennt, aber absegnet. Zum anderen ist das *Leben Fibels* aber eben auch ausdrücklich das Resultat einer Depersonalisierung, also eines *Abbaus* von literarischer Verantwortung. Wir erinnern uns: Fibels Biografie hatte bereits einen namentlich bekannten Autor, nämlich Joachim Pelz. Dieser wurde durch die schon beschriebenen Buchverwüstungen enteignet und sein Text einem anonymen Redaktionskollektiv – der Dorfgemeinschaft – überantwortet (das die Lebensbeschreibung gerade nicht rezentriert, sondern eben in ihrer Zerstreuung kennzeichnet, wenn die einzelnen Kapitel nach dem vorherigen Verwendungszweck des Papiers benannt werden).

Auf der einen Seite steht demnach eine namenlose literarische Gemeinschaft, der nachträglich ein Autorname ein-

---

45 Ebd., 376f.
46 Etwa bei Frank: *Einführung in die frühromantische Ästhetik*, 307–379.
47 Ebd., 350.

geschrieben, auf der anderen Seite ein auktorial verbürgtes Erzählen, das nachträglich vergemeinschaftet wird. Hier die *bestimmte* Literatur (die ›Werke‹ Fibels, vormals anonym), dort die *unbestimmte* Literatur (das *Leben Fibels*, vormals von Pelz verfasst, jetzt in Händen einer Redaktionsgemeinschaft); hier ein auf absurde Weise in die Endlichkeit eines Menschenlebens gepresstes Konglomerat an Büchern, dort eine in die räuberische Unendlichkeit der ›gelehrten Bildung‹ gezerrte Biografie. Wir haben diese unverbundenen Gegensätze schon einmal verfolgt, nämlich in Peter Schlemihls Schattentauschgeschäft, und eben so, wie dort die Ökonomie nur aus einer völlig unökonomischen Handlung entspringen konnte, so entsteht hier, im *Leben Fibels*, die Literatur aus einem völlig unliterarischen Vorgang, nämlich allein aus dem künstlichen Aufbauen und Abbauen von Autorschaften, oder besser gesagt: *aus dem reinsten, kondensierten Plagiarismus*. Das Plagiat ist, dies ist vielleicht die zentrale Erkenntnis der Romantik, nur als *Einheit dieser Gegensätze* zu denken und damit wiederum eben zugleich *gar nicht* zu denken. Literatur als Eigentum zu verstehen und *zugleich nicht* als Eigentum zu verstehen – erst aus dieser Aporie heraus lässt sich über Plagiate reden.

Das Plagiat avanciert also qua Ironie zu einer Reflexionsform des Unendlichen im Endlichen. Vorgestellt wird es als eine wechselseitige und verschränkte Negation: Der Strom der Literatur ist ohne den gedruckten Autor nicht mehr sichtbar. In der bleiernen Verfestigung jedoch verliert sich das Wesen des Literarischen, es wird bloße Form (also eines der Fibel'schen Alphabete, das man zwar lesen, aber nicht mehr verstehen kann). Einzig der Plagiator, der über das Plagiat raisonniert, kann den Abgrund zwischen diesen Welten überbrücken: Er schreibt über einen Autor, von dem er weiß, dass er kein Autor, sondern eigentlich ein Niemand ist. Er braucht diesen Niemand aber, er braucht ihn sogar in Übergröße, denn erst an dieser Figur, an Fibel, kann sich die Stimme des weitgehend illiteraten Redaktionskollektivs brechen. Das Nichts der Autorschaft und die Sprachlosigkeit der literarischen Gemeinschaft treten also in Beziehung zueinander. Und das ist dann Poesie.

Ausgerissenes Papier II: E.T.A. Hoffmann

Man sieht, dass die Romantik im Plagiat bei aller Laxheit ein durchaus anspruchsvolles Konzept zur Umsetzung ihrer philosophisch-ökonomischen Programmatik findet. Erwartungsgemäß hat dies unmittelbare Auswirkungen auf die Narrativik; wenn das *Leben Fibels* mit großem Aufwand eine Herausgeberfiktion betreibt, dann hat das seinen Grund. Ein Herausgeber haftet, wie gesehen, nicht für die Kohärenz der Erzählung oder der erzählten Subjekte; er steht mit einem Bein in der Schöpfung des Autors (also in diesem Fall: in der Autorbiografie), mit dem anderen im Gewühl zerstreuter, zweckentfremdeter und unabgeschlossener Aufzeichnungen. Damit aber ist der Herausgeber das erweiterte Bewusstsein der Literatur: Er sieht das, was geschrieben steht, und nicht minder das, was nicht mehr geschrieben steht. Das Entstehen und Vergehen von Autorschaften ist ihm vertraut; nichts entgeht seinem Blick. Wenn es sein muss, dann zählt er auch die nicht lesbaren, weil »untergegangenen« Kapitel (im *Leben Fibels* ist es das sechzehnte), und wenn er sich einmal nicht vorsieht, wandern auch »überzählige«, weil gestohlene Texte in seine Edition.

So geschehen etwa bei der Herausgabe der *Lebens-Ansichten des Kater Murr* (1820–22), deren Druckfassung zum Entsetzen des ›Herausgebers‹ E.T.A. Hoffmann »fremde Einschiebsel« enthält, die aus einem anderen Buch, nämlich der (bislang unveröffentlichten) Biografie des Kapellmeisters Johannes Kreisler stammen. Eine schöne Bescherung! Kreisler hatte die Katze seines Meisters ohnehin schon nur widerwillig bei sich aufgenommen, nicht ahnend, dass diese sich in seiner Bibliothek flugs alphabetisieren und sogleich unter die Autoren gehen sollte. Ganz einwandfrei ist Murrs literarische Praxis freilich nicht. Auch der schriftstellernde Kater gehört zur Spezies der ›Ausreißer‹; beim Abfassen seines Manuskripts hat er ein Konvolut aus der Bibliothek seines neuen Herrn – ebenjene Biografie – zerrissen und dessen Blätter »harmlos teils zur Unterlage, teils zum löschen« verwendet – bevor sie dann »aus Versehen mit abgedruckt« wurden.[48] Das Resultat ist bizarr: Nicht nur zwei Texte, sondern auch zahllose Autorschaften spielen durcheinander. Da wären natürlich zuerst Murr und der unbekannte Biograf Kreislers, sodann die Setzer, die eigenverantwortlich »durch sogenannte Druckfehler« dort ausgeholfen haben, wo ihnen die Diktion der Verfasser »nicht genial genug« erschien, im Weiteren der Herausgeber Hoffmann (der sich auch immer wieder kommentierend in Murrs Rede einmischt) und schließlich, als Hauptverantwortlicher für »das verworrene Gemisch fremdartiger Stoffe durcheinander«, der achtlose Verleger Dümmler, der einfach hat drucken lassen, ohne auf den Text zu schauen.[49] Die Eigentumsfrage hat hier bereits katastrophische Züge angenommen. Der Herausgeber Hoffmann ist daher unter der Maxime »Jedem jedoch das Seine!« angetreten, um die literarischen Besitzverhältnisse wiederherzustellen: »Weder der Kater Murr, noch der unbekannte Biograph des Kapellmeisters Kreisler soll sich mit fremden Federn schmücken«, und deswegen bittet Hoffmann den Leser, auf »die eingeklammerten Bemerkungen, *Mak. Bl.* (Makulatur Blatt) und *M.f.f.* (Murr fährt fort)«[50] zu achten, durch welche die beiden Schriften voneinander getrennt werden. Damit wäre das Chaos wieder beseitigt, die Eigentumsordnung im Text restituiert – wenn nicht, ja, wenn nicht das eigentliche Problem eine Ebene tiefer läge.

Die beiden vermengten Schriften verhandeln nämlich nichts anderes als die romantischen Prinzipien literarischer Persönlichkeitsbildung. Auf der einen Seite steht ein in der Wolle gefärbtes Bildungstier: Murr, Verfasser solch gedankenvoller Werke wie »Gedanke und Ahnung oder Kater und

48 Hoffmann: *Kater Murr*, 12.
49 Ebd., 11–13.
50 Ebd., 429.

Hund« resp. »Über Mausefallen und deren Einfluß auf Gesinnung und Tatkraft der Katzheit«. Wirklich originell ist dieses Wesen allerdings dann doch nicht. Zunächst einmal ist er nicht die erste Bildungskatze; er besitzt einen bereits berühmten Ahnherren, nämlich Tiecks *Gestiefelten Kater* (1797), auf den er sich auch hin und wieder beruft. In engerer Hinsicht ist Murr also ein Zitat, und in weiterer Hinsicht bleibt er das auch, denn unentwegt bewegt er sich in Sentenzen und Raisonnements aus zweiter Hand, so dass der Herausgeber ihm stets nachlaufen und seine Verstöße registrieren muss. Arrangiert Murr etwa ein Duell mit einem gescheckten alten Kater, der ihm einst seine Liebschaft abspenstig gemacht hat, dann nimmt er in seiner Schilderung natürlich Maß an der Literatur der Menschenwelt. Herrn Hoffmann geht das zu weit:

> (Randglosse des Herausgebers. O Murr! Mein Kater. Entweder hat sich der Ehrenpunkt seit Shakspear's Zeit nicht geändert oder ich ertappe dich auf einer schriftstellerischen Lüge. Das heißt, auf einer Lüge, die dazu dienen soll, der Begebenheit, die du erzählst, mehr Glanz und Feuer zu geben! – Ist die Art, wie es zum Duell mit dem bunten Pensionair kam, nicht die rein ausgesprochene Parodie von Probsteins siebenmal zurückgeschobener Lüge in: Wie es euch gefällt? Finde ich nicht in deinem angeblichen Duell Prozeß die ganze Stufenleiter von dem höflichen Bescheid, dem feinen Strich, der groben Erwiderung, der beherzten Abfertigung, bis zum trotzigen Widerspruch und kann es sich wohl einigermaßen retten, daß du anstatt mit der bedingten und offenbaren Lüge, mit ein paar Schimpfreden schließest? – Murr! Mein Kater! die Rezensenten werden über dich herfallen, aber bewiesen hast du doch wenigstens, daß du den Shakspear mit Verstand und Nutzen gelesen und das entschuldigt vieles.)[51]

Immer wieder kommt es zu derlei Zwischenfällen, ertappt der Herausgeber die Katze beim Abschreiben, denn Murr hat nicht nur Shakespeares *As you like it* ›mit Nutzen‹ gelesen,

---

51 Ebd., 292f.

sondern, wie er unmissverständlich zu erkennen gibt, Kreislers ganze Bibliothek von Ovid bis Chamisso. (Und wenn man ehrlich ist, stehen seine »Lebens-Ansichten« doch auch unter dem unziemlichen Einfluss von Sterne.[52]) Der Umfang des Murr'schen Buchwissens ist so gut wie grenzenlos; bisweilen dehnt er sich sogar auf Kompanien von Schriftstellern aus, die der Kater zwar nicht gelesen hat, von denen er aber weiß, was er bei ihnen hätte finden können, wenn er sie denn gelesen hätte.[53] Auf der anderen Seite steht demnach erneut das grenzenlose Autorenkollektiv, das die Literatur selbst repräsentiert: Seine Sprache, seinen Duktus, sein Schreiben hat Murr aus Büchern und nur aus Büchern und so hat er im Grunde keine Chance auf Originalität, sondern bestenfalls auf ein Umherirren im Zitat. Für einen Menschen mag diese Situation unerträglich sein. Die Katze macht das Beste draus: Gerade weil er eben kein Mensch, sondern ein Kater ist, kommt Murr überhaupt zum Schreiben.

Erneut kollidieren hier also das persönliche Autorennichts in Gestalt eines »ganz gewöhnliche[n] miserable[n] Mausekatz«[54] und die stumme und anonyme Ansammlung aus zerfledderten und in ihre Bestandteile aufgelösten Büchern. Wenn der Herausgeber Hoffmann im Vorwort anmerkt, dass die Freunde Kreislers sich vermutlich darüber freuen könnten, »daß sie durch den litterarischen Vandalismus des Katers zu einigen Nachrichten über die sehr seltsamen Lebensumstände«[55] Kreislers kämen, so ist das folglich zu übertragen. Erst das lesende und schreibende Tier, erst der ›litterarische Vandale‹ kann der Literatur wieder Gehör verschaffen, sie wieder sichtbar und hörbar machen, denn Murr erledigt seine

---

52 Diesen nimmt übrigens auch der Kreisler-Biograf in Anspruch, ordnet die der *Sentimental Journey through France and Italy* (1768) entnommene Anekdote allerdings fälschlicher- wie bezeichnenderweise Rabelais zu. (Ebd., 24)
53 Ebd., 288.
54 Ebd., 289.
55 Ebd., 12.

Lektüren nun einmal nicht menschlich-philiströs, sondern katzenhaft-streunend:

> Zur Belehrung der hoffnungsvollen Katerjugend, kann ich nicht unbemerkt lassen, daß ich, wollte ich studieren, mit zugedrückten Augen in die Bibliothek meines Meisters sprang, und dann das Buch, was ich angekrallt, herauszupfte und durchlas, mochte es einen Inhalt haben wie es wollte. Durch diese Art zu studieren gewann mein Geist diejenige Biegsamkeit und Mannigfaltigkeit, mein Wissen den bunten glänzenden Reichtum, den die Nachwelt an mir bewundern wird. Der Bücher, die ich in dieser Periode der dichterischen Schwermuts hintereinander las, will ich hier nicht erwähnen, […] weil ich auch die Titel davon vergessen, und dies wieder gewissermaßen darum, weil ich die Titel meistenteils nicht gelesen, und also nie gewußt habe.[56]

Der Kater hat keine Verwendung für Werke und Autorschaften, die außerhalb seiner selbst liegen. Ohne viel Federlesen reißt er sie mit seinen Krallen ein[57] und verarbeitet sie zu Eigentext, während sein Herausgeber ihm nur noch sein »Murr! schon wieder ein Plagiat!«[58] hinterher rufen und öffentlich bedauern kann, dass die Katze sich »so oft mit fremden Federn« schmückt.

Der höllische Eigentümer

Dem so gar nicht von Selbstzweifeln angekränkelten Murr steht spiegelbildlich das Schicksal des Kapellmeisters Kreisler gegenüber. (Und das im wörtlichen Sinne, denn auf dem Löschpapier des Kreislerlebens zeichnet sich ja die Katerschrift seitenverkehrt ab.) Kreisler, einst gezeugt als feuilletonistischer Stellvertreter Hoffmanns und literarisch bereits in

---

56 Ebd., 70.
57 Die dekonstruktive Lektüre hat dieses Moment erwartungsgemäß sehr stark gemacht und in Murrs Studien den »Mord am Autor als Vater des Werkes« gesehen. Vgl. Kofman: *Schreiben wie eine Katze*, 105.
58 Hoffmann: *Kater Murr*, 361.

den *Kreisleriana* (1813) und durch *Johannes Kreisler, des Kapellmeisters Musikalische Leiden* (1815) verewigt, steht ganz im Bann des Meisters Abraham, Murrs Vorbesitzer. Ein ›Meister‹ ist Abraham in der Nachahmung: Er versteht sich auf die Kunst des Ab- und Vorspiegelns, schafft ›Doppeltgänger‹, und so erblickt auch Abrahams Schüler Kreisler im Schein von dessen Astrallampe »sein Ebenbild, sein eignes Ich, das neben ihm daherschritt«.[59] Von nun an lassen ihn die Geister seiner selbst (oder, wie er sie nennt: »der Ich«) nicht wieder los. Kreislers Existenz wird selbst ›geisterhaft‹ und so auch seine im Text verstreute Lebensgeschichte: Eine »schöne chronologische Ordnung kann gar nicht aufkommen«,[60] die Seiten und Zeiten geraten durcheinander, Tote werden lebendig, Lebendiges erscheint bereits gestorben.[61] Die ›Person‹ ist also keine kohärente Sinneinheit mehr, sondern ein Bündel von Dämonen, das sich nicht in eine geschlossene Erzählung überführen lässt.

Besagte Dämonen, »die so oft Macht hatten über ihn [Kreisler] und […] schonungslos mit scharfen Krallen in seine wunde Brust« griffen,[62] stellen aber letztlich nichts anderes dar als einen wirkungsvollen Umkehreffekt des romantischen Plagiarismus. Wo auf der einen Seite unzählige fremde Texte in ein leeres Ich einfließen und eine Person konstituieren, da zerfällt auf der anderen Seite das Ich in unzählig viele Texte und Personen. Auf den ersten Blick scheint das romantische Angebot des zirkulierenden Gemeinschaftsbesitzes für den Plagiator also verlockend. Bei näherer Betrachtung fällt dann allerdings doch ins Gewicht, dass der Besitz hier eben nie als ›Sache‹, sondern als ein freigesetzter Anteil des Selbst verstan-

---

59 Ebd., 182.
60 Ebd., 58.
61 Beispielhaft in der Totenwache für den Adjutanten Hektors, bei der »die Statuen der Heiligen zum gespenstischen Leben erwacht, sich zu bewegen und daherzuschreiten schienen«, während die Mönche, die den Leichnam umringen, »bleich und regungslos selbst Tote« scheinen, »in der Geisterstunde den Gräbern entstiegen.« (Ebd., 437f.)
62 Ebd., 438.

den wird – als ein wandernder Schatten. Wenn die wahre Poesie ein Gemeinschaftswerk ist, dann führt auch jedes Wort, jeder Buchstabe, die Schatten seiner Vorbesitzer mit sich und nimmt im Akt der Aneignung einen weiteren Schatten in sich auf.

In diesen ›mitgeschleiften‹ Selbstbildern, die in den Büchern hausen, treffen wir nun auf die eigentlichen Protagonisten der romantischen Literatur. Zunächst ist das eine wunderbare Entdeckung: Als Heinrich von Ofterdingen etwa einen provenzalischen »Roman von den wunderbaren Schicksalen eines Dichters« in die Hände bekommt, in dessen Illustrationen er »sein Ebenbild in verschiedenen Lagen« wiedererkennt, erfüllt ihn die Betrachtung nach erstem Erschrecken »mit dem innigsten Entzücken« und alsbald mit »wunderliche[r] Scham«.[63] Zu lesen ist diese Szene noch im Horizont einer frühromantischen ›Poetisierung des Lebens‹, vor dem die literarische Existenz als Verheißung der leiblichen Existenz und umgekehrt die leibliche Existenz als Realisation der literarischen Existenz zu erscheinen vermag. Die Spätromantik kehrt indessen die dunkle Seite der literarischen Doppelexistenz hervor, indem sie auf eine Unterscheidung aufmerksam macht, wie wir sie in ähnlicher Form bereits bei Adam Müller angetroffen haben. Dort wurde der ›poetische Besitz‹, der ein stetes ›Erwerben‹ ist, vom »krampfige[n] Festhalten, mit einem derben Rechtsgrunde und mit dem Glauben des Besitzes« abgegrenzt, in dem Müller nichts als eine ›Sklaverei‹ der Dinge erkennen konnte.[64] Diese feine Unterscheidung gilt nun aber eben auch für den Umgang mit Textpersönlichkeiten: Man kann mit diesen *frei* umgehen, sie zu sich laden und wieder verabschieden – oder man kann sie eben *einsperren*. Das Plagiat ist eine harmlose Angelegenheit, ein Spiel, solange alles in Bewegung bleibt, sich die Schatten und ihre Eigentümer stetig vermischen, denn es ist nicht die *Weiterverwendung* eines fremden Textes, die Macht über die

---

63 Novalis: *Heinrich von Ofterdingen*, 265.
64 Müller: *Der poetische Besitz*, 261.

mit ihm verbundenen Personen verleiht, sondern das *Einbehalten*.[65]

Genau da liegt aber das Problem: Wer in die Bücher oder Bilder hineinsteigt, wer sein Leben verdoppelt und damit einen Teil seiner Selbst der Welt des Scheins vermacht, der darf natürlich immer darauf hoffen, dass er überall ein Gast sein darf, dass er sein Dasein im Umlauf der Literatur potenziert. Wehe aber, er gerät an Personen, die zwar gerne Schatten erwerben, aber nicht mit ihnen handeln, sondern sie fest an sich binden: Die Zirkulation der Zeichen, der Besitz als universalpoetische Angelegenheit, der Kredit als Integration von Person und Gemeinschaft – all das verschwindet, wenn Herrschaften auf den Plan treten, die für Ökonomie keinen Sinn haben, sondern stur auf der Identität ihres rechtmäßigen Eigentums beharren.

Voilà: Der Teufel mag eine romantische Figur sein, er ist aber eben kein Romantiker. Er will nicht *irgendeinen* Schatten besitzen, sondern den Schatten des Peter Schlemihl, und er möchte diesen auch nicht wieder ins Unbestimmte hinein veräußern, sondern nur gegen diese eine Seele, die Seele Peter Schlemihls, eintauschen. Chamisso hat dieses Beharren auf Identität nicht absichtslos zum Ausgangspunkt der ökonomischen Inszenierung werden lassen. Erst dadurch, dass der Graue sich weigert, den Schatten Schlemihls frei zu handeln und statt dessen auf der Zusammengehörigkeit von Schatten und Seele, also auf der *Einheit* der Person besteht, wird sich das romantische Subjekt Schlemihl seiner unheilbaren *Spaltung* bewusst.

Man sollte es nicht meinen, aber für die Propagandisten der plagiarischen Produktionsverhältnisse, für die poetischen

---

65 Erst 30 Jahre später wird Poe diese Wahrheit der romantischen Alpträume dann in *The Purloined Letter* (1845) ungeschützt aussprechen: »›It is clear‹, said I, ›as you observe, that the letter is still in possession of the minister; since it is this possession, and not any employment of the letter, which bestows the power. With the employment the power departs.‹« (Poe: *The Purloined Letter*, 32)

Ökonomen wie die für ökonomischen Poeten, sind das keine guten Neuigkeiten. Deren Vertrauen in den steten Umlauf der Schattenbilder beruhte ja letztlich auf der Fichte'schen Idee eines absoluten Ichs, das sich qua Selbstnegation gespalten hatte und sich im (wirtschaftlichen, politischen, ästhetischen) Zusammenschluss der Gemeinschaft nun wieder als Absolutum entdecken sollte. Die spätromantische Spekulation setzt genau hier an: Richtig, das Ich ist gespalten und durchquert nun die Welt im Eilschritt, erkundet die Schöpfung und hält die Volkswirtschaft am Laufen. Das ist Peter Schlemihl. Doch Peter Schlemihls Geschichte deckt zugleich auf, was die romantische Legendenbildung bisher verschwiegen hatte: nämlich dass die universale Produktivität der gespaltenen Ichheit, die als Rechtfertigungstheorie des Plagiats herhalten muss, auf einem höllischen Abgrund errichtet wurde. Das allererste Plagiat ist ein teuflisches Plagiat gewesen, denn der erste Plagiator hat den erhandelten Schatten nicht wieder freigegeben, sondern einbehalten, ihn ›versklavt‹. Peter Schlemihl kann folglich nur deshalb zum Motor von Weltwirtschaft und Weltwissen werden, weil dasjenige, was er eigentlich zu erwerben sucht, gar nicht in die Zirkulation der Besitztümer eingegangen, sondern in der Hand des grauen Herrn verblieben ist und niemals wieder zu ihm zurückgelangen kann.

In den Berliner Salons ist die satanische Unterfütterung der romantischen Eigentumsverhältnisse zunächst noch ein dunkles Geheimnis, eine »Geschichte«, die man »dergestalt bewahren« solle, »daß sie vor Augen, die nicht hineinzusehen haben, beschirmt bleibe«, wie Friedrich de la Motte-Fouqué im Vorwort zum *Schlemihl* anmerkt, um dann freilich fortzufahren:

> Das ist eine schlimme Aufgabe. Es gibt solcher Augen eine ganze Menge, und welcher Sterbliche kann die Schicksale eines Manuskriptes bestimmen, eines Dinges, das beinah noch schlimmer zu hüten ist, als ein gesprochenes Wort. Da mach ich's denn wie ein Schwindelnder, der in der Angst

lieber gleich in den Abgrund springt: ich lasse die ganze Geschichte drucken.[66]

So kommt das Geheimnis dann also doch noch auf den Buchmarkt und Peter Schlemihls Wanderschaft setzt sich fort. Nach nur einem Jahr treffen wir ihn wieder, Hoffmann hat ihn – ohne dafür den Beifall Chamissos zu finden[67] – zu den *Abenteuern der Sylvester-Nacht* (1815) in einen Berliner Bierkeller eingeladen. Schlemihl hat inzwischen Anschluss gefunden und die Bekanntschaft eines etwas unleidlichen kleinen dürren Mannes gemacht, der auf den Namen Erasmus Spikher hört und ein ähnliches Schicksal durchlebt wie Schlemihl. Auch er ist das Opfer einer Teufelei geworden; er hat nämlich seiner Gespielin Giulietta, »einem Frauenbild von Rubens oder dem zierlichen Mieris«,[68] zum Andenken sein Spiegelbild überlassen, nicht ahnend, dass diese aus den Gemälden gestiegene Dame dem »Doktor Dapertutto« dienstbar ist und es natürlich auf seine Seele abgesehen hat. Auch Erasmus verweigert sich diesem letzten Teufelshandel, bleibt ohne Spiegelbild und verkommt darüber zu einem »mauvais sujet«, einem »homo nefas«, der »kein ordentlicher vollständiger Familienvater« mehr sein kann.[69] In Schlemihl findet er einen Bruder in der Verdammnis, mit dem er »Compagnie gehen« will, »so daß Erasmus Spikher den nötigen Schlagschatten

---

66 Friedrich de la Motte-Fouqué an Julius Eduard Hitzig, Ende Mai 1814, in: Chamisso: *Peter Schlemihl*, 15f.
67 Chamisso hat Hoffmann die Entlehnung nicht verübelt und auch später noch die Zusammenarbeit gesucht; so ist er aktiv an der Entstehung der Erzählungen *Haimatochare* (1819) und *Datura fastuosa* (1823) beteiligt. Mit Blick auf die *Abenteuer* fällt sein Urteil jedoch abschätzig aus: »Hoffmann hatte nämlich eine Erzählung geschrieben von einem, dem der Teufel sein Spiegelbild abgeluxt und worin dieser mit dem Schlemihl zusammenkommt. Es ist vielfältig gesagt worden, daß diese Nachahmung weit hinter dem vortrefflichen Original zurückgeblieben.« (Brief an Louis de la Foye vom 6.1.1824, in: *Adelbert von Chamisso's Werke*, 157)
68 Hoffmann: *Die Abenteuer der Sylvester-Nacht*, 344.
69 Ebd., 352.

werfen, Peter Schlemihl dagegen das gehörige Spiegelbild reflektieren sollte, es wurde aber nichts daraus.«[70]

Abgesehen davon, dass die Zeitgenossen Hoffmanns Adaption des Schlemihl-Stoffes einschließlich der daran hängenden Figur bestenfalls als ›unglückliche Variation‹ der Chamisso-Erzählung lesen,[71] gelingt es den *Abenteuern der Sylvester-Nacht* dennoch, deren Kernaussage nochmals zu radikalisieren. Indem Hoffmanns Geschichte das Motiv des Teufelspaktes mitsamt seinem Protagonisten Schlemihl importiert, wird der Abgrund der romantischen Tauschgeschäfte nunmehr selbst zum tauschbaren Bild. Dies bedeutet zunächst, dass nun auch der erste Eigentümer, der Eigentümer aus der Hölle, in das Zeichenspiel überführt ist und man mit ihm leger umspringen kann. Das nimmt auch das Erzähler-Ich an, das Schlemihl und Spikher arglos entgegenhält:

> Ach Gott [...], wie viel Haken hat der Teufel überall für uns eingeschlagen, in Zimmerwänden, Lauben, Rosenhecken, woran vorbeistreifend wir etwas von unserm teuern Selbst hängen lassen. Es scheint, Verehrte! Als ob uns Allen auf diese Weise schon etwas abhanden gekommen, wiewohl mir diese Nacht vorzüglich Hut und Mantel fehlte. Beides hängt an einem Haken in des Justizrats Vorzimmer wie Sie wissen![72]

In gewisser Hinsicht liest man so etwas natürlich als eine Trivialisierung: Wenn der Teufel überall ist und sich greift, was er bekommen kann (und seien es nur Hut und Mantel), dann ist er längst zu einer Metapher geworden. Ein *Eigentümer*, dem man als Person und *ad personam* verpflichtet ist, kann er dann aber gerade nicht mehr sein, und so hat auch der verkaufte Schatten seine Einzigartigkeit verloren. Hoffmann hat Schlemihl mitsamt seiner dämonischen Geschichte entführt und ihn zur Sicherheit in der Figur des Erasmus nochmals abko-

---

70 Ebd., 359.
71 Vgl. den in der Zweitausgabe des *Schlemihl* abgedruckten Brief von Hitzig an Fouqué aus dem Januar 1827, in: Chamisso: *Schlemihl*, 17.
72 Hoffmann: *Abenteuer der Sylvester-Nacht*, 336.

piert – mit Doppelgängern und Ablegern jedoch macht der Teufel keine Geschäfte. Als Höllenfürst ist man immerhin Metaphysiker genug, um zu wissen, dass man vielleicht von einem Schatten auf eine Seele kommen, aus dem Schatten des Schattens aber überhaupt keinen Profit mehr schlagen kann. In Hoffmanns Welt verhält es sich aber genau so: Hier ist alles nur ein Schatten des Schattens, ein Spiegelbild des Spiegelbildes, die Abspaltung einer Abspaltung einer Abspaltung des Selbst. Für Identitätsfanatiker mit grauen Röcken ist hier kein Platz mehr.

Oder eben gerade doch. Wie Hoffmanns Erzählung nämlich zeigt, besteht die Kehrseite dieser unendlichen Ausweitung der Schattenwirtschaft in der Möglichkeit, dass in jedem Moment, an jedem Ort die unpersönliche Veräußerung des Ichs blitzschnell in ein persönliches Verhängnis umschlagen kann, sobald das Ich bemerkt, dass all das, was es in der Öffentlichkeit so von sich verschleudert, nicht weitergegeben, sondern von irgendjemandem aus irgendeinem Grund einbehalten wird. Die Dinge, die man besitzt, die Texte, die man schreibt, die Figuren, die man erfindet – die kommen einem nicht einfach so ›abhanden‹ wie ein Mantel an der Garderobe, sondern man bleibt an sie gebunden, auch wenn man das erst in jenem Augenblick realisiert, in dem sie einem genommen werden. In das romantische Schreiben, das die fortlaufende Entlehnung, Bearbeitung und Anverwandlung als Gewohnheitsrecht ansieht, bricht damit unversehens ein Bewusstsein ein, das den zuvor unbestimmten Selbstverlust konkret und spürbar werden lässt. Ein Teufel, der ›überall‹ Haken für uns einschlägt, ist eine bequeme Vorstellung, nämlich eher ein statistisches Risiko. Ein Teufel hingegen, der lediglich ›überall‹ heißt (oder mit italienischem Namen: Dapertutto), hat ein Gesicht, hat Pläne, Verbündete, Feinde. Wenn *dieser* Teufel mein Bild an sich nimmt, dann ist das kein anonymer Vorgang mehr, im Gegenteil: Dieser Teufel will nicht nur mein Bild, sondern er will, *dass ich weiß*, dass er mein Bild besitzt. Etwas von seinem Selbst in der Welt zu verlieren – das kommt vor. Unerträglich ist erst der Gedanke, dass ein mir bekannter Anderer etwas Bestimmtes besitzt, das ein Teil meiner Selbst ist und mich damit an ihn bindet. Indem Hoffmann ebendieses Moment des Umschlagens der unpersönlichen Selbstlosigkeit in den persönlichen Selbstverlust ins Zentrum seiner Erzählung rückt, reißt er die heitere Kopier- und Umprägeindustrie der Romantik zurück in die harte Realität der Plagiatorik – man weiß nun wieder, was man da eigentlich die ganze Zeit tut und wenn man damit gegebenenfalls auf den Plan ruft.

Fantastische Erzählungen, in denen der Teufel sich der Menschen mittels ihrer Selbstbilder bemächtigt, lassen sich gefällig adaptieren, vermehren und auf den Markt tragen. *Die Abenteuer der Sylvester-Nacht* aber führen vor, dass diese Beredsamkeit der Schattenwirtschaft dort endet, wo aus diesen Geschichten *meine eigene* Geschichte wird. Und so träumt dem »reisenden Enthusiasten« schon bald, dass er Schlemihl und Spikher gar nicht so unähnlich ist, dass sich vielmehr ihr Schicksal in seinem eigenen Schicksal wiederholt. Womöglich ist auch seine eigene unglückliche Liebschaft – Julia – nur eine weitere Spiegelung der Giulietta, und vielleicht stellt auch der »dragantne« Herr Justizrat, bei dem Hut und Mantel hängen geblieben sind, nur eine weitere Ausgabe des Signor Dapertutto dar, der wiederum nur eine weitere Ausgabe des Grauen abgibt, über dessen Identität wir bereits hinreichend informiert sind. Hoffmanns Text spielt mit dieser Möglichkeit und kehrt damit den romantischen Bilderrausch gegen sich selbst. Wenn die Welt nur aus Vorspiegelungen besteht, dann gehört sie entweder nur sich selbst – oder sie ist mit Haut und Haar Eigentum des Herrn der Spiegel, des Teufels. Jede Verdopplung, jede Kopie, jede Abschrift, ja: jeder Schattenwurf beschwört die Hölle herauf, in der die Einheit von Bild und Seele einst wiederhergestellt werden wird.

Die romantische Universalisierung des Plagiats, die Entwicklung einer geschlossenen plagiatorischen Ökonomie, Poetologie und Dämonologie endet somit in einem letzten unversöhnlichen, doch sich verschränkenden Gegensatzpaar. Hier die glänzende Oberfläche, in der die Schemen der Autorschaft, ihre Bilder, ihre Texte in einem Reigen vorbeiziehen, ineinander übergehen und verschmelzen; dort der Abgrund, in dem der eine oder andere Schatten verschwindet und seinen Eigentümer mit sich reißt. Es wird wohl Zeit, dass es wieder ein wenig nüchterner zugeht in diesem Buch.

X. Die Erben

Markt und Gesetz

Gritli Störteler kann nicht schreiben. Zumindest kann sie nicht so schreiben, wie ihr Mann Viktor – ein nachrangiger Novellenschriftsteller, der von der Mitgift seiner Frau lebt und es auf die Veröffentlichung eines empfindsamen Briefwechsels abgesehen hat – es von ihr verlangt. So zwingt Gritli die Sorge um den Ehefrieden dazu, Viktors Briefe zu den ihren zu machen, indem sie diese kopiert, mit ihrem eigenen Namen versieht und dem Unterlehrer Wilhelm zukommen lässt. Dessen hingebungsvolle Antworten schreibt sie wiederum ab und schickt sie dem verreisten Gatten hinterher. Aus dieser doppelten Täuschung geht in der Folge eine gewaltige Korrespondenz hervor, die in ihrer Scheinhaftigkeit allerdings noch vor der Veröffentlichung vom heimkehrenden Viktor enttarnt wird. Das Plagiat hat juristische Konsequenzen: Viktor reicht die Scheidung ein, in die Gritli einwilligt, allerdings nicht, ohne darauf hinzuweisen, dass der ihr zu Last gelegte Sittlichkeitsverstoß »nach ihrer Meinung und nach ihren schwachen Begriffen vor ein literarisches Gericht und nicht vor ein Ehegericht« gehöre.[1]

Die Plagiatorin erscheint hier, in Gottfried Kellers Novelle *Die missbrauchten Liebesbriefe* (1860), nicht als Täter, sondern als Opfer: Gritli Störteler handelt nicht aus Vorsatz. Es ist der Literaturbetrieb des 19. Jahrhunderts, der sie in Gestalt ihres Mannes letztendlich zur Täuschung zwingt. Weniger beherrscht sie demnach das Metier des Textdiebstahls, als dass sie vielmehr von ihm beherrscht wird. Gerade hierin aber avanciert Gritli zum nachromantischen Phänotyp: Die Überzeugung, dass »[d]ie eigentümliche Art der Kunstproduktion und ihrer Werke [...] unser höchstes Bedürfnis nicht mehr aus[füllt]«, wir längst »darüber hinaus [sind], Werke der Kunst

---

[1] Keller: *Die missbrauchten Liebesbriefe*, 403.

göttlich verehren und sie anbeten zu können«, ja, dass letztlich »[d]er Gedanke und die Reflexion [...] die schöne Kunst überflügelt« hat[2] – diese Überzeugung lähmt die Literatur. Die wesentlichen Dinge sind bereits geschrieben. Wer jetzt immer noch keine Philosophie treibt und sich mit Dichtung aufhält, kann keinen Anspruch mehr erheben, noch etwas Neues zu sagen. Er hat die Wahl, entweder seine Ansprüche auf Originalität aufzugeben oder ganz zu verstummen. Wer sich aber weder zu dem einen noch zu dem anderen entschließen kann, der wird ganz zwangsläufig zum Plagiator. Und er lebt nicht schlecht damit, denn die Kunst mag zwar am Ende sein: Die Phase ihrer Marktfähigkeit hat indessen gerade erst begonnen. Das Publikum liest ja keine Philosophen.

So bekennt sich auch der Kellner Georg Nase ganz offen dazu, in seinem früheren Leben unter dem Künstlernamen »George d'Esan« aus einem »Pack zerlesene Nummern von französischen Zeitungen [...] einen Mischmasch von Geschichtchen und Geschwätz aller Art« mehr schlecht als recht übersetzt zu haben, die sodann »als ein Originalwerk« in den Druck gelangt und mit Begeisterung in der Öffentlichkeit aufgenommen worden seien.[3] Es geht hier also nicht mehr um Einzeltäter, durch die der Grundsatz des geistigen Eigentums hintertrieben und die literarische Öffentlichkeit hinters Licht geführt wird. »Der allergrößte Teil der deutschen Literatur ist Fabrikwesen, bare Industrie geworden«, hatte Hegel bereits 1821 in seinen *Grundlinien der Philosophie des Rechts* ernüchtert konstatiert und zugleich die bemerkenswerte Beobachtung festgehalten,

> daß der Ausdruck Plagiat oder gar gelehrter Diebstahl nicht mehr gehört wird – es sei entweder, daß die Ehre ihre Wirkung getan, das Plagiat zu verdrängen, oder daß es aufgehört hat, gegen die Ehre zu sein, und das Gefühl hierüber verschwunden ist, oder daß ein Einfällchen und Veränderung einer äußeren Form sich als Originalität und selbstdenken-

---

2   Hegel: *Vorlesungen über die Ästhetik* I [1820–29, gedruckt 1835–38], 24.
3   Keller: *Die missbrauchten Liebesbriefe*, 369 [Anm. 1].

des Produzieren so hoch anschlägt, um den Gedanken an ein Plagiat gar nicht in sich aufkommen zu lassen.[4]

Die literarische Öffentlichkeit selbst ist entsprechend auf eine massenhaft betriebene und vermarktete Plagiatskunst ausgerichtet, so dass der schriftstellernde Kellner auch ohne Bedenken »die Sesenheimer Idylle wohl zum zwanzigsten Male aus Goethes schöner Sprache in meinen gemeinen Jargon« übersetzen und »sie als neue Forschung in irgend ein Winkelblättchen« senden kann.[5] Die Realität der Dichtung ist das ›Geschäft‹ geworden, eine Realität, die sich freilich nicht mehr mit den poetischen Paradigmata der Klassik und Romantik verbinden lässt. Die literarische Identität spaltet sich somit ab von ihren Produktionsbedingungen. So legen in Kellers Novelle die Schriftsteller samt und sonders ihren bürgerlichen Namen ab und geben sich Pseudonyme, unter denen ihre gesellschaftliche Existenz verschwindet. Ihre ökonomische Grundlage soll der Literatur nicht angesehen werden.[6] Dementsprechend erteilt auch Viggi Störteler bzw. ›Kurt vom Walde‹ seiner Frau die Anweisung, »die geschäftlichen und häuslichen Angelegenheiten auf […] Extrazettel [zu] setzen«[7], diese also nicht mit dem literarischen Briefwechsel, einer Ansammlung galanter Versatzstücke, zu vermengen. Die wahren Eigentumsverhältnisse werden dadurch verdeckt: Die Literaten der ›neuen Sturm- und Drangperiode‹ geben vor, von ihrem eigenen Kapital leben zu können, und sind doch eigentlich – wie Viktor, der seinen Unterhalt nicht mit der literarischen Arbeit, sondern von den seiner Frau zugefallenen Erbteilen bestreitet – permanent auf das Vermögen anderer angewiesen, aus dem sie sich wie selbstverständlich bedienen und das sie mit vollen Händen ausgeben.

---

4 Hegel: *Grundlinien*, 149f.
5 Keller: *Die missbrauchten Liebesbriefe*, 371 [Anm. 1].
6 Zur monetären Poetik der Novelle und der mit ihr verbundenen Sexuallogik äußert sich ausführlich Hörisch: *Kopf oder Zahl*, 102–111.
7 Keller: *Die missbrauchten Liebesbriefe*, 379 [Anm. 1].

Eine solche Literatur gehört in der Tat vor Gericht, und die zweite Hälfte von Kellers Erzählung stellt im Grunde nichts anderes dar als eine Urteilsvollstreckung. Gritli, an der die Dynamik der Plagiatswirtschaft sich gebrochen hatte, verbindet sich in zweiter Ehe mit dem durch Landarbeit und Eremitendasein von der Literatur geläuterten Wilhelm. Hieraus erwächst ein zukunftsträchtiger Lebensentwurf, in dem sich gesellschaftliches Ansehen, wirtschaftliche Prosperität und genealogische Stabilität verbinden. Das Geschlecht der dilettierenden Literaten bleibt hingegen ohne Nachfahren. Viggi Störteler beharrt auf seiner Autorenexistenz: Er findet seine Partnerin in der grotesken Erscheinung der Kätter Ambach, verarmt und verschwindet schließlich auch aus dem kulturellen Gedächtnis der Seldwyler, wird »vergessen«.

Mit Sicherheit hat das literarische Plagiat bei alledem niemals einen unbarmherzigeren Richter gefunden als den bürgerlichen Realismus, der ohnehin gnadenlos jeden aburteilt, dessen Bilanzen auch nur den leisesten Betrugsverdacht aufkommen lassen. Man sollte nun meinen, dass dieser Furor literarischer Gerechtigkeit letztendlich aus der tatsächlichen Ungeregeltheit geistiger Eigentumsverhältnisse erwachsen musste, dass das ›literarische Gericht‹ also einen juristischen Mangel kompensiert. Dem ist nicht so: Preußen hatte im 21. Stück der Gesetzsammlung von 1837 das »Gesetz zum Schutze des Eigenthums an Werken der Wissenschaft und Kunst gegen Nachdruck und Nachbildung« verkündet,[8] Österreich-Ungarn am 19. Oktober 1846 das »Allerhöchste Patent zum Schutze des literarischen und artistischen Eigenthums gegen unbefugte Veröffentlichung, Nachdruck und Nachbildung« erlassen.[9] In der Heimat Viggi Störtelers existiert indessen zwar noch kein nationaler Urheberschutz, seit 1856 allerdings zumindest ein von der Mehrheit der Kantone

---

8 Hierzu ausführlich Gieseke: *Vom Privileg zum Urheberrecht*, 227–241.
9 Vgl. hierzu Gerhartl: »*Vogelfrei*«; Helmensdorfer: »*Heilig sey das Eigenthum!*«.

unterzeichnetes Konkordat;[10] eine transnationale Regelung der Urheberrechtsfrage tritt dann 1887 mit der Berner Konvention in Kraft. Das 19. Jahrhundert wird somit zum Schauplatz des endgültigen Eintritts des ›geistigen Eigentums‹ in das Zivilrecht. Die Verbürgerlichung der Literatur findet ihr Korrelat in der Definition des Schreibens als Rechtsobjekt, also als Gegenstand, der immer und überall rechtsfähig ist, ohne dass es dazu irgendwelcher Privilegien bedarf:

> Wenn die Wahrheit, daß der Autor das Recht hat, aus seinen Werken allein Gewinn zu ziehen, eine so offenbare ist, daß sie nicht demonstrirt zu werden braucht, […] so ist es unbegreiflich, warum der Autor nur ein Privileg haben soll.[11]

Hinter dieser kleinen Feststellung steht eine große juristische Umwälzung. Erstmals wird das Recht an der Literatur nämlich nicht ex negativo bestimmt; nicht länger soll es ein in Ausnahmefällen gewährter Schutz gegen Nachdruckpraktiken sein, nicht länger leitet sich das Eigentumsrecht von einem einst auf den Verleger zugeschnittenen und dann auf den Autor ausgeweiteten ›Kopierverbot‹ ab. Nein, das Recht des Autors ist nunmehr »ein auf die Urheberschaft gegründetes Privatrecht«.[12] Aber worauf bezieht sich dieses Recht? Die zeitgenössische Jurisprudenz ist sich da nicht wirklich sicher und schwankt zwischen zwei Auffassungen. Streng genom-

---

10 Neben Solothurn, das bereits frühzeitig ein zivilrechtliches Autorenrecht erwirkt hat, treten die Kantone Luzern, Zug, Freiburg, Wallis, St. Gallen und Neuenburg dem Konkordat nicht bei. Das Konkordat orientiert sich an französischen Vorgaben und verfügt nicht über detaillierte Bestimmungen der Urheberrechtstragweite, sondern regelt vor allem das Nachdruckverbot zwischen den konkordierenden Kantonen. Der Autor, der sein Werk urheberrechtlich schützen will, muss dieses bei der zuständigen Kantonsregierung einreichen; er behält das Urheberrecht lebenslänglich, bis zu einem Zeitraum von 30 Jahren nach Erstveröffentlichung geht es auch auf seine Erben über. Vgl. hierzu Rüfenacht: *Das litterarische und künstlerische Urheberrecht*, 18–26; Röthlisberger: *Geistiges Eigentum*, 12–25.
11 Eisenlohr: *Das literarisch-artistische Eigenthum*, 40.
12 Ebd., 41.

men beruht die Besonderheit des geistigen Eigentums ja gerade auf der sich im Werk manifestierenden ›Persönlichkeit‹ des Autors. So führt Johann Caspar Bluntschli, der sich auf Kants *Von der Unrechtmäßigkeit des Büchernachdrucks* (1785) sowie auf Renouards *Traité des droits d'auteurs* (2 Bde., Paris 1838/39) beruft, zum »Wesen des Autorrechts« aus:

> Das Werk als *Geistesproduct* gehört zunächst dem *Autor* an, der es erzeugt hat, nicht als eine körperliche Sache, – denn das ist das Werk nicht –, sondern als eine *Offenbarung* und ein *Ausdruck seines persönlichen Geistes*. Zwischen Autor und Werk besteht ein natürlicher Zusammenhang, wie zwischen *Schöpfer* und *Geschöpf*, und jener hat ein natürliches Recht, daß dieses Verhältniss geachtet werde.[13]

In der Konsequenz führt Bluntschli sowohl in seinem Entwurf des privatrechtlichen Gesetzbuches für den Kanton Zürich[14] als auch in seiner zweibändigen Abhandlung zum deutschen Privatrecht[15] das Autorenrecht unter den Personenrechten auf. Dabei ergibt sich freilich das Problem, das zu diesem Zwecke der Rechtsbegriff der ›Person‹ eigens ausgeweitet werden muss, denn das Personenrecht schützt eben die Freiheitsrechte der Person, und das sind nun einmal ganz konkrete Freiheitsrechte der ›physischen Person‹ (zu denen auch etwa das Ehrrecht gehört) oder die Selbstbestimmungsrechte der ›juristischen Person‹ (also von Gemeinden, Korporationen etc.). Eine Judikative, die das Autorenrecht unter das Personenrecht fallen lässt, kommt mit diesen Definitionen nicht aus, denn sie generiert im Autor eine Person, deren Freiheitsrechte sich nicht nur auf ein persönliches Erzeugnis ausdehnen, sondern sich gerade darüber definieren. Vom literarischen Standpunkt aus gesehen erscheint uns dieses Erklärungsmodell verständlich. Vom juristischen Standpunkt aus gesehen handelt es sich gleichwohl um eine prekäre Lösung,

---

13 Bluntschli: *Deutsches Privatrecht*, Bd. 1, Berlin 1853, 191f.
14 Bluntschli: *Erster Entwurf*, 17–23.
15 Bluntschli: *Deutsches Privatrecht*, 184–216.

denn aus der ›offenbaren‹ Beziehung zwischen ›Schöpfer‹ und ›Geschöpf‹ lässt sich nicht ohne Weiteres (vor allem: ohne rechtsfähige Explikation) ein mündiges Rechtssubjekt herstellen. Wäre das möglich, dann bliebe die Frage zu beantworten, ob nicht überhaupt *jeder* Eigentümer eine besondere Rechtsperson und somit das gesamte Eigentumsrecht grundsätzlich unter das Personenrecht zu subsumieren wäre.

Der Gegenvorschlag verortet das Autorenrecht dementsprechend ganz im Bereich des ›Sachenrechts‹, umgeht also das Problem der ›werkhaften Persönlichkeit‹ und schultert lieber das Problem der ›Persönlichkeit des Werkes‹. Danach ist Literatur ein Gegenstand, der sogar noch weitaus mehr Besitzfähigkeit aufweisen kann als physische Gegenstände, denn im Vergleich zu diesen ist die Körperlichkeit, welche die Literatur den Ideen stiftet, »eine solidere«, eine, »die den Sturm der Zeiten überdauert.«[16] Unter diesen Vorgaben analogisiert man also schlichtweg das herkömmliche Eigentum mit dem literarisch-ästhetischen Eigentum, mit der Folge, dass dabei die Vorstellung eines ›intellectuellen Objects‹ zutage tritt, welche sich wiederum der Einsicht verdankt, dass »auch die Idee in individueller Verarbeitung und Form« eine »Sache« ist.[17] Dem Kantianer schwindelt hier vermutlich; dafür hat der Jurist aber nicht mehr als ein Achselzucken dafür übrig.

Was sich auf den ersten Blick als ein fundamentaler Dissens von Lehrmeinungen ausnimmt, entpuppt sich letzten Endes als das Kreisen der Rechtswissenschaft um ein unbekanntes Objekt oder Subjekt (was auf das Gleiche herauskommt). Abseits dieser Glaubensfragen geht es den Beteiligen ja im Grunde um nichts anderes als um die Praktikabilität des ›geistigen Eigentums‹ in der Anwendung, also: in Bezug auf die Feststellung und Ahndung einer Verletzung des Autorrechts. Spätestens hier wird deutlich, dass hinsichtlich der Bestimmung dessen, was ›Person‹ am ›Werk‹ eigentlich bedeutet, eine doch erhebliche Unsicherheit besteht, welche sich wiederum in sehr

16 Eisenlohr: *Eigenthum und Verlagsrecht*, 43.
17 Ebd., 44.

vorsichtigen und maßvoll gewählten Straftatbestandskatalogen niederschlägt. Immerhin betritt man hier juristisches Neuland, nirgends zeigt sich eine adäquate rechtshistorische Orientierungshilfe für den Diebstahl ›intellectueller Objecte‹. Also greift man auf antiquierte Vorstellungen zurück und bleibt, obgleich man theoretisch die bloße Materialität des literarischen Eigentums schon hinter sich gelassen hat, in der Deliktfrage einmal mehr beim ›Nachdruck‹ hängen. Als ›Verletzung‹ des Autorrechts gilt im Zweifel nur die »blos mechanische Ausbeutung des Originals«, die »eine selbstthätige Durchdringung und Umgestaltung des gegebenen Stoffes« ausschließt.[18] (So sieht der *Königlich-Preußische literarische Sachverständigen=Verein* das zumindest.) Als ›Nachdruck‹ gilt dabei sowohl die »buchstäbliche und wörtliche« Benutzung des Originals als auch die ›mosaikartige‹ Zusammensetzung eines neuen Werkes aus einem alten; in jedem Fall ist damit aber eine am Textumfang exakt quantifizierbare Größe an übernommenem Fremdtext gemeint. So fest man folglich davon überzeugt ist, dass sich im literarischen Eigentum Ideen qua ›Person‹ im Werk verkörpern, so zielsicher umgeht man gleichzeitig das Problem des ideellen Diebstahls.

Inwiefern kann man also das Plagiat rechtlich denken? Denken kann man die ›totale‹ Verletzung des Autorrechts, also die Veröffentlichung eines fremden Werkes unter eigenem Namen.[19] Dazu braucht es gewohnheitsmäßig keine allzu große rechtswissenschaftliche Fantasie. Schwieriger wird es bereits bei Teilentlehnungen, Passagen, Auszügen, Bearbeitungen. Eisenlohr bezieht diesen Komplex – das »Verbrechen der Nachbildung« (damit es einmal gesagt ist) – ganz auf das Gebiet der bildenden Künste, die Literatur führt er in diesem Zusammenhang bezeichnenderweise nicht auf.[20] Bluntschli wiederum formuliert mehr oder weniger glücklich, dass ein eigens bearbeiteter Auszug aus einem fremden Werk »je nach

---

18 Heydemann/Dambach: *Die Preußische Nachdrucksgesetzgebung*, XXI.
19 Eisenlohr: *Eigenthum und Verlagsrecht*, 94.
20 Ebd., 98f.

Umständen als ein moralisch tadelnswerthes Plagiat zu betrachten und doch nicht Nachdruck sein« könne.[21] Will heißen: Sobald die Nachbildung nicht rein mechanischer Natur ist, sondern geistige Eigenarbeit impliziert, ist weder zivil- noch strafrechtlich etwas gegen den Plagiator auszurichten – was nicht zuletzt die Übersetzungen fremder Werke vor Verfolgung schützen soll, bei denen »die selbständige Geistesarbeit des neuen Werks, und die Beziehungen des benutzten oder übersetzten Werks zu der litterarischen Gemeinschaft über die besondere Rücksicht auf den Autor des letztern« überwiegen.[22]

Jene offensichtliche Kluft zwischen der triumphalen Aufnahme des geistigen Eigentums in die Gesetzbücher und den doch eher bescheidenen Bemessungen der damit einzugrenzenden Eigentumsdelikte beherrscht die öffentliche Diskussion des Plagiats nicht nur im 19. Jahrhundert, sondern bis auf den heutigen Tag. Mit der Hereinnahme der Persönlichkeit in das Sachrecht (bzw. umgekehrt) wird bei Literaten, Kritikern und Lesern eine Erwartungshaltung geweckt, als könne die Justiz tatsächlich den Schaden, der durch den literarischen Diebstahl an der Person des Urhebers entsteht, bis in seine obskursten Verästelungen hinab ausloten. Tatsächlich – wir haben das bereits im Einleitungskapitel besprochen – ist das Gegenteil der Fall: Die Kategorien, welche die innerliterarische Debatte um Recht und Unrecht der Plagiatorik bemüht, sind nicht dieselben, mit denen das Rechtswesen die Verletzung von Urheberrechten verfolgt und verfolgen kann. (Was aber eben nicht heißt, dass es zwischen beiden Feldern keine dynamischen Beziehungen gibt.)

Verstehen und Missverstehen

Das Missverständnis der Identifikation von literarischem und juristischem Maßstab dokumentiert sich besonders anschau-

---

21 Bluntschli, *Deutsches Privatrecht*, 211.
22 Ebd., 210.

lich am Beispiel der populärsten ›Bearbeitungsvariante‹: der Dramatisierung. Was darunter zu verstehen ist, wird sich gleich zeigen. Zunächst einmal gilt es, das Phänomen rechtlich abzugrenzen und in das Gesamtszenario der zeitgenössischen Dramatik einzuordnen.

Das Autorrecht verwandelt den Theaterbetrieb des 19. Jahrhunderts in ein Labyrinth voller juristischer Fallgruben. Besonders heftige Diskussionen entspinnen sich um den Schutz von Texten gegen ihre unrechtmäßige Aufführung. So kann ein und derselbe Text je nach Gesetzgebung, Staat und Zeitraum überhaupt nicht geschützt sein (wenn nämlich zwischen dem Staat des Autors und dem Staat der Aufführung keine Urheberrechtsabkommen bestehen), im gedruckten Zustand geschützt sein (dies gilt im Deutschen Reich verbindlich erst ab 1870) oder im ungedruckten Zustand geschützt sein. Letztere Auffassung setzt sich im Rahmen der europaweiten Standardisierung des Urheberrechts zunächst durch; insbesondere das österreichische Urheberrechts-Patent von 1846 spielt in diesem Prozess eine bedeutende Rolle.[23] Demnach ist ein gedrucktes Werk qua definitionem Gemeingut und darf dementsprechend auch gespielt werden. Die Aufführung eines noch ungedruckten Werkes bedarf dagegen zum einen der Zustimmung des Autors, zum anderen muss dieser auch entsprechend entschädigt werden. Alles andere fällt unter das Verbot des ›Nachdrucks‹, denn die Aufführung eines ungedruckten Textes ist nichts anderes als seine Veröffentlichung.

Diese Regelung sieht einfacher aus, als sie ist, denn in der Praxis müssen die Dramaturgen nun ihre Texte stets genau im Blick behalten. Geht ein bisher ungedrucktes Stück in den Druck, entfällt die Zahlung von Tantiemen. Ist die erste Aufführung eines Stückes bereits zehn Jahre her, entfällt die Zahlung von Tantiemen. Entstammt das Original des Textes einem Staat ohne Urheberrechtsabkommen, entfällt die Zah-

---

23 Vgl. Helmensdorfer: »*Heilig sey das Eigenthum!*«, 464–469.

lung von Tantiemen. Für die Bühnenschreiber gilt das Ganze dementsprechend dann umgekehrt – und wer gar beides in einer Person ist, Bühnenschreiber und Dramaturg, der sollte mit den Entwicklungen der Gesetzgebung auf jeden Fall stets Schritt halten, wenn er nicht den Überblick und dadurch einen Teil seiner Einkünfte verlieren will. (Und deswegen ist die Ikone des Wiener Theaters, Johann Nestroy, nicht ganz zufällig nebenher auch Jurist gewesen.)

Nun interessiert uns freilich weniger der auf einmal durch und durch verrechtlichte Ort des Theaters als vielmehr das, was ihm voraus liegt. Die Aufführungspraxis mag an ein kompliziertes Regelwerk gekoppelt worden sein – letztlich ist ihre Rechtslage aber immer eindeutig zu entscheiden. Ganz anders verhält es sich hingegen bei der Dramatisierung, also der Überführung eines Stoffes in einen Spieltext. Hier muss nun erneut die Abwägung zwischen ›mechanischer Reproduktion‹ und ›geistiger Selbsttätigkeit‹ getroffen werden, und manch ein Autor erhofft sich diesbezüglich von der Justiz mehr, als diese zu leisten imstande ist. Dies gilt etwa für Berthold Auerbach, dessen Erzählung *Die Frau Professorin* (1847) an die landesweit bekannte Dramenfabrikantin Charlotte Birch-Pfeiffer gerät und von dieser unter dem Titel *Dorf und Stadt, Schauspiel in zwei Abtheilungen und fünf Acten, mit freier Benutzung der Auerbach'schen Erzählung: Die Frau Professorin* auf die deutschen Bühnen geschickt wird.

Birch-Pfeiffer – die meisten kennen sie nur noch aus Heines *Deutschland. Ein Wintermärchen* (1844) und dem wenig charmanten Vergleich mit den Terpentin süffelnden römischen Damen – ist eine typische ›Erfolgsautorin‹ und würde sich somit bestens in das Seldwyler Panorama der literarischen Welt einfügen. Die etablierten Literaten verachten ihre Stücke, das gilt sogar für diejenigen, die privatim eigentlich ganz gut mit ihr stehen, wie etwa Gutzkow.[24] Heine spricht in der *Romantischen Schule* (1835) nicht einmal von Dramen,

---

24 Siehe von Weilen: *Karl Gutzkow und Charlotte Birch-Pfeiffer.*

sondern von Birch-Pfeiffers »Saubohnen«.[25] Die Geschmähte ficht das indessen nicht an, denn ihre gezielte Geschmacksverachtung wird ihr vergütet durch den enormen Publikumserfolg ihres Rührtheaters. Nach der Einführung der Tantiemeordnungen an den großen Schauspielhäusern in Wien und Berlin (die dem Autor einen Gewinnanteil von 10 % zusichern) festigt Birch-Pfeiffer ihren Status als Bühnenmagnatin/-magnetin. Zwar keine Rechtsgelehrte, dafür aber Schwäbin, beherrscht sie dabei wie keine zweite die Klaviatur der Urheberschaft. Mit Pedanterie kontrolliert sie die Spielpläne der deutschen Theater und arrangiert mithilfe ihrer zahlreichen Kontakte Aufführungen ihrer Stücke in den besten und größten Häusern. Damit aber nicht genug: Sie akquiriert routiniert Theaterstoffe aus der Erzählliteratur, deren Dramatisierungen sie sich wiederum patentieren lässt, während sie weitere dramatische Nachbildungen derselben Stoffe – also Trittbrettfahrer – des Plagiats zeiht.[26] Auf diesem Wege gelangt sie eines Tages eben auch an Auerbachs *Frau Professorin*, und dieser fühlt sein Werk durch Birch-Pfeiffers Adaption weniger geadelt, als vielmehr diskreditiert. Er klagt, stellt die Gerichtsbarkeit des geistigen Eigentums somit auf die Probe – und unterliegt.

Das Gutachten vom 7. Oktober 1848, das zur Abweisung von Auerbachs Klage führt, ist keineswegs lapidar, sondern von geradezu stupender Ausführlichkeit. Es beschränkt sich

---

25 Heine: *Romantische Schule*, 480.
26 Das gilt im speziellen Fall für George Sands *La Petite Fadette* (1849), die von Birch-Pfeiffer unter dem Titel *Die Grille* (1857) auf die Bühne des Hamburger Thalia-Theaters gebracht wird. Alsbald entstehen weitere *Grillen* an anderen Bühnen, über die sich Birch-Pfeiffer entrüstet, da diese als echte Plagiate »den Verbrauch des Grundstoffes« herbeiführten. Tatsächlich trägt sie in diesem Fall den Schaden davon, denn der Leiter des Hamburger Stadttheaters, der selbst seine eigene *Grille* produziert, erwirkt ein Aufführungsverbot für Birch-Pfeiffers *Grille*, da es sich dabei um ein ›Schauspiel‹ handle und diese Gattung nicht für das Thalia-Theater vorgesehen sei. (Birch-Pfeiffer beharrt darauf, dass es sich nicht um ein Schauspiel, sondern um ein ›Charaktergemälde‹ handle.) Vgl. Pargner: *Zwischen Tränen und Kommerz*, 266.

Verstehen und Missverstehen

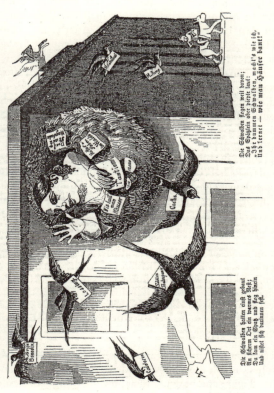

Abb. 15: Frau Charlotte Birch-Pfeiffer

keineswegs auf das augenfälligste und unangreifbarste Argument: dass nach § 32 der preußischen Nachdrucksgesetzgebung ja bereits die Aufführung gedruckter Dramen nicht mehr als ›Nachdruck‹ gewertet werde und somit die Aufführung gedruckter Erzählungen erst recht nicht justitiabel sei. Vielmehr nimmt es ganz bewusst auch das Verhältnis zwischen den beiden Texten, zwischen Auerbachs Erzählung und Birch-Pfeiffers Drama, in den Blick. Wenn die Gutachter auch gleich vorwegschicken, dass eine »ästhetische Kritik, eine Beurtheilung des Kunstwerthes der als Nachdruck denuncirten Arbeit, im Verhältnis zu dem Originale, [...] nicht als die Aufgabe des l. S. V. [literarischen Sachverständigen-Vereins] aufgefaßt werden« könne,[27] so ist der Paragrafentiger in der Folge doch nicht ganz so zahnlos, wie es zunächst scheint. Immerhin stellt das Gericht sich der Herausforderung, seine Entscheidung, der zufolge Birch-Pfeiffers Drama in jedem Fall als ein »Werk eigenthümlicher Art« anzusehen sei, auf dem Feld der poetischen Produktion zu begründen. Als literarischer Zeuge für die tatsächlich nicht mechanische, sondern hochgeistige Arbeit der Dramatisierung, wird nun Tieck herangezogen, hat dieser doch

> es oft ausgesprochen: daß es eine der schwierigsten Aufgaben sei, aus einer guten Erzählung ein gutes Drama zu bilden, weil die Grundbedingungen beider völlig verschieden seien, dergestalt, daß der Dramatiker nicht die vorgefundenen Scenen nur zu dialogisiren habe, sondern die ganze Fabel durcharbeiten, die dramatische Entwickelung neu erfinden müsse.[28]

Überzeugender (und in unserem Horizont auch weitaus sprechender) als die Bürgschaft des »ersten dramatischen Kritikers« Tieck scheint dem Gutachten allerdings ein Analogieschluss nach Maßgabe des Römischen Rechts zu sein. Dieses

---

27 Das Gutachten in: Heydemann/Dambach: *Die preußische Nachdrucksgesetzgebung*, 516–528, hier 518.
28 Ebd., 521.

führt unter »den Arten der Eigenthumserwerbung« nämlich »auch die Formation oder Specification auf«:

> Durch sein künstlerisches Schaffungsvermögen erwirbt der Mensch Eigenthum, auch wo die Masse, aus der er geschaffen, einem Andern gehörte. Den Thon aus dem der Künstler ein Modell formte, kann der Eigenthümer des Thones nicht in natura zurückfordern, er hat keine Vindication, nur eine Entschädigungsforderung, wenn ihm nicht etwa aus einem Delict ein anderes Klagerecht zusteht. […] Schon der Römer achtete die geistig schaffende, die künstlerische Thätigkeit so hoch, daß das geheiligte Eigenthumsrecht dagegen zurücktreten mußte. Wer so schafft, daß seine Schöpfung mehr werth ist als die Materie, wird dadurch ihr Eigenthümer. Auch war man nicht zu ängstlich in der Werthschätzung dieser formirenden Thätigkeit. Dem Besitzer der Thongrube würde es nicht geholfen haben, wenn er bewiesen, daß das Modell des Künstlers schlecht sei, daß sein Thon, ein kostbares Material, zu dem elenden Bildwerke vergeudet worden.[29]

Abgesehen von der nicht unpikanten Spitze am Ende, die natürlich sowohl die qualitative Einschätzung der Birch-Pfeiffer'schen Produktion als auch die Ängste der von ihr benutzten Autoren nicht allzu subtil zum Ausdruck bringt, birgt das Argument der ›Formation‹ die rechtliche Ratifizierung literarischer Adaptionspraktiken. Das passt nun zwar im Grunde gar nicht so recht zur Berufung auf die römische Erfindung der *imitatio*, denn diese – wenn wir an Horaz zurückdenken – hatte sich ja ganz explizit an den Gedanken einer *Verbesserung* der inneren Form eines Kunstwerks durch die äußere Gestaltung gebunden; alles andere war eine ›äffische Angelegenheit‹ gewesen.[30] Die Begründung des Berliner Gerichts zeigt dagegen gerade auf, dass die Rechtsprechung bei der Qualifizierung von Kunst ihre Grenzen hat und somit zwischen einer ›guten‹ und einer ›schlechten‹ Nachahmung

---

29 Ebd., 520.
30 vgl. Kapitel III, S. 79

nicht unterscheiden kann. Ganz offiziell wird hier verlautet, dass jedes noch so fein ziselierte Stück Prosa in jenem Moment, in dem der grobschlächtigste Theaterdichter es in die Finger bekommt, zu bloßem Rohmaterial werden muss, an dem alle Eigentumsansprüche abgleiten müssen. Dort, wo der honorige Epiker sich durch Dilettanten und Kitsch-Hersteller in seiner Berufsehre gekränkt und um seine Zeche geprellt sieht, bleibt der Sachverständige also kühl:

> Es genügt: eine Erzählung so zu dialogisiren, daß sie auf die Bühne gebracht werden mag, um zu wirken. Das Mehr oder Weniger an eigener selbstschöpferischer Arbeit und die genialere oder blos technische Art eigenthümlicher Auffassung und Begründung entscheidet über den *poetischen* Werth oder Unwerth einer solchen Leistung; jedenfalls aber wird sie schon durch die dramatische *Form* zu einem eigenthümlichen Geisteswerke.[31]

Die Härte, mit denen sich der Drang der Rechtsfindung hier auf dem ästhetischen Feld gegen ästhetische Kriterien stellen muss, um Eigentumsverhältnisse sichern zu können, ist den Verantwortlichen dabei durchaus bewusst, und sie stellen diese Härte auch offen aus. Natürlich mag es zutreffen, dass Birch-Pfeiffers Drama nichts anderes als Auerbachs Erzählung, »oberflächlich für die Bretter und den Theatereffect zurecht gemacht«, darstellt; die Kritiker werden das sicherlich entsprechend zu würdigen wissen. Der Jurist kann hingegen nur anmerken, »daß das Verflachen von Charakteren ebenso wohl eine freie Geistesthätigkeit ist, als das Vertiefen«.[32] Es geht sogar noch grausamer:

> Gesetzt, den Verfasser der Erzählung dürfte mit Recht eine Bitterkeit anwandeln, daß seine tiefsten Intentionen und Motive, seine mit feinster Kunst angelegten und durchgeführten Pläne und Zeichnungen im Drama ihrer ganzen poetischen Wahrheit beraubt und dadurch verunstaltet sei-

---

31 Ebd., 521f.
32 Ebd., 523.

en, so müßte gerade die Poesielosigkeit und Unwahrheit des Bühnenstückes als die freie Geistesthätigkeit der Bearbeiterin anerkannt werden.[33]

Ihre Legitimation beziehen diese drastischen Auslegungen des Urheberschutzes aus dem gesellschaftlichen Konsens, der unter dem schweren Begriff der ›Sitte‹ firmiert. Die Ungerechtigkeit, welche ein Auerbach durch die gängige Rechtspraxis erleiden mag, wird vom Gesetzgeber zwar gesehen. Außer Frage steht allerdings, »daß unsere Sitte sie noch nicht fühlt und unsere Gesetzgebung sich noch nicht berufen gefühlt hat, diese Unbilligkeit und Härte auszugleichen.«[34] Dass dies grundsätzlich durchaus möglich wäre, verdeutlicht ein Blick auf die französische Rechtsordnung, die in gerader Umkehrung das Aufführungsrecht auch am gedruckten Werk fortbestehen lässt. So bietet sich dem Prosaiker dort etwa die Gelegenheit, die Dramatisierungsrechte an seiner Schöpfung gesondert zu vermarkten: sie entweder ganz zu veräußern[35] oder per Tantieme zu Geld zu machen. Wie dem auch sei, die Sitten in Deutschland sind anders. Hier findet man nichts dabei, wenn der Theaterbetrieb die Erzählliteratur ›verwertet‹, dem Publikumsgeschmack anpasst, um so auf seine Rechnung zu kommen. Im Gegenteil: In dieser Praxis liegen die Wurzeln der höchsten dramatischen Kultur, wie das Gutachten ausführt:

> Erzählende Dichtungen wurden von jeher von Dramatikern benutzt, um daraus Schauspiele für das Theater zu bearbeiten, ohne daß Jemand darin etwas Unerlaubtes gefunden, oder es irgend wem eingefallen wäre, darüber Klage zu er-

---

33 Ebd.
34 Ebd., 521.
35 Was heißt, dass er sie im Bedarfsfall – wenn ihm nämlich die verkaufte Dramatisierung nicht gefällt – wieder zurückkaufen muss. Das Paradebeispiel hierfür wäre Alexandre Dumas fils, der die Dramatisierungsrechte seiner *Kameliendame* (1848) erst an Antony Béraud verkauft, dann gegen die ihm missfallende Bühnenbearbeitung nichts unternehmen kann, bis er schließlich – erst nach Bérauds Tod – die Rechte von dessen Witwe zurückerwirbt.

heben. [...] Der größte aller Dramatiker, Shakespeare, hat die Mehrzahl seiner Dramen aus Italienischen Novellen gebildet, Göthe hat seinen Götz aus des alten Berlichingen, seinen Clavigo aus Beaumarchais's Memoiren, letzteres sogar in einer Art, daß er seitenweise nur abgeschrieben hat. Töpfer hat sein ehemals beliebtes Stück Hermann und Dorothea fast Scene für Scene aus Göthe's Epos entnommen und es ist Niemandem in den Sinn gekommen, ihn deshalb zu rügen. Raupach[36] endlich hat eine ganze Reihe von Romanen dramatisirt.[37]

Die Legitimation der gängigen Rechtspraxis durch den Verweis auf die gleichsam ›adaptiven‹ Produktionsverfahren (vermeintlicher und echter) dramatischer Höchstleistungen impliziert neben dem juristischen natürlich auch ein kulturgeschichtliches Urteil. Die Misere der deutschen Theaterkultur hat ihren Grund eben nicht in einer allzu laxen Gesetzgebung, welche die Literatur nicht zur Genüge vor den Verunstaltungen der Popularisierung schützt. Man stelle sich nicht so an, hätten doch schon die größten Dramatiker von der Nutzungsfreiheit der gedruckten Stoffe profitiert. Das Gesetz weiß also die hohen Maßstäbe der Kunst auf seiner Seite. Es ist nicht dafür verantwortlich, wenn sich diese Maßstäbe nicht durchsetzen lassen und die Leute statt dem *Clavigo* lieber Birch-Pfeiffer sehen wollen. Die große Literatur ist immer noch möglich, auch und gerade, weil die Gerichte den ›Missbrauch‹ von Texten nicht ahnden.

Ein Grenzfall

Dieser Meinung schließt sich auf den ersten Blick auch ein prominenter Beobachter des Theatergerichts und Gerichtstheaters an. Wenn auch die Konsequenzen, die sich aus der

---

36 Ernst Raupach, nach Heine »unter unseren schlechten Lustspieldichtern [...] der beste« (Heine: *Über die französische Bühne*, 285); wie Birch-Pfeiffer zählt auch er ›nicht zur eigentlichen Literatur« (Heine: *Romantische Schule*, 483).
37 Heydemann/Dambach: *Die preußische Nachdrucksgesetzgebung*, 519.

Differenzierung von juristischem und poetischem Urheberrechtsdenken ergeben, nicht überall und sofort realisiert werden, so ist unter den zeitgenössischen Autoren Heine sicherlich derjenige mit der schnellsten Auffassungsgabe. Im Bezug auf Plagiatsvorwürfe, die das von Victor Hugo dirigierte französische Feuilleton gegenüber Alexandre Dumas erhebt, vertritt er in seinen Briefen *Über die französische Bühne* (1837) eine Position, die jener des preußischen Sachverständigen eigentlich doch recht nahekommt:

> Er [Dumas] ist ein geborener Bühnendichter, und von Rechtswegen gehören ihm alle dramatischen Stoffe, er finde sie in der Natur oder in Schiller, Shakespear und Calderon. Er entlockt ihnen neue Effekte, er schmilzt die alten Münzen um, damit sie wieder eine freudige Tagesgeltung gewinnen, und wir sollten ihm sogar danken für seine Diebstähle an der Vergangenheit, denn er bereichert damit die Gegenwart. Eine ungerechtfertigte Critik, ein unter betrübsamen Umständen ans Licht getretener Aufsatz im *Journal des Débats*, hat unserem armen Dichter bei der großen unwissenden Menge sehr stark geschadet, indem vielen Scenen seiner Stücke die frappantesten Parallelstellen in ausländischen Tragödien nachgewiesen wurden. Aber nichts ist thörigter als dieser Vorwurf des Plagiats, es giebt in der Kunst kein sechstes Gebot,[38] der Dichter darf überall zugreifen, wo er Material zu seinen Werken findet, und selbst ganze Säulen mit ausgemeißelten Kapitälern darf er sich zueignen, wenn nur der Tempel herrlich ist, den er damit stützt. Dieses hat Goethe sehr gut verstanden, und vor ihm sogar Shakespear. Nichts ist thörigter als das Begehrniß, ein Dichter solle alle seine Stoffe aus sich selber herausschaffen; das sey Originalität. Ich erinnere mich einer Fabel, wo die Spinne mit der Biene spricht und ihr vorwirft, daß sie aus tausend Blumen das Material sammle, wovon sie ihren Wachsbau und den Honig darin bereite: ich aber, setzt sie triumphirend hinzu,

---

38 Gemeint ist das siebte Gebot, das Heine gelegentlich mit dem sechsten zu verwechseln pflegt.

ich ziehe mein ganzes Kunstgewebe in Originalfäden aus mir selber hervor.[39]

In Heines Argumentation verdichtet sich die Geschichte der plagiatorischen Topik: Die ›Umschmelzung der Münzen‹, die Gleichsetzung von literarischer und ›natürlicher‹ Vorlage, die Bienen-Metapher, die Umdeutung des ›Originals‹ – all das ist hier auf engstem Raum versammelt. Ganz eindeutig gibt sich Heine in diesem Fall noch als Sachwalter der romantischen Eigentumstheorie zu erkennen: Der literarische Diebstahl ist ein poetisches Recht und dieses Recht allein sichert das Entstehen resp. das Fortbestehen der Dichtung.

Das tönt zunächst naiv, aber ist es natürlich nicht. Heine gewährt der Dichtung zwar ihre eigenen Gesetze – die Gesetzgebung selbst möchte er aber umgekehrt nicht poetisiert, sondern verschärft wissen. So tritt er in eigener Sache als scharfer Anwalt des Urheberrechts auf,[40] und das mit gutem Grund: Seit 1831 lebt er als Exilant in Frankreich und verdient dort sein Geld als Korrespondent und Feuilletonist. Heine publiziert in deutschen und französischen Blättern, in deutscher wie in französischer Sprache. Seine Texte aber überqueren die Grenzen bei Nacht; noch ehe er sich's versieht, tauchen sie auf der anderen Seite in verwandelter Gestalt auf. In seinen letzten Lebensjahren widerfährt es ihm zweimal, dass sich deutsche Raubdrucker in der *Revue des Deux Mondes* veröffentlichter französischer Vorabdrucke bemächtigen und eigenhändige Übersetzungen ins Deutsche auf den Markt bringen. So erscheint der Anfang seiner *Dieux en exil* – keine Woche nach dem französischen Erstabdruck – am 7. April 1853 unter dem Titel *Die verbannten Götter von Heinrich Heine. Aus dem Französischen* zunächst in den *Hamburger Nachrichten*, wenig später auch in einer bei Gustav Hempel verlegten Buchversion. Heine verzichtet daraufhin zunächst auf die Publikation seiner eigenen deutschen Fassung (die dann aber doch

---

39 Heine: *Über die französische Bühne*, 319.
40 Etwas eingehender hierzu: auf der Horst: »*...und es ist jetzt der Dieb* [...]«.

noch im gleichen Jahr in den *Blättern für literarische Unterhaltung* erscheint).

Nun bestehen zwischen Frankreich und Deutschland ja Urheberrechtsabkommen. Da sollte man also sehr wohl etwas gegen die ungebetenen Übersetzer ausrichten können, denn unautorisierte Übersetzungen fallen unter das Nachdruckverbot. Heine kennt die Rechtslage genau: Er hat seine Ansprüche geprüft, ist dabei aber leider nicht glücklich geworden. Deutschland mag seine Schriften verboten und ihn aus dem Land getrieben haben – vor deutschen Gerichten gilt er immer noch als ein deutscher Autor. Und wenn ein deutscher Autor in Frankreich einen französischen Text verfasst, dann gilt dieser Text nicht als ein französischer Text, sondern bereits als eine Übersetzung aus dem Deutschen. Und wenn eine solche Übersetzung aus dem Deutschen ins Französische wieder ins Deutsche übersetzt wird, dann ist das vom juristischen Standpunkt aus keine ›Übersetzung‹ mehr, sondern eine ›Rückübersetzung‹. Und Rückübersetzungen sind leider von jeder Strafverfolgung ausgenommen.

Transnationale Migration *in der Sprache* ist kein Lebensentwurf, mit dem das Urheberrecht rechnet. Heine hat das gelernt und verfällt beim nächsten Anlass auf eine Gegenliste: Empört über die »Schnapphähne«, die »mit feigster Sicherheit die Lücken unsrer Preßgesetzgebung ausbeutend, ganz straflos den armen Schriftsteller um seinen eben so mühsamen wie kümmerlichen Erwerb bestehlen können« und damit »nicht bloß die literarische Reputazion, sondern auch die Eigenthumsinteressen des Autors« beschädigen,[41] veröffentlicht er am 9. August 1854 im *Börsenblatt für den deutschen Buchhandel* eine Mitteilung, die es in sich hat: Im Angesicht der Vorfälle um die *Götter im Exil* kündigt Heine an, dass er seine autobiografische Schrift *Les Aveux d'un poète*, die am 15. September 1854 in der *Revue* gedruckt wird, unter dem Titel *Geständnisse* »ebenfalls in deutscher Sprache, und zwar noch vor dem Er-

---

41 Heine: *Geständnisse*, 445f.

scheinen der französischen Version«, veröffentlichen wird.[42] Das ist gelogen, und Heine weiß das auch. Die erste deutsche Fassung der *Aveux* findet sich im ersten Band der *Vermischten Schriften*, die genau einen Monat nach dem französischen Druck erscheinen. Warum also die Scharade? Der Grund dafür ist simpel: All jene »Schufte von Gefühl«, die »den wärmsten Antheil an dem Schicksal derer [nehmen], die sie bestohlen«, sollen schlussendlich doch noch einmal das Schwert des Urheberrechts fürchten und um die *Aveux* einen großen Bogen machen. Sie sollen glauben, dass sich eine deutsche Erstfassung bereits im Druck befindet – denn wenn das so wäre, würde aus der legalen Rückübersetzung der *Aveux* ins Deutsche eine illegale Zweitübersetzung, die Sanktionen nach sich zöge. Eine gute Idee, die aber leider wirkungslos bleibt: Noch bevor die deutsche Ausgabe der *Aveux* erscheint, haben die George d'Esans dieser Welt wieder zugeschlagen und sie als eigens ›rückübersetzte‹ *Geständnisse* – als Teilabdruck oder gar komplett – bereits in fünf verschiedenen deutschen Zeitungen veröffentlicht.

Die Verspäteten

Die literarischen Enteignungsprozesse, die sich hier abzeichnen, haben weder mit dem genialischen Besitzrecht noch mit der romantischen Erwerbspoetik etwas gemeinsam; in ihnen dokumentiert sich auch weniger die Geschäftstüchtigkeit Einzelner als vielmehr die veränderte Schreibsituation einer ganzen Epoche. Jenes Herabstürzen der Dichtung in die Maschinerien der schnellen massenhaften Verwertung, ein Phänomen, dem Heine wie Auerbach hilf- und rechtlos gegenüberstehen, ist letztlich nur das äußerste Symptom einer Zeitkrankheit, deren Diagnose die Literaturgeschichtsschreibung des 19. Jahrhunderts unter dem Schlagwort der ›Epigonalität‹ fasst. ›Epigonalität‹, zu deutsch ›Nachgeborenheit‹, beschreibt

---

42 Ebd.

einen ungeheuer großen Komplex an Vorstellungsmustern, poetischen Normen, kultureller Degeneration, vor allem aber einen historischen Zustand, der sowohl stigmatisierend als auch affirmativ erfahren werden kann.[43] Das Bindeglied zwischen diesen teils sich stützenden, teils sich widersprechenden Einsichten in die Epigonalität bleibt indessen das Moment der ›Spätheit‹, oder, um es präzise zu fassen, ein Datum: der 22. März 1832.

Heine hatte es bereits ein Jahr im Voraus erkannt und daher nach Goethes Tod an seine »alte Prophezeiung« vom »Ende der Kunstperiode« erinnert, vom Ende einer Zeit, »die bei der Wiege Goethes anfing und bei seinem Sarge aufhören wird«.[44] Viele Chronisten folgen Heines Befund und erkennen im Tod Goethes den sichtbaren Ausdruck eines epochalen Schnittes: Für August Friedrich Christian Vilmar etwa wird mit diesem Tag die »die *zweite klassische Periode* unserer Literatur«, die mit Klopstock begonnen habe, beschlossen. Was aber auf diese Periode folge, das sei etwas noch ganz Unbestimmtes, welches wohl »das Zeitalter der *Epigonen* zu nennen« wäre; eine Epoche, die allerdings »bei Weitem noch nicht abgeschlossen« sei und dementsprechend aus der Reihe »historischer Schilderungen […] ausgeschloßen bleiben« müsse.[45] Was sich bei Vilmar noch so nüchtern ausnimmt, ist in Wahrheit längst ein Menetekel geworden. Der Gott des 19. Jahrhunderts, die Geschichte, hat geurteilt: Die ›jüngste deutsche Literatur‹ taugt nicht; und sie taugt deswegen nicht, weil es ihr eben einfach nicht mehr bestimmt ist, eine tragende Rolle im Leben der deutschen Nation zu spielen. Wenn es nach Georg Gottfried Gervinus geht, dann ist die Zeit gekommen, »das ruhesüchtige Volk, dem das Leben des Buchs und der Schrift das einzige geistige Leben, und das geistige

---

43 Das breite Vorstellungsspektrum des Epigonalen loten aus: Hahn: *Geschichte und Epigonen*; Meyer-Sickendiek: *Die Ästhetik der Epigonalität*, insbesondere 61–94.
44 Heine: *Französische Maler* [1833], 72.
45 Vilmar: *Vorlesungen*, 10.

Leben das einzige werthvolle Leben ist, auf das Gebiet der Geschichte hinaus[zu]führen, ihm Thaten und Handlungen in größerem Werthe [zu] zeigen«.[46] Die »junge Literatur« soll hingegen damit

> zufrieden sein, wenn wir sagen: jene Blüthe unserer Dichtung ist einmal vorüber, sie ist ins Kraut gewachsen, es bilden sich die Samenstengel für eine künftige Saat. […] Aber nun vergesse man nicht, daß keine Frucht so gut neu aufgeht, als wenn ein neuer Boden aufgegraben und gedüngt ist, und daß keine Pflanze wieder grünt, ohne einmal die Blätter abzuschütteln. Man habe den Muth, das Feld eine Weile brach liegen zu lassen und den Grund unserer öffentlichen Verhältnisse, auf dem Alles wurzelt was ein Volk hervorbringen soll, neu zu bestellen und wenn es sein muß, umzuroden, und eine neue Dichtung wird dann möglich werden, die auch einem reifen Geiste Genüsse bieten wird.[47]

›Nachgeboren‹ zu sein heißt somit, in eine literarhistorische Brachzeit geboren zu sein, in der per Gelehrtendekret gar nichts Neues zur Blüte gelangen *kann*. Folglich ist all das, was sich nach 1832 als deutsche Dichtung ausgibt, ein pathologisches Phänomen, etwas Abgelebtes, »eine Welt voll junger Greise«[48] oder, wie es der ganz und gar nicht sympathische Wolfgang Menzel zu vorgerückter Stunde formuliert, eine in höchstem Maße »monströse, unnatürliche und werthlose Production«.[49] Die Literaturgeschichtsschreibung (die ihr Recht geradewegs aus dem Stillstand der Literaturgeschichte herleitet[50]) tritt dem zeitgenössischen Literaturbetrieb in dieser Situation in der Manier eines Irrenarztes gegenüber und entdeckt in diesem nichts anderes als das »Chaos« einer »poe-

---

46 Gervinus: *Neuere Geschichte*, 732.
47 Ebd.
48 Marggraff: *Deutschland's jüngste Literatur- und Culturepoche*, 123.
49 Menzel: *Geschichte der Deutschen Dichtung*, 403.
50 Vgl. Vischer: *Noch ein Wort darüber* [1844], 144: »Eine ästhetische Kritik und eine Literaturgeschichte, wie wir sie jetzt haben, ist nur möglich in einer Zeit, wo die Produktivität erloschen ist; nur wo die Poesie nicht Subjekt der Literatur ist, kann sie in solchem Grade Objekt werden.«

tischen Superfötation«.⁵¹ Die oberflächlichen Erkennungsmerkmale dieses kranken Geschöpfes haben wir bereits durch Keller kennengelernt: Es tritt zum Ersten massenhaft auf,⁵² ist zum Zweiten ganz massiv publikumsorientiert⁵³ und bleibt zum Dritten ohne ein echtes Qualitätskriterium.⁵⁴ Zum Vierten aber, und das ist nun von Belang, tragen die Epigonen infolge ihrer Spätheit natürlich auch das Kainsmal der Unselbständigkeit:

> Man sieht, daß sie nicht mit frischem, eigenem, unverfälschtem Geiste einen neuen Gegenstand oder auch einen alten in ganz neuer Weise ergriffen, sondern daß die Gedanken, Bilder, Gefühle und Verse großer Meister, in die sie sich ganz hineingelebt hatten, in ihnen nachklangen, sich unwill-

---

51 Menzel: *Geschichte der Deutschen Dichtung*, 403.
52 »Kein Jahr vergeht, in welchem die Meßcataloge nicht hundert neue lyrische Werke, eben so viel oder noch mehr Romane und wenigstens halb so viel Schauspiele verzeichnen. Die Zahl unserer lebenden Dichter ist eine Myriade, und nicht einmal zu viel für die mehr als tausend jetzt in Deutschland bestehenden Buchhandlungen. Die Poesie, ehemals monarchisch, priesterlich oder wenigstens aristokratisch, ist demokratisirt worden, und nicht nur glaubt sich jeder, sobald es ihm nur einfällt, berechtigt, zu schreiben und drucken zu lassen, sondern eine zahlreiche Classe von Proletariern der Presse wird von den Verlegern zur poetischen Fabrikarbeit förmlich gedungen.« (Ebd.)
53 »Wie Raketen sieht man die Talente eines nach dem andern emporsteigen, ein prächtiges Schauspiel gewähren und plötzlich auf der möglichsten Höhe ihrer glänzenden Bahn in Nichts erlöschen. Entweder fehlt es ihnen doch an nachhaltigem Lebensfeuer oder der demokratische Zustand der Kritik und das hin und her geschüttelte Urtheil des Publikums, welches so leicht aus dem glühendsten Enthusiasmus in die erstarrendste Kälte umschlägt, tragen die Schuld. Es gibt wenig Romanschriftsteller, denen man nicht ansähe, daß sie ihren Stoff erst gesucht und hin und hergewendet haben wie einen Handschuh, ob er nicht auf die Faust des Lesepublikums passen werde; oder man merkt irgend eine Absicht, eine Tendenz, und auch das macht kühl und verstimmt.« (Marggraff: *Deutschland's jüngste Literatur- und Culturepoche*, 26)
54 Erneut Menzel: *Geschichte der Deutschen Dichtung*, 403: »Ein Kriterium des guten Geschmacks gibt es nicht mehr. [...] Nie zuvor ist daher so viel Schlechtes angepriesen und verbreitet, so viel Gutes verachtet und unterdrückt worden.«

kührlich in ihnen reproducirten und die Originalität in ihnen, wenn auch eine Anlage dazu da war, nicht mehr aufkommen ließen.[55]

Dieser Mangel an Originalität zeigt sich von Fall zu Fall, vor allem aber auch von Leser zu Leser auf unterschiedliche Art und Weise. In besonderem Maße vom Vorwurf der Epigonalität betroffen ist die Lyrik, in deren Kritik der Argumentationszusammenhang von historischer Verzögerung und formaler wie inhaltlicher Abhängigkeit erst in Gänze zum Vorschein kommt. Ein zentrales Element bildet hierbei die Gegenüberstellung von ›Erlebnis‹ und ›Reflexion‹. Bereits Goethe hatte in seiner Skizze zur *Epoche der forcierten Talente* (1812) mit Blick auf die romantischen Dichter vom verderblichen Einfluss einer vom Philosophen heimgesuchten Poesie gesprochen. Von den Schlegels nehme sie ihre Gegenstände, von Voß die verbesserte Rhythmik – und somit seien ihr die »beiden Enden der Dichtkunst [...] also gegeben, entschiedener Gehalt dem Verstande, Technik dem Geschmack«, so »daß Jedermann glaubte, diesen Zwischenraum ausfüllen und also Poet sein zu können.«[56] Die Literaturkritik der 1840er und 50er Jahre greift Goethes Überlegungen wieder auf und wendet sie ihrerseits nun nicht mehr gegen die Romantik, sondern gegen Platen, Rückert, Scheffel, Geibel und Konsorten, deren Erzeugnisse man gemeinhin als ›Gedankenlyrik‹ geißelt. Wie eng diese Kategorisierung mit dem Plagiatsdiskurs verbunden ist, zeigt ein Blick auf Friedrich Hebbels 1859 erschienene Miszelle *Schöne Verse*. Folgen wir Hebbel, dann gleicht die echte, also: die gewünschte Dichtung dem Zustand einer ständig drohenden Revolte, einer Revolte der Teile gegen das Ganze, der Worte gegen das Werk. Das Gegenteil davon seien die sogenannten ›schönen Verse‹, deren Beliebtheit den größten Beweis »für das allgemein eingerissene Siechthum des Geschmacks und für den Mangel jedes

---

55 Ebd., 405.
56 Goethe: *Epoche der forcierten Talente*, 640.

echten Kunsturtheils« abgebe,[57] denn große Poesie lebe eben nicht in Harmonie, sondern im Kampf mit ihren Versen:

> Von dem Act in einem Drama, von dem Gesang in einem Epos angefangen, an der einzelnen Gestalt und an der einzelnen Schilderung vorbei bis hinab zum Satz, zum Vers, zum Adjectiv, wollen sie alle selbständig existiren, wollen sie alle, zu Sclaven geboren und bestimmt, die Rolle des Spartacus spielen und müssen alle unter den Dienst des großen Ganzen gezwungen werden; ja, wenn in einem Kunstwerk jene Elemente sich nicht auflehnen wollen, dann haben wir eine leblose Maschinerie vor uns, statt eines pulsirenden Organismus.[58]

Es ist interessant zu beobachten, wie die Sklavenmetaphorik hier nun ganz entgegen der Funktion, die sie noch in der romantischen Diskussion innehatte,[59] in Anspruch genommen wird. Bezeichnete sie bei Adam Müller noch ein falsches, nämlich ein *nicht poetisches* Verständnis von Besitz, so ist die Sklaverei jetzt zum poetischen Vermögen geworden und gilt geradezu als Ausweis des echten Dichters. Freilich muss man genau lesen: ›Versklavung‹ meint hier einen Modus der Unterwerfung, dessen Schwierigkeit gerade darin besteht, den Willen des Unterworfenen nicht zu brechen, sondern ihn sich zunutze zu machen. ›Versklavte‹ Verse sind keine unterworfenen Verse. Indem sie Widerstand gegen ihre Domestizierung im Kunstwerk leisten, bezeugen sie ihre Eigenständigkeit, ihr eigenes ›Erleben‹, das noch aus der Zeit stammt, als die Worte frei und nicht ästhetisch gebunden waren. »Der Satz oder der Vers muß Etwas erlebt haben, ehe er uns durch seine Kraft oder seine Selbstbescheidung zu imponiren und zu erfreuen vermag«.[60]

Gerade diese Kraft geht nun aber – wie Hebbel fortfährt – der jüngeren Dichtung ab. Zum Götzen hat sie sich ausge-

---

57 Hebbel: *Schöne Verse*, 245.
58 Ebd.
59 Vgl. Kapitel IX, S. 30 .
60 Hebbel: *Schöne Verse*, 245.

rechnet den Grafen August von Platen-Hallermünde (1796–1835) erwählt, dessen ganzer Eifer eben der Form gilt. Hebbel – und wahrlich nicht er alleine – belächelt Platens »Pathos für den Formalismus«, seine antikisierenden Metren und Sprachformen, seine Begeisterung für exotische Kompositionstechniken wie die Ghasele, die bei allem Enthusiasmus nicht darüber hinwegtäuschen könne, dass »der Poet in ihm […] ein Dilettant« sei.[61] Das Credo der Kritiker – ob berechtigt oder nicht – lautet: Platen stiftet eine Dichtung, die kein Leben mehr besitzt, die nicht mehr mit ihren Sklaven ringen muss, sondern die alleine von ihrer Findungsgabe im technischen Archiv der Poesie zehrt (weswegen Heine Platen in den *Reisebildern* auch als »After-Poeten« bezeichnet[62]). Eine gewisse Originalität in der Entdeckung spricht Hebbel Platen selbst zwar nicht ab; diese gehe allerdings bei der Unzahl seiner eigenen Adepten gänzlich verloren:

> Was nun Platen […] mit Pathos in seinen schönen Versen geleistet hat, das leisten die gegenwärtigen ihm verwandten Dichter ohne Pathos, denn sie treten ruhig die Erbschaft an, um die er leidenschaftlich kämpfte, und stellen sich in der Sucht nach antiken Themen, in der Vermeidung des Hiatus u.s.w., als die Nachahmer des Nachahmers dar. […] Unsere jetzigen nachplaten'schen Dichter […] sind Copisten einer längst dargestellten, also einer literarischen Welt: die Landschaft muß so geschildert werden, wie es Virgil gethan, die Liebe muß seufzen, wie bei Catull, das Distichon muß so gearbeitet sein, wie bei den griechischen Epigrammatisten.[63]

Derweil glauben die Platenisten, dass genau *das* Platens Erbe sei, also das Fortschreiben einer hehren Tradition, eine würdige *imitatio*. So einfach lässt Hebbel die Herrschaften jedoch nicht davonkommen, denn Platen überliefere nicht, er degeneriere die Überlieferung:

---

61 Ebd., 249.
62 Heine: *Die Bäder von Lucca* [1829], 317.
63 Hebbel: *Schöne Verse*, 249.

Den Modus dafür in deutscher Sprache hat wieder Platen angegeben; nun wandelt Brunhild gemessen einher, wie sich etwa ein heimischer Rector den Gang der Juno vorstellt, das Dalmatiner Mädchen schreitet wie Brunhild, Vittoria Colonna bewegt sich gleich dem Dalmatiner Mädchen.[64]

Die lyrische Rede hat sich vom Erlebnis, vom Kampf mit den Worten – den aufständischen Sklaven – entfernt. Längst hat sie deren Geist abgetötet und spielt nur mehr mit den entseelten Körpern. Eine bemerkenswerte Entwicklung: Wo die Romantik, in deren »große[r] Receptionsgabe« Gervinus die eigentliche Hauptschuld an der Misere sieht,[65] den literarischen Plagiarismus noch als ein Geschäft mit den lebenden Selbstbildern anderer verstanden (und bejaht) hatte, dort erkennt der Vor- und Nachmärz umgekehrt ›den Nachahmer der Nachahmer‹ an der völligen Lebensferne und Gefahrlosigkeit seines Schreibens, das aus toten Hüllen zusammengestückelt ist. In der Romantik hatte sich selbst noch das offensichtlich Gestohlene mit dem Ich des neuen Besitzers zusammengeschlossen und etwas Neues gebildet; hier bleibt selbst dasjenige, was dem Anspruch nach ganz aus dem eigenen Geiste erwächst, immer etwas Fremdes, Abstraktes, Geborgtes. Die Epigonen wollen also dort ernten, wo nichts mehr gedeihen kann. Der Lauf der Geschichte hat sie von der schöpferischen Potenz der Vorzeit getrennt. Ihr Vergehen liegt demnach nicht in der Rückwendung auf Symbolik, Rhetorik und Stilistik ihrer Vorgänger, sondern vielmehr darin, dass sie diese Formen nur noch sammeln, aber nicht wiederbeleben können. Indem der Epigone somit den historischen Schnitt leugnet, um die Legende der niemals versiegenden Quelle der Dichtung aufrechtzuerhalten, ist seine Rede bereits nicht mehr historisch, sondern nur noch historistisch: ein Sammelsurium fremder, bisweilen exotischer Zeichen, Wörter und Sätze, die zu ordnen er keine Kraft mehr besitzt und die er sich nur zu eigen machen kann, weil sie bereits

---

64 Ebd.
65 Gervinus: *Neuere Geschichte der poetischen National=Literatur*, 635.

gestorben sind. Der Epigone ist kein Sklavenhalter, sondern ein Nachlassverwalter.

Nun ist das natürlich die Außensicht auf den Patienten Literatur, dem wir unter Berufung auf seine Kritiker attestieren können, dass er an einer Geschichtsneurose mit anhängendem Plagiatszwang laboriert. Der Patient lebt aber nicht nur noch, sondern besitzt, wie das bei Neurotikern so ist, auch partielle Krankheitseinsicht und so ist ›Epigonentum‹ nicht nur ein Schimpfwort, eine Plage oder ein Fluch, sondern auch der Ausgangspunkt einer poetologischen Reflexion. Wenn ich weiß, dass mir der Weg zurück zur Kunstperiode auf immer versperrt sein wird, dann kann meine Kunst nur dann noch Leben finden, wenn sie diese Unmöglichkeit der Rückkehr selbst wiederum zur Kunst macht. Wir haben dieses Programm bereits vor Augen gehabt, stehen doch Kellers *Missbrauchte Liebesbriefe* ganz in dessen Zeichen. Nicht allein, dass Gritli Störteler den Glauben ihres Mannes an einen neuen Sturm und Drang nicht teilt und eine literarische Karriere mit Freuden für ein beschauliches Seldwyler Leben eintauscht: in Gritli wird zudem auch die Weimarer Klassik zugleich beliehen und beerdigt, denn sie ist keineswegs die erste, welche die Briefe des Geliebten abschreibt. Ihre Ahnfrau ist Ottilie aus Goethes *Wahlverwandtschaften* (1809), ein Wesen von außerordentlichen Fähigkeiten, das nicht nur mit größter Sorgfalt Abschriften anfertigen kann, sondern dabei sogar die Handschrift des Originals annimmt, so dass »nicht zu unterscheiden« ist, »wer das andere zuerst ergriffen«.[66] Und so erkennen Eduard und Ottilie einander beim ›Kollationieren‹, wie Goethe das nennt, danach ist ihnen »die Welt nicht mehr, was sie gewesen.« Von dieser verwandelnden, umstürzenden Kraft der Kopie ist bei Keller, also knapp 50 Jahre später, nicht mehr viel übrig geblieben, genau genommen nur noch die Frau als Kopistin, die die Korrespondenz des Ehemannes mit der des verliebten Schulmeisters verschaltet. Die Abschrift der

---

66 Goethe: *Wahlverwandtschaften*, 324.

Briefe eint nur noch das, was nicht zusammengehört. Sie selbst hat ja ohnehin keinen sinnvollen Ort mehr in dieser Welt, denn ob ein ›empfindsamer Briefwechsel‹ mehr oder weniger nun gedruckt wird oder nicht, ist nicht wirklich von Bedeutung. Tatsächlich vollzieht sich hier aber noch ein Vorgang auf höherer Ebene. Das Goethe-Imitat tritt auf, betrachtet seine neue Wirkungsstätte – und verweigert seine Funktionalität. Eben das ist aber – en miniature – reflexive Epigonalität: die Ausstellung des Scheiterns ästhetischer Formen an der Geschichte.

Der Plagiator als Depositar

Die Inszenierung von Epigonalität in Form einer Depotentialisierung klassischer und romantischer Leihgaben wird zu einem Prägestempel der realistischen Erzählliteratur. Die monumentale Ausarbeitung des Konzepts hatte Immermanns neunteiliger Monumentalroman *Die Epigonen* (1836) vorgenommen. Angelegt als ›Memoiren‹ zweier Familien, deren Abstammungsverhältnisse in den gesellschaftspolitischen Wirren zwischen 1823 und 1835 systematisch verunklärt wurden (so dass die Erfahrung ihrer wahren Identität für alle Protagonisten ›zu spät‹ kommt, um noch sinnvoll mit ihr umgehen zu können), transportiert der Text eine ganze Bibliothek der Vorzeit mit sich. Die Epigonen sind bis zum Erbrechen belesene Kreaturen; ihr ganzes Wesen gerät ihnen zu einem Gleichnis der Lektüre. So umgeben sie sich mit Zitaten aus Goethes *Tasso*,[67] sprechen im »Ton der Jean Paulischen Liane«,[68] schreiben ihre Briefe mit Lessings *Emilia Galotti*[69] und arrangieren, wenn man sie vermögend sein lässt, zum Geburtstag des Gemahls auch schon einmal Ritterturniere, zu

---

67 Immermann: *Epigonen*, 182.
68 Ebd., 84. Liane ist die weibliche Hauptfigur in Jean Pauls *Titan* (1800– 03).
69 Ebd., 312.

denen »die Lektüre in Walter Scott [...] das Muster« gibt.[70] Ja, sie sind längst selbst zu Zitaten verkommen, die gerne »etwas Byronsches« an sich »bemerken« lassen[71] – zu mehr reicht es leider nicht mehr. Der Ballast größerer Zeiten hat diese Welt und ihre Bewohner also bereits erdrückt. Die Epoche der Kunst ist gegangen, ihre Literatur ist geblieben – und für einen Moment scheint es sogar, als ob ihr immer noch eine gewisse Weisungskraft zukäme. Das Märchen von Hyacinth und Rosenblüthchen aus Novalis' *Lehrlingen zu Sais* (entst. 1798/99) prangt als Eingang und Ausgang prophetisch über dem Leben Hermanns,[72] der Hauptfigur des Romans; und so wie Hyacinth nach einer langen Wanderschaft in Tiefsinn wieder seiner Kindheitsliebe gegenübersteht, so erfüllt sich offensichtlich auch für Hermann die Prophetie, welche – mit Blick auf eine in das Buch eingelegte Zeichnung der Fabriken seines Onkels – die Rückerlangung seiner »Kindheitswonne« mit den »Geldsäcken« des Oheims zusammenfallen lässt. Am Ende des Weges wird Hermann tatsächlich unverhofft der Alleinerbe des industriellen Vermögens sowie der Bräutigam Korneliens und damit aller Sorgen ledig geworden sein. Allerdings handelt es sich hier um eine doch zweifelhafte Erbfolge, welche die ›Kindheitswonne‹ de facto nicht restituiert, sondern zerstört. Hermanns Oheim ist nämlich nicht sein Oheim, denn Hermanns Vater ist nicht sein Vater, sondern der beste Freund des Grafen Heinrich, der dessen uneheliches Kind an Vaters statt aufgezogen hat. Der Oheim wiederum hat zwar einen Sohn, Ferdinand, der ihn beerben könnte – nur ist das leider auch nicht sein eigener Sohn, sondern das Resultat einer Affäre seiner Frau. Bekannt wird dem vermeintlichen Vater dieser Umstand, nachdem Ferdinand sich versehentlich in eine der Fabrikmaschinen gestürzt hat: Beide Nachrichten zusammen führen dann zum Herztod des Oheims.

70 Ebd., 225.
71 Ebd., 29.
72 Ebd., 53f. und 649.

Fürwahr, ein langer Umweg, um wieder zum Thema zu kommen, aber ein notwendiger. Hermann nämlich, der als einziger Erbe noch infrage kommt, kann »diesen rechtmäßig-unrechtmäßigen Erwerb nimmer mit Ruhe um sich gelagert sehen«. Auf den Gedanken, das zufällig auf ihn gekommene Vermögen zu investieren, zu mehren, über es zu verfügen, kommt er gar nicht – und das hat seinen besonderen Grund:

> Ich fühle die ganze Zweideutigkeit meiner Doppelstellung. Laß dir also sagen, daß ich willens bin, das, was sie mein nennen und was mir doch eigentlich nicht gehört, nur [...] als Depositar [,] zu besitzen, immer mit dem Gedanken, daß der Tag der Abtretung kommen könne, wo denn die Rechnungsauslegung leicht sein wird, wenn der Verwalter für sich nichts beiseite geschafft hat.[73]

Ebendies ist aber die Quintessenz epigonaler Textpraxis: Man könnte sich ja ohne Weiteres damit abfinden, Gewerbe und Fabriken zu betreiben und die Literatur Literatur sein zu lassen. Doch da stellt sich mit einem Male heraus, dass man eigentlich von hoher Abkunft ist, ja, dass der eigene Vater noch mit Klopstock am Tisch gesessen und von diesem persönlich einige Zeilen entgegengenommen hat[74] und somit eine verborgene, verschlungene Blutslinie von der Krone der Dichtung zur Krämerseele des 19. Jahrhunderts führt. Man kann sich dieser Erbschaft nicht verweigern, man kann sie aber auch nicht annehmen, denn ihre Geheimnisse erschließen sich den Nachgeborenen nicht mehr. Sie »leben in einer Übergangsperiode«, in der sich »eigentlich nur die oberflächlichen Naturen« wohl befinden, »welche von Schatten und Klängen genährt werden, während jede tiefer gehöhlte Brust ein heimliches Verzagen erfüllt.«[75]

---

73 Ebd., 650.
74 Ebd., 631 und 634.
75 Ebd., 386.

Deutlich lässt sich hier die romantische Erwerbspoetik vernehmen und ihre Stimme wird lauter, wenn Hermanns Freund Wilhelmi ausführt, dass

> Eigentum und Besitz […] ihre schwere tellurische Natur aufgegeben [haben]; sie streichen, gasartig verflüchtigt, durch die Lüfte, und niemand von uns weiß, ob nicht auch er in den Bereich eines solchen ziehenden Schwadens kommen werde.[76]

Das ist aber eben nur die halbe Wahrheit des Epigonen. Die Romantik hatte aus der Schattenhaftigkeit des Eigentums resp. dem Eigentum der Schatten den Schluss gezogen, dass man gerade deswegen seine Aneignungs- und Veräußerungsbemühungen intensivieren solle. Das romantische Eigentum war ein produktives und darin eminent poetisches Eigentum gewesen. Das Talent der Epigonen liegt hingegen einzig und allein darin, »Vermögen zu bewahren«, oder, wie Wilhelmi fortfährt:

> Oft kommt mir alles Eigentum wie ein Depositum vor, welches bei uns für ein nachkommendes glücklicheres Geschlecht hinterlegt worden wäre, welches wir treulich den Enkeln aufzuheben, aber selbst nicht zu genießen hätten.[77]

Die Stunde der Verwalter hat also geschlagen und Immermanns Roman hat gerade das trefflich realisiert. Seinem Personal gleichend, breitet er eklektisch sein literarisches Erbe aus, ohne über es hinwegzukommen. Seine Figuren- und Handlungskonstellationen sind gründlich aus *Wilhelm Meisters Lehrjahren* (1795/96) montiert;[78] das Leitmotiv der entwendeten Brieftasche (über welche sich die verworrenen Verwandtschaftsbeziehungen aufklären lassen) ist Tiecks Novelle *Der Geheimnisvolle* (1822) entnommen; die Schilderung der Ritterspiele, welche die Herzogin nach Scotts Vorlage

---

76 Ebd.
77 Ebd., 387.
78 Hierzu ausführlicher Meyer-Sickendiek: *Die Ästhetik der Epigonalität*, 127–131.

aufführen lässt, ist natürlich selbst wiederum aus dem *Ivanhoe* (1819) abkopiert (den Immermann selbst übersetzt hat); Werke und Autoren, die auf der Handlungsebene direkt zitiert oder angesprochen werden, wie etwa Hoffmann,[79] werden auf der Gestaltungsebene selbstverständlich mitgeführt und genutzt. Man könnte das endlos auf diese Weise weiterführen. Festzuhalten bleibt aber letztendlich vor allem eines: *Die Epigonen* erweisen sich als eine Sippschaft von Plagiatoren, die – und das ist das Neue – im Namen späterer, glücklicherer Generationen handelt. Indem sie abkupfern, konservieren sie nicht nur den Reichtum ihrer Vorgänger für die Nachwelt; vielmehr halten sie das Feuer der Dichtung am Lodern, wenn auch auf kleinster Flamme. Wie der alte Hexenmeister dem Hyacinth, so hat ihnen die Geschichte »ein Büchelchen dagelassen, das kein Mensch lesen konnte«;[80] eine Literatur, mit der man nichts mehr anfangen kann – außer sie einfach weiterzutragen, auf dass sich einer späteren Zeit ihre Potenz vielleicht wieder erschließe.

Bis dahin ist es aber erst einmal vorbei mit der sich aus einer romantischen Erbschaft herspinnenden literarischen Industrie. Hermann hat die ihm zugefallenen Besitztümer gesichtet und einen Beschluss gefasst: Die Fabriken sollen »eingehn und die Ländereien dem Ackerbau zurückgegeben werden«, die »Anstalten, künstliche Bedürfnisse künstlich zu befriedigen«, erscheinen ihm »geradezu verderblich und schlecht.«[81] Immermanns Roman will keine Nachfolger haben und so verkündet er offiziell die Stilllegung seiner Produktionsstätten, in denen noch bis zur letzten Sekunde das Weimarer Altpapier zweitverwertet wird. Dann aber öffnet er die Werkstore für alle »die Männer, welche unter dem Oheim so tätig waren« und die »jetzt im stillen alle sich nach Selbständigkeit sehnen, was ja auch ganz natürlich ist.« Diese sollen nun »ihre

---

79 Immermann: *Epigonen*, 110f. Hoffmanns *Elixieren des Teufels* (1815/16) verdankt sich nicht zuletzt die Hexengestalt des ›Flämmchens‹.
80 Novalis: *Die Lehrlinge zu Sais*, 93.
81 Immermann: *Epigonen*, 651.

Prozente nach reichlichster Berechnung aus meiner Bank ziehn« und sich wieder »der fleißigen, einfach-arbeitenden Hand« widmen, die es dem »trocknen Mechanismus« der Gegenwart entgegenzusetzen gilt.[82] Dieser beschäftigungspolitischen Umstrukturierung korrespondiert aber auch ein ästhetisches Programm: die Literaturgeschichtsschreibung nennt es gemeinhin ›Realismus‹.

Der Realismus und die Abschilderung gelesener Wirklichkeiten – vom Plagiat zum Zitat

Es soll also nun, wenn es nach Immermann geht, etwas Neues anfangen, eine Zeit fernab der großen Gesten und Versprechen, die man sich alle nur philisterhaft zusammenstiehlt, ohne ihnen noch irgendeinen Inhalt geben zu können. Die Geschichte ist über die Literaten hinweggestiegen und bewegt sich nun zielstrebig einem ganz unheimlichen Zeitalter der Massen entgegen, von denen man gar keine Geschmacksurteile mehr erwarten darf. Nun gut: Dann spielt man dieses Stück eben gar nicht erst mit. Für den Anfang genügt es, »wenn wir für uns und die Unsrigen ein grünes Plätzchen abzäunen, und diese Insel so lange als möglich gegen den Sturz der vorbeirauschenden industriellen Wogen befestigen.«[83] In diesen Kleinstausschnitten des Lebens haust also das ›Reale‹ und mit der Rückbesinnung auf die Kraft des Realen geht zugleich die Wiederkehr einer handlungsfähigen Eigentümerschaft einher. Die Theoretiker des Realismus, an vorderster Front Otto Ludwig und Moriz Carriere, wählen nicht von ungefähr exakt die Erbschaftsmetaphorik, mit der Immermann die Problematik des Epigonenzeitalters umschrieben hatte, ist für sie der Realist doch »ein Reicher, der seinen

---

82 Ebd., 650f.
83 Ebd., 650.

Reichthum kennt und vollständig über ihn disponiren kann.«[84]

Mit der Besitzstandsmetapher wird hier natürlich zunächst die spezielle Qualität der Beziehung von Künstler und Gegenstand charakterisiert. Der ›ästhetische Idealismus‹ (worunter je nach Definition die unterschiedlichsten Vertreter fallen, womit aber vor allem immer Schiller gemeint ist) erscheint diesbezüglich als ›verarmter Adel‹: Er hat den absoluten Willen zur Form, aber nichts, das er noch formen könnte; er wüsste sehr wohl, wie er die Wirklichkeit gestalten würde, wenn er an dieser noch einen nennenswerten Anteil hätte; er kennt seinen Besitz »genau, aber er ist kein reicher.«[85] Der Realismus will diesen Besitz wieder vergrößern. Er versteht sich dabei nicht als Gegenentwurf zum Idealismus, sondern vielmehr als dessen zeitgemäße Ausgabe. So teilt er mit ihm die Absicht der Gestaltung eines »Ganzen«, aus dem »die Idee hervorleuchtet«. Diese Idee sucht der Realismus allerdings nicht länger auf dem kargen Terrain des ›Geistigen und Allgemeinen‹, sondern in der »Fülle des Individuellen«, aus welcher er erst zur Idee aufsteigt und auf die sich sein ›Reichtum‹ gründet.[86] Mit dieser Verfahrensumkehrung verbindet sich zugleich ein fundamentaler Wechsel in Fragen der Nachahmung. Wenn die realistischen Poetiken von den neuen Besitzständen der Dichtung sprechen, dann bleibt deren Bestimmung erfahrungsgemäß immer etwas ungenau, denn es ist eben nicht nur die ›Natur‹, es ist auch nicht nur das ›gesellschaftliche Leben‹ oder die ›Wirklichkeit des Einzelnen‹, die abgebildet werden soll – von allem ist es immer ein wenig, und letzten Endes wird in allen Definitionsbemühungen nur deutlich, was der Realismus *nicht* als sein Eigentum betrachten möchte: alles, was keinen empirischen Ausgangsort besitzt.

Will man diesem Ansinnen einen literarhistorisch sinnvollen Kontext geben, so muss man das Beharren auf der ›Erfahr-

---

84 Ludwig: *Shakespeare-Studien*, 266.
85 Immermann: *Epigonen*, Ebd.
86 Carriere: *Aesthetik*, 412.

barkeit des Wirklichen‹ als einen ästhetischen Absonderungsprozess begreifen. Der Ballast all jener Darstellungsformen, die sich nicht mehr mit dem Erfahrungsraum des 19. Jahrhunderts verbinden lassen, sondern nur noch Reminiszenz sind, soll endgültig abgeworfen werden. Die Literatur soll aufhören, sich nur mehr in Literatur zu bewegen und aus dem epigonalen Gefängnis der permanenten Zitation ausbrechen;[87] Sprache und Typologien, die rein ›literarischen‹ Charakter besitzen, werden verdächtig: keine Allegorien mehr, kein akademischer Stil und auch kein französischer Klassizismus! Jene Selbstverdächtigung der Literatur – ihre Furcht davor, sich selbst zu genügen – ließe nun vermuten, dass auch das Plagiat als historisch erzwungene ästhetische Praxis wie Reflexionsform fortan der Vergangenheit angehört. Auch hier ist Vermuten aber nicht Wissen, und betrachtet man sich den Realismus als Gesamtphänomen, so fällt auf, dass das Arbeiten mit Fremdtext hier ganz ungebrochen praktiziert, ausgestellt und interpretiert wird. Tatsächlich ändert sich dabei allenfalls die poetologische Funktionalisierung der Plagiatorik. Sie ist nun nicht mehr nur Ausdruck geschichtsphilosophischer Resignation, sondern eben auch deren Therapeutikum.

Beispielhaft vorexerziert wird diese Reprogrammierung des Abschreibens in Kellers 1876/77 erschienenen *Züricher Novellen*, in deren Rahmenerzählung der junge Herr Jacques

---

87 Bezeichnenderweise ist das genau der Vorwurf, den Heine schon Goethe macht, wenn er sich über die »Kunstbehaglichkeit des großen Zeitablehnungsgenies, der sich selbst letzter Zweck ist«, mokiert (Heinrich Heine an Karl August Varnhagen von Ense, 28.2.1830, in: *Säkularausgabe*, Bd. 20, Berlin/Paris 1970, 389). Genau diesen Vorwurf wiederholt dann Börne wiederum gegenüber Heine, in dem er einen ästhetizistischen Parvenu erkennt, der »die Kunst als seine Gottheit verehrt« und »an der Wahrheit nur das Schöne liebt« und somit für den revolutionären Kampf um die historische Wahrheit nicht zu gebrauchen sei. (Vgl. Ludwig Börne: Brief vom 25.2.1833, in: Ders.: *Briefe aus Paris*, 137f.) Der Vorwurf der ›Verkünstelung‹ und Selbstreferentialität der Literatur begegnet also quer durch das 19. Jh. hindurch und treibt immer wieder zu neuen Konzepten des ›Ausbruchs aus der Kunst‹ an. Der Realismus hat somit keineswegs ein Patent auf diese Denkfigur.

am »Ende der achtzehnhundert und zwanziger Jahre« feststellt, dass er an der Immermann'schen Krankheit leidet. Gerade erst hat er realisiert, dass »die sanft aufregenden Gefühle, die er seit einiger Zeit in Schule und Haus und auf Spaziergängen verspürt, gar nichts anderes gewesen, als der unbewußte Trieb, ein Original zu sein oder eines zu werden«, da muss er schon in einem »vorlauten Buche« den Satz lesen,

> daß es heutzutage keine ursprünglichen Menschen, keine Originale mehr gebe, sondern nur noch Dutzendleute und gleichmäßig abgedrehte Tausendspersonen [, er also] in einer Zeit geboren [sei], in der man unbedingt kein Originalmensch mehr werden könne und am Gewöhnlichen haften bleiben müsse.[88]

Gegen diese Misere wird nun anerzählt. Der Pate des Herrn Jacques nimmt seinen Schützling beiseite, um ihm eine Reihe von ›Originalmenschen‹ vor Augen zu führen, die womöglich »nichts Unerhörtes und Erzursprüngliches« geleistet, sich aber dennoch den »Habitus eines Selbständigen und Originalen« erhalten haben. Das erste Beispiel, das er sich dazu erwählt, spricht für sich. Der Blick schweift zurück ins mittelalterliche Zürich und findet dort Johannes Hadlaub, einen Schreiber. Dieser trägt im Dienst des Rüdiger Manesse von Manegg dessen Sammlung höfischen Minnesangs, die berühmte *Manessische Liederhandschrift* (entst. 1300–40), zusammen, kopiert die Lieder in den Codex und verfertigt die Autorillustrationen. Hadlaubs Werk ist also in höchstem Maße unoriginell; er kopiert nicht nur die Texte anderer, sondern produziert zugleich auch noch den Urheber mit. Der Gegenstand seines Schreibens liegt demnach außerhalb seiner eigenen Erfahrung. Seine Reproduktion erfolgt zwar kunstvoll, aber eben doch mechanisch; seine Schöpfung ist ein Stück Literatur gefertigt aus Literatur. Das ändert sich freilich, als die Liebe des jungen Johannes zu Fides, der unehelichen Tochter des Reichskanzlers und einer Fürstäbtissin, erwacht. Von nun

---

88 Keller: *Züricher Novellen*, 11 und 18.

an wird ihm die Minnedichtung, die er im Namen anderer niederschreibt, zum eigenen Erleben: Alle seine Empfindungen glaubt er aus den Gedichten zu kennen.[89] Die Literatur formt somit seine Wirklichkeit – und umgekehrt erwächst ihm aus dieser Wirklichkeit nun auch wiederum seine eigene Literatur, seine eigene Minnedichtung, aus welcher sich im *Codex Manesse* ganze drei Lieder finden. Parallel hierzu tragen die männlichen Figuren auf den Illustrationen in zunehmendem Maße Fides' Züge, wodurch sie »einen geheimnisvoll idealen Charakter« annehmen.[90]

In Bezug auf die Umfunktionalisierung plagiatorischer *Praktiken* zu einem poetischen Kernprinzip besitzt Kellers *Hadlaub* damit zweifellos einen programmatischen Wert für den Realismus. Was bei Carriere noch verklärend als das ›Hervorleuchten der Idee‹ bezeichnet wird, entpuppt sich bei näherem Hinsehen als eine langwierige Prozedur des Abkopierens von Literatur, in deren Zuge der Kopist zu seinem eigenen Leben vordringt und dieses wiederum durch die fremden Zeichen hindurch erkennbar werden lässt. Die realistische Perspektive auf das Kontinuum der Literaturgeschichte sieht aber genau so aus: Das Abarbeiten an den Dichtungen anderer führt zur Entdeckung einer eigenen Bildlichkeit, einer eigenen Sprache im Fremden, und so bewirkt auch die Entstehung der *Manessischen Liederhandschrift*, »daß wiederum andere Originale sich zeigten und entwickelten«.[91] Die Spannung zwischen dem Trieb zur Originalität und der epigonalen Situation wird somit durch den Realismus depotenziert und produktiv gewendet. Epigonalität ist keineswegs der historische Ausnahmezustand, sondern der Normalzustand. Und auch das Mäandern durch fremde Textwelten ist keinesfalls widernatürlich:

> Ob der Dichter die Novelle von Romeo und Julie las und ihm in der Geschichte das Wesen der Liebe aufging und klar

---

89 Ebd., 58.
90 Ebd., 76.
91 Ebd., 24.

ward, oder ob er vorher vom Wesen der Liebe beseelt und
begeistert nach einem Stoff für diese Idee suchte und dabei
auf die Erzählung traf,

bleibt gleichgültig,[92] denn der Wirklichkeitsbegriff des Realismus bezieht die Wirklichkeit der Lektüre ausdrücklich mit ein. ›Gelesene Erfahrung‹, das Erleben aus zweiter Hand, wird der Naturerfahrung gleichgestellt. Umgekehrt wird die Natur wieder zum Buch erklärt, aus dem man ›lustig‹ seine eigenen Bücher ›kompilieren‹ kann (wie Johannes Wacholder, Raabes Chronist der Sperlingsgasse sich erklärt[93]).

Man wird hier gleichwohl Vorsicht walten lassen müssen: Natürlich sind nicht wenige der realistischen Helden lesende Helden, nicht wenige der realistischen Romane belesene Romane. Die Armada der namhaften deutschen Autoren, welche die zweite Hälfte des 19. Jahrhunderts durchsegelt, operiert auch zweifellos mit einem vorher noch nicht dagewesenen Maß an literarisch vermittelter Information, benutzt und zitiert intensiv die historischen, volkswirtschaftlichen, juristischen und auch technischen Fachbibliotheken (das beginnt bei kulturgeschichtlichen Studien zur Renaissance und geht bekanntlich hinab bis zu vermeintlich so profanen Gegenständen wie den Käsereien oder dem Deichbau). Ihre Figuren lesen nicht nur die *Gartenlaube*, sie kennen auch die Klassiker und führen sie stets im Munde. Bisweilen liegen diese auch noch als geschlossene Deutungsmuster und Erzählformationen unter der Oberfläche realistischen Schreibens begraben, wie sich etwa Stifters *Nachsommer* (1857) auf den Trümmern von Goethes *Wanderjahren* (1821) erhebt und diese auch immer wieder durchscheinen lässt. Dennoch und deswegen: Im Gegensatz zum französischen Realismus, der in Stendhal sogar noch einen ausgewiesenen Plagiator zum Paten hat[94] und

---

92 Carriere: *Aesthetik*, 413.
93 Raabe: *Die Chronik der Sperlingsgasse*, 15f.
94 In gesamteuropäischer Perspektive stellt Stendhal sicherlich einen einzigartigen Sonderfall dar – einen Schriftsteller von höchstem Rang, dessen Karriere mit zwei nahezu reinrassigen Plagiaten beginnt: Hatte be-

eine extensive Debatte über die personale Identität von Literatur führt, findet sein deutsches Pendant mit der Zeit seine zentrale Reflexionsform nicht im Plagiat, sondern im *Zitat*. Dabei tritt der dimensionale Unterschied zwischen beiden Konzeptionen vielleicht nirgends so deutlich zutage wie hier: Das Plagiat inszeniert Besitzrechte, das Zitat hingegen stellt Teilhabe aus. Seit Immermann wissen wir, dass der Besitzer des 19. Jahrhunderts ein Depositar bleiben muss, ihm sein Eigentum auf seltsamen Wegen zugefallen ist und er darüber auch nicht wirklich verfügen kann, sondern es lediglich für eine spätere Zeit treuhänderisch verwaltet. Originalität traut man in dieser historischen Situation ohnehin keinem mehr zu. Vor einem solchen Hintergrund kann sich ein Plagiator nicht mehr sinnvoll positionieren, da der Reiz des Besitzes völlig verlorengegangen ist – man halst sich mit gestohlenen Texten ja nur eine Last auf. Demgegenüber eignet dem Zitat noch eine gewisse Aussagefähigkeit. Wer zitiert, der drückt hierin sein Vertrauen in die geistigen Besitztümer der bürgerlichen Kommunikationsgemeinschaft aus: Wenn wir auch nichts Neues daraus schaffen können, so besitzen wir doch unsere gemeinsamen Wahrheiten, unseren Bildungshorizont, unsere Literatur, in der wir uns alle wiederfinden und über die wir uns definieren können.

Fontane ist derjenige, der das Konzept einer sich in der permanenten Zitation allmählich verlierenden Selbstvergewisserung des Bürgertums zu einem dominanten Erzählprinzip werden lässt. So werden seine Romanfiguren zu einem guten

---

reits seine *Vie de Haydn* (1814) für einen gewaltigen Eklat gesorgt, nachdem Giuseppe Cardani, Haydns Freund, festgestellt hatte, dass es sich dabei großteils um nichts anderes als um seine eigene Biografie *Le Haydine* (1812) handelte, so war der Umstand, dass Stendhals Reisebericht *Rome, Naples et Florence* (1817) großflächig aus Goethes *Italienischer Reise* (1786) abgeschrieben war, nicht einmal Goethe selbst (der das Buch gelesen hatte) eine Erwähnung wert. Ich verweise an dieser Stelle auf Hamm: *Stendhal et l'autre du plagiat*, sowie – mit Blick auf Stendhals Umwandlung des Plagiats in ein tragfähiges poetisches Konzept – auf Meier: *Leben im Zitat*.

Teil dadurch charakterisiert, wen, was und wie sie zitieren: Literaturzitate sind ›kulturelles Kapital‹; die Vermögenden reden mit Goethe, Schiller und Heine, die Verarmten besitzen noch den Zitatenschatz von Büchmanns *Geflügelten Worten* (1864) und die Scharlatane zitieren falsch.[95] Fontane stellt diese durchgängige literarische Kodifizierung gesellschaftlichen Lebens excessiv aus; er strukturiert sogar seine Personenkonstellationen und Handlungsbögen regelrecht über Zitatordnungen,[96] und lädt ganz beispielhaft, indem er bevorzugt auf dramatische Texte rekurriert, sein Erzählen mit tragischem Potential auf. Wenn das alte preußische Bürgertum stirbt, während sich die Sozialdemokratie als feste politische Größe etabliert, so ist die Bedeutung dieser Entwicklung anhand von Einzelschicksalen nicht leicht zu bemessen. Unterlegt man aber dem Dubslav von Stechlin unentwegt Allusionen an Schillers *Wallenstein*, lässt man Effi Briest zu einer Wiedergängerin von Goethes Gretchen werden, dann zeichnet sich so etwas wie eine historische Fallhöhe ab, dann wird deutlich, welche Größe dieser Gezeitenwandel der Geschichte einmal *hätte haben können*. Denn dies ist ein zweiter Unterschied: Während das Plagiat sich dadurch auszeichnet, dass es den Abstand zur Quelle verschleiert, legt das Zitat diesen Abstand gerade offen. Dubslav von Stechlin ist *eben nicht* Wallenstein, Effi Briest ist *eben nicht* das Gretchen, die bürgerliche Gesellschaft des ausgehenden 19. Jahrhunderts ist *eben keine* Weimarer Inszenierung – und dementsprechend wird fraglich, ob die Bon Mots, die sich die Figuren zur Deutung ihrer eigenen Lage zurechtlegen, wirklich als geeignete Interpretamente taugen oder ob sie in ihrer Häufung nicht vielmehr

---

95 Vgl. Mecklenburg: *Zur Poetik, Narratologie und Ethik der Gänsefüßchen*, 170. Zur Wertigkeit und Bedeutung von Büchmanns *Geflügelten Worten* im Romanwerk Fontanes vgl. v. a. Encke: *Kopierwerke*, 17–66.
96 Die Fontane-Forschung hat diesen Sachverhalt selbstverständlich längst entdeckt. Neben der bereits erwähnten Encke seien hier genannt: Plett: *Die Kunst der Allusion* (hier findet sich dann auch tatsächlich eine detailliertere Auflistung der Zitationen in Fontanes Romanwerk); Voss: *Literarische Präfiguration*.

selbst ein Ausdruck des Niedergangs sind, ein Drama für sich darstellen. Die Bildung kann dieser Welt keine Hilfe mehr sein, denn sie verrätselt ihren Sinn, anstatt ihn zu erhellen, und in dieser Verrätselung versinkt sie hoffnungslos und auf immer.

Nun aber genug davon, denn letztlich gehört all das nicht in dieses Buch: Jene eigentümliche Verbindung, die das Eigene und das Fremde, die Gegenwart und die Vergangenheit, das Vermachte und das Ererbte im Realismus eingehen und die im Zitat ihren Ausdruck findet, überdehnt das Diskussionsfeld des Plagiarismus – sie hat dort nur ihre Wurzeln, aber nicht ihr Domizil. Andere werden bald kommen, um diese Wurzeln wieder auszugraben.

XI. Irregehen

Muther: Einführung in die Logik plagiarischer Eskalation

Als der Breslauer Kunsthistoriker Richard Muther, der seine Osterferien in Italien zugebracht hat, auf der Rückreise am 14. April 1896 einen Zwischenstopp in seiner alten Heimatstadt München macht, muss er Abenteuerliches erfahren. In einem Schreiben informiert ihn ein Freund darüber, dass ein gewisser Theodor Volbehr eine Broschüre über ihn verfasst habe, die »in Kollegenkreisen wie in der ganzen Breslauer Gesellschaft hochgradige Erregung hervorgerufen« habe.[1] Muther versteht zunächst nicht, reist aber beunruhigt noch am selben Tag weiter und muss, zu Hause angekommen, feststellen, dass sein Freund nicht gelogen, sondern eher noch untertrieben hat. Der Titel der berüchtigten Flugschrift lautet *Ein Originalaufsatz Richard Muthers, Professors an der Universität Breslau*; »in allen Buchhandlungen« der Stadt hängt sie aus und ihre Botschaft lautet: Prof. Dr. Richard Muther ist ein Plagiator.

Der Anlass, der zu dieser Unterstellung geführt hat, ist einigermaßen nichtig. Theodor Volbehr, das ist ein junger Kollege Muthers, der 1893 dessen dreibändige *Geschichte der Malerei* in der Zeitschrift *Pallas* rezensiert und sich zwei Jahre später als Gegendienst eine Besprechung seiner Abhandlung *Goethe und die bildende Kunst* von Muther erbeten hatte. Dieser war dem Wunsch nachgekommen und hatte eine nicht allzu ausführliche, dennoch sehr wohlwollende Rezension des Buches für die *Tägliche Rundschau* verfasst, die am 21. Februar 1896 erschienen war.[2] Zwei Tage darauf hatte Volbehr »auf Grund des Preßgesetzes die Aufnahme einer Erklärung« gefordert, diese Forderung war Muther von der Zeitung zugestellt wor-

---

1 Muther: *Die Muther Hetze*, 9.
2 Eine zweite, ausführliche Buchkritik für die *Zeitschrift für Allgemeine Literaturgeschichte* hat Muther bereits fertig in der Schublade liegen – Abdruck findet sie aber nur noch in Muthers Verteidigungsschrift.

den. Worum es dabei ging? Im Wesentlichen um den Duktus und die Gepflogenheiten des zeitgenössischen Feuilletons. Mit der Textsorte ›Buchbesprechung‹ sind die Zeitungen nämlich nicht wirklich warm geworden und bevorzugen statt dessen essayhafte Reflexionen, die sich einen neuen Buchtitel zur Grundlage nehmen, sich ihm aber eben nicht unterwerfen. Muther kennt dieses Verfahren bestens, es ist nicht seine erste Rezension. Also hatte er so geschrieben, wie er auch schon etliche Male zuvor geschrieben hatte und infolgedessen war dann auch die Besprechung von Volbehrs Buch unter dem Titel: »Goethe und die Kunst. Von Richard Muther« erschienen.

Das gewünschte Stück Feuilleton soll also Aufsatzcharakter haben. Und so kommt es auch: Muther plaudert ein wenig über das Sujet Goethe aus kunsthistorischer Sicht, vermittelt dem Leser die wichtigsten biografischen Informationen und bereitet den Forschungsstand für das Zeitungspublikum auf. Gleichzeitig handelt es sich aber eben doch immer noch um eine Buchbesprechung, was sich nicht zuletzt in den Eingangszeilen zeigt. Diese lauten:

> Ein hübsches Buch Theodor Volbehrs (Leipzig, E. A. Seemann) ermöglicht endlich, ein Thema, an dem sich schon Viele die Finger verbrannt, nicht mehr vom Standpunkte des Goethephilologen, sondern von dem des Kunsthistorikers zu behandeln.[3]

Das sollte eigentlich als Hinweis genügen, zumal wenn, wie Muther richtigerweise anführt, diese Rezensionspraxis um 1900 gang und gäbe ist, so dass »kein unbefangener, zum Mindesten kein in der Zeitungslektüre bewanderter Leser der ›Täglichen Rundschau‹ den Artikel für etwas anderes als für eine Bücherbesprechung gehalten haben« kann.[4] Dass dieses Faktum überhaupt noch diskutiert werden muss, liegt an der – zugegeben: nicht ganz undelikaten – Gesamtkonstitution

---

3   Zitiert nach Muther: *Die Muther Hetze*, 12.
4   Ebd., 13.

der fraglichen Rezension. So verhandelt Muther hier zwar »zu zwei Drittheilen Dinge«, die bereits in seiner *Geschichte der Malerei* ausgeführt sind, schließt sich aber, wie er später einräumt, »in den eigentlich biographischen Dingen referirend an Volbehr an, zum Theil wörtlich, wie es in unzähligen Bücherbesprechungen geschieht«.[5] Hierauf hatte sich nun Volbehrs Einspruch bezogen: Muther habe das ihm zugesandte Rezensionsexemplar dazu missbraucht, um zu einer schnellen Eigenpublikation, eben: zu einem ›Originalaufsatz‹ zu kommen. Der Begriff ›Originalaufsatz‹ geht freilich nicht auf eine Selbstzuschreibung Muthers zurück, Volbehr hat ihn vielmehr dem üblichen Redaktionsvermerk der *Täglichen Rundschau* – »Nachdruck dieser Erzählung und der nachfolgenden Originalaufsätze verboten« – entnommen. Eine etwas lächerliche Geschichte also. Muther, ganz ›gentlemanlike‹, hatte den Sachverhalt richtiggestellt, eine Gegenerklärung an die Zeitung und einen persönlichen Brief an Volbehr geschrieben, der daraufhin seine Forderung auf Abdruck der Erklärung zurückgezogen hatte. Die Sache war im Sande verlaufen.

Das hatte Muther zumindest gedacht – und muss nun zwei Monate später feststellen, dass er da etwas naiv gewesen ist, denn im Nachhinein zeigen sich die Verhältnisse in ganz anderem Licht. Volbehrs Erklärungsdrohung ist – allem Anschein nach – nur eine Finte gewesen, um in den Besitz weiteren verwertbaren Materials in Form von Muthers Privatbrief zu gelangen. Dieser findet sich alsbald in der erwähnten Broschüre wieder, zusammen mit einer Gegenüberstellung des Muther'schen Aufsatzes und der entsprechenden Passagen aus Volbehrs Goethebuch, wobei Volbehr so weit geht, Muther auch die Zitate in Rechnung zu stellen, die direkt von Goethe stammen.

Freilich könnte man über solch ein Pamphlet stirnrunzelnd hinwegsehen, denn für sich genommen ist Volbehrs Plagiatserzählung eher eine Peinlichkeit denn eine Waffe. Zu einer

---

5 Ebd., 11f.

solchen wird sie erst in der Hand eines Menschen, der ein situatives Gespür für die Öffentlichkeit hat und in dieser vorhandene Strömungen, Konstellationen und Wünsche nutzen kann, um seine Geschichte in ein wild umherlaufendes und sich dabei stets selbst bestätigendes Gerücht zu verwandeln, das den vermeintlichen Plagiator von überall her anfällt. So scheint es auch Muther, als ob Volbehr »in der ganzen Sache eine Marionette gewesen wäre, ein Strohmann, der willenlos den Einflüsterungen Anderer folgte.«[6] Es ist demnach nicht die boshafte Tat des Einzelnen, sondern vielmehr das sie umgebende geistige Klima, welches ein Nichts an Tatbestand in eine massive Beschädigung der Person Richard Muther eskalieren lässt. Folgen wir Muthers eigener Darstellung, dann ist dieses Klima im Zusammenhang mit seinem Ruf an die Universität Breslau entstanden, der ihm eine Schar von Neidern und missgünstigen Fachkollegen beschert hat. In diesen findet Volbehr »seine natürlichen Helfershelfer«: Sie verbreiten die Kunde an interessierte Zeitschriften und vermengen dabei die ›Affäre‹ Volbehr mit dessen Fachkritik an Muthers *Geschichte der Malerei*, der ob ihrer stilistischen und begrifflichen Entlehnungen bereits mangelnde Objektivität vorgeworfen worden war.[7] In der Zusammenschau ergibt sich daraus das Gesamtbild einer prinzipiell sich vom Diebstahl nährenden Gelehrsamkeit – und die Eskalation kann beginnen:

> Ein Berliner Kunstblättchen hatte sich der Sache gleichfalls angenommen und einen Artikel ›Herr Richard Muther als Goetheforscher‹ gebracht, der in Breslau, München und an-

6   Ebd., 17.
7   Muther geht in seiner Verteidigung ausführlich auf diesen Punkt ein: »Darum habe ich gelegentlich mit vollem Bewußtsein, um die Darstellung so lebendig wie möglich zu machen, einzelne classisch formulirte Wendungen, die meiner Individualität entsprachen und durch Umstilisirung nur verschlechtert worden wären, direct von Andern übernommen, und zwar, horribile dictu, keineswegs nur von Kunstgelehrten, die über ähnliche Themen geschrieben hatten, sondern weit öfter aus Romanen, bei deren Lectüre sonst kein Leser an Kunstgeschichte denkt.« (Ebd., 22)

Einführung in die Logik plagiarischer Eskalation 381

derwärts den Universitätsprofessoren nebst gedruckter Abonnementseinladung (!!) zuging. Nicht allein das k. Staatsministerium in Berlin, selbst das Offiziercorps des Alexander-Regiments, bei dem ich als Reserveoffizier stehe, war mit massenhaften Abzügen der Broschüre und des Kunstblattes überschwemmt worden, und im Kladderadatsch stand eine Briefkastennotiz, daß mein Rundschau-Aufsatz ein ›mit unerhörter Dreistigkeit begangenes Plagiat‹ bedeute.[8]

Muther sieht nur noch einen Ausweg: Er veröffentlicht eine Gegenbroschüre mit dem Titel *Die Muther Hetze. Ein Beitrag zur Psychologie des Neides und der Verläumdung*, durch welche wir von all diesen Geschehnissen heute überhaupt noch Kenntnis besitzen. Infolge dieser Veröffentlichung ist man nun endlich auch gewillt, den Fall wieder zu objektivieren, Muthers tatsächliches ›Vergehen‹ in den Blick zu bekommen und über dessen Verortung in der journalistischen Alltagspraxis zu diskutieren. Zu erwähnen ist in diesem Zusammenhang zuvorderst eine Kontroverse zwischen Muthers Gönner Hermann Bahr, dem zufolge sich jeder Plagiator ohnehin lediglich der »Verbreitung guter Gedanken« strafbar macht,[9] und Georg Simmel, der strikt zwischen ›nützlichem‹ Plagiat

---

[8] Ebd., 9.
[9] Vgl. Bahr: *Plagiate*, 187f.: »Ich muß bekennen: ich verstehe den ganzen Lärm über Plagiate nicht. Mag man über den Plagiator denken, wie man will: die Plagiate schaden niemandem und nützen allen. Wer sich über Plagiate ärgert, wird mir fast verdächtig, daß es ihm mehr um seinen Namen als um seine Sache zu thun ist. Mancher, der durch seine ›Original-Aufsätze‹ der Literatur gefährlich wird, könnte durch Plagiate sich zur Verbreitung guter Gedanken nützlich machen. Ich würde nur eine Art von Plagiaten verbieten: Plagiate an schlechten Autoren.« Dementsprechend kann Bahr in Muthers Zitationsverfahren auch nur Verdienste erkennen; so »haben wir ›Spatzen auf den vorspringendsten Atelierdächern‹, die er citiert hat, alle Ursache, ihm dankbar zu sein. Er hat uns mehr gegeben als wir ihm. Wir haben ihm ein paar glückliche Formulierungen gegeben, die wir ja auch nicht einmal aus uns selber, sondern von den Bildern abgelesen hatten; aber er hat unsere Gedanken erst den Laien zugebracht und im gemeinen Denken aufleben lassen.« (Ebd.)

DIE MUTHER HETZE

EIN BEITRAG ZUR PSYCHOLOGIE DES NEIDES UND DER VERLÄUMDUNG

VON

RICHARD MUTHER

VIERTE AUFLAGE

MÜNCHEN & LEIPZIG
G. HIRTH'S VERLAG
1896.

Abb. 16: Ohne Worte.

und verurteilenswertem Plagiator unterscheiden will.[10] Beiden dient Muther als Beispiel, beide ignorieren aber (wie auch Max Dessoir noch ein halbes Jahrhundert später[11] in gleichem Maße zugunsten der Sachfrage – ›Plagiat oder nicht?‹ – die eigentliche Erzählung, so dass ihnen der epochale Schnitt, der die »Muther Hetze« durchzieht, notwendig entgehen muss.

Die Phänomenalität dieser Affäre gründet sich nämlich nicht auf ein etwaiges Textdelikt, sondern auf ihren Inszenierungscharakter. So verschiebt sich das Plagiat hier ganz merklich weg von einer literarischen Praxis und hin zu einer Rede über Literatur. In der Sache ist – wie im Nachhinein reihum zugegeben wird – Muthers Volbehr-Rezension ein Nichts an Plagiat. Indessen ist dieses Nichts in einer Art und Weise arrangiert, dass aus ihm im Handumdrehen eine Realität emporwachsen kann, die dem betroffenen Kunstprofessor feindlich gegenübersteht. Volbehr mag von den wissenschaftsjournalistischen Gepflogenheiten nicht allzu viel verstanden haben; sehr gut verstanden hat er gleichwohl die Logik der plagiarischen Eskalation. Diese besagt: Verwandle die Nichtigkeit zur Wirklichkeit – und es wird schwer sein, beides wieder voneinander zu trennen. Und in der Tat: Muthers Verteidigung kann gar nicht anders, als den Spielregeln zu folgen, die ihr der Plagiatsvorwurf einmal gesetzt hat. Letztlich wird es ihm unmöglich, eine echte ›Gegenrede‹ aufzubauen;

10 Vgl. Simmel: *Über Plagiate*, 204 f.: »[…] man kann den Plagiator verurtheilen, aber dem Plagiat selbst den ganzen Culturnutzen lassen, den Sie ihm mit Recht zusprechen. Selbst wenn Muthers Werk von der ersten bis zur letzten Seite zusammengestohlen wäre, so würde ihm das kein Atom seines Wertes und Reizes zu nehmen brauchen; […]. Aber es erscheint mir als ein Mangel an logischer Schärfe, an dieser Wertbeständigkeit des Objects auch seinen Verfasser participiren zu lassen. […] Es ist nur die eine Seite der Gerechtigkeit, wenn Sie verlangen, der objectiven Trefflichkeit der Sache solle darum nichts abgebrochen werden, weil sie plagiiert sei; die andere ist doch: der subjectiven Schnödigkeit des Diebstahls solle dadurch nicht aufgeholfen werden, daß er ein wertvolles und mit Geschmack ausgewähltes Object getroffen hat.«

11 Dessoir: *Das schriftstellerische Plagiat*.

bestenfalls kann er eine ›andere‹ Geschichte erzählen, eine aus seiner Sicht ›wirkliche‹ Wirklichkeit aufbauen, in der sich der Plagiator Muther als Opfer einer Hetzkampagne zu erkennen gibt.

Gerade hierin kann aber auch Muthers Verteidigungsschrift das Plagiat nicht abstreifen. In gewisser Weise besitzt seine Gegenbroschüre ›Alibicharakter‹: Indem sie sich seitenweise darüber auslässt, warum ihr Verfasser gerade nichts mit alldem zu schaffen habe, bindet sie ihn umso stärker an die Plagiatserzählung und unterwirft seine Rede deren Logik. Das Netz der Verschwörung, das Muther so eindringlich schildert wie Don Quijote seine Verhexung durch die Zauberer, bleibt dabei ebenso unsichtbar (und damit in seinem Wirklichkeitswert bezweifelbar) wie die ihm von Volbehr unterstellte Absicht des geistigen Diebstahls. Nicht nur das: Die Rhetorik, mit deren Hilfe Muther sich von den gegen ihn erhobenen Vorwürfen reinwaschen will, macht ihn im gleichen Moment wiederum verdächtig. Letztlich zwingt sie ihn sogar dazu, die Verdachtsmomente gegen sich zu wiederholen und sein Schreibverfahren offenzulegen. Auch die Verbindung zwischen der skandalösen Rezension und der Zitationstechnik seiner *Geschichte der Malerei* formuliert Muther tatsächlich erst einmal selbst. (Und alle, die diese Zitationstechnik späterhin kritisieren werden, beziehen sich dann dementsprechend auch erst einmal auf Muthers eigene Schrift.) Noch weiter reicht der Zwang des Plagiats: Wenn Muther Volbehr vorwirft, seine private Korrespondenz missbraucht zu haben, indem er sie öffentlich gemacht habe, dann steht er dem selbst in keiner Weise nach, denn auch er hat in seiner eigenen Broschüre sowohl einen Brief Volbehrs als auch einen Brief des von ihm der Konspiration verdächtigten Privatdozenten Georg Galland abdrucken lassen. Die Schranke zwischen ›persönlichem‹ und ›öffentlichem‹ Text fällt also in jenem Moment, in dem die Plagiatserzählung erst einmal etabliert ist – und es steht nicht in der Macht des Beschuldigten, sie wieder aufzurichten. Auch und gerade er muss sich den Gesetzlichkeiten beugen, die der Ordnung plagiarischen Denkens eigen sind. Für eine Analyse dieser Gesetzlichkeiten und ihrer Herkunft ist es noch ein wenig zu früh; wir werden sie freilich alsbald vorliegen haben. Dazu werden allerdings noch einige weitere Fallstudien vonnöten sein.

Ein Fall für den Arzt

Die Causa Muther lässt es zur Gewissheit werden: Wir sind nun endlich dort angekommen, wo aus dem Plagiat das zu werden beginnt, für das wir es eigentlich von Anfang an gehalten haben, nämlich eine rege publizistische Diskussion über das Abschreiben von Texten ohne Nennung der Quelle. Uns gilt diese formalistische Definition des Plagiarismus heute immer noch als Norm, weswegen umgekehrt der uns geläufige Plagiatsbegriff auch ganz auf die feuilletonistischen Auseinandersetzungen des 20. Jahrhunderts zugeschnitten scheint.

Tatsächlich handelt es sich hierbei aber um eine nicht ganz ungefährliche Begriffsverengung, durch welche die moderne Plagiatserzählung nicht nur von den ihr vorausliegenden Plagiatskonzeptionen abgeschnitten, sondern in ihrer ganz spezifischen Erzähllogik auch undurchsichtig wird.

Um zu verstehen, was hier neu ist, muss man zunächst realisieren, dass es in Fragen der Definitionshoheit – also in der Bestimmung dessen, ›was ein Plagiat sei‹ – um 1900 zu Machtverschiebungen kommt. So wird zwar der Rechtsdiskurs, dem im 18. und 19. Jahrhundert ja eine dominante Rolle zukommt, immer noch vor lösbare und unlösbare Aufgaben gestellt: Auf der einen Seite gibt es immer noch Probleme mit dem internationalen Urheberschutz, da die Vereinigten Staaten der Berner Konvention nicht beigetreten sind und eigene Copyright-Gesetze eingeführt haben, was dazu führt, dass der amerikanische Literaturmarkt auf dem europäischen weitgehend ungehindert und ohne Entgelt plündern kann, wie es Schnitzler, »der bekannteste und bestohlenste Autor in Amerika«, erfahren muss.[12] Auf der anderen Seite erhält Deutschland am 19.6.1901 erstmals ein spezifisches Literatururhebergesetz, welches – im Gegensatz zum preußischen Gesetz zum Schutz gegen Nachdruck und Nachbildung – tatsächlich auch das Recht auf ›Werkbearbeitung‹ zu sichern versucht und dieses Recht 1906 dann auch in einem Gerichtsverfahren mitberücksichtigt.[13] Auch auf terminologischer resp. rechtstheoretischer Ebene tut sich etwas: Der Berliner Jurist Josef Kohler wagt sich 1907 in einer bemerkenswert an ästhetischen Gesichtspunkten orientierten Untersuchung an eine fundamentale Neudefinition des Autorrechts und definiert dieses als »ein Immaterialgüterrecht, d. h. ein Recht an einem außerhalb des Menschen stehenden, aber nicht körperlichen, nicht faß- und greifbaren Rechtsgute.«[14] Die juristische Verhandlungsbasis erneuert sich also; sie wirft den vermeintlich ideologischen Ballast der Vermischung von ›Persönlichkeit‹ und ›Sache‹ ab, entzieht das ›geistige Eigentum‹ sowohl dem Zugriff des Personen- als auch des Sachrechts, überstellt es ei-

---

12 Schnitzler hat dieser Missstand so nachhaltig beschäftigt, dass er zu dieser Frage ein 40-seitiges Dossier angelegt hat; vgl. Berlin: *Arthur Schnitzler's Unpublished Memoir.*
13 Erwartungsgemäß spielt sich dieses Verfahren nicht auf dem Gebiet der hohen Literatur, sondern im Unterhaltungsmilieu, nämlich im Revuetheater ab: Der französische Dramatiker Georges Feydeau hatte – im Verbund mit seiner Verlagshandlung – vor dem Landgericht Berlin Klage gegen den Berliner Schriftsteller Julius Freund eingereicht, in dessen Posse *Durchlaucht Radieschen* (1903) Feydeau eine unberechtigte Benutzung seines Stückes *La Duchesse des Folies-Bergère* (1902) sah. Wiewohl die Urteilsbegründung des Reichsgerichts einräumt, daß zweifellos eine »Übereinstimmung des Hauptmotivs vorhanden« sei, verweist sie letztlich auf die »völlige Verschiedenheit der Dialoge und eine wesentliche Verschiedenheit im Gange der Handlung und in den Nebenfiguren«, um schließlich festzustellen, dass Freunds Stück nach §§ 12 und 13 des Literatururheberrechtsgesetzes »als eine unter freier Benutzung des französischen Stückes hervorgebrachte eigentümliche Schöpfung angesehen werden müsse«, um die Klage (die bereits durch zwei Instanzen gegangen war) endgültig abzuweisen. Vgl. *Zu den Begriffen der »Bearbeitung« und der »freien Benutzung«*, 158ff.
14 Kohler: *Urheberrecht an Schriftwerken*, 1.

nem dritten Zuständigkeitsbereich und löst damit die alte Streitfrage erstmals einigermaßen zufriedenstellend. (Und dementsprechend bezeichnet ›Immaterialgüterrecht‹ bis heute noch ein eigenes Rechtsgebiet.)

Dennoch: Das juristische Narrativ zieht sich allmählich aus der öffentlichen Diskussion zurück, um gleichwohl als Drohkulisse hinter den Scharaden des Kulturbetriebs fortzubestehen. Die Moderne erhält ihr plagiarisches Gepräge indes nicht mehr auf dem Feld des Urheberrechts, sondern aus einer Rückwendung auf jenen ›Psychismus‹, den die Plagiatsdeutung des 17. Jahrhunderts ausgebildet und den die Romantik weiterentwickelt hatte. Für den Verkehr, die Kontrolle und die Austreibung literarischer Seelen ist nun im 20. Jahrhundert allerdings nicht mehr die Theologie zuständig – sondern die Medizin.

So ist es dann auch ein Mediziner, der jener abstrakten, geschichtsphilosophischen Denkform epigonaler Unoriginalität, die das 19. Jahrhundert durchzieht, als Therapeutikum ein ganz konkretes und mehrere Kilogramm schweres Monument des Plagiarismus entgegenhält: Der Anatom Paul Albrecht, wohnhaft in Hamburg, königlich preußischer Professor und Doctor med. et phil., veröffentlicht 1890/91 im Selbstverlag die ersten sechs einer auf insgesamt zehn Bände angelegten Untersuchung mit dem Titel *Leszing's Plagiate*. Ziel dieses Mammutunternehmens ist es,

> darzulegen, daß *eigen*hirnige Gedanken im Leszing überhaupt nicht vorkommen, daß alles, was uns an ihm gefällt, *fremd*hirniges Erzeugniss ist. Leszing ist mit einem Wort nicht Erzeuger eigener, deutscher, sondern Einführer fremder, nicht-deutscher Gedanken! Ja! Gäbe es eine Säure, die Plagiate auflöste, eigenhirniges Gut jedoch nicht angriffe, so ginge der ganze Leszing mit Hinterlassung einer werthlosen Leszinginoglie in Lösung![15]

15 Albrecht: *Leszing's Plagiate*. 3. Die eigentümliche Schreibweise von Lessings Namen erklärt Albrecht gleich auf der Titelseite mit dem Hinweis, dass »dies die ursprüngliche, einzig richtige, von Gotthold Ephraim

So schickt sich Albrecht auf den folgenden knapp 2500 Seiten an, Lessings lyrisches, prosaisches und dramatisches Werk in einem nie enden wollenden »Confrontationsabschnitt«, »einer Gegenfratzung des Angeklagten mit den herbeibefohlenen Belastungszeugen«, Zeile um Zeile zu sezieren und auf ausländische Vorlagen zurückzuführen.

Das avisierte Resultat wäre demnach die Wiederkehr der *klopé*-Literatur mit deutsch-nationalem Vorzeichen. Und tatsächlich: In punkto philologischer Gründlichkeit steht Albrecht den Bibliothekaren von Alexandria in Nichts nach. Wo immer sich Lessing auch eines französischen, englischen, schwedischen, italienischen, spanischen, griechischen, lateinischen, hebräischen oder gar deutschen Textes bedient hat, bringt Albrecht ihn zur Strecke; dass etwa sein *Phillis*-Lied von 1746 eine direkte Übersetzung eines Madrigals von Catherine Bernard (entstanden um 1690) ist,[16] das wissen wir nur dank Albrecht (ungeachtet dessen, was uns diese Information überhaupt wert ist). Freilich sind diese direkten Abhängigkeiten in Lessings Werk letztlich doch sehr überschaubar, man kann sie eigentlich an einer Hand abzählen. Das

---

selbst angewandte Schreibweise seines Familiennamens« sei. Vor allem aber lässt sich an ihr die – nach Albrecht – rein slavische Abstammung Lessings ablesen.

16 Ebd., 402f. Albrecht gerät ob dieses halbwegs originellen Fundes einigermaßen außer sich: »Die Schamlosigkeit, mit der Leszing seine Dichtungen stahl, lässt sich am klarsten an den beiden vorstehenden Liedern: »Phillis 1746« und dem Liede der Charitas in dem Lustspielfragment »Vor diesen!« [es handelt sich um dasselbe Lied] darlegen! Denn 1) stahl er dieses Lied, nachdem Weize [...] es bereits gestohlen hatte, 2) wagte er ein französisches Lied zu stehlen, das von Franzosen [...] bereits in Musik gesetzt war! 3) hatte er die Frechheit, es noch kurz vor seinem Tode in den Musenalmanach von 1780 [...] mit der Bemerkung aufnehmen zu lassen, dass er es bereits 1746 gemacht habe! Und seine Zeitgenossen, mit Ausnahme des Mitstehelers und Mitehlers Weize, merkten nichts hiervon! Mit welcher höhnischen Verachtung muss Leszing auf dies Ignorantenvolk seiner Feinde und Freunde herabgeblickt haben, das ihn ungestraft in solcher unglaublichen Weise stehlen liess, fürwahr, mit derselben höhnischen Lache, mit der ein nicht ertappter Dieb über die Polizei die Achseln zuckt!« (Ebd., 402 und 404)

Abb. 17 : Wahnsinn ...

3.
Grabschrift auf ebendenselben (d. i. einen Affen.)

Hier faulet Mimulus, ein Affe.
Und leider! leider! welch ein Affe!
<u>So zahm, als in der Welt kein Affe;</u>
<u>So rein, als in der Welt kein Affe;</u>
<u>So keusch, als in der Welt kein Affe;</u>
<u>So ernst, als in der Welt kein Affe;</u>
<u>So ohne Falsch.</u> O welch ein Affe!
Damit ichs kurz zusammen raffe:
Ein ganz originaler Affe.

Lessing, Sinngedichte, 56.
L. u. M., Bd. I, p. 15.

3.
in Cineam.

Thou, dogged Cineas, hated like a dog,
For still thou grumblest like a masty dog,
Compar'st thyself to nothing but a dog;
Thou say'st thou art as weary as a dog,
As angry, sick, and hungry as a dog,
As dull and melancholy as a dog,
As lazy, sleepy, idle as a dog.
But why dost thou compare thee to a dog
In that for which all men despise a dog?
I will compare thee better to a dog;
<u>Thou art as fair and comely as a dog,</u>
<u>Thou art as true and honest as a dog,</u>
<u>Thou art as kind and liberal as a dog,</u>
<u>Thou art as wise and valiant as a dog.</u>
But, Cineas, I have often heard thee tell,
Thou art as like thy father as may be:
'Tis like enough; and, faith, I like it well;
But I am glad thou art not like to me.

Sir John Davies, epigrams, XIX.
l. c., p. 357, col. 1.

4.
Der Wiederruf.
Velt und Polt.

Zum Henker! fluchte Polt zu Velten,
Muszt du mich einen Lügner schelten?
Zum Henker! fluchte Velt zu Polten,
Ich einen Lügner dich gescholten?
<u>Das leugst du, Polt, in deinen Hals,</u>
Das leugst du, als ein Schelm, und als ⸗⸗⸗
Ha! das hiesz Gott dich sprechen, Velten!
Denn Lügner lasz ich mich nicht schelten.

Lessing, Sinngedichte, 78.
L. u. M., Bd. I, p. 20.

4.
de duobus mendicantibus.

dvo mendicantes verbis rixabantur adeo, vt vnus alterum mentiri diceret, alter percussuro similis, pugnoque minitans (quoniam mendacium inuisum est Germanis, maximeque homines dehonestare creditur) dicis me mentiri? ait. ille verbera timens, negauit se dixisse. altero sæpius repetente, tu dixisti me mentiri. ille vero sæpius negando, tandem dixit, <u>tu mentiris ad os tuum, quod ego dixerim te mentiri.</u> ad quod alter, bene tibi profecto, quod non dixeris me mentiri, alioquin tibi os tuum contudissem, vt posthac nulli faceres.

Henricus Bebelius, facetiae, liber II.
l. c., p. 117.

Abb. 18a/b: … und Methode.

5. **An den Leser.**

Du dem kein Epigramm gefällt,
Es sey denn lang und reich und schwer:
Wo sahst du, dasz man einen Speer,
Statt eines Pfeils, vom Bogen schnellt?

<small>Lessing, Sinngedichte, 88.
L. u. M., Bd. I. p. 22.</small>

5. **De l'Epigramme Longve, ov Briefve.**

Alcandre, c'est ta passion.
Tu veux vne longue Epigramme,
Bien qu'elle soit digne de blasme,
Comme vne longue inscription.
D'vn seul coup elle fait sa bresche,
Ainsi que le traict d'vn archer.
As-tu iamais veu descocher
Vne pique au lieu d'vne flesche?

<small>Jean Ogier de Gombauld, Epigrammes, II, 11.
l. II c., p. 67.</small>

6. **Auf die Hütte des Irus.**

Vorbey verwegner Dieb! denn unter diesem Dache,
In jedem Winkel hier, hält Armuth treue Wache.

<small>Lessing, Sinngedichte, 104.
L. u. M., Bd. I, p. 26.</small>

6.

κερδαλέους δίζεσθε δόμους, ληϊστορες, ἄλλους·
τοῖςδε γάρ ἐστι φύλαξ ἔμπεδος ἡ πενίη.

<small>Ιουλιανος Aigyptios. anthologia Græca.
T., IX, 654.</small>

7. **Auf die Genesung einer Buhlerinn.**

Dem Tode wurde jüngst vom Pluto anbefohlen,
Die Lais unsrer Stadt nach jener Welt zu holen.
Sie war so alt doch nicht, und reizte manchen noch,
Durch Willigkeit und Scherz in ihr gemächlich Joch.
„Was?" sprach der schlaue Tod, der ökonomisch denket,
Und nicht, wie man wohl glaubt, den Wurfpfeil blindlings schwenket:
„Die Lais brächt' ich her? das wäre dumm genung!
Nein! Aerzt' und Huren — nein! die hol' ich nicht so jung!"

<small>Lessing, Sinngedichte, 119.
L. u. M., Bd. I, p. 29.</small>

7. εἰς τὴν Θεμίσωνος, τοῦ ἰατροῦ
ἀπαιδεύτου, ἴασιν.

ἰατρὸς Θεμίσων, ὁ κλινικὸς, ὁ πλατυλέσχης,
ἄρτι νόσοις ἐνόσει, καὶ λίαν ἀργαλέας.
καὶ νοσεῦντι ταμεῖν κακοπάρθενος Ἄτροπος
    ἤδη
νήματα τῆς βιοτῆς ἦν μὲν ἑτοιμοτάτη.
αἶψα δὲ τῆς Μοίρας, ὁ ἄναξ ἐνέρων, Ἀϊδωνεὺς
ἔσχεθε δεξιτερήν, καὶ τόδε φησὶν ἔπος·
Ἄτροπε, ζῆν ἔασον (ἡμῖν καὶ κέρδιον ὧδε)
τὸν πέμποντα λεὼν ἔθνεα εἰς ἀΐδος.

<small>Gilles Menage,
ποικίλων ποιημάτων ἐκλογή, τωθαστικά, 12.
l. c., p. 112.</small>

kümmert den Anatomen aber nicht; für ihn ist jede Spur, die ihn von Text zu Text führt, ein Beleg der plagiarischen Natur Lessings. Wenn also der Klosterbruder in *Nathan der Weise* (1779) dem Tempelherren entgegenhält »Wer viel weiß, / Hat viel zu sorgen«, dann bestiehlt er Albrecht zufolge Luthers Übersetzung von Prediger 1,17f.: »Denn wo viel Weisheit ist, da ist viel Grämens; und wer viel lehren muß, der muß viel leiden«;[17] wenn Lessing sein Lied *Die Beredsamkeit* (1751) mit den Zeilen »Freunde, Wasser machet stumm: / Lernet dieses an den Fischen« beginnen lässt, dann verdankt er diese Zeilen offenbar Friedrich von Logaus Sinngedicht *Liebe brennt* (1654), das da lautet: »Die Fische lieben auch; mag Wasser=Liebe brennen? / Kein Fisch bin ich/ vnd sie sind stum; wer wils bekennen?«[18] Oft sind Lessings Diebstahlskünste auch sehr beredt: Für sein 16-zeiliges Poem *Der Taback* (1747) soll er sich etwa unter anderem bei Johann Georgius Graeve, Garlieb Sillem, Julius Surland, Barthold Feind und Barthold Heinrich Brockes bedient und aus insgesamt 8 – natürlich vollständig angeführten – Gedichten abgeschrieben haben, wobei es sich nicht um ein wörtliches Abschreiben handelt, sondern eher um eine bisweilen ähnlich strukturierte Topik oder überhaupt um die Übernahme des Sujets ›Tabak‹.[19] Auf der anderen Seite hat Lessing für Albrecht selbst dort gestohlen, wo er nicht vernehmbar spricht. So stammen die in Klammern eingefügten Szenenanweisungen »erzürnt« und »nimmt sein muntres Wesen wieder an«, welche die emotionale Disposition des ›jungen Gelehrten‹ Damis (UA 1747) kennzeichnen sollen, angeblich aus Molières *L'avare* (1668).[20]

In dieser Weise setzt sich die ›Confrontation‹ fort. Ein Lessing'sches Plagiat, das kann beispielsweise auch ein Gedicht sein, das mit einem anderen Gedicht den Titel teilt, auch wenn es in Form und Inhalt mit diesem nichts zu tun hat

---

17 Ebd., 384f.
18 Ebd., 320f.
19 Ebd., 388–397.
20 Ebd., 670f.

(das gilt etwa für den *Tanzbär* (1753), dessen ›Original‹ Albrecht in Gellerts Fabeln (1746/48) entdeckt haben will).²¹ Es kann sich aber auch um ein Gedicht handeln, das aus der Verschmelzung eines Originals mit einem seiner – zugegeben: sehr unähnlichen – Plagiate entstanden ist. So hat etwa Lessings Epigramm *Auf den Tod eines Affen* (1753) mit Brockes Gedicht *Als sein Affe gestorben* (1744) zwar nur den Gedanken der ›Nachahmung des Sterbens‹ gemein und mit dem anonymen Molière-Nachruf *Sur le même* (1673) im Grunde gar nichts. Stellt man aber die drei Gedichte nebeneinander, so ergeben sich nach einiger Bedenkzeit gewisse Analogien im Ton (immerhin handelt es sich ja auch um drei Nekrologe), so dass wir es wohl mit einem »Paraplagiat eines Paraplagiates« zu tun haben.²² Albrechts detektivischer Spürsinn ist unbestechlich: Dem gemeinen Leser mag sich nicht erschließen, inwiefern das Verheimlichen eines Betruges (in *Der junge Gelehrte*) sich aus dem Bekanntmachen eines Betruges (in Christian Felix Weißes *Der Projektmacher* (1766) herleiten soll – Albrecht gibt bereitwillig Nachhilfe. Es handelt sich hierbei um ein »Plagio-Peplagiomenon: Während den Pareglis, Valer und Arist [aus *Der junge Gelehrte*], die Liebe über die Ehrlichkeit geht, geht den Ellas, Juliane und Isabelle [aus *Der Projektmacher*], die Ehrlichkeit über die Liebe.«²³ Am Ende stehen folglich

> mit unheimlicher Geschicklichkeit aus auf einander folgenden, von überall her entwendeten Flicken zusammengesetzte Flickendecken [...]! So besteht z. B. der junge Gelehrte [...] aus 107, Minna von Barnhelm aus 319, Misz Sara Sampson aus 436, Emilia Galotti aus 499, Nathan der Weise aus 340 an einander gehefteten Fetzen!²⁴

Man kann diese »Flickendecken« freilich auch anders wahrnehmen: nämlich als ein mit beträchtlichen Niveauschwan-

---

21 Ebd., 430f.
22 Ebd. 196f.
23 Ebd., 801.
24 Ebd., 3.

kungen durchsetztes wildes Durcheinander der Literaturgeschichte von Griechenland bis zur französischen Klassik, das sich in der rechten Spalte der ›Confrontation‹ versammelt, während in der linken Spalte Zeilen, Worte und Satzfragmente aus Lessings Werk nach einem eher rätselhaften Prinzip auftauchen, die oft auch von seitenlanger Leere unterbrochen werden, da die entsprechenden plagiierten Texte (Albrecht kann ganz gut Griechisch, deswegen spricht er lieber von den »Peplagiomena«) eben meist doch um vieles länger sind als das, was Lessing ihnen entnommen haben soll.

Was lernen wir nun daraus? Die zeitgenössische Kritik meint: gar nichts. Es handle sich bei Albrechts Plagiatsmonument um die Ausprägung einer »fixen Idee«,[25] um eine »sinnverwirrende Anklage«, man könne in ihm »einen Fastnachtsscherz, eine Ausgeburt des Wahnsinns« erblicken, bisweilen müsse »man aufs Hirn gefallen sein«, um Albrechts Beweisführung zustimmen zu können.[26] Natürlich wird man die spontane Neigung verspüren, diesem Urteil – auch in seiner ganzen Drastik – zuzustimmen. Zuvor bliebe allerdings zu fragen, was nach Abzug aller Detailbeobachtungen an Grundsatzkritik übrigbleiben kann, worin genau also Albrechts systematische Verfehlung liegt. Zweifelsfrei fügt sich seine Argumentation in das vorhandene Umfeld einer völkisch-antisemitischen Lessing-Philologie vom Schlage Eugen Dührings[27] und Sebastian Brunners[28] (von deren rassischen Implikationen sich Albrecht freilich zugleich distanzieren möchte[29]). Das wäre das ideologische Defizit, das von der Kritik zwar kopfschüttelnd zur Kenntnis genommen, aber eben nur im Verbund mit der strukturellen Problematik des

---

25 Schmidt: *Die Quellen der »Comischen Einfälle und Züge« Lessing's*, 469. Schmidt ist dennoch zweifellos stark um Albrechts Ehrenrettung bemüht, steht doch auch sein eigenes Vorhaben (nämlich die Quellenforschung am Detail der *Comischen Einfälle und Züge*) noch in dessen Linie.
26 Bobrzynski: *Zur literarischen Plagiatfrage*, 2 und 20.
27 Dühring: *Die Überschätzung Lessing's*.
28 Brunner: *Lessingiasis und Nathanologie*.
29 Albrecht: *Leszing's Plagiate*, 67ff.

Albrecht'schen Kompendiums deutbar wird. Das strukturelle Problem wird vonseiten der Kritiker Albrechts allerdings nie direkt, sondern nur indirekt ausgesprochen. Bobrzyński, der der Besprechung von *Leszing's Plagiate* über 30 Seiten widmet, liest sehr genau und mit einer bewundernswerten Kondition, und entsprechend gut gegründet ist sein Urteil. Allerdings kann auch er der Flut an Textfetzen immer nur das eine entgegenhalten: Die suggerierten Analogien links und rechts des Confrontationstrennstrichs seien ja keine Plagiate, denn man könne »uns nicht glauben machen […], daß Benutzung und Uebertragung fremder Vorlagen gleichbedeutend sei mit Plagiat«,[30] schon gar nicht, wenn

> oft ein loser Vers aus dem Context herausgegriffen und mit einem Citat confrontiert [wird], das ebenfalls aus dem Zusammenhang ausgerissen, in Wortklang mit dem ersteren zusammenstimmt, an seinem eigenen Platz aber einen durchaus geänderten Sinn haben mochte.[31]

Das leuchtet uns ein, ohne uns gleichwohl schlauer zu machen, denn tatsächlich setzt Bobrzyńskis Kritik einfach einen eigenen, etablierten und durch die bekannte Legitimationserzählung vom Eroberungsrecht des Genies[32] abgestützten Plagiatsbegriff gegen den von Albrecht, der bereits durch den Hinweis auf seine Absurdität als erledigt gilt.

Leider lässt sich das Plagiat aber eben überhaupt *nur qua absurdum* verstehen und insofern muss uns Albrechts Untersuchung hochwillkommen sein – denn sie bringt uns zu den Ausgangsfragen zurück. Nehmen wir Albrecht also für einen Moment ernst: Welchen Begriff hat er vom Plagiat? Folgen wir dem von ihm zusammengetragenen Beweis- und Vergleichsmaterial, dann lässt sich zweifellos konstatieren, dass Plagiate keine bestimmte Objektform haben, sondern grundsätzlich überall auftauchen können. Es gibt also keine festen

---

30 Bobrzyński: *Zur literarischen Plagiatfrage*, 9.
31 Ebd., 17.
32 Vgl. Kapitel VIII, S. 250ff.

Kriterien, nach denen zwei Texte legitim durch eine Plagiatserzählung verknüpft werden können oder auch nicht. Das einzige Kriterium, das die Plagiatserzählung wirklich interessiert, ist das Kriterium der Glaubwürdigkeit. Diese Allverfügbarkeit des Plagiats reflektiert Albrecht natürlich nicht, sondern er praktiziert sie einfach: Er benötigt dazu nicht mehr als einen Trennstrich und einen gewaltigen Textfundus, schon ergeben sich die Plagiate von alleine. Zweifellos trägt solch ein Gebilde Züge einer literarhistorischen Paranoia. Gerade deswegen darf es aber in diesem Fall einen gewissen Wahrheitsanspruch für sich reklamieren. Das Plagiat verfügt nämlich per se über eine paranoide Erzählstruktur – hierin besteht Albrechts unfreiwillige Entdeckung. Wer keine Sicherheitsvorkehrungen trifft und sich der Plagiatorik ohne einen vorgefassten ästhetischen, juristischen oder sozialen Filter nähert, der von vornherein einen Großteil der Beziehungen von Text zu Text aus dem Plagiatsdiskurs *ausschließt*, der muss zwangsläufig *überall* Diebe und Betrug wittern. Und genau das ist hier geschehen: Albrecht hat in den Abgrund einer plagiatorischen Literaturgeschichte geblickt und ist dabei in ihn hineingefallen. Somit kann seine Studie in der Tat nicht nur als »ein postmortaler Strafprocess«, sondern auch als »eine psychiatrische Studie« gelesen werden.[33]

Die Positionen haben sich im Laufe dieser Studie allerdings vertauscht: Albrecht ist nicht mehr der Arzt, der die deutsche Literatur von ihrer ›Lessingiasis‹ kuriert, sondern schon längst selbst der Patient, an dem die volle Symptomatik einer Infektion mit dem Plagiatsgedanken abgelesen werden kann. Während Albrecht also noch der Auffassung ist, er sei hier einem medizinischen Phänomen auf die Spur gekommen, nämlich einer »bis jetzt nicht erkannten und benannten psychischen Diathese«, die er als »Plagiomanie, als literarische Diebstahlswuth« bezeichnen will,[34] hat sich die plagiarische Energie bereits auf den Diagnostiker verschoben. Es verhält sich ja

33 Albrecht: *Leszing's Plagiate*, 5.
34 Ebd., 6.

nicht so, dass Albrecht seine Entdeckungen einfach zufallen. Vielmehr steckt hinter seinen ›Flickendecken‹ ein ungeheurer und eben schon krankhaft zu nennender Arbeits-, Zeit- und Geldaufwand. Wie Albrecht selbst berichtet, sah er sich gezwungen, um den größten Teil der plagiierten Werke zu beschaffen, »auf buchhändlerischem Wege […] in London, Paris, Madrid und Mailand eine grössere Anzahl derselben käuflich zu erwerben«, wobei er in »Bezug auf die englische Literatur […] auf diese Weise der Eigenthümer der auf dem Continente wohl ohne Zweifel grössten Bibliothek englischer Dramatiker geworden« sei.[35] (Und da viele der von Lessing bestohlenen Engländer »überhaupt für kein Geld mehr zu haben« sind, blieb Albrecht oft sogar nur »das letzte Mittel«, die erforderlichen Bücher im British Museum für sich abschreiben zu lassen.)

Der Plagiatsforscher ist hier von seinem Gegenstand folglich ganz ergriffen worden und wie jedem Psychotiker fehlt ihm die unmittelbare Krankheitseinsicht (was Albrecht von den Geschichtsneurotikern des 19. Jahrhunderts unterscheidet, die sehr wohl wissen, dass sie sich permanent in fremden Texten bewegen und gerade daran zu leiden beginnen). So entgeht ihm, dass er längst zum Sklaven eines unendlichen Verweisungssystems geworden ist, das ihn unter allmählicher Aufzehrung seines geistigen und finanziellen Vermögens immer neue Parallelen, Diebstähle, Ungerechtigkeiten erkennen und zusammentragen lässt. Solche Geschichten gehen selten gut aus und wenn wir ehrlich sind, entspricht es der Logik literarischer Paranoia, dass sie das von ihr heimgesuchte Subjekt mitsamt seinem Textgedächtnis irgendwann zersprengen muss: Am 14. September 1894 stürzt sich Paul Albrecht – den Zeitungsmeldungen zufolge im Zustand einer anwährenden geistigen Umnachtung – vom obersten Stockwerk seiner Hamburger Villa. Sechs Bände von *Leszing's Plagiaten* hatten dazu ausgereicht, der letzten vier bedurfte es nicht mehr.

---

35 Ebd., 5.

Die Pedanterie, der »wissenschaftliche Furor, alles zu anatomisieren und quetschenweise auf seine Herkunft mißtrauisch zu prüfen«,[36] führt somit letztlich zum Verlust aller wissenschaftlichen Kriterien, zur Auflösung scheinbar gesicherter Terminologie und zur Selbstzerstörung des Anatomen. Gerade *das* aber ist eine moderne Lektion: Die Wahrheit hinter den Worten ist eine furchtbare Sache, sie ist dem Menschen unerträglich, übersteigt und zersprengt seine Werteordnungen, seine Geschichte, sein Selbstbild. Solange man in der Lage ist, das Wesen des Plagiats begrifflich zu kanalisieren, es zu zergliedern und wie durch einen Schleier zu betrachten, bleibt man vor seinen zerstörerischen Kräften geschützt. Ist der Schleier aber erst einmal gefallen, dann wird klar, dass man es hier mit einer Kraft zu tun hat, die keine Einschränkungen kennt und die einen unmittelbaren Zugriff auf das Ich besitzt. Wer also das Plagiat für ein Delikt ansieht, das sich auf formaler Ebene eindeutig von Verfahren der ›Bearbeitung‹, ›Nachahmung‹, ›Übersetzung‹, ›Übertragung‹ etc. abgrenzen lässt und das zudem großzügige Ausnahmen in der Anerkennung von Genialität zulässt – der kann beruhigt schlafen. Wer aber – wie Albrecht – erst einmal zur Erkenntnis vorgedrungen ist, dass die Wege der Räuber *inwendig* verlaufen, zumeist unsichtbar bleiben und erst durch das sehende Auge der Ärzteschaft zum Vorschein kommen, der kann sich seiner selbst nicht mehr sicher sein. Denn wenn zwei Texte, die zeitlich, räumlich, inhaltlich und formal noch so weit voneinander entfernt sein können, sich durch bloße Gegenüberstellung im Handumdrehen in eine Diebstahlserzählung verwandeln, dann mag das dem Philologen zwar als eine Absurdität erscheinen. Es bleibt jedoch die rohe, ungefilterte Wahrheit des Plagiats: nämlich grundsätzlich *überall* auftauchen und sämtliches Eigentum in Raubgut verwandeln zu können.

---

36 Bobrzyński: *Zur literarischen Plagiatfrage*, 2.

Wo demnach zuvor die Rede vom Plagiat es sich nachgerade zur Aufgabe gemacht hatte, die Existenz eines legitimen ›Textbesitzers‹ zu beweisen, da steht nun am Ende aller Herkunftsrecherchen zwangsläufig der universale Plagiatsverdacht. Die Literatur als ökonomisch und rechtlich justierbares Objekt ist von allen Seiten bedroht und eigentlich permanent in Auflösung begriffen. Wer seine Berufung darin sieht, dieses Objekt zu retten, indem er alle Spuren verfolgt, um die literarischen Eigentumsverhältnisse wiederherzustellen, der lädt sich folglich die Last der Welt auf und muss an ihr irgendwann zerbrechen. Ob der untergründigen Beziehungen, die Texte miteinander zu unterhalten pflegen, kommt ihm sein Gegenstand, das literarische Eigentum, gerade in jenem Moment abhanden, in dem er ihn einzuholen versucht. An dessen Stelle erblickt er »das ungeheure Grausen [...], welches den Menschen ergreift, wenn er plötzlich an den Erkenntnissformen der Erscheinung irre wird«.[37]

Der Recitator Reichmann

Ein Lied davon singen kann gut 20 Jahre später auch der Prager Bankangestellte Oskar Reichmann, im Nebenberuf ›Recitator‹.[38] Am Abend des 27. Februar 1912 hat er auf der Straße den Prokuristen Franz Kafka angehalten und ihm seine Leidensgeschichte erzählt. Eigentlich habe er nur mit seinem Rezitationsprogramm beim örtlichen »Frauenfortschritt« auftreten wollen und sich daher an dessen Obmännin Jenny Durège-Wodnanski gewandt, mit dem Vorschlag, einfach Selma Lagerlöfs *Gutsgeschichte* (1899) dort vorzutragen, die er

---

37 Nietzsche: *Die Geburt der Tragödie* [1872], 28.
38 Die Identifikation des Recitators Reichmann mit Oskar Reichmann (1886–1934), einem Angestellten der Prager Gewerkschaftsbank, verdanke ich Anthony Northey, der mir seine Anhaltspunkte persönlich erläutert und in seiner Rezension der kritischen Ausgabe von Kafkas Tagebüchern (in: *Seminar* 28 [1992], 372) Reichmanns Identität auch erstmals angezeigt hat.

zum Gespräch auch gleich mitgebracht habe. Die Durège habe den Text entgegengenommen, den Lagerlöf-Vorschlag aber abgelehnt. Man habe sich statt dessen auf ein gemischtes Programm geeinigt. Hier bahnt sich nun etwas an:

> Um nun aber der Frau Durège von vornherein zu zeigen, was er eigentlich für ein Mensch ist, brachte er ihr das Manuscript eines Aufsatzes ›Lebensfreude‹, den er im Sommer dieses Jahres geschrieben hatte. Er hatte es in der Sommerfrische geschrieben, bei Tag stenographiert, am Abend ins reine gebracht, gefeilt, gestrichen, aber eigentlich nicht viel Arbeit damit gehabt, da es ihm gleich gelungen war. Er borgt es mir, wenn ich will, es ist zwar populär geschrieben, mit Absicht, aber es sind gute Gedanken darin und es ist betamt wie man sagt. (Spitziges Lachen mit erhobenem Kinn.) Ich kann es mir hier ja durchblättern unter dem elektrischen Licht. (Es ist eine Aufforderung an die Jugend nicht traurig zu sein, denn es gibt ja die Natur, die Freiheit, Goethe, Schiller, Shakespeare, Blumen, Insekten u.s.w.) Die Durège sagte, sie hätte jetzt gerade keine Zeit es zu lesen, aber er könne es ihr ja borgen, sie werde es ihm in ein paar Tagen zurückgeben. Er hatte schon Verdacht und wollte es nicht dort lassen, wehrte sich, sagte z. B. Schauen Sie Frau Durege warum soll ich es hier lassen, es sind ja nur Banalitäten, es ist ja gut geschrieben, aber – Es half alles nichts, er musste es dort lassen.[39]

Dass dies Folgen hat, dürfte jedem klar sein, der sich einmal ein wenig in Kafkas Texten umgesehen hat: Man gibt in dieser Welt Frauen nicht einfach so handgeschriebene Manuskripte, denn die Frauen dort – wie etwa die Schreibmaschinistin Felice Bauer – haben in der Regel Zugang zum öffentlichen Schriftverkehr und können somit das ›persönliche‹, für den privaten Gebrauch bestimmte Schreiben jederzeit in ein allgemein lesbares, gedrucktes, aber seiner Persönlichkeit entledigtes Schreiben verwandeln.[40] Wenn man das möchte,

---

39 Kafka: *Tagebücher*, 382–393, hier 385.
40 Vgl. hierzu in Kürze Friedrich A. Kittler: *Aufschreibesysteme*, 457–461; in extenso Wolf Kittler: *Schreibmaschinen, Sprechmaschinen*.

kann man sich dieser Frauen bedienen; möchte man das eigentlich nicht, dann ist man bedient. Und so schlägt der Recitator Reichmann am folgenden Sonntag das *Prager Tagblatt* auf und findet dort auf der ersten Seite der Unterhaltungsbeilage einen Aufsatz mit dem Titel »Das Kind als Schöpfer«. Nach der Lektüre der ersten Zeilen ist ihm klar: »Es ist sein Aufsatz, wortwörtlich sein Aufsatz.« Zunächst ist dies eine euphorische Feststellung, es ist ja »zum erstenmal etwas gedruckt«. Doch dann meldet sich der Verstand:

> Wie ist denn der Aufsatz in die Zeitung gekommen? Ohne seine Zustimmung? Ohne Namen des Verfassers? Ohne daß er Honorar bekommt? Das ist eigentlich ein Vertrauensmißbrauch, ein Betrug. Diese Frau Durege ist doch ein Teufel. Und Frauen haben keine Seele sagt Mohamet (oft wiederholt). Man kann es sich ja leicht vorstellen, wie es zu dem Plagiat gekommen ist. Da war ein schöner Aufsatz, wo findet man gleich einen solchen. Da ist also Frau D. ins Tagblatt gegangen, hat sich mit einem Redakteur zusammengesetzt, beide überglücklich, und jetzt haben sie die Bearbeitung angefangen. Bearbeitet mußte es ja werden, denn erstens durfte man ja das Plagiat nicht auf den ersten Blick erkennen und zweitens war der 32 Seiten lange Aufsatz für die Zeitung zu groß.[41]

Ganz wunderbar ist hier auf engstem Raum entfaltet, mit welcher Prozessualität Plagiatserzählungen in der Moderne entstehen und wo sie enden müssen. Am Anfang steht die Identifikation einer Drucksache als der »wortwörtlichen« Wiederkehr der eigenen Rede. Es folgt ein Raisonnement über die Mächte, die an dieser Wiederkehr beteiligt sind; natürlich sind das immer – wir sind da ja bereits geschult – die seelenlosen Geschöpfe. Und dann beginnt das eigentliche Problem: Das, was da gedruckt in der Zeitung vor mir liegt, ist mein Eigentum, meine Arbeit, mein gefeilter Gedanke – und ich weiß, dass es mein Gedanke ist, gerade weil man es ihm überhaupt nicht mehr ansieht. (Denn es gehört zur Strategie

---

41 Kafka: *Tagebücher*, 386.

der Plagiatoren, dass sie ihre Spuren gründlichst verwischen.) So wird auch der unter dem Laternenlicht belästigte Kafka bei seiner Suche nach etwaigen Parallelstellen nicht fündig: Reichmann »blättert, ohne zu finden und sagt schließlich, daß alles abgeschrieben sei.« Nichts ist zu vergleichen – alles ist gestohlen; die Grundformel der modernen Plagiatserzählung ist uns ja bereits von Albrecht her bekannt, und erneut müssen wir feststellen, dass diese Grundformel das Narrativ keineswegs banal ist, sondern eher alles schrecklich kompliziert macht. *Das Leid des Plagiierten ist ja eben nicht aufgesetzt, sondern echt*, und alleine das verleiht seiner Rede Authentizität. Er ist betroffen, er fühlt sich missbraucht, seine Seele hat man ihm genommen – natürlich liegt da ein Plagiat vor, man will es ihm gerne glauben und hilft ihm bei der Suche nach der Evidenz:

> Ich lese laut einige auffallendere Stellen aus der Zeitung. Kommt das im Aufsatz vor? Nein. Das? Nein. Das? Nein. Ja aber das sind eben die aufgesetzten Stellen. Im Innern ist alles alles abgeschrieben. Aber der Beweis wird, fürchte ich, schwer.[42]

Es gehört zur paradoxen Logik des modernen Plagiats, dass es auf der einen Seite am Text zwar keinen Halt mehr bietet, auf der anderen Seite aber eben nicht stumm bleibt, sondern mit dem Plagiierten auf seine Weise spricht, ihn verhöhnt. Auf der öffentlichen Ebene ist das Plagiat nahezu sprachlos, auf der persönlichen Ebene verhält es sich dagegen in ganz perfider Weise geschwätzig, wie der arme Reichmann feststellen muss. So hat bereits die neue Überschrift ›seines‹ Aufsatzes, »Das Kind als Schöpfer«,

> eine deutliche Beziehung zu ihm [...], denn man hat ihn früher für ein ›Kind‹ für ›dumm‹ gehalten [...] und will nun mit dem Titel sagen, daß er ein Kind etwas so Gutes wie den Aufsatz zustande gebracht hat, daß er sich also zwar als

---

42 Ebd., 387.

Schöpfer bewährt hat, gleichzeitig aber dumm und ein Kind geblieben ist, indem er sich hat so betrügen lassen.[43]

Aber nicht nur der gestohlene Aufsatz, nein, die gesamte Zeitung scheint von seiner Person zu zehren. Auf Seite 3 findet sich eine kleine Erzählung von einer gewissen Frau Feldstein (»Der Name ist offenbar Pseudonym«), deren Anfangszeilen man nur »überfliegen« muss, um sich zu vergewissern, »daß hier die Lagerlöf in einer unverschämten Weise nachgeahmt ist«, und zwar natürlich die berüchtigte *Gutsgeschichte*, die Reichmann der Frau Durège zur Lektüre übergeben hat, so dass dieser nun davon ausgehen muss, »daß ihn also beide Frauenzimmer eine auf der 1.) die andere auf der 3ten Seite der Unterhaltungsbeilage ausnützen.«[44]

Von hier ab gleitet die Episode dann ganz in die Kafka'sche Erzähllogik hinüber, und tatsächlich verhält es sich ja so, dass der Plagiierte, der sein Recht an der Literatur wiederherstellen will, die Handlungskonstellation, in der sich etwa ein Josef K. zweieinhalb Jahre später wiederfinden wird, en miniature vorwegnimmt. Im Schilderungsverlauf rückt der Fall Reichmann immer mehr in eine uns aus anderen Schriften Kafkas bereits bekannte Typologie ein: Auf der einen Seite steht der von Mutterfiguren umsorgte Junggeselle, der sich urplötzlich aus der ihm vertrauten Welt des Angestellten herausgerissen sieht, auf der anderen Seite liegt das dunkle System, in dessen Fänge man vorzugsweise über die Lockungen promiskuitiver Frauen gerät und dessen Verbindungskanäle und Hintermänner immer im Dunkeln bleiben. In jenem Moment, in dem man einmal in diesen Konflikt hineingeraten ist, gibt es kein Entkommen mehr, gerät auch das eigentliche Ziel – die Aufklärung der wahren Eigentumsverhältnisse – schnell aus dem Blick, um andere, scheinbar nachträgliche, tatsächlich aber vorgängige Problemlagen hervortreten zu lassen.

43 Ebd., 388.
44 Ebd., 388f.

Das Plagiat löst sich dabei von seinem primären Gegenstand, von Wort und Form, vollständig ab: Jemand übergibt, halb freiwillig, halb genötigt, einer anderen Person ein Manuskript und liest zwei Tage später in der Zeitung kein Wort von sich. Ausgesprochen ist also – nüchtern betrachtet – ein Nichtzusammenhang. Der geplagte Rezitator versieht diesen Sachverhalt freilich mit einem Hintersinn: Es *scheint* nur so, als ob hier nichts zusammenhängt, sich keine Verbindung zwischen der Samstagszeitung und seinem verliehenen Manuskript herstellen ließe. *Dass* es so scheint, das liegt daran, dass jemand dafür gesorgt hat, jemand, der ein Interesse daran hat, die universalen Verschwörungen zu verschleiern, die sich um Oskar Reichmann ranken. Klinisch können wir solch eine Vorstellung recht schnell dem Bereich der Wahnvorstellungen zuordnen und damit natürlich den Reichmann'schen Plagiatsvorwurf einfach unter der Rubrik ›krank und entschuldigt‹ abhaken. Doch tatsächlich wird es genau an dieser Stelle interessant: Das Plagiat erscheint hier, in Kafkas Aufzeichnungen, nicht als beiläufige Zutat der Paranoia, sondern – wie auch schon bei Albrecht – vielmehr als jene Struktur, *welche die Paranoia überhaupt erst erzählbar werden lässt.*

Richtig verstanden: Die Plagiatserzählung erweist sich als geradezu prädestiniert für die Aufgabe, jener Wirklichkeitsverkehrung, die das paranoide Subjekt erfahren hat, eine halbwegs plausible Ausdrucksform zu verleihen. Die Vorstellung, dass ›alles miteinander zusammenhängt‹ und dass das Ich in ebenjenen Zusammenhängen unterzugehen droht, muss letztlich beim Plagiat anlangen, denn dieses ist mit solchen Strukturen ja bestens vertraut. Es stiftet demnach dem Wahn die Gestalt der Enthüllungsgeschichte, die dementsprechend auch weitaus weniger über belanglose Aufsätze in Tageszeitungen als über die Ängste und Sehnsüchte ihres Erzählers zu sagen weiß. In der Konsequenz dieser psychopathologischen Camouflage liegt es natürlich auch, dass die Plagiatserzählung überhaupt keine Schranken mehr kennt, sie nicht in geregelten Bahnen verlaufen kann, sondern ihr Opfer unerbittlich durch die Welt, in die direkte Konfrontation mit seinen Widersachern treibt. So fällt Reichmann, wie er berichtet, in die Wohnung der Frau Durège ein (deren Ehemann bezeichnenderweise »ja bestimmt nicht zuhause« ist, wiewohl sie das Gegenteil behauptet) und sieht dort sein Manuskript liegen. Danach marschiert er direkt in die Redaktion des Tagblatts und ruft dort den Redakteur der Unterhaltungsbeilage heraus, wobei er überall sein sich stets wiederholendes »J'accuse« hinterlässt, dessen Begründung er gar nicht mehr mitliefert, denn er geht ohnehin davon aus, dass die Gegenseite bestens über ihn und seinen Aufsatz informiert ist. Mehr als das: Sie sabotiert auch Reichmanns Bestrebungen, seiner Plagiatserzählung Öffentlichkeit zu verschaffen:

> In der Bank läute ich sofort telephonisch die ›Bohemia‹ an. Ich will ihr die Geschichte zur Veröffentlichung übergeben. Es kommt aber keine rechte Verbindung zustande. Wissen Sie warum? Die Tagblattredaktion ist ja nahe bei der Hauptpost, da können sie vom Tagblatt aus leicht die Verbindungen nach Belieben beherrschen, aufhalten und herstellen. Und tatsächlich höre ich immerfort im Telephon undeutliche Flüsterstimmen offenbar von Tagblattredakteuren. Sie haben ja ein großes Interesse, diese telephonische Verbindung nicht zuzulassen. Da höre ich (natürlich ganz undeutlich) wie die einen auf das Fräulein einreden, daß sie die Verbindung nicht herstellen soll, während die andern schon mit der Bohemia verbunden sind und sie von der Aufnahme meiner Geschichte abhalten wollen.«[45]

Schließlich kommt Reichmann, nachdem er einmal »energisch mit dem Telephonfräulein« geredet und bei der Postdirektion mit Klage gedroht hat, doch noch durch; den von ihm gewünschten Redakteur Kisch erwischt er allerdings erst am Abend vor der Redaktion. Kisch lehnt die Veröffentlichung der Plagiatsgeschichte leider ab (denn »das wäre ein Skandal und den können wir nicht wagen, weil wir abhängig sind«) und verweist Reichmann wiederum an einen Advokaten, den er dann eben in Franz Kafka gefunden zu haben glaubt.

---

45 Ebd., 390f.

Dieser kann ihn aber lediglich besänftigen und ihm den Rat geben, seinen Originalaufsatz in einer anderen Zeitung zu veröffentlichen. Hierzu kommt es erwartungsgemäß nicht mehr – wie die Geschichte zu Ende geht, erfahren wir einige Tagebuchseiten später, in einem kurzen Einschub vom 11. März 1912: »Der Recitator Reichmann ist den Tag nach unserem Gespräch ins Irrenhaus gekommen.«[46]

Wie bereits angedeutet: Wer sich bei Kafka ein wenig umgeschaut hat, dem kommen diese Konstellationen und ihre Protagonisten bekannt vor: Er weiß um die Tücken der Weiblichkeit, die in den Nebenzimmern versteckten Männer[47] und auch um das Rauschen und Wispern in den Telefonleitungen.[48] Der Bericht über den Rezitator Reichmann fügt sich demnach nahezu paradigmatisch in Kafkas Gesamtwerk ein und ist, wie das für diese Aufschriebe grundsätzlich gilt, nicht von diesem zu trennen. Es wäre mühsam, über den Realitätswert dieser Begegnung zu spekulieren. Der analytischen Kraft, die Kafkas Tagebucheintrag hier in Bezug auf die Logik der modernen Plagiatserzählung entwickelt, tut dies keinen Abbruch. Mit Kafka ist zu fragen: Unter welchen Voraussetzungen allein kann es zum Plagiat kommen? Mit welcher Konsequenz muss sich die Klage über das Plagiat in den

---

46 Ebd., 400.
47 Etwa Herr Mack, der im *Verschollenen* (1912/14) den seltsamen Ringkampf zwischen seiner Braut Klara und Karl Roßmann im Nebenzimmer mitanhört (Kafka: *Der Verschollene*, 119).
48 Das gibt es ja mehrfach; so berichtet Kafka am 22./23. Januar 1913 Felice Bauer von einem Traum, in dem er an »einer Brücke oder einem Quaigeländer […] zwei Telephonhörmuscheln« vorfindet, »aber aus dem Telephon nichts und nichts zu hören bekam, als einen traurigen, mächtigen, wortlosen Gesang und das Rauschen des Meeres« (Kafka: *Briefe an Felice*, 264). An prominenter Stelle, nämlich im *Schloß* (1922), kehrt das Motiv dann wieder, denn dort vernimmt man in den Leitungen, die das Dorf mit dem Schloss verbinden, das »ununterbrochene Telephonieren« innerhalb des Schlosses »als Rauschen und Gesang«, und »dieses Rauschen und dieser Gesang [ist] das einzig Richtige und Vertrauenswerte, was uns die hiesigen Telephone übermitteln, alles andere ist trügerisch« (Kafka: *Das Schloß*, 116).

Wahnsinn hinein verselbständigen? Und welche Bedeutung kommt hierbei eigentlich der Tatsache zu, dass es sich bei dem »vollkommenen Narren« um einen »Recitator« handelt, also um eine Person, die sich ihr Zubrot mit den Texten anderer Leute verdient? Womöglich lohnt es sich doch, noch einmal einen Arzt zu konsultieren.

Plagiatorische Paranoia

Wenn wir uns an das »ungeheure Grausen« – ein Nietzsche-Zitat – erinnern, von dem wir oben im Zusammenhang mit Paul Albrechts ›Irregehen‹ an seiner nie enden wollenden Plagiatsjagd sprachen, so sind wir uns bisher womöglich noch nicht ganz im Klaren darüber gewesen, was unter diesem ›Grausen‹ eigentlich zu verstehen ist. Bei Nietzsche wehte das Grausen den Menschen aus den »Erkenntnissformen der Erscheinung« an, und gemeint war damit, dass dasjenige, vor dem es einen graust, zwar eine erkenntnisfähige Gestalt annimmt, in dieser Gestalt aber zugleich die Ordnungen sprengt, in denen sich Erkenntnis organisiert. Setzen wir diese Struktur des ›Grausens‹ nun in Bezug zum Wahnsinn der Herren Albrecht und Reichmann, dann wird uns schnell einiges klar. Wahnsinnig wird man nicht einfach so, also etwa dadurch, dass man sein Ich an eine ominöse orgiastische Energie verliert, an die dionysische Lebensglut oder an ein Geschöpf wie die Literatur, das sich wild und regellos nach allen Seiten hin vernetzt und ausbreitet.[49] Nein, wahnsinnig werden ist eine Kunstübung, wie Nietzsche deutlich macht: Es heißt nämlich, das Chaos zu sehen und gleichzeitig an die Ordnung zu glauben – genau diese Doppelstruktur zeichnet auch das unter den Worten verborgene Universalplagiat aus, das Albrecht Lessing und Reichmann/Kafka der Frau Durège anlasten. Es zerfällt letzten Endes in zwei Teile:

---

49 Im Gegenteil: Gerade die Orgiastik ist gar nicht plagiatsfähig, denn sie macht den Freien nicht zum Sklaven, sondern in ihr wird »der Sclave freier Mann«, wie Nietzsche weiß. (Nietzsche: *Die Geburt der Tragödie* [1872], 29)

a) in die Entdeckung der Literatur als eine potentiell alles mit allem zusammenschließende Kraft;
b) in den Versuch, diese Entdeckung in eine ›Erkenntnisstruktur‹ zu überführen, die sich an den Begriffen des ›Eigenen‹, des ›Anderen‹, des ›Eigentums‹ und des ›Diebstahls‹ orientiert.

Natürlich hält man das im Kopf nicht aus, aber das wissen wir ja schon. Hochinteressant sind indessen die Konsequenzen, die sich aus dieser Aufspaltung des Plagiats ergeben. Beide ›Plagiatshälften‹ stehen nämlich in einem komplementären Verhältnis zueinander: Ist die eine gemeint, dann zeigt sich die andere – und umgekehrt. Albrechts ›Confrontationsabschnitt‹ etwa zielt auf eine rigide nationalliterarische Eigentumsordnung – statt dessen zeigt sich die endlose Verflechtung der Literatur. Reichmann hingegen redet von der Verflechtung der Texte – doch die bleibt eben unsichtbar, selbst der Jurist Franz Kafka kann keine Beweise finden.

So manifestiert sich paradoxerweise in der modernen Plagiatserzählung immer genau das Gegenteil von dem, was eigentlich ausgesagt werden soll. Es ist diese Paradoxie, durch die sich das Plagiat zwischen 1890 und 1910 überhaupt erst zu einer psychopathologischen Erscheinungsform entwickeln konnte, in welcher der Plagiatsjäger als radikalster Vertreter des literarischen Grundbesitzes vom Verfolger zum Verfolgten wird.

In der Tat entspricht die diagnostische Gleichung, mit der wir sowohl Albrechts Werk als auch Reichmanns Episode beschreiben können, strukturell ziemlich genau derjenigen, die Freud 1910/11 für die Symptomatik der *Dementia paranoides* aufstellt.[50] Freud zufolge entstehen paranoide Strukturen

---

50 Freud: *Psychoanalytische Bemerkungen*. Bei dem »autobiografisch beschriebenen Fall« handelt es sich um den Senatspräsidenten des Oberlandesgerichts Dresden, Daniel Paul Schreber, der von 1894 bis 1902 in der Nervenheilanstalt Sonnenstein bei Pirna zwecks Behandlung einer paranoiden Psychose untergebracht war, dort sein ›System‹ literarisch aus-

vorzugsweise dadurch, dass ein Subjekt kontinuierlich Verfolgungsszenarien aufbaut, die niemals aufgelöst werden können, weil sich in ihnen *letztlich gerade das Gegenteil von dem ausdrückt, was sie zu bezeichnen versuchen*. Unverklausuliert: Paranoia entwickelt sich dann, wenn ein Mensch beginnt, sozial normierte Beziehungen homosexuell aufzuladen und sich vor dieser Aufladung dadurch zu schützen versucht, dass er diese durch die paranoide Erzählung überschreibt. Freud buchstabiert das folgendermaßen aus:

> Dem Satz ›Ich liebe ihn (den Mann)‹ widerspricht […] der Verfolgungswahn, indem er laut proklamiert: ›Ich liebe ihn nicht – ich hasse ihn ja.‹ Dieser Widerspruch, der im Unbewußten nicht anders lauten könnte, kann aber beim Paranoiker nicht in dieser Form bewußt werden. Der Mechanismus der Symptombildung bei der Paranoia fordert, daß die innere Wahrnehmung, das Gefühl, durch eine Wahrnehmung von außen ersetzt werde. Somit verwandelt sich der Satz »Ich hasse ihn ja« durch *Projektion* in den andern: ›Er haßt (verfolgt) mich, was mich dann berechtigen wird, ihn zu hassen.‹[51]

Am Anfang der Paranoia steht also die Furcht vor einer sexuellen Regression, vor dem Zusammenschluss mit einem eigentlich verdrängten Wunschobjekt, wobei der Wunsch als Verunreinigung empfunden wird und deswegen in sein Gegenteil verkehrt werden muss. Übertragen wir diese Formel auf das Feld der Literatur und ihrer Triebe, dann sind wir bereits mitten in der modernen Plagiatserzählung. Diese beginnt, wie gesehen, mit einer Reinheitsvorstellung. Bei Albrecht ist es das Phantasma einer vollständig eigenständigen

---

führlichst dokumentierte und seine Aufschriebe kurz nach seiner Entlassung unter dem Titel *Denkwürdigkeiten eines Nervenkranken* (1903) veröffentlichte. Für die Theorie des Paranoiden in der Moderne ist dieser Text einer der zentralen Bausteine geworden, nach Freud haben sich seiner unter anderen Roberto Calasso, Elias Canetti, Jacques Lacan sowie Gilles Deleuze und Félix Guattari eingehend angenommen. An dieser Stelle werden wir das vermeiden müssen.

51 Freud: *Psychoanalytische Bemerkungen*, 186.

deutschen Dichtung, die durch das Werk Lessings offensichtlich unterminiert, beschädigt wird; bei Reichmann/Kafka ist es die Geborgenheit des Ichs in der Obhut der Mutter,[52] die durch den literarischen Zugriff von seelenlosen Frauen (auch diese Wahnvorstellung gehört zum festen Arsenal des Paranoikers[53]) unwiederbringlich verloren geht. Nicht nur die europäische Vernetzung der deutschen Literaturgeschichte, nein: die Vernetzung der Literatur überhaupt erscheint im Horizont dieser Vorstellungen als eine unerträgliche Realität – und die Plagiatoren erscheinen wiederum als jene Figuren, in denen sich diese Realität inkorporiert.

Halten wir also kurz fest: Der plagiierte Paranoiker benutzt das Schlachtfeld der literarischen Oberfläche, die Konfrontation der Texte, lediglich als Anlass, um sich vor den verdeckten Verbindungen innerhalb des literarischen Gefüges überhaupt zu schützen und so nicht nur seine Identität als rechtmäßiger Eigentümer, sondern überhaupt die Möglichkeit des literarischen Eigentums zu erhalten. Für den nicht-pathogenen Leser stellen diese verdeckten Verbindungen kein allzu großes Problem dar, denn er hat im Zweifelsfall Kategorien und Kriterien zur Verfügung, mit deren Hilfe er das literarische Beziehungsgeflecht abstufen und einordnen kann. Er sieht große, kleine und keine Ähnlichkeiten, er erkennt, wo einem Vers oder einem Satz durch veränderte Kontextualisierung ein neuer Gedanke eingehaucht wurde, wo es sich um Koin-

---

52 Die Mutter ist diejenige, von der Reichmanns Selbstschätzung abhängt, sie ist die erste, der er voller Freude ›seinen‹ Aufsatz zeigt, und sie – wie Kafka das nicht ganz ohne Grund verdichtet – sie, die »alte Frau, sie ist zuckerkrank und vom Vater geschieden, der übrigens im Recht ist, ist so stolz.« (Kafka: *Tagebücher*, 386)

53 Freud: *Psychoanalytische Bemerkungen*, 187. Freud verbalisiert die erotomane Einbeziehung der Frauen in die Widerspruchsreihe des Paranoikers folgendermaßen: »Ich liebe nicht *ihn* – ich liebe ja *sie* – weil *sie mich liebt.*« Der homosexuellen Aufladung des sozialen Feldes wird also die heterosexuelle Aufladung gegenübergestellt, aber eben in ihrer Wirkungsrichtung verkehrt, so dass das Ich nicht als Frauensucher, sondern als Versuchter von Frauen erscheinen muss.

zidenzen handelt und wo Textanalogien einfach nur triviale Phänomene sind. Der Paranoiker aber hat hier keine Handhabe: Er sieht und wittert überall die Regression, den Identitätsverlust. Das Korpus der von ihm zusammengekauften Massen an Büchern erfasst ihn wie ein Sog, die Reihe der gegen ihn Verschworenen wächst ins Unermessliche, Fantastische. Für den Paranoiker ist die Welt der Literatur also emotional massiv besetzt, denn in ihr entscheidet sich die Frage von Selbstbehauptung und Selbstverlust – und dementsprechend erscheint es ihm auch unzweifelhaft, dass er am Ende, wenn er alle Bücher gelesen und alle Zeugen befragt haben wird, aus dem Konflikt als Sieger hervorgehen muss. Wir haben das bereits am Fall Muther beobachten können: Die Wahrheit der Plagiatserzählungen hängt nicht von Wort und Form ab, sondern vom Energieaufwand, den der Plagiatsjäger zu betreiben vermag. Ist dieser Energieaufwand groß genug, dann kann schließlich, irgendwann – so denkt er – das Einfallstor der ›fremdhirnigen Gedanken‹ ein für allemal geschlossen, die Erinnerung an die unersättlichen Frauen gelöscht und die Reinheit des Denkens wiederhergestellt werden.

Die Praxis, die zur Wiederherstellung dieses Zustandes führen soll, die Plagiatserzählung also, sagt freilich etwas ganz anderes. Tatsächlich sind es ja gar nicht die vermeintlichen Räuber, durch welche die literarische Besitzordnung ins Chaos gestürzt wird. Vielmehr liegt die Verantwortung für die heillose Vermischung des Eigenen mit dem Anderen allein bei denjenigen, die das Plagiat anzeigen: bei Albrecht, den Lessings ›Peplagiomena‹ bei seiner Reise durch die Bibliotheken dieser Welt auf Schritt und Tritt verfolgen – weil er sie dort alle selbst hineinprojiziert hat; bei Reichmann, der seinen ungedruckten Aufsatz in die Tageszeitung hineinliest, überall Anspielungen auf seine Person entdeckt und sogar den Missbrauch eines Textes, der gar nicht von ihm stammt, durch eine Zeitungsmitarbeiterin, die diesen Text angeblich »unverschämt nachgeahmt« hat, rekonstruiert und auf sich bezieht. Derlei Projektionsleistungen aber kennzeichnen gerade die besondere Leistungsfähigkeit des modernen Plagiatsbegriffs.

Natürlich ist er nun ein inkonsequenter Begriff, liegt ihm doch eine Spaltung zugrunde, die ihn dazu zwingt, dort, wo er (wie bei Paul Albrecht) das literarische Eigentum markieren möchte, ein Textchaos anzurichten, während er dort, wo er (wie bei Oskar Reichmann) gestohlene Texte verorten soll, gerade wieder nur das literarische Eigentum sichtbar wird. Gerade aus dieser Inkonsequenz heraus kommt aber dem Plagiatsbegriff in der Moderne eine besondere Signifikanz zu: ›Plagiat‹ – das bezeichnet fortan den Versuch, die untergründigen Kommunikationswege, *das Unbewusste der Literatur*, zugleich offenzulegen und zu leugnen.

Fließ und die gestohlene Bisexualität

Unsere kleine Spielerei hat uns somit zu dem Ergebnis geführt, dass die Plagiatserzählung als die adäquate Übersetzung der *Dementia paranoides* ins literarische Feld gelten kann – und tatsächlich wird sie von nun an immer wieder gemeinsam mit dem Komplex des Verfolgungswahns verhandelt. Betrachtet man sich die Theoriegeschichte der Paranoia, so mag uns diese Feststellung nicht allzu sehr verwundern. Wenn es auch zunächst so scheinen mag, als ob man die Strukturanalogien zwischen Plagiatserzählung und paranoidem Krankenbericht einer literaturwissenschaftlichen Konstruktion verdankt, so ist das Gegenteil richtig. Keineswegs muss der moderne Plagiatsbegriff erst mühsam aus der psychoanalytischen Deutung der Paranoia herausgearbeitet werden – vielmehr ist das paranoide System, wie Freud es erklärt, selbst aus einem Plagiatsfall hervorgegangen. So verdankt Freud den Gedanken, dass sich die Paranoia an eine nicht vollständige Ablösung der Libido von der homosexuellen Objektfixierung koppelt, nach eigenem Bekunden einer persönlichen Erfahrung, nämlich seiner Beziehung zu Wilhelm Fließ, durch den er »das Geheimnis der Paranoia verstehen gelernt« habe.[54]

---

54 Freud an Karl Abraham, 3.3.1911, in: *Sigmund Freud. Karl Abraham. Briefe*, 107f.

Fließ, von Berufs wegen Hals- Nasen- und Ohrenarzt mit Niederlassung in Berlin, unterhält ab 1887 eine intensive Korrespondenz mit Freud, dessen Vorlesungen über die Anatomie und Funktion des Nervensystems er im Rahmen eines Wien-Aufenthaltes gehört hat. Diese Korrespondenz gehört zur inneren Entstehungsgeschichte der Psychoanalyse: Die beiden Korrespondenten berichten sich gegenseitig über ihre neuesten Erkenntnisse auf dem Gebiet der Neurasthenie, tauschen Schriften aus, planen gemeinsam Projekte, empfehlen sich Patientinnen. Nicht allzu oft bekommen sie sich zu Gesicht, in der Hochphase ihres Austauschs zwei-, dreimal jährlich, doch die Beziehung bleibt lange Zeit stabil, wissenschaftlich produktiv und eng – so eng, dass Freud schließlich in analytischer Kühle von »homosex. Besetzung« sprechen wird,[55] die er für seine Seite konstatiert und auf der von Fließ voraussetzt. Für uns ist das freilich letztlich nur der psychoanalytische Aufhänger, ohne den wir nicht weiterkommen. Nehmen wir es also zur Kenntnis.

Fließ jedenfalls unterrichtet Freud ab 1895 zunächst in seinen Briefen, dann aber auch auf den hin und wieder anberaumten Arbeitstreffen, von den ungeheuerlichen Entdeckungen, die er in Zusammenhang mit seiner Studie *Die Beziehungen zwischen Nase und weiblichem Geschlechtsorgan in ihrer biologischen Bedeutung dargestellt* (1897) gemacht hat. Zum Ersten: Das Prinzip der 23- und 28-tägigen Periodizität, das wir in den Menstruationsdaten vorfinden, beherrsche alles lebendige Geschehen: Lebensdaten, Geburtenraten, Auftreten von organischen Symptomen etc. Zum Zweiten: Die Voraussetzung für die Wirksamkeit des periodischen Prinzips sei die jenseits aller geschlechtlichen Merkmale fortdauernde Bisexualität aller Lebensformen, einschließlich des Menschen.

Freud findet diese Entdeckungen nicht nur interessant oder glaubwürdig, sondern überwältigend. Sein eigener Durchbruch mit der *Traumdeutung* (1900) steht erst noch bevor, oft

---

55 Freud an Sándor Ferenczi, 6.10.1910, in: *Sigmund Freud – Sándor Ferenczi. Briefwechsel*, 313.

plagen ihn Selbstzweifel, und so scheint es ihm auch, als habe Fließ »das Welt- und Lebensrätsel« gefunden und »Denkerfolge [verzeichnet], wie man sie schöner nicht träumen konnte«; ja, es sei ihm bereits bei ihrer ersten Zusammenkunft die »Notwendigkeit aufgegangen«, Fließ »zu lieben«, um seinen »eigenen Lebensinhalt zu vermehren.«[56] Welcher Natur diese ›Mehrung‹ ist, darüber werden die Meinungen bald auseinandergehen. Tatsächlich übernimmt Freud die Annahme von einer ursprünglichen Zweigeschlechtlichkeit des Menschen als Grundvorstellung der Psychoanalyse und stellt die Tatsache, dass diese Idee ursprünglich auf Fließ zurückgeht, später auch immer wieder heraus. Dennoch verschuldet er sich ein einziges Mal an seinem Freund, und diese Schuld liegt in einem Vergessen. Die entscheidende Episode gibt Freud in seiner *Psychopathologie des Alltagslebens* (1901) kurz wieder – und analysiert sie natürlich:

> Im Sommer des Jahres 1901 erklärte ich einmal einem Freunde, mit dem ich damals in regem Gedankenaustausch über wissenschaftliche Fragen stand: Diese neurotischen Probleme sind nur dann zu lösen, wenn wir uns ganz und voll auf den Boden der Annahme einer ursprünglichen Bisexualität des Individuums stellen. Ich erhielt zur Antwort: ›Das habe ich dir schon vor zweieinhalb Jahren in Br. gesagt, als wir jenen Abendspaziergang machten. Du wolltest damals nichts davon hören.‹ Es ist nun schauerlich, so zum Aufgeben seiner Originalität aufgefordert zu werden. Ich konnte mich an ein solches Gespräch und an diese Eröffnung meines Freundes nicht erinnern. Einer von uns beiden mußte sich da täuschen; nach dem Prinzip der Frage *cui prodest?* mußte ich das sein. Ich habe im Laufe der nächsten Wochen in der Tat alles so erinnert, wie mein Freund es in mir erwecken wollte; ich weiß selbst, was ich damals zur Antwort gab: Dabei halte ich noch nicht, ich will mich darauf nicht einlassen.[57]

---

56 Freud an Fließ, 26.8.1898, in: Freud: *Briefe an Wilhelm Fließ*, 354.
57 Freud: *Psychopathologie des Alltagslebens*, 205.

Was Freud hier bündig entfaltet, ist der Aufstieg des Unbewussten zur unbezwingbaren Legitimationsebene geistiger Enteignung: Ich leugne die Originalität des Anderen, weil ich sie vergessen habe. Vergessen habe ich sie aber, weil es den unbewussten Wunsch gab, selbst das Original zu sein, worauf das Unbewusste den eigentlichen Entdecker einfach aus dem Gedächtnis gelöscht hat. Dieser Vorgang der unbewussten Verdrängung des geistigen Eigentümers wird natürlich, ist er erst einmal transparent gemacht und analysiert, auf den Originalität einfordernden Dieb zurückfallen, in diesem Fall also auf Freud selbst, der seine unbewussten Absichten reuig bekennt und Abbitte leistet. Fließ teilt diese Einschätzung allerdings nicht. Er hat diese Begebenheit – Zeugenaussagen zufolge[58] – ganz anders erlebt: In der Tat habe Freud ihm während ihres Treffens am Tiroler Achensee seine Originalität nehmen wollen. Zum einen sei es dabei allerdings nicht um die Entdeckung der Bisexualität, sondern um die Anwendbarkeit des Periodenprinzips auf einen psychoneurotischen Patienten Freuds gegangen. Zum anderen habe Freud aber auch sein Vergessen des Entdeckers nicht ganz so einsichtig reflektiert, wie er es selbst nahelege, sondern vielmehr habe er voller Rage Pläne verfolgt, Fließ in den Tiroler Bergen mit einem gezielten Stoß zu beseitigen, um Alleinbesitzer seiner Wahrheiten zu werden.

Dieser Vorfall – ja, wie nennt man so etwas eigentlich? Plagiazid? – bildet den Kern der sich mit kleiner Verspätung einstellenden paranoischen Plagiatserzählung. Wie zu erwarten, ist das Tiroltreffen der Freundschaft nicht gut bekommen; der Briefwechsel kommt im Grunde schon 1902 zum völligen Erliegen, Freud gestaltet seine Theorie der Psychoneurosen schließlich ohne die Fließ'sche Periodizitätsformel. Es scheint also, als ob die beiden nichts mehr miteinander verbindet – doch weit gefehlt: Zwei Jahre später, 1904, scheint Fließ neue

---

58 Peter Swales hat sich Fließ' Version dieser Episode durch mehrere Ohrenzeugen – Fließ' Freund Georg Heinitz, seine Tochter und seine Nichte – bestätigen lassen; vgl. Swales: *Freud*, insbesondere 311f.

Schüler bekommen zu haben. Freilich sind es ungewollte Schüler, die man in der Öffentlichkeit mit seinem Namen in Verbindung bringt: Hermann Swoboda und Otto Weininger. Swoboda veröffentlicht 1904 ein Buch mit dem Titel *Die Perioden des menschlichen Organismus in ihrer psychologischen und biologischen Bedeutung*, das direkt auf Fließ Bezug nimmt, ihn zitiert und von Fließ selbst zunächst auch überaus positiv aufgenommen wird.[59] Swobodas Studienfreund Otto Weininger ist zu diesem Zeitpunkt schon nicht mehr am Leben; er hat sich wenige Tage nach der Veröffentlichung seines monumentalen misogynen Œuvres *Geschlecht und Charakter* am 4. Oktober 1903 in Beethovens Sterbehaus in Wien im Alter von 23 Jahren öffentlichkeitswirksam erschossen. Bei der Lektüre von Weiningers Werk im Sommer 1904 – Swobodas Buch hat er da bereits angelesen und sich beim Verfasser für dessen Zusendung bedankt – findet Fließ aber sowohl seine Theorie der anwährenden Doppelgeschlechtlichkeit wieder als auch mehrfache Verweise auf Swoboda. Allein das wäre noch kein Drama, käme nicht hinzu, dass sich kurz zuvor, nach mehr als zwei Jahren Funkstille, auch Freud wieder bei Fließ gemeldet hat und in seinem Brief rein zufällig auf Swobodas Schrift zu sprechen gekommen ist, als »deren intellektuelle[n] Urheber [...] in mehrfacher Hinsicht« er sich selbst bezeichnet, wiewohl er von Swoboda selbst offenbar wenig hält und sich auf ein »besseres Material an Schülern« freut.[60]

Nun setzt sich für Fließ die Verschwörung zusammen: Freud kennt also Swoboda, Swoboda wiederum ist ein Freund von Weininger. Wenn sich also bei Letzterem der Gedanke der Bisexualität wiederfindet, dann kann er nur einen Weg genommen haben. Am 20. Juli, nachdem er auf die verräterischen Stellen in *Geschlecht und Charakter* gestoßen ist, schickt Fließ ein Telegramm an Freud und setzt diesem die Pistole auf die Brust:

---

59 Pfennig: *Wilhelm Fließ*, 61.
60 Freud an Fließ, 26.4.1904, in: Freud: *Briefe an Wilhelm Fließ*, 505f.

> Ich ersehe aus einem Zitat dort [d. i. in *Geschlecht und Charakter*], daß Weininger Swoboda – Deinen Schüler – gekannt hat [...] und höre hier, daß die beiden Männer Intimi waren. Ich habe keinen Zweifel, daß Weininger über Dich zur Kenntnis meiner Ideen gekommen ist und daß von seiner Seite ein Mißbrauch mit fremdem Gut getrieben wurde. Was weißt Du darüber?[61]

Die sich nun noch einmal kurz, aber in höchster Intensität entwickelnde Korrespondenz gehört zu den eindrucksvollsten Dokumenten der frühen Psychoanalyse, denn wunderbar lässt sich hier verfolgen, wie der Paranoiker den Analytiker in die Enge treibt, so dass dieser letztlich seine Waffen strecken, den Kranken in seiner Krankheit bestätigen muss. Nun also: Was weiß Freud über die Sache? Entscheidender als sein tatsächliches Wissen ist die Art und Weise, mit der er dieses Wissen kommuniziert. Letztlich passt sich Freuds Kommunikationsstrategie nämlich geradewegs den Erwartungen an, die der um sein geistiges Eigentum sich betrogen wähnende Fließ zeitgleich entwickelt. Freud gibt immer nur so viel zu, wie er muss, und ›verplaudert‹ sich dann bei der nächsten Gelegenheit, so dass Fließ sich in seiner Vorstellung, dass hier ein von langer Hand vorbereiteter geistiger Diebstahl vertuscht werden soll, zwangsläufig bestätigt sehen wird. Zunächst einmal gibt Freud Fließ Recht: Auch er sieht in Weininger einen »Einbrecher [...] mit einem gefundenen Schlüssel«, der ihm wohl von Swoboda zugespielt worden sei. Dieser, Swoboda, sei nun allerdings doch nicht – wie Freuds erster Brief es nahegelegt hatte – sein Schüler, sondern vielmehr nur sein Patient gewesen, und da, wie Freud nebenbei bemerkt, die Theorie von der Bisexualität bei ihm mittlerweile »in jeder Kur zur Sprache kommt«, habe Swoboda sie wohl dort aufgeschnappt und Weininger mitgeteilt. »Weininger schlug sich darauf auf die Stirne und lief nach Hause, sein Buch niederzuschreiben.«[62] So einfach funktionieren Wissenstransfers.

61 Fließ an Freud, 20.7.1904, in: Ebd., 508.
62 Ebd., 509.

Eigentlich scheint die Sache damit erledigt und Freud halbwegs aus der Schusslinie. Doch nun konfrontiert ihn Fließ mit einer neuen Information. Der Kinderarzt Oscar Rie, Fließ' Schwager und ein Bekannter Freuds, habe ihn beiläufig wissen lassen, dass nicht nur Swoboda, sondern auch Weininger selbst direkten Kontakt zu Freud gehabt habe, genauer: dass Weininger Freud sein Manuskript zur Einsicht gegeben habe, worauf Freud ihm von einer Veröffentlichung abgeraten habe, »weil der Inhalt Unsinn wäre.«[63] Da Freud diesen Vorfall zuvor nicht erwähnt habe, scheine Ries Information allerdings wohl »irrtümlich« gewesen zu sein, schreibt Fließ – wohlwissend, dass sich Rie ganz und gar nicht geirrt hat. Im Antwortbrief muss Freud dann, ganz offenkundig entgegen seiner ursprünglichen Absicht,[64] nun auch den Weininger-Kontakt zugeben, und damit ist Fließ' Wahnsystem auf ganzer Ebene bestätigt. Alles fügt sich nun zusammen. Freuds Neid, seine Distanzierung von Fließ' Entdeckung bei gleichzeitiger Nutzung der Theorie in der Therapie, der Mordversuch vom Achensee, das vorläufige Verschweigen der Beziehungen zu Swoboda und Weininger – kein Zweifel: Freud steckt hinter der ganzen Affäre. Eine vertrauensvolle Kommunikation ist hier folgerichtig nicht mehr möglich, sie nutzt nicht – mehr als ›j'accuse‹ bliebe nicht zu sagen. Freud weiß, was die Stunde geschlagen hat und verlässt nun die persönliche Ebene. Erst jetzt beginnt er, über Sinn und Zweck geistigen Eigentums zu räsonieren: Nein, er habe Weininger damals nicht auf Fließ' Ideenprimat hinweisen müssen,

> denn der Dieb kann ebenso wohl behaupten, es sei sein eigener Einfall; auch lassen sich Ideen nicht patentieren. Man kann sie zurückhalten – und tut sehr gut daran, wenn man

---

63 Fließ an Freud, 26.7.1904, in: Ebd., 510.
64 Freud an Fließ, 27.7.1904: »Ich sehe, daß ich Dir mehr Recht lassen muß, als ich ursprünglich wollte, denn es frappiert mich selbst, daß ich vergessen, wie sehr ich mich über den Schüler Swoboda beklagt, daß ich den Besuch Weiningers bei mir übergangen, den ich doch nicht vergessen.« (Ebd.)

— 583 —

In eigener Sache.

Die beiden untrennbaren Hauptgedanken dieses Buches: die zwiefache Periodizität aller Lebensvorgänge und die dauernde Doppelgeschlechtigkeit der Lebewesen, sind — und zwar jeder besonders — von zwei jugendlichen Wiener Doktoren angeblich ebenfalls entdeckt und schleunigst veröffentlicht worden.

Der inzwischen verstorbene Otto Weininger hat die dauernde Bisexualität, Hermann Swoboda das periodische Geschehen für sich reklamiert. Beide Autoren waren miteinander aufs innigste befreundet und hatten Zutritt zu ein und derselben Quelle: dem Prof. Sigmund Freud in Wien.

Mit Freud stand ich jahrelang in freundschaftlichem Verkehr. Ihm habe ich alle meine wissenschaftlichen Gedanken und Keime rückhaltlos anvertraut. Daß wirklich über ihn meine Ideen zu Weininger und Swoboda gelangt seien, hat er mir auf eindringendes Befragen selbst zugestanden. Freilich erst nachdem beider Publikationen längst erfolgt waren.

Die genaue und kritische Darlegung dieses Falles hat der Berliner königliche Bibliothekar Dr. Richard Pfennig in der Schrift „Wilhelm Fließ und seine Nachentdecker Otto Weininger und Hermann Swoboda"*) mit aller wünschenswerten Ausführlichkeit gegeben. Es spricht hier ein Historiker und Mathematiker von Fach, dem wir die schöne Arbeit über die Prioritätsfrage zwischen Lagrange und Arbogast verdanken.**)

Berlin, im November 1905.

W. F.

---

*) Berlin, Emil Goldschmidt 1906.
**) „Wer hat zuerst die Analysis von der Methaphysik emanzipiert?" Erschienen in der Festschrift für August Wilmanns. Leipzig, Otto Harrassowitz 1903.

Abb. 19: Das psychoanalytische Komplott ist enttarnt.

auf seine Priorität Wert legt. Hat man sie von sich gelassen, so gehen sie ihren eigenen Weg.[65]

Das ist nun eine ganz andere Argumentationsebene: Wir kennen die Formel vom ›Wissen als Sermon‹ ja bereits bestens und wissen um ihre Grundlagen und Konsequenzen. Im gegebenen Zusammenhang spielt das von Freud aufgerufene Paradigma allerdings überhaupt keine Rolle mehr, denn für Fließ ist es nur mehr das Feigenblatt, mit dem der schließlich ertappte Verschwörer seine Schuld zu verdecken versucht. Merke: Ist es erst einmal eine psychiatrische Erzählung geworden, so ist das Plagiat einer im Stile der Aufklärung geführten Grundsatzdiskussion über die Ökonomie des Wissens nicht mehr zugänglich. Freuds Ablenkungsmanöver geht erwartungsgemäß ins Leere – auf diesen Brief antwortet Fließ bereits nicht mehr.

Das, was nun noch folgt, ist an anderer Stelle, nämlich bei Erik Porge,[66] en detail wunderbar nachzulesen; wir wollen uns daher mit einer Kurzfassung begnügen. Es kommt, was kommen muss: Fließ geht an die Öffentlichkeit und denunziert die Verschwörer, zunächst im Nachwort seiner Schrift *Der Ablauf des Lebens* (1906), das mit »In eigener Sache« überschrieben ist und anzeigt, dass über Freud, dem Fließ seine »wissenschaftlichen Gedanken und Keime rückhaltlos anvertraut« habe, die »beiden untrennbaren Hauptgedanken dieses Buches: die zwiefache Periodizität aller Lebensvorgänge und die dauernde Doppelgeschlechtlichkeit«, zu Weininger und Swoboda gelangt seien, wie Freud ihm »auf eindringendes Befragen selbst zugestanden« habe.[67] Das ist freilich nur der Auftakt zu einer Jahre, nein: Jahrzehnte andauernden Litanei, in deren Verlauf Fließ insgesamt drei weitere Male »In eigener Sache« schreiben wird – und immer wieder wird es die gleiche Sache sein: seine Priorität in Fragen der Bisexualität.

65 Ebd.
66 Porge: *Schöne Paranoia*.
67 Fließ: *Der Ablauf des Lebens*, 583.

Zum zentralen Dokument in dieser Affäre avanciert die 1906 erschienene Abhandlung *Wilhelm Fließ und seine Nachentdecker Otto Weininger und Hermann Swoboda*, die Fließ bei dem Berliner Bibliothekar Richard Pfennig in Auftrag gibt. Formuliert wird dort die Anklage des zweifachen Plagiats.[68] Swoboda habe sich an der Periodizitätslehre vergriffen, Weininger an der Bisexualitätsthese, orchestriert habe das Ganze Freud. Zum Beweis veröffentlicht Pfennig Auszüge aus Freuds Briefen, die im Lichte der Anschuldigungen einen Geständnischarakter erhalten. Freud ist die Sache nicht angenehm und er mobilisiert seinerseits Bürgen: Magnus Hirschfeld und Wilhelm Stekel, die in mehreren öffentlichen Einlassungen zum einen Freuds Hochachtung für Fließ bezeugen, zum anderen die Vorgehensweise Pfennigs verurteilen. Dazu gibt es dann wiederum eine Replik des Fließ-Freundes Georg Heinitz. Es folgt der Auftritt von Swoboda, der Pfennig und Fließ einen Verleumdungsprozess anhängt und im Mai 1906 seine Broschüre *Die gemeinnützige Forschung und der eigennützige Forscher* drucken lässt, in der er die medizinisch-biologische Entdeckung der ›Bisexualität‹ zweifelsfrei Fließ zuerkennt, zugleich aber deutlich macht, dass zwischen dem bloßen Gedanken und der systematischen Ausgestaltung große Unterschiede beständen, und Letztere eben zuerst von ihm und Weininger geleistet worden sei. Fließ wiederum lässt sich auf solche Diskussionen schon gar nicht mehr ein. Ihn interessiert nicht die Plagiatstheorie, sondern nur noch die Plagiatserzählung, die er in einer weiteren Broschüre[69] (die wiederum Pfennigs Abhandlung in weiten Teilen gleicht) detailreich weiter auszukleiden weiß. Immer wieder langt er im Zuge dessen bei Freud an, immer mehr ›Beweise‹ gegen den alten Freund kommen zum Vorschein, die Fließ nonchalant den an ihn gerichteten Briefen Freuds entnimmt und einfach

---

68 Für Porge stellt diese ›Verdoppelung‹ den inwendigen Bezug zwischen Fließ' Plagiatsverständnis und seiner Bisexualitätstheorie dar; es ergeben sich hierbei einige sehr schöne Pointen, nachzulesen ebd., 110–114.
69 Fließ: *In eigener Sache*.

abdruckt – was im Hinblick auf die Frage des ›Worteigentums‹ durchaus aufmerken lässt. In den Tageszeitungen kocht daraufhin die Affäre weiter; zugleich schaltet sich mit Heinrich Pudor nun noch jemand ein, der seinerseits die Entdeckung der Bisexualität für sich reklamiert und die Frage aufkommen lässt, ob Fließ nicht selbst wiederum bei ihm gestohlen habe.[70] Erst nachdem Swobodas Verleumdungsklage im Oktober 1906 vom Berliner Gericht in Gänze abgewiesen wird (mit der Begründung, dass jeder Wissenschaftler befugt sei, »wirkliche oder seiner Überzeugung nach vorhandene Plagiate aufzudecken« – diese Formulierung, die Karl Kraus eine nur »nach deutschem Strafgesetz« mögliche »Ungeheuerlichkeit« nennt,[71] darf man sich merken), schwindet auch das Interesse der Öffentlichkeit an der Affäre. Fließ wird sie indessen bis an sein Lebensende beschäftigen.

Die Bedeutung dieser Episode für die weitere Geschichte des Plagiatsdenkens ist kaum zu überschätzen. Die Auseinandersetzung zwischen Freud und Fließ stellt eine Zäsur dar, denn erstmals wird das Plagiat hier vor großem Publikum als eine Krankengeschichte entzifferbar. Die bereits angeführte psychoanalytische Begründung, die Freud später für Fließ' Verhalten geben wird, ist wieder ein Gerücht unter Spezialisten; die Erzählung selbst aber ist ein öffentliches Ereignis, und wer auch immer in irgendeiner Zeitung vom Fall Fließ gelesen hat, der wird von dort ab das Plagiat immer mit der Klammer des ›Verfolgungswahns‹ denken müssen. (Den Begriff

---

70 Pudor: *Bisexualität*.
71 Vgl. *Die Fackel* vom 7.1.1907, 23f. Kraus echauffiert sich insbesondere über die Berichterstattung des *Neuen Wiener Journals*, das die Abweisung der Klage unter dem Titel »Plagiataffaire Weininger« in der Plagiatsfrage als einen »vernichtenden« Schuldspruch gegen Swoboda und Weininger gedeutet hatte. Kraus, an den sich Freud in dieser Angelegenheit schon im Januar 1905 ratsuchend gewandt hatte, sieht die Reputation der beiden Wiener vom Gerichtsurteil unberührt und hofft zugleich, dass »das schäbigste Diebsblatt der Welt […] den Bericht über diese Affaire gestohlen« hat, denn für »einen Originalartikel – selbst des ›Neuen Wiener Journals‹ – ist er zu kompromittierend blöd.«

führt erst Swoboda in die Debatte ein, er wird dort allerdings sehr schnell heimisch und bei Freuds Parteigängern – etwa eben bei Kraus – schließlich zum Synonym für die Plagiatserzählung.) Es handelt sich dabei um eine ansteckende Krankheit, die sowohl den Plagiator als auch den Plagiierten als auch das gesellschaftliche Umfeld, in dem sich beide bewegen, infiziert. Wer immer auch vom Plagiat spricht, der bekennt, dass er in irgendeiner Weise der Logik des Plagiarismus angehört – von nun an muss er damit rechnen, dass man ihn als Opfer eines Wahnsystems wahrnimmt, dass man also seine Worte in einer paranoischen Verteidigungs- oder Angriffsrede verortet. (Denn auch derjenige, der sich gegen den Vorwurf des Plagiats zur Wehr setzt – wir erinnern uns an den Fall Muther – muss zwangsläufig die paranoischen Denkstrukturen übernehmen.) Und so verfolgt man zwar weiterhin die Wanderbewegungen innerhalb der Literatur, die oberflächlichen und die untergründigen. Es wäre falsch, ganz falsch, sie zu leugnen – aber noch problematischer ist es jetzt, sie zu benennen. So leicht etwa ließe sich über diese Dinge reden:

> Ein jeder ist ein Teil vom Schicksal andrer,
> Die vor ihm waren und die um ihn gehen,
> Die auch nur einmal, eilge Weiterwandrer,
> Den Weg ihm kreuzend, flüchtig bei ihm stehen.
>
> Sie kommen, kommen ohne Zweck und Sinn,
> Entfernen sich mit leichtem Wanderschritt.
> Sie bringen alle etwas zu ihm hin.
> Sie nehmen alle etwas von ihm mit.[72]

Im Januar 1912, da ist der Rezitator Reichmann gerade noch gesund, schreibt Alfred Lichtenstein dieses Gedicht und gibt ihm in seinen Heften den Titel »Die Plagiatoren«. Gedruckt wird es am 14. Oktober 1912 in der *Welt am Montag*; eigens zu diesem Zweck hat Lichtenstein den Titel freilich in »Begegnungen« abgeändert, was der Kommentar als eine »Aus-

---

72 Lichtenstein: *Die Plagiatoren*, 36.

drucksmilderung« bezeichnet. Tatsächlich wird hier aber nichts ›gemildert‹, sondern recht deutlich aufgezeigt, unter welchen Bedingungen man im öffentlichen Raum noch über Plagiate sprechen kann, ohne sich dort sofort eine Diagnose abzuholen: unter der Hand.

Die Aufladung literarischer Beziehungen mit persönlicher Verantwortung ist also gefährlich, Räuber und Beraubte sind in gleichem Maße verdächtig geworden. Das, was man ›Plagiat‹ nannte, findet nun in weiten Teilen Unterschlupf in einer anderen Sphäre – und wer sich vor den desaströsen Folgen von Plagiatserzählungen retten will, belässt es am besten auch dort: »Sie gehn morgen hin und sagen, daß Sie diesmal noch unbewußte Beeinflussung annehmen wollen«, gibt der Prokurist Kafka dem armen Rezitator Reichmann mit auf den Weg.[73] Ein hellsichtiger Ratschlag: Wer Freud verstanden hat, der weiß, dass dort, *im Unbewussten*, die Worte miteinander verkehren, ohne dass sich irgendwelche Eigentümer dagegen erklären könnten. Sich diesen Verkehr bewusst zu machen und ihn zu akzeptieren, das wird man künftig als eine ›gesunde‹ Auffassung betrachten. Ein ganzer Zweig, man möchte sagen: der Hauptzweig moderner Literaturtheorie – das reicht von den Surrealisten bis in die Medientheorie des 21. Jahrhunderts hinein –, wird Plagiatserzählungen in diesem Sinne als eine Fehlinterpretation von Prozessen begreifen, die sich im ›Es‹ abspielen und für die es demzufolge auch keinen Verantwortlichen mehr geben kann. Das wäre aber nun ein doch recht lächerlicher Beschluss unserer Literaturgeschichte. Zum Glück gibt es noch Leute, die den Psychiater meiden und sich dafür dann doch lieber beim Klauen erwischen lassen. Reichlich davon.

---

73 Kafka: *Tagebücher*, 392.

XII. Geschichten aus der Produktion

Der Superdelinquent

Mit Blick auf das zurückliegende Kapitel mag der Eindruck aufkommen, dass das Plagiat in der Moderne zu einem Phantasma verkommen ist, dem bevorzugt pathologisch zu bewertende Subjekte verfallen. Es ist tatsächlich nicht von der Hand zu weisen, dass sich quer durch das 20. Jahrhundert gewisse Kontinuitäten in dieser Richtung beobachten lassen. Ebenso wenig aber lässt sich leugnen, dass die Pathologisierung der Plagiatsdebatte immer auch eine Entschuldungsfunktion wahrnimmt: Sie hält die Justiz fern. Solange das Plagiat eine Krankheit bleibt, braucht es den Arzt und nicht den Richter, und umgekehrt hat der, welcher den Richter scheut, im Zweifelsfall immer auch die Möglichkeit, sich zum Patienten zu erklären.

Vor dieser Wahl steht 1926 auch der einsame Rekordhalter in der Kategorie ›öffentlich überführter Plagiator‹: der uns heute meist nur noch als Villon-Übersetzer bekannte expressionistische Dichter und Publizist Paul Zech. Gerüchte laufen um, denen zufolge Zechs 1925 im *Berliner Tageblatt* veröffentlichtes Prosastück *Sommerliche Landschaft* in großen Teilen Alfred Putzels Erzählung *Fliegender Sommer. Aus den Papieren des Goswin Krell* (1922) gleicht. Die Redaktion hat bereits bei ihm nachgefragt, Zech weiß von nichts. Nur wenig später, am 8. Juni 1926, ereilt ihn aber schon die nächste Hiobsbotschaft in Form einer Notiz in der Abendausgabe der *Frankfurter Zeitung*:[1] Ein alter Bekannter, Robert R. Schmidt, mit dem zusammen Zech 1913/14 die Zeitschrift *Das neue Pathos* herausgegeben hat, bittet dort »um Veröffentlichung folgender Zuschrift«:

---

[1] Ganz unvorbereitet trifft ihn diese Nachricht freilich nicht: Schmidts Annonce in der *Frankfurter Zeitung* ist letztlich der Nebeneffekt einer einstweiligen Verfügung, die Schmidts Anwalt nach gescheiterten Verhandlungen mit Zech veranlasst hat.

Im ersten Kriegswinter schrieb ich eine Novelle, die ich dem mir damals befreundeten Schriftsteller Paul Zech kurz nach dem Kriege auf seine Bitte um Ueberlassung von Material hin zuschickte. Ich erhielt das Manuskript nicht zurück. Im Jahre 1925 erschien im Verlag von J.H.W. Dietz Nachf. (Berlin) eine Novelle von Paul Zech, betitelt: ›Die Geschichte einer armen Johanna‹. In diesem Buch ist mein Manuskript zum größten Teile wörtlich, teilweise mit geringfügigen Aenderungen und Einschiebungen abgedruckt. Aufbau, Idee und Stil sind durchweg übernommen. Gegen Schluß findet sich eine Erweiterung um etwa ein Viertel, ohne daß darin eine neue Konzeption liegt. Der Schluß selbst ist wieder wörtlich abgeschrieben. Ich lasse die Frage offen, wie diese befremdliche Sache entstanden ist. Da die Novelle für mich jedenfalls einen Affektionswert besitzt, und da ich beabsichtigt hatte, sie demnächst in der Folge einer bereits begonnenen Bücherreihe erscheinen zu lassen, muß ich Wert darauf legen, sie öffentlich als mein geistiges Eigentum zu bezeichnen.[2]

Zech bestreitet auf Anfrage der Zeitung »entschieden, ein Novellenmanuskript des Herrn Schmidt für meine Erzählung ›Die Geschichte einer armen Johanna‹ teilweise oder ganz verwendet zu haben.«[3] Der Redaktion liegen indessen beide Texte vor – beide erzählen den Weg eines Mädchens aus verarmten Verhältnissen in die Prostitution. Man vergleicht – und findet tatsächlich »seitenlange wörtliche Uebereinstimmungen«. Urteilen mag die Zeitung dennoch vorerst nicht:

> Ob durch einen fast unbegreiflichen Gedächtnisfehler Zech das Schmidtsche Manuskript nach jahrelanger Aufbewahrung für sein eigenes gehalten hat? wird eine der wichtigsten Fragen des zu erwartenden Prozesses sein. Denn andererseits ist es fast ebenso unbegreiflich daß ein Schriftsteller von den Fähigkeiten Zechs sich bewußt der Abschreibung schuldig machte. Vielleicht bringt der Prozeß die Erhellung.

2 *Frankfurter Zeitung*, Abendblatt, vom 8.6.1926.
3 Ebd.

Zech hat also die Wahl – unschuldiger Trottel oder fähiger Literaturdieb. Ein Trottel will er aber nicht sein, auch dann nicht, als der schriftstellernde Naturheilkundler Friedrich Wolf sich als Einziger auf seine Seite schlägt und eine gespaltene Persönlichkeit für die gedoppelte Erzählung verantwortlich machen will:[4] Es sei wohl gar nicht »so undenkbar, daß ein Dichter die Beute seines anderen Ichs ist, von dem er selbst subjektiv nichts weiß«.[5] Die Öffentlichkeit überzeugt Wolfs Rede vom »psychologischen Rätsel« Zech allerdings nicht wirklich, erst recht nicht, nachdem in der Zeitschrift *Das Tagebuch* nun auch noch Richard Huldschiner die längst ausstehende Textkonfrontation von Zechs *Sommerlicher Landschaft* und Putzels *Fliegendem Sommer* vorgenommen[6] und Zech in diesem Fall des Plagiats überführt hat, worauf Zech – finanziell ohnehin bereits in Schwierigkeiten – umgehend seinen Mitarbeiterposten beim *Berliner Tageblatt* verliert.[7] Das per Verlagentscheid vor aller Öffentlichkeit und per Redaktionsnotiz bestätigte erste Plagiat (im Fall Putzel) untermauert sodann aber die Wahrscheinlichkeit des zweiten Plagiats (im Fall Schmidt). Dabei geht völlig unter, dass Schmidts Zivilklage gegen Zech selbst durchaus fragwürdige Momente besitzt, denn für eine Verletzung des Urheberrechts spricht in dieser Angelegenheit ja nur der Umstand, dass das von Schmidt zur Beweisführung herangebrachte

---

4   Eine ähnliche Strategie wurde Zech wohl durch Stefan Zweig unterbreitet und durch Zechs zweite Frau Hilde Zech van Holl umgehend zurückgewiesen: »Nein, lieber Herr Dr. Zweig, nachdem Paul Zech durch einen Teil der ihm missgünstigen Presse so tief in den Schmutz getreten ist wie kein Autor zuvor […], kann er sich jetzt nicht auch noch der Lächerlichkeit preisgeben. Eine Lächerlichkeit von grösstem Ausmass wie es, wollte er jetzt, nachdem er die Angriffe der Presse ohne Erwiderung über sich ergehen liess, plötzlich hintreten und aussagen: ›aber gewiss, ich habe Herrn Schmidt bestohlen, ich habe aber in einem Dämmerzustand gehandelt. […].‹« Abdruck des Briefes in: Zweig/Zech: *Briefe 1910–1942*, 292.
5   Wolf: *Eine mögliche Erklärung des Falles Paul Zech*, 1611f.
6   Huldschiner: *Lyrik auf Anleihe*.
7   *Berliner Tageblatt* vom 8.10.1926.

Manuskript in weiten Teilen mit Zechs Erzählung übereinstimmt – was von Zech auch nicht bestritten wird. Zech behauptet aber offensichtlich, dass dieses Manuskript gar nicht von Schmidt, sondern von ihm selbst stamme und bietet Schmidt an, sein Buch sofort zurückziehen, falls dieser sich dazu bereiterklären sollte, auf seine Verfasserschaft einen Eid abzulegen.[8] Schmidt wiederum fordert von Zech ein öffentliches Plagiatsbekenntnis und droht mit Strafanzeige. Weder das eine noch das andere tritt indes ein; es kommt zu einer außergerichtlichen Einigung, bei der Zech allerdings den (Ruf-)Schaden davonträgt, verpflichtet sich doch sein Verlag im Rahmen dieser Einigung dazu, in jedem noch verfügbaren Exemplar der *Geschichte einer armen Johanna*[9] einen Vermerkzettel anzubringen, auf dem darauf hingewiesen wird, »daß größere Teile der *Geschichte einer armen Johanna* einem Manuskript von Robert R. Schmidt nachgebildet worden sind.«[10]

Das ist ein deutliches Signal nach außen. Zech, psychisch offensichtlich bereits heftig angeschlagen,[11] gerät nun vollends in die Defensive. Unter der stetigen Zunahme des öffentlichen Drucks entwickelt er die uns bekannte plagiarische Paranoia, in deren Deutungshorizont es »nicht so sehr auf die Sache selbst« (also: auf das Delikt des Textdiebstahls), sondern vielmehr »auf die Personen« ankommt, »die dahinter stehn und auf die Kreaturen, die im Hintergrund die Direktiven ge-

---

[8] Wir entnehmen diese Einzelheiten dem erwähnten Brief Hilde Zechs an Stefan Zweig – natürlich muss man mit solchen Informationen vorsichtig umgehen.
[9] Dazu ist anzumerken, dass die Erzählung sowohl in einer Ausgabe für den *Bücherkreis* (nummeriert und nicht für die Öffentlichkeit bestimmt) als auch in einer regulären Verlagsausgabe bei J.H.W. Dietz als zweiter Band des Prosakomplexes *Stiefkinder Gottes* gedruckt wurde. Nach meinen Recherchen findet sich besagter Vermerkzettel nur in der für den öffentlichen Verkauf bestimmten Ausgabe.
[10] Vgl. Abbildung 1.
[11] Hilde Zech erwähnt gegenüber Zweig einen Suizidversuch mit Veronal.

ERKLÄRUNG:

Bei Drucklegung des Werkes ist übersehen worden zu bemerken, daß größere Teile der „Geschichte einer armen Johanna" einem Manuskript von Robert R. Schmidt nachgebildet worden sind.

Abb. 20: Für die einen ein Verlagsvermerk, für die anderen ein Steckbrief.

ben«, wie er es Zweig gegenüber formuliert.[12] Die Identität dieser Verschwörer ist dabei nicht wirklich entscheidend; Zech sieht in der gegen ihn laufenden Kampagne vor allem eine strukturelle Macht am Werke, die das, was er getan hat (und auch längst nicht mehr bestreitet), in ein Deutungsmuster presst, das er für zutiefst inhuman hält:

> Wenn ich silberne Löffel stehle um mir Brot dafür zu kaufen, handle ich nach bürgerlichem Begriff unmoralisch, vor meinem Gewissen aber bestimmt nicht. Und das gibt mir auch die Kraft, mein eigenes Gesetz zu vertreten.[13]

Es geht also hier um ›bürgerliche‹ Rechts- und vor allem Eigentumsvorstellungen, gegen die Zech seine ›eigenes Gesetz‹ in Stellung bringen möchte und die er damit zur Disposition stellt. Dieser Gedanke – die Abschaffung des Plagiats als De-

---

12 Paul Zech an Stefan Zweig, 30.12.1926, in: Zweig/Zech: *Briefe 1910–1942*, 137.
13 Ebd.

likt durch die Etablierung antibürgerlicher Rechts- und Wirtschaftformen – wird im Laufe unseres Kapitels noch eine gewisse Prominenz erlangen; Zech wird hierbei allerdings keine Rolle spielen, denn er spielt diese Karte nicht aus systematisch-poetologischen Überlegungen, sondern aus der blanken Argumentationsnot heraus.

Man kann oder muss Zech an einem gewissen Punkt vielleicht sogar verstehen, denn im Zuge seiner Stigmatisierung als Plagiator ist er mittlerweile vollends unter die Räder des Literaturbetriebs geraten: Dieser spricht zwar in Anbetracht der Schmidt-Affäre sein Bedauern aus und reicht Zech die rechte Hand zur Versöhnung[14] – während er mit der linken bereits einen Brief hervorzieht, den Zech 1916 als das Vermächtnis des gerade verstorbenen belgischen Lyrikers Emile Verhaeren in der *Vossischen Zeitung* veröffentlicht und der sich im Nachhinein als Fälschung herausgestellt hatte. Man erinnert sich nun sehr gerne wieder an diese Geschichte, denn mit ihr lässt sich vortrefflich am Phantombild eines pathologisch kriminellen Literaten basteln, in das sich 1928/29 noch der wunderbar versponnene Fall des angeblich genialisch dichtenden Schlossers und Psychiatrie-Insassen Karl Piehowicz einfügt, in dessen Verlauf Zech erst die Urheberschaft an einem in der *Fackel* veröffentlichten Gedicht für sich beansprucht, nach einem öffentlichen Textabgleich und dem Auftauchen des tatsächlichen Verfassers Michael Gesell aber einräumt, dass »er sich bei seiner ersten Angabe auf sein Gedächtnis verlassen habe, und ihm jetzt, beim Vergleichen des Manuskriptes mit den von Gesell für sich reklamierten Versen, die unbedingte Ähnlichkeit unwesentlicher erscheine.«[15]

---

14 »Ein Mann von literarischem Namen ist durch die Kette dieser Vorfälle eingefangen und gerichtet. Um diesen Mann ist es schade; daß er gestolpert und gefallen ist, mag er mit sich ausmachen, mag es durch ein Werk wettmachen; das Bedauern aller, die den tollen Sturm der Zeit vorüberwirren mag spüren, ist ihm sicher ohne den schiefen Blick der Pharisäer.« (*Die Literatur* 29 [1926/27], 184)

15 Vgl. *Zum Fall Piehowicz*. Leider ist diese Angelegenheit mittlerweile völlig in den Annalen der Literaturgeschichtsschreibung verschwunden;

Der Superdelinquent 431

Zechs Renommée ist zur Gänze ruiniert. Offiziell gilt er nun als »Träger eines Sammelnamens, unter dem schon alles Mögliche und vieles Wertvolle erschienen ist«;[16] aus dem deutschen Schriftstellerverband wird er wegen der Plagiatsvorfälle ausgeschlossen, sowohl in Erwin Straniks Betrachtung *Über das Wesen des Plagiats*[17] als auch in Paul Englischs zeitnah erscheinenden »Plagiat«-Rundschauen[18] erhält er seinen festen Platz. Es schließt sich am Ende sogar noch eine ganz neue Variante literarischer Veruntreuung an: Die Berliner Stadtbibliothek entlässt Zech im März 1933 aus ihren Diensten – vermutlich, weil er seine Stellung als Hilfsbibliothekar zu massivem Bücherdiebstahl missbraucht hat.[19]

Zech, in den 1910er Jahren noch ein vielgerühmter Lyriker, wird in der Folge also nur noch als literarischer Superdelinquent lesbar. Daran ändert auch seine Emigration nach Argentinien 1933 nichts, denn auch den dort angeblich vorgefundenen und von ihm nacherzählten indianischen Legenden haftet sofort der Ruch der deutschsprachigen Vorlagen an, die Zech abgekupfert hat.[20] Im Angesicht einer derart geballten plagiarischen Energie kommen wir in Erklärungsnotstände. Das Entsetzen und das Mitleid (in der Reihenfolge), mit dem wir auf Zechs schriftstellerische Vita blicken, muss nach einem kurzen Moment der Besinnung allerdings der Frage weichen, wie sich jemand derart ungeschickt anstellen kann. Offen gesagt: Wer nur die Wahl hat zwischen Psychiatrie und

---

nachlesen sollte man ihn bei dem in diesem Fall Hauptdüpierten Karl Kraus: *Aus Redaktion und Irrenhaus*, und *Aus Redaktion und Irrenhaus oder Eine Riesenblamage des Karl Kraus*.

16 *Die Fackel* 800–805 (1929), 99.
17 Stranik: *Über das Wesen des Plagiats*, 505.
18 Paul Englisch: *Plagiat! Plagiat! Eine Rundschau*; die stark erweiterte Fassung dann unter dem Titel: *Meister des Plagiats oder Die Kunst der Abschriftstellerei*.
19 Vgl. Kasties: ›Leben bei einem Ende und vor einem Anfang‹, 33.
20 Darauf hingewiesen hat Spitta: *Paul Zech im südamerikanischen Exil*, 251f.; bei den Vorlagen handelt es sich maßgeblich um Theodor Koch-Grünberg: *Indianermärchen aus Südamerika*, und Wilhelm Rohmeder: *Die schwarze Blume. Märchen, Fabeln, Legenden argentinischer Indianer*.

Gerichtssaal, der entscheidet sich vielleicht doch nicht immer für die Psychiatrie – und wer permanent im Gerichtssaal der Literatur sitzt, hätte damit zumindest nachgewiesen, ansonsten noch ganz bei Trost zu sein. Das wäre in der Tat ein plausibles Erklärungsmodell für Zechs masochistische Sucht, beim Diebstahl erwischt zu werden. Vielleicht hätte ihm jemand sagen sollen, dass einem des Plagiats Beschuldigten neben Psychiatrie und Gerichtssaal inzwischen ein weiterer Verhandlungsort zur Verfügung stand: das Kollektiv.

Material

Im Jahre 1929 verlegt sich die Wiener Germanistin Marianne Thalmann, ihres Zeichens Romantikexpertin, auf ein neues Forschungsobjekt: das Werk des deutsch-jüdischen Erfolgsschriftstellers Jakob Wassermann und seine Quellen. Ganz originell ist das zu diesem Zeitpunkt schon nicht mehr: Vier Jahre zuvor hat der amerikanische Literaturwissenschaftler Arpad Steiner bereits darauf hingewiesen, dass die erste von drei Erzählungen in Wassermanns Zyklus *Der Geist des Pilgers* (1923), betitelt *Das Gold von Caxamalca*, ausgiebig Anleihen bei der *History of the Conquest of Peru* (1847), einem zweibändigen Standardwerk des Historikers William H. Prescott nimmt.[21] Natürlich: Letzteres ist ein (narrativ sehr aufgeladenes) Geschichtswerk und Ersteres eine Geschichtsfiktion – ein Unterschied, dem Wassermann dadurch Rechnung trägt, dass er die Gegensätze zwischen naturverbundenen Inkas und goldsüchtigen Conquistadores rousseauisch auflädt (Steiner entdeckt da »communistic features«), den letzten Inkaherrscher Atahuallpa sich nicht taufen und infolgedessen nicht erdrosseln, sondern verbrennen lässt und auch zwei nicht überlieferte Episoden (Atahuallpas Rettung seines Halbbruders Curacas und das Ahnenmal des zum Tode Verurteilten) einflicht. Der Rest aber ist nah an der Vorlage, viel zu nah, wie

21 Steiner: *William H. Prescott and Jakob Wassermann*.

Steiner befindet: Nicht nur, dass Wassermanns Erzählung sich doch recht genau am Plot der Prescott'schen Darstellung entlanghangle – sie sei ›zu zwei Dritteln‹ nichts weiter als eine wörtliche Übersetzung Prescotts, insbesondere das dritte Kapitel bestünde nahezu vollständig aus Zitaten. Die Beispiele, die Steiner anführt, sprechen tatsächlich Bände; zitieren wir zur Veranschaulichung eines. So wird der Einritt der Spanier in Caxamalca bei Prescott folgendermaßen geschildert:

> As he drew near, no one came out to welcome him, and he rode through the streets without meeting with a living thing or hearing a sound except the echoes sent back from the deserted dwellings of all the tramp of the soldiery.[22]

Bei Wassermann lautet die entsprechende Passage dann:

> Niemand trat aus den Häusern uns zu begrüßen, wie wir es von den Gegenden an der Küste gewohnt waren. Wir ritten durch die Strassen, ohne einem lebendigen Wesen zu begegnen und ohne einen Laut zu hören außer den Hufschlägen der Pferde und ihrem Echo.[23]

Von ›Abhängigkeiten‹ etc. muss man hier sicherlich nicht lange reden, und Wassermann hat seine Nutzung der Vorlage auch umgehend öffentlich eingeräumt; die Erzählung, so Wassermann, sei ursprünglich nicht zur Veröffentlichung bestimmt gewesen, sondern »als Studium für einen großen Kulturroman unternommen« worden.[24] Wir haben es demnach mit Vorarbeiten zu tun, oder, sprechen wir das Wort ruhig aus: mit importiertem, umetikettiertem amerikanischen Rohmaterial. Dass der Grad der Verarbeitung dieses Materials zu wünschen übrig lässt, gibt Wassermann freimütig zu – nicht ohne allerdings gleichzeitig herauszustellen, dass es »in bestimmten Partien nicht mehr auf das Wort« angekommen sei,

---

22 Prescott: *History of the Conquest of Peru*, 394.
23 Wassermann: *Der Geist des Pilgers*, 13f.
24 Stranik (*Über das Wesen des Plagiats*, 501), zitiert wörtlich aus der Stellungnahme Wassermanns in einer ›Berliner Tageszeitung‹, ohne diese freilich genauer zu verorten.

»sondern auf den Rhythmus dieses Vorganges, der das innere Wachsen der Hauptfigur zu bewirken hatte.«[25] Das Verdienst Wassermanns läge dann also einzig und allein in der Herausarbeitung eines in der Vorlage angelegten Figurenpotentials, und so unscheinbar diese Differenzierung sich in diesem Fall auch ausnehmen mag: Sie deutet auf eine literarische Praxis hin, die die Verwertung fremder Textbestände im poetischen Verfahren nicht nur gutheißt, sondern zunehmend auch propagiert und ihre eigentliche Hauptaufgabe folgerichtig in der *narrativen Reorganisation bzw. Rekontextualisierung* des herbeigeschleppten Materials sieht.

Dieses Prinzip der ›Materialarbeit‹, das sich zwischen den Kriegen nicht nur in der Literatur, sondern auch und gerade in der bildenden Kunst entwickelt und ausbreitet, besitzt unterschiedliche Intensitätsgrade. In seiner subtileren Ausprägung finden wir es etwa in der Form der ›Wissensreferate‹ im Werk Thomas Manns wieder: in den Zwölftonmusikabhandlungen im *Doktor Faustus* von 1947 (die zum größten Teil aus Schönbergs *Harmonielehre* von 1911 stammen[26]); in den lebensphilosophischen Exkursen Settembrinis im *Zauberberg* von 1924 (ein Text, der sich überhaupt aus einem ganzen Materialienstapel speist und eine nahezu unerreichte Zitations-

---

25 Ebd.
26 Mann hatte sich bekanntlich nach einer öffentlichen Empörung Schönbergs, der in Prioritätsfragen keine Gefangenen machte, dazu verpflichtet, im Buch auf dessen Zwölftonsystem hinzuweisen. Herausgekommen ist dann allerdings nur jene kleine Notiz, die wir heute als Nachwort des Romans lesen dürfen (und die Schönberg ganz und gar nicht befriedigt hat): »Es scheint nicht überflüssig, den Leser zu verständigen, daß die im XXII. Kapitel dargestellte Kompositionsart, Zwölfton- oder Reihentechnik genannt, in Wahrheit das geistige Eigentum eines zeitgenössischen Komponisten und Theoretikers, Arnold Schoenbergs, ist und von mir in bestimmtem ideellem Zusammenhang auf eine frei erfundene Musikerpersönlichkeit, den tragischen Helden meines Romans, übertragen wurde. Überhaupt sind die musiktheoretischen Teile des Buches in manchen Einzelheiten der Schoenberg'schen Harmonielehre verpflichtet. Thomas Mann«. (Mann: *Doktor Faustus*, 677)

dichte besitzt[27]); aber auch jenseits der Fiktionalität, beispielsweise in den *Betrachtungen eines Unpolitischen* (1918), die unmarkiert fremde Texte integrieren, insbesondere dort, »wo Thomas Mann Kenntnisse vortäuschen will, die er braucht, aber nicht hat [...] oder wo er dem Autor keinen Aufwind geben möchte«.[28] Im großen Stile exzerpiert und verwertet Mann im Weiteren auch und vor allem naturwissenschaftliches Material: Die ozeanografischen Passagen im *Doktor Faustus* entnimmt er – von der Kritik nicht unbemerkt[29] – den Tiefseeexpeditionsberichten des amerikanischen Zoologen William Beebe[30], die paläontologische Ummantelung des *Hochstaplers Felix Krull* (1922/36/54) mitsamt der berühmten ›Kuckuck‹-Doktrin von den drei Urzeugungen verdankt sich wiederum der populärwissenschaftlichen Biologie des frühen 20. Jahrhunderts, namentlich den Schriften Johann Jakob von Uexkülls, Paul Kammerers und Oscar Hertwigs.[31] Man darf bei alledem freilich nicht verkennen, dass Manns Textkolportagen fester Bestandteil eines ästhetischen Programms sind, das in jenem Moment einsetzt, in dem die Naturwissenschaften ihren Siegeszug antreten und eine Vormachtstellung in Fragen der Seinserklärung einnehmen. Im Angesicht des von

---

27 Dank Michael Neumanns Kommentar zum *Zauberberg* in der *Großen kommentierten Frankfurter Ausgabe* sind diese Materialien in ihrer poetischen Funktionalisierung nun auch wieder sichtbar geworden. Der Vollständigkeit halber sei darauf hingewiesen, dass mittlerweile auch eine Novelle aufgetaucht ist, die den Titel *Unter Kranken und Gesunden in Davos. Die Geschichte eines Kur-Urlaubs* trägt, 1907 anonym veröffentlicht wurde (Verfasser ist wohl ein gewisser Johannes Uhtenwoldt) und die den Plot des *Zauberbergs* samt Teilen der Personnage im Grunde vorwegnimmt. Zur Entdeckung dieses Textes vgl. Pabst: *Der entzauberte Berg*.
28 Kurzke: *Nietzsche in den ›Betrachtungen eines Unpolitischen‹*, 187. Zur Quellenlage der *Betrachtungen* ausführlich Ders.: *Die Quellen der Betrachtungen eines Unpolitischen.*
29 Oswald: *Full fathom five.*
30 *Half mile down* (1934).
31 Ausführlich aufgeblättert und in ihrer poetischen Funktionalisierung wunderbar transparent gemacht hat diese Quellenbezüge Malte Herwig: *Bildungsbürger auf Abwegen.*

der Wissenschaft formulierten Exaktheitsanspruchs drohen die philosophischen, theologischen und politischen Selbstversicherungsversuche der bürgerlichen Welt an Verbindlichkeit zu verlieren und hinter dem wild wachsenden Erkenntnisstand des 20. Jahrhunderts zurückzubleiben. In diesem Szenario platziert sich Manns Poetik auf der Schwelle beider Wissenskulturen; sie sammelt das anfallende Wissensmaterial und speist es in eine realistische Erzähltradition ein, indem sie biologische, medizinische, physikalische und auch psychologische Erkenntnisse re-mythisiert, kontrastiert und dialogisiert. Die extensive Nutzung fremder Textquellen steht hier somit ganz im Zeichen eines Aktes disziplinärer wie weltanschaulicher Integration, der einerseits den exakten Wissenschaften ihre Spitze gegen die Geistesgeschichte nimmt und andererseits dem Gedanken der Schaffung einer neuen Wissensgesellschaft verpflichtet ist.

In der kulturpoetischen Funktionalisierung fremder Texte wird man sicherlich die subtilste Umsetzung jenes Prinzips erkennen können, das wir als die ›Materialisierung‹ (und damit Auflösung) literarischen Eigentums vorgestellt hatten. Am anderen Ende der Skala ließe sich hingegen eine Textpraxis verorten, die ihr Material nicht einer übergeordneten Erzählinstanz unterwirft, sondern das Material *als solches* auch sichtbar werden lässt – da sind wir dann bei den Avantgarden, insbesondere bei ihren Spätformationen. Hatten bereits die Expressionisten die Zertrümmerung und die Neukonstruktion nicht nur der Wirklichkeit, sondern auch der Sprache zum programmatischen Kern moderner Dichtung erhoben, so kehrt sich in den 1920er Jahren der Rohstoff der Poesie vollends nach außen und sprengt dabei die auktoriale und werkhafte Rahmung der Kunst.[32] Bereits der Dadaismus verfügt

---

32 Benjamin hat dieses Moment am Beispiel der dadaistischen Ausstellungen schön herausgearbeitet: »Die revolutionäre Stärke des Dadaismus bestand darin, die Kunst auf ihre Authentizität zu prüfen. Man stellte Stilleben aus Billets, Garnrollen, Zigarettenstummeln zusammen, die mit malerischen Elementen verbunden waren. Man tat das Ganze in ei-

mit Raoul Hausmann (1886–1971) und George Grosz (1893–1959) über zwei Akteure, deren Metier nicht zuletzt die Montage von Textbildern ist. Die Verfeinerung und theoretische Unterfütterung dieses Verfahrens leistet dann der Surrealismus, in dessen erstem Manifest André Breton 1924 konstatiert:

> Alles ist geeignet, um von bestimmten Assoziationen den erwünschten Überraschungseffekt zu erlangen. Die Papier-Collagen von Picasso und Braque besitzen den gleichen Wert wie die Einführung eines Gemeinplatzes in eine stilistisch zurechtgefeilte Abhandlung. Man darf sogar GEDICHT nennen, was man durch eine so zufällig wie möglich gemachte Assemblage erhält (berücksichtigen wir, wenn Sie wollen, die Syntax), und zwar von Titeln und Titelfragmenten, die man aus Zeitungen ausgeschnitten hat.[33]

Wir wissen, dass dieser Neutralisierung vorhandener Textbestände im Surrealismus die ebenso radikale ›Mechanisierung‹ des kreativen Aktes in der berüchtigten *écriture automatique* korrespondiert. Die Avantgarden begreifen das Ausschneiden und Neuarrangieren von Texten, die Wiederverwertung von bereits gebrauchtem Material, deswegen nicht als Diebstahl, weil derjenige, der überhaupt in der Lage ist, ›geistiges Eigentum‹ zu denken, weil der Mensch an diesen poetischen Vorgängen gar nicht mehr *konzeptionell*, sondern nur noch *ausfüh-*

---

nen Rahmen. Und damit zeigte man dem Publikum: Seht, Euer Bilderrahmen sprengt die Zeit; das winzigste authentische Bruchstück des täglichen Lebens sagt mehr als die Malerei. So wie der blutige Fingerabdruck eines Mörders auf einer Buchseite mehr sagt als der Text.« (Benjamin: *Der Autor als Produzent*, 692)

33 »Tout est bon pour obtenir de certaines associations la soudaineté désirable. Les papiers collés de Picasso et de Braque ont même valeur que l'introduction d'un lieu commun dans un développement littéraire du style le plus châtié. Il est même permis d'intituler Poème ce qu'on obtient par l'assemblage aussi gratuit que possible (observons, si vous voulez, la syntaxe) de titres et de fragments de titres découpés dans les journaux«. (Breton: *Manifeste du surréalisme*, 341; dt. Übersetzung nach Breton: *Erstes surrealistisches Manifest*, 38)

rend beteiligt sei.[34] Der Mensch verwandelt sich hier (wie nicht zuletzt im Futurismus dann überdeutlich wird) in eine Text*maschine*, auf der eine der Wirklichkeit vor- oder übergeordnete Instanz schreibt. Wer oder was das genau sein soll, mag im Zweifel unklar bleiben; von Bedeutung ist allein, dass dieses unbekannte Schöpfertum in den Dingen, in den Zeichen, in der Sprache lebt und sich durch den avantgardistischen Künstler hindurch ins Werk setzt. Wir können das sogar noch radikaler formulieren: Der avantgardistische Künstler verfügt nicht über Material, sondern *das Material verfügt vielmehr über ihn*, er stiehlt nicht, sondern lässt sich stehlen – und dementsprechend trägt er für die ›Aneignung‹ fremden Eigentums weder Verantwortung noch Verdienst.

Wahrscheinlich würde deswegen auch niemand ernsthaft auf die Idee kommen, bei diesem Verfahren von Plagiarismus zu sprechen, und auch bei Thomas Mann wird man sich etwaiges verbitten. Dennoch sind sowohl Manns Erzählwerk als auch das surrealistische Kunstprinzip Erscheinungsformen eines poetologischen Großprojekts, dessen Ziel darin besteht, die Schranken des literarischen Besitzes dadurch aufzuheben, dass man die Literatur grundsätzlich in einen *Werkstoff* verwandelt und ihr damit das Pathos der ästhetischen Unverletzlichkeit nimmt. Irgendwo auf dieser Achse der ›Rematerialisierung‹ von Fremdtext liegt auch *Das Gold von Caxamalca* vergraben; vermutlich irgendwo in der Mitte, denn von automatisierten Textverfahren wird Wassermann einerseits nichts wissen wollen und andererseits scheint ein eigenständiges poetisches Konzept, in welches das erbeutete Material (die ›Prescott-Studie‹) sich integrieren ließe, hier ungleich schwächer ausgeprägt als es etwa bei Mann der Fall ist. Solche Zwischenstellungen machen aber bekanntlich immer angreifbar und die Folgen haben wir gesehen – aber noch ist eigentlich

---

34 So gehen surrealistische Gedichte gehen nicht aus ›Ideenassoziationen‹ hervor, wie Breton klarstellt (ebd., 338 [frz.], 35 [dt.]), sondern verdanken sich der automatisierten Reprogrammierung der Realität – allein deswegen verdienen sie überhaupt das Prädikat ›surreal‹.

nichts Aufsehenerregendes geschehen. Man könnte Arpad Steiners Bemerkung, Wassermann habe einen guten Literaturgeschmack, seine Zeichensetzung sei aber »sadly defective«, da er überall die Anführungszeichen vergessen habe,[35] einfach zur Kenntnis nehmen und wieder zum Literatenalltag übergehen. Leider hat aber der kleine Zwischenfall bereits schlafende Philologinnen geweckt. Wo waren wir stehengeblieben? Ach ja: Frau Thalmann.

Die Gründe der Reinlichkeit

Die Aufdeckung seiner Quellenpraxis hat Wassermann also verdächtig gemacht. Im Geistesleben der 20er Jahre ist das keine Randnotiz: Jakob Wassermann ist nicht Paul Zech, kein subalterner Außenseiter, dem man sowieso alles zutraut, sondern er gilt zum Zeitpunkt der Intervention Steiners bereits als einer der ›großen‹ Gegenwartsautoren und verfügt sogar schon über eine gewichtige Werkausgabe. Da könnte jemand also durchaus noch tief fallen, setzt man einmal voraus, dass *Das Gold von Caxamalca* kein plagiarischer Einzelfall gewesen ist. Diese Idee hat offensichtlich Marianne Thalmann, die sich in der »Monatsschrift für das deutsche Geistesleben« mit Namen *Deutsches Volkstum* nun einen Wassermann-Roman nach dem anderen (zugegeben: nach dreien hört sie dann auf) vornimmt und auf die Quellen hin befragt. Sie beginnt mit *Caspar Hauser oder die Trägheit des Herzens*, erschienen 1908, einem Text, den sie hinsichtlich des Handlungsverlaufs in einem »Abhängigkeitsverhältnis« sieht, »das als Bearbeitung und nicht als Durchgestaltung der Quellen bezeichnet werden muß«, und dem sie zudem eine »stilistische Sorglosigkeit« anlastet, »mit der Wassermann ganze Satzgebilde und Wendungen mit übernimmt, wenn sie den vorbezeichneten Verlauf nicht stören.«[36] Ein halbes Jahr später trifft es *Christian Wahn-*

---

35 Steiner: *William H. Prescott and Jakob Wassermann*, 559.
36 Thalmann: *Wassermanns Caspar Hauser und seine Quellen*, 213f. Wassermanns Quellen sind im Wesentlichen Daumer: *Kaspar Hauser. Sein We-*

schaffe (1919), in dem Thalmann einen Wiedergänger von Gerhart Hauptmanns *Narr in Christo Emanuel Quint* (1910) erkennt;[37] im Folgejahr ist es dann *Der Fall Maurizius* (1928), dem die Erinnerungen des begnadigten Mörders Carl Hau[38] zugrunde liegen, was Wassermann selbst zwar bereits eingeräumt, aber dabei erneut darauf hingewiesen hat, dass die Analogien »mehr in der psychischen Konstellation als im äußeren Verlauf« lägen.[39] Thalmann glaubt dem nicht und vergleicht die Texte, kennt sie mittlerweile doch den »unwiderstehliche[n] Zwang Wassermanns, sich vorhandenes Material anzueignen«.[40] Et voilà: Auch da hat der Autor untertrieben, denn bereits dem flüchtigen Blick entdeckt sich, dass Wassermanns Roman »alles enthält, was zu den überraschenden und theatralischen Wendungen der Prozeßberichte gehörte.« Thalmann zieht daraufhin einen Schlussstrich und spricht Wassermann die Inspiration ab, auf die er sich beruft: Das ihn »bis zum Selbstverlust« durchdringende »Größere«[41] sei nichts weiter als fremdes Textmaterial, das »hinter der getünchten Romanwand durchschwitzt«.[42] Und nun sagt sie es doch – indem sie es eben nicht sagt:

> Es wäre albern von Plagiat oder Aehnlichem zu sprechen […]. Die Dinge sind nicht Plagiat, sie irisieren vor dem Buchstaben des Gesetzes. Und Zwischenhändlergewinne sind heute unter ehrlichen Maklern ein honoriges Geld. Aber eine Frage bleibt offen, die vor das Forum der Nation gehört, – die Frage nach der Sauberkeit der künstlerischen Person.[43]

---

sen, seine Unschuld, und Meyer: *Authentische Mittheilungen über Caspar Hauser*.

37 Thalmann: *Christian Wahnschaffe alias Emanuel Quint*.
38 Hau: *Das Todesurteil*.
39 Wassermann: *Einige Bemerkungen über den »Fall Maurizius«*, 336.
40 Thalmann: *Der Fall Maurizius*, 45.
41 Wassermann: *Einige Bemerkungen über den »Fall Maurizius«*, 337.
42 Thalmann: *Der Fall Maurizius*, 48.
43 Ebd.

Wir haben verstanden: Es hat keinen Sinn, Wassermann als Plagiator auszurufen, denn das Gesetz ist ja blind für diese Dinge. Wenn einem aber schon die klassische Denunziation versagt ist, dann kann man dem Plagiator doch vielleicht einfach einen anderen Namen geben: Ein ›Zwischenhändler‹ ist er, ein Schacherer, aber wahrscheinlich doch vor allem eine ›unsaubere Person‹, die »vor das Forum der Nation gehört«. Es ist 1930 und die Leser des *Deutschen Volkstums* können mit solchen Formeln gewiss eine Menge anfangen, bedenkt man, dass die Zeitschrift ein zentrales Organ der völkisch-nationalen Rechten ist. Marianne Thalmann selbst kennt sich in diesem Spektrum und seinen Codes vermutlich recht gut aus, immerhin kandidiert sie zur gleichen Zeit in Wien auch für den ›Heimatblock‹, eine Brutstätte des Austrofaschismus.[44]

Tatsächlich bedient die Anklage des Romanciers, der seine Quellen nicht angibt resp. die ›Anführungszeichen vergisst‹, in Thalmanns Diktion das im Adressatenkreis der Zeitschrift zweifellos vorhandene antisemitische Stereotyp des von der Arbeit anderer lebenden Juden, der Texte aus zweiter Hand erhält und diese dann über die Maßen erotisiert, politisiert oder spiritualisiert, um sie zu Geld zu machen. Diese Konnotation existiert zweifelsohne und qualifiziert natürlich auch den Standpunkt derer, die hier die Parameter der Plagiatsdebatte festzurren. Es sind nun eben diese Parameter, die uns interessieren: Ist das antijüdische Stereotyp ihre Oberflächenkennung, so hören die Ängste, die sich hinter diesem Stereotyp verbergen und sich dabei mit dem Plagiat verbinden, doch auch noch auf einen anderen Namen. Hören wir Thalmann noch einmal zu:

> Aber die Kritik wird immerhin aus Gründen der Reinlichkeit im geistigen deutschen Leben die anonyme Reproduktion ablehnen müssen, so weit wenigstens, daß sie sich nicht scheut, sie festzunageln. Motive sind gewiß ein ewiges Gut der Kultur, die in den nachgeborenen Dichtern ihre Aufer-

---

44 Zu Thalmann: König (Hg.): *Internationales Germanistenlexikon*, 1874f.

stehung feiern, aber *die geistige Ausprägung des Satzes ist und bleibt geschütztes Eigentum.*[45]

Etwas unbehaglich, wie man zugeben muss, aber immerhin weiß man nun, mit was man es hier zu tun hat. Der Schrecken des ›reinlichen geistigen Deutschlands‹ hat einen Namen: ›Reproduktion‹, *anonyme* ›Reproduktion‹. Thalmann kommt auf diesen Begriff indes nicht von alleine, Wassermann hatte ihn selbst ins Spiel gebracht und sich damit im Nachhinein verdächtig gemacht:

> Ich glaube, daß alle Produktion im Grunde der Versuch einer Reproduktion ist, Annäherung an Geschautes, Gehörtes, Gefühltes, das durch einen jenseitigen Trakt des Bewußtseins eingegangen ist und in Stücken, Trümmern und Fragmenten ausgegraben werden muß. Ich wenigstens habe mein Geschaffenes zeitlebens nie als etwas anderes betrachtet, das sogenannte Schaffen selbst nie anders als das ununterbrochene schmerzliche Bemühen eines manischen Schatzgräbers.[46]

Eigentlich besitzt dieser Satz metaphysische, ja, man muss sagen: kabbalistische Implikationen.[47] Dies geht aber völlig unter, denn Wassermann hat das Unwort gesagt. Für Thalmann liegt damit der Fall klar: Solche Äußerungen wollen nicht einfach nur spintisieren, sondern stellen das verklausulierte Eingeständnis einer reproduzierenden Materialpraxis dar. Und solch eine Praxis ist kein Privatvergnügen, sondern hat definitiv gesellschaftspolitische Relevanz (und deswegen gehört sie auch »vor das Forum der Nation«).

Was aber wäre nun eigentlich so schlimm an der ›Reproduktion‹? Darauf gibt es eine kurze und eine lange Antwort, und beide sind richtig. Die kurze: Es ist das Wort ›Produk-

---

45 Thalmann: *Wassermanns Caspar Hauser*, 218.
46 Wassermann-Speyer: *Jakob Wassermann und sein Werk*, 112.
47 Denn die Annäherung an ›Gefühltes‹, das nur in Trümmern im Bewusstsein vergraben liegt und dort gehoben werden muss – das ist die Metaphorik des kabbalistischen ›Bruchs der Gefäße‹, der *shevirat ha-kelim*.

tion‹, welches das deutsche Geistesleben aufstört. ›Produktion‹ – das meint Arbeit, nicht Kunst, oder wenn Kunst, dann zumindest eine, die sich gerade nicht über den Geist, sondern eben über Verfahrenstechniken definiert. Wer Literatur ›produziert‹, dem geht es dabei immer auch um Effizienz, der rechnet und optimiert, der beschäftigt Mit- und Zuarbeiter, der verwertet und entwertet zugelieferte Texte. Die Leute, die ein solches Literaturmodell tatsächlich prononciert vertreten, werden wir erst noch kennenlernen; Wassermann gehört nicht dazu und die Mitarbeiter des *Deutschen Volkstums* sicherlich auch nicht.

Die lange Antwort: Das Stichwort der ›anonymen Reproduktion‹ führt zu jenem Zeitpunkt, da Thalmann es ausgerechnet bei Wassermann als Bedrohung der Kultur entdeckt, schon längst eine Semantik mit sich, die es als einen Katalysator marxistischer Kunsttheorie erkennbar werden lässt. Den systematischen Ort der ›Reproduktion‹ innerhalb dieser Kunsttheorie hat Walter Benjamin rück- und vorausblickend in seinem Aufsatz *Das Kunstwerk im Zeitalter seiner technischen Reproduzierbarkeit* (1935/36) angegeben:

> Die Reproduktionstechnik, so läßt sich allgemein formulieren, löst das Reproduzierte aus dem Bereiche der Tradition ab. Indem sie die Reproduktion vervielfältigt, setzt sie an die Stelle seines einmaligen Vorkommens sein massenweises. Und indem sie der Reproduktion erlaubt, dem Beschauer in seiner jeweiligen Situation entgegenzukommen, aktualisiert sie das Reproduzierte. Diese beiden Prozesse führen zu einer gewaltigen Erschütterung des Tradierten – einer Erschütterung der Tradition, die die Kehrseite der gegenwärtigen Krise und Erneuerung der Menschheit ist.[48]

Benjamin spricht hier von der Technisierung der Kunstproduktion, der Möglichkeit, das Kunstwerk ›massenfähig‹, überall und von jedem gleichzeitig erfahrbar werden zu lassen; sein leitendes Beobachtungsphänomen ist dabei der Film. Es

---

48 Benjamin: *Das Kunstwerk im Zeitalter seiner technischen Reproduzierbarkeit. Erste Fassung*, 438f.

geht dann aber eben doch nicht nur um die technische Revolution, sondern vor allem um die Kunstvorstellung, die durch diese Revolution ermöglicht wird. Der Effekt nämlich, den die Reproduzierbarkeit der Kunst mit sich bringt, ist der Verfall der ›Aura‹ des Kunstwerks, denn die Aura des Kunstwerks resultiert aus der raumzeitlichen Verortbarkeit des Originals.[49] Wir halten einen Text, ein Gemälde, ein Musikstück für originell, weil wir es an einem bestimmten Ort, zu einer bestimmten Zeit entstehen sehen bzw. entstanden denken; das Besondere des Kunstwerks, das, was es von anderen Objekten unterscheidet, ist bis dato eben diese Verortbarkeit gewesen, die es nicht ablegen kann und die Benjamin die ›Echtheit‹ nennt.[50] Genau diese geht aber dem massenhaft reproduzierbaren Kunstwerk ab, und da die Echtheit eines Kunstwerkes das Einzige an ihm ist, was überhaupt ›Tradition‹ (im Sinne einer Ursprungsfähigkeit) ermöglicht, kippt mit dem Aufkommen der Reproduktion als leitendes Kunstprinzip auch der Entwurf einer sich von Werk zu Werk, von Autor zu Leser entfaltenden Geistesgeschichte.

Noch ist nicht ganz klar, was das alles mit uns oder dem Plagiat zu tun haben soll. Dazu muss man noch eines wissen: Die Fähigkeit zur technischen Reproduktion der Kunst ist nicht die Zielvorstellung des historischen Materialismus, sondern vielmehr das, was sich ein echter Marxist unter einer aus kapitalistischen Produktionsbedingungen entsprungenen Kunstform vorstellen muss. Was soll man aber dann damit? Dazu ist man Dialektiker: Die technische Reproduzierbarkeit von Kunst gehört zu jenen Bedingungen, die der Kapitalismus in die Welt setzen musste, um durch sie »die Abschaffung seiner selbst möglich« zu machen,[51] wobei die Betonung auf *möglich* liegt, denn technische und gesellschaftliche Entwicklung

---

49 Benjamin: *Das Kunstwerk im Zeitalter seiner technischen Reproduzierbarkeit. Dritte Fassung*, 476.
50 Benjamin: *Das Kunstwerk im Zeitalter seiner technischen Reproduzierbarkeit. Erste Fassung*, 438.
51 Ebd., 435.

müssen erst in einem revolutionären Schritt in Einklang gebracht werden. Bisher ist die Technologie vorausgelaufen und hat dabei ein bestimmtes Bewusstsein erzeugt: Die Kunst – in ihrer technisch reproduzierten Form – ist bei den proletarischen Massen, sie ist politisch (weil sie bei den proletarischen Massen ist) und sie räumt diesen Massen bisweilen auch schon eine passive Funktion bei der Produktion der Kunst ein. (Etwa wenn der Schauspieler vor der Kameralinse sich der Tatsache bewusst ist, dass er sich in jenem Moment potentiell vor einem ganzen Volk produzieren und damit in seiner Darstellung auch dem ganzen Volk gegenüber verantworten muss.) Was aber noch aussteht, ist die Umwälzung der »Produktions- und Eigentumsordnung, auf deren Beseitigung sie [die Massen] hindrängen«.[52] Die Massen verfügen nicht über die Kunst, sie können an ihr nicht aktiv partizipieren, haben kein Besitzrecht an ihr. Gerade darauf aber läuft die Dialektik der Geschichte hinaus: Erst etabliert sie die technische Reproduzierbarkeit der Kunst (das ist das Sein), infolgedessen stellt sie »eine Anzahl überkommener Begriffe – wie Schöpfertum und Genialität, Ewigkeitswert und Stil, Form und Inhalt – beiseite«[53] (das ist das Bewusstsein) und lässt schließlich in einem dritten Schritt die Massen mittels der technischen Reproduzierbarkeit sich selbst in der Kunst repräsentieren (das ist dann die Synthesis).

Die fundamentale Veränderung künstlerischer und damit auch literarischer Produktionsbedingungen, *die Realisation der Kunst als Eigentum, als Ausdrucksvermögen des Kollektivs* – das ist die Perspektive, die das Wassermann'sche Schlagwort ›Produktion als Reproduktion‹ einem begrifflich geeichten Leser öffnen *konnte*. Thalmann mag es gewittert haben – zumindest erkennt sie in Wassermanns Materialarbeit (in ihren Augen »ein Ausschneiden und Zusammensetzen aus vielerlei Berichten – eine Zeitungsredaktion mit den Randbemerkun-

---

52 Ebd., 467.
53 Ebd., 435.

gen des Berichterstatters«[54]) kein individuelles Vorgehen, sondern ein Prinzip, das die Kritik ›aus Gründen der Reinlichkeit‹ ›festnageln‹ muss, bevor es noch größeren Schaden anrichtet.

Wir wissen heute, dass es zum literarischen Kommunismus nicht gekommen ist, sondern der Faschismus, also gerade diejenigen, die an den nach Benjamin überholten Kunstbegriffen und Eigentumsverhältnissen festgehalten und diese lediglich massenmedial totalisiert haben, das Schicksal der deutschen Literatur bis 1945 bestimmen sollte. Die Revolutionierung der literarischen Produktions- und Eigentumsordnung konnte sich somit allein in einzelnen Mikrokosmen vollziehen – aber das muss man gesehen haben.

Die Firma

Alfred Kerr hatte keinen schönen Abend. Der Theaterkritiker des *Berliner Tageblatts* hat sich am Deutschen Theater ein Stück namens *Im Dickicht der Städte* anschauen müssen – und es hat ihm nicht gefallen. Seine Besprechung, erschienen am 30. Oktober 1924 und wie immer unterteilt in von römischen Ziffern zertrennte kurze Absätze, beginnt mit dem Satz: »Ich halte mich nicht für verpflichtet, über Derartiges eine ›Kritik‹ zu verfassen.«[55] Damit beginnt ein deftiger Verriss, dessen Credo bereits am Ende des ersten Abschnitts überdeutlich formuliert wird: »Schluß der Höflichkeit: es handelt sich hier um völlig wertlosen Kram. Um völlig wertlosen Kram.« Kerr besitzt diese Meinung allerdings ziemlich exklusiv, die Kollegen Ihering (im *Berliner Börsen-Courier*) und Jacobsohn (in der *Weltbühne*) feiern die Aufführung enthusiastisch. Liest man Kerrs Rezension noch einmal etwas genauer, glaubt man aber zu wissen, woher seine Ablehnung rührt: Er mag den Dramatiker und dessen Arbeitsverfahren nicht, in seinen Augen ist das »ein Epigonster; ein Grabboid, Büchneroid, Stratzoid mit

---

54 Thalmann: *Wassermanns Caspar Hauser*, 215.
55 Kerr: *Werke in Einzelbänden*, Bd. VII/2, 219.

aktueller Firma«. Und so beginnt an diesem Abend eine wundervolle Feindschaft zwischen Alfred Kerr und dem jungen Bertolt Brecht.

Kerr – das muss man wissen – pflegt solche Feindschaften, er weiß genau, wie man sie am schnellsten erwerben kann und wie sie sich möglichst lange erhalten lassen. Innigst verfeindet ist er bereits seit 1900 mit dem *Fackel*-Herausgeber Karl Kraus, eine – zumindest auf der Kraus'schen Seite – lesenswerte Fehde, deren jüngste Episode sich ganz mit literarischen Eigentumsfragen beschäftigt. Seit 1921, verstärkt aber seit 1925, werden Kerr durch Kraus kriegshetzerische Gedichte vorgehalten, die zwischen 1914 und 1917 unter dem Pseudonym »Gottlieb« in der Zeitschrift *Der rote Tag* erschienen sind, ein Pseudonym, das sich zwei Männer teilten, von denen der eine Kerr gewesen ist.[56] Kerr, der gerade dabei ist, sich als Pazifist zu etablieren, bestreitet die Autorschaft – zumindest die Autorschaft jenes Gedichtes, das Kraus zuerst aufgeführt hat – und wirft Kraus Verleumdung vor, wogegen dieser wiederum klagt. Kerr fährt daraufhin in seiner Gegenklage schwere Geschütze auf: Vor dem Charlottenburger Amtsgericht will er den Beweis führen, dass Kraus es mit Autorschaftsfragen grundsätzlich nicht so genau nimmt, da dieser nicht nur ihm, Kerr, die Verantwortung für Verse angedeihen lassen wolle, die er gar nicht verfasst habe, sondern umgekehrt auch andere Autoren ihres Eigentums beraube, kurz gesagt: ein Plagiator sei.[57] Wirklich großartige Funde hat Kerr allerdings nicht vorzuweisen. Der erste stammt gar nicht von ihm selbst, sondern von Alfred Ehrenstein, der – das für sich schon lächerlich genug – eine tabellarische Gegenüberstellung von Kraus' Gedicht *Apokalypse* (1920) und Luthers

---

56 Tatsächlich beginnt die Auseinandersetzung mit Kraus' Veröffentlichung eines kriegsverherrlichenden Kerr-Aufsatzes aus der *Neuen Rundschau* von 1914, den Kerr in seiner Stellungnahme als »einen höchst kriegsfeindlichen Aufsatz« bezeichnet. Vgl. dazu ausführlich Kraus: *Ein Friedmensch*.

57 Für die Darstellung der Angelegenheit aus Kraus'scher Sicht vgl.: Ders.: *Wer glaubt ihm?*.

Übersetzung der biblischen Apokalypse angefertigt und veröffentlicht hatte, um zu dem Schluss zu kommen, Kraus habe das *Johannes-Evangelium* plagiiert.[58] Der zweite Beleg erschöpft sich in der Feststellung, Kraus habe in einer Auseinandersetzung mit dem Kritikerkollegen Ihering die Wendung »Wenn es hohl klingt, wo ein Kopf mit einem Buch zusammenstößt, muß es dann immer das Buch gewesen sein?« anzitiert, ohne darauf hinzuweisen, dass sie von Lichtenberg stamme, wozu Kraus nur zu bemerken hat, »daß Herr Kerr die Lichtenberg'sche Wendung falsch zitiert, weil er sie eben nicht gleich mir dem Original entnommen hat.«[59] Das Verfahren verläuft im Sande, die Klagen werden wechselseitig zurückgezogen. Vieles gäbe es hier noch zu erzählen und es kann nicht ausgeschlossen werden, dass wir noch einmal zu dieser Auseinandersetzung zurückkehren. Für den Moment soll es aber genügen, dass wir darüber informiert sind, wie Alfred Kerr in Plagiatsfragen zu denken pflegt – kommen wir endlich zu Brecht.

Als Kerr *Im Dickicht der Städte* verreißt, ist Brecht für ihn schon längst kein Unbekannter mehr, hatte dieser ihm doch bereits 1918 das Manuskript des *Baal* zukommen lassen, dessen Leipziger Inszenierung Kerr dann im Dezember 1923 besprochen hatte – nicht allzu harsch, doch war auch dort schon der Satz gefallen: »Der begabte Brecht ist ein schäumender Epigone.«[60] So geht das nun in einem Fort weiter: Brecht

---

58 Hierzu Kraus: *Die Gefährten / Der Gott des Lachens*. Kraus' Antwort gehört zu unserer Sache und soll deswegen nicht verschwiegen werden: »Daß die hundert Verse der ›Apokalypse‹, auch wenn nicht ein Wort darin von mir wäre, dennoch von mir wären, darüber werde ich ihn vergebens belehren, so wenig wie ich ihm begreiflich machen würde, daß ein Gedicht, das ein Expressionist schreibt, auch wenn jedes Wort von ihm ist, doch nicht von ihm ist.« (Ebd., 11)
59 Kraus: *Wer glaubt ihm?*, 27. Bei Lichtenberg lautet die Formulierung bekanntlich: »Wenn ein Buch und ein Kopf zusammenstoßen und es klingt hohl, ist das allemal im Buch?« (Lichtenberg: *Sudelbücher*, 291 [D 399])
60 Kerr: *Werke in Einzelbänden*, Bd. VII/2, 203.

wird gespielt, Kerr sitzt im Publikum, langweilt sich und zieht am nächsten Morgen in der Zeitung über den Autor her. (Brecht spricht davon, dass Kerr ihn »im ganzen etwa neunmal hintereinander vernichtet« habe.[61]) Die Vorhaltungen sind dabei stets dieselben: Brecht ist unselbständig und unredlich; hat man Glück – wie beim *Leben Eduards des Zweiten von England* (1924) – dann sagt er »wenigstens, von wo er's hat«. Das ist aber eben meistens nicht so. (Und deswegen betitelt Kerr etwa Brechts/Hauptmanns Musikkomödie *Happy End* von 1929 auch süffisant »Happy entlehnt«.[62]) Am 31.8.1928 wohnt Kerr schließlich der Uraufführung der *Dreigroschenoper* im Theater am Schiffbauerdamm bei. Liest man seine Rezension vom Folgetag, glaubt man kaum, dass hier gerade ein historischer Moment der deutschen Theatergeschichte vorübergezogen ist:

> Nach dem Englischen des John Gay ... Eingelegte Balladen von François Villon und Rudyard Kipling ... Übersetzung: Elisabeth Hauptmann ... Bearbeitung Brecht ... Musik: Kurt Weill ... Regie: Erich Engel ... Bühnenbild: Caspar Neher ... Das wär' aber auch alles.[63]

Das ist natürlich noch nicht alles, es kommt schon noch etwas, allerdings scheint Kerr das Stück selbst nicht so brennend zu interessieren, und so verfällt er wieder auf sein Lieblingsthema: Brechts Abhängigkeit von Vorlagen, in diesem Fall von John Gays *The Beggar's Opera* (1728).[64] Dem grandiosen kommerziellen Erfolg der *Dreigroschenoper* kann Kerr dann nur noch entsprechend entgeistert hinterherschauen, bis er eine kleine Entdeckung macht: Nicht nur auf dem oben zitierten Theaterzettel, sondern auch in der Verlagsausgabe der *Drei-*

---

61 Brecht: *Über Plagiate*, 78.
62 Kerr: *Werke in Einzelbänden*, Bd. VII/2, 502.
63 Ebd., 440.
64 Auf der performativen Ebene versucht Kerrs Kritik das Verhältnis von Vorlage und Bearbeiter dann dadurch geradezurücken, dass sie mittendrin aus der Beschreibung des Stückes ausbricht und in extenso über John Gay und dessen Bekanntschaft mit Jonathan Swift sinniert.

groschenoper-Songs hat Brecht sich als ›Bearbeiter‹ der Texte von Gay, Villon und Kipling ausgegeben. Tatsächlich lässt sich aber nachweisen, dass Brecht stellenweise auf eine bereits vorliegende Villon-Übersetzung von Karl Klammer (Pseudonym: K.L. Ammer) zurückgegriffen hat, ohne den Übersetzer zu erwähnen. Diesen Sachverhalt macht Kerr am 3. Mai 1929 im *Berliner Tageblatt* durch eine Gegenüberstellung der betroffenen Textpassagen öffentlich – und nimmt dabei immer wieder Bezug auf das ›Copyright‹, das der Buchausgabe eingeschrieben war.[65] Es ist überflüssig zu erwähnen, dass Brecht in diesem Augenblick ohne eigenes Zutun der vollsten Wiener Sympathie teilhaftig werden muss; Kraus solidarisiert sich auf ganzer Linie mit dem Verklagten gegen den »Enthüllerich« und konstatiert, dass »dieser Brecht […] [i]m kleinen Finger der Hand, mit der er fünfundzwanzig Verse der Ammerschen Übersetzung von Villon genommen hat, […] originaler [ist] als der Kerr, der ihm dahintergekommen ist.«[66] Brecht indessen ist auf solchen Zuspruch gar nicht angewiesen, hat er Kerrs Denunziation doch schon zwei Tage nach ihrem Bekanntwerden im *Berliner Börsen-Courier* selbst retourniert:

> Eine Berliner Zeitung hat spät, aber doch noch gemerkt, daß in der Kiepenheuerschen Ausgabe der Songs zur ›Dreigroschenoper‹ neben dem Namen Villon der Name des deutschen Übersetzers Ammer fehlt, obwohl von meinen 625 Versen tatsächlich 25 mit der ausgezeichneten Übertragung Ammers identisch sind. Es wird eine Erklärung verlangt. Ich erkläre also wahrheitsgemäß, daß ich die Erwähnung des Namens Ammer leider vergessen habe. Das wie-

---

65 Kerr stellt nicht nur seine Enthüllung unter den Titel *Brechts Copyright*, sondern spricht auch vom Buch immer nur als vom »Copyrightbuch« und zitiert es »Brecht: Die Songs der Dreigroschenoper Copyright 1929« resp. in Kurzform: »Brecht, copyright«. (Wiederabdruck der Denunziation: Kerr: *Brechts Copyright*, 202–204)
66 Kraus: *Kerrs Enthüllung*.

derum erkläre ich mit meiner grundsätzlichen Laxheit in Fragen geistigen Eigentums.[67]

Auf den letzten – legendär gewordenen – Satz werden wir noch ausführlich zurückkommen müssen; zuvor darf man aber noch einschieben, dass sich diese Erklärung, trotz aller ›Laxheit‹, für den urheberrechtlich Geschädigten Klammer äußerst positiv auswirkt. Der Verwalter der Bühnenrechte der *Dreigroschenoper*, die Felix Bloch Erben GmbH, einigt sich mit Klammer auf eine Beteiligung von (von Brechts Anteil abgehenden) 2,5 % an den deutschsprachigen Aufführungen, was immerhin so viel ist, dass sich Klammer davon später einen Weinberg wird kaufen können. Aber es kommt noch besser für ihn: Brecht selbst initiiert 1930 bei Kiepenheuer eine Neuausgabe von Klammers Villon-Übertragung, die bisher lediglich zwei kleine Auflagen (1907 beim Leipziger Zeitler-Verlag und 1918 beim Berliner Hyperion-Verlag) erlebt hatte und längst vergriffen war. Dieser Neuausgabe wiederum ist ein Sonett vorangestellt – nicht *von* Villon, aber dafür über ihn:

> Hier habt ihr aus verfallendem Papier
> Noch einmal abgedruckt sein Testament
> In dem er Dreck schenkt allen, die er kennt –
> Wenn's ans Verteilen geht: schreit, bitte ›Hier!‹
>
> Wo ist euer Speichel, den ihr auf ihn spiet?
> Wo ist er selbst, dem eure Buckel galten?
> Sein Lied hat noch am längsten ausgehalten
> Doch wie lang hält es wohl noch aus, sein Lied?
>
> Hier, anstatt daß ihr zehn Zigarren raucht
> Könnt ihr zum gleichen Preis es noch mal lesen
> (Und so erfahren, was ihr ihm gewesen …)
>
> Wo habt ihr Saures für drei Mark bekommen?
> Nehm jeder sich heraus, was er grad braucht!
> Ich selber hab mir was herausgenommen …[68]

---

67 Brecht: *Eine Erklärung*, 100.
68 Brecht: *Sonett zur Neuausgabe des François Villon*, 331.

Das ist nun natürlich kein reuiges Geständnis, sondern vielmehr eine direkte Aufforderung zum weiteren ›reproduktiven‹ Gebrauch dieser Gedichte, man könnte auch sagen: Es handelt sich um das komprimierte literarökonomische Geständnis Brechts. Was lässt sich aus ihm ersehen? Im Grunde drei Dinge. Zum Ersten: Brechts Affinität zu Villon ist keine zufällige, sondern hat System. Der ›Dreck‹, die Vulgarität der Villon'schen Lieder ist ihm nämlich keine motivische Angelegenheit, sondern eine Antwort auf die Frage nach dem, was Literatur eigentlich ist: *materia*. Zum Zweiten: Villons Verse sind, wir erinnern uns an Benjamins Ausführungen, nicht ›traditionsfähig‹: Villon selbst hat ihnen als Titel *Le Testament* (1461/62) vorangestellt und somit sind sie als ›Verstorbene‹ gekennzeichnet, deren papierne Häuser bereits ›verfallen‹ sind. Das fügt sich natürlich wiederum genau zu der Editionslage der Klammer'schen Übersetzung und wirft ein interessantes Licht auf das Verständnis, das Brecht seiner Neuausgabe unterlegt hat: Die Wiederveröffentlichung stellt keineswegs einen musealen Akt dar, der einen vom Vergessen bedrohten Text konservieren soll. Und damit zum Dritten: Villon hat eine testamentarische Schenkung seiner Dichtung an die literarische Gemeinschaft verfügt, damit diese seine Verse weiterleben lässt, indem sie sich ihrer als eines Materials bedient, um Neues zu schaffen. Jeder nehme sich, »was er grad braucht« – denn das, was zählt und was dem so ›Gebrauchten‹ eine größere Reverenz erweist als seine urheberrechtliche Beteiligung, ist die Produktivität, die aus der eigenen Arbeit hervorgeht.

Uns ist bereits klar, dass diese Vorstellungen einem Literaturverständnis entspringen, das sich in irgendeiner Weise als ›Gesellschaftspraxis‹ versteht; freilich – das hat Brecht ja eben erfahren müssen – als Praxis einer anderen, einer *kommenden* Gesellschaft. Nicht allein Kerr und Konsorten, nein: Es ist die »bürgerliche Ideologie«, die dieser Praxis des ›Nimm, was du grad brauchst‹ noch im Weg steht. Doch Brecht arbeitet bereits an diesem Problem und erneut und immer noch ist es die *Dreigroschenoper*, die ihm dazu Gelegenheit gibt. Im Sommer

1930 schließt das Autorenkollektiv über seinen Verleger mit der Nero-Filmgesellschaft einen Vertrag über die Verfilmung der *Dreigroschenoper* ab, der Brecht bei der Erstellung des Drehbuchs erhebliche Mitsprache- und Änderungsrechte einräumt. Als indes klar wird, dass sich die Vorstellungen der Produktionsfirma mit denen Brechts nicht decken, dass der Film die politische Botschaft, an der Brechts Vorgaben festhalten, nicht transportieren soll, erklärt die Firma ihn für vertragsbrüchig und dreht den Film ohne ihn ab. Brecht klagt, der Fall geht vor Gericht, die Nero-Filmgesellschaft gewinnt das Verfahren in erster Instanz und bekommt in allen Punkten Recht, gibt Brecht jedoch in einem Vergleich die Filmrechte zurück und zahlt die Prozesskosten. Für Brecht ein Fiasko – meint man. Tatsächlich handelt es sich hier für ihn nämlich um kein Verfahren wie jedes andere, bei dem Schadenersatzansprüche etc. verhandelt werden, sondern um ein »soziologisches Experiment […], veranstaltet zu dem Zweck, gewisse Vorstellungen am Werk zu sehen«.[69]

Verlorene Prozesse, gewonnene Einsichten – wie geht das zusammen? Nun: Ein Prozess um die Filmrechte an einem der größten deutschen Theatererfolge ruft natürlich die Presse auf den Plan, die die Entscheidung des Gerichts und die konträren Positionen der beiden Parteien, des Rechteverwerters und des um sein Recht geprellten Dramatikers, ausführlich kommentiert. Brecht sammelt die Pressestimmen und veröffentlicht sie 1931 seinerseits mit einem Begleitkommentar in einer Broschüre unter dem Titel *Der Dreigroschenprozeß* – als Dokumentation des zentralen Widerspruchs kapitalistischer Kunstproduktion.

Dieser Widerspruch liegt – wir erinnern uns abermals an Benjamin – im Versprechen an den Einzelnen, sich im Kunstwerk wiederfinden, als Einzelner sichtbar werden zu können, also in der Überzeugung, dass das Kunstwerk »der adäquate

---

69 Brecht: *Der Dreigroschenprozeß*, 154.

Ausdruck einer Persönlichkeit ist«.[70] Durch den Prozess kommt Brecht in die Lage, die Probe aufs Exempel zu machen, und siehe da: Ja, man braucht die ›Person Brecht‹, man braucht ihre Textarbeit, man braucht ihre Signatur, man braucht auch ihre Gesinnung – man braucht das alles allerdings auch in einem markttauglichen, verwertbaren Format, und deswegen unterzieht der Kapitalismus das ›persönliche Kunstwerk‹ einem speziellen Transformationsverfahren:

> Es ist das Schema des Zerfalls des literarischen Produkts, der Einheit von Schöpfer und Werk, Sinn und Fabel und so weiter. Das Werk kann einen neuen oder mehrere neue Autoren (welche Persönlichkeiten sind) bekommen, ohne daß der ursprüngliche Autor für die Verwertung auf dem Markt ausscheidet. Sein Name kann für das veränderte Werk, also ohne das Werk verwendet werden. Auch das Gerücht von seiner radikalen Gesinnung kann ohne die Frucht derselben, das bestimmte Werk, verwendet werden. Das Werk kann nämlich als Dichtung ohne seinen Sinn, das heißt mit einem anderen oder mit gar keinem, Verwendung finden.[71]

Das ist nun natürlich hochinteressant, denn die Diagnose, die Brecht hier stellt, lautet: Der Kapitalismus vernichtet das Kunstwerk als individuelle Ausdrucksform, während er zugleich ausgerechnet an dieser Ausdrucksform festhält. Der Autor, der Eigentümer, der Rechteinhaber, das Urheberrecht überhaupt – das sind alles notwendige Maskierungen eines Systems, das am allerwenigsten an der Persönlichkeit von Kunst interessiert ist, denn diese Persönlichkeit ist nicht marktfähig. Marktfähig aber ist allein das, was (wir lernen dazu) technisch reproduzierbar ist, das, was keine ›Echtheit‹ an sich trägt, die sich gegen die Vermassung sperrt – und das dennoch eine individuelle Erscheinungsform annehmen kann. Gefragt ist also der Schein der Authentizität – das ist der Widerspruch und nach Brecht die Realität der bürgerlichen Kunst. Der Anspruch des revolutionären Künstlers muss es

70 Ebd., 180.
71 Ebd.

somit sein, diese Scheinrealität aufzuheben, zu *sagen, was ist.* Und *das* ist es:

> Wir sehen den unaufhaltsamen und daher zu billigenden Verfall des individualistischen Kunstwerks. Es kann nicht mehr als Einheit den Markt erreichen; der Spannungszustand seiner widerspruchsvollen Einheit muß zerstört werden. Kunst ist eine Form des menschlichen Verkehrs und damit abhängig von den den menschlichen Verkehr im allgemeinen bestimmenden Faktoren. Diese Faktoren revolutionieren den alten Begriff.[72]

Die Wahrheit des Kapitalismus besteht also darin, dass er Eigentums- und Persönlichkeitsordnungen künstlich aufrechterhält, die er auf produktionstechnischer Ebene de facto schon längst überwunden hat. Deswegen kann die marxistische Überwindungstat auch nicht darin bestehen, ›authentische Kunst‹ zu verlangen und damit wieder hinter die Wirklichkeit der Produktionsbedingungen zurückzufallen, sondern nur darin, die Kunstvorstellungen den Produktionsbedingungen anzupassen. Die Persönlichkeit des Kunstwerks – und mit ihr das geistige Eigentum – ist eine bürgerliche Marotte, die längst keine Wirklichkeit mehr besitzt, weil die kapitalistische Produktionsweise diese bereits zertrümmert hat. Die Seele der Literatur ist ausgetrieben, die »Umschmelzung geistiger Werte in Waren«[73] resp. in ›Immaterialgüter‹ ist nahezu abgeschlossen, und jetzt fehlt nur noch der letzte Schritt:

> Die Technik, die hier siegt und nichts anderes zu können scheint, als den Profit einiger Saurier und damit die Barbarei zu ermöglichen, wird, in die rechten Hände gelangt, durchaus anderes können.[74]

In den ›rechten Händen‹ wird aller Voraussicht nach also eine Kunst entstehen, die am Primat der ›Verwertbarkeit‹ festhält

---

72 Ebd., 181.
73 Ebd., 201.
74 Ebd., 204.

und die künstlerische Produktion vom Trugbild der ›Persönlichkeit‹, der ›allgemein menschlichen‹ Abkunft des Kunstwerks befreit. Vor dem Hintergrund dieser Überlegungen wird Brechts »Laxheit in Fragen geistigen Eigentums« leicht erklärbar. Nun muss man sich für Visionen nicht verantworten, wohl aber für die Praxis, die aus diesen Visionen hervorgeht. Selbstverständlich bleibt: Über Plagiate wird mit Brecht nicht zu reden sein. Wer das versucht, der lebt in einer überkommenen Begriffswelt und steht damit bereits auf der falschen Seite. Die Frage ist allerdings: Wie lebt es sich auf der anderen, auf der richtigen Seite, wie schreibt und arbeitet man in einer Welt, in der das geistige Eigentum in Brechts laxem Sinne neu organisiert wurde?

Wir erinnern uns: Kerr hatte in seiner Kritik zu *Im Dickicht der Städte* von Brechts ›Firma‹ gesprochen. Gemeint war damit nicht nur das Ensemble der offiziell Beteiligten Weill, Hauptmann, Engel und Neher, sondern vor allem das Prinzip des stillen und meist unsichtbaren Mit- und Zuarbeitens, das Brecht für seine dramatischen Arbeiten, insbesondere für Übersetzungsaufgaben, aber auch für Reinschriften, Korrespondenz etc. in Anspruch nahm. So war für Kerr relativ klar gewesen, dass Brechts Uneigenständigkeit nicht nur im Aufgreifen dramatischer Vorlagen, sondern vor allem in der Inanspruchnahme fremder Schreibarbeit bestand. (Das legt etwa die Nachfrage nahe, warum auf dem Theaterzettel zum *Leben Eduards* »Lion Feuchtwanger, der an dem ›Werk‹ beteiligt sein soll, […] verschwiegen« wurde.[75]) Das Verschweigen des Kollektivs, das Brecht für jede Produktion um sich scharte (»[u]nd für alles das … eins, zwei, drei, vier Autoren«[76]), verschleiere die wahren geistigen Eigentumsverhältnisse und damit die Wahrheit, dass »Brecht allein […] nie einen lebendigen Erfolg« gehabt habe[77] (und wohl auch nie hätte haben können).

75 Kerr: *Werke in Einzelbänden*, Bd. VII/2, 228.
76 Ebd., 626.
77 Ebd., 590.

Man ist diesen Suggestionen – die ja durchaus eine reelle Grundlage besaßen – immer wieder nachgegangen, hat die Produktionsordnung innerhalb der ›Firma Brecht‹ nachzuskizzieren versucht und ist dabei im Wesentlichen auf Elisabeth Hauptmann und Margarete Steffin gestoßen, die unbestritten jeweils über längere Zeit nicht nur zum ›kreativen Umfeld‹ Brechts gehörten, sondern tatsächlich immer auch mit Schreibarbeiten verschiedenster Façon betraut wurden. Hinsichtlich des faktischen Anteils von ›Co-Autorschaften‹ an Brechts Werk lassen sich nur wenige gesicherte Informationen ausfindig machen, was nun einmal in der Natur der Sache resp. der Brecht'schen Konzeption von Kunst als einer ›Materialarbeit‹ liegt. Fest steht allein, dass Brecht das ›formative Moment‹ innerhalb der Dramenproduktion, die ›Bearbeitung‹, immer sich selbst zugeschrieben hat, auch wenn die ›Vorarbeiten‹ anderer bisweilen einen beträchtlichen Umfang annahmen und es nach diesen Vorarbeiten womöglich nicht mehr allzu viel zu bearbeiten gab. (Das könnte etwa für die ›Übersetzung‹ gelten, die Elisabeth Hauptmann von Gays *Beggar's Opera* angefertigt hat.[78])

Diese Konstellationen sind schwer zu bewerten, gerade weil sie solch ein enormes Potential zum Geschichtenerzählen bereithalten. Sicher: Brecht war nach allem, was wir an Zeitzeugenberichten besitzen, kein sehr herzlicher Mensch, litt nicht an allzu großer Zurückhaltung und pflegte wohl ein recht herrschaftliches Verhältnis zu seinen Mitarbeiterinnen. Der amerikanische Brecht-Forscher John Fuegi hat aus diesen Konstellationen einen monumentalen Roman konstruiert, der von sexueller wie literarischer Ausbeutung handelt: einen »perpetual cycle of sex for text and vice versa«, an dessen Ende Brecht, phänotypisch wie biografisch zwischen Hitler und Stalin eingereiht, nahezu ohne eigene Texte da-

---

78 Zu Hauptmanns Mitarbeit im Allgemeinen siehe Kebir: *Ich fragte nicht nach meinem Anteil.*

steht.[79] Zugegeben, die These hat natürlich ihren Reiz: das moderne Drama als Resultat einer von sexueller Abhängigkeit getriebenen Plagiatorik, die es bis zu einem zwanzigbändigen Œuvre und einem Platz im Olymp der Weltliteratur gebracht hat. Doch die Literaturgeschichte ist leider nur selten so originell und unappetitlich. Die zahlreichen Fehler, Missverständnisse und Verbiegungen, über welche Fuegi zu seiner Biografie gelangt ist, haben bereits andere auf mehr als 100 Seiten summiert und kommentiert.[80] (Aber immerhin hat es Brecht auf diese Weise 40 Jahre nach seinem Ableben noch einmal zu einer *Bildzeitungs*-Schlagzeile gebracht.) Man mag es daher bedauern oder begrüßen: Das literarische Eigentum ist aus dem ›System Brecht‹ nicht mehr herauszulösen, zu analysieren und möglicherweise mit anderen Namen zu überschreiben – alles bleibt bei Brecht.

Doch dort, bei Brecht, sollte man sich ja dann nach dessen eigener Logik auch wieder frei bedienen dürfen, je nachdem, was man »grad braucht«. Brechts zweifellos begabtester und wirkungsmächtigster Schüler, Heiner Müller, brauchte für sein letztes Stück *Germania 3. Gespenster am toten Mann* (1996) – posthum veröffentlicht in ebenjenem Verlag, in dem 1930 auch die von Brecht veranstaltete Villon-Neuausgabe erschienen war – eine Szene aus dem *Leben des Galilei* (1943) und einige kleinere Szenen aus dem *Coriolan* (1951/52). Brechts Erben haben dem Verlag daraufhin die »Vervielfältigung und Verbreitung« der Buchausgabe von *Germania 3* durch das Oberlandesgericht München verbieten lassen und konnten erst nach Verfassungsbeschwerde durch das Bundes-

---

79 Fuegi: *Brecht & Co. Sex, Politics, and the making of the Modern Drama*, 64; die erweiterte dt. (und ›berichtigte‹) Fassung erschien 1999 unter dem Titel *Brecht & Co. Biographie*.
80 Fuegis Buch ist ein ganzer Teil des *Brecht Yearbook* von 1995 gewidmet; lesenswert dort der Beitrag von Gudrun Tabbert-Jones: *The Construction of the Sexist and Exploiter Bertolt Brecht* (ebd., 249–258) sowie die minutiöse Auflistung der Irrtümer Fuegis durch John Willett, James K. Lyon, Siegfried Mews und H.C. Nørregard: *A Brechtbuster goes Bust*, 259–368.

verfassungsgericht zum Einlenken gezwungen werden.[81] Den Grund für Letzteres hätten die Herrschaften bei ihrem Erblasser nachlesen können: »Praktisch ermöglicht die Justiz die Produktion, wie soll sie da eine Ideologie (›Geistiges Eigentum ist unantastbar!‹) schützen, welche die Produktion gefährdet?«[82]

---

81 BVerfG., 1 BvR 825/98 vom 29.6.2000.
82 Brecht: *Der Dreigroschenprozeß*, 204.

XIII. Verantwortlichkeiten:
Postmoderne, Opfer, Täter

Vorab: Das folgende Kapitel schreit förmlich nach einer Gebrauchsanweisung, und deswegen sollte man ihm diese auch nicht verwehren. Wer die Debatten, die in der zweiten Hälfte des 20. Jahrhunderts das Plagiat verhandeln, etwas gründlicher verfolgt hat, der wird nicht leugnen können, dass die Spaltung in dieser Angelegenheit niemals größer gewesen ist. Das Schisma betrifft dabei nicht nur die Frage der Legitimität und Illegitimität von Plagiaten, es betrifft auch die Kreise, in denen Plagiarismus diskutiert wird, die Phänomene, die damit bezeichnet werden, und nicht zuletzt den Sprachduktus, der sich mit dem Plagiatsbegriff verbindet. So besitzen wir für den angegebenen Zeitraum tatsächlich eine nicht geringe Zahl an ganz konkreten Plagiatserzählungen und die brisantesten von ihnen können in ihrer zeitgeschichtlichen Signifikanz auch kaum überschätzt werden, schildern sie doch einen Diebstahl, der nachträglich an den Opfern des Nationalsozialismus begangen wurde: den Diebstahl ihrer Persönlichkeit, ihrer Namen, ihrer Stimmen. Wenn wir diese Erzählungen lesen – und das wollen wir –, dann wird uns das dort Berichtete recht unmittelbar und gefühlsmäßig als skandalöses Unrecht anspringen und als ein ebensolches wurden diese Fälle in der Regel auch in der Öffentlichkeit rezipiert.

Indessen gibt es ja einen Unterschied zwischen dem gesunden Sinn für das Falsche und dem Verstehen der Hintergründe, die dieser Falschheit erst den Weg in das Herz der Gemeinschaft geebnet haben. Diese Hintergründe sind nun weit weniger öffentlichkeitsfähig, handelt es sich dabei doch um radikale Umbrüche auf den Gebieten der Philosophie, der Psychoanalyse und der Literaturtheorie, die für den Vertreter einer dieser Disziplinen natürlich alte Bekannte sind, deren hermetische Ausdrucksweise dem ›nur interessierten‹ Leser jedoch bisweilen allzu deutlich signalisiert, dass man hier doch lieber unter sich bleiben möchte. Gleichwohl: Auch das ist Plagiatsgeschichte, und bedenkt man, dass es ja tatsächlich Leute gibt, die für den plagiarischen Sittenverfall der Gegenwart ebenjene Theoretiker und das von ihnen geschaffene ›intellektuelle Milieu‹ verantwortlich machen,[1] dann wird deren Beitrag zu unserer Erzählung sicherlich keine *quantité négligeable* sein.

Vor die Wahl gestellt, entweder eines der zentralen Kapitel der jüngeren Plagiatsgeschichte über Gebühr zu banalisieren (resp. es ganz zu streichen) oder den Blick auf die eigentlichen Plagiatsfälle durch Leucht- und Elfenbeintürme postmoderner Theoriebildung zu verstellen, würde ich vorschlagen, das eine nicht zu tun und das andere zu lassen. In diesem Sinne gliedern sich die folgenden Ausführungen in zwei eigentlich parallel laufende, hier jedoch hintereinander geschaltete Erzählungen: Wem es ganz um das Kerngeschäft des Plagiatsskandals zu tun ist, dem steht es frei, noch den nächsten Abschnitt über *Mister White* mitzunehmen, dann die folgenden zwei Abschnitte zu überspringen (S. 469–S. 481) und mit seiner Lektüre erst beim Abschnitt *Wilkomirski oder Die Enteignung der Opfer* (S. 481ff.) fortzufahren. Wer lieber die ganze Wahrheit hätte und sich für einen kleinen Parforceritt durch die Theoriegeschichte nicht zu schade ist, der kann durchlesen – die Route ist gut abgesteckt, nicht überdimensioniert und führt auch zum Ziel. Ehrenwort.

Mister White

Herr Dr. Bohnenblust, mein amtlicher Verteidiger, hat natürlich recht: – wenn ich ihm hundertmal erzähle, wie der Brand eines kalifornischen Redwood-Sägewerks sich ausnimmt, wie die amerikanische Negerin sich schminkt oder welches etwa die Farbigkeit von Neuyork ist bei abendlichem Schneegestöber mit Gewitter (das gibt es) oder wie man es im Hafen von Brooklyn anstellen muß, um ohne Papiere an Land zu kommen, es beweist nicht, daß ich dort gewesen bin. Wir leben in einem Zeitalter der Reproduktion.

---

1 Vgl. Thiel: *»Der Wandel der Wissenskultur ist fundamental«*, 40.

XIII. Verantwortlichkeiten: Postmoderne, Opfer, Täter

> Das allermeiste in unserem persönlichen Weltbild haben wir nie mit eigenen Augen erfahren, genauer: wohl mit eigenen Augen, doch nicht an Ort und Stelle; wir sind Fernseher, Fernhörer, Fernwisser. Man braucht dieses Städtchen nie verlassen zu haben, um die Hitlerstimme noch heute im Ohr zu haben, um den Schah von Persien aus drei Meter Entfernung zu kennen und zu wissen, wie der Monsun über den Himalaja heult oder wie es tausend Meter unter dem Meeresspiegel aussieht. Kann heutzutage jeder wissen. Bin ich deswegen je unter dem Meeresspiegel gewesen; bin ich auch nur beinahe (wie die Schweizer) auf dem Mount Everest gewesen? Und mit dem menschlichen Innenleben ist es genau so. Kann heutzutage jeder wissen. Daß ich meine Mordinstinkte nicht durch C. G. Jung kenne, die Eifersucht nicht durch Marcel Proust, Spanien nicht durch Hemingway, Paris nicht durch Ernst Jünger, die Schweiz nicht durch Mark Twain, Mexiko nicht durch Graham Greene, meine Todesangst nicht durch Bernanos und mein Nie-Ankommen nicht durch Kafka und allerlei Sonstiges nicht durch Thomas Mann, zum Teufel, wie soll ich es meinem Verteidiger beweisen? Es ist ja wahr, man braucht diese Herrschaften nie gelesen zu haben, man hat sie in sich schon durch seine Bekannten, die ihrerseits auch bereits in lauter Plagiaten erleben. Was für ein Zeitalter! Es heißt überhaupt nichts mehr, Schwertfische gesehen zu haben, eine Mulattin geliebt zu haben, all dies kann auch in einer Kulturfilm-Matinée geschehen sein, und Gedanken zu haben, ach Gott, es ist in diesem Zeitalter schon eine Rarität, einen Kopf zu treffen, der auf ein bestimmtes Plagiatprofil gebracht werden kann, es zeugt von Persönlichkeit, wenn einer die Welt etwa mit Heidegger sieht und nur mit Heidegger, wir andern schwimmen in einem Cocktail, der ungefähr alles enthält […].[2]

Wir blenden uns vorzeitig aus diesem Monolog aus, dessen Sprecher wir vermutlich bereits identifiziert haben und ihm damit schon in die Falle gegangen sind. Denn natürlich wissen wir, wer hier spricht, aber ›identifizieren‹ ist nun einmal

---

2   Frisch: *Stiller*, 186.

genau das falsche Wort in diesem Fall, handelt es sich doch um das wohl berühmteste *Nicht-Ich* der europäischen Literaturgeschichte: einen Mann mit gefälschtem amerikanischen Pass, der sich ›Mister White‹ nennt, von dem aber eine ganze Menge Leute annehmen, dass er in Wahrheit der verschollene Zürcher Bildhauer Anatol Ludwig Stiller ist. Lange beharrt dieser Mensch auf seiner Nicht-Identität mit dem Gesuchten – ja, je näher man ihn an dessen Leben, an dessen Frau, Affären, Familie, Marotten und an dessen Heimat, also: an Stillers Vergangenheit heranführt, um so stärker wächst in ihm der Drang, ›White‹ zu bleiben, ein unbeschriebenes Blatt Papier, »ein unglücklicher, nichtiger, unwesentlicher Mensch, der kein Leben hinter sich hat, überhaupt keines.«[3] Am Ende wird er sich fügen müssen, wird man ihn »öffentlich dazu verurteilen«, er »selbst zu sein«,[4] in ihm aufkeimende Erinnerungen als die seinigen zu akzeptieren, ein altes Leben wiederaufzunehmen und irgendwie fortzuführen, wieder ›Stiller‹ zu werden. Das Außen und das Innen, die Person und ihre Geschichte stimmen schließlich wieder überein: Das »Nachwort des Staatsanwalts« bürgt für diesen Sachverhalt. Stiller selbst aber erzählt nun nicht mehr. Er hinterlässt nur die Aufzeichnungen des Mister White, das einzigartige Dokument eines Erzählens, das dazu aufgerufen ist, sich über seinen Erzähler zu erheben, dessen Persönlichkeit zu verschleiern, zu verschieben, zu verweigern.

Wie das obige Zitat darlegt, ist es die zentrale Einsicht dieses Textes, dass in ihm keine Authentizität mehr gefunden werden kann – und zwar nicht deswegen, weil Mister White ein leidenschaftlicher Lügenerzähler ist, der Stierkämpfen beiwohnt, in der texanischen Prärie gigantische Tropfsteinhöhlen aufstöbert, von den Indios lernt, wie man Kobras den Giftzahn ausreißt, und der mit Mulattinnen nicht nur schläft, sondern auch gleich noch deren Ehemänner beseitigt (wie er überhaupt in seinem Leben je nach Version einmal fünf, ein-

[3] Ebd., 49.
[4] Ebd., 353.

mal nur drei Morde begangen hat). Nein, die Wahrheit hinter all diesen Geschichten lautet: *Kein* Mensch kann sich mehr durch Geschichten verbürgen, die er selbst und andere sich von ihm erzählen.

So mag uns das von der Schweizer Entourage projizierte Kleinkünstlerleben ›Stiller‹ zwar plausibler, da unspektakulärer erscheinen als die fingierte Abenteurervita des ›Mister White‹. An das Ich heran langt indessen keine der beiden Biografien, denn »man kann sich nicht niederschreiben, man kann sich nur häuten«, ein Konvolut von Ich-Rollen hinterlassen, die man für andere und vor sich entworfen und wieder verworfen hat, hinter denen sich aber immer »das Unaussprechliche« verbirgt.[5] Es ist ein Leichtes, an die Authentizität dieser Rollen zu glauben, sich in ihnen einzurichten, »die Wiederholung, die ausweglose, aus freiem Willen (trotz Zwang) zu seinem Leben zu machen, indem man anerkennt: Das bin ich!«[6] Frischs Roman hat sich aber gerade der Störung dieser personalen Gewissheit, der Identifikation von ›Ich‹ und ›Biografie‹ verschrieben. Er erzählt gegen die ›Bildnisse‹ an,[7] die sich die Menschen (und insbesondere eben die ›Bildhauer‹) voneinander machen, und setzt ihnen die Einsicht entgegen, dass – und jetzt sind wir wieder mitten im Thema – alles, was der Einzelne von sich noch aussagen kann, er sich aus der Requisite der Lebenswelt zusammengestohlen, abgekupfert hat. Man lebt und erlebt also »in Plagiaten«, und so originell und unverwechselbar einem auch manche Persönlichkeit scheinen will: Es ist doch alles aufgesetzte, angelesene Dutzendware, so dass man Adorno Recht geben möchte, der nur drei Jahre zuvor konstatiert hatte, dass bei »vielen Menschen […] es bereits eine Unverschämtheit« sei, »wenn sie Ich sagen.«[8]

---

5 Ebd., 330.
6 Ebd., 69.
7 Ebd., 150.
8 Adorno: *Minima Moralia* [1951], 55.

Die Moral von Frischs Roman lautet demnach: Man kann der plagiarischen Welt letztlich nicht entkommen, bestenfalls kann man ihrem Trug nicht verfallen und sie als einen solchen kenntlich machen. ›Mister White‹ ist der Versuch, ebendies zu tun und zwischen dem Zwang, sich überhaupt eine Individualität zu schaffen, und dem Faktum, diese Individualität niemals letztgültig verbürgen zu können, einen Raum einzurichten, in dem die Erzählungen des Ichs als ›Plagiate‹ sichtbar werden. In diesem Raum entwirft der Roman seine ganz eigene Poetologie: Schreiben, das ist keineswegs »Kommunikation mit Lesern, auch nicht Kommunikation mit sich selbst«, sondern ein Prozess, der jene unsagbare »Wirklichkeit, die den Schreiber bedrängt und bewegt«, mit Typologien und Erzählmustern ausstaffiert, hinter denen diese Wirklichkeit selbst aber immer zurückbleiben muss.[9]

Hier die stumme Wirklichkeit des Ichs, dort die beredte Welt vergesellschafteter, unendlich sich reproduzierender Persönlichkeitsmodelle – Frischs *Stiller*, 1954 erschienen, atmet natürlich den Geist seiner Zeit. Aus den Aufzeichnungen des Mister White tönt uns deutlich vernehmbar Sartres Phänomenologie entgegen, die Bewusstsein als »ein ständiges Spiel von Abwesenheit und Anwesenheit«,[10] als ein Existieren in ›Möglichkeiten‹ versteht. Die Identität ›Stiller‹ etwa wäre solch eine Möglichkeit; die Reflexion darüber, dass die Identität Stiller nur eine *Möglichkeit* ist, wäre wiederum die Identität ›Mister White‹. Mit dieser feinen Unterscheidung hätte man also sein Interpretationsmuster parat und könnte sich daran machen, aus diesem schönen Text ein Philosophem zu machen, im Zweifel eine etwas umständliche Reformulierung der These, »dass der Mensch ein Entwurf ist, der über sich selbst entscheidet«.[11] Erwartungsgemäß interessiert uns das hier nicht, denn unsere Aufmerksamkeit wurde geweckt

---

9 Frisch: *Stiller*, 330f.
10 Sartre: *Selbstbewußtsein und Selbsterkenntnis* [1948], 296.
11 Ebd., 313.

durch das Auftauchen des Plagiatsbegriffs und diesen gilt es nun zu kontextualisieren.

Die Vorstellung, die Mister White in seinem Lamento mit dem Wort ›Plagiat‹ belehnt, besitzt – wie sich bereits angedeutet hat – eine ontologische Wertigkeit, bezieht sich also auf einen bestimmten Seinszustand. Das Plagiat soll hier nicht mehr allein den zielgerichteten Vorgang bezeichnen, der bestimmte Zeichenfolgen und -konstellationen von einem Bewusstsein zu einem anderen Bewusstsein wandern lässt. Vielmehr *qualifiziert es das Bewusstsein als solches* gleich mit: Das Bewusstsein ist gewissermaßen das weiße Papier, das erst sichtbar wird, an Kontur gewinnt, wenn die Welt, in die es eingelassen ist, es mit ihren Texten, Ich-Entwürfen, Plagiatsprofilen beschrieben hat. Die entscheidende Frage, die sich an diese Überlegung knüpft, lautet: Gibt es eine Verantwortung für die Wahl der Texte, die sich auf der Schreibunterlage des jeweiligen Bewusstseins verewigen? Oder anders gefragt: Lassen sich Zeichen, die sich unwillkürlich in ein Bewusstsein einschreiben und dadurch eine Identität konstituieren, noch von Zeichen unterscheiden, die scheinbar ›frei gewählt‹ sind und Identität nur inszenieren? Darüber gehen die Meinungen auseinander. Wer noch an die unhintergehbare Identität des Menschen glaubt, wie etwa der Staatsanwalt, der aus Mister White wieder Stiller werden lassen möchte, der geht auch davon aus, dass man fremde, unselbständige und angelesene Persönlichkeitsanteile von ›ursprünglichen‹ Persönlichkeitsanteilen trennen kann. Solche Leute vereinbaren dann etwa Lokaltermine, um den Geschichtenerzähler White mit dem Bücherregal des Bildhauers Stiller zu konfrontieren. Dort findet man in der Tat dann etwa D. H. Lawrence' mexikanische Novelle *Die Frau, die davonritt* oder auch Hemingways ›Stierkampf-Buch‹ *Death in the Afternoon*, Bücher, die man leicht als Quellen des amerikanischen Lebensromans ›Mister White‹ identifizieren und damit diese Identität als eine aus der Literatur gestohlene Identität überführen könnte. Wenn man genau hinschaut, gilt aber der gleiche Umstand auch für die scheinbar ›ursprüngliche‹ Vita Stiller: Dessen Beteiligung am Kampf gegen Franco könnte auch aus dem Weißbuch über den Spanischen Bürgerkrieg stammen, das ebenfalls im Regal steht; sein Zürichbild von Gottfried Keller und Albin Zollinger, seine Davos-Erfahrung aus dem *Zauberberg* etc. etc.

Man sieht: Wer sich einmal darauf eingelassen hat, Persönlichkeiten auf Texte zurückzuführen (und nicht, wie früher, umgekehrt), der findet keinen Halt mehr. Es ist unmöglich, aus der Handbibliothek Stillers »einen geistigen Steckbrief zu machen, zumal niemand weiß, was der Verschollene hiervon gelesen, was von dem Gelesenen er verstanden oder einfach nicht verstanden oder auf eine für ihn fruchtbare Weise mißverstanden hat«[12] – noch während der Erstellung ihres ›Plagiatsprofils‹ löst sich die gesuchte Person auf. So ist zwar unverkennbar, dass in diesem Zimmer Texte durch ein Bewusstsein geschleust, Rollen eingeübt, Identitäten plagiiert wurden; das ist aber eben nichts anderes als der *Grundzustand* menschlicher Existenz im »Zeitalter der Reproduktion«. ›Personen‹ sind keine Handlungsinstanzen mehr, die über Eigentum oder Diebstahl selbst befinden können und dementsprechend abzuurteilen wären – nein, ›Personen‹ sind selbst Effekte jenes »Cocktail[s], der ungefähr alles enthält«, eines Textflusses, aus dessen Fluten sich immer wieder neue Ich-Entwürfe erheben, um im nächsten Moment wieder in ihnen zu verschwinden.

Die historischen Voraussetzungen, die zur Entwicklung dieser Vorstellung führten, sind einigermaßen klar. Die in *Stiller* ausgestellten Akte der ›Ortung‹, ›Identifizierung‹, der Unterwerfung des Einzelnen unter die Ikonografie der Gesellschaft, ja, auch der Beurteilung und der Selektion des Menschen nach Herkunft, Überzeugung, ›geistigem Steckbrief‹ hatte die politische Erfahrung Europas während der 1930er und 40er Jahre als konstitutive Elemente eines totalitären Denkens und Handelns bestätigt. Totalitarismus beginnt bei der Festschreibung von Identität aus einer übergeordne-

---

12 Frisch: *Stiller*, 359.

ten Machtposition heraus, und dementsprechend kann im Ausgang aus der totalitären Erfahrung die Freiheit des Menschen nur dadurch gesichert werden, dass dieser sich als eine offene, stets verschiebende Identität begreift, die die Normierungsbestrebungen von literarischen Staatsanwälten gezielt unterläuft. Der Ausgangsimpuls jenes »Spiegelspiel[s] von Reflexen«,[13] in denen sich das Ich bewegt, ist also ein machtkritischer. (Und bei allen Komplikationen, die uns später als Konsequenzen dieser Persönlichkeitskonzeption noch verständlich werden sollen, dürfen wir diesen Umstand nicht vergessen.)

Freilich ist dieser Anti-Totalitarismus nicht umsonst zu haben. In letzter Konsequenz fordert die Kritik an den Instanzen personaler Identifikation einen hohen Preis: das radikale Abstreifen *personaler Verantwortlichkeit*. Wer davon ausgeht, dass die ›Person‹ ein erzählerischer Effekt ist, der kann niemanden mehr ›persönlich‹ dafür verantwortlich machen, wenn Textpassagen wandern, sich wiederholen resp. an fremden Orten fortsetzen. Es erübrigt sich, mit Horaz fremde Federn zu zählen und auszurupfen, wenn wir wissen, dass unter dem zusammengestohlenen Federkleid keine nackte Krähe, sondern überhaupt gar nichts mehr zum Vorschein kommt, dem man noch eine personale Verantwortung zuschieben könnte. Die Wahrheit des Ichs bleibt dabei, dass es ›sich fremd ist‹ und dass es sich erst in Anerkennung dieser Fremdheit wahrhaft erfährt. Das weiß bereits Mister White[14] und einige Jahre nach ihm dann auch Julia Kristeva, die ihre psychoanalytische Ausfaltung dieses Gedankens unter den sprechenden Titel *Étrangers à nous-même* (1988) stellen wird.

Wir haben hiermit eine theoretische Anhöhe erreicht, von der aus Plagiarismus, verstanden als Aneignung fremder, vorgefertigter, mitunter literarischer Persönlichkeitsentwürfe,

---

13 Sartre: *Selbstbewußtsein und Selbsterkenntnis*, 303.
14 Frisch: *Stiller*, 330: »Man will sich selbst ein Fremder sein. Nicht in der Rolle, wohl aber in der unbewußten Entscheidung, welche Art von Rolle ich mir zuschreibe, liegt meine Wirklichkeit.«

nur mehr als Ausgangsbedingung aller Kommunikation, aller Kreativität, ja: aller menschlichen Wirklichkeit verstanden werden kann: Eigentlich bewegen wir uns immer nur in Plagiaten, denn sonst wären wir gar niemand und würden einander gar nicht erkennen können. Das heißt allerdings nicht, dass sich an den Plagiaten irgendetwas ablesen ließe, was uns wirklich ausmacht. Plagiate sind nur die Masken, mit denen sich das ›Unaussprechliche‹, das, was das ›Ich‹ denkt, Zugang zur Sprache verschafft, Identitäten erzählen und sich seiner vergewissern kann. Man kann die Plagiate daher auch weder abschaffen noch eigens legitimieren. Lernen muss man jedoch, sie als *das Fremde am Eigenen* anzuerkennen – ein Postulat, aus dem der Poststrukturalismus dann seine eigenen Folgerungen ziehen wird:

> Wenn wir *unsere* Fremdheit erkennen, werden wir draußen weder unter ihr leiden noch sie genießen. Das Fremde ist in mir, also sind wir alle Fremde. Wenn ich Fremder bin, gibt es keine Fremden.[15]

Die Anerkennung des Plagiarismus als *conditio moderna* wächst sich vor diesem Horizont zu einem universalethischen Programm aus, von dessen Erfüllung die Gesundung des 20. Jahrhunderts, seine Immunisierung gegen den Fanatismus der Identität, der Selektion und des Ausschlusses abhängt. Im Weg steht diesem Vorhaben nur noch eine Instanz: der Autor.

Person als Text, Text ohne Person

Der gewaltige Einfluss, den Mister Whites kleine Reflexionen über die plagiarische Existenz auf das europäische Denken der Nachkriegszeit haben werden, erklärt sich aus dem Geist der Utopie, der sie trägt und mit einem philosophischen wie politischen Programm umnebelt. Bisher haben wir das nur in eine Richtung gelesen, nämlich als eine *Textualisierung der Persönlichkeit*. Die Person, die der Mensch vor sich und sei-

---

15 Kristeva: *Fremde sind wir uns selbst*, 209.

nen Mitmenschen erzeugt, *ist ein Text* – ein Text, der ständig umgeschrieben wird und dessen Urheber unbekannt bleiben. Aus diesem Befund lässt sich vieles ableiten, nämlich zuallererst einmal die Gewissheit, dass ›Autorschaft‹ im Sinne von ›Werkherrschaft‹ eine Anmaßung, das Verkennen der wahren Verhältnisse ist. Wer sich als ›Autor‹ wähnt, der unterwirft die Welt seinem Wort, zentriert ihren Sinn, trennt das Fremde vom Eigenen und schließt es aus seiner Ordnung aus. Autorschaft ist also eine Geste der Macht, ein Akt der Gewalt. Wie Mister White es bereits richtig formuliert hatte: »Man kann sich nicht niederschreiben« – und deswegen gehört die Schrift einem eben auch nicht. (Und kann einem dementsprechend auch nicht gestohlen werden.) Wer das verstanden hat, der weiß, dass der *Textualisierung der Persönlichkeit*, nun aus der Gegenrichtung gelesen, die *Entpersönlichung des Textes* entsprechen muss – damit haben wir den Prozess bereits benannt, in dessen Folge das Plagiat als Gegenstand der literaturtheoretischen Debatte letztlich verschwinden muss und sich eine ›wahre‹, reflektierte Auffassung literarischer Fremdbezüge von einer ›falschen‹, da volkstümlich an der personalen Gebundenheit der Literatur orientierten Auffassung absetzen kann. Angesichts der Tragweite und Aktualität dieser Entwicklungen lohnt es sich, sie in ihren Grundzügen etwas näher zu beleuchten.

Sechs Jahre nach Stillers Heimkehr, im Jahr 1960, bildet sich in Paris die sogenannte *Tel Quel*-Gruppe, in deren Umfeld sich nahezu alle später namhaften Größen des französischen Poststrukturalismus bewegen und ihren Publikationsort finden. Wenn es so etwas wie ein gemeinsames Anliegen von *Tel Quel* gibt, dann wäre dieses Anliegen wohl im Abbau von subjektzentrierten, also: auf Totalität abzielenden Wissensordnungen zu suchen. Das geschieht nicht ganz simultan, aber doch in einer gewissen Analogie auf verschiedenen Feldern: Michel Foucault (1926–84) zersetzt in seinen Arbeiten die Vorstellung von einer homogenen Geschichtlichkeit und stellt ihr das heterogene Konzept der ›Diskursgeschichtsschreibung‹ entgegen; Jacques Lacan (1901–81) entlarvt das

Ich der klassischen Psychoanalyse als eine Maskierung, die immer nur verdeckt, was sie eigentlich zum Ausdruck bringen soll; Jacques Derrida (1930–2004) und Roland Barthes (1915–80) entdecken die Schrift als ein eigenständiges, widerständiges Wesen, das sich der Eindeutigkeit verweigert und den ihr aufgebürdeten Sinn sich immer wieder gegen sich selbst richten lässt. Zu den Grundlagen und Implikationen all dieser Theoreme gäbe es natürlich ein Hundertfaches anzumerken, indessen gibt es bessere Orte dafür (und wer noch in den 1980ern und 90ern etwa Literaturwissenschaften studiert hat, kennt diese Orte auch).[16] Für uns zählt indes allein die sich durchhaltende Kernstruktur – personale Identität als Effekt einer ungerichteten, ursprungslosen Zeichenbewegung (des Diskurses, des Unbewussten, der Schrift) – und die Folgen, die diese Struktur für unser heutiges Verständnis von literarischem Eigentum hat.

Ins Auge fallen uns hierbei vor allem zwei kleinere Einlassungen: die erste, *La mort de l'auteur*, erstmals 1967 von Barthes veröffentlicht, die zweite, *Qu'est-ce qu'un auteur?*, 1969 von Foucault als Vortrag vor der *Société française de philosophie* gehalten. Nehmen wir beide Beiträge zusammen, dann erhalten wir so etwas wie ein Manifest anti-personaler Literatur. Am Ausgangspunkt dieses Manifests steht die Frage, aus welchem historischen Grund wir Literatur für gewöhnlich als eine personale Erscheinung denken. Folgen wir den Ausführungen Foucaults, dann muss die Antwort auf diese Frage lauten: weil es sich bei der Verknüpfung von ›Literatur‹ und ›Person‹ um die hartnäckige Folge eines autokratischen Kontrollmechanismus handelt, von dem wir glauben, dass er uns nützt, während er uns tatsächlich einer literaturfernen Herrschaftslogik unterwirft. Die Persönlichkeit der Literatur, die Kopplung der Schrift an den Autor, ist Foucault zufolge nämlich im Wesentlichen ein Funktionsmodell, mit dessen Hilfe sich die ungerichteten und überpersönlichen Diskursströme kanalisie-

---

16 Es ließe sich hier alles und nichts aufführen, ich verweise stellvertretend auf den bewährten Manfred Frank: *Was ist Neostrukturalismus?*

ren und bestehenden Machtverhältnissen anpassen lassen. Dieses Funktionsmodell habe einen bestimmten historischen Ort und verdanke sich einer Absicherungsstrategie:

> Die Texte, die Bücher, die Diskurse bekamen in dem Maße wirkliche Autoren [...], in dem der Autor bestraft werden konnte, das heißt in dem Maße, in dem Diskurse Übertretungen sein konnten. Der Diskurs war in unserer Kultur (und zweifellos in vielen anderen) anfangs kein Produkt, keine Sache, kein Gut. Er war wesentlich ein Akt – ein Akt, der im bipolaren Feld des Heiligen und des Profanen, des Erlaubten und des Verbotenen, des Religiösen und des Blasphemischen angesiedelt war. Er war historisch gesehen ein risikobehaftetes Tun, bevor er zu einem Gut im Kreislauf des Eigentums wurde. Und als man eine Eigentumsordnung für Texte schuf, als man strenge Gesetze erließ über Urheberrechte, über Beziehungen zwischen Autoren und Verlegern, über Reproduktionsrechte etc. – das heißt Ende des 18. Jahrhunderts und Anfang des 19. Jahrhunderts –, in diesem Augenblick nahm die Möglichkeit der Übertretung, die dem Akt des Schreibens innewohnte, mehr und mehr den Charakter eines der Literatur inhärenten Gebots an.[17]

Foucaults Herleitung der Autorfunktion hat Enthüllungscharakter, insofern sie die Geschichte der personalen Verrechtlichung der Literatur gegen den Strich liest. Das Eigentum am geschriebenen Wort ist (wir hören Frischs Staatsanwalt im Hintergrund) demzufolge *kein Privileg, sondern eine vorweggenommene Verurteilung*: War zuvor die Literatur nur ›Diskurs‹, d. h. ein unpersönliches, sich allen Festlegungen und Besetzungen entziehendes Hin- und Her-Rennen (denn genau das meint *discurrere*), das immer wieder geschlossene und festgefügte Deutungssysteme zersprengte, so kann nun derjenige, der mit seinem Namen, mit seiner Person, Literatur verantwortet, sie zu seinem ›Werk‹ macht, auch für alle literarischen Störprozesse haftbar gemacht werden. Die Hüter reiner Lehren (ganz gleich ob theologischer, philosophischer oder poli-

---

17 Foucault: *Was ist ein Autor?*, 246.

tischer Natur) brauchen also den Autor, denn in ihm lässt sich die Häresie, die Abweichung, personalisieren und aussondern. Literarisches Eigentum beruht demnach nicht auf einer Selbstzuschreibung, sondern auf einer Fremdzuschreibung: Der ›Autor‹ wird von interessierter Seite geschaffen, damit überhaupt eine Instanz, eine Totalität da ist, an der sich die Sinnhaftigkeit von Text festmachen lässt. Dieser Vorgang, dem Text über seinen Autor Bedeutung zu verleihen, kann verschiedene Ausformungen haben: Die trivialste unter ihnen ist der Biografismus (die Erklärung eines Textes aus dem Leben der Person, die ihn geschrieben hat), die anspruchsvollste sicherlich das von der Gadamer'schen Hermeneutik vertretene Konzept eines auktorialen ›Sinnhorizontes‹ (die Erklärung eines Textes als permanente und nie endende Annäherung an ein Bedeutungsgefüge, das sich durch den literarischen Akt des Autors verzeitlicht hat, also historisch geworden ist). Dazwischen liegen irgendwo die Rede von der ›Autorintention‹ und die ›werkgeschichtliche Interpretation‹, die den Sinn eines Textes dadurch herstellt, dass sie ihn in Bezug zu anderen Texten setzt, die derselben Person zugerechnet werden.

Das kann man als Strukturalist oder Poststrukturalist natürlich alles vergessen, denn gemeinsam ist all diesen Konstruktionen ja die Annahme eines ›Oberflächen-Tiefenmodells‹[18]: an der Oberfläche der Text, der uns zugänglich ist, weil wir zur sprechenden und schreibenden Allgemeinheit gehören; in der Tiefe verborgen der Sinn des Textes, den der Autor dort versenkt hat, welcher wiederum konsequent als Ursprung, »als die Vergangenheit seines eigenen Buches verstanden« wird.[19] Barthes stellt diesem Verständnis die ›Gleichursprünglichkeit‹ des modernen ›Schreibers‹ entgegen, der »im selben Moment wie sein Text geboren« werde und deswegen

---

18 Vgl. hierzu ausführlicher: Fohrmann/Müller: *Einleitung: Diskurstheorien und Literaturwissenschaft*, 11.
19 Barthes: *Der Tod des Autors*, 189.

keine vorgeordnete Sinninstanz, sondern vielmehr »ein Feld ohne Ursprung« darstelle.

Vermutlich wird sich schon etwas Unruhe breitgemacht gemacht haben, da immer noch nicht klar ist, welche Relevanz all diese hochelaborierten Gedankengänge für das Plagiatsverständnis haben sollen. Das wird sich jetzt erweisen. In jenem Moment nämlich, in dem der ›Autor‹ zum bloßen ›Schreiber‹ erklärt wird und damit aus der göttlichen Tiefe der Sinnstiftung herauf in die Sphäre des Textes umziehen muss, verliert sich auch der Nimbus seiner Originalität, denn der Text ist »ein Gewebe von Zitaten aus unzähligen Stätten der Kultur«, er besteht »aus einem vieldimensionalen Raum, in dem sich verschiedene Schreibweisen, von denen keine einzige originell ist, vereinigen und bekämpfen.«[20] Wer im Textraum leben muss, der weiß, dass sich dort keine ›Ichheit‹ verankern lässt, weil sich dort keine Zeichen finden, die nur dem Schreiber allein gehören. Was aber heißt dann eigentlich noch Schreiben, wenn es nicht mehr darum geht, etwas ›hervorzubringen‹? Barthes ist da explizit: Die Macht des Schreibers besteht für ihn einzig und allein darin, »die Schriften zu vermischen und sie miteinander zu konfrontieren, ohne sich jemals auf eine einzelne von ihnen zu stützen.«[21]

Hier sind wir also wieder bei der ›erlesenen‹ Biografie des Mister White angelangt, die sich als eine Ansammlung von fremdverfassten Ich-Rollen zu erkennen gegeben hatte. Dort war jedoch immer noch vom Phantom des ›Unaussprechlichen‹ die Rede, von einer Wesenheit, die zwar niemals Sprache werden kann, die jedoch jenseits der Sprache in irgendeiner Form ›gewusst‹ wird. An diesem Punkt nun schreitet das Denken der sechziger über das der fünfziger Jahre hinaus, überbietet die poststrukturale Reflexion die Phänomenologie des Existentialismus. *Nichts* steht außerhalb des Textes, »il n'y a pas de hors-texte« (wie zeitgleich, 1967, Derrida in der *Grammatologie* das Mantra des Poststrukturalismus formu-

20 Ebd., 190.
21 Ebd.

liert²²), es gibt tatsächlich nichts ›Unaussprechliches‹ und derjenige, der »sich ausdrücken« will, sollte lernen, »daß das innere ›Etwas‹, das er ›übersetzen‹ möchte, selbst nur ein zusammengesetztes Wörterbuch ist, dessen Wörter sich immer nur durch andere Wörter erklären lassen«.²³

Um es noch einmal klarer zu formulieren: Nicht erst die Formen, in denen sich eine wie auch immer zu denkende vorsprachliche ›Existenz‹ des Menschen artikuliert, sondern bereits die Vorstellung, dass eine solche Existenz *überhaupt existiert*, verdankt sich nach diesem Verständnis dem Spiel der Zitationen. In diesem Sinne interpretiert die poststrukturalistische Literaturtheorie die Literatur seit dem ausgehenden 18. Jahrhundert – und hier spielt erwartungsgemäß die Romantik eine große Rolle – als eine fortschreitende Entlarvung der literarischen Persönlichkeit als Fiktion, als ein Maskenspiel, hinter dem sich nichts anderes verbirgt als eine weitere Maske.²⁴ Wenn wir sagen, dass der Literaturtheorie des fortgeschrittenen 20. Jahrhunderts eine systematische Entpersonalisierung betreibt, dann meint das genau dies: Hinter der Schrift lebt kein Autor mehr, der Autor ist selbst Effekt der Schrift.

Unpersönliche Texttheorie

Hiermit wären die neuen Verhältnisse zwischen Literaturproduktion und Literaturrezeption markiert – tatsächlich sind beide Akte nun miteinander identisch. Der ›Schreiber‹ ist

---

22 Derrida: *De la grammatologie*, 227. Man muss hier freilich anmerken, dass dieser Satz bei Derrida eindeutig noch als eine Klage zu verstehen ist, d.h. als ein Betrauern der fehlenden Möglichkeit, etwas zu denken, was nicht den Regeln und Gewalten des Textes unterworfen ist. Jene »Alles ist Text«-Euphorie, wie sie sich gelegentlich unter derridierenden Literaturwissenschaftlern breitmacht, sucht man an ihrer Quelle vergebens. Wir werden weiter unten nochmals kurz auf diesen Unterschied zu sprechen kommen.
23 Barthes: *Tod des Autors*, 190.
24 Beispielhaft hierzu etwa de Man: *Autobiography as De-facement*, 919–930.

letztendlich ein ›Leser‹ (Kristeva wird von der »écriture-lecture« sprechen[25]), und der Leser wiederum »ist der Raum, in dem sich alle Zitate, aus denen sich eine Schrift zusammensetzt, einschreiben, ohne daß ein einziges verloren ginge.«[26] Daraus folgt, dass Schreiben/Lesen keine personale Konstellation, kein Kommunikationsverhältnis zwischen einem Sender und einem Empfänger mehr darstellen kann: Der Schreiber/Leser »ist ein Mensch ohne Geschichte, ohne Biographie, ohne Psychologie. Er ist nur der *Jemand*, der in einem einzigen Feld alle Spuren vereinigt, aus denen sich das Geschriebene zusammensetzt.«[27] Literatur gibt sich uns demnach immer nur als ein punktuell auftretendes Gefüge von Spuren zu erkennen, als Segment eines gewaltigen Netzes, dessen Fäden in alle möglichen Richtungen verlaufen. Wissenschaftlich gerecht werden kann man solch einem Gegenstand nur noch, indem man neue Denkfiguren entwickelt, die es ermöglichen, über die literarischen Querverstrebungen zu reden, ohne diese wieder zu ›totalisieren‹, also zu einem Gesamtsinn zusammenzuführen.

Harold Bloom hat sich in *The anxiety of influence* (1973) darum bemüht, solche Tropen ausfindig zu machen, mit denen sich die Abhängigkeiten und Verbindungen zwischen Texten beschreiben lassen, ohne dabei noch auf personale Träger zurückgreifen zu müssen. Das Ergebnis dieser Suche ist letztlich eine durchaus reizvoll zu lesende Psychologie textgeschichtlicher Dynamiken geworden.[28] Bloom geht davon aus, dass Dichtung prinzipiell »aus der Illusion der Freiheit, aus dem Gefühl heraus, daß Priorität möglich wäre«, entsteht:[29] Ein Gedicht will absolute Geltung, will Autorität besitzen, einen

---

25 Kristeva: *Bachtin*, 346.
26 Barthes: *Tod des Autors*, 192.
27 Ebd.
28 Was Barthes' Postulat eines präpsychologischen Lesers durchaus nicht widerspricht, denn Blooms Psychologisierung der Literaturgeschichte erklärt den Leser/Schreiber eben nicht zum Gegenstand, sondern zum Effekt der Psychodynamik.
29 Bloom: *Einfluss-Angst*, 84.

neuen, eigenen Kosmos begründen, es ist *Schöpfungsanspruch*. In dem Moment, in dem es entsteht, ist es jedoch zugleich eingelassen in die Reihe seiner Vorgänger, mit der es um seinen Prioritätsanspruch kämpfen, an der es sich abarbeiten muss. Letztlich sind das ödipale Konstellationen und nicht umsonst spricht Bloom von der Dichtung als einem »Familienroman«, den wir als Leser immer nur ganz oder gar nicht lesen könnten. Auch hier verschwindet die Personalität der Literatur also vollends – und zwar gerade dadurch, dass man sie derart überdimensioniert, dass sie im wahrsten Sinne des Wortes unlesbar wird. So mag Bloom zwar konsequent von den ›Dichtern‹ sprechen; dahinter verbirgt sich allerdings kein Biografismus. Die Geschichte der ›Dichter‹, das ist für Bloom nur mehr die notwendige personale Projektion, durch welche das überpersonale literarische Prinzip der ›Einflussangst‹ erst Gestalt annehmen kann. Wer ›Dichter‹ sagt, der meint somit nach Bloom nicht einen Herrscher über den Text und seinen Sinn, sondern einen Kampf zwischen Sohn und Vater, wie er sich in allen großen Dichtungen ereigne. Jedes Gedicht (auch das ›erste Gedicht‹, wenn es das gäbe) suche sich seinen Vorgänger, mit dem es sich auseinanderzusetzen habe, jedes Gedicht sei eine Lektüre eines anderen Gedichtes und zwar genau genommen keine exakte Lektüre (dann würde es ja nur wiederholen), sondern »die Fehlinterpretation eines Vater-Gedichtes«, der verzweifelte (und in der Regel vergebliche) Versuch, dessen Einfluss zu entkommen, Priorität zu erlangen.[30]

Zugegeben: Das klingt wild und ist es auch, aber zugleich kann Blooms Überlegung zugestanden werden, dass sie es möglich macht, Texte weiterhin zu hierarchisieren und zu qualifizieren, Literaturgeschichten zu schreiben und einen Kanon zu verfassen, ohne dabei hinter die literaturtheoretischen Erkenntnisse der Franzosen zurückzufallen. Denn nicht die Dichter als historische Figuren produzieren hier die

---

30 Ebd., 83.

Psychodynamik der Textgeschichte, sondern es verhält sich gerade umgekehrt: Die ›Dichter‹ erscheinen als bloße Schemen auf der Bühne der Dichtungskämpfe, sie agieren nur das aus, was die Logik der Textbewegung ihnen einflüstert. In dieser Hinsicht gelingt es Bloom, die Perspektive auf die Literatur als eine Geschichte umzukehren, sie dem Phänomen der fortwährenden Fremdbestimmung des Schreibens zu öffnen, ohne dabei die klassischen Parameter dieser Geschichte zu zerstören. Natürlich müssen wir mit Autoren, Werken, Epochen hantieren, wenn wir etwas über die Literatur sagen wollen; es sollte uns dabei allerdings immer bewusst sein, dass es sich hierbei eben nur um ›Maskierungen‹ der Literatur handelt und nicht um ihre Trägerschaften. Autor, Werk, Epoche: Das sind Hülsen, mit denen wir uns den Teppich aus Textverweisen als einen Mechanismus des Einfalls und der Abwehr von ›Einflüssen‹ erzählbar machen können. Der Mechanismus selbst liegt aber nicht in den Personen und ihrem literarischen Eigentum, sondern im Wesen der Dichtung beschlossen.

Während Bloom die Psychisierung der Literatur also nicht aufgibt, sie jedoch entpersönlicht und in eine Textdynamik verwandelt, verfällt das zeitnahe alternative Denkmodell literarischer Fremdreferenz, nämlich das Modell der ›Intertextualität‹, auf die Vorstellung des Textes als eines ›Speichers‹, eines ›nichtpersonalen Trägers von Gedächtnis‹. Seinen Ursprung nimmt dieses Modell in den Arbeiten Michail Bachtins zur Sprache des Romans, die bereits zwischen 1930 und 1940 herausstellen, dass im Gegensatz zum ›Dichter‹ der Romancier »die Redevielfalt und die Sprachvielfalt von literarischer und außerliterarischer Sprache in sein Werk auf[nimmt], ohne sie abzuschwächen«, und »sogar ihre Vertiefung« betreibt.[31] Bachtin stützt seine Beobachtungen vor allem auf Dostojewski und Rabelais und beabsichtigt dabei in keiner Weise, die Vielstimmigkeit des Romans gegen die

---

31 Bachtin: *Das Wort im Roman*, 189.

Kategorien Autorschaft und Sinnstiftung auszuspielen.[32] Letzteres geschieht erst in der strukturalistischen und poststrukturalistischen Rezeption seiner Schriften, beispielhaft durch Kristeva, die aus Bachtins Beobachtungen zur Dialogizität prosaischer Literatur eine literaturtheoretische Grundsatzfrage macht:

> Jeder Text baut sich als Mosaik von Zitaten auf, jeder Text ist Absorption und Transformation eines anderen Textes. An die Stelle des Begriffs der Intersubjektivität tritt der Begriff der *Intertextualität* […].[33]

›Intertextualität‹, das bezeichnet dabei nicht allein ein innerliterarisches Verhältnis, sondern »impliziert das Eindringen der Geschichte (Gesellschaft) in den Text und des Textes in die Geschichte«,[34] wobei hinzuzusetzen ist, dass sowohl Geschichte als auch Gesellschaft »wiederum als Texte angesehen werden, die der Schriftsteller liest, in die er sich einfügt, wenn er schreibt.«[35] Auch hier haben wir also wieder das Geflecht ohne Anfang und Ende, eine Dynamik der Mehrdeutigkeit, in welcher jeder literarische Schöpfungsakt sich innerhalb eines bereits vorhandenen Textgefüges abspielt, das allerdings durch sein Erscheinen umgeschrieben, aktualisiert wird. Dieses endlose ›Weiter-, Wider- und Um-Schreiben‹ konstituiert letztlich einen Gegenstand, der nur dann adäquat erfasst werden kann, wenn – und auch das ist erwartbar – der Interpret auf eine homogenisierende Deutung des vielstimmigen Textes verzichtet:

> Die intertextuelle und intertextualisierende Lektüre treibt den Referenten aus, indem sie den Text auf einen Abgrund/

---

32 So besteht laut Bachtin die Aufgabe des Prosaschriftstellers vorzugsweise darin, die fremden Wörter und Formen »in verschiedenen Distanzen vom letzten Sinnzentrum seines Werks« anzuordnen, wie überhaupt seine Sprache »nach dem Grad größerer oder geringerer Nähe zum Autor und seiner letzten Bedeutungsinstanz organisiert« werde. (Ebd., 190)
33 Kristeva: *Bachtin*, 348.
34 Ebd., 351.
35 Ebd., 346.

Ungrund von Prätexten zutreibt. Die reine, wahre, verdeckte Urschrift bleibt freilich immer verborgen, sie ist immer schon mit den darauf ruhenden Schriften verknüpft. Die Entzifferungsarbeit ist keine eines Abtragens, das den Ursprungstextort freilegen würde, vielmehr bilden die Schichten eine Textur, deren Lektüre die Tilgung einzelner Schichten verbietet.[36]

Tatsächlich – die Diktion verrät es – verwandelt die Intertextualitätstheorie die Literatur zeitweilig in das Paläozen und die Literaturforschung in eine geologische Wissenschaft, deren Expeditionen zwar stets aufregend sind, die mit Menschenfunden aber gar nicht mehr rechnet, sondern nur noch Textgestein vermisst. Nahezu überflüssig scheint es zu erwähnen, dass sich hier keine Fragen nach Eigentum und Diebstahl mehr stellen können: ohne Textpersönlichkeit auch kein Plagiat. Im Gegenteil: Wer immer noch vom Plagiat spricht, macht sich nun verdächtig, denn Plagiate sind eben, wie wir wissen, Ordnungserzählungen, Akte der Rückführung, Apologien des Ursprungs, Glaubensbekenntnisse der inneren, sich immer gleichbleibenden Verwandtschaft von Literat und Literatur. ›Plagiate‹ stehen somit im Grunde für alles, was der Poststrukturalismus als Trugbilder einer logozentrischen Kulturgeschichte entlarvt hat, und jemand, der behauptet, dass Plagiate tatsächlich existieren, macht sich damit zum Agenten des Logozentrismus. Auf dieser Basis werden fortan und bis in die Gegenwart hinein die Konflikte um das Plagiat ausgetragen werden: Ein Plagiatskläger geht mit seinem Einspruch immer das Risiko ein, von der Gegenseite als ewiggestriger, latent totalitärer Persönlichkeitsfetischist bloßgestellt zu werden, d. h. als ein Literat, der das Wesen moderner Literatur nicht verstanden hat (was ihn dementsprechend zu einem zweitklassigen Literaten werden lässt).

Wir hatten bereits gesehen, dass die Kehrseite dieser ursprünglich emanzipatorischen, auf die Befreiung des Wortes von seinen Kommandeuren abzielenden Argumentation im

---

36 Lachmann: *Gedächtnis und Literatur*, 49.

unterschiedslosen Ablegen *aller personalen Verantwortlichkeiten* zugunsten jener *einen universalen Verantwortung für den Text* besteht. In der strikten Weigerung, überhaupt noch irgendeine außertextliche Referenz bestehen zu lassen, wie im Fehlschluss, dass der *Inszenierungscharakter* von Persönlichkeit die grundsätzliche *Inexistenz* personaler Identität impliziert, gerät das postmoderne Denken, nachdem es sich erst einmal von seinen Gründungsfiguren losgelöst hat, von einer kritischen schließlich zunehmend auf eine zynische Bahn. Und jetzt wird es interessant: denn in dieser Situation übernimmt nun ausgerechnet die Plagiatserzählung wieder die Aufgabe, korrigierend einzugreifen, mithin: die Aufgabe, die Diskurstheoretiker an die Ursprünge ihrer eigenen Wahrheiten zu erinnern. Erinnern wir uns mit ihnen: Die Unverfügbarkeit der Person im Raum der Zeichen war ursprünglich ein anti-totalitärer Kunstgriff gewesen, eine Abschirmung des Menschen gegenüber dem gewaltsamen, klassifizierenden Zugriff von Staat und Gesellschaft. Die Grenzen dieses Schutzschirmes werden bezeichnenderweise dort erreicht, wo der Totalitarismus selbst als eine personale Konstellation zum Thema wird. Der Holocaust ist kein Text.

Wilkomirski oder Die Enteignung der Opfer

Knapp 40 Jahre, nachdem Mister White seine Thesen vom Plagiatsprofil des modernen Subjekts unters Volk gebracht hat, erscheint in der Schweiz ein zweites Nicht-Ich, das aus dem Bausatzcharakter seiner Biografie keinen Hehl macht. Seine Geschichte beginnt mit der Feststellung, »keine Muttersprache, auch keine Vatersprache« zu haben, so dass auch alle Sprachen, die es später gelernt hat, »nie ganz [s]eine eigenen« geworden sind, »im Grunde immer nur bewusste Nachahmungen der Sprache anderer« waren.[37] Dieser sprachlichen Identitätslosigkeit korrespondiert eine inkohärente, sich einer strikten Logik widersetzende Kindheitserzählung:

---

37 Wilkomirski: *Bruchstücke*, 7.

XIII. Verantwortlichkeiten: Postmoderne, Opfer, Täter

Meine frühesten Erinnerungen gleichen einem Trümmerfeld einzelner Bilder und Abläufe. Brocken des Erinnerns mit harten, messerscharfen Konturen, die noch heute kaum ohne Verletzung zu berühren sind. Oft chaotisch Verstreutes, chronologisch nur selten zu gliedern; Brocken, die sich immer wieder beharrlich dem Ordnungswillen des erwachsen Gewordenen widersetzen und den Gesetzen der Logik entgleiten.[38]

Ein zweiter, nein, ein dritter Stiller, möchte man meinen, ein Erzähler, der ernst macht mit der Brüchigkeit des Authentischen, der uns die Angst nimmt vor der Fremdheit in uns und mit dem gemeinsam wir auszurufen versucht sind: »Aber wir leben! Wir leben im Widerspruch zu Logik und Ordnung.«[39]

Natürlich sollten wir das nicht tun, denn was so perfektibel postmodern in unseren Ohren tönt, ist – ich habe das unterschlagen – die Autobiografie eines Kindes, das die Konzentrationslager überlebt hat. Verfasst hat sie der im Thurgau lebende Klarinettenlehrer Bruno Doessekker, der 1972, bei einem Polenbesuch, der ihn unter anderem nach Auschwitz führt, entdeckt hatte, dass er in Wahrheit nicht nur das Pflegekind des Zürcher Ehepaars Kurt und Martha Doessekker, sondern zuallererst noch ein anderer ist: Binjamin Wilkomirski, irgendwann zwischen 1938 und 1939 in Zamość, einem Städtchen im Südosten Polens, geboren, 1944 zuerst nach Majdanek, dann nach Auschwitz-Birkenau deportiert, nach Kriegsende ohne Familienangehörige – die allesamt ermordet wurden – zunächst »bei einer Gruppe Frauen« in Krakau untergekommen, 1948 schließlich mit einem Kindertransport in die Schweiz gelangt, wo man ihn dann schließlich aus einem Kinderheim heraus in die Pflegefamilie Doessekker gegeben hatte, deren Namen er angenommen und die ihn 1957 als Sohn adoptiert hat. Wilkomirskis Geschichte, deren Niederschrift sich auf die Zeit vor seiner Ankunft in der Schweiz beschränkt, enthält erwartungsgemäß entsetzliche Grausam-

38 Ebd.
39 Ebd., 8.

keiten. Der junge Binjamin sieht, wie sein Vater an der Hauswand von einem Armeefahrzeug zerquetscht wird, er hört die Vergewaltigung einer Bäuerin mit an, er sieht erfrorene Kleinkinder, die vor Hunger das Fleisch von ihren Fingern abgenagt haben. Der mörderische Alltag des Lagerlebens wird in ungemilderter Drastik vor dem Leser ausgebreitet, ohne gleichwohl durch ein geschlossenes Narrativ aufgefangen werden zu können. Es handelt sich um – wie der Titel des Buches bereits ankündigt – »Bruchstücke«, Erinnerungsfetzen, die aus dem Dunkel ihrer Vergangenheit ungeordnet über die erwachsene Identität Doessekker hereingebrochen sind, Gedächtnisspuren, denen Doessekker bisweilen in selbsttherapeutischen Übungen nachgegangen sein will.[40] Der systematische Ort eines solchen Schreibens ist uns bereits bekannt: hier das ursprungslose Ich, dort die Welt der fremden Zeichen, in denen es sich nicht ›ausdrücken‹ kann, sondern immer nur als Rolle zugegen ist. Geschrieben wird, was man woanders liest, was einem andere erzählen, was man irgendwoher erinnert – das ist Stillers »Zeitalter der Reproduktion« und der »Plagiatsprofile«.

Das Besondere an Doessekkers Buch ist nun der Umstand, dass zwischen dem, was es in seiner Verfahrensweise tatsächlich darstellt (ein zwar schlecht geschriebenes, aber den Kompositionscharakter seines Ichs deutlich ausstellendes Fragmentbündel), und dem, was es seinem eigenen Anspruch nach eigentlich sein möchte (das autobiografische Zeugnis einer *bestimmten* historischen Identität, nämlich des KZ-Opfers), eine seltsame Diskrepanz besteht. Zwei Logiken prallen hier ganz eigentümlich und unangenehm aufeinander: Bewegen wir uns im Raum postmoderner Schreibverfahren, dann heißt das, dass alle Worte, Sätze, Erfahrungen uns in dem Moment verfügbar werden, in dem wir sie lesen, sie sich in uns in irgendeiner Weise einschreiben, wir uns aus ihnen unsere eigene Persönlichkeit zusammenstehlen. Bewegen wir uns al-

40 Mächler: *Das Opfer Wilkomirski*, 41.

lerdings im Raum der Autobiografie eines KZ-Überlebenden, so gebietet es uns allein schon der Anstand, dass wir nicht davon ausgehen, dass wir an diesen Erfahrungen ›teilhaben‹ könnten, dass sie uns ›offenstehen‹, ja, dass wir sie uns gar im stillerschen Sinne ›ausborgen‹ dürften. Das Erleben des Binjamin Wilkomirski in Majdanek ist nicht unser eigenes Erleben und kann es auch nicht werden.

Die absolute Verfügbarkeit und Austauschbarkeit der Ich-Rolle verschränkt sich hier also mit der identitären Exklusivität des Opfers, eine eigenartige und verdächtige Mischung, die gleichwohl die Fetischisierung zu erklären vermag, die die *Bruchstücke* erfahren. Auf einen Verleger (Suhrkamp) müssen sie nicht lange warten, sie werden in neun Sprachen übersetzt, weltweit 67 000-mal verkauft, erhalten zahlreiche internationale Preise (unter anderem den National Jewish Book Award); insbesondere die amerikanischen Feuilletons überschlagen sich mit euphorischen Rezensionen, man stellt Wilkomirski in eine Reihe mit Celan und Primo Levi, es entstehen sogar zwei Dokumentarfilme über ihn. Begleitet wird diese Erfolgsgeschichte von einer befremdlichen Performance Doessekkers, bei der einerseits die psychische und physische Konstitution des Autors – seine Traumatisierung, die urplötzlich einsetzenden Flashbacks,[41] Weinkrämpfe, seine Krebserkrankung – massiv ausgestellt wird, während andererseits die Konstitution seines Textes in den Hintergrund tritt, er in einem Maße ›unverantwortet‹ erscheint, dass sowohl die literarische Qualität, die cluster-artige Faktur, als auch die historische Passgenauigkeit von Doessekkers Schilderungen keinerlei Rolle mehr zu spielen scheinen. Offensichtlich geht es nur noch um die Freilegung eines Gedächtnisses: des Ge-

---

41 Die Geschichte dieser Flashbacks wird bekanntlich in den *Bruchstücken* selbst lanciert. Sie beginnt demzufolge in Doessekkers Zürcher Primarschulklasse, deren Lehrerin den Neuling mit einem Bild von Tells Apfelschusssszene konfrontiert, in der Doessekker einen SS-Mann wiederzuerkennen vermeint, der auf ein Kind anlegt. (Wilkomirski: *Bruchstücke*, 119–125)

dächtnisses der KZ-Häftlinge, an dessen Inhalt die postmoderne Literaturgemeinschaft nun so partizipieren kann, als wäre es ihr eigenes Gedächtnis. Symptomatisch verlaufen die *Bruchstücke*-Lesungen: Doessekker ist anwesend und spielt Klezmer auf seiner Klarinette, gelesen wird allerdings von Doessekkers Lektor. Man gibt also den Wilkomirski, aber so recht mag sich zu diesem Zeitpunkt noch keiner daran stören.

Das ändert sich, als die Kulturstiftung *pro helvetia*, die den Auftritt der Schweiz als Gastland auf der Frankfurter Buchmesse 1998 mitorganisiert, den Zürcher Schriftsteller Daniel Ganzfried – selbst ein Kind von Shoah-Überlebenden – darum bittet, für die stiftungseigene Zeitschrift *Passagen* ein Portrait Wilkomirskis zu verfassen. Wilkomirski ist Ganzfried zum damaligen Zeitpunkt bereits kein Unbekannter mehr; so sind ihm schon Gerüchte zu Ohren gekommen, die an der historischen Faktizität der *Bruchstücke* ernsthafte Zweifel hegen. Ganzfried nimmt den Auftrag dennoch an: Er sucht Wilkomirski persönlich auf, führt Gespräche mit dem Verlag, tritt in Kontakt mit Wilkomirskis Bürgen, eruiert Behördenzeugnisse und Dokumente.[42] Am Ende seiner Recherche steht das Ergebnis: Bruno Doessekker ist nicht Binjamin Wilkomirski, er ist kein KZ-Überlebender und jüdisch ist er auch nicht. In Wirklichkeit hört die verschwundene Identität des Bruno Doessekker auf den Namen Bruno Grosjean, wurde in Biel geboren und im Alter von zwei Jahren von der Mutter in Pflege gegeben, durchlief von da an mehrere Pflegefamilien, ein Kinderheim und wurde bereits 1945 von der Familie Doessekker zu sich genommen. Die Konzentrationslager kennt Doessekker nur als Tourist, aus Fernsehberichten, aus der Literatur. Er ist, ganz im Sinne des Mister White, ein »Fernseher, Fernhörer, Fernwisser«, der sich seine polnisch-jüdische Herkunft über Jahrzehnte hinweg zusammengepuzzelt hat.

---

42 Die ausführliche Schilderung dieser Recherchen und der sie begleitenden Umstände hat Ganzfried in seiner Erzählung *Die Holocaust-Travestie* (2002) gegeben.

Ganzfrieds Erkenntnisse sind nicht nach dem Geschmack seiner Auftraggeber, zu ihrer Veröffentlichung muss er sich deswegen einen anderen Ort suchen. So erscheint am 28.8.1998 in der *Weltwoche* ein Artikel mit dem Titel *Die geliehene Holocaust-Biographie*, der den Sachverhalt des biografischen Schwindels öffentlich macht. Im Grunde stünde nun zu erwarten, dass aufseiten der Wilkomirski-Verehrer und -Unterstützer Kleinmut einkehrt, dass Irrtümer eingeräumt werden und sich Doessekker zu seiner Erfindung bekennt. Natürlich geschieht das aber gerade nicht. Stattdessen wird vielmehr deutlich, welches Authentizitätsverständnis der Literaturbetrieb mittlerweile übernommen hat. Während Doessekker darauf besteht, nicht Grosjean, sondern tatsächlich Wilkomirski zu sein und dass sich alle sich zwischen seinen Angaben und der belegbaren Schweizer Vita Grosjean ergebenden Widersprüche eben darauf zurückführen ließen, dass eine Verwechslung durch die Behörden vorliege, wird von Verlagsseite aus signalisiert, dass es gar nicht entscheidend sei, ob Doessekkers Erinnerungsbruchstücken eine erlebte Biografie zugrunde liege. Entscheidend sei vielmehr nur, dass er diese Biografie *angenommen* habe.[43] Und so kommt es nun zur offenen Auseinandersetzung zwischen einer die historische Faktizität einfordernden Kritik am Phantom Wilkomirski und einer sich im Schatten des Mister White postmodern gebenden Literaturauffassung, die ernsthaft einer einzig durch ›Erinnerungsarbeit‹ gewonnenen und allen Fakten zuwiderlaufenden Holocaust-Biografie einen dokumentarischen Wert beimisst (und dementsprechend das Buch auch noch fröhlich im Ausland weiter vermarktet, als schon längst

---

[43] Das berichtet sowohl Ganzfried in Bezug auf Aussagen von Thomas Sparr (»Jeder habe das Recht zu wählen, wer er sei und sein wolle. Wer so zu einer Biographie komme, der lebe sie um so konsequenter«, *Die Holocaust-Travestie*, 72) als auch Mächler in Bezug auf Aussagen Siegfried Unselds in einem Gespräch, das in 3Sat übertragen wurde (»Bruchstücke sei ein gutes Buch, insistierte der Verleger. Die Frage, ob authentisch oder fiktional, interessiere ihn nicht«, Mächler: *Aufregung um Wilkomirski*, 96).

klar ist, dass es den Autor Wilkomirski gar nicht gibt). In der Öffentlichkeit entschieden wird dieser Konflikt erst in jenem Moment, als Doessekker seiner Zusage, weitere Beweise für sein Leben als Wilkomirski vorzubringen, auch nach mehreren Aufforderungen nicht nachkommen kann. Die Reihen seiner Verteidiger lichten sich so schnell, wie sie sich geschlossen hatten, der Verlag zieht das Buch schließlich zurück.

Über die Kreise, die der Fall Wilkomirski vor, während und nach seiner Aufdeckung zieht, über seine Signifikanz für den Zustand der Erinnerungskultur, des Literaturmarktes und für die Sonderstellung der Schweiz in der Aufarbeitung der Shoah ist bereits alles Wesentliche gesagt worden.[44] Was Wilkomirski allerdings für die Frage von Eigentum und Diebstahl im Zeitalter des entpersönlichten Schreibens bedeutet, muss nun geklärt werden. Werfen wir hierzu nochmals einen kurzen Blick auf das Nachwort der *Bruchstücke*, in dem es heißt:

> Die juristisch beglaubigte Wahrheit ist eine Sache, die eines Lebens eine andere. Jahrelange Forschungsarbeit, viele Reisen zurück an die vermuteten Orte des Geschehens und unzählige Gespräche mit Spezialisten und Historikern haben mir geholfen, manche unerklärlichen Erinnerungsfetzen zu deuten, Orte und Menschen zu identifizieren, wiederzufinden und einen möglichen historischen Kontext wie auch eine mögliche, einigermaßen logische Chronologie herzustellen.[45]

Das Verfahren, das diesem Text zugrunde liegen soll, wird damit deutlich: Ein Ich, das kein Wissen von sich hat und sich nirgends hinreichend dokumentiert sieht, eignet sich eine Geschichte an, indem es sich schreibt, als das, was es hört, sieht und liest. Philip Gourevitch hat Doessekkers Erinnerungsapparatur inspizieren dürfen:

---

44 Vgl. dazu Mächler: *Der Fall Wilkomirski*; Diekmann/Schoeps (Hg.): *Das Wilkomirski-Syndrom*; Ganzfried: ...*alias Wilkomirski*.
45 Wilkomirski: *Bruchstücke*, 143.

Zwei große Zimmer, brechend voll von Büchergestellen, mit Aktenschränken verstopft, Computergeräten, einem Mikrofilmlesegerät und Videogeräten, dienen [...] als Archiv: eine bemerkenswert reichhaltige Bibliothek sowie elektronisches Datenmaterial zu Judaica, zur Geschichte des Holocaust; ferner Zeugenberichte mit tausenden von Briefen, Manuskripten, Fotografien, Gedächtnisskizzen und verschiedene andere Dokumente von Überlebenden, die er mit den Jahren gesammelt hat.[46]

Aus diesem Datensatz hat Doessekker also seine Vergangenheit rekrutiert, hat abgeglichen, ob das, was er gelesen hat, sich zu dem fügte, was seine Erinnerung ihm angeblich gesagt hat, und hat es seinem Ich Wilkomirski eingefügt. Es muss an dieser Stelle nicht diskutiert werden, worin Doessekkers Beweggründe für diese Vorgehensweise liegen, welche pathologischen Ursachen diese ›Gedächtniskontrolle‹ hat und inwieweit er seiner ›Biografie‹ bisweilen tatsächlich geglaubt hat. Literarhistorisch zählt zunächst nur das Arbeitsverfahren und die durch dieses Arbeitsverfahren zutage tretende Vorstellung von der Textsorte Autobiografie. Nüchtern betrachtet erfüllen die *Bruchstücke* die postmodernen Erwartungen an das Genre im vorauseilenden Gehorsam: In einer Welt, die sich Persönlichkeit immer nur als Rolle vorstellen mag, ist die historische Größe des Subjekts beliebig austauschbar – man darf nehmen, was immer man findet, und man darf sein, wer immer man sein möchte, solange die Staffage einer ›inneren Biografie‹ entspricht. Wer glaubt, dass diese Konzeption trägt, den ficht eine lückenlos dokumentierte juristische Wahrheit natürlich nicht an und der hat auch keine Probleme damit, eine im wahrsten Sinne des Wortes ›erlesene‹ Biografie zu einer ›Performance‹ zu erklären und als solche gutzuheißen.

Der Skandal Wilkomirski wird indessen nicht durch den bloßen Zusammenstoß von *historisch dokumentierbarer* Wahrheit auf der einen und *persönlicher* Wahrheit auf der anderen Seite ausgelöst, sondern durch die Ausweitung der fiktionalen

---

46 Gourevitch: *Der Dieb der Erinnerung*, 242f.

Ichbildung auf ein Gebiet, das nach unserem Ermessen ›exklusiv‹ ist. Auschwitz ist kein Zeichenarsenal, aus dem man sich beliebig bedienen kann, sondern ein Raum, dessen Erinnerung bei den Opfern geblieben ist, ein Raum, der vor allen Vergemeinschaftungsversuchen geschützt bleiben muss: der Raum des Einzelnen. Genau genommen handelt es sich hier genau um jenen Raum, zu dessen Verteidigung man einstmals das Modell einer unveräußerlichen, ›unaussprechlichen‹ Individualität ersonnen hatte. Der Mensch, das nackte Leben, das in den Lagern zugrundegerichtet worden war, sollte niemals wieder verfügbar sein, und deswegen legte man das Konzept des entpersönlichten Textes wie einen Schleier über das Antlitz des Opfers, dessen Identität dadurch gerade vor unbefugtem Zugriff geschützt werden sollte. Doessekker und seine Gefolgschaft haben diesen Schleier zerrissen und aus dem, was sie darunter gesehen haben, ein Bildnis, ein ›Simulakrum‹,[47] ein beliebig austauschbares Stück Rollentext gemacht. Sie sind in jenen Bezirk vorgedrungen, welcher den Reproduktionsverfahren der Stiller'schen Welt gerade *nicht* offenstand – und sie haben ihn geplündert. Und deswegen ist das Delikt, das Wilkomirskis *Bruchstücke* zu einem ›Fall‹ werden lässt, auch nicht die *Fälschung*, sondern das *Plagiat* einer historischen Identität: der Raub dessen, *was geschehen ist*, durch diejenigen, die davon ausgehen, dass es ihnen *geschehen sein könnte*.

Begangen wird dieses Plagiat *prima facie* durch Doessekkers grenz- und textüberschreitendes ›Erinnern‹, also durch das systematisch-unsystematische Kompilieren einer Persönlichkeit aus einer gewaltigen Ansammlung historischer Dokumentationen. In weiterer Hinsicht liegt die Verantwortung für den plagiarischen Akt aber auch in einem sich selbst gegenüber unkritisch gewordenes Literaturverständnis, das

---

47 Den Begriff des *simulacre* hat Jean Baudrillard nicht zuletzt just für ebenjene ›Medialisierung‹ des Holocaust geschaffen, die die Erinnerung auslöscht, indem sie diese im öffentlichen Diskurs festzuschreiben versucht; vgl. Baudrillard: *Simulacres et Simulation*.

XIII. Verantwortlichkeiten: Postmoderne, Opfer, Täter

Derridas Gleichung, dass es kein ›Außen‹ des Textes gäbe, so deutet, als ob deswegen auch alles zwingend zu Text werden dürfe und müsse.[48] Tatsächlich besagt dieses Diktum aber zunächst einmal nichts weiter, als dass innerhalb des universalen Textgefüges nichts existiert, was nicht den Regeln der Sprache folgt, was nicht arbiträr ist und was keinen Verweisungscharakter hat. All das gilt aber eben für die Shoah nicht: Sie ist singulär, sie ist mit nichts vergleichbar, sie ist überhaupt unsagbar. Jeder Versuch, sie zu einem Erinnerungstext zu stilisieren, der allen zur Verfügung steht und den jeder mitsprechen resp. sich zueigen machen kann, beschädigt die Opfer. Das persönlich erlebte und eben nicht das sprachlich vermittelte Leid wird ihnen entrissen und in einen Diskussionsraum gezerrt, in dem eben gar nichts mehr persönlich, sondern alles nur noch ›Bewusstseinsinhalt‹ ist. Die durch diesen Persönlichkeitsdiebstahl entstandenen Schäden sind verheerend, denn sie werden durch die Enttarnung des Plagiators nicht beglichen, sondern entstehen vielmehr erst in jenem Moment. Wenn die artifizielle Figur Wilkomirski die Bühne der Öffentlichkeit wieder verlassen muss, ist mit ihr auch der Holocaust selbst verdächtig geworden. Das Gift des Plagiats wirkt langsam und seine Zerstörungskraft nimmt dabei nicht ab, sondern zu:

> Tritt er [Wilkomirski] wieder ab, meinen zum Beispiel die Schüler an einer Zürcher Kantonsschule, sie hätten mit eigenen Augen einen gesehen, der leibhaftig aus der Hölle zurückgekommen ist. An die Hölle glaubten sie nie. Aber nun müssen sie erfahren, daß auch der Zeuge falsch war. Bald glauben sie gar nichts mehr, und morgen schon neigen sie dazu, dem zu glauben, der ihnen erzählen will, daß Auschwitz nur ein Arbeitslager war, wo leider auch ein paar Insassen zuviel gestorben seien.[49]

---

48 Vgl. Anmerkung 22, S. 475.
49 Ganzfried: *Die gestohlene Holocaust-Biographie*, 46.

»meine Geschichte«

In unserer kurzen Betrachtung der durch Doessekker begangenen Enteignung haben wir die Frage nach der Motivation dieses Vorgangs nie gestellt, obwohl sich unwillkürlich ein gewisser Verdacht einstellen musste. Legen wir die Karten auf den Tisch: In einem Zeitalter der ›Reproduktion‹ und der ›Plagiatsprofile‹ wächst die Sehnsucht nach Authentizität ins Unermessliche und bleibt erwartungsgemäß an jenem Ort hängen, an dem sie ein wie auch immer geartetes ›authentisches Erleben‹ vermutet – in den KZs. Natürlich will man selbst kein Opfer sein, aber *ein Opfer gewesen sein*, eine unverwechselbare Biografie zu besitzen, für die man keinen Preis zu entrichten hat – darin liegt der Reiz. Das Plagiat erscheint in diesem Zusammenhang als der Schreibakt, mit dem ein persönlich verantwortetes in ein persönlich unverantwortetes Leben übergeht: Aus dem erfahrenen Leid wird Fiktion. Diese Fähigkeit steht nun seit jeher in der Macht der Literatur, jede Biografie, jeder historische Roman lebt davon. Plagiarische Qualität erhält dieses Vermögen erst in jenem Moment, in dem deutlich wird, dass dabei nicht allein der Wille zur Fiktionalisierung, sondern der Wunsch nach einem Übergehen der Erinnerung auf die Instanz des Erzählers deutlich wird. Im Fall Wilkomirski besaß diese Instanz eine markante Physiognomie; sie wollte explizit »kein Dichter, kein Schriftsteller« sein, nicht erzählen, sondern bezeugen, selbst als eine historische Persönlichkeit hervortreten. Nur wenige Jahre vor Veröffentlichung der *Bruchstücke* lässt sich indessen auch eine wesentlich komplexere und subtilere Variante einer solchen Verdrängung des Opfers und seiner Erinnerung ausmachen. Als sich 1992 bei Suhrkamp der Jüdische Verlag neu gründet, eröffnet er sein Verlagsprogramm mit der Edition eines völlig vergessenen Textes von Wolfgang Koeppen, der 1948 im Münchner Verlag Herbert Kluger erschienen und sogleich untergegangen war. Verfasst hatte Koeppen diesen Roman mit dem Titel *Aufzeichnungen aus einem Erdloch* unter einem »Pseudonym«, wie er es jetzt formuliert: unter dem Pseudonym »Jakob Littner«.

Wovon handelt dieser Text und wie kam er zustande? Im Vorwort zur Neuausgabe, datiert auf 1991, erinnert sich Koeppen an den »Hungerwinter« 1946/47 in Deutschland, einem »Notlager in Ruinen«, in dem er selbst »hoffte, wieder zu mir selbst zu finden, wieder schreiben zu können, wie ich es schon versucht hatte. In der Freiheit des freien Schriftstellers.«[50] Das Wunder geschieht:

> Herbert Kluger, in Berlin abgebrannt, lebte in München. Er war mit einem Koffer angereist. Er sagte: ›Wir machen ein Buch‹. Der Verlag war gegründet.
> Zu dem neuen Verleger kam ein Mann aus einer deutschen Hölle. Einst ein angesehener Bürger seiner Stadt, ein Briefmarkenhändler mit internationaler Reputation, dann ein Jude, der verschleppt wurde, in Ghettos und Vernichtungslagern gequält, vor der Tür des Todes gestanden und in Erschießungsgräben auf die schon Toten geblickt hatte. Das war noch nah.
> Zurückgekommen in seine, von Bomben seiner Befreier zerstörte Stadt, meinte er Mörder zu sehen. Er wollte schreien, es würgte ihn aber nur. Er wollte sprechen und blickte in Gesichter, die alles gebilligt hatten. [...]
> Der Jude erzählte dem neuen Verleger, daß sein Gott die Hand über ihn gehalten habe. Der Verleger hörte zu, er notierte sich Orte und Daten. Der Entkommene suchte einen Schriftsteller. Der Verleger berichtete mir das Unglaubliche. Ich hatte es geträumt. Der Verleger fragte mich: ›Willst du es schreiben?‹
> Der mißhandelte Mensch wollte weg, er wanderte aus nach Amerika. Er versprach mir ein Honorar, zwei Carepakete jeden Monat.
> Ich aß amerikanische Konserven und schrieb die Leidensgeschichte eines deutschen Juden. Da wurde es meine Geschichte.[51]

---

50 Koeppen: *Jakob Littners Aufzeichnungen aus einem Erdloch*, 7.
51 Ebd., 7f.

Den Namen des Mannes aus der Hölle, der nicht mehr sprechen konnte und sich deswegen einem Schriftsteller anvertrauen musste, erfahren wir nicht. Indessen scheint Koeppen seiner Geschichte selbst nicht ganz zu trauen. 1989 hatte er sie in einem Gespräch nämlich schon einmal zum Besten gegeben und sich im Hinblick auf eine etwaige Wiederveröffentlichung seiner Auftragsarbeit doch etwas skeptischer geäußert:

> Ich habe sogar gedacht, mir es nun noch einmal anzugucken, ob man das nicht in der Edition Suhrkamp machen könnte, nur ergibt sich dann eine sehr komplizierte Rechtslage wegen der Urheberrechte.[52]

Das macht misstrauisch. Irgendetwas stimmt hier nicht und Koeppen scheint auch genau zu wissen, was hier nicht stimmt. Es ist doch ›seine Geschichte‹, um deren Neuedition es hier geht: Was könnte also von Urheberrechtsseite aus dagegen einzuwenden sein? Egal, diese Bemerkung verhallt erst einmal unbemerkt und als drei Jahre später der Roman tatsächlich – nun unter Koeppens Namen und mit dem Titel *Jakob Littners Aufzeichnungen aus einem Erdloch* – erscheint, erinnert sich zunächst auch niemand mehr daran. Die Kritiker werden ob der eigentümlichen Editionsgeschichte des Buches dann allerdings doch etwas stutzig: Abgesehen davon, dass der Glanz des preisgekrönten Nachkriegsautors Koeppen nicht so recht auf seinen wiederentdeckten Incognito-Roman abfärben will, stellt sich die Frage, wie groß Koeppens eigener Anteil an dem Roman wirklich ist.[53] Den in Amerika verschollenen jüdischen Erzähler kennt zwar (noch) niemand – dass dessen Erzählung aber so gar kein gestalterisches, ›literarisches‹ Gewicht gehabt haben soll, mag man bereits nicht so recht glauben. Zu ominös und unbestimmt klingt Koep-

---

52 *Die entlegenen Orte der Erinnerung.* Wiederabdruck in: Koeppen: »*Einer der schreibt*«, 221–226. (Dort fehlt der zitierte Satz bekanntlich.)
53 Diese Frage stellt etwa Arnold: »*Von Bitterkeit und Trauer, aber ohne Haß*«.

pens Vorwort und seltsam erscheint auch der Umstand, dass Koeppen 1992 kein Problem damit hat, seinen Namen über den Text zu setzen, während er 1975 in einem Verlagsprospekt bei der angekündigten, doch nicht realisierten Neuauflage der *Aufzeichnungen* durch Suhrkamp als »Herausgeber« geführt wurde[54] und 1948, als noch völlig unbekannter Gelegenheitsschreiber, sich ein Pseudonym gegeben hatte. Der Verdacht der Unoriginalität steht im Raum.

Und er erhärtet sich. Es beginnt damit, dass ein Redakteur des *Frankfurter Allgemeine Magazins*, Franz Josef Görtz, herausfindet, dass ›Jakob Littner‹ nicht nur ein Pseudonym ist, sondern auch der Name eines 1947 nach New York ausgewanderten Münchner Briefmarkenhändlers.[55] Der amerikanische Germanist Reinhard Zachau verfolgt die Spur weiter und stößt tatsächlich nach einiger Zeit nicht nur auf Angehörige des besagten Jakob Littner, sondern findet in deren Besitz auch zwei Kopien eines 180 Seiten umfassenden Manuskripts, das den Titel *Mein Weg durch die Nacht. Ein Dokument des Rassenhasses* trägt, 1945 entstanden ist und Jakob Littner zum Verfasser hat.[56] Kein Zweifel besteht mehr: *Das* ist Koeppens Vorlage gewesen; keine freie Erzählung, keine ›Orte und Daten‹, kein ›Traum‹ eines jungen deutschen Schriftstellers aus dem Jahre 1947 – sondern ein Text, der die von Koeppen für sich reklamierte Fassung um einiges an Länge übertrifft.

Fürwahr: ein erstaunlicher Fund, fast so erstaunlich wie die Tatsache, dass Koeppens Verlag von der Existenz dieses Manuskripts bereits lange *vor* Zachaus Entdeckung wusste. Abgesehen davon, dass Koeppen selbst schon 1974 in einem Brief an Siegfried Unseld auf die Existenz des »Tagebuchs« eines »Herrn L.« hingewiesen hatte,[57] war Littners Stiefsohn Ri-

---

54 Auf diesen Sachverhalt aufmerksam macht Estermann: *»Eine Art Blankoscheck zur freien literarischen Verwertung«*, 158f.
55 Görtz: *Aufzeichnungen aus einem Erdloch.*
56 Zachaus ausführlicher Bericht in: Ders.: *Das Originalmanuskript*, 115–134.
57 Estermann: *»Eine Art Blankoscheck«*, 156ff.

chard Korngold unmittelbar nach der Wiederveröffentlichung der *Aufzeichnungen aus einem Erdloch* tätig geworden und hatte vom Suhrkamp Verlag eine sofortige Stellungnahme verlangt, unmissverständlich erklärend: »to regard this situation definitely and clearly as a case of PLAGIARISM.«[58] Zu einer adäquaten Reaktion auf diese Vorhaltung hatte sich in Deutschland offensichtlich niemand bemüßigt gesehen, so dass die allgemeine Überraschung nun umso größer ist: Man wittert das Plagiat, spekuliert, ediert und vergleicht. Koeppen selbst wird die öffentliche Aufrechnung der beiden Texte allerdings nicht mehr miterleben: Als Zachau 1999 die ersten Ausschnitte aus Littners Text in den *Colloquia Germanica* der Öffentlichkeit zugänglich macht,[59] ist er bereits seit drei Jahren tot.

Das wäre also schon eine formidable Plagiatserzählung und das, obwohl wir noch kein einziges Mal auf das Verhältnis der beiden diskutierten Texte geschaut, geschweige denn die Dimensionen des Plagiatsvorwurfs richtig ausgelotet haben. Was also kann man Koeppen zum Vorwurf machen? Es ist nicht der Mangel an eigenständiger künstlerischer Bearbeitung. Koeppen hat Littners Vorlage erheblich umgestaltet, so erheblich, dass Littner sich in der Bearbeitung nicht wiedererkannt und diese abgelehnt hat.[60] Littners eigener Text versteht sich ganz als Zeugenbericht, als historisches Dokument, das kein Faktum auslässt, alle Personen, alle Orte beim Namen nennt, das auch die persönlichen Empfindungen recht bewusst hinter der Schilderung des Grauens zurücktreten lässt, sich für Schock- und Trauermomente nicht viel Zeit

---

58 Zitiert nach Zachau: *Das Originalmanuskript*, 132 (dort Anm. 12), vgl. auch Roland Ulrichs Gespräch mit Richard Korngold, in: Littner: *Mein Weg durch die Nacht*, 217.
59 Die vollständige deutschsprachige Edition von *Mein Weg durch die Nacht* wird drei weitere Jahre in Anspruch nehmen und erscheint 2002 im Berliner Metropol-Verlag, eine englischsprachige Fassung erscheint bereits 2000. Zur problematischen Textgestalt dieser Ausgaben vgl. ausführlich Denneler: ›*Im Ganzen war alles doch komplizierter*‹.
60 Vgl. Estermann: *»Eine Art Blankoscheck«*, 153f.

nimmt und auch keineswegs darauf ausgerichtet ist, literarische Bedeutungsvalenzen zu erzeugen und Bildsprache zu nutzen. Die Motivation dieses Berichts ist die Versöhnung im Zeichen Gottes; eine für einen Überlebenden der nationalsozialistischen Vernichtungspolitik im Jahre 1945 fraglos sehr bemerkenswerte Positionierung, die allerdings sehr unaufdringlich an das Ende des Berichtes rückt und sonst in den ab und an wiederkehrenden Bemühungen, auch auf der Seite der Verfolger Momente der Menschlichkeit zu entdecken, durchscheint. Für das in Trümmern liegende deutsche Verlagswesen erfüllte Littners Text damit allerdings nicht die gewünschten stilistisch-formalen und verkaufsträchtigen Kriterien. Trotz Vermittlungsversuchen des Münchner Oberbürgermeisters Scharnargl hatte Littner bei der Verlagssuche keinen Erfolg – und auf diesem Wege kam sein Manuskript dann zu Kluger und von dort zu Koeppen.[61] Und dieser hat den Bericht tatsächlich »literarisiert«: Das Erzähler-Ich Littner bewegt sich permanent im Raum der Selbstreflexion, es metaphorisiert das Geschehen, die Greuel, die Flucht, ist stets im Dialog mit sich selbst und ordnet die eigene Geschichte stets auch in die großen politischen und kulturellen Zusammenhänge ein. Koeppens Bearbeitung dokumentiert nicht, sondern formt: Sie überführt Littners Chronik der Verfolgung letztlich in den gleichen existentialphilosophischen Reflexionsraum, aus dem dann wenig später auch der *Stiller* hervorgehen wird.[62] Littners Zeit in seinem unterirdischen Versteck, die in dessen eigener Darstellung Episodencharakter hat, wird hierbei extrapoliert, zum Sinnzentrum der Erzäh-

---

61 Hierzu ausführlich: Estermann: »*...als eigene Publikation ganz indiskutabel*«.
62 Diese Überführung ist natürlich mit Blick auf die Rezeptionssteuerung nicht unbedeutsam und schon gar nicht unverdächtig, da in diesem Reflexionsraum der bei Littner vorhandene versöhnliche Ton leicht in eine Nivellierung von Henkern und Opfern umschlägt – sind »beide doch gleichermaßen in die Möglichkeit des Nichts hinausgehalten [...], die freilich im allgemeinen den Henkern bekömmlicher ist.« (Adorno: *Engagement* [1962], 424)

lung gemacht und rückt als ›Erdloch‹ dann auch in den Titel ein. Im Weiteren arbeitet Koeppens Roman mit starken Schnitten, wo Littners Vorlage linear berichtet; dort, wo es Littner gerade auf die Vollständigkeit des Erlebten ankommt, reiht er Einzeleindrücke und -erinnerungen aneinander. Nicht selten finden sich zwar Wendungen, Satzteile, Sätze, bisweilen auch ganze Passagen aus Littners Text bei Koeppen wieder,[63] in der Regel werden diese aber durch den Filter des Erzählmediums gebrochen bzw. rekontextualisiert[64] – und das auch nicht immer ganz unbedenklich. Hält man beide Texte nebeneinander, dann fällt beispielsweise schon auf, dass Koeppens Bearbeitung am Ende im Grunde nur die Deutschen im Blick hat, die durch ihre eigene Feigheit (und nicht – wie das »Häuflein verlorener Juden« – aus Wehrlosigkeit) zu Opfern geworden und nun dazu verurteilt sind, »über den Staub der Städte weinen zu müssen.«[65] Man wird sicher fragen müssen, ob es denn wirklich keinen Unterschied macht, von wem solche Sätze zwei Jahre nach Kriegsende gesprochen und wem sie in den Mund gelegt werden, insbesondere wenn in der Bilanz des Romans die jüdischen Opfer dann gar nicht mehr erwähnt werden. Aber zeigen wir uns für den Moment in diesen Dingen unempfindlich und halten dafür fest: Die *Aufzeichnungen aus einem Erdloch* entsprechen Littners

---

63 Eine Gegenüberstellung bei Ulrich: *Vom Report zum Roman.*
64 So berichtet das Ich in Littners Text etwa von Littners Sohn Zoltan: »Er war inzwischen ein schneidiger Soldat geworden, auf den ich ordentlich stolz sein konnte.« (Littner: *Mein Weg durch die Nacht*, 30) Ganz symptomatisch dagegen Koeppens Bearbeitung: »Ich sehe ihn in seiner Uniform, einen gutaussehenden jungen Mann, und vor einem Jahr hätte ich vielleicht noch mit Stolz gesagt: ›Er ist ein schneidiger Soldat‹. Inzwischen sind mir durch Menschen in Uniformen soviel Leid und Demütigungen zugefügt worden, daß ich meinen Sohn im Soldatenkleid […] nur mit Trauer betrachten kann.« (Koeppen: *Jakob Littners Aufzeichnungen*, 37)
65 Koeppen: *Jakob Littners Aufzeichnungen*, 134. Deutlich herausgearbeitet hat die problematischen Aspekte der Koeppen'schen Kontrafaktur Jörg Döring (»*ich stellte mich unter, ich machte mich klein ...*«, 312–326).

Manuskript *auf der gestalterischen Ebene* nur peripher. Es ist Koeppens Text.

Aber es ist nicht Koeppens Geschichte. Auf den ersten Blick ist das eine triviale Feststellung, die sich auf fast alle literarischen Texte beziehen und aus der sich beim besten Willen kein Plagiatsvorwurf konstruieren lässt. Das hat auch niemand getan. Tatsächlich vollzieht sich die Okkupation einer fremden Persönlichkeit hier nicht im Akt literarischer Arbeitsprozesse, also im Rahmen formaler Umgestaltung, sondern auf der Ebene des Paratexts, der wechselnden Überschriften und Verfasserangaben. Hier findet sich letzten Endes die Erzählung, an der Koeppen 50 Jahre lang schreibt. Die längste Zeit ist Koeppen hinter jenen Text, den er tatsächlich selbst produziert hat, zurückgetreten. In der Erstveröffentlichung hat er den Namen desjenigen, aus dessen erfahrenem Leid die *Aufzeichnungen aus einem Erdloch* hervorgegangen sind, an die Stelle des Autors gesetzt und damit deutlich und anständig markiert, dass sich Erleben und Erzählen in diesem Fall *nicht trennen* lassen, dass die Literatur die Shoah nicht einfach schlucken, sich zu eigen machen kann – im Grunde also ein sehr korrekt reflektierter Umgang mit einer schwierigen Schreibsituation. Vor diesem Hintergrund nehmen sich die auktorialen Verschiebungen, die sich im Zuge der Neuveröffentlichung der *Aufzeichnungen* ereignen, allerdings umso gravierender aus. Indem Koeppen nun auf einmal doch als Autor agieren möchte, indem er die Person Jakob Littner zu seinem ›Pseudonym‹ degradiert, indem er nun eben auch davon spricht, dass die Geschichte eines namenlosen jüdischen Flüchtlings ›seine Geschichte‹ wurde – in all dem wird Koeppen zum Verräter an der Person Littner, die er selbst als Eigentümer seiner Erzählung etabliert hatte. Auch die Vermarktungspolitik, die er mit seinem Text auf einmal treibt und treiben lässt, suggeriert, dass er die Privilegien, die er einst zu Recht dem Opfer eingeräumt hatte, nicht länger achtet und auf sich übergehen lassen will. Es ist dieser Auffassungswandel, der erklärungsbedürftig ist und an den sich die Plagiatserzählung heften muss. Koeppen hebt die Trennung von Erleben und Erzählen nachträglich wieder auf und vergreift sich dabei an der Persönlichkeit seines Auftraggebers, der ihm bereits in eine »Leidens- und eine Romanfigur« zerfallen ist.[66] Damit aber verwandelt er den Text mit einem Schlag in das Dokument eines Kampfes um literarische Priorität, indem er die Kausalitätenreihe verkehrt: Glaubt man Koeppens Vorwort in der Neuausgabe, dann hat er sich die ›Figur‹ Littner anverwandelt und sie dadurch überhaupt erst lesbar gemacht. Dazu fügt sich natürlich die Geschichte vom ›sprachlosen Juden‹ und der bestenfalls aus »drei Zetteln« bestehenden Vorlage, die Koeppen vom Verleger Kluger erhalten hatte (Littner selbst ist er angeblich niemals begegnet).[67]

Was sollte mit dieser Erzählung bezweckt werden, welche Logik steckt dahinter – und inwiefern ist es eine plagiatorische Logik? Die allmähliche Verdrängung der historischen Person Jakob Littner aus der literarischen Entstehungsgeschichte der *Aufzeichnungen* hat zur Folge, dass Koeppens Bearbeitung als ein Text gelesen wird, der keine Persönlichkeit transportiert, sondern eine Persönlichkeit erzeugt. Die Erstauflage von 1948 hatte sich den Anschein gegeben, das Lebenszeugnis eines gewissen Jakob Littner zu sein. Zugegeben: Das war sie nicht, aber zumindest hatte sie hierin der Wahrheit Ausdruck verliehen, dass dieser Text in seiner materiellen Konstitution und Genese direkt mit einem persönlichen Erleben verbunden war. Die Neuauflage von 1992 hingegen ist der »Roman«[68] des Wolfgang Koeppen, der mit der ›Leidensfigur‹ Littner nichts zu schaffen hat und nur die ›Romanfigur‹ kennen will, mit der er sich identifizieren, deren Geschichte er sich ›erträumen‹ kann.[69] Kurz gesagt: Zum Identitätswech-

---

66 *Zeuge der Verachtung*, 232.
67 Ebd., 229.
68 Eine Genrebezeichnung, die Koeppen 1989 mit den Worten »Das ist kein Roman. Das ist eine andere Geschichte. Das ist kein Roman« noch kategorisch abgelehnt hatte. (Estermann: »*Eine Art Blankoscheck*«, 166)
69 Diese Identifizierungsbemühungen vonseiten Koeppens hat es wohl gegeben; vgl. hierzu Estermann: »*Eine Art Blankoscheck*«, 175, sowie Koeppens Gespräch mit Manfred Durzak: *Überleben im Dritten Reich* [1984].

sel der Erzählung gehört die restlose Umwandlung der Person Littner und ihrer Erlebnisse in eine literarische Rolle. Bei dieser Umwandlung aber muss die in den wörtlichen Reminiszenzen an die Vorlage immer noch gegebene materielle Anwesenheit des Verfassers Littner zwangsläufig im Weg stehen – und deswegen wird sie gleich ganz verschwiegen. Als Littners Manuskript dann wieder auftaucht, erscheint folglich auch Koeppens Text in veränderter Gestalt. Er ist nicht länger der Diener einer verfolgten Existenz, die ohne ihn niemals Literatur geworden wäre; statt dessen wird man ihn nun als den 50 Jahre andauernden Versuch lesen müssen, sich einer fremden literarischen Personalität zu entledigen, die einst als Steinbruch der eigenen Textproduktion gedient hat und nun in das Gesamtwerk eines Erfolgsschriftstellers überführt werden soll.

Am Fall Koeppen/Littner lässt sich somit nicht nur ablesen, mit welch ungeahnter Verzögerung sich Plagiatserzählungen entfalten können, sondern auch, in welchem Maße es sich dabei um eigenständige, von den jeweils diskutierten Texten losgelöste Phänomene handelt. Wie wir sehen konnten, ist es keinesfalls Koeppens Bearbeitung von Littners Vorlage und die dadurch entstandene Abhängigkeit gewesen, aus der sich im vorliegenden Fall die Vorstellung des Diebstahls einer literarischen Persönlichkeit ableiten ließ. Diese Vorstellung entstand hier vielmehr erst in der Sekundärerzählung, mit der Koeppen diesen Text später umgeben und kommentiert hat. Richtig: Der Plagiatsgedanke entspringt letztlich Koeppens eigener Wahrnehmung und erst, indem er bemüht ist, diesen Gedanken zu unterdrücken, etwaige Beweismittel zurückzuhalten und Falschaussagen zu treffen, manifestiert sich allmählich ein Textgefüge – Jakob Littners *Mein Weg durch die Nacht*, Jakob Littners *Aufzeichnungen aus einem Erdloch* und Wolfgang Koeppens *Jakob Littners Aufzeichnungen aus einem Erdloch* –, das sich ohne den Plagiatsbegriff nicht mehr hinreichend analysieren lässt. Plagiiert wird hier aber – wie gesehen – nicht mehr das Textkorpus, sondern abermals *das persönliche Recht an der Geschichte*.

Was wir – obgleich beide Fälle vollkommen unterschiedlich gelagert sind – sowohl bei Wilkomirski/Doessekker als auch bei Koeppen/Littner erschrocken wahrnehmen, ist die völlige Wehrlosigkeit der Opfererzählung. Ob dieser Ohnmacht sind wir versucht (da wären wir dann sehr nahe bei Adorno), *jedes* Erzählen der Shoah als Gefährdung der Opfer zu verstehen, das Sprechen über Auschwitz als den Beginn eines plagiarischen Akts zu begreifen, der dann endgültig wird, wenn dieses Sprechen irgendwann bei Leuten anlangt, die es tatsächlich als stillersches ›Plagiatsprofil‹ benutzen. Der Versuch, die literarische Zeugenschaft gegen Fremdaneignung zu immunisieren, fällt demnach nicht der Prosa zu – sondern der Poesie. Um dieses Projekt, die es bedrohenden Widerstände und die aus ihm erwachsenden Komplikationen beobachten zu können, müssen wir allerdings das Rad der Geschichte wieder ein wenig zurückdrehen.

Die Auslöschung der Zeugen oder die Lyrik als antiplagiarisches Sprechen

Im Jahr 1953 wendet sich die Schriftstellerin Claire Goll, eine Ex-Freundin Rilkes und Witwe des 1950 verstorbenen elsässischen Dichters Yvan Goll, in einem Rundbrief aus Paris an einen ausgewählten Adressatenkreis, zu dem ausschließlich Verantwortliche im Verlags-, Zeitschriften- und Rundfunkwesen gehören. Anlass dieses Briefes ist eine ›Entdeckung‹, die der amerikanische Germanist Richard Exner Claire Goll bei einem Besuch unterbreitet hat: Paul Celans Anthologie *Mohn und Gedächtnis*, von der Kritik emphatisch aufgenommen und noch im Veröffentlichungsjahr 1952 ein zweites Mal aufgelegt, sei völlig von Yvan Golls Gedichtband *Traumkraut* (erschienen posthum 1951) ›inspiriert‹. Claire Goll kommt Exners Fund gelegen, denn sie hat mit Celan noch eine Rechnung offen. Ihrem Mann war Celan in seinem letzten Lebensjahr noch ein enger Vertrauter geworden, beide hatten ineinander ›den Dichter‹ erkannt, wodurch Celan nicht zuletzt zu der Ehre gelangt war, als literarischer Nachlassverwalter des Paares in das Testament Yvan Golls aufgenommen zu werden. Nach Golls Tod beauftragt die Witwe, die (den Briefen zufolge) noch in einem durchaus engen Verhältnis zu Celan steht, diesen mit der Übertragung dreier seiner Gedichtzyklen – *Les Chansons Malaises*, *Élégie d'Ihpétonga* und *Géorgiques Parisiennes* – aus dem Französischen ins Deutsche. Als der Verlag die Übertragung der *Chansons Malaises* jedoch ablehnt, weil sie ihm zu weit vom Original abweicht, fordert Celan von Claire Goll die schriftliche Fixierung der Abmachung. Diese verweigert sich nicht nur empört dieser Bitte, sondern pflichtet dem Verleger bei, entzieht Celan, dem sie »die nötige Demut vor Yvans Eigenart« abspricht,[70] den Auftrag und will die Übertragung nun selbst vornehmen. Das Manuskript der bereits abgeschlossenen Bearbeitung Celans geht durch ihre Hände, die Abschriften, die sie davon anfertigen lässt, erhält er nicht mehr zurück.

Celan hatte nach alledem den Kontakt abgebrochen und sich nicht weiter an der Mehrung des posthumen Ruhmes Yvan Golls beteiligt, dessen Größe die junge Bundesrepublik nicht so recht erkennen will, während sich Celan dort spätestens ab 1952 einen Namen zu machen beginnt. Für Claire Goll ist das offenbar eine inakzeptable Vorstellung. Sie geht den Suggestionen Exners nach, schaut sich Celans Gedichte noch einmal genauer an und stellt fest, dass der Verdächtige sich nicht nur aus dem *Traumkraut*, sondern »besonders aus Yvans französischen Werken, die vorläufig noch in Deutschland unbekannt sind, ganze Zeilen entnommen« hat.[71] Sie legt erschütterndes Beweismaterial vor:

– Celans Zeile »Ihr mahlt in den Mühlen des Todes das weiße Mehl der Verheißung« aus dem Gedicht *Spät und Tief* sei »eine fast wörtliche Abschrift« aus Golls Gedicht *Le Moulin de la Mort*;

---

70 Claire Goll an Paul Celan, 26.1.1952, in: Wiedemann (Hg.): *Paul Celan – Die Goll-Affäre*, 174.
71 Claire Golls Rundbrief, abgedruckt in: Ebd., 187.

Die Auslöschung der Zeugen 503

— Die Metapher »ein Halsband aus Händen« in Celans *Talglicht* sei eine direkte Referenz auf Golls Bild »ein Halsband aus Lerchen« (wie es angeblich in Golls *Dichterschicksal* heißt, was aber nicht stimmt);
— »Die Sonne des Todes« (tatsächlich heißt es »Die Sonnen des Todes«) aus Celans *Das ganze Leben* sei eine »immer wiederkehrende Wendung Goll's« (was nicht verifiziert werden kann);
— die »siebente Rose« aus Celans *Kristall* (die es nicht gibt, denn es heißt »sieben Rosen später rauscht der Brunnen«) sei nur ein Echo auf Golls Gedichtband *Die siebente Rose* (1928, Claire Goll datiert den Band allerdings 1932).[72]

Letztendlich wird sich herausstellen, dass wir es hier mit einer besonders perfiden Plagiatskonstruktion zu tun haben. Verschleiert wird zum einen, dass die (mitunter ja sogar falsch) zitierten Zeilen Celans bis auf das *Kristall*-Gedicht bereits in dem 1947 erschienenen (und wegen zahlreicher Druckfehler wieder eingestampften) Gedichtband *Der Sand in den Urnen* gedruckt worden waren (und später in *Mohn und Gedächtnis* übernommen wurden), also aus einer Zeit stammen, in der zwischen Celan und Yvan Goll noch überhaupt kein Kontakt bestand. Zum anderen aber verdanken sich die frappanten Ähnlichkeiten zwischen Celans und Golls Bildern der intensiven Nachbearbeitung Claire Golls, die – wie erst Erhard Schwandt 1967 bemerkt hat[73] – massivst in das Werk ihres Mannes eingegriffen und dessen Erscheinungsform verfälscht hat. Genau genommen wird nicht Celans Dichtung durch Golls Werk bestimmt, sondern die Form, die die Witwe dem Werk ihres verstorbenen Mannes hat angedeihen lassen, orientiert sich im Gegenteil an Celan. Claire Goll hat sich

---

72 Vgl. Ebd.
73 Schwandt: *Ärgernis mit der Edition Ivan Golls*, 36. Einen größeren Einblick in diese Problematik gibt die 1996 erschienene und von Claire Golls Eingriffen bereinigte vierbändige Ausgabe der Lyrik Yvan Golls (Glauert-Hesse: *Zur Edition*).

hier also ein Plagiat erschrieben, das sie durch Umdatierung Celan zur Last legen kann.

Das Ziel des zitierten Briefes ist einigermaßen durchsichtig: Hier soll jemand in seinem Fortkommen gehindert, sein Kontaktnetz im Literaturbetrieb gekappt, seine Dichtung als ›sekundär‹ gebrandmarkt werden. Dieses Ziel wird – was angesichts der dann doch etwas dünnen Beweislage nicht verwunderlich ist – zumindest vorerst nicht erreicht. Die Verleger und Rundfunkredakteure nehmen Claire Goll nicht für voll und stellen sich hinter Celan. Allein Exner kann in germanistischen Fachkreisen durch gezielte Einlassungen Zweifel an der Selbständigkeit und Größe von Celans Dichtung streuen; das Wort »Meisterplagiator« – nur kolportiert, aber nie von jemandem ausgesprochen – macht die Runde.[74] 1960 wird Claire Goll dann nachfassen und ihre Anschuldigungen vollends an die Öffentlichkeit tragen: In der Literaturzeitschrift *Baubudenpoet* veröffentlicht sie einen Beitrag mit dem Titel *Unbekanntes über Paul Celan*, der Exners Urteil nochmals bemüht und nun mit einem weiteren Plagiatsbeispiel aufwartet, das der Literaturkritiker Curt Hohoff ihr entdeckt hat.[75] So hieße es in Golls *Traumkraut*:

Die Eber mit dem magischen Dreieckskopf
Sie stampfen durch meine funkelnden Träume,

und in Celans Gedicht *In Gestalt eines Ebers* (entstanden 1952, erstmals gedruckt 1954):

In Gestalt eines Ebers
Stampft mein Traum durch die Wälder am Rande
　　　　　　　　　　　　　　　　　des Abends.[76]

Auch an diesem Beispiel stimmt wieder so manches nicht, beginnend bei der Datierung und Verortung des Goll-Gedichtes über die Abwandlung des Wortlautes bei Goll (in dessen

---

74 Hierzu ausführlich: Wiedemann (Hg.): *Paul Celan – Die Goll-Affäre*, 198f.
75 Hohoff: *Die Metaphernsprache des neuen Gedichts*.
76 Vgl. Goll: *Unbekanntes über Paul Celan*, 253.

eigener Fassung nicht von »Träumen«, sondern vom »Herz« die Rede ist) bis hin zur Verfälschung des Celan-Zitates (bei dem es »dein Traum« und nicht »mein Traum« ist). Der Wirkungsgrad dieser Absurdität ist indessen bedenklich hoch. Die Affäre beginnt Wellen zu schlagen, denn Claire Goll hat mit Rainer Kabel nun auch einen Journalisten an der Hand, der bereitwillig ihre Sache zu der seinen macht und mit einschlägigen Artikeln in der *Welt* sowie der Wochenzeitung *Christ und Welt* die Angriffsfront verbreitert.[77] Der Zeitpunkt ist günstig gewählt: Celan hat gerade den Büchnerpreis erhalten, man wird über die Vorwürfe reden müssen, denn bei der Enttarnung eines Literaturpreisträgers als Plagiator geht es ja eben nicht nur um Einzelschicksale, sondern immer auch um den maroden Zustand des preisverleihenden Literaturbetriebs. Allerdings sind Claire Golls Vorwürfe von der Substanz her nicht haltbarer geworden, und so bleibt am Ende nur eine große öffentliche Empörung über Goll und Kabel sowie eine breite Solidarisierung mit Celan, in welcher sich nahezu die gesamte schreibende Prominenz – von Bachmann über Bienek, Demus, Enzensberger, Jens, Kaschnitz, Krolow bis zu Szondi – wiederfindet. Claire Goll wird von nun an kein Gehör mehr finden; ihre zahllosen Leserbriefe werden nicht gedruckt, ihre persönlichen Beziehungen reichen gerade noch für einen bei Richard Salis bestellten und unter dem Pseudonym »Felix Mondstrahl, Reutlingen« veröffentlichten Leserbrief im *Vorwärts* (vom 19.7.1961) aus. Sie selbst ergreift noch einmal das Wort gegen Celan im Nachwort zur deutschen Ausgabe der unter den Namen »Ivan und Claire Goll« veröffentlichten Gedichtsammlung *Die Antirose* (1967).

Das wäre die äußere Seite dieser Plagiatsaffäre, die mittlerweile in einer 900 Seiten umfassenden Dokumentation vorliegt und eine recht einseitige Angelegenheit zu sein scheint, insofern sich Celan selbst tatsächlich kaum zu Wort meldet – was allerdings auch damit zusammenhängt, dass man ihm von

---

77 Kabel: *Umstrittener Ausflug in die Vergangenheit*; Ders.: *Jeder ist Orpheus*.

Verlagsseite aus von einem juristischen Vorgehen gegen die Verleumdung abrät und ihn zu beschwichtigen sucht. So bleibt es bei jenem Brief, den Celan nach Golls erstem Rundschreiben (von dem er durch Rudolf Hirsch, den Leiter des Fischer Verlages, erfahren hatte) im Juli 1956 an Alfred Andersch geschickt hat, in der Hoffnung, als Herausgeber der wichtigsten Literaturzeitschrift *Texte und Zeichen* könne dieser die Affäre öffentlich aufklären und auch den Luchterhand Verlag, der Yvan Golls Gesamtwerk betreut, informieren – was nicht geschieht. Die Folgen von Golls Kampagne gehen an Celan gleichwohl nicht spurlos vorbei, und das kann auch gar nicht anders sein, denn der Plagiatsvorwurf trifft sein Dichtungsverständnis an dem für ihn essentiellen Punkt: der Zeugenschaft des Wortes.

Es ist Celans innerste Überzeugung, dass Dichtung ›Zeugenschaft‹ bedeutet, dass sich der Vers vom Dichter nicht trennen kann. Schon das darf man nicht falsch verstehen: Celan redet nie vom Dichter als einer Biografie, die sich im Wort ›ausdrückt‹, wie ihm überhaupt die echte Dichtung »antibiographisch«[78] und »keine Ausdruckskunst« ist,[79] sondern ein ›Wissen‹. Das Gedicht weiß etwas und der Dichter hat an diesem Wissen teil, ist »Mitwisser« und wird aus »seiner Mitwisserschaft« durch das Gedicht wieder entlassen.[80] Das klingt ungewohnt und befremdlich, präzise gefasst wird damit aber das Paradoxon der lyrischen Authentizität. Jedes Gedicht ist radikal persönlich, »[k]ein Dichter spricht jemals in anderer als in eigener Sache«[81] – aber nicht deswegen, weil ihm die Worte gehören und aus ihm hervorgegangen sind, sondern umgekehrt: weil der Dichter in seinen Worten »wohnt«,[82] das Gedicht ihm »Heimat«, ständig wechselnde Heimat, ist.[83]

---

78 Celan: »*Mikrolithen sinds, Steinchen*«, 95.
79 Ebd., 147.
80 Ebd., 98.
81 Ebd., 133.
82 Ebd., 138.
83 Ebd., 95.

›Zeugnis‹ kann ein Gedicht also deswegen sein, weil sich in ihm eine Wirklichkeit ausspricht, die durch den Dichter ›bewohnt‹ wurde: *Er war dort*, kann das Gedicht bezeugen, und gleichzeitig bezeugt es, dass *wir nicht dort* waren, dass wir nicht die Dinge sehen, hören und fühlen, die der Dichter gehört, gesehen und gefühlt hat, sondern in den Worten nur ihre Spur besitzen.

Niemand
zeugt für den
Zeugen,

heißt es in *Aschenglorie*,[84] und das sagt uns, dass das Zeugnis der Anwesenheit des Dichters, das Gedicht, das die Wirklichkeit des Sprecher-Ichs bezeugt, von uns eben *nicht* objektiviert werden kann. Niemand gelangt hinter die Verse zurück, niemand kann das in ihnen Gesagte in ›unsere Welt‹, in unsere Geschichtsschreibung, Psychologie, Moralität zurückholen und eingliedern, denn – hier schließt sich der Kreis wieder – das Gedicht ist eben keine Maske, kein massengefertigtes Sprachplagiat, sondern authentisch. Und gerade *weil* es ›authentisch‹ ist, trennt es uns, die wir es lesen oder hören, von der in ihm bezeugten Wirklichkeit.[85]

Nun ist es nicht irgendeine ›Zeugenschaft‹, von der wir hier sprechen, sondern unser Kontext ist immer noch die Zeugenschaft der Vernichtung. Erst im Horizont der Vernichtung des Lebens wurde uns verständlich, dass ›Zeugnis ablegen‹ nicht bedeuten kann – das war gerade das Problem der Konstruktionen bei Wilkomirski und bei Koeppen –, Erlebtes auszustellen, zu dokumentieren, biografisch verfügbar zu machen. *Dort* gewesen zu sein, das ist nicht zu beschreiben, sondern eine Erfahrung, die sich in Worten nur zeigt, indem sie sich zugleich in ihnen versteckt. Werden wir in diesem Zusam-

---

84 Celan: *Aschenglorie*, in: Ders.: *Atemwende*, 119.
85 Jacques Derrida hat in *Poétique et politique du témoignage* (2005) dieses Paradoxon der Zeugenschaft als die zentrale poetologische Figur in Celans Werk erkannt.

menhang einmal ganz konkret: Celan hat das Ghetto von Czernowitz erlebt, seine Eltern wurden von dort deportiert und kamen im ukrainischen Lager Michailowka um. Er selbst überlebte das Ghetto. Das Zeugnis, das er uns von dieser Zeit hinterlassen hat, kennen wir bestens:

> Schwarze Milch der Frühe wir trinken sie abends
> wir trinken sie mittags und morgens wir trinken sie nachts
> wir trinken und trinken
> wir schaufeln ein Grab in den Lüften da liegt man nicht
> eng
> Ein Mann wohnt im Haus der spielt mit den Schlangen
> der schreibt
> der schreibt wenn es dunkelt nach Deutschland dein
> goldenes Haar Margarete
> er schreibt es und tritt vor das Haus und es blitzen die
> Sterne er pfeift seine Rüden herbei
> er pfeift seine Juden hervor läßt schaufeln ein Grab in der
> Erde
> er befiehlt uns spielt auf nun zum Tanz
>
> Schwarze Milch der Frühe wir trinken dich nachts
> wir trinken dich morgens und mittags wir trinken dich
> abends
> wir trinken und trinken
> Ein Mann wohnt im Haus der spielt mit den Schlangen
> der schreibt
> der schreibt wenn es dunkelt nach Deutschland dein
> goldenes Haar Margarete
> Dein aschenes Haar Sulamith wir schaufeln ein Grab in
> den Lüften da liegt man nicht eng
>
> Er ruft stecht tiefer ins Erdreich ihr einen ihr andern
> singet und spielt
> er greift nach dem Eisen im Gurt er schwingts seine
> Augen sind blau
> stecht tiefer die Spaten ihr einen ihr andern spielt weiter
> zum Tanz auf

Schwarze Milch der Frühe wir trinken dich nachts
wir trinken dich mittags und morgens wir trinken dich
abends
wir trinken und trinken
ein Mann wohnt im Haus dein goldenes Haar Margarete
dein aschenes Haar Sulamith er spielt mit den Schlangen

Er ruft spielt süßer den Tod der Tod ist ein Meister aus
Deutschland
er ruft streicht dunkler die Geigen dann steigt ihr als
Rauch in die Luft
dann habt ihr ein Grab in den Wolken da liegt man nicht
eng

Schwarze Milch der Frühe wir trinken dich nachts
wir trinken dich mittags der Tod ist ein Meister aus
Deutschland
wir trinken dich abends und morgens wir trinken und
trinken
der Tod ist ein Meister aus Deutschland sein Auge ist blau
er trifft dich mit bleierner Kugel er trifft dich genau
ein Mann wohnt im Haus dein goldenes Haar Margarete
er hetzt seine Rüden auf uns er schenkt uns ein Grab in
der Luft
er spielt mit den Schlangen und träumet der Tod ist ein
Meister aus Deutschland

dein goldenes Haar Margarete
dein aschenes Haar Sulamith[86]

Die *Todesfuge*, 1945 entstanden, hat Celans Ausnahmestellung innerhalb der deutschsprachigen Nachkriegslyrik befestigt und ist längst kanonisch geworden. Die Karriere dieser Verse, ihre Rezeption, war dabei immer auch bestimmt von der Vorstellung eines ›legitimen‹ Sprechens über das KZ, der Antithese zu Adornos Verdikt, dass es »barbarisch« sei, »nach

---

86 Celan: *Todesfuge*.

Auschwitz ein Gedicht zu schreiben«.[87] Die Vorstellung des legitimen Sprechens aber implizierte stets auch ›Authentizität‹: Dem Schrecken diese Bilder abzuringen vermag nur derjenige, dem dieser Schrecken auch ›persönlich‹ geworden ist, der in ihm ›gewohnt‹ hat. Der Dichter war *dort*, das Lager, das ihm aus den Worten entsteht, war ihm Heimat. Dieses Gedicht zeugt von der Wirklichkeit des Lagers, und dies lässt sich in der Konsequenz der Celan'schen Poetik auch gerade gegenüber dem Hinweis vertreten, dass sich die Wirklichkeit des Gedichts nicht dem Erleben des biografisch verortbaren Autors Paul Celan verdankt, sondern einem Bericht über das Lemberger Ghetto, den Celan in einer sowjetischen Zeitung gelesen hat.[88]

So hermetisch sich seine Verse also auch ausnehmen, so unzweifelhaft ist es für Celan selbst, dass sich in diesen Versen die Individualität des jüdischen Opfers ausspricht und dass sich demzufolge an der Art und Weise der öffentlichen Auseinandersetzung mit diesen Versen auch der Stand der öffentlichen Auseinandersetzung mit der Präsenz der Überlebenden ablesen lässt. (Und die Ablehnung, auf welche die *Todesfuge* in der Gruppe 47 stößt, deutet Celan – nicht zu Unrecht, wie wir heute wissen – genau so: als die Störung der deutschen Nachkriegsversammlung durch die Anwesenheit des jüdischen Zeugen.[89]) Aus ebendiesem Grund kann er aber auch die Plagiatsvorwürfe der Claire Goll nicht einfach, wie ihm angeraten wird, an sich vorüberziehen lassen, denn diese Vorwürfe

---

87 Adorno: *Kulturkritik und Gesellschaft*, 30. Celan hat diese Bemerkung bekanntlich kommentiert: »Kein Gedicht nach Auschwitz (Adorno): Was wird hier als Vorstellung vom ›Gedicht‹ unterstellt? Der Dünkel dessen, der sich untersteht hypothetisch-spekulativerweise Auschwitz aus der Nachtigallen- oder Singdrosselperspektive zu betrachten oder zu bedichten«. (Celan: »*Mikrolithen sinds, Steinchen*«, 122)
88 Vgl. Celan: *Der Meridian*, 131 (M 419): »als ich im Mai 1945 die Todesfuge schrieb, ich hatte damals, in der Izvestia, wie ich mich zu erinnern glaube, die Berichte über das Lemberger Ghetto gelesen –«.
89 Zur Aufnahme Celans in der Gruppe 47 vgl. Emmerich: »*Ich bin der, den es nicht gibt*«, 183f.

zielen nicht nur auf Fragen der ›Inspiration‹ resp. des poetischen Vermögens des Dichters Celan, sondern *auf seine Identität als Zeuge*. Die Logik, die Claire Golls Anwürfe im *Baubudenpoet* verfolgen, ist unverkennbar: Celan ist ein ›natürlicher‹ Plagiator, weil er sich nicht nur seine Verse, sondern auch sein ganzes Wesen von anderen abgeschaut hat. So ist er bei Golls angeblich erschienen,

> in einer Hand einen Strauß Rosen, in der anderen die ›Todesfuge‹. Gedicht und Blumen, zur Schau getragene Schwermut des einsamen Dichters in der fremden Stadt und eine wunderbar gespielte Bescheidenheit, hinter der sich ein maßloser Ehrgeiz und Eitelkeit verbargen, taten den gewünschten Effekt.

Und nun kommt Claire Goll zum eigentlichen Punkt:

> Seine traurige Legende, die er so tragisch zu schildern wußte, hatte uns erschüttert: die Eltern von den Nazis getötet, heimatlos, ein großer, unverstandener Dichter, wie er unaufhörlich wiederholte [...]«.[90]

Celan hat die Systematik, die hinter dieser Inszenierung steht, registriert und verstanden: Auftritt des Scharlatans mit einem Gedicht, dessen Größe man nicht bestreiten kann und die auch von Claire Goll nie bestritten wird. Bestritten wird aber die *Person*, welche das Gedicht in der Hand hält: Dieser Mensch ist falsch und folglich sind auch seine Gedichte falsch.[91] Und wenn seine Gedichte falsch sind, dann kann auch die Wirklichkeit nicht stimmen, von der sie zeugen sollen: Celans Leidensbiografie, der Tod seiner Eltern ist eine »Legende«.

---

90 Goll: *Unbekanntes über Paul Celan*, 252.
91 1967 wird Goll versuchen, die *Todesfuge* in direkte Abhängigkeit zu der deutschen Übersetzung von Golls *Chant des Invaincus* zu stellen, die mit den Zeilen »Schwarze Milch des Elends / Wir trinken dich« beginnt und mit der in New York gedruckten Zeitung *La Voix de France* angeblich im Februar 1942 »in zahllosen Exemplaren über Frankreich abgeworfen wurde.« (Claire Goll: *Nachwort zu ›Die Antirose‹*, 388)

Der Plagiatsvorwurf zieht hier also systematisch dichterisches Zeugnis und Biografik zusammen, um beides dann gegeneinander auszuspielen. Vor diesem Horizont wird Celan die Plagiatsdiskussion über sein Werk fortan als den Versuch lesen müssen, die im Gedicht wohnende Identität auszuheben, aus der Sprache zu vertreiben. So verdichten sich ihm die Hinweise, dass es hier weder um eine Privatfehde noch um Fragen des poetischen Rangs geht, sondern darum, dem Juden in einer konzertierten Aktion die Stimme zu nehmen, indem man kolportiert, er besitze gar keine eigene. Es handelt sich also um einen neuerlichen Akt der ›Auslöschung‹, durch den nach den Opfern auch die Erinnerung an die Opfer vernichtet werden soll.[92] Betroffen macht Celan dabei weniger das unablässige und in der Sache substanzlose Nachkarten Claire Golls als vielmehr die Bereitwilligkeit, mit der sich der Plagiatsverdacht gegen ihn unter der Hand ausbreitet und dabei bisweilen – mehr oder weniger offensichtlich – in antisemitische Formeln übergeht. (Man darf Celan seine Hellhörigkeit in diesen Dingen nicht verübeln, bedenkt man, dass unter denjenigen, die Golls Unterstellungen zuerst Gehör geschenkt haben, ausgerechnet die NS-Germanisten Hohoff und Holthusen zu finden sind.) Wenn sich am Ende auch alles aufzuklären scheint, sich die vormaligen Plagiatsjäger entschuldigen, ihre Aussagen widerrufen und sogar eine entlastende Expertise angefertigt wird: Bei Celan hängen bleibt allein der Schmutz, der sich im Zuge der Affäre angesammelt hat, die öffentliche Assoziation des jüdischen Überlebenden mit einem herkunfts- und identitätslosen Schreiben, wie sie sich etwa auch 1959 in Günther Blöckers Rezension zu *Sprachgitter* artikuliert, die dem Dichter attestiert, aufgrund seiner »Herkunft« »der deutschen Sprache gegenüber eine größere Freiheit als die meisten seiner dichtenden Kollegen« zu besitzen, eine Herkunft, die ihn gleichwohl dazu »verführt, im Leeren zu agieren«, wie seine Sprache ohnehin keines-

---

92 Hierzu ausführlich: Emmerich: *»Ich bin der, den es nicht gibt«*.

wegs »der Wirklichkeit abgewonnen« sei.[93] Aus Celans Sicht ist die Denunziation dabei die gleiche geblieben: Golls Plagiatsvorwurf zielt vordergründig auf die Person Celan und meint die Wirklichkeit des Gedichts, Blöckers ästhetische Kritik zielt vordergründig auf die Wirklichkeit des Gedichts und meint die Person Celan. Dass diesen Vorhaltungen aber (vorerst) niemand entgegentritt, niemand darauf antwortet, erfüllt für Celan den Tatbestand der Komplizenschaft: »Auch das – das Antworten – bleibt dem Juden überlassen. Die anderen schreiben Bücher und Gedichte ›darüber‹ [...]«, beklagt er in direkter Reaktion auf Blöckers Kritik gegenüber Nelly Sachs.[94] Seine eigene Antwort wird Celan dann in der anlässlich der Verleihung des Büchner-Preises gehaltenen *Meridian*-Rede (1960) geben, die die Zeugenschaft des Gedichtes erstmals in aller Deutlichkeit formuliert: Das Gedicht ist – im Widerspruch zu all jenen, die es an seiner objektivierbaren, biografisch verbürgbaren Wirklichkeit messen wollen – »gestaltgewordene Sprache eines Einzelnen, – und seinem innersten Wesen nach Gegenwart und Präsenz.«[95] Der Dichter spricht »im Neigungswinkel seines Daseins, dem Neigungswinkel seiner Kreatürlichkeit«, und so ist er dem Gedicht eingeschrieben, »bleibt ihm mitgegeben.«[96]

Wir bemerken es nicht, aber in diesen Worten wird das Plagiatsdenken adressiert. Celan spricht mit seinen Verfolgern, ohne sie direkt zu nennen, er geht nicht auf ihre Vorhaltungen ein, will nicht verhandeln und nichts klarstellen – er muss nichts klarstellen: nicht, dass es seine Verse sind und waren, die unter seinem Namen gedruckt wurden, nicht, dass diesen Versen eine individuelle Wirklichkeit entspricht. Die Dichtung, das machen seine Worte deutlich, ist *überhaupt nicht plagiatsfähig*, weil man sich ihrer nicht bemächtigen kann, sondern im Gegenteil sich im Gedicht die Sprache des ›Einzel-

---

93 Blöcker: *Gedichte als graphische Gebilde*.
94 Paul Celan an Nelly Sachs, 26.10.1959, in: Celan/Sachs: *Briefwechsel*, 24.
95 Celan: *Der Meridian*, 9.
96 Ebd.

nen‹ bemächtigt, ihn in sich aufnimmt. Das Plagiat dagegen kann dort, wo nur der Moment und der Einzelne zählt, gar nicht existieren. Es verlangt vielmehr nach einer Erzählung, die den Einzelnen und den Moment mit den Gesetzen der Allgemeinheit und der Kausalität verbindet. Plagiatserzählungen leben von der Vorstellung, dass Texte ein Vor- und ein Nachleben haben können, dass ihre personale Konstellation sich im Laufe der Zeit verändern kann, dass sich in ihnen Wirklichkeiten und Individualitäten transponieren, austauschen, korrumpieren. All das geht dem Gedicht ab, es sperrt sich gegen die Trennung von Wort und Dichter und muss in dieser Verweigerungshaltung dem Enthüllungswahn der Nachkriegsöffentlichkeit entgegenstehen, der immer noch von der Vorstellung getrieben wird, dass sich hinter der Dichtung eines Juden keine historische Individualität befinden könnte.

Die Lyrik als antiplagiarische Gattung, der Lyriker als Kämpfer gegen den Plagiatsdiskurs – das ist eine Konfrontation, die Kraft kostet und über deren Ausgang wir nur spekulieren können. Fest steht, dass die Macht der Plagiatserzählung gewaltig gewesen ist und Celan sehr zugesetzt hat: In seinen nach der Goll-Affäre entstandenen Briefen an Alfred Margul-Sperber scheint Celan bereits kapituliert zu haben; verbittert bilanziert er:

> Nachdem ich als Person, also als Subjekt ›aufgehoben‹ wurde, darf ich, zum Objekt pervertiert, als ›Thema‹ weiterleben: als ›herkunftsloser‹ Steppenwolf zumeist, mit weithin erkennbaren jüdischen Zügen.[97]

Das Bewusstsein, seiner Existenz beraubt worden zu sein, als einer zu leben, »den es nicht gibt«,[98] ist für Celan also physi-

---

[97] Paul Celan an Alfred Margul-Sperber, 8.2.1962, zitiert nach: *Briefe an Alfred Margul-Sperber*, 57.
[98] Die Herleitung der von Celan gebrauchten Formel »den es nicht gibt« führt in ganz entgegengesetzte Richtungen: Emmerich (»*Ich bin der, den es nicht gibt*«, 189f.) sieht darin einen direkten Bezug auf eine 1960 in *Der Monat* erschienene Erzählung über einen Plagiator, die den Titel *Gibt es*

Die Auslöschung der Zeugen 515

sche und psychische Realität geworden – ein unerträglicher Zustand. Bald schon, zum Jahreswechsel 1962/63, wird Celan sich einer ersten länger andauernden psychiatrischen Behandlung unterziehen müssen: Eine Krankengeschichte beginnt, hinter der die Plagiatserzählung zurücktreten muss, obgleich wir nicht wissen, inwieweit sie in diese Krankengeschichte hineingespielt hat – und inwiefern sie diese auch beschlossen hat.

1970 druckt die rumänische Zeitschrift *Neue Literatur* in ihrer Februar-Ausgabe ein Gedicht des Bukowiner Lyrikers Immanuel Weißglas ab, eines Schul- und Studienfreundes Celans. Es trägt den Titel *Er* und ist vermutlich 1944 entstanden:[99]

> Wir heben Gräber in die Luft und siedeln
> Mit Weib und Kind an dem gebotnen Ort.
> Wir schaufeln fleissig, und die andern fiedeln,
> Man schafft ein Grab und fährt im Tanzen fort.
>
> ER will, daß über diese Därme dreister,
> Der Bogen strenge wie sein Antlitz streicht:
> Spielt sanft vom Tod, er ist ein deutscher Meister,
> Der durch die Lande als ein Nebel schleicht.
>
> Und wenn die Dämmrung blutig quillt am Abend,
> Öffn' ich nachzehrend den verbissnen Mund,
> Ein Haus für alle in die Lüfte grabend;
> Breit wie der Sarg, schmal wie die Todesstund.

---

mich überhaupt? und als Autor das Pseudonym ›R.C. Phelan‹ trägt, die also zur Diffamierungskampagne gegen Celan gehört; Ulrich Konietzky (*Paul Celan und Dichterkollegen*, 322) verweist dagegen auf einen Artikel des Celan-Verteidigers Karl Krolow, in dem es heißt: »Ein Lyriker erscheint in diesen Jahren jemand, den es ›nicht mehr gibt‹, der verschwunden ist hinter einem Nebel von gutwilligen oder bösartigen Behelligungen [...].«

99 Zur problematischen Datierung von *Er* vgl. Wiedemann (Hg.): *Paul Celan – Die Goll-Affäre*, 844f.

ER spielt im Haus mit Schlangen, dräut und dichtet,
In Deutschland dämmert es wie Gretchens Haar.
Das Grab in Wolken wird nicht eng gerichtet:
Da weit der Tod ein deutscher Meister war.[100]

Wir kennen die Bilder, wir kennen das Lagerorchester, das Grab in der Luft, den Mann, der mit den Schlangen spielt, den Meister aus Deutschland; und es ist zu erahnen, was geschehen wäre, hätte dieses Gedicht zehn Jahre zuvor das Tageslicht des Literaturbetriebes erblickt. Doch das Wort ›Plagiat‹ fällt nun nicht mehr. Zum einen liegt dies sicherlich daran, dass Weißglas selbst sich nicht nur in keiner Weise plagiiert sieht, sondern auch die gestalterische Überlegenheit der *Todesfuge*, ihre Verankerung »im lyrischen Bewusstsein unserer Zeit«, anerkennt.[101] Zum anderen hat auch die Philologie in Sachen Lyrik und Persönlichkeit dazugelernt: Mag Heinrich Stiehler (der als erster auf die Analogien zwischen beiden Texten hinweist) noch behaupten, dass »[d]ie Abhängigkeit der ›Todesfuge‹ von diesen nur wenige Monate zuvor verfassten Versen des Freundes […] auf der Hand« liege,[102] so verfestigt sich doch zugleich auch die Einsicht, dass die individuelle Qualität der *Todesfuge* eben gar nicht in der Originalität ihrer Bilder zu suchen ist (die sich tatsächlich in der großen Mehrzahl nicht nur bei Weißglas, sondern auch bei anderen Lyrikern der Bukowina finden lassen, was zu der Aussage verleitet hat, sie seien alle »vorgegeben« gewesen[103]). Die Größe dieser Verse erwächst aus dem Umstand, dass sich in ihnen das Metaphernfeld dem Dichter in einer ganz eigenen Weise geöffnet und die Verse von aller formalen Konvention befreit hat, dass sie den Schrecken nicht mehr (wie Weißglas) durch wechselnde Perspektivierung einzufangen versuchen,[104] sondern nur noch das Gedächtnis der Opfer kennen, welches sich weder

---

100 Weißglas: *Aschenzeit*, 107.
101 So Weißglas selbst, vgl.: Baumann: *Dank an die Sprache*.
102 Stiehler: *Die Zeit der Todesfuge*, 29.
103 Neumann: *Schönheit des Grauens oder Greuel der Schönheit?*, 234.
104 Buck: *Die »Todesfuge« oder Lyrik nach Auschwitz*, 55–92, v.a. ab 66.

kommentieren noch objektivieren und eben auch *nicht plagiieren lässt*. Für Celan kommen diese notwendigen Einsichten zu spät. Das Heft mit dem Weißglas-Gedicht hat er nachweislich noch erhalten, es befindet sich in seiner Bibliothek. Wir wissen nicht, ob er eine Wiederkehr der Plagiatsjagd gefürchtet hat, wir wissen nicht einmal, ob er die Veröffentlichung von *Er* überhaupt zur Kenntnis genommen hat. Was wir allein wissen, ist, dass Paul Celan keine zwei Monate später, wohl um den 20. April 1970, den Freitod gesucht und gefunden hat.[105]

---

105 Die These vom direkten Zusammenhang zwischen der Veröffentlichung von *Er* und Celans Suizid hat erstmals Fuld (*Ein Meister des Verbergens*, 136) aufgestellt; beweisen lässt sich freilich nichts und mit Vorsicht zu begegnen ist einer solchen Überlegung allemal – auch und gerade wenn sie einer gewissen Logik folgt.

XIV. Copy/Paste: Das Plagiat als digitaler Schatten

Die Verteidigung des Körpers

Vom Sockel der Gegenwart aus erscheint uns das Plagiat als eine literarische Denkform aus weiter Ferne. Die ganze Kraft seiner Monstrosität scheint es verspielt zu haben; von all den bemitleidenswerten und nahezu sämtlich gescheiterten Gerichtsverfahren kann es sich nicht ernähren, im Reagenzglas postmoderner Theoriebildung ist ihm die Luft fast ausgegangen. Es hat seine besten Zeiten vermutlich schon gesehen und muss sich in seinem verkümmerten Zustand nun mit weniger spektakulären Engagements begnügen. Und so gastiert dieses Geschöpf, das doch einst so viele würdevolle Gestalten angenommen hatte, eine Tochter der Eris, eine Teufelsdienerin, eine Heldin der Aufklärung, eine vollkommen Wahnsinnige gewesen ist, in den Tageszeitungen mittlerweile als vorrangiges Problem der Bildungs- resp. der Hochschulpolitik. Doch siehe da: Selbst in dieser trostlosen Umgebung ist es immer noch in der Lage, ungeahnte Energien freizusetzen. Es trifft hier auf neue Experten, die sich seiner annehmen; es provoziert die Entwicklung immer neuer Fahndungs- und zugleich immer neuer Verschleierungsmethoden; ja, man ändert mittlerweile sogar die Gesetze, um seiner endlich vollends habhaft zu werden.[1]

Wie bereits angedeutet: Aus historischer Sicht nimmt sich die zeitgenössische Diskussion um den Plagiarismus eher wie eine Petitesse aus. Zwar wird gelegentlich der Eindruck vermittelt, als hinge vom Kampf gegen die Textdiebe die Zukunft des abendländischen Bildungswesens und infolgedessen die Zukunft ganzer Volkswirtschaften ab. Tatsächlich bewe-

---

[1] So sieht es etwa das reformierte baden-württembergische Landeshochschulgesetz ab März 2009 vor, des Plagiats überführte Studenten exmatrikulieren zu können.

gen wir uns hier aber dann doch vorwiegend im Genre der Seminar- und Doktorarbeiten, über dessen kulturelle Schlagkraft man sicher geteilter Meinung sein darf. Wie dem auch sei: Fast jeder, der einmal über längere Zeit an einer Hochschule lehrend tätig war, ist mit diesen Phänomenen wohl in irgendeiner Weise vertraut und hat auch schon den einen oder anderen Fang gemacht. Unser Blick sollte sich hier freilich nicht auf Statistiken und Dunkelziffern, sondern auf das Wesentliche richten, denn die weitausgreifende Debatte hat natürlich, wie alle Plagiatsdebatten vor ihr auch, einen apokalyptischen Hintergrund, der sich viel interessanter und bedeutsamer ausnimmt als die inneruniversitären Kleingefechte, die sich davor abspielen. Es ist ja nicht zu verkennen: Irgendetwas hindert die Menschen in zunehmendem Maße daran, selbst zu schreiben. »Diese Unfähigkeit muß irgendwoher kommen: Es ist etwas Wesentliches geschehen. Und dieses Wesentliche ist der Umgang mit Computern.«[2]

Der Umgang mit Computern, insbesondere natürlich der Umgang mit vernetzten Computern, erschwert eine eigenständige und gedanklich wie syntaktisch wohlstrukturierte Textproduktion – das ist hier gemeint, und wir dürfen Gernot Böhme, in dieser Debatte sicherlich eine der besonneneren Stimmen, das auch erst einmal glauben, ohne Belege einzufordern. Lassen wir ihn also seine These präzisieren:

> Lesen, das verlangte, intuitiv den Sinn eines Textes im Ganzen zu erfassen, um ihn von daher in seinen Einzelheiten zu verstehen. Studenten dagegen geben heute, aufgefordert zur Interpretation eines Textes, Paraphrasen entlang einer Reihe hervorgehobener Stichworte.
> Schreiben, das hieße, eine Idee argumentativ oder erzählend entfalten. Studenten heute, die beispielsweise eine Seminararbeit schreiben müssen, geben eine Art Patchwork ab, einen Flickenteppich von Zitaten und aphoristischen Überlegungen. Auch hier: das Resultat der Arbeit mit Computern.

---

2 Böhme: *Bildung als Widerstand.*

> Man speichert ab, was man liest, gibt ein, was einem einfällt, und am Ende wird ein Text zusammengeschnitten.[3]

In der Tat kommt einem dieses Produktionsschema bekannt vor und man wird kaum zögern, Böhme in der Annahme beizupflichten, dass es sich dabei um ein Verfahren handelt, das absolut tadelnswürdig ist – schon allein deswegen, weil es in der Regel nichts als geistigen Abfall zum Resultat hat, welcher den Korrektor psychisch belastet. Sagen wir es frei heraus: Natürlich ist das genau die Beschreibung jenes Aktes, an den wir denken, wenn wir heutzutage das Wort ›Plagiat‹ hören – und dann soll er auch ruhig so heißen. Die Vorstellungswelten, die sich mit diesem gegenwärtigen, computergestützten Plagiat verbinden, wären indessen erst noch zu bestimmen, denn wenn Böhme schon den radikalen Schnitt anspricht, der die Geschichte computerloser Bildung von der Gegenwart trennt, dann wird sich die damit markierte Transformation auch qualitativ auf die Repräsentationsformen des literarischen Diebstahls ausgewirkt haben müssen.

Wie lässt sich also der Phänotyp des Plagiats beschreiben, den wir jetzt so unwillkürlich mit dem ›Schreiben am/im Netz‹ verbinden? Wodurch unterscheidet sich der computerisierte Plagiator von einem nicht computerisierten Plagiator? Worin besteht demnach der plagiarische Nutzwert computergestützter Technologie? Halten wir zunächst fest: Der Plagiatsbegriff, von dem wir hier ausgehen, bewegt sich fernab literarischer Schöpfungsansprüche (warum, das werden wir noch erfahren), sondern bezieht sich ganz vorrangig auf ein wissenschaftliches Ethos. Dieses Ethos gebietet es uns, Texten, die von anderen verfasst wurden, mit Respekt gegenüberzutreten und das, was wir aus ihren Büchern in unsere Manuskripte verpflanzen, in seiner Herkunft zu kennzeichnen. Zugleich ist es unsere unbestimmte Wahrnehmung, dass gerade dieser Respekt vor dem fremden Text am Computer schwindet. Der Widerstand, den uns ein gedrucktes Stück Li-

---

3   Ebd.

teratur entgegensetzt und der uns dazu zwingt, diesem Stück Literatur eine Personalität zuzuweisen, wenn wir es in unsere eigenen Werke entführen – dieser Widerstand scheint sich offenbar massiv zu verringern, wenn wir das gleiche Stück Literatur auf dem Bildschirm vor uns sehen.

Es verhält sich wohl wirklich so: Die Erzeugung und der Transfer von Wissen sind bestimmten Handlungsregeln unterworfen, die durch den Einsatz des Computers relativ schwellenlos unterlaufen werden. Verantwortlich hierfür ist die ungeheure Dynamisierung der drei medialen Grundoperationen ›Speichern, Übertragen, Modifizieren‹, welche die restlose Digitalisierung aller sensuell erfassbaren Informationen mit sich bringt:

> Grundlegend neu sind das verlustfreie Kopieren von Werken, die Leichtigkeit, mit der die körperlosen Erscheinungsformen von Werken durchs Netz reisen, und ihre beliebige Modifizierbarkeit.[4]

Mit anderen Worten: Der Computer optimiert die mediale Organisation des Wissens so weit, dass der Störfaktor Mensch mitsamt all seinen Schwächen – Behäbigkeit, Vergesslichkeit, Ungenauigkeit – keine Rolle mehr spielt. Gerade dieser Umstand hat das wissenschaftliche Arbeiten mit dem Computer so verführerisch werden lassen: Der Forscher lässt die Schranken seines Körpers hinter sich. Er hat zum letzten Mal zwei Stunden in der Bibliothek damit verbracht, nochmals eine Stelle in den *Mythologischen Briefen* von Johann Heinrich Voß nachzuschlagen, die er schon einmal gefunden und wieder vergessen oder falsch abgeschrieben hatte. Spätestens dann, wenn er genau in jenem Moment, in dem er die Stelle endlich gefunden hat, eindringlich darauf hingewiesen wird, dass der Lesesaal jetzt schließe und er doch am Montag wiederkommen solle, spätestens dann weiß er, welche Vorteile ihm das Netz bietet: Wahrscheinlich hätte er die Stelle bei Voß innerhalb einer Minute über eine Suchmaschine ausfindig machen

---

4   Grassmuck: *Urheberrechte im Netz*, 85.

können, womöglich hätte ihm im Netz sogar nicht nur die zweite Auflage von 1827 (deren zweiter Band leider gerade einmal wieder zum Buchbinder musste), sondern auch die Erstausgabe von 1794 zur Verfügung gestanden. Mit ein wenig Glück wäre er bei seiner Suche schließlich noch zu angrenzender Sekundärliteratur aus aller Herren Länder gelangt – mit sehr viel Glück wäre sogar ein brauchbarer Aufsatz dabei gewesen, den er hätte lesen und/oder zitieren können.

Man mag es auf den ersten Blick übersehen, aber gerade all diese Erleichterungen des computerisierten Arbeitens kehren in universitären Plagiatsdebatten als Verdachtsmomente wieder, denn der Verfall des wissenschaftlichen Ethos beginnt nicht erst bei jenem Vorgang, der allgemein unter ›Copy/Paste‹ geführt wird – er endet dort. So zeigt sich auf eigenartige Weise, dass die Reflexionen, die um die Digitalisierung des Schreibens kreisen, sich in vielen Punkten analog zu jenen Reflexionen verhalten, denen wir im Umfeld des Buchdrucks begegnet sind.[5] Wir erinnern uns: Dort, insbesondere bei Luther, hatte sich der Plagiatsbegriff sehr eng mit dem Begriff der ›Arbeit‹ zusammengeschlossen. Zum Plagiator wurde infolgedessen derjenige, der andere für sich arbeiten ließ, sich Handschriften stahl, die sich mitunter noch im Arbeitsprozess befanden, und diese eben nicht von Hand kopierte (was ja wiederum ›Arbeit‹ gewesen wäre), sondern drucken ließ. Im Stigma des Netzplagiators erfährt dieses Argument nun auf einmal eine unerwartete Aktualisierung. Der Computer entlässt seinen Benutzer in die vollkommene Unselbständigkeit: Er nimmt ihm alle Wege ab, er erspart ihm im Zweifel das Abtippen, er merkt sich alles, was sein Benutzer vergessen könnte. Was der Computernutzer also de facto tut, ist *arbeiten lassen*, und alles, was er schreibt, steht deswegen auch unter dem Verdacht der Erschleichung, denn es ist nicht mit körperlichem Aufwand abgegolten, trägt keine Spuren menschlicher Defizite, sondern ist ein Effekt digitaler Prozes-

---

5 Vgl. Kapitel V, S. 131ff.

se. Unter Umständen könnte man einem antiquierten Plagiator mit Schreibmaschine folgerichtig sogar ein höheres Maß an Arbeitsaufwand bescheinigen als einem vernetzten Freidenker; denn immerhin muss der Erstere zunächst einmal herausfinden, wo er überhaupt suchen muss. Sodann wird er sich seine Textauswahl mühsam selbst zusammenstellen, er wird nicht nur laufen, sondern auch selbst lesen und (ab)schreiben müssen. Im Grunde könnte er bei all dem Aufwand aufs Plagiieren auch gleich verzichten, doch den Geist kann man nun einmal nicht zwingen. Der Delinquent wäre somit natürlich immer noch ein Plagiator, aber immerhin ein durch körperliche Arbeit geadelter Plagiator.

Den vernetzten Texträuber trifft dagegen die volle Härte und Verachtung protestantischer Wissenschaftskultur: Nichts an seinem Erzeugnis trägt menschliche Spuren. Natürlich musste auch er seine Quellen wählen, die Verarbeitung der Informationen, die seiner Wahl vorauslagen, hat er allerdings dem Computer überlassen.[6] Er hat seine Quellen also nicht gesucht, sondern eigentlich nur gefunden, das, was er mit einem Mausklick aus einem anderen Text in seinen eigenen Text kopiert, ist nicht durch seinen Kopf gewandert, sondern einfach digital geflossen. Der analog produzierende Plagiator alter Schule muss sich durch das, was er abschreibt, in irgendeiner Weise hindurchprozessieren und dabei – ob er will oder nicht – ein gewisses Textverständnis entwickeln, zumindest Schwundstufenhermeneutik betreiben. Der digital produzierende Plagiator muss hingegen prinzipiell überhaupt nichts von dem verstehen, was er kopieren lässt, und deswegen – auch das ist ganz lutherische Logik – wird er auch der Wahrheiten, mit denen er hausieren geht, niemals teilhaftig. Er liest nicht und er schreibt nicht mehr: Hierin aber verzichtet er auf seine Menschlichkeit, denn Lesen und Schreiben ist das Einzige geblieben, »was einem der Computer nicht abnehmen

---

6 Zu dieser feinen Unterscheidung der durch Computersysteme getroffenen Entscheidungen von den durch Computersysteme vorbereiteten Entscheidungen vgl. Weizenbaum: *Die Macht der Computer*, 63.

kann, was aber gerade vonseiten der Subjekte geleistet werden muss, damit aus Daten Urteile werden, aus Symbolen Bedeutungen, aus Informationen Wissen [...] und aus Texten Sinn« wird.[7] Letztendlich bestätigt der Netzplagiator demnach nur die Maschine, die weiß, dass sie den Menschen nicht braucht, um das Wissen zu organisieren.

Wenn wir also über ›Copy/Paste‹-Verfahren sprechen, dann reflektieren wir dabei immer auch über die Körperlichkeit resp. die Menschlichkeit des Schreibens, die uns am Computer abhanden zu kommen scheint. Die Plagiatsszenarien, wie sie durch fakultätsinterne Verordnungen entworfen werden, fordern ebendiese Körperlichkeit des Schreibens wieder ein; sie sprechen vom gestohlenen Text und meinen den gestohlenen Menschen: Wer das Plagiat fürchtet, der soll computerisierten Wissenssystemen misstrauen – und zwar nicht, weil er etwa am Computer gezwungen wäre, Texte zu stehlen, sondern weil er dort auf eine Struktur trifft, die ihn selbst zu absorbieren droht. So dient etwa der (auch vom Verfasser selbst schon oft ausgesprochene) Ratschlag, immer nur das zu zitieren, was sich auch gedruckt im Regal wiederfindet, ganz fraglos der akademischen Qualitätssicherung, indem er präventiv das unbemerkte Einfließen instabiler und fragwürdiger Quellen in wissenschaftliche Arbeiten zu unterbinden versucht. Tatsächlich verbirgt sich hinter diesem Ratschlag aber immer auch der Wunsch, dass der am Computer arbeitende Wissenschaftler sich die Menschlichkeit seines Textes immer wieder durch körperlichen Einsatz aus dem Netz zurückerobern, sich nicht vollends verflüssigen und gänzlich zur ›Wetware‹ verkommen lassen soll.[8] Der Umweg über das gedruckte Buch, so der Glaube, re-induziert die Autorschaft in den (aber

---

7 Böhme: *Bildung als Widerstand*, 51.
8 Zum Begriff der ›Wetware‹ (gemeint ist der Mensch als wässrige Schnittstelle zwischen Hardware und Software) vgl. Lovink: *Hardware, Wetware, Software*; sodann: Bickenbach/Maye: *Metapher Internet*, 139–144. Ursprünglich verdankt sich der Begriff Rudy Ruckers gleichnamigem Cyberpunkroman aus dem Jahre 1988.

immer noch am Computer geschriebenen) Text; die Abkürzung über das Netz löscht dagegen die Autorschaft aus und produziert Text nur mehr als einen Effekt digitaler Strömungen.

Das Plagiat als Effekt medialer Interferenz

Die Ängste, die mit der Computerisierung des Schreibens verbunden sind und im Plagiat den adäquaten Ausdruck für die Gefahren dieses Prozesses zu erkennen vermeinen, sind real und dürfen nicht achtlos beiseite geschoben werden. Die systematische *Bedeutung*, die dem Plagiat in der aktuellen Debatte zukommt, haben wir damit einigermaßen erfasst. Allerdings bleibt zu fragen, wo, auf welche Weise und unter welchen Bedingungen Plagiate im Computerzeitalter überhaupt *entstehen*.

Drehen wir die Perspektive ein wenig: Das Eigentümliche an computerbasierten Plagiaten ist ja der Umstand, dass sie nicht dort entstehen, wo wir sie finden. Gefunden werden sie im Netz, manchmal in Sekundenschnelle, manchmal auch erst nach erfindungsreicher Recherche, je nachdem, wie geschickt der Plagiator vorgegangen ist. Wer eine Suchmaschine bedienen kann und/oder die einschlägigen Seiten kennt, der kann – für den Fall, dass es sich eben um ein computerbasiertes Plagiat handelt – doch recht umstandslos nachvollziehen, woher bestimmte Textpassagen stammen. Das heißt aber eben auch: Plagiate *innerhalb* des Netzes sind funktionslos, denn sie finden auf offener Bühne statt. Ihre Erzählung ergäbe nichts Wesentliches, denn sie stellen – vom Standpunkt des Netzes aus gesehen – letztlich nichts anderes dar als einen Datenüberfluss, eine Redundanz in demselben digitalen Speicher, die auf kurz oder lang Rationalisierungsmaßnahmen zum Opfer fallen muss. Nein, Plagiate entstehen nicht im Netz, sie entstehen bevorzugt auf der Wegstrecke zwischen Gutenberg-Galaxis und Hypermedien (in beiden Richtungen). Ein Plagiat innerhalb des Netzes lässt sich nicht verdunkeln. Die Verdunkelung besteht vielmehr darin, aus dem digitalen

Code wieder eine Manuskriptseite werden zu lassen (oder umgekehrt), ohne dies kenntlich zu machen. Das ist schon alles – also, fast alles.

Plagiiert wird somit bevorzugt in einem Raum, der durch die Überkreuzung zweier medialer Ordnungen entstanden ist: Auf der einen Seite steht die körperbasierte Produktion von bedrucktem Papier, auf der anderen Seite das körperlose Gleiten durch digitale Netzwerke. Natürlich lassen und ließen sich für den Texttransfer vom einen zum anderen Medium (also die Wiedereinkörperung der Digitalia und die Entkörperung des Gedruckten) praktikable Regelungen treffen und vermutlich wäre die öffentliche Diskussion zum Thema ›Plagiat und Internet‹ auch wesentlich gelassener, wenn die mediale Interferenz, in der wir das Plagiat nunmehr verortet haben, dabei nicht selbst schon einer gewissen Dynamik unterstellt wäre, die recht unmissverständlich auf die umfassende Remedialisierung der literarischen Kultur abzielt. Den Fluchtpunkt dieser Dynamik bildet die von Ted Nelson erstmals 1981 projizierte Vision des sogenannten ›Docuverse‹, die Nelson 1993 nochmals präzisiert hat:

> Here is the idea.
> At your screen of tomorrow you will have access to all the world's published work: all the books, all the magazines, all the photographs, the recordings, the movies. (And to new kinds of publication, created especially for the interactive screen.)
> You will be able to bring any published work to your screen, or any part of a published work.
> You will be able to make links – comments, personal notes, or other connections – between places in documents, and leave them there for others (as well as yourself) to follow later. You may even publish these links.
> Royalty to each publisher will be automatic, as materials are delivered over the network. Each piece delivered will be paid for automatically, from the user's account to the publisher's account, when the user receives the piece sent for.

Any document may quote another, because the quoted part is brought – and bought – from the original at the instant of request, with automatic royalty and credit to the originator.[9]

Diese Vision ist in fast allen Punkten bereits Wirklichkeit geworden: Die Digitalisierung der Bibliotheksbestände ist weltweit in vollem Gange, die ersten e-books – auf die man Texte wird ›laden‹ müssen – sind in Europa angekommen, die Wissenschaftspolitik plant, künftig alle universitären Publikationen auf eine Erscheinungsform im *Open Access* zu verpflichten. Die Organisationsform der geistigen Produktion soll also der technischen Entwicklung angeglichen werden (das klingt ja doch sehr brechtisch, wer hätte das gedacht). Tatsächlich ergeben sich im Zuge dieser Entwicklung für den Forscher viele angenehme Nebeneffekte: Möchte man etwa in das in Kapitel VI erwähnte *De plagio literario liber unus* des Johann Conrad Schwartz Einsicht nehmen, so kann man z. B. nach Freiburg im Breisgau fahren und sich in der Universitätsbibliothek die einschlägigen Kapitel aus dem Buch abfotografieren. Man kann sich aber mittlerweile ebenso gut (wenn man beispielsweise zu Hause feststellen muss, dass von den 20 Fotografien nur drei wirklich scharf geworden sind) das gesamte Buch in guter Auflösung bei *google.books* auf den Rechner herunterladen und es in aller Ruhe auswerten. Eine wunderbare Sache, aber eben nicht die ganze Wahrheit. Denn natürlich suchen wir immer öfter den Zugang zur Literatur über das Netz (zumindest dann, wenn es eilt); selbst gelesen werden wollen wir dort aber eben lieber doch nicht. Den Erleichterungen auf der Seite der Rezipienten von Literatur korrespondiert nämlich auf der Seite der Literaturproduzenten die Wahrnehmung einer ökonomischen, juristischen wie poeto-

---

9   Nelson: *Literary Machines 93.1, Preface to the 1993 Edition*. Nelsons Vorbild ist natürlich die sogenannte ›Memex‹, »a device in which an individual stores all his books, records, and communications, and which is mechanized so that it may be consulted with exceeding speed and flexibility«, die Vannevar Bush bereits im Juli 1945 avisiert hatte (Bush: *As we may think*).

logischen Enteignung. Ungeachtet der Frage, ob dieser Wahrnehmung eine faktische Grundlage entspricht (und das ist tatsächlich eine heikle Frage): An welche Szenarien knüpft sie sich? Welche Argumente werden ins Feld geführt?

Zum Ersten: Wo ein Zwang zur entgeltfrei abrufbaren digitalen Publikation errichtet wird, da werden nicht nur wissenschaftliche Verlage en bloc eingehen, sondern wird auch dem Autor die Möglichkeit zur Selbstvermarktung und zur öffentlichkeitswirksamen Positionierung seines Textes genommen.[10] (Was nicht zuletzt der Grund dafür ist, dass es in den virtuellen Bibliotheken auf Universitätsservern so aussieht, wie es dort eben tatsächlich aussieht: trostlos.)

Zum Zweiten: Wo Millionen von Büchern und Zeitungen[11] eingescannt und ins Netz gestellt werden, da werden auch schon einmal Urheberrechte im Vorübergehen tausendfach gebrochen.[12] Dies geschieht konsequent mit dem Verweis auf die Freiheit der Information und die Demokratisierung des Wissens, so dass man fast annehmen müsste, dass sich dieses Wissen im Netz von alleine organisiert, keine Kosten verursacht und auch niemand an der Remedialisierung verdient.

Zum Dritten: Wo schließlich alle Texte mit allen Texten verschaltet sein werden, »der Leser die Reihenfolge der Lektüreepisoden durch die Wahl verschiedener Links bestimmen« kann, da bricht die Kontrolle des Autors über die Konstitution seines Textes vollends in sich zusammen.[13] Die Hypertextstruktur des Netzes erzwingt letzten Endes eine völlige Revision der Autor-Leser-Beziehung (was natürlich stimmt – wie

---

10 Vgl. insbesondere Klostermann: *Die große Allianz gegen das Buch*; Reuß: *Eingecremtes Publizieren*; Reuß widerspricht wiederum Gudrun Gersmann: *Wer hat Angst vor Open Access?*.
11 Hierzu Hanfeld: *Der große Raubzug*.
12 Was etwa geschieht, wenn Google beim Einscannen von Büchern aus US-amerikanischen Bibliotheken einfach Bücher mitdigitalisiert, die in Deutschland urheberrechtlich geschützt sind; vgl. Jungen: *Ein solcher Diener bringt Gefahr ins Haus*.
13 Bolter: *Das Internet in der Geschichte der Technologien des Schreibens*, 48.

man das aber bewerten soll, ist eine andere Geschichte. Hierzu später mehr).

In Anbetracht dieser Szenarien verwundert es nicht, dass das Netz aus Sicht der buchgestützten Literaturproduktion vorwiegend als ein *plagiarischer Raum* wahrgenommen wird, als eine Sphäre, in welcher der Autor als die Person, zu welcher er sich seit der Erfindung des Buchdrucks allmählich entwickelt hatte, systematisch entrechtet, enteignet, aufgelöst wird. Dass die Autorschaft in ihrer tradierten Form zusammen mit ihren Texten in den neuen medialen Raum migrieren kann oder soll, scheint tatsächlich nicht vorgesehen zu sein. Offensichtlich steht sie den dort etablierten Kommunikations- und Wirtschaftsformen im Weg, denen in der Außenperspektive immer noch der Ruch des Illegalen, der universalen Räuberei anhaftet. Wer an Auswegen aus dieser Misere interessiert ist, der wird allerdings nicht um den Versuch herumkommen, die trotz (oder gerade wegen) aller juristischen Bemühungen immer noch prekär anmutende Eigentumsordnung des Netzes von ihren Wurzeln her zu verstehen.

»Es gibt keine Software«

Wenn wir tatsächlich wissen wollen, wieso uns das Netz als das Plagiatsmedium schlechthin erscheint, warum es sich unserem Ansinnen auf eine Sicherung literarischen Besitzes so beharrlich entzieht, so werden wir vorab klären müssen, in welcher Beziehung Digitalisierung und geistiges Eigentum überhaupt stehen können. Tatsächlich verhält es sich ja nicht so, dass mit dem Übertritt von Literatur (Musik, Kunst etc.) in die digitale Welt Urheberrechte einfach verfallen. Im Gegenteil: Jeder Text, der sich im Netz findet, gilt als veröffentlicht und genießt damit Rechtsschutz.[14] (Und umgekehrt sind geschützte Inhalte natürlich auch im Netz geschützte Inhalte

---

14 »Veröffentlichung ist auch die Einspeisung ins Internet, gleich ob oder wie häufig die Seite abgerufen wird.« (Schack: *Urheber- und Urhebervertragsrecht*, 113)

und können nicht einfach genehmigungslos kopiert und in Webseiten etc. integriert werden.) Dennoch hat mittlerweile selbst unter den Juristen die Erkenntnis Einzug gehalten, dass die aus den Reihen der Cyberspace-Aktivisten propagierte These vom »Tod des Urheberrechts« durchaus ernst zu nehmen ist (und die durch dieses Ableben entstandene Lücke produktiv geschlossen werden muss).[15] Wie passt das zusammen?

Das vordergründige Problem des Urheberrechtsschutzes im Netz liegt in den offenkundig zutage tretenden mangelnden Kapazitäten: Texte schützen sich nicht selbst, sondern ihr Schutz muss kontrolliert werden. Auf dem Buchmarkt, auf dem der Vertrieb von Texten mit benennbaren Verantwortlichkeiten (Autor und Verleger), in übersichtlichen Bahnen und über lizenzierte Händler und Meldesysteme organisiert ist, ist das durchaus machbar. In einem System hingegen, das »heute jedem Jugendlichen die Verbreitung digitaler Inhalte an ein Millionenpublikum« ermöglicht und in dem Anonymität zwar ein zweifelhaftes, aber doch hochgeschätztes Gut ist, können Verwertungsgesellschaften wie *ProLitteris* oder die *VG Wort* nur noch wenig ausrichten. 80 Mitarbeiter (bei der *VG Wort*) sind schwerlich dazu in der Lage, die Wahrung der Urheberrechte durch anderthalb Milliarden Internetnutzer zu überprüfen.[16] Insofern es sich hierbei vorrangig um eine rechtsökonomische Problemstellung im Sinne von Entschädigungsfragen handelt, läge die Lösung dieser Schieflage womöglich in der Einführung von Präventivabgaben auf Internetzugänge, also in einer ›Kulturflatrate‹. Im Kern handelt es sich bei der digitalen Auflösung des literarischen Eigentums aber eben nicht um ein rechtsökonomisches Problem, was man schon allein daran erkennen kann, dass die Einführung besagter Präventivabgaben sich ja eben gerade nicht auf den einzelnen Text, sondern nur auf die Gesamtheit digitaler Inhalte beziehen ließe und die Unkenntlichkeit der Urheber-

---

15 Vgl. Bechtold: *Vom Urheber- zum Informationsrecht*, 250–252.
16 Vgl. Serrao: *Kampf um jeden Cent*.

schaft damit dann gerade nicht beseitigt, sondern untermauert würde.

Das unbefriedigende Gefühl, das solche Maßnahmen auf allen Seiten hinterlassen, liegt darin begründet, dass hier in einer unzulänglichen Form Werkvorstellungen auf ein Medium übertragen werden, welches alles, was auch nur in irgendeiner Weise einen Werkcharakter annehmen könnte, von sich abweist. ›Geistiges Eigentum‹, das war eine Vorstellung gewesen, die darauf rekurrierte, dass die gedankliche Prägung, die der Literat vornimmt, sich am Material – der Schrift – ablesen lässt und es anhand von seiner Urheberschaft identifizierbar macht. Mit der Computerisierung des Schreibens ist diese Zeit leider vorbei, und das liegt daran, dass der Computer das ist, was er ist: ein Rechner. Texte, die am Computer verfasst werden, sind im eminenten Sinne nicht mehr Schrift, sondern Algorithmen, produziert durch den Tastendruck und ausgegeben als optische Signale. Der Mensch an der Maschine ergießt sich in Nullen und Einsen, und nicht einmal die materialisieren sich in einer für ihn vorstellbaren Größe, sondern nehmen als komprimierte Information den Bruchteil eines RAM-Chips ein. Das, was sich hier noch als ›individuelle Prägung‹, als ›Werkzusammenhang‹, materialisiert, ist mit menschlichem Auge nicht mehr zu erfassen, niemand außer der Maschine selbst kann das ordnen, zuordnen, aufrechnen, sich aneignen. Und das gilt für alles, was uns auf den Bildschirmen noch ›werkhaft‹ erscheinen mag, insbesondere auch für die sogenannten lizenzpflichtigen ›Anwenderprogramme‹, die uns glauben machen, sie wären etwas anderes als Rechenregeln, die einer kryptografischen Camouflage unterzogen wurden, durch welche ihr Quellcode nicht unmittelbar eingesehen werden kann. Um es mit Kittler zu sagen, an dem wir nun schon einen ganzen Absatz lang herumparaphrasieren: »Es gibt keine Software«.[17]

---

17 Kittler: *Es gibt keine Software*, 225–242.

Es gibt keine Software. Das leuchtet uns in jenem Moment ein, in dem wir realisieren, dass alles, was der Computer in seiner basalen Funktion als ›Rechner‹ einmal ›ins Werk‹ gesetzt hat, durch den Computer auch wieder in seine algorithmische Realität zurückgeführt werden kann. Gerade hierin liegt das Problem des sogenannten ›Digital Rights Managements‹ (DRM): dem Versuch der Rechteindustrie, digitale Inhalte durch Content-Scrambling etc. an ihrer unkontrollierten Verbreitung zu hindern.[18] Charles Clarks berühmte Wendung »The answer *to* the machine is *in* the machine«[19] führt seine Aufhebung immer bereits mit sich: Jede maschinelle Verschlüsselung ist für eine andere Maschine entschlüsselbar – den Vorgang nennt man dann ›Hacken‹.

Die materielle Basis, über die wir verhandeln, wenn wir vom Computer reden, gibt demnach im Grunde kein ›geistiges Eigentum‹ mehr her – und damit auch keine Plagiatsoptionen. Natürlich könnte man sich Algorithmen patentieren lassen (was auch tatsächlich geschieht), aber das betrifft uns, die wir ja am Schicksal der Literatur interessiert sind – oder von dem, was davon noch übriggeblieben ist –, nicht mehr. Gehen wir wieder an die Oberfläche.

Die Oberfläche

Wir sind nun angekommen bei der Einsicht, dass sich derjenige, der im digitalen Zeitalter ›schreibt‹, eigentlich durch einen Code bewegt, der ihn mit der Gesamtheit der digitalisierten Welt zusammenschließt, seinem Text also Tür und Tor für alles Mögliche öffnet. Wir merken bereits, dass wir immer noch in einer Metaphorik des Texteigentums argumentieren, also mit einem ›Drinnen‹ und einem ›Draußen‹, das sich innerhalb des Netzes eigentlich nicht mehr denken lässt. Das, was dort

---

18 Zum Problem des DRM und seiner Stellung im ›Clash of Cultures‹ (zwischen eigentümlicher und uneigentümlicher Medialität) auch eingehender Grassmuck: *Das Ende der Universalmaschine*, 241–268.
19 Clark: *The answer to the machine is in the machine*, 139–145.

draußen vor der Tür steht, *das* ist der Text, und digitale Textarbeit heißt zunächst nichts weiter, als sich in diesen Text einzuschalten, neue Verknüpfungen und Gliederungen zu etablieren, Bestehendes zu modifizieren etc. Der computerisierte Autor gerät dabei in ein eigenwilliges Paradoxon: Aus dem Blickwinkel einer am Buch orientierten Literaturvorstellung erscheint er eigentlich gar nicht mehr als Autor, sondern als ein Plagiator reinsten Wassers; letztendlich repräsentiert er den Phänotyp des eingangs angesprochenen körperlosen, d. h. ›arbeitslosen‹ Webkopisten, seine ganze Kreativität beschränkt sich auf den erweiterten Bereich der Copy/Paste-Funktionen. Auf der anderen Seite wird man konstatieren müssen, dass gemessen an der Fülle des Stoffes, die er am Computer seinen Arbeitsprozessen zu unterwerfen vermag, »der Autor nie mehr Autor gewesen ist als heutzutage.«[20] So verfügt er über einen nahezu enzyklopädischen Vorrat an Daten, innerhalb dessen er frei kombinieren kann, um dabei immer wieder Neues entstehen zu lassen.

Im Hypertext realisiert sich so gesehen letztendlich etwas, das dem romantischen Traum von der ›Universalpoesie‹ verdächtig nahekommt, und wie diesem Traum ist auch der computerisierten Dichtung eigen, dass sie den kreativen Akt »rückkopplungsintensiv« versteht.[21] Fungiert um 1800 noch »das unendliche Gespräch als Medium der Integration alles zeitgenössischen Wissens«, so wird 200 Jahre später das Selbst zum »Knotenpunkt virtueller Realitäten, begreifbar nicht mehr als Subjekt in einer objektiven Welt, sondern als Entwurf im Projektionsraum eines rechnenden Denkens, den man heute Cyberspace nennt.«[22] Die von Bolz prononciert dargelegte Analogie zwischen romantischem und telematischem Kommunikationsmodell reicht aber noch weiter, denn sie involviert im Entwurf eines transsubjektiven Schöpfertums natürlich auch einen spezifischen Gesellschaftsentwurf

---

20 Burckhardt: *Unter Strom*, 50.
21 Hierzu Giesecke: *Vom individuellen zum kollektiven Autoren*, 54f.
22 Bolz: *Am Ende der Gutenberg-Galaxis*, 19 und 182.

und ein gewisses Freiheitspathos, das sich in diesem Fall selbstredend gegen »das Informationsverarbeitungssystem Buch« richten muss, welches »der Komplexität unserer sozialen Systeme nicht mehr gewachsen« ist und rückblickend als ein »Engpaß menschlicher Kommunikation« erscheint.[23]

Man sieht hier nun deutlich die Gegenfronten, die sich wunderbar gegeneinander ausspielen lassen. Dort, wo der Kulturpessimismus in der rekursiven Verschaltung des Schreibens – dem Schreiben aus dem Netz für das Netz – einen geistigen Leerlauf wittert, gelangt der Euphoriker zur sich unentwegt selbst befruchtenden Unendlichkeit des Wissens; dort, wo der Netzskeptiker vor der Auflösung des Subjekts in der Maschine warnt, sieht die romantisierte Medientheorie die Befreiung »des einzelnen aus der Gefangenschaft der Subjektivität«,[24] und dort, wo der buchgestützte Literat in hypertextbasierten Schreibverfahren eine universalplagiarische Technik zu erkennen vermeint, da verweist der digitale Mensch entschlossen auf den Cyberspace als Raum einer Produktionsgemeinschaft, in dem alle an einem gewaltigen Text arbeiten und partizipieren.

›Hypertextuelle Partizipation‹, das heißt gleichwohl nicht, dass alle schreiben, sondern vielmehr, dass ein Autor seinen Text virtualisiert, ›begehbar‹ macht, die Kontrolle über die Ordnung und Richtung der Lektüre teilweise oder ganz an den Leser abtritt. *Afternoon, a story*, 1987 (und damit als erster Hypertext-Roman überhaupt) von Michael Joyce verfasst, gliedert sich etwa in 539 ›Spaces‹, die über insgesamt 951 ›Links‹ miteinander verknüpft sind[25] und sich vom Leser über aktive Felder am Ende der Spaces in verschiedener Richtung ansteuern lassen, wodurch sich das Gedächtnis des nach einem Verkehrsunfall seiner Erinnerung wie seines Sohnes beraubten Protagonisten Peter auf die eine oder andere Weise

---

23 Ebd., 203 und 205, der Ausdruck stammt von Heinz von Foerster.
24 Ebd., 182.
25 Zugegeben: Ich habe die nicht selbst gezählt, sondern verlasse mich an dieser Stelle auf Porombka: *Hypertext*, 330.

hypertextuell wieder zusammensetzt. Joyce hat damit freilich nicht nur eine spezifische Technik des Erzählens generiert, die heute vor allem in der Computerspielforschung analysiert wird und uns an dieser Stelle weniger interessieren soll. Vielmehr hat er in der Übertragung der Gedächtnismetapher auf das Hypertextgefüge auch die Grundlage dafür geschaffen, dass der Hypertext zu einem Modell »kultureller Selbstbeschreibung« avancieren konnte,[26] in welchem die Geschichte des Ichs als die kontinuierliche und iterative Verschaltung unterschiedlicher Datenströme lesbar wird.

Um dies darzustellen, bedarf es nun nicht zwingend des Netzes, das funktioniert auch noch im Buch. So lebt etwa das Phänomen ›Pop-Literatur‹, mittlerweile schon wieder aus der wissenschaftlichen Diskussion verschwunden, im Grunde ganz von solchen Verschaltungen innerhalb eines unendlich großen Textfeldes (nämlich dem der Populärkultur, der Marken, des Klatsches, der Filme und Platten), dessen Informationspartikel sie abkopiert und dadurch archiviert.[27] Schaut man sich die Romane Thomas Meineckes, des vielleicht profiliertesten Autors aus diesem Genre (das er überleben wird oder vielmehr bereits überlebt hat), an, dann wird schnell deutlich, dass sich hier aus dem massiv betriebenen Akt des Abschreibens und Kopierens – von historischen Quellen, hoher wie niederer Literatur, Filmdialogen, Suchmaschinenfunden, Zeitungsausschnitten etc. – allmählich ein neues Narrativ herausschält, in dem sich dann beispielhaft ein Diskurs über die Entwicklung afro-amerikanischer Musik mit einer Studie über die Fetischisierung von Claudia Schiffer und der Geschichte der Wittelsbacher überkreuzt, während das sammelnde, lesende und surfende Erzähler-Ich nur ganz selten zwischen den Fremdtextblöcken in den Vordergrund tritt.[28] Baßler nennt diese Technik »Pastiche-Verfahren«;[29] im Lichte

---

26 Vgl. Klappert: *Hypertext als Paradigma kultureller Selbstbeschreibung*.
27 Vgl. Baßler: *Der deutsche Pop-Roman*.
28 So in Meineckes Roman *Musik* (Frankfurt a. M. 2004).
29 Baßler: *Der deutsche Pop-Roman*, 154.

der diesem Schreiben zugrundeliegenden computergestützten Kommunikationstechniken und mit Blick auf Meineckes Nebentätigkeit als DJ ließe sich vielleicht besser von ›Sampling-Verfahren‹ sprechen, insofern dem ›Sample‹ nämlich – im Gegensatz zum Pastiche – gerade kein Imitationsprinzip zugrunde liegt, sondern es seinen Gegenstand vielmehr zerschneidet, komprimiert, digital verfügbar macht. Oder sollen wir eine solche Technik doch nicht lieber gleich ›plagiarisch‹ nennen? Der Verdacht liegt jedenfalls nahe:

> Und wirklich mag die Widerstandslosigkeit des Materials geradezu als Beflügelung der Plagi-autorschaft wirken. In der Welt des Samples mag sich ein jeder mit den Federn des anderen schmücken, ist es nicht falsch zu sagen, daß wir im *Paradies der falschen Vögel* angelangt sind, in einer Art kulturellem Flugsimulator.[30]

Was uns nicht zu nehmen ist

Ein ›Paradies der falschen Vögel‹ – was nicht heißt, dass im digitalen Raum *nur* falsche Vögel leben; sie sind dort nur schlechter von den ›echten‹ Vögeln zu unterscheiden. Und unterscheiden müssen wir auch weiterhin. Ein ebenso großer Fehler wie das Aussprechen eines Generalverdachtes gegen die computergestützte Textproduktion wäre es nämlich, aus der allmählichen hypermedialen Auflösung der alten Eigentumsordnungen auf die Auflösung des geistigen Eigentums überhaupt zu schließen. Kein Zweifel: Die medientechnologische Entwicklung wird alles verändern. Selbstverständlich werden sich ganz neue Organisationsformen wissenschaftlichen und kreativen Arbeitens herausbilden (was ja bereits geschieht) und mit ihnen werden auch neue Organisationsformen geistiger Ökonomie entstehen. »Copyright law […] will probably have to break down completely before it is correct-

---

30 Burckhardt: *Unter Strom*, 50f.

ed«³¹ – ja eben, darf man einem Netzpartisanen wie Barlow entgegnen: but it *will be* corrected. Man wird das Eigentum von Netzwerken und von Autorkollektiven definieren und verteidigen, ungeachtet der Tatsache, dass es sich dabei um Konstruktionen handelt, die nicht in der Konsequenz digitaler Logik liegen. Die Macht der Computerisierung und der kulturelle Sog, der von ihr ausgeht, sind fraglos gewaltig. Dennoch vermögen sie nichts gegen die Angewohnheit des Menschen, inkonsequent zu sein, die Grundlagen seines Handelns zu verkennen, auf technikphilosophische Wahrheiten zu verzichten, wenn sie seinen Bedürfnissen entgegenstehen und er ohne sie leichter leben kann.

Überhaupt der Mensch: Allen Prophezeiungen zum Trotz ist er immer noch da, auch wenn sein Geist verstärkt begonnen hat, in Silizium aufzugehen. Lange Zeit hat er mit der Vorstellung gelebt, dass seine Persönlichkeit materielle Substrate hinterlässt, über die er allein verfügen kann und deren Entwendung ihn deswegen schmerzen muss. Jetzt, wo ihm klar geworden ist, dass das Material, in dem er sich bereits seit einigen Dekaden schriftlich verewigt, keine Tiefen, sondern nur Oberfläche hat; dass in einer Flut von Rechenprozessen sich niemals Identitäten aussprechen werden; dass es keine Software gibt; kurzum: jetzt, wo dem Menschen klar geworden ist, dass die digitale Welt ihm keinerlei Grundlage bietet, weiterhin an Eigentum und Diebstahl zu glauben – da wird er es schlichtweg weiterhin tun. Natürlich, es sind Schattengebilde, denen er da nachläuft, aber dem Menschen sind Schatten, wie wir gelernt haben, eben einiges wert. So ist auch das Plagiat ja niemals darauf angewiesen gewesen, eine eindeutig identifizierbare Gestalt anzunehmen, die eine schnelle und eindeutige Sonderung der falschen von den echten Vögeln ermöglicht hätte. Von Anfang an war es ein Schattendelikt, »kein Einzelfänomen; sondern eine dem Menschen scheinbar

---

31 Barlow: *The Economy of Ideas*.

unzertrennlich anhaftende Abnormität seiner Natur«[32] – und nur deswegen konnte es auch so lange überleben. Jede Zeit konnte es mit ihren eigenen juristischen, ökonomischen, theologischen oder psychologischen Schimären beladen, und gerade die Schlemihl'schen Versuche[33] der digitalen Industrie, das von ihr in Beschlag genommene geistige Eigentum im Augenschein seiner offensichtlichen Substanzlosigkeit unter massivem Einsatz von Geld und Skrupellosigkeit zu retten, sprechen eher dafür, dass auch neue, digitale Plagiatsnarrative nicht mehr allzu lange auf sich warten lassen werden.

Es ist spät geworden im Haus der Literatur; es heißt, dass wir umziehen müssen. Nicht wenige Herrschaften haben sich bereits Zweitwohnungen (also ›Webpräsenzen‹) zugelegt, aus denen sie dann freilich – wie beispielsweise Rainald Goetz, der seinen Internetroman *Abfall für alle* (1999) dann schlussendlich doch wieder zum Buch gemacht hat – immer doch ganz gerne wieder zurückkehren, wenn sie dort überhaupt jemals ganz angekommen sind und nicht einfach nur Sichtbarkeit in einem Medium beanspruchen, dem sie eigentlich gar nicht angehören wollen. Bei den Zurückgebliebenen herrscht hingegen spürbare Unruhe – was nicht verwundert, denn die hypermedialen Abbruchunternehmer werden immer öfter vorstellig. Es geht das Gerücht um, dass die Evakuierung der Bewohner bereits in vollem Gange sei, manche wollen auch wissen, dass der Abriss des etwas marode gewordenen Treppenhauses unmittelbar bevorstehe. Unterdessen haben wir uns ins Dachgeschoss zurückgezogen und ordnen dort in aller Ruhe wieder einmal die Bibliotheksbestände nach Autor und Epoche. Die Chance ist nicht groß, aber vielleicht wird man uns da oben ja doch vergessen. Ich schlage vor: wir bleiben noch ein Weilchen.

---

32 Schmidt: *Die Meisterdiebe*, 351.
33 Vgl. Kapitel IX, S. 295ff.

Literaturverzeichnis

Abkürzungen

Börsenblatt: Börsenblatt des Deutschen Buchhandels
DVjs: Deutsche Vierteljahresschrift für Literatur und Geistesgeschichte
FAZ: Frankfurter Allgemeine Zeitung
NZZ: Neue Zürcher Zeitung
PBB: Beiträge zur Geschichte der deutschen Sprache und Literatur
UFITA: Archiv für Urheber- und Medienrecht
ZfdA: Zeitschrift für deutsches Altertum

Kapitel I: Eine unoriginelle Literaturgeschichte

Acker, Kathy: *Ultra light – last minute. ex+pop – literatur*, hg. und übers. Almuth Carstens, Berlin 1990.

Ackermann, Kathrin: *Plagiat*, in: Gert Ueding (Hg.): *Historisches Wörterbuch der Rhetorik*, Bd. VI, Tübingen 2003, 1223–1230.

Bickenbach, Matthias/Maye, Harun: *Metapher Internet. Literarische Bildung und Surfen*, Berlin 2009.

Chaudenay, Roland de: *Dictionnaire des plagiaires: où l'on trouve classés dans l'ordre alphabétique des écrivains de langue francaise*, Paris 1990.

Croce, Benedetto: *Il plagio e la letteratura*, in: *Problemi di estetica* (1966), 67–70.

Deleuze, Gilles/Guattari, Félix: *Tausend Plateaus. Kapitalismus und Schizophrenie*, dt. von Gabriele Ricke und Ronald Voullié, Berlin ^{6}1992.

Englisch, Paul: *Meister des Plagiats oder Die Kunst der Abschriftstellerei*, Berlin 1933.

Federman, Raymond: *Kritifiktion: Einbildungskraft als Plagiarismus (... ein unvollendeter end-loser Diskurs)...*, in: Ders.: *Surfiction: Der Weg der Literatur. Hamburger Poetik-Lektionen*, dt. von Peter Torberg, Frankfurt a. M. 1992, 77–99.

Fischer, Florian: *Das Literaturplagiat – Tatbestand und Rechtsfolgen*, Frankfurt a. M. et al. 1996.

Foucault, Michel: *Was ist ein Autor?*, in: Ders.: *Schriften zur Literatur*, hg. Daniel Defert/François Ewald, Frankfurt a. M. 2003, 234–270.

Goethe, Johann Wolfgang von: *Torquato Tasso*, in: *Werke. Hamburger Ausgabe*, Bd. V, hg. Erich Trunz, München 1988, 73–167.

Grafton, Anthony: *Fälscher und Kritiker. Der Betrug in der Wissenschaft*, dt. von Ebba B. Drolshagen, Frankfurt a. M. 1995.

Güntner, Joachim: *Der schwerste Vorwurf. Feridun Zaimoglus »Leyla« – ein Plagiat?*, in: *NZZ*, 3.6.2006.

Habermas, Jürgen: *Strukturwandel der Öffentlichkeit. Untersuchungen zu einer Kategorie der bürgerlichen Gesellschaft*, Frankfurt a. M. ^{6}1999.

Hollier, Denis (Hg.): *New History of French Literature*, Cambridge (MA)/London 1989.

Jannidis, Fotis/Lauer, Gerhard/Martinez, Matias/Winko, Simone: *Rede über den Autor an die Gebildeten unter seinen Verächtern. Historische Modelle und systematische Perspektiven*, in: Dies. (Hg.): *Rückkehr des Autors. Zur Erneuerung eines umstrittenen Begriffs*, Tübingen 1999, 3–35.

Kanzog, Klaus: *Plagiat*, in Jan-Dirk Müller (Hg.): *Reallexikon der deutschen Literaturwissenschaft*, Bd. III, Berlin/New York 2003, 88–91.

Lacan, Jacques: *Marché du Savoir, grève de la vérité*, in: Ders.: *Le Séminaire*, texte établi par Jacques-Alain Miller, Livre XVI, Paris 2006, 29–44.

Lindey, Alexander: *Plagiarism and originality*, New York 1952.

Mallon, Thomas: *Stolen words, forays into the origins and ravages of plagiarism*, New York 1989.

Marías, Javier: *Tiempos saqueadores*, in: *El País*, 6.1.2008.

Martial: *M. Valerii Martialis Epigrammata*, hg. D. R. Shackleton Bailey, Stuttgart 1990.

Maurel-Indart, Hélène: *Le plagiat littéraire*, Tours 2002.

Maurel-Indart, Hélène: *Plagiats, les coulisses de l'écriture*, Paris 2007.

Möller, Ulrich: *Die Unübertragbarkeit des Urheberrechts in Deutschland. Eine überschießende Reaktion auf Savignys subjektives Recht*, Berlin 2007.

Moritz, Rainer: *Alle schreiben von allen ab. Die Vorwürfe gegen Frank Schätzing sind realitätsfremd*, in: *Börsenblatt*, 21.4.2005.

Mythen schaffen – Ein Gespräch zwischen Sylvère Lotringer und Kathy Acker, in: Kathy Acker: *Ultra light – last minute. ex+pop – literatur*, hg. und übers. von Almut Carstens, Berlin 1990, VII–XXVII.

Ostwald, Susanne: *Plagiat oder kritische Neuinterpretation? »Vom Winde verweht« aus Sklavenperspektive*, in: *NZZ*, 7.5.2001.

Posner, Richard A.: *The little book of Plagiarism*, New York 2007.

Reulecke, Anne-Kathrin: *Ohne Anführungszeichen. Literatur und Plagiat*, in: Dies. (Hg.): *Fälschungen. Zu Autorschaft und Beweis in Wissenschaften und Künsten*, Frankfurt a. M. 2006, 265–290.

Riedel, Hermann: *Der Schutz des Urheberrechts gegen plagiarische Verletzungen im Zivilprozess*, in: *Plagiat* (Schriftenreihe der Internationalen Gesellschaft für Urheberrecht, Bd. 14), Berlin/Frankfurt a. M. 1959, 73–82.

Schätzing, Frank: *Der Schwarm*, Frankfurt a. M. [15]2007.

Schätzing, Frank: *Kann denn Recherche Sünde sein?*, in: *FAZ*, 7.4.2005.

Schmidt, Arno: *Die Meisterdiebe. Von Sinn und Wert des Plagiats*, in: Ders.: *Bargfelder Ausgabe, Werkgruppe II: Dialoge*, Bd. I/2, Zürich 1990, 333–357.

Schulenburg, Lutz: *Erklärung zum Plagiatsvorwurf gegen Andrea Maria Schenkel*, in: *Börsenblatt*, 12.4.2007.

Schumacher, Leonhard: *Sklaverei in der Antike. Alltag und Schicksal der Unfreien*, München 2001.

Schütz, Erhard: *Aneigentümlichkeiten. Beobachtungen zum Plagiat in einer Kultur originaler Wiederholung*, in: Alexander Honold/Manuel Köppen (Hg.): *»Die andere Stimme«. Das Fremde in der Kultur der Moderne*, Köln et al. 1999, 311–327.

Schwartz, Hillel: *The Culture of the Copy. Striking Likenesses, unreasonable Facsimiles*, New York 1996.
Seneca: *De tranquillitate animi*, in: Ders.: *Moral Essays, lat.-engl.*, Bd. II, transl. John W. Basore, London 1965.
Sippell, Stefan: *Eine wirkliche Schauergeschichte. Ist der Bestseller »Tannöd« ein Plagiat? Aus einem märchenhaften Erfolg wird ein Krimi*, in: *Die Zeit*, 19.4.2007.
Spiegel, Hubert: *Zaimoglu gegen Özdamar. In Leylas Küche*, in: *FAZ*, 10.6.2006.
Ulmer, Eugen: *Urheber- und Verlagsrecht*, Berlin ³1980.
Weidermann, Volker: *Abgeschrieben? Streit um den Roman »Leyla«: Özdamar gegen Zaimoglu*, in: *FAZ*, 1.6.2006.
Wellbery, David E. et al. (Hg.): *Neue Geschichte der deutschen Literatur*, Köln 2007.
Wolf, Friedrich: *Eine mögliche Erklärung des Falles Paul Zech*, in: *Das Tagebuch* 7 (1926), 1611f.

Kapitel II: Wettkampf, Wolken und Wahrheit

Aristophanes: *Fabulae*, Bd. I, ed. N. G. Wilson, Oxford 2007.
Aristophanes: *Sämtliche Komödien*, dt. von Ludwig Seeger, Zürich 1968.
Athenaios: *The Deipnosophists, griech.-engl.*, transl. Charles B. Gulick, London 1969–93.
Bloom, Harold: *The Book of J*, New York 1990.
Brisson, Luc: *Les accusations de plagiat lancées contre Platon*, in: Ders.: *Lectures de Platon*, Paris 2000, 25–41.
Deleuze, Gilles: *Trugbild und antike Philosophie*, in: Ders.: *Logik des Sinns*, dt. von Bernhard Dieckmann, Frankfurt a. M. 1993, 311–324.
Der babylonische Talmud, dt. von Lazarus Goldschmidt, Frankfurt a. M. 1996.
Dihle, Albrecht: *Griechische Literaturgeschichte. Von Homer bis zum Hellenismus*, München ²1991.
Diogenes Laertius: *Lives of eminent philosophers, griech.-engl.*, ed. R. D. Hicks, Cambridge (MA) 1925.
Dziatzko, Karl: *Autor- und Verlagsrecht im Alterthum*, in: *Rheinisches Museum für Philologie* 49 (1894), 559–576.
Ehrenberg, Victor: *Aristophanes und das Volk von Athen. Eine Soziologie der altattischen Komödie*, Zürich 1968, 299–321.
Eusebii Pamphili Evangelicae praeparationis libri XV, Bd. II, hg. E. H. Gifford, Oxford 1903.
Gellius, Aulus: *Noctes atticae – The Attic nights, lat.-engl.*, transl. John C. Rolfe, Cambridge (Mass.) 1982–93.
Hess, Konrad: *Der Agon zwischen Homer und Hesiod, seine Entstehung und kulturgeschichtliche Stellung*, Winterthur 1960.
Josephus, Flavius: *Contre Apion, griech.-frz.*, établ. par Théodore Reinach, Paris 1972.

Lobsien, Eckhard: *Wörtlichkeit und Wiederholung. Phänomenologie poetischer Sprache*, München 1995.

Lucas, Karl Wilhelm: *Cratinus et Eupolis*, Bonn 1826.

Nietzsche, Friedrich: *Homers Wettkampf. Fünf Vorreden zu fünf ungeschriebenen Büchern*, in: *Kritische Studienausgabe*, Bd. I, hg. Giorgio Colli/Mazzino Montinari, München 1999, 783–792.

Platon: *Werke in acht Bänden, griech.-dt.*, dt. von Friedrich Schleiermacher, hg. Gunther Eigler, Darmstadt 1990.

Procli Diadochi in Platonis Timaeum Commentaria, hg. Ernst Diehl, Amsterdam 1965.

Richardson, N. J.: *The Contest of Homer and Hesiod and Alcidamas'* ›Mouseion‹, in: *The Classical Quarterly* 31 (1981), 1–10.

Scholia Graeca in Aristophanem, hg. Friedrich Dübner, Paris 1842.

Simon, Josef: *Philosophie des Zeichens*, Berlin/New York 1989.

Stein, Elisabeth: *Autorbewußtsein in der frühen griechischen Literatur*, Tübingen 1990.

Stemplinger, Eduard: *Das Plagiat in der griechischen Literatur*, Leipzig/Berlin 1912.

Storey, Ian C.: *Eupolis. Poet of old comedy*, Oxford/New York 2003.

Vitruv: *Zehn Bücher über Architektur*, dt. von Curt Fensterbusch, Darmstadt 1976.

Wyrick, Jed: *The Ascension of Authorship. Attribution and Canon Formation in Jewish, Hellenistic, and Christian Traditions*, Cambridge (MA)/London 2004.

Ziegler, Konrat: *Plagiat*, in: Ders. (Hg.): *Paulys Realencyclopädie der classischen Altertumswissenschaft*, Bd. 40, Stuttgart 1950, Sp. 1956–1997.

Kapitel III: Sklaven und Bienen

Alkaios, griech.-dt., übers. und hg. Max Treu, München [2]1963.

Catull, hg. Werner Eisenhut, München [7]1975.

Cicero: *Brutus, lat.-engl.*, ed. George L. Hendrickson, London 1962.

Cicero: *De oratore, lat.-engl.*, Bd. I, ed. E. W. Sutton, London 1967.

Cicero: *Epistulae ad Quintum fratrem, lat.-dt.*, hg. Helmut Kasten, München 1965.

De Rentiis, Dina/Kaminski, Nicola: ›Imitatio‹, in: Gert Ueding (Hg.): *Historisches Wörterbuch der Rhetorik*, Bd. IV, Tübingen 1998, Sp. 235–303.

Dionysii Halicarnasei opuscula, Bd. II, hg. Hermann Usener/Ludwig Radermacher, Leipzig 1899.

Flashar, Hellmut: *Die klassizistische Theorie der Mimesis*, in: Ders.: *Eidola. Ausgewählte Kleine Schriften*, hg. Manfred Kraus, Amsterdam 1989, 201–219.

Frohne, Renate: *Sorgen mit dem Urheberschutz in Antike und Humanismus*, in: *UFITA* 106 (1987), 41–49.

Fuhrmann, Manfred: *Die antike Rhetorik*, München/Zürich 1984.

Horaz: *Sämtliche Werke, lat.-dt.*, dt. von Bernhard Kytzler, Stuttgart 2006.

Kroll, Wilhelm: *Die Kultur der ciceronischen Zeit*, Bd. II, Leipzig 1933.

Literaturverzeichnis

Lipsius, Justus Herman: *Das Attische Recht und Rechtsverfahren*, Bd. II/1, Leipzig 1908.
Longinus: *Vom Erhabenen (Perì hypsous)*, griech.-dt., übers. und hg. Otto Schönberger, Stuttgart 1988.
Lukrez: *De rerum Natura*, lat.-engl., ed. Martin Ferguson Smith, Cambridge (MA) 1992.
Macrobius: *Ambrosii Theodossii Macrobii Saturnalia*, hg. James Willis, Leipzig ²1970.
Martial: *M. Valerii Martialis Epigrammata*, hg. D. R. Shackleton Bailey, Stuttgart 1990.
Nodier, Charles: *Questions de littérature légale*, Paris ²1928.
Peter, Hermann: *Die geschichtliche Litteratur über die römische Kaiserzeit bis Theodosius I und ihre Quellen*, Bd. II, Leipzig 1897.
Petersen, Jürgen H.: *Mimesis – Imitatio – Nachahmung. Eine Geschichte der europäischen Poetik*, München 2000.
Plinius Secundus der Ältere: *Naturkunde*, Bd. I, hg. und übers. Roderich König, München 1973.
Plutarch: *Lives*, griech.-engl., Bd. VI, transl. Bernadotte Perrin, London 1961.
Poetae Latini Minores, Bd. II, hg. Emil Bährens, Leipzig 1880.
Quintilian: *M. Fabi Quintiliani institutionis oratoriae liber decimus*, ed. W. Peterson, Oxford 1891 [ND: Hildesheim 1967].
Reiff, Arno: *Interpretatio, imitatio, aemulatio. Begriff und Vorstellung literarischer Abhängigkeit bei den Römern*, Köln/Bonn 1959.
Rhetorica ad Herennium, hg. Theodor Nüßlein, Düsseldorf/Zürich ²1998.
Sappho, griech.-dt., übers. und hg. Max Treu, München ³1963.
Schickert, Katharina: *Der Schutz literarischer Urheberschaft im Rom der klassischen Antike*. Tübingen 2005.
Schmit-Neuerburg, Tilman: *Vergils Aeneis und die antike Homerexegese. Untersuchungen zum Einfluß ethischer und kritischer Homerrezeption auf imitatio und aemulatio Vergils*, Berlin/New York 1999.
Seneca: *Epistulae morales*, dt. von Manfred Rosenbach, Darmstadt 1984.
Stackelberg, Jürgen von: *Das Bienengleichnis. Ein Beitrag zur Geschichte der literarischen Imitatio*, in: *Romanische Forschungen* 68 (1956), 271–293.
Sueton: *De rhetoribus*, in: Ders.: *De grammaticis et rhetoribus*, ed. Robert A. Kaster, Oxford 1995.
Sueton: *Vita vergili*, in: *Suetonius*, lat.-engl., Bd. II, transl. John C. Rolfe, Cambridge (MA) 1997, 464–482.
Terence, in two volumes, lat.-engl., transl. John Sargeaunt, Cambridge (Mass.) 1964/65.
Terenz: *Adelphoe*, dt. von Herbert Rädle, Stuttgart 1977.
Vogt-Spira, Gregor: *Literarische Imitatio und kulturelle Identität. Die Rezeption griechischer Muster in der Selbstwahrnehmung römischer Literatur*, in: Gregor Vogt-Spira/Bettina Rommel (Hg.): *Rezeption und Identität. Die kulturelle Auseinandersetzung Roms mit Griechenland als europäisches Paradigma*, Stuttgart 1999, 22–37.

Walter, Jochen: *Pagane Texte und Wertvorstellungen bei Lactanz*, Göttingen 2006.
Ziegler, Konrat: *Plagiat*, in: Ders. (Hg.): *Paulys Realencyclopädie der classischen Altertumswissenschaft*, Bd. 40, Stuttgart 1950, Sp. 1956–1997.

Kapitel IV: In Ketten

Bein, Thomas: *Zum ›Autor‹ im mittelalterlichen Literaturbetrieb und im Diskurs der germanistischen Mediävistik*, in: Fotis Jannidis/Gerhard Lauer/Matias Martinez/Simone Winko (Hg.): *Rückkehr des Autors. Zur Erneuerung eines umstrittenen Begriffs*, Tübingen 1999, 303–320.
Bonaventura: *Prooemium ad Commentaria in IV libros sententiarum Magistri Petri Lombardi*, in: *S. Bonaventurae Opera theologica selecta*, Bd. I, iussu et auctoritate R.mi P. Leonardi M. Bello, Florenz 1934.
Bridlington, Robert of: *The Bridlington Dialogue. An Exposition of the Rule of St. Augustine for the Life of the Clergy*, transl. and ed. by a Religious of C.S.M.V., London 1960.
Brodt, Heinrich Peter: *Meister Sigeher*, Breslau 1913.
Brunner, Horst/Wachinger, Burghart: *Einleitung*, in: Dies. (Hg.): *Repertorium der Sangsprüche und Meisterlieder des 12. bis 18. Jahrhunderts*, Tübingen 1994, 1–14.
Cardelle de Hartmann, Carmen: *Fures uerborum alienorum: Plagiat im Mittelalter*, in: Christiane Henkes/Harald Saller/Thomas Richter (Hg.): *Text und Autor*, Tübingen 2000, 85–95.
Carruthers, Mary J.: *The Book of Memory. A Study of Memory in Medieval Culture*, Cambridge 1990.
Clemens von Alexandrien: *Stromateis*. in: *Des Clemens von Alexandreia ausgewählte Schriften*, Bd. III, dt. von Otto Stählin, München 1936.
Der Marner, hg. Philipp Strauch, Straßburg/London 1876.
Des Minnesangs Frühling, Bd. 1: Texte, hg. Hugo Moser/Helmut Tervooren, Stuttgart ^{38}1988.
Die Jenaer Liederhandschrift, Bd. I, hg. Georg Holz, Hildesheim 1966.
Ganz, Peter: *Polemisiert Gottfried gegen Wolfram? (Zu Tristan Z. 4638f.)*, in: *PBB* 88 (1967), 68–85.
Geoffrey de Vinsauf: *Documentum de modo et arte dictandi et versificandi, § 132*, in: Edmond Faral (Hg.): *Les arts poétiques du XIIe et du XIIIe siècle. Recherches et documents sur la technique littéraire du Moyen Age*, Paris 1924, 309.
Gottfried von Straßburg: *Tristan*, hg. Peter Ganz, Wiesbaden 1978.
Hagen, Friedrich Heinrich von der (Hg.): *Minnesinger, aus den Jenaer, Heidelberger und Weingarter Sammlungen und den übrigen Handschriften und früheren Drucken ergänzt und hergestellt*, Aalen 1963.
Haug, Walter: *Der Kommentar und sein Subjekt. Grundpositionen exegetischer Kommentierung in Spätantike und Mittelalter: Tertullian, Hohelied-Mystik, Meister Eckhart*, in: Jan Assmann/Burkhard Gladigow (Hg.): *Text und Kommentar. Archäologie der literarischen Kommunikation IV*, München 1995, 333–354.

Haustein, Jens: *Marner-Studien*, Tübingen 1995.

Heinrich von Veldeke: *Eneide*, hg. Otto Behaghel, Heilbronn 1882.

Hoffmann, Werner: *Die vindaere wilder maere*, in: Euphorion 89 (1995), 129–150.

Hofmann, Heinz: *Die Angst vor der Innovation. Das Neue als das Alte in der lateinischen Spätantike*, in: Acta antiqua Academiae Scientiarum Hungaricae 37 (1996/97), 259–276.

Hrabani Mauri epistolae, in: E. Dümmler (Hg.): Epistolae Karolini Aeui, Bd. III, Berlin 1899.

Konrads von Würzburg Partonopier und Meliur. Turnei von Nantheiz – Sant Nicolaus – Lieder und Sprüche, hg. Karl Bartsch, Wien 1871.

Kornrumpf, Gisela/Wachinger, Burghart: *Alment. Formentlehnung und Tönegebrauch in der mhd. Spruchdichtung*, in: Christoph Cormeau (Hg.): Deutsche Literatur im Mittelalter. Kontakte und Perspektiven, Stuttgart 1980, 356–411.

Krumbacher, Karl: *Geschichte der byzantinischen Literatur von Justinian bis zum Ende des Oströmischen Reiches (527–1453)*, München ²1897.

Moos, Peter von: *Geschichte als Topik. Das rhetorische Exemplum von der Antike zur Neuzeit und die historiae im »Policraticus« Johanns von Salisbury*, Hildesheim et al. 1988.

Nellmann, Eberhard: *Wolfram und Kyot als vindaere wilder maere. Überlegungen zu ›Tristan‹ 4619–88 und ›Parzival‹ 453,1–17*, in: ZfdA 117 (1988), 31–67.

Rissel, Maria: *Rezeption antiker und patristischer Wissenschaft bei Hrabanus Maurus*, Frankfurt a. M./Bern 1975.

Rudolf von Ems: *Alexander. Ein höfischer Versroman des 13. Jahrhunderts*, hg. Victor Junk, Leipzig 1928/29.

Schanze, Frieder: *Meisterliche Liedkunst zwischen Heinrich von Mügeln und Hans Sachs. Bd. 1: Untersuchungen*, München/Zürich 1983.

Schmitt, Stefanie: *Inszenierungen von Glaubwürdigkeit. Studien zur Beglaubigung im späthöfischen und frühneuzeitlichen Roman*, Tübingen 2005.

Stemplinger, Eduard: *Das Plagiat in der griechischen Literatur*, Leipzig/Berlin 1912.

Thraede, Klaus: *Untersuchungen zum Ursprung und zur Geschichte der christlichen Poesie*, in: Jahrbuch für Antike und Christentum 4 (1961), 108–127; 5 (1962), 125–157; 6 (1963), 101–111.

Vennemann, Theo: *Gegen wen polemisierte Gottfried von Straßburg? Des hasen geselle und die vindaere wilder maere (›Tristan‹, vv. 4636–4688)*, in: Walter Tauber (Hg.): Aspekte der Germanistik, Göppingen 1989, 147–172.

Wehrli, Max: *Strukturen des mittelalterlichen Romans – Interpretationsprobleme*, in: Ders.: Formen mittelalterlicher Erzählung, Zürich 1969, 25–50.

Weicker, Tina Sabine: *Dô wart daz Bûch ze cleve verstolen. Neue Überlegungen zur Entstehung von Veldekes »Eneas«*, in: ZfdA 130 (2001), 1–18.

Worstbrock, Franz Josef: *Dilatatio materiae. Zur Poetik des ›Erec‹ Hartmanns von Aue*, in: Frühmittelalterliche Studien 19 (1985), 1–30.

Worstbrock, Franz Josef: *Wiedererzählen und Übersetzen*, in: Walter Haug (Hg.): *Mittelalter und frühe Neuzeit. Übergänge, Umbrüche und Neuansätze*, Tübingen 1999, 128–142.
Wyrwa, Dietmar: *Die christliche Platonaneignung in den Stromateis des Clemens von Alexandrien*, Berlin/New York 1983.
Zotz, Nicola: *Intégration courtoise. Zur Rezeption okzitanischer und französischer Lyrik im klassischen deutschen Minnesang*, Heidelberg 2005.

Kapitel V: Der Druck, die Person – und Literatur als Geschäft

Augustinus: *Confessions, lat.-engl.*, Bd. I, ed. William Watts, London 1995.
Brant, Sebastian: *Das Narrenschiff*, hg. Manfred Lemmer, Tübingen [3]1986.
Brecht, Martin: *Das gestohlene Manuskript von Luthers Fastenpostille*, in: *Luther Jahrbuch* 59 (1992), 118–127.
Cardanus, Hieronymus: *Liber de exemplis geniturarum*, Nürnberg 1543.
Chrestien, Florent: *Seconde Response de F. de La Baronie à Messire Pierre de Ronsard Prestre Gentilhomme Vandomois, Euesque futur*, o. O. 1563.
Diehl, Ernst: *Pompeianische Wandinschriften und Verwandtes*, Berlin 1930.
Ficino, Marsilio: *Argumentum Marsilii Ficini Florentini, in librum Mercurii Trismegisti, ad Cosmum Medicem, patrine patrem*, in: Ders.: *Opera Omnia*, Bd. II, Basel 1561.
Fortunatus, hg. Hans-Gert Roloff, Stuttgart 1996.
Garzoni, Tommaso: *Piazza universale, das ist Allgemeiner Schauwplatz / oder Marckt / und Zusammenkunfft aller Professionen / Künsten / Geschäfften / Haendlen und Handwercken / so in der gantzen Welt geuebt werden*, hg. Nicolaus Hoffmann, Frankfurt a. M. 1619.
Gauricus, Lucas: *Nativität Luthers*, Venedig 1552.
Giesecke, Michael: *Der Buchdruck in der frühen Neuzeit. Eine historische Fallstudie über die Durchsetzung neuer Informations- und Kommunikationstechnologien*, Frankfurt a. M. [4]2006.
Gieseke, Ludwig: *Vom Privileg zum Urheberrecht. Die Entwicklung des Urheberrechts in Deutschland bis 1845*, Baden-Baden 1995.
Grafton, Anthony: *Commerce with the classics: ancient books and Renaissance readers*, Ann Arbor [4]2000.
Horaz: *Sämtliche Werke, lat.-dt.*, dt. von Bernhard Kytzler, Stuttgart 2006.
Jean Paul: *Das Kampaner Thal*, in: *Sämtliche Werke*, Bd. I/4, hg. Norbert Miller, München [5]1975, 561–716.
Knape, Joachim: *Autorpräsenz. Sebastian Brants Selbstinszenierung in der Oratorrolle im Traum-Gedicht von 1502*, in: Rudolf Suntrup/Jan R. Veenstra: *Self-Fashioning. Personen(selbst)darstellung*, Frankfurt a. M. 2003, 78–108.
Luther, Martin: *Fastenpostille 1525*, in: *Kritische Gesamtausgabe (Weimarer Ausgabe)*, Bd. 17/2, Weimar 1969, 3f.
Luther, Martin: *Sendbrief vom Dolmetschen*, in: *Kritische Gesamtausgabe (Weimarer Ausgabe)*, Bd. 30/1, Weimar 2005, 627–646.

Luther, Martin: *Von den guten werckenn*, in: *Kritische Gesamtausgabe (Weimarer Ausgabe)*, Bd. 6, Weimar 2003, 202–216.

Luther, Martin: *Warnung D. Mart. Luth.*, in: Ders.: *Die gantze Heilige Schrifft Deudsch 1545 / Auffs new zugericht*, hg. Hans Volz, München 1972, 6.

Marchetti, Valerio: *Mnemotechnik, Schrift, Buchdruckerkunst*, in: Jörg Jochen Berns/Wolfgang Neuber (Hg.): *Seelenmaschinen. Gattungstraditionen, Funktionen und Leistungsgrenzen der Mnemotechniken vom späten Mittelalter bis zum Beginn der Moderne*, Wien/Köln/Weimar 2000, 679–697.

McLuhan, Marshall: *The Gutenberg galaxy. The making of typographic man*, Toronto 1962.

Rabelais, François: *Gargantua und Pantagruel*, Bd. I, dt. von Gottlob Regis, München 1964.

Rabelais, François: *Œuvres complètes*, éd. par Mireille Huchon, Paris 1994.

Rollenhagen, Gabriel: *Vier Bücher Wunderbarlicher biß daher unerhörter / und ungleublicher Indianischer Reysen / durch die Lufft / Wasser / Land / Helle / Paradiso / und den Himmel. Beschrieben von Dem grossen Alexander. Dem Plinio Secundo. Dem Oratore Luciano. Und von S. Brandano. Mit etlichen warhafften / jedoch bey vielen Gelehrten glaubwirdigen Lügen*, Magdeburg [3]1605, 324–328.

Ronsard, Pierre de: *Les trois livres du Recueil des nouvelles poésies. Epistre au lecteur*, in: *Œuvres complètes*, Bd. II, hg. Gustave Cohen, Paris 1950.

Schmidt-Biggemann, Wilhelm: *Philosophia perennis. Historische Umrisse abendländischer Spiritualität in Antike, Mittelalter und Früher Neuzeit*, Frankfurt a. M. 1998.

Silver, Isidore: *Ronsard and the Hellenic Renaissance in France*, Genf 1987.

Valla, Laurentius: *Elegantiae lingua Latinae*, in: *Opera omnia*, Basel 1540 [ND Turin 1962].

Warburg, Aby: *Heidnisch-antike Weissagung in Wort und Bild zu Luthers Zeiten*, Heidelberg 1920.

Welslau, Erich: *Imitation und Plagiat in der französischen Literatur von der Renaissance bis zur Revolution*, Rheinfelden 1995.

Zwinger, Theodor: *Theatrum Humanae Vitae*, Bd. XIX, Lib. II, Basel 1586.

Kapitel VI: Die Ökonomie der literarischen Seelen. Drei Lektüren

Almeloveen, Theodor Jansen: *Plagiorum Syllabus*, Amsterdam 1686.

Avellaneda, Alonso Fernández de: *El ingenioso Hidalgo Don Quijote de la Mancha, que contiene su tercera salida y es la quinta parte de sus aventuras*, ed. Fernando García Salinero, Madrid 2005.

Aylward, E.T.: *Towards a Revaluation of Avellaneda's ›False Quixote‹*, Newark/Delaware 1989.

Bachtin, Michail M.: *Das Wort im Roman*, in: Ders.: *Die Ästhetik des Wortes*, hg. Rainer Grübel, Frankfurt a. M. 1979, 154–300.

Bachtin, Michail M.: *Rabelais und seine Welt. Volkskultur als Gegenkultur*, dt. von Gabriele Leupold, hg. Renate Lachmann, Frankfurt a. M. 1995.

Bartoli, Daniello: *Vertheidigung der Kunstliebenden und Gelehrten anständigere Sitten*, dt. von Georg Adam von Kufstein, Nürnberg 1654.

Bergengruen, Maximilian: *Nachfolge Christi – Nachahmung der Natur. Himmlische und natürliche Magie bei Paracelsus, im Paracelsismus und in der Barockliteratur (Scheffler, Zesen, Grimmelshausen)*, Hamburg 2007.

Bodmer, Johann Jakob: *Von dem Character des Don Quixote und des Sanscho Pansa*, in: Ders./Johann Jakob Breitinger: *Schriften zur Literatur*, hg. Volker Meid, Stuttgart 1980, 261–282.

Bombart, Mathilde: *Guez de Balzac et la querelle des ›Lettres‹. Ecriture, polémique et critique dans la France du premier XVIIe siècle*, Paris 2007.

Cervantes Saavedra, Miguel de: *Don Quijote de la Mancha. Erster und zweiter Teil*, in: *Gesamtausgabe in vier Bänden*, Bd. II, hg. und neu übers. von Anton M. Rothbauer, Frankfurt a. M. 1997.

Cervantes, Miguel de: *Don Quijote de la Mancha*, dirig. por Francisco Rico, Barcelona 1998.

Corneille, Pierre: *Der Cid*, übers. und hg. Hartmut Köhler, Stuttgart 1997.

Corneille, Pierre: *Le Cid*, in: *Œuvres complètes*, Bd. I, hg. Georges Couton, Paris 1980, 689–777.

Corneille, Pierre: *Excuse à Ariste*, in: Gasté (Hg.): *La Querelle du Cid. Pièces et pamphlets*, Paris 1898, 63–66.

Dictionnaire de l'académie françoise, Paris 1694.

Fabricius, Johann Albert: *Decada Decadum, sive plagiariorum et pseudonymorum centuria*, Halle 1689.

Foucault, Michel: *Die Ordnung der Dinge. Eine Archäologie der Humanwissenschaften*, dt. von Ulrich Köppen, Frankfurt a. M. [14]1997.

Friedman, Edward H.: *›Guzmán de Alfarache‹, ›Don Quijote‹, and the Subject of the Novel*, in: Francisco La Rubia Prado (Hg.): *Cervantes For the 21st Century/Cervantes para el siglo XXI*, Newark/Delaware 2000, 61–78.

Gasté, Armand (Hg.): *La Querelle du Cid. Pièces et pamphlets*, Paris 1898.

Grimmelshausen, Hans Jacob Christoffel von: *Das wunderbarliche Vogel-Nest*, in: *Werke*, Bd. I/2, hg. Dieter Breuer, Frankfurt a. M. 1992, 299–650.

Grimmelshausen, Hans Jacob Christoffel von: *Der abentheurliche Simplicissimus Teutsch*, in: *Werke*, Bd. I/1, hg. Dieter Breuer, Frankfurt a. M. 1989.

Grimmelshausen, Hans Jacob Christoffel von: *Trutz Simplex: Oder Ausfuehrliche und wunderseltzame Lebensbeschreibung Der Ertzbetruegerin und Landstoertzerin Courasche*, in: *Werke*, Bd. I/2, hg. Dieter Breuer, Frankfurt a. M. 1992, 9–151.

Häfner, Ralph: *Miguel de Cervantes' Don Quijote im 18. Jahrhundert. Aspekte der Erkenntniskritik im Blick auf Johann Jakob Bodmer*, in: *Zürcher Taschenbuch* (2008), 423–440.

Harsdörffer, Georg Philipp: *Poetischer Trichter. Erster Theil*, Nürnberg 1650.

Jacobs, Jürgen: *Don Quijote in der Aufklärung*, Bielefeld 1992.

Judovitz, Dalia: *La Querelle du Cid: Redefining poetic authority*, in: *Papers on French Seventeenth Century Literature* 16 (1989), 491–504.

Literaturverzeichnis 551

Leben und Thaten des weisen Junkers Don Quixote von La Mancha. Neue Ausgabe, aus der Urschrift des Cervantes, nebst der Fortsetzung des Avellaneda. In sechs Bänden. Von Friedrich Justin Bertuch, Weimar/Leipzig 1775–77.

[Mairet, Jean]: *L'autheur du vray Cid*, in: Gasté, Armand (Hg.): *La Querelle du Cid. Pièces et pamphlets*, Paris 1898, 67f.

Nabokov, Vladimir: *Lectures on Don Quixote*, New York 1983.

Opitz, Martin: *Buch von der deutschen Poeterey*, in: *Gesammelte Werke*, Bd. II/1, hg. George Schulz-Behrend, Stuttgart 1978.

Raynaud, Théophile: *Erotemata de malis ac bonis libris, deque iusta aut iniusta, eorumdem confixione. Cum indicibus necessariis*, Lyon 1653.

Richesource: *Le masque des orateurs, ou manière de déguiser toute sorte de compositions*, Paris 1667.

Schwartz, Johann Conrad: *De plagio literario liber unus*, Leipzig 1706.

Scudéry, Georges du: *Observations sur le Cid*, in: Gasté, Armand (Hg.): *La Querelle du Cid. Pièces et pamphlets*, Paris 1898, 71–101.

[Sorel, Charles]: *Le jugement du Cid*, in: Gasté, Armand (Hg.): *La Querelle du Cid. Pièces et pamphlets*, Paris 1898, 230–240.

Speckhan, Eberhard: *Quaestionum et decisionum juris Caesarei, pontificij, statutarij et consuetudinarij centuria prima miscellanea [et] secunda*, Wittenberg 1620.

Tallemant des Réaux: *Les Historiettes*, Bd. I, ed. MM. de Monmerqué et Paulin Paris, Paris ³1862.

Thomasius, Jacob: *De Plagio Literario*, Leipzig 1673.

van Meurs, Johannes: *Ioannis Meursi Glossarium Graecobarbarum*, Lyon 1510.

Viala, Alain: *Naissance de l'écrivain. Sociologie de la littérature à l'âge classique*, Paris 1985.

Wieland, Christoph Martin: *Don Sylvio von Rosalva*, in: *Sämmtliche Werke*, Bd. XI, Hamburg 1984.

Zoberman, Pierre: *Plagiarism as a Theory of Writing. The Case of Richesource's ›Le Masque des orateurs‹*, in: *Papers on French Seventeenth Century Literature* 10 (1983), 99–110.

Kapitel VII: Wem das Wissen gehört

Charlatanerie Der Buchhandlung, welche den Verfall derselben Durch Pfuschereyen, Prænumerationes, Auctiones, Nachdrucken, Trödeleyen u.a.m. befördert. Von zwey der Handlung Beflissenen unpartheyisch untersuchet, Sachsenhausen ²1732.

Darnton, Robert: *The Business of Enlightenment. A Publishing History of the Encyclopédie 1775–1800*, Cambridge (MA)/London 1979.

Drahos, Peter: *A Philosophy of Intellectual Property*, Aldershot 1996.

Eines Aufrichtigen Patrioten Unpartheyische Gedancken über einige Quellen und Wirckungen des Verfalls der ietzigen Buch-Handlung, worinnen insonderheit die Betrügereyen der Bücher-Pränumerationen entdeckt, und zugleich erwiesen wird, daß der unbefugte Nachdruck unprivilegirter Bücher ein allen Rechten zuwiederlauffender Diebstahl sey, Schweinfurt 1733.

Forster, Leonard: ›*Charlataneria eruditorum*‹ *zwischen Barock und Aufklärung in Deutschland. Mit dem Versuch einer Bibliographie*, in: Sebastian Neumeister/ Conrad Wiedemann (Hg.): *Res publica litteraris. Die Institution der Gelehrsamkeit in der frühen Neuzeit*, Wiesbaden 1987, 203–220.

Füssek, Marian: ›*Charlataneria Eruditorum*‹. *Zur sozialen Semantik des gelehrten Betrugs im 17. und 18. Jahrhundert*, in: *Berichte zur Wissenschaftsgeschichte* 27 (2004), 119–135.

Hederich, Benjamin: *Gründliches mythologisches Lexicon*, Leipzig ²1770.

Hoenn, Georg Paul: *Betrugs-Lexicon worinnen die meisten Betruegereyen in allen Staenden, nebst denen darwider guten Theils dienenden Mitteln*, Coburg ²1761.

Jean Paul: *Der Komet*, in: *Sämtliche Werke*, Bd. I/6, hg. Norbert Miller, München ⁵1975, 563–1036.

Juntke, Fritz: *Johann Heinrich Zedler's Grosses Vollständiges Univerallexikon. Ein Beitrag zur Geschichte des Nachdruckes in Mitteldeutschland*, Halle 1956.

Kaminski, Nicola: *Die Musen als Lexikographen. Zedlers* ›*Grosses vollständiges Universal-Lexicon*‹ *im Schnittpunkt von poetischem, wissenschaftlichem, juristischem und ökonomischen Diskurs*, in: *Daphnis* 29 (2000), 649–693.

Kilcher, Andreas B.: *mathesis und poiesis. Die Enzyklopädik der Literatur 1600 – 2000*, München 2003.

Lessing, Gotthold Ephraim: *63. und 64. Literaturbrief*, in: *Werke*, Bd. V, hg. Helmut G. Göpfert, München 1972, 205–218.

Lessing, Gotthold Ephraim: *Das Neueste aus dem Reich des Witzes*, in: *Werke*, Bd. III, hg. Helmut G. Göpfert, München 1972, 83–142.

Lessing, Gotthold Ephraim: *Der Freigeist*, in: *Werke*, Bd. I, hg. Helmut G. Göpfert, München 1972, 473–555.

Lilienthal, Michael: *De Machiavellismo literario sive de perversis quorundam in republica literaria inclarescendi artibus dissertatio historico-moralis*, Königsberg/ Leipzig 1713.

Locke, John: *Zwei Abhandlungen über die Regierung*, dt. von Hans Jörn Hoffmann, Frankfurt a. M. 2007.

Ludewig, Johann Peter von: *Vorrede über das Universal-Lexicon*, in: Johann Heinrich Zedler: *Grosses vollständiges Universal-Lexicon. Bd. I: A-Am*, Leipzig 1731 [ND Graz 1961].

Pompe, Hedwig: *Schrift-Gelehrsamkeit und Medienöffentlichkeit m 18. Jahrhundert*, in: Kornelia Hahn (Hg.): *Öffentlichkeit und Offenbarung. Eine interdisziplinäre Mediendiskussion*, Konstanz 2002, 49–72.

Quedenbaum, Gerd: *Der Verleger und Buchhändler Johann Heinrich Zedler 1706–1751. Ein Buchunternehmer in der Zwängen seiner Zeit. Ein Beitrag zur Geschichte des deutschen Buchhandels im 18. Jahrhundert*, Hildesheim/New York 1977.

Rousseau, Jean-Jacques: *Emile ou de l'éducation*, in: *Œuves complètes*, Bd. IV, éd. Bernard Gagnebin/Marcel Raymond, Paris 1969.

Schmidt, Jochen: *Die Geschichte des Genie-Gedankens in der deutschen Literatur, Philosophie und Politik 1750–1945*, Bd. I, Darmstadt ²1988.

Ueber das Eigenthum der Gedanken, in: *Schleswigsches Journal* (1793), 314–348.

Vogel, Martin: *Der literarische Markt und die Entstehung des Verlags- und Urheberrechts bis zum Jahre 1800*, in: Joachim Goth (Hg.): *Rhetorik, Ästhetik, Ideologie. Aspekte einer kritischen Kulturwissenschaft*, Stuttgart 1973, 117–136.

Weidmann, Heiner: *Ökonomie der »Großmuth«. Geldwirtschaft in Lessings ›Minna von Barnhelm‹ und ›Nathan dem Weisen‹*, in: DVjs 68 (1994), 447–461.

Wieland, Christoph Martin: *Schreiben eines Nachdruckers an den Herausgeber des Teutschen Merkurs*, in: *Gesammelte Schriften*, Abt. I/Bd. 22, hg. Wilhelm Kurrelmeyer, Berlin 1954, 199 – 214.

Woodmansee, Martha: *The Genius and the Copyright. Economic and legal conditions of the emergence of the ›author‹*, in: *Eighteenth-Century Studies* 17 (1984), 425–448.

Zedler, Johann Heinrich (Hg.): *Grosses vollständiges Universal-Lexicon*, Leipzig/Halle 1732–54.

Kapitel VIII: Die Eroberer

Amory, Hugh: *»De Facto Copyright«? Fielding's Works in Partnership. 1769–1821*, in: *Eighteenth-Century Studies* 17 (1984), 449–476.

Blankenburg, Christian Friedrich von: *Die Leiden des jungen Werthers. Leipzig, in der Weygandschen Buchhandlung, 1774*, in: *Neue Bibliothek der schönen Wissenschaften und der freyen Künste* 18 (1775), 46–95.

Blumenberg, Hans: *Arbeit am Mythos*, Frankfurt a. M. 1990.

Bosse, Heinrich: *Autorschaft ist Werkherrschaft. Über die Entstehung des Urheberrechts aus dem Geist der Goethezeit*, Paderborn/München et al. 1981.

Buchner, Karl: *Wieland und die Weidmannsche Buchhandlung. Zur Geschichte deutscher Literatur und deutschen Buchhandels*, Berlin 1871.

Darnton, Robert: *Die Wissenschaft des Raubdrucks. Ein zentrales Element im Verlagswesen des 18. Jahrhunderts*, München 2003.

Der gerechtfertigte Nachdrucker, oder Johann Thomas von Trattners, des Heil. Römischen Reichs Ritters, wie auch Kayserl. Königl. Hofbuchdruckers und Buchhändlers in Wien erwiesene Rechtmäßigkeit sener veranstalteten Nachdrucke. Als eine Beleuchtung der auf ihn gedruckten Leipziger Pasquille, Wien/Leipzig 1774.

Diderot, Denis: *Jacques le Fataliste*, éd. Jacques Proust, Paris 1981.

Eckermann, Johann Peter: *Gespräche mit Goethe in den letzten Jahren seines Lebens*, hg. Christoph Michel, Frankfurt a. M. 1999.

Feder, Johann Georg Heinrich: *Neuer Versuch einer einleuchtenden Darstellung der Gründe für das Eigenthum des Bücherverlags, nach Grundsätzen des natürlichen Rechts und der Staatsklugheit*, in: *Göttingisches Magazin der Wissenschaften und Literatur* 1 (1780), 1–37.

Fichte, Johann Gottlieb: *Beweis der Unrechtmässigkeit des Büchernachdrucks. Ein Räsonnement und eine Parabel*, in: *Werke*, Bd. VIII, hg. Immanuel Hermann Fichte, Berlin 1971, 223–244.

Fielding, Henry: *The History of Tom Jones, a Foundling*, Bd. 3, London ³1750.

Foucault, Michel: *Was ist ein Autor?*, in: Ders.: *Schriften zur Literatur*, hg. Daniel Defert/François Ewald, Frankfurt a. M. 2003, 234–270.

Giese, Ursula: *Johann Thomas Edler von Trattner. Seine Bedeutung als Buchdrucker, Buchhändler und Herausgeber*, in: *Archiv für Geschichte des Buchwesens* 3 (1961), Sp. 1019.
Goethe, Johann Wolfgang von: *Dichtung und Wahrheit*, in: *Werke. Hamburger Ausgabe*, Bd. IX, hg. Erich Trunz, München 1988.
Goethe, Johann Wolfgang von: *Die Leiden des jungen Werther*, in: *Werke. Hamburger Ausgabe*, Bd. VI, hg. Erich Trunz, München 2000.
Goethe, Johann Wolfgang von: *Prometheus*, in: *Werke. Hamburger Ausgabe*, Bd. I, hg. Erich Trunz, München 1982, 44–46.
Gottsched, Johann Christoph: *Rezension der zweiten englischen Auflage und der deutschen Übersetzung*, in: *Das Neueste aus der anmuthigen Gelehrsamkeit* IX (1760), 671–680.
Hesse, Carla: *Enlightenment Epistemology and the Laws of Authorship in Revolutionary France, 1777–1793*, in: *Representations* 30 (1990), 109–137.
Kant, Immanuel: *Kritik der Urteilskraft*, in: *Werke in zehn Bänden*, Bd. VIII, hg. Wilhelm Weischedel, Darmstadt 1983.
Kant, Immanuel: *Von der Unrechtmäßigkeit des Büchernachdrucks*, in: *Werke. Akademie-Textausgabe*, Bd. VIII, Berlin 1968, 77–87.
Klopstock, Friedrich Gottlieb: *Die deutsche Gelehrtenrepublik*, in: *Werke und Briefe. Historisch-Kritische Ausgabe*, Bd. VII/1, hg. Rose-Maria Hurlebusch, Berlin/New York 1975.
Kohler, Josef: *Urheberrecht an Schriftwerken und Verlagsrecht*, Stuttgart 1907.
Lauer, Gerhard: *Offene und geschlossene Autorschaft. Medien, Recht und der Topos von der Genese des Autors im 18. Jahrhundert*, in: Heinrich Detering (Hg.): *Autorschaft. Positionen und Revisionen*, Stuttgart/Weimar 2002, 461–478.
Lehmstedt, Mark: *»Ein Strohm, der alles überschwemmet«. Dokumente zum Verhältnis von Philipp Erasmus Reich und Johann Thomas von Trattner. Ein Beitrag zur Geschichte des Nachdrucks in Deutschland im 18. Jahrhundert*, in: *Bibliothek und Wissenschaft* 25 (1991), 176–267.
Lessing, Gotthold Ephraim: *[Kurzrezension zu Nicolais Untersuchung ob Milton sein verlornes Paradies …]* in: *Werke*, Bd. III, hg. Helmut G. Göpfert, München 1972, 193f.
Lessing, Gotthold Ephraim: *Leben und leben lassen. Ein Projekt für Schriftsteller und Buchhändler*, in: *Werke*, Bd. V, hg. Helmut G. Göpfert, München 1973, 781–787.
Lichtenberg, Georg Christoph: *Sudelbücher*, in: *Schriften und Briefe*, Bd. I, hg. Wolfgang Promies, München 1968.
Luserke, Matthias: *Körper – Sprache – Tod. Wagners »Kindermörderin« als kulturelles Deutungsmuster*, in: Erika Fischer-Lichte/Jörg Schönert (Hg.): *Theater im Kulturwandel des 18. Jahrhunderts. Inszenierung und Wahrnehmung von Körper – Musik – Sprache*, Göttingen 1999, 203–212.
Meyer, F. Hermann: *Reformbestrebungen im achtzehnten Jahrhundert*, in: *Archiv für die Geschichte des deutschen Buchhandels* 12 (1889), 201–300.
Moritz, Karl Philipp: *Anton Reiser*, in: *Werke in zwei Bänden*, Bd. I, hg. Heide Hollmer/Albert Meier, Frankfurt a. M. 1999, 85–518.

Literaturverzeichnis

Moritz, Karl Philipp: *Vorschlag zu einem Magazin einer Erfahrungsseelenkunde*, in: *Werke in zwei Bänden*, Bd. I, hg. Heide Hollmer/Albert Meier, Frankfurt a. M. 1999, 793–809.

Pape, Helmut: *Klopstocks Autorenhonorare und Selbstverlagsgewinne*, in: *Archiv für Geschichte des Buchwesens* X (1970), Sp. 103f.

Perrault, Charles: *Parallèle des anciens et des modernes, en ce qui regarde les arts et les sciences*, Paris 1687.

Pütter, Johann Stephan: *Der Büchernachdruck nach ächten Grundsätzen des Rechts*, Göttingen 1774.

Reich, Philipp Erasmus: *Der Bücher-Verlag in allen Absichten genauer bestimmt*, Leipzig 1773.

Reich, Philipp Erasmus: *Zufällige Gedanken eines Buchhändlers über Herrn Klopstocks Anzeige einer gelehrten Republik*, Leipzig 1773.

Reimarus, Johann Albert Heinrich: *Der Bücherverlag in Betrachtung der Schriftsteller, der Buchhändler und des Publikums erwogen*, Hamburg 1773.

Rose, Mark: *The Author as Proprietor: Donaldson v. Becket and the Genealogy of Modern Authorship*, in: *Representations* 23 (1988), 51–85.

Schlegel, August Wilhelm und Friedrich: *Citatio edictalis*, in: *Athenäum* 2/2 (1799), 340.

Sechin, Anne: *On Plagiarism, Originality, Textual Ownership and Textual Responsibility: The Case of Jacques le fataliste*, in: Reginald McGinnis (Hg.): *Originality and Intellectual Property in the French and English Enlightenment*, London 2008, 102–124.

Stern, Simon: *›Tom Jones‹ and the Economies of Copyright*, in: *Eighteenth-Century Fiction* 9 (1997), 429–444.

Sulzer, Johann Georg: *Allgemeine Theorie der schönen Künste*, Bd. II, Leipzig 1774.

Terry, Richard: *Pope and Plagiarism*, in: *Modern Language Review* 100 (2005), 593–608.

Ungern-Sternberg, Wolfgang von: *Christoph Martin Wieland: ›Schreiben eines Nachdruckers. An den Herausgeber des Teutschen Merkurs‹. Ein Beitrag zur Geschichte der Satire in der Spätaufklärung*, in: Wolfgang Frühwald/Alberto Martino (Hg.): *Zwischen Aufklärung und Restauration. Sozialer Wandel in der deutschen Literatur (1700–1848)*, Tübingen 1989, 177–210.

Ungern-Sternberg, Wolfgang von: *Chr. M. Wieland und das Verlagswesen seiner Zeit. Studien zur Entstehung des freien Schriftstellertums in Deutschland*, in: *Archiv für Geschichte des Buchwesens* 14 (1974), Sp. 1213–1515.

Wagner, Heinrich Leopold: *Die Kindermörderin*, Leipzig 1776.

Wagner-Egelhaaf, Martina: *Die Melancholie der Literatur. Diskursgeschichte und Textfiguration*, Stuttgart/Weimar 1997.

Wieland, Christoph Martin: *Actenstücke zur Oesterreichischen Nachdruckergeschichte*, in: *Teutscher Merkur* 2 (1785), 154–165.

Wieland, Christoph Martin: *Der Herausgeber an das Teutsche Publicum*, in: *Teutscher Merkur* 2 (1773), III–XVI.

Wieland, Christoph Martin: *Etwas zum Behuf des Nachdrucks von einem Ungenannten eingeschickt. Mit Anmerkungen des Herausgebers*, in: *Teutscher Merkur* 3 (1785), 85–96.

Wieland, Christoph Martin: *Schreiben eines Nachdruckers an den Herausgeber des Teutschen Merkurs*, in: *Gesammelte Schriften*, Abt. I/Bd. 22, hg. Wilhelm Kurrelmeyer, Berlin 1954, 199–214.

Wittmann, Reinhard: *Der gerechtfertigte Nachdrucker? Nachdruck und literarisches Leben im achtzehnten Jahrhundert*, in: Ders.: *Buchmarkt und Lektüre im 18. und 19. Jahrhundert. Beiträge zum literarischen Leben 1750–1880*, Tübingen 1982, 69–92.

Young, Edward: *Conjectures on original composition. In a letter to the author of Sir Charles Grandison*, London [2]1759.

Young, Edward: *Gedanken über die Original=Werke. In einem Schreiben des D. Youngs an dem [sic] Verfasser des Grandison*, dt. von H. E. von Teubern, Leipzig 1760.

Kapitel IX: Schattenwirtschaft

Boëtius, Henning: *Brentano und die Philologen*, in: Ders. (Hg.): *Der andere Brentano. Nie veröffentlichte Gedichte. 130 Jahre Literatur-Skandal*, Frankfurt a. M. 1985, 5–16.

Breithaupt, Fritz: *Urszenen der Ökonomie. Von ›Peter Schlemihl‹ zur ›Philosophie des Geldes‹*, in: Marianne Schuller/Elisabeth Strowick (Hg.): *Singularitäten. Literatur – Wissenschaft – Verantwortung*, Freiburg i. Br. 2001, 185–205.

Brentano, Clemens: *Sämtliche Werke und Briefe*, Bd. 9.3, hg. Heinz Rölleke, Stuttgart 1978.

Chamisso, Adelbert von: *Peter Schlemihls wundersame Geschichte*, in: Ders.: *Sämtliche Werke in zwei Bänden*, Bd. I, nach dem Text der Ausgaben letzter Hand und den Handschriften hg. Jost Perfahl und Volker Hoffmann, München 1975.

Chamisso, Adelbert von: *Werke*, Bd. VI, hg. Julius Eduard Hitzig, Leipzig [2]1842.

Frank, Manfred: *Einführung in die frühromantische Ästhetik*, Frankfurt a. M. 1989.

Frank, Manfred: *Kaltes Herz. Unendliche Fahrt. Neue Mythologie. Motiv-Untersuchungen zur Pathogenese der Moderne*, Frankfurt a. M. 1989.

Gray, Richard T.: *Hypersign, Hypermoney, Hypermarket: Adam Müller's Theory of Money and Romantic Semiotics*, in: *New Literary History* 31 (2000), 295–314.

Hoffmann, E.T.A.: *Die Abenteuer der Sylvester-Nacht*, in: *Sämtliche Werke*, Bd. II/1, hg. Hartmut Steinecke, Frankfurt a. M. 1993, 325–359.

Hoffmann, E.T.A.: *Lebens-Ansichten des Katers Murr nebst fragmentarischer Biographie des Kapellmeisters Johannes Kreisler in zufälligen Makulaturblättern*, in: *Sämtliche Werke*, Bd. V, hg. Wulf Segebrecht/Hartmut Steinecke, Frankfurt a. M. 1992.

Jean Paul: *Leben Fibels, des Verfassers der Bienrodischen Fibel*, in: *Sämtliche Werke*, Bd. I/6, hg. Norbert Miller, München ⁵1975, 365–562.

Kilcher, Andreas B.: *Philologie in unendlicher Potenz. Literarische Textverarbeitung bei Achim von Arnim*, in: Scientia Poetica 8 (2004), 46–68.

Kittler, Friedrich A.: *Über romantische Datenverarbeitung*, in: Ernst Behler/Jochen Hörisch (Hg.): *Die Aktualität der Frühromantik*, München 1987, 127–140.

Kofman, Sarah: *Schreiben wie eine Katze ... Zu E.T.A. Hoffmanns »Lebens-Ansichten des Katers Murr«*, dt. von Monika Buchgeister/Hans-Walter Schmidt, Wien 1985.

Macfarlane, Robert: *Original Copy. Plagiarism and Originality in Nineteenth-Century Literature*, Oxford 2007.

Mazzeo, Tilar J.: *Plagiarism and Literary Property in the Romantic Period*, Philadelphia 2007.

Müller, Adam: *Der poetische Besitz*, in: *Kritische, ästhetische und philosophische Schriften*, Bd. 2, hg. Walter Schroeder/Werner Siebert, Neuwied/Berlin 1967, 261f.

Müller, Adam: *Versuche einer neuen Theorie des Geldes mit besonderer Rücksicht auf Großbritannien*, in: Ders.: *Nationalökonomische Schriften*, ausgewählt und eingeleitet von Albert Josef Klein, Lörrach 1983, 43–253.

Nodier, Charles: *Histoire du roi de Bohême et de ses sept chateaux*, Paris 1830.

Novalis: *Allgemeines Brouillon*, in: *Schriften. Die Werke Friedrich von Hardenbergs*, Bd. III, hg. Paul Kluckhohn/Richard Samuel, Stuttgart 1983, 207–480.

Novalis: *Blüthenstaub*, in: *Schriften. Die Werke Friedrich von Hardenbergs*, Bd. II, hg. Paul Kluckhohn/Richard Samuel, Stuttgart 1981, 412–474.

Novalis: *Dialogen und Monolog*, in: *Schriften. Die Werke Friedrich von Hardenbergs*, Bd. II, hg. Paul Kluckhohn/Richard Samuel, Stuttgart 1981, 661–674.

Novalis: *Heinrich von Ofterdingen*, in: *Schriften. Die Werke Friedrich von Hardenbergs*, Bd. I, hg. Paul Kluckhohn/Richard Samuel, Stuttgart 1977, 193–368.

Poe, Edgar Allan: *The Purloined Letter*, in: *The Complete Works of Edgar Allan Poe*, Bd. VI, ed. James A. Harrison, New York 1965.

Schlegel, August Wilhelm und Caroline: *Die Gemählde. Ein Gespräch*, in: Athenäum II/1 (1799), 39–151.

Schlegel, Friedrich: *Athenäums-Fragment 125*, in: *Kritische Friedrich-Schlegel-Ausgabe*, Abt. I/Bd. 2, hg. Ernst Behler, München/Paderborn/Wien 1967, 185f.

Schlegel, Friedrich: *Gespräch über die Poesie*, in: *Kritische Friedrich-Schlegel-Ausgabe*, Abt. I/Bd. 2, hg. Ernst Behler, München/Paderborn/Wien 1967, 284–362.

Schlegel, Friedrich: *Kritisches Fragment 112*, in: *Kritische Friedrich-Schlegel-Ausgabe*, Abt. I/Bd. 2, hg. Ernst Behler, München/Paderborn/Wien 1967, 161.

Schleiermacher, Friedrich: *Versuch einer Theorie des geselligen Betragens*, in: *Schriften*, hg. Andreas Arndt, Frankfurt a. M. 1996, 65–92.

Sterne, Laurence: *The life and opinions of Tristram Shandy, gentleman*, ed. Ian Campbell Ross, Oxford 1998.

Vogl, Joseph: *Kalkül und Leidenschaft. Poetik des ökonomischen Menschen*, Zürich/Berlin ²2004.

Kapitel X: Die Erben

auf der Horst, Christoph: »*... und es ist jetzt der Dieb, welcher den Steckbrief des ehrlichen Mannes, den er bestohlen hat, zur öffentlichen Kunde bringt.« Heines Kampf gegen Raubdruck, Nachdruck und Plagiat seiner Schriften in den Jahren 1852 bis 1854*, in: Ders./Sikander Singh (Hg.): *Heinrich Heines Werk im Urteil seiner Zeitgenossen*, Bd. 11, Stuttgart/Weimar 2005, V–XXXIII.
Bluntschli, Johann Caspar: *Deutsches Privatrecht*, Bd. 1, Berlin 1853.
Bluntschli, Johann Caspar: *Erster Entwurf des privatrechtlichen Gesetzbuches für den Kanton Zürich*, Bd. 1, Zürich 1844.
Börne, Ludwig: *Briefe aus Paris. 1832–1833. Sechster Theil*, Paris 1834.
Carriere, Moriz: *Aesthetik. Die Idee des Schönen und ihre Verwirklichung durch Natur, Geist und Kunst*, Teil I, Leipzig 1859.
Eisenlohr, Christian Friedrich: *Das literarisch-artistische Eigenthum und Verlagsrecht*, Schwerin 1855.
Encke, Julia: *Kopierwerke. Bürgerliche Zitierkultur in den späten Romanen Fontanes und Flauberts*, Frankfurt a. M. 1998.
Gerhartl, Sybille: »*Vogelfrei«. Die österreichische Lösung der Urheberrechtsfrage in der zweiten Hälfte des 19. Jahrhunderts*, in: Klaus Amann (Hg.): *Literarisches Leben in Österreich 1848–1890*, Wien 2000, 200–249.
Gervinus, Georg Gottfried: *Neuere Geschichte der poetischen National=Literatur der Deutschen. Zweiter Theil: Von Göthes Jugend bis zur Zeit der Befreiungskriege*, Leipzig 1842.
Gieseke, Ludwig: *Vom Privileg zum Urheberrecht. Die Entwicklung des Urheberrechts in Deutschland bis 1845*, Baden-Baden 1995.
Goethe, Johann Wolfgang von: *Die Wahlverwandtschaften*, in: *Werke. Hamburger Ausgabe*, Bd. VI, hg. Erich Trunz, München 1988.
Goethe, Johann Wolfgang von: *Epoche der forcierten Talente*, in: *Sämtliche Werke nach Epochen seines Schaffens (Münchner Ausgabe)*, Bd. IX, hg. Karl Richter, München 1987, 639–641.
Hahn, Marcus: *Geschichte und Epigonen. ›19. Jahrhundert‹/›Postmoderne‹, Stifter/Bernhard*, Freiburg i. Br. 2003.
Hamm, Jean-Jacques: *Stendhal et l'autre du plagiat*, in: *Stendhal-Club* (1981), 203–214.
Hebbel, Friedrich: *Schöne Verse*, in: *Sämtliche Werke. Historisch-kritische Ausgabe*, Abt. I, Bd. 12, hg. Richard Maria Werner, Berlin 1904.
Hegel, Georg Wilhelm Friedrich: *Grundlinien der Philosophie des Rechts oder Naturrecht und Staatswissenschaft im Grundrisse*, in: *Werke*, Bd. 7, Frankfurt a. M. ²1989.
Hegel, Georg Wilhelm Friedrich: *Vorlesungen über die Ästhetik I*, in: *Werke*, Bd. 13, Frankfurt a.M. ²1994.

Literaturverzeichnis 559

Heine, Heinrich: *Die romantische Schule*, in: *Sämtliche Schriften*, Bd. III, hg. Klaus Briegleb, München/Wien ³1996, 357–504.

Heine, Heinrich: *Französische Maler*, in: *Sämtliche Schriften*, Bd. III, hg. Klaus Briegleb, München/Wien ³1996, 27–88.

Heine, Heinrich: *Geständnisse*, in: *Sämtliche Schriften*, Bd. VI/1, hg. Klaus Briegleb, München/Wien 1975, 443–513.

Heine, Heinrich: *Über die französische Bühne*, in: *Sämtliche Schriften*, Bd. III, hg. Klaus Briegleb, München/Wien ³1996, 281–354.

Helmensdorfer, Urs: »*Heilig sey das Eigenthum!*« *Urheberrecht in Wien um 1850*, in: *UFITA* II (2001), 457–496.

Heydemann, Ludwig E./Dambach, Otto: *Die Preußische Nachdrucksgesetzgebung erläutert durch die Praxis*, Berlin 1863.

Hörisch, Jochen: *Kopf oder Zahl. Die Poesie des Geldes*, Frankfurt a. M. 1996.

Immermann, Karl: *Die Epigonen. Familienmemoiren in neun Büchern 1823–1835*, in: *Werke in fünf Bänden*, Bd. II, hg. Benno von Wiese, Frankfurt a. M. 1971.

Keller, Gottfried: *Die missbrauchten Liebesbriefe*, in: *Sämtliche Werke: Die Leute von Seldwyla*, Bd. 4, hg. Thomas Böning, Frankfurt a. M. 1989.

Keller, Gottfried: *Züricher Novellen*, in: *Sämtliche Werke*, Bd. 5, hg. Thomas Böning, Frankfurt a. M. 1989.

Ludwig, Otto: *Shakespeare-Studien. Aus dem Nachlasse des Dichters*, hg. Moritz Heydrich, Leipzig 1872.

Marggraff, Hermann: *Deutschland's jüngste Literatur- und Culturepoche. Charakteristiken*, Leipzig 1839.

Mecklenburg, Norbert: *Zur Poetik, Narratologie und Ethik der Gänsefüßchen: Theodor Fontane nach der Postmoderne*, in: Klaus Beekman/Ralf Grüttemeier (Hg.): *Instrument Zitat*, Amsterdam 2000, 165–185.

Meier, Franziska: *Leben im Zitat. Zur Modernität der Romane Stendhals*, Tübingen 1993.

Menzel, Wolfgang: *Geschichte der Deutschen Dichtung von der ältesten bis auf die neueste Zeit*, Bd. 3, Leipzig 1875.

Meyer-Sickendiek, Burkhard: *Die Ästhetik der Epigonalität. Theorie und Praxis wiederholenden Schreibens im 19. Jahrhundert: Immermann – Keller – Stifter – Nietzsche*, Tübingen 2001.

Novalis: *Die Lehrlinge zu Sais*, in: *Schriften. Die Werke Friedrich von Hardenbergs*, Bd. I, hg. Paul Kluckhohn/Richard Samuel, Stuttgart 1983, 71–114.

Pargner, Birgit: *Zwischen Tränen und Kommerz. Das Rührtheater Charlotte Birch-Pfeiffers (1800–1868) in seiner künstlerischen und kommerziellen Verwertung. Quellenforschung am Handschriften-Nachlaß*, Bielefeld 1999.

Plett, Bettina: *Die Kunst der Allusion. Formen literarischer Anspielungen in den Romanen Theodor Fontanes*, Köln/Wien 1986.

Raabe, Wilhelm: *Die Chronik der Sperlingsgasse*, in: *Sämtliche Werke*, Bd. 1, hg. Karl Hoppe, Göttingen 1965.

Röthlisberger, Ernst: *Geistiges Eigentum und geistige Produktion in der Schweiz*, Bern 1898.

Rüfenacht, Hermann: *Das litterarische und künstlerische Urheberrecht in der Schweiz mit besonderer Rücksicht auf die bestehenden Staatsverträge*, Bern 1892.

Vilmar, August Friedrich Christian: *Vorlesungen über die Geschichte der deutschen National-Literatur*, Marburg/Leipzig 1845.

Vischer, Friedrich Theodor: *Noch ein Wort darüber, warum ich von der jetzigen Poesie nichts halte*, in: Ders.: *Kritische Gänge*, Bd. 2, hg. Robert Vischer, Leipzig ²1914.

Voss, Lieselotte: *Literarische Präfiguration dargestellter Wirklichkeit bei Fontane. Zur Zitatstruktur seines Romanwerks*, München 1985.

Weilen, Alexander von: *Karl Gutzkow und Charlotte Birch-Pfeiffer. Eine Abrechnung*, in: *Beiträge zur Literatur- und Theatergeschichte*, Berlin 1918, 311–323.

Kapitel XI: Irregehen

Albrecht, Paul: *Leszing's Plagiate. Erster Band. Erstes Heft. Erste Hälfte*, Hamburg/Leipzig 1890.

Bahr, Hermann: *Plagiate*, in: *Die Zeit*, 20.6.1896.

Berlin, Jeffrey B.: *Arthur Schnitzler's Unpublished Memoir ›Urheberrecht und geistiges Eigentum‹. With Commentary about his Views on Copyright Laws*, in: Sarah Fraiman-Morris (Hg.): *Jüdische Aspekte Jung-Wiens im Kulturkontext des »Fin de Siècle«*, Tübingen 2005, 95–121.

Bobrzyński, Karl: *Zur literarischen Plagiatfrage*, in: *Sprawozdanie piętnaste direkcyi c.k. III. gimnazyum w Krakowie* (1898), 1–34.

Brunner, Sebastian: *Lessingiasis und Nathanologie, Eine Religionsstörung im Lessing- und Nathan-Cultus*, Paderborn 1890.

Dessoir, Max: *Das schriftstellerische Plagiat*, in: *Berliner Hefte für geistiges Leben* 1 (1946), 363–376.

Dühring, Eugen: *Die Überschätzung Lessing's und dessen Anwaltschaft für die Juden*, Karlsruhe/Leipzig 1881.

Fließ, Wilhelm: *Der Ablauf des Lebens. Grundlegung zur exakten Biologie*, Leipzig/Wien 1906.

Fließ, Wilhelm: *In eigener Sache. Gegen Otto Weininger und Hermann Swoboda*, Berlin 1906.

Freud, Sigmund: *Briefe an Wilhelm Fließ 1887–1904*, hg. Jeffrey Moussaieff Masson, Frankfurt a. M. 1986.

Freud, Sigmund: *Psychoanalytische Bemerkungen über einen autobiographisch beschriebenen Fall von Paranoia (Dementia paranoides)*, in: *Studienausgabe*, Bd. VII, hg. Alexander Mitscherlich, Frankfurt a. M. 1973.

Freud, Sigmund/Abraham, Karl: *Briefe 1907–1926*, hg. Hilda C. Abraham und Ernst L. Freud, Frankfurt a. M. 1980.

Freud, Sigmund/Ferenczi, Sándor: *Briefwechsel*, Bd. I/1, hg. Eva Brabant/Ernst Falzeder/Patrizia Giampieri-Deutsch, Wien/Köln/Weimar 1993.

Kafka, Franz: *Briefe an Felice und andere Korrespondenz aus der Verlobungszeit*, hg. Erich Heller/Jürgen Born, Frankfurt a.M. 1967.

Kafka, Franz: *Das Schloß*, hg. Malcolm Pasley, Frankfurt a.M. 2002.

Kafka, Franz: *Der Verschollene*, hg. Jost Schillemeit, Frankfurt a.M. 2002.
Kafka, Franz: *Tagebücher*, hg. Hans-Gerd Koch/Michael Müller/Malcolm Pasley, Frankfurt a. M. 2002, 382–393.
Kittler, Friedrich A.: *Aufschreibesysteme 1800–1900*, München ³1995.
Kittler, Wolf: *Schreibmaschinen, Sprechmaschinen. Effekte technischer Medien im Werk Franz Kafkas*, in: Gerhard Neumann/Wolf Kittler (Hg.): *Franz Kafka: Schriftverkehr*, Freiburg i. Br. 1990, 75–163.
Kohler, Josef: *Urheberrecht an Schriftwerken und Verlagsrecht*, Stuttgart 1907.
Lichtenstein, Alfred: *Die Plagiatoren*, in: Ders.: *Gesammelte Gedichte*, hg. Klaus Kanzog, Zürich 1962, 36.
Muther, Richard: *Die Muther Hetze. Ein Beitrag zur Psychologie des Neides und der Verläumdung*, München/Leipzig 1896.
Nietzsche, Friedrich: *Die Geburt der Tragödie*, in: *Kritische Studienausgabe*, Bd. I, hg. Giorgio Colli/Mazzino Montinari, München 1999.
Pfennig, Richard: *Wilhelm Fließ und seine Nachentdecker O. Weininger und H. Swoboda*, Berlin 1906.
Porge, Erik: *Schöne Paranoia. Wilhelm Fließ, sein Plagiat und Freud gefolgt von »In eigener Sache« von Wilhelm Fließ*, dt. von Mai Wegener, Wien 2005.
Pudor, Heinrich: *Bisexualität. Untersuchungen über die allgemeine Doppelgeschlechtlichkeit der Menschen. Gegen Wilhelm Fließ*, Berlin 1906.
Schmidt, Erich: *Die Quellen der »Comischen Einfälle und Züge« Lessing's*, in: *Sitzungsberichte der Königlich Preußischen Akademie der Wissenschaften zu Berlin* (1897), 462–479.
Simmel, Georg: *Über Plagiate. Offener Brief an Herrn Hermann Bahr*, in: *Die Zeit*, 27.6.1896.
Swales, Peter: *Freud. Fließ and Fracticide. The role of Fließ in Freud's conception of paranoia*, in: Laurence Spurling (Hg.): *Sigmund Freud. Critical Assessments*, Bd. I, London/New York 1989, 302–330.
Zu den Begriffen der »Bearbeitung« und der »freien Benutzung« eines Werkes im Sinne der §§ 12 und 13 des Urheberrechtsgesetzes vom 19. Juni 1901, in: *Entscheidungen des Reichsgerichts in Zivilsachen* 63 (1906), 158ff.

Kapitel XII: Geschichten aus der Produktion

Benjamin, Walter: *Das Kunstwerk im Zeitalter seiner technischen Reproduzierbarkeit. Erste Fassung*, in: *Gesammelte Schriften*, Bd. I/2, hg. Rolf Tiedemann/Hermann Schweppenhäuser, Frankfurt a. M. 1991, 431–508.
Benjamin, Walter: *Der Autor als Produzent*, in: Bd. II/2, hg. Rolf Tiedemann/Hermann Schweppenhäuser, Frankfurt a. M. 1991, 683–701.
Brecht, Bertolt: *Der Dreigroschenprozeß. Ein soziologisches Experiment*, in: *Gesammelte Werke in 20 Bänden*, Bd. XVIII, hg. vom Suhrkamp Verlag in Zusammenarbeit mit Elisabeth Hauptmann, Frankfurt a. M. 1967, 139–209.
Brecht, Bertolt: *Eine Erklärung*, in: *Gesammelte Werke in 20 Bänden*, Bd. XVIII, hg. vom Suhrkamp Verlag in Zusammenarbeit mit Elisabeth Hauptmann, Frankfurt a. M. 1967, 100.

Brecht, Bertolt: *Sonett zur Neuausgabe des François Villon*, in: *Gesammelte Werke*, Bd. VIII, hg. vom Suhrkamp Verlag in Zusammenarbeit mit Elisabeth Hauptmann, Frankfurt a. M. 1975, 331f.

Brecht, Bertolt: *Über Plagiate*, in: *Gesammelte Werke in 20 Bänden*, Bd. XVIII, hg. vom Suhrkamp Verlag in Zusammenarbeit mit Elisabeth Hauptmann, Frankfurt a. M. 1967, 78f.

Breton, André: *Erstes surrealistisches Manifest*, in: Ders.: *Die Manifeste des Surrealismus*, dt. von Ruth Henry, Reinbek 1986, 9–44.

Breton, André: *Manifeste du surréalisme*, in: *Œuvres complètes*, Bd. I, éd. Marguerite Bonnet, Paris 1988, 309–346.

Daumer, Georg Friedrich: *Kaspar Hauser. Sein Wesen, seine Unschuld*, Coppenrath/Regensburg 1873.

Englisch, Paul: *Meister des Plagiats oder Die Kunst der Abschriftstellerei*, Berlin 1933.

Englisch, Paul: *Plagiat! Plagiat! Eine Rundschau*, Berlin 1930.

Fuegi, John: *Brecht & Co. Sex, Politics, and the making of the Modern Drama*, New York 1994.

Hau, Carl: *Das Todesurteil. Die Geschichte meines Prozesses*, Berlin 1925.

Huldschiner, Richard: *Lyrik auf Anleihe*, in: *Das Tagebuch* 7 (1926), 1479–1483.

Kasties, Bert: ›*Leben bei einem Ende und vor einem Anfang*‹. *Paul Zech – Annäherungen an einen Verwandlungskünstler*, in: *Paul Zech: Ausgewählte Werke*, Bd. I, hg. Bert Kasties, Aachen 2001, 33.

Kebir, Sabine: *Ich fragte nicht nach meinem Anteil. Elisabeth Hauptmanns Arbeit mit Bertolt Brecht*, Berlin 1997.

Kerr, Alfred: *Brechts Copyright*, in: Siegfried Unseld (Hg.): *Bertolt Brechts Dreigroschenbuch. Texte – Materialien – Dokumente*, Frankfurt a. M. 1960, 202–204.

Kerr, Alfred: *Werke in Einzelbänden*, Bd. VII/2, hg. Hermann Haarmann/ Günther Rühle, Frankfurt a. M. 2001.

Koch-Grünberg, Theodor: *Indianermärchen aus Südamerika*, Jena 1920.

König, Christoph (Hg.): *Internationales Germanistenlexikon*, Bd. 3, Berlin 2003.

Kraus, Karl: *Aus Redaktion und Irrenhaus*, in: *Die Fackel* 781–786 (1928), 84–121.

Kraus, Karl: *Aus Redaktion und Irrenhaus oder Eine Riesenblamage des Karl Kraus*, in: *Die Fackel* 800–805 (1929), 75–132.

Kraus, Karl: *Die Gefährten/Der Gott des Lachens*, in: *Die Fackel* 552/553 (1920), 5–22.

Kraus, Karl: *Ein Friedmensch*, in: *Die Fackel* 235–742 (1926), 70–95.

Kraus, Karl: *Kerrs Enthüllung*, in: *Die Fackel* 810 (1929), 129–132.

Kraus, Karl: *Wer glaubt ihm? Ich treib' aus jeder Stadt hinaus den Schuft*, in: *Die Fackel* 781–786 (1928), 10–39.

Kurzke, Hermann: *Die Quellen der Betrachtungen eines Unpolitischen*, in: *Internationales Thomas-Mann-Kolloquium 1986*, Bern 1987, 291–310.

Kurzke, Hermann: *Nietzsche in den ›Betrachtungen eines Unpolitischen‹*, in: Heinz Gockel (Hg.): *Wagner – Nietzsche – Thomas Mann. Festschrift für Eckhart Heftrich*, Frankfurt a. M. 1993, 184–202.

Mann, Thomas: *Doktor Faustus. Das Leben des deutschen Tonsetzers Adrian Leverkühn erzählt von einem Freunde*, Frankfurt a. M. 1990.

Meyer, Julius: *Authentische Mittheilungen über Caspar Hauser*, Ansbach 1872.

Oswald, Victor: *Full fathom five: notes on some devices in Thomas Mann's ›Doktor Faustus‹*, in: *The Germanic Review* 24 (1949), 274–278.

Pabst, Reinhard: *Der entzauberte Berg*, in: *Focus*, 30.12.02.

Prescott, William H.: *History of the Conquest of Peru*, Bd. I, Philadelphia/Lippincott 1868.

Rohmeder, Wilhelm: *Die schwarze Blume. Märchen, Fabeln, Legenden argentinischer Indianer*, Buenos Aires 1934.

Spitta, Arnold: *Paul Zech im südamerikanischen Exil 1933–1946. Ein Beitrag zur Geschichte der deutschen Emigration in Argentinien*, Berlin 1978.

Steiner, Arpad: *William H. Prescott and Jakob Wassermann*, in: *The Journal of English and Germanic Philology* 24 (1925), 555–559.

Stranik, Erwin: *Über das Wesen des Plagiats*, in: *Deutsche Rundschau* 211 (1927), 258–265.

Tabberth-Jones, Gudrun: *The Construction of the Sexist and Exploiter Bertolt Brecht*, in: *Brecht Yearbook* (1995), 249–258.

Thalmann, Marianne: *Christian Wahnschaffe alias Emanuel Quint*, in: *Deutsches Volkstum. Monatsschrift für das deutsche Geistesleben* 11 (1929), 663–668.

Thalmann, Marianne: *Der Fall Maurizius*, in: *Deutsches Volkstum. Monatsschrift für das deutsche Geistesleben* 12 (1930), 44–48.

Thalmann, Marianne: *Wassermanns Caspar Hauser und seine Quellen*, in: *Deutsches Volkstum. Monatsschrift für das deutsche Geistesleben* 10 (1929), 208–218.

Wassermann, Jakob: *Der Geist des Pilgers*, Wien/Leipzig/München 1923.

Wassermann, Jakob: *Einige Bemerkungen über den »Fall Maurizius«*, in: Ders.: *Lebensdienst. Gesammelte Studien, Erfahrungen und Reden aus drei Jahrzehnten*, Leipzig 1928, 336ff.

Wassermann-Speyer, Julie: *Jakob Wassermann und sein Werk*, Wien/Leipzig 1923.

Willett, John/Lyon, James K./Mews, Siegfried/Nørregard, H.C.: *A Brechtbuster goes Bust: Scholarly Mistakes, Misquotes, and Malpractices in John Fuegi's ›Brecht and Company‹*, in: *Brecht Yearbook* (1995), 259–368.

Wolf, Friedrich: *Eine mögliche Erklärung des Falles Paul Zech*, in: *Das Tagebuch* 7 (1926), 1611f.

Zum Fall Piehowicz, in: *Die literarische Welt* 4 (1928), Nr. 48, 11.

Zweig, Stefan/Zech, Paul: *Briefe 1910–1942*, hg. Donald G. Daviau, Rudolstadt ²1987.

Kapitel XIII: Verantwortlichkeiten. Postmoderne, Opfer, Täter

Adorno, Theodor W.: *Engagement*, in: *Gesammelte Schriften*, Bd. XI, hg. Rolf Tiedemann, Frankfurt a. M. 1997, 409–430.
Adorno, Theodor W.: *Kulturkritik und Gesellschaft*, in: *Gesammelte Schriften*, Bd. X/1, hg. Rolf Tiedemann, Frankfurt a. M. 1997, 11–30.
Adorno, Theodor W.: *Minima Moralia. Reflexionen aus dem beschädigten Leben*, in: *Gesammelte Schriften*, Bd. IV, hg. Rolf Tiedemann, Frankfurt a. M. 1997.
Arnold, Heinz Ludwig: *»Von Bitterkeit und Trauer, aber ohne Haß«*, in: *Deutsches Allgemeines Sonntagsblatt* 10 (1992).
Bachtin, Michail M.: *Das Wort im Roman*, in: Ders.: *Die Ästhetik des Wortes*, hg. Rainer Grübel, Frankfurt a. M. 1979, 154–300.
Barthes, Roland: *Der Tod des Autors*, dt. von Matias Martinez, in: Fotis Jannidis/Gerhard Lauer/Matias Martinez/Simone Winko (Hg.): *Texte zur Theorie der Autorschaft*, Stuttgart 2000, 185–193.
Baudrillard, Jean: *Simulacres et Simulation*, Paris 1981.
Baumann, Gerhart: *Dank an die Sprache. Erinnerung an Immanuel Weissglas*, in: NZZ, 2./3.2.1980.
Blöcker, Günther: *Gedichte als graphische Gebilde*, in: *Der Tagesspiegel*, 11.10.1959.
Bloom, Harold: *Einfluss-Angst. Eine Theorie der Dichtung*, dt. von Angelika Schweikhart, Basel/Frankfurt a. M. 1995.
Buck, Theo: *Die »Todesfuge« oder Lyrik nach Auschwitz*, in: Ders.: *Muttersprache, Mördersprache. Celan-Studien*, Bd. I, Aachen 1993, 55–92.
Celan, Paul: *Atemwende. Vorstufen. Textgenese. Endfassung*, hg. Jürgen Wertheimer, Frankfurt a. M. 2000.
Celan, Paul: *Briefe an Alfred Margul-Sperber*, in: *Neue Literatur* [Bukarest] 26 (1975), 57.
Celan, Paul: *Der Meridian. Endfassung – Entwürfe – Materialien*, hg. Jürgen Wertheimer, Frankfurt a. M. 1999.
Celan, Paul: *»Mikrolithen sinds, Steinchen«. Die Prosa aus dem Nachlaß. Kritische Ausgabe*, hg. Barbara Wiedemann/Bertrand Badiou, Frankfurt a. M. 2005.
Celan, Paul: *Todesfuge*, in: Ders.: *Mohn und Gedächtnis. Vorstufen – Textgenese – Endfassung*, hg. Jürgen Wertheimer, Frankfurt a. M. 2004, 55–59.
Celan, Paul/Sachs, Nelly: *Briefwechsel*, hg. Barbara Wiedemann, Frankfurt a. M. 1996.
de Man, Paul: *Autobiography as De-facement*, in: *Modern Language Notes* 94 (1979), 919–930.
Denneler, Iris: *›Im Ganzen war alles doch komplizierter‹. Editionsphilologische Überlegungen zu Wolfgang Koeppens »Jakob Littners Aufzeichnungen aus einem Erdloch« und Jakob Littners »Mein Weg durch die Nacht«*, in: *Zeitschrift für deutsche Philologie* 123 (2004), 574–604.
Derrida, Jacques: *De la grammatologie*, Paris 1967.
Derrida, Jacques: *Poétique et politique du témoignage*, Paris 2005.

Die entlegenen Orte der Erinnerung. Der Schriftsteller Wolfgang Koeppen im Gespräch mit Margit Knapp Cazzola, in: taz, 11.11.1989.

Diekmann, Irene/Schoeps, Julius H. (Hg.): *Das Wilkomirski-Syndrom. Eingebildete Erinnerungen oder Von der Sehnsucht, Opfer zu sein*, Zürich/München 2002.

Döring, Jörg: *»ich stellte mich unter, ich machte mich klein ...«. Wolfgang Koeppen 1938–1945*, Frankfurt a. M. 2001.

Emmerich, Wolfgang: »Ich bin der, den es nicht gibt«. Der Plagiatsvorwurf gegen Paul Celan und die Folgen, in: Hubert Gaisbauer/Bernhard Hain/Erika Schuster: *Unverloren. Trotz allem*, Wien 2000, 178–204.

Estermann, Alfred: »...als eigene Publikation ganz indiskutabel«. Jakob Littners Versuche, seinen Erlebnisbericht zu veröffentlichen, in: Jakob Littner: *Mein Weg durch die Nacht*, hg. Roland Ulrich, Berlin 2002, 189–208.

Estermann, Alfred: »Eine Art Blankoscheck zur freien literarischen Verwertung« oder »Für mich war Littner eine Leidens- und eine Romanfigur geworden«. Wolfgang Koeppen, Jakob Littner und die ›Aufzeichnungen aus einem Erdloch‹, in: Wolfgang Koeppen: *Jakob Littners Aufzeichnungen aus einem Erdloch*, Frankfurt a. M. 2002, 139–191.

Fohrmann, Jürgen/Müller, Harro: Einleitung: Diskurstheorien und Literaturwissenschaft, in: Dies. (Hg.): *Diskurstheorien und Literaturwissenschaft*, Frankfurt a. M. 1988, 9–22.

Foucault, Michel: *Was ist ein Autor?*, in: Ders.: *Schriften zur Literatur*, hg. Daniel Defert/François Ewald, Frankfurt a. M. 2003, 234–270.

Frank, Manfred: *Was ist Neostrukturalismus?*, Frankfurt a. M. 1984.

Frisch, Max: *Stiller*, Frankfurt a. M. 1973.

Fuld, Werner: *Ein Meister des Verbergens*, in: Focus, 5.5.1997.

Ganzfried, Daniel: *...alias Wilkomirski. Die Holocaust-Travestie*, hg. Sebastian Hefti, Berlin 2002.

Ganzfried, Daniel: *Die gestohlene Holocaust-Biographie*, in: Die Weltwoche, 27.8.1998.

Glauert-Hesse, Barbara: Zur Edition, in: Dies. (Hg.): *Yvan Goll: Die Lyrik in vier Bänden*, Bd. I, Berlin 1996, 353–368.

Goll, Claire: Nachwort zu ›Die Antirose‹, in: Barbara Wiedemann (Hg.): *Paul Celan – Die Goll-Affäre. Dokumente zu einer Infamie*, Frankfurt a. M. 2000, 388.

Goll, Claire: Unbekanntes über Paul Celan, in: Barbara Wiedemann (Hg.): *Paul Celan – Die Goll-Affäre. Dokumente zu einer Infamie*, Frankfurt a. M. 2000, 251–255.

Görtz, Franz Josef: *Aufzeichnungen aus einem Erdloch. Die wahre Geschichte über Jakob Littner*, in: FAZ, 28.2.1992.

Gourevitch, Philip: Der Dieb der Erinnerung, in: Daniel Ganzfried: *...alias Wilkomirski. Die Holocaust-Travestie*, hg. Sebastian Hefti, Berlin 2002, 229–266.

Herwig, Malte: *Bildungsbürger auf Abwegen. Naturwissenschaft im Werk Thomas Manns*, Frankfurt a. M. 2004.

Hohoff, Curt: *Die Metaphernsprache des neuen Gedichts*, in: *Jahresring* (1955/56), 335–342.
Kabel, Rainer: *Jeder ist Orpheus. Yvan Goll und die Befreiung aus dem Hades des Alltags*, in: *Christ und Welt*, 27.10.1960.
Kabel, Rainer: *Umstrittener Ausflug in die Vergangenheit: Anleihe oder Anlehnung? – Zur Kontroverse um Yvan Goll und Paul Celan*, in: *Die Welt*, 11.11.1960.
Koeppen, Wolfgang: *Jakob Littners Aufzeichnungen aus einem Erdloch*, Frankfurt a. M. 2002.
Koeppen, Wolfgang/Durzak Manfred: *Überleben im Dritten Reich*, in: Hans-Ulrich Treichel (Hg.): *Wolfgang Koeppen: »Einer der schreibt«. Gespräche und Interviews*, Frankfurt a. M. 1995, 176–184.
Konietzky, Ulrich: *Paul Celan und Dichterkollegen*, in: *Celan-Jahrbuch* 8 (2001/02), 317–327.
Kristeva, Julia: *Bachtin, das Wort, der Dialog und der Roman*, in: Jens Ihwe (Hg.): *Literaturwissenschaft und Linguistik. Ergebnisse und Perspektiven*, Bd. 3, Frankfurt a. M. 1972, 345–375.
Kristeva, Julia: *Fremde sind wir uns selbst*, dt. von Xenia Rajewski, Frankfurt a. M. 1990.
Lachmann, Renate: *Gedächtnis und Literatur. Intertextualität in der russischen Moderne*, Frankfurt a. M. 1990.
Littner, Jakob: *Mein Weg durch die Nacht*, hg. Roland Ulrich, Berlin 2002.
Mächler, Stefan: *Aufregung um Wilkomirski. Genese eines Skandals und seine Bedeutung*, in: Irene Diekmann/Julius H. Schoeps (Hg.): *Das Wilkomirski-Syndrom. Eingebildete Erinnerungen oder Von der Sehnsucht, Opfer zu sein*, Zürich/München 2002, 86–131.
Mächler, Stefan: *Das Opfer Wilkomirski. Individuelles Erinnern als soziale Praxis und öffentliches Ereignis*, in: Irene Diekmann/Julius H. Schoeps (Hg.): *Das Wilkomirski-Syndrom. Eingebildete Erinnerungen oder Von der Sehnsucht, Opfer zu sein*, Zürich/München 2002, 28–85.
Mächler, Stefan: *Der Fall Wilkomirski. Über die Wahrheit einer Biographie*, Zürich 2000.
Neumann, Peter Horst: *Schönheit des Grauens oder Greuel der Schönheit?*, in: Walter Hinck (Hg.): *Geschichte im Gedicht. Texte und Interpretationen (Protestlied, Bänkelsang, Ballade, Chronik)*, Frankfurt a. M. 1979, 230–237.
Sartre, Jean-Paul: *Selbstbewußtsein und Selbsterkenntnis*, dt. von Margot Fleischer/Hans Schöneberg, in: Ders.: *Der Existentialismus ist ein Humanismus und ander philosophische Essays 1943–1948*, Reinbek [3]2005, 267–326.
Schwandt, Erhard: *Ärgernis mit der Edition Ivan Golls. Textkritische Bemerkungen zu den Nachlaßbänden*, in: *FAZ*, 13.10.1967.
Stiehler, Heinrich: *Die Zeit der Todesfuge. Zu den Anfängen Paul Celans*, in: *Akzente* 1 (1972), 11–40.
Thiel, Thomas: *»Der Wandel der Wissenskultur ist fundamental«. Ein Gespräch mit dem Medienwissenschaftler Stefan Weber über die Entgrenzung geistigen Eigentums im Netz*, in: *FAZ*, 2.5.2008.

Treichel, Hans-Ulrich (Hg.): *Wolfgang Koeppen: »Einer der schreibt«. Gespräche und Interviews*, Frankfurt a. M. 1995.
Ulrich, Roland: *Vom Report zum Roman. Zur Textwelt von Wolfgang Koeppens Roman ›Jakob Littners Aufzeichnungen aus einem Erdloch‹*, in: Colloquia Germanica 32 (1999), 135–150.
Weißglas, Immanuel: *Aschenzeit. Gesammelte Gedichte*, Aachen 1994.
Wiedemann, Barbara (Hg.): *Paul Celan – Die Goll-Affäre. Dokumente zu einer Infamie*, Frankfurt a. M. 2000.
Wilkomirski, Binjamin: *Bruchstücke. Aus einer Kindheit 1939–1948*, Frankfurt a. M. [4]1996.
Zachau, Reinhard: *Das Originalmanuskript zu Wolfgang Koeppens ›Jakob Littners Aufzeichnungen aus einem Erdloch‹*, in: Colloquia Germanica 32 (1999), 115–134.
Zeuge der Verachtung, in: Der Spiegel, 16.03.1992, 228–232.

Kapitel XIV: Copy/Paste. Das Plagiat als digitaler Schatten

Barlow, John Perry: *The Economy of Ideas. A Framework for Rethinking Patents and Copyrights in the Digital Age (Everything you know about intellectual property is wrong)*, in: Wired 2.03 (1994), 84–90, 126–129.
Baßler, Moritz: *Der deutsche Pop-Roman: die neuen Archivisten*. München 2002.
Bechtold, Stefan: *Vom Urheber- zum Informationsrecht. Implikationen des Digital Rights Management*, München 2002.
Bickenbach, Matthias/Maye, Harun: *Metapher Internet. Literarische Bildung und Surfen*, Berlin 2009.
Böhme, Gernot: *Bildung als Widerstand. Was sollen die Schulen und Hochschulen lehren? Ein Versuch über die Zukunft des Wissens*, in: Die Zeit 38 (1999), 51.
Bolter, Jay D.: *Das Internet in der Geschichte der Technologien des Schreibens*, dt. von Stefan Münker, in: Stefan Münker/Alexander Roesler (Hg.): *Mythos Internet*, Frankfurt a. M. 1997, 37–55.
Bolz, Norbert: *Am Ende der Gutenberg-Galaxis. Die neuen Kommunikationsverhältnisse*, München [3]2008.
Burckhardt, Martin: *Unter Strom. Der Autor und die elektromagnetische Schrift*, in: Sybille Krämer (Hg.): *Medien Computer Realität. Wirklichkeitsvorstellungen und Neue Medien*, Frankfurt a.. 1998, 27–54.
Bush, Vannevar: *As we may think*, in: The Atlantic Monthly 176 (Juli 1945), 101–108.
Clark, Charles: *The answer to the machine is in the machine*, in: P. Bernt Hugenholtz (Hg.): *The Future of Copyright in a Digital Environment*, Den Haag 1996, 139–145.
Gersmann, Gudrun: *Wer hat Angst vor Open Access?*, In: FAZ, 18.2.09
Giesecke, Michael: *Vom individuellen zum kollektiven Autoren*, in: Zeitschrift Deutschland 3 (2001), 54f.

Grassmuck, Volker: *Das Ende der Universalmaschine*, in: Claus Pias (Hg.): *Zukünfte des Computers*, Zürich/Berlin 2005, 241–268.

Grassmuck, Volker: *Urheberrechte im Netz*, in: Stefan Münker/Alexander Roesler (Hg.): *Praxis Internet. Kulturtechniken der vernetzten Welt*, Frankfurt a. M. 2002, 75–101.

Hanfeld, Michael: *Der große Raubzug. Google plündert die Zeitungsarchive der Welt*, in: *FAZ*, 10.9.2008.

Jungen, Oliver: *Ein solcher Diener bringt Gefahr ins Haus*, in: *FAZ*, 4.2.2009.

Kittler, Friedrich: *Es gibt keine Software*, in: Ders.: *Draculas Vermächtnis. Technische Schriften*, Leipzig 1993, 225–242.

Klappert, Annina: *Hypertext als Paradigma kultureller Selbstbeschreibung*, in: *Internationales Archiv für Sozialgeschichte der deutschen Literatur* 32 (2007), 16–65.

Klostermann, Vittorio: *Die große Allianz gegen das Buch*, in: *FAZ*, 8.1.09.

Lovink, Geert: *Hardware, Wetware, Software*, in: Norbert Bolz/Friedrich Kittler/Christoph Tholen (Hg.): *Computer als Medium*, München 1994, 223–230.

Meinecke, Thomas: *Musik*. Frankfurt a. M. 2004.

Nelson, Theodor Holm: *Literary Machines 93.1. The report on, and of, Project Xanadu concerning word processing, electronic publishing, hypertext, thinkertoys, tomorrow's intellectual revolution, and certain other topics including knowledge, education and freedom*, Sausalito 1993.

Porombka, Stephan: *Hypertext. Zur Kritik eines digitalen Mythos*, München 2001.

Reuß, Roland: *Eingecremtes Publizieren. Open Access als Enteignung*, in: *FAZ*, 11.2.09.

Schack, Haimo: *Urheber- und Urhebervertragsrecht*, Tübingen ³2005.

Schmidt, Arno: *Die Meisterdiebe. Von Sinn und Wert des Plagiats*, in: *Bargfelder Ausgabe, Werkgruppe II: Dialoge*, Bd. I/2, Zürich 1990, 333–357.

Serrao, Marc Felix: *Kampf um jeden Cent. Internet untergräbt Autorenrechte*, in: *Süddeutsche Zeitung*, 15.7.2008.

Weizenbaum, Joseph: *Die Macht der Computer und die Ohnmacht der Vernunft*, dt. von Udo Rennert, Frankfurt a.M. 1977.

Abbildungsverzeichnis

Abb. 1a/b: Theodor Zwinger: *Theatrum humanae vitae*, Bd. XIX, Lib. II, Basel 1586, 3494.

Abb. 2: Sebastian Brant: *Das Narrenschiff*, Basel 1494, Kapitel 1.

Abb. 3: Sebastian Brant: *Nüv schiff von Narragonia*, Straßburg 1494, Kapitel 1.

Abb. 4: Jacob Thomasius: *Dissertatione De Plagio Literario*, Leipzig 1673, Titelkupfer.

Abb. 5: Alonso Fernández de Avellaneda: *Segundo Tomo del ingenioso Don Quijote de la Mancha, que contiene su tercera salida y es la quinta parte de sus aventuras*, Tarragona 1614, Titelkupfer.

Abb. 6: Hans Jacob Christoffel von Grimmelshausen: *Der abenteuerliche Simplicissimus Teutsch*, Nürnberg 1671, Titelkupfer.

Abb. 7: Hans Jacob Christoffel von Grimmelshausen: *Der abenteuerliche Simplicissimus Teutsch*, Nürnberg 1671, Illustration zum 6. Kapitel des ersten Buches.

Abb. 8: Johann Burkard Mencke: *De charlataneria eruditorum*, Amsterdam 1716, Titelkupfer.

Abb. 9: *Charlatanerie der Buchhandlung*, Sachsenhausen 1732, Titelkupfer.

Abb. 10: Johann Heinrich Zedler (Hg.): *Grosses vollständiges Universal-Lexicon*, Bd. 1, Leipzig/Halle 1732, Sp. 1 f.

Abb. 11: *Der gerechtfertigte Nachdrucker, oder Johann Thomas von Trattners, des Heil. Römischen Reichs Ritters, wie auch Kayserl. Königl. Hofbuchdruckers und Buchhändlers in Wien erwiesene Rechtmäßigkeit sener veranstalteten Nachdrucke. Als eine Beleuchtung der auf ihn gedruckten Leipziger Pasquille*, Wien/Leipzig 1774, Titel.

Abb. 12: Philipp Erasmus Reich: *Zufällige Gedanken eines Buchhändlers über Herrn Klopstocks Anzeige einer gelehrten Republik*, Leipzig 1773, Titel.

Abb. 13: Edward Young: *Gedanken über die Original=Werke. In einem Schreiben des D. Youngs an dem [sic] Verfasser des Grandison*, dt. von H. E. von Teubern, Leipzig 1760, Titelkupfer.

Abb. 14: Adam Müller: *Versuche einer neuen Theorie des Geldes*, in: Ders.: *Nationalökonomische Schriften*, ausgewählt und eingeleitet von Albert Josef Klein, Lörrach 1983, 253.

Abb. 15: *Ein Schwalben-Nest am Berliner Schauspielhause*, in: Kladderadatsch, 4. Jg., Nr. 44 (2.11.1851).

Abb. 16: Richard Muther: *Die Muther Hetze. Ein Beitrag zur Psychologie des Neides und der Verläumdung*, München/Leipzig 1896, Titel.
Abb. 17: Paul Albrecht: *Leszing's Plagiate. Erster Band. Erstes Heft. Erste Hälfte,* Hamburg/Leipzig 1890, Titel.
Abb. 18a/b: Paul Albrecht: *Leszing's Plagiate. Erster Band. Erstes Heft. Erste Hälfte,* Hamburg/Leipzig 1890, 10f.
Abb. 19: Wilhelm Fließ: *In eigener Sache,* Anhang zu: Ders.: *Der Ablauf des Lebens. Grundlegung zur exakten Biologie*, Leipzig/Wien 1906.
Abb. 20: Beilagenzettel aus: Paul Zech: *Stiefkinder Gottes. Die Geschichte einer armen Johanna*, Berlin 1925.

Register

Acker, Kathy 11
Adorno, Theodor W. 9, 464, 501, 510
Aesop 286
Aischylos 60
Albrecht, Paul **387–399**, 407, 412
Alembert, Jean-Baptiste le Rond d' 248
Alkaios von Lesbos 91
Almeloveen, Theodor Jansen 189
Anaxagoras 60
Andersch, Alfred 506
Antisthenes 63
Apollonios Rhodios 132
Aristipp 63
Aristobulos 103
Aristophanes 56, 136
   Ritter 44, 46
   Wolken **42–49**, 54
Aristophanes von Byzanz 50
Aristoteles 143
Aristoxenos von Tarent 62
Arnim, Achim von 305, 308, 310
Auerbach, Berthold 354
   Die Frau Professorin 343, 346
Augustinus, Aurelius 145

Bachmann, Ingeborg 505
Bachtin, Michail 478
Bahr, Hermann 381
Balbus, Johannes 133
Balzac, Jean-Louis Guez de 190
Barthes, Roland 471, 476
Bartoli, Daniello 169f., 244
Batteux, Charles 225
Baudrillard, Jean 489
Bauer, Felice 400
Beda Venerabilis, *De natura rerum* 107
Beebe, William 435
Benjamin, Walter 443, 446
Benoît de Sainte Maure
   Roman d'Enéas 114f.
   Roman de Troie 113
Bentley, Richard 275
Bernanos, Georges 462
Bertuch, Friedrich Justin 188
Bienek, Horst 505
Birch-Pfeiffer, Charlotte, *Dorf und Stadt* 343
Blankenburg, Christian Friedrich von 287
Bloom, Harold 476–478
Bluntschli, Johann Caspar 338, 340
Bodmer, Johann Jacob 279, 287
Böhme, Gernot 519
Bolz, Norbert 533
Bonaventura 112
Brant, Sebastian 208
   Das Narrenschiff 149–153
Brecht, Bertolt 8, **446–459**
   Baal 448
   Coriolan 458
   Die Dreigroschenoper 449, 452
   Der Dreigroschenprozeß 453
   Im Dickicht der Städte 446, 448, 456
   Das Leben des Galilei 458
   Das Leben Eduards des Zweiten von England 449, 456
Brecht, Bertolt/Elisabeth Hauptmann, *Happy End* 449
Breitinger, Johann Jakob 279, 287
Brentano, Clemens 305, 308, 310
Breton, André 437
Bridlington Dialogue 110
Brockes, Barthold Heinrich 392f.
Brunner, Sebastian 394
Bruno, Giordano 145
Bryson von Heraclea 63
Büchmann, Georg, *Geflügelte Worte* 375
Butler, Judith 287

Čapek, Karel, *Der Krieg mit den Molchen* 6
Capitolinus 95
Cardanus 164
Carriere, Moriz 368
Cassiodor, *Institutiones divinarum et saecularium litterarum* 107
Castro y Bellvis, Guillén de, *Las mocedades del Cid* 192
Catull 92f.
Celan, Paul 484, **501–517**
  Aschenglorie 507
  Der Meridian 513
  Mohn und Gedächtnis 501
  Die Todesfuge 510
Celtis, Conrad 156
Cervantes Saavedra, Miguel de **172–188**
  El ingenioso Hidalgo Don Quijote de la Mancha **172–188**
Chamisso, Adelbert von 305, 322
  Peter Schlemihls wundersame Geschichte **296–304**, 326f.
Chapelain, Jean 189
Charlatanerie Der Buchhandlung 237
Cicero 81f., 85, 96
  De oratore 83
Ciris 89
Clark, Charles 532
Clemens von Alexandrien, *Stromateis* **99–105**
Contessa, Carl Wilhelm Salice 305
Corneille, Pierre
  Le Cid **191–204**
  Excuse à Ariste 191, 197, 203
Crebillon, Prosper-Jolyot de, Sieur de 286
Croce, Benedetto 25

Darnton, Robert 248
David Originas (eig. David Tost) 163
Demus, Klaus 505
Derrida, Jacques 471, 474
Dessoir, Max 383

Diderot, Denis 248, 286
  Jacques le Fataliste 308
Dionysios von Halikarnassos 84
Diphilos 71, 76
  Synapothneskontes 69
Douglas, John 279
Dühring, Eugen 394
Dumas, Alexandre 351
Durège-Wodnanski, Jenny 399

Eckermann, Johann Peter 284
Ehrenstein, Alfred 447
Eisenlohr, Christian Friedrich 340
Emser, Hieronymus 160
Engel, Erich 449, 456
Englisch, Paul 431
  Meister des Plagiats 29
Enzensberger, Hans Magnus 505
Eupolis **44–49**
  Baptai 46
  Chrysoun Genos 48
  Marikas 46
Euripides 40
Eusebios von Caesarea 52
Exner, Richard 501, 504

Fabricius, Johann Albert 189
Feder, Johann Georg 265
Federman, Raymond 12
Feind, Barthold 392
Felßecker, Wolff Eberhard 208
Fernández de Avellaneda, Alonso **178–188**
  Segundo Tomo del ingenioso Don Quijote de la Mancha 177
Feuchtwanger, Lion 456
Fichte, Johann Gottlieb 241, 269
Ficino, Marsilio 131, 145
Fielding, Henry 287
Fließ, Wilhelm **412–424**
Fontane, Theodor **374–376**
  Effi Briest 375
  Der Stechlin 375
Fortunatus **146–149**
Foucault, Michel 470–472

Fouqué, Friedrich Baron de la Motte 305, 327
Freud, Sigmund 408, **413–424**
  Zur Psychopathologie des Alltagslebens 414
Frisch, Max, *Stiller* **463–469**
Fritsch, Thomas 235f.
Fuegi, John 457

Galland, Georg 384
Ganzfried, Daniel 485
Garzoni, Tommaso 153
  Piazza universale 140
Gauricus 164f.
Gay, John 449f.
  The Beggar's Opera 449, 457
Geibel, Emanuel 358
Gellert, Christian Fürchtegott 256, 393
Geoffrey von Vinsauf, *Poetria nova* 113
Gervinus, Georg Gottfried 355, 361
Gleditsch, Johann Gottlieb 235f.
Gleim, Johann Wilhelm Ludwig 287
Goethe, Johann Wolfgang von 8, 283f., 349, 355, 358, 363, 375
  Die Leiden des jungen Werthers **287–291**
  Prometheus **280–283**
  Torquato Tasso 13
  Die Wahlverwandtschaften 362
  Wilhelm Meisters Lehrjahre 366
  Wilhelm Meisters Wanderjahre 373
Goetz, Rainald 538
Goll, Claire **501–517**
Goll, Yvan 501, 503
  Traumkraut 501, 504
Görtz, Franz Josef 494
Gottfried von Straßburg, *Tristan* **118–122**
Gottsched, Johann Christoph 278–280, 287
Graeve, Johann Georgius 392
Greene, Graham 462

Grimmelshausen, Hans Jakob Christoffel von **204–221**
  Der Abentheurliche Simplicissimus Teutsch **207–221**
  Ertzbetrügerin und Landstörtzerin Courasche 205, 212
  Der Seltzame Springinsfeld 212
  Das wunderbarliche Vogel-Nest 205, 216
Grosz, George 437
Grotius, Hugo, *Adamus exul* 279
Gutzkow, Karl Ferdinand 343

Hagedorn, Friedrich von 256
Hamann, Johann Georg, *Kreuzzüge des Philologen* 280
Harsdörffer, Georg Philipp, *Poetischer Trichter* 170
Hartmann von Aue, *Erec* 117
Hau, Carl 440
Hauptmann, Elisabeth 449, 456f.
Hauptmann, Elisabeth/Bertolt Brecht, *Happy End* 449
Hauptmann, Gerhart, *Narr in Christo Emanuel Quint* 440
Hausmann, Raoul 437
Hebbel, Friedrich 359
  Schöne Verse 358
Hederich, Benjamin 245
Hegel, Georg Wilhelm Friedrich 305, 334
Heidegger, Martin 462
Heine, Heinrich 8, 343, **350–354**, 360, 375
  Die Götter im Exil 353
Heinitz, Georg 421
Heinrich von Morungen 126
Heinrich von Ofterdingen 325
Heinrich von Veldeke, *Eneide* **114–119**
Hemingway, Ernest 466
Herodian 95
Hertwig, Oscar 435
Hesiod 39, 132
  Theogonie 49

Hirschfeld, Magnus 421
Hoenn, Georg Paul 229
Hoffmann, E.T.A. 305, 308
  Die Abenteuer der Sylvester-Nacht **328–332**
  Lebens-Ansichten des Katers Murr **319–323**
Hölderlin, Friedrich 305, 308
Homer 38, 132, 275, 277, 289
  Ilias 85f., 113
Horaz 72, 80, 82, 90, 109, 132, 286, 347
Hrabanus Maurus 106, 108, 111, 123
Hugo, Victor 351
Huldschiner, Richard 427

Immermann, Karl Leberecht, *Die Epigonen* **363–368**
Isidor von Sevilla 133
  Etymologiarum libri viginti 107
Isokrates 63

Jablonski, Johann Theodor 235
Jamblich 132
Jean Paul
  Dr. Katzenbergers Badereise 308
  Leben Fibels **311–319**
Jens, Walter 505
Johannes van Meurs 167
Johannes von Salisbury 123
Joyce, Michael, *Afternoon, a story* 534
Jung, Carl Gustav 462

Kabel, Rainer 505
Kafka, Franz **399–407**, 424, 462
Kammerer, Paul 435
Kant, Immanuel 283, 338
  Von der Unrechtmäßigkeit des Büchernachdrucks 267
Kaschnitz, Marie Luise Freifrau von 505
Keller, Gottfried 357, 467
  Die missbrauchten Liebesbriefe 333, 362
  Züricher Novellen 370, 372
Kerr, Alfred 446–448, 450, 456
Kipling, Rudyard 449f.
Kisch, Egon Erwin 405
Kittler, Friedrich 310, 531
Klammer, Karl 450f.
Kleist, Ewald von 256
Kleist, Heinrich von 303
Klöber und Hellscheborn, Carl Ludwig von 259
Klopstock, Friedrich Gottlieb 256, 287, 289
  Deutsche Gelehrtenrepublik 264, 272, 280
Kluger, Herbert 491f.
Koeppen, Wolfgang **491–501**, 508
  Jakob Littners Aufzeichnungen aus einem Erdloch **493–501**
Konrad von Würzburg 129
Kratinos 44, 48
Kraus, Karl 422, **447–450**
Kristeva, Julia 468, 476
Krolow, Karl 505
Kujau, Konrad, *Hitler-Tagebücher* 23

Lacan, Jacques 32, 470
La Fontaine, Jean de 287
Lagerlöf, Selma 399
Lauder, William 279
Lawrence, David Herbert 466
Lessing, Gotthold Ephraim **223–226**, 272, 280, 363, **388–399**, 407
  Der Freigeist **223–226**, 273
  Der junge Gelehrte 392
  Leben und leben lassen 267
  Nathan der Weise 392
Levi, Primo 484
Lichtenberg, Georg Christoph 285, 448
Lichtenstein, Alfred 423
Lilienthal, Michael 229
Littner, Jakob **492–501**
  Mein Weg durch die Nacht **494–501**
Livius 95

Locke, John, *Two Treatises of Government* 231
Longin 87
Lucius Aemilius Paullus 66
Ludewig, Johann Peter von 239, 241, 244,2 48
Ludwig, Otto 368
Luther, Martin **156–166**, 287, 447
 Fastenpostille 159

MacPherson, James 289
 Ossian 22
Macrobius, *Saturnalien* 86
Mairet, Jean 191–193
Mann, Thomas 8, 438, 462
 Bekenntnisse des Hochstaplers Felix Krull 435
 Betrachtungen eines Unpolitischen 435
 Doktor Faustus 434
 Der Zauberberg 434
Margul-Sperber, Alfred 514
Marías, Javier 10
Mark Twain 462
Der Marner 126, 128, 137
Martial 19f., 79, 135f.
 Epigramme 19
Masenius, Jacobus, *Sarcotis* 279
Maucke, Johann Michael 263
McLuhan, Marshall 144
Meinecke, Thomas 535
Menander 53, 70
Mencke, Johann Burkard 228
Menzel, Wolfgang 356
Milton, John, *Paradise Lost* 279
Molière (eig. Jean-Baptiste Poquelin) 393
 L'avare 392
Montesquieu, Charles de Secondat, Baron de la Brède et de 286
Moritz, Karl Philipp, *Anton Reiser* **290–294**
Müller, Adam 306, 325, 359
 Der poetische Besitz 303
 Theorie des Geldes 300

Müller, Georg 208
Müller, Heiner, *Germania 3. Gespenster am toten Mann* 458
Muther, Richard **377–385**, 411, 423

Neher, Caspar 449, 456
Nelson, Ted 526
Nicolai, Friedrich 279
Nietzsche, Friedrich 39, 407
Nodier, Charles 309
Novalis (eig. Georg Philipp Friedrich Freiherr von Hardenberg) 300
 Allgemeines Brouillon 304
 Blüthenstaub-Fragmente 306
 Die Lehrlinge zu Sais 364, 367

Opitz, Martin, *Buch von der deutschen Poeterey* 170
Orthmann, Thomas, *Sauger für die Säuger* 5
Ovid 322
Özdamar, Emine Sevgi, *Das Leben ist eine Karawanserei hat zwei Türen aus einer kam ich rein aus der anderen ging ich raus* 17

Pasternak, Boris, *Doktor Schiwago* 21
Perrault, Charles 275
Pfennig, Richard, *Wilhelm Fließ und seine Nachentdecker Otto Weininger und Hermann Swoboda* 421
Philolaos 62
Pico della Mirandola 145
Piehowicz, Karl 430
Pierre de Ronsard 132
Platen, August Graf von 358, 360
Platon **55–59**, 96, 241, 246
 Phaidros 58
 Politeia 56, 62
 Politikos 55
 Timaios 62, 65
Plautus 76
 Commorientes 69
Plinius d. Ä. **96f.**, 143

Plutarch 95
  Parallelbiographien 66
Poe, Edgar Allan, *Hop-Frog* 1
Polemon 59
Polybios 95
Pope, Alexander 275f.
Porphyr 52, 64, 132
Prescott, William H., *History of the Conquest of Peru* 432
Prosenes 64
Protagoras 64
  Antilogikoi 62
Proust, Marcel 462
Pudor, Heinrich 422
Pütter, Johann Stephan 265–268
Putzel, Alfred, *Fliegender Sommer* 425, 427

Quintilian 82

Raabe, Wilhelm 373
Rabelais, François, *Gargantua et Pantagruel* 141
Raynaud, Théophile 169
Reich, Philipp Erasmus **252–259**, 263, 265, 268
Reichmann, Oskar **399–407**, 411, 424
Reimarus, Johann Albert Hinrich 265
Reinmar von Zweter 126f.
Renouard, Augustin-Charles 338
Rhetorica ad Herennium 81
Richardson, Samuel 273, 287
Richelieu, Armand-Jean du Plessis, Comte de, Kardinal 189
Richesource, *Les Masques des orateurs* 189f.
Rie, Oscar 418
Rollenhagen, Gabriel, *Vier Bücher Wunderbarlicher biß daher unerhörter / und ungleublicher Indianischer Reysen …* 162
Rollenhagen, Georg 163
Rousseau, Jean-Jacques 286

Rückert, Friedrich 358
Rudolf von Ems, *Alexander-Roman* 118

Sachs, Nelly 513
Sappho 94
Sartre, Jean-Paul 465
Schätzing, Frank, *Der Schwarm* 5
Scheffel, Joseph Viktor von 358
Schelling, Friedrich Wilhelm 305
Schenkel, Andrea Maria, *Tannöd* 8
Schiller, Friedrich von 375
  Wallenstein 375
Schlegel, Friedrich 306
Schlegel, Gebrüder 300, 358
Schleiermacher, Friedrich Daniel Ernst 305
Schmidt, Arno 9, 16, 29
  Die Meisterdiebe. Vom Sinn und Wert des Plagiats 1
Schmidt, Robert R. 425, 427
Schnitzler, Arthur 385
Schönberg, Arnold 434
Schwartz, Johann Conrad 221, 244
Scott, Walter 364
  Ivanhoe 367
Scudéry, Georges de, *Observations sur le Cid* 193, 196
Seneca 19, 88
Shakespeare, William 291, 321, 349
Sillem, Garlieb 392
Simmel, Georg 381
Sophokles 40
Sorel, Charles, Sieur de Souvigny, *Le Jugement du Cid* 197
Speckhan, Eberhard 169, 244
Steffin, Margarete 457
Stekel, Wilhelm 421
Stendhal (eig. Marie-Henri Beyle) 373
Sterne, Laurence 287, 322
  Tristram Shandy 30, 308
Stifter, Adalbert, *Der Nachsommer* 373
Sueton 86, 95

Sulzer, Johann Georg 286
  Allgemeine Theorie der schönen Künste 280
Surland, Julius 392
Swift, Jonathan 275, 287
Swoboda, Hermann 416, 421
  Die Perioden des menschlichen Organismus in ihrer psychologischen und biologischen Bedeutung 416
Szondi, Peter 505

Tacitus 95
Terenz **67–82**, 86
  Adelphoe **67–82**
Thalmann, Marianne 432, **439–445**
Theaitetos 58
Theopompos 63
Thomasius, Jacob 244
  Dissertatione De Plagio Literario 167f.
Tieck, Ludwig 308, 321
  Der Geheimnisvolle 366
Trattner, Johann Thomas von **253–259**, 273

Uexküll, Johann Jakob von 435
Ulrich von Zatzikhoven 119
Unseld, Siegfried 494

Valla, Lorenzo, *Elegantiae lingua Latinae* **133–139**
Vergil **85–89**, 143, 286
  Aeneis 85, 113, 115
Verhaeren, Emile 430
Villon, François 449–452, 458
Vilmar, August Friedrich Christian 355
Vitruv 136
  De architectura 49
Volbehr, Theodor 377f.
Voltaire 233, 286
  Vom Erhabenen 88
Voß, Johann Heinrich 358

Wassermann, Jakob 432f., **439–445**
  Caspar Hauser oder die Trägheit des Herzens 439
  Christian Wahnschaffe 439
  Der Fall Maurizius 440
  Das Gold von Caxamalca 432, 438f.
Weill, Kurt 449, 456
Weininger, Otto 416–418, 421
  Geschlecht und Charakter 416
Weiße, Christian Felix 393
Weißglas, Immanuel, *Er* 515
Wieland, Christoph Martin **259–264**, 287
  Don Sylvio von Rosalva 188
  Musarion 264
  Schreiben eines Nachdruckers 261
Wilkomirski, Binjamin (= Bruno Doessekker) 23, **481–490**, 501, 508
Wolf, Friedrich August, *Prolegomena ad Homerum* 45
Wolfram von Eschenbach, *Parzival* 119

Young, Edward 280, 283, 287, 291
  Conjectures on Original Composition **273–278**

Zachau, Reinhard 494
Zaimoğlu, Feridun, *Leyla* 16
Zech, Paul **425–432**
  Die Geschichte einer armen Johanna 426, 428
  Sommerliche Landschaft 425, 427
Zedler, Johann Heinrich, *Grosses vollständiges Universal-Lexicon Aller Wissenschaften und Künste* **235–249**
Zenon von Kition 59
Zollinger, Albin 467
Zwinger, Theodor 169
  Theatrum Humanae Vitae 136